2020 SHANGCHENG ALMANAC

上城年鉴

中共杭州市上城区委党史和地方志编纂研究室 编

方志出版社
Publishing House of Local Records

图书在版编目（CIP）数据

上城年鉴．2020 / 中共杭州市上城区委党史和地方志编纂研究室编．—北京：方志出版社，2020.9
ISBN 978-7-5144-4314-1

Ⅰ．①上… Ⅱ．①中… Ⅲ．①区（城市）—杭州—2020—年鉴 Ⅳ．①Z525.54

中国版本图书馆CIP数据核字（2020）第203793号

上城年鉴（2020）

编　　者：中共杭州市上城区委党史和地方志编纂研究室
责任编辑：刘　珊
出 版 者：方志出版社
地址　北京市朝阳区潘家园东里9号（国家方志馆4层）
邮编　100021
网址　http：//www.zgfzcb.cn
发　　行：方志出版社图书经销中心
电话（010）67110500
经　　销：各地新华书店
制　　作：浙江清音文化艺术有限公司
印　　刷：浙江海虹彩色印务有限公司
开　　本：889×1194　1/16
印　　张：29.75
字　　数：659千字
版　　次：2020年9月第1版　2020年9月第1次印刷
印　　数：001～500册
ISBN 978-7-5144-4314-1　定价：300.00元

编辑说明

一、《上城年鉴》是中共杭州市上城区委员会、杭州市上城区人民政府主办，中共杭州市上城区委党史和地方志编纂研究室承编的地方综合年鉴，系逐年记述上城区自然、政治、经济、文化、社会和生态文明建设等方面的基本情况，为社会各界了解和研究上城区提供丰富、翔实的信息资料。

二、《上城年鉴（2020）》为第15卷。本卷年鉴以马克思列宁主义、毛泽东思想、邓小平理论、“三个代表”重要思想、科学发展观和习近平新时代中国特色社会主义思想为指导，坚持辩证唯物主义和历史唯物主义的立场、观点和方法，全面反映2019年上城区为高质量推进一流的国际化现代化城区建设，推动创新转型、文化传承、品质生活、社会治理和党的建设等各项工作取得的新成效，以及推动区域经济社会健康向好发展的基本情况及重大事件。

三、《上城年鉴（2020）》编排采用分类法，主体内容由类目、分目、条目3个层次构成。全书框架结合上城区实际情况，对部分类目和分目设置进行适当调整，分目增设应急管理、提案工作、民主监督、文史研究、旅游管理、知识产权保护、人口健康与家庭发展、卫生健康信息化、退役军人事务等。全书设类目30个、分目201个，收入条目1221条、随文照片98幅、表格25张、图片3张、附属资料30篇。卷首刊有“热点聚焦”“庆祝中华人民共和国成立70周年”“创新·发展”“社会·民生”“美丽上城”“文化上城”等主题照片。

四、《上城年鉴（2020）》记载时限为2019年1月1日至12月31日，特载部分提前收录2020年1月2日的区委全委会报告和2020年1月18日的政府工作报告，以保持内容的完整性。

五、全书具有双重检索系统，卷首刊有详细目录，同时设英文要目；卷末有主题索引。

六、全书涉及的主要数据以区统计局数据为准。区统计局未统计的数据由各业务部门及各承编单位提供。因统计范围、统计口径的调整，部分数据与往年不具可比性，部分单位提供的数据也会与区统计部门提供的数据不尽相同，引用时请注意。

七、文中“特载”类目、“附录”类目中文件（文献）和“统计公报”分目内容照原文登载，不做编辑规范方面的处理。

上城区地方志编纂委员会

顾　　问　陈　瑾
主　　任　金承涛
副 主 任　丁熠锋　李　军
委　　员　周朝星　杨盛强　邬晓华　姚　杰　吴电荣
　　　　　郑　平　余德利　孙　锦　项海刚　杨　东
　　　　　陈宏萍　石荣祥　周　莹　赵　鹏　许联辉
　　　　　杜秀芬　毛学庆　许　铭　徐逸峰　陈永权
　　　　　芮佳南　方　金　丁炜锋　杨凯量　蒋晓伟
　　　　　李晋楠　朱洪昌

上城年鉴编辑部

主　　编　李晋楠
副 主 编　朱洪昌　杨欣蔚
执行主编　许红霞
编　　辑　（按姓氏笔画排序）
　　　　　王　茜　刘　毅　许红霞　徐晓霞

湖滨步行街开街日之西湖音乐喷泉（2019年9月27日） （王 川 摄）

2019年8月8日，钱塘江边首个“市民垂钓区”（上城区之江路江堤——甬江路至望潮路段）对外开放 （区政府办公室 供稿）

上城区行政中心（2019年3月5日）　　（毛惠清 摄）

2019年9月27日，湖滨步行街开街日街景　　（王 川 摄）

江干区
杭州市
上城区
望江街道
小营街道
紫阳街道
钱塘江
滨江区
西兴大桥
复兴大桥
望江隧道
庆春隧道
运河之江隧道
钱江路站
江锦路站
市民中心站
城星路站
婺江路站
近江站
南江路站
南星桥站
城站站
庆菱路站
庆春广场站
地铁1号线
地铁2号线
杭州站
汽车南站（临）
望江公园
横河公园
浙医一院
浙医二院
市三医院
市妇产科医院
万象城
万泰城
华东国际家具广场
清泰南苑
新丰新村
清江花园
兴隆新村
始版桥新村
近江苑
钱塘名都
恒丰花园
望江新园
望江家园
近江家园
闸潮商庭
望江府
紫轩
钱江御府
林风花园
蓝色钱江
新绿园
钱塘印象
阳光海岸
金色家园
金色海岸
春江花月
海运国际大厦
崇文实验学校
杭师大附小
北师大附中
杭二中分校
庆春立交桥
清泰立交桥
望江立交桥
望秋立交桥
中兴立交桥
秋涛北路
秋涛路
环城东路
清江路
之江路
钱江路
新业路
富春路
时代大道
江南大道
机场公路
江晖路
闻涛路
长河路
江汉路
江虹路
滨盛路
滨和路
滨兴路
北塘河
图例
市政府
区政府
街道办事处
区界线
街道界线
立交桥
铁路及车站
地铁线及站点
隧道
河流湖泊、桥梁
山峰
断桥残雪 西湖十景
宝石流霞 西湖新十景
北街梦寻 三评西湖十景
医院
学校
购物中心
宾馆酒店
大楼大厦
寺庙 塔
博物馆
风景名胜古迹
汽车站
中共杭州市上城区委党史和地方志编纂研究室
杭州市勘测设计研究院
编制
地图审核号：浙杭S（2019）032号
注：底图资料由杭州市规划和自然资源局提供
行政界线不作划界依据，仅供参考

杭州市上城区行政区划图

新塘河（2019年杭州市“美丽河湖”）（区城管局 供稿）

中河（2019年杭州市“美丽河湖”）（区城管局 供稿）

2019年9月8日，上城区举办庆祝中华人民共和国成立70周年演出活动（陈建荣 摄）

2019年4月28日，上城区市民在西湖边开展歌唱《我和我的祖国》快闪主题活动（陈建荣 摄）

2019年9月20日，上城区新生代企业家联谊会年会以“尚城新生，献礼祖国”为主题，庆祝中华人民共和国成立70周年

（区工商联　供稿）

2019年9月24日，浙江大学医学院附属第一医院的医护人员庆祝中华人民共和国成立70周年

（区社教办　供稿）

2019年9月24日，杭州市清荷幼儿园师生庆祝中华人民共和国成立70周年

（区社教办　供稿）

2019年9月24日，上城区公民警校联盟庆祝中华人民共和国成立70周年　　（区社教办 供稿）

2019年5月30日，南星街道用共享单车摆出“70”造型，庆祝中华人民共和国成立70周年

（南星街道 供稿）

2019年1月15—18日，杭州市上城区第十五届人民代表大会第三次会议召开

（区人大常委会办公室 供稿）

2019年1月14—17日，中国人民政治协商会议第五届杭州市上城区委员会第三次会议召开

（陈建荣 摄）

2019年9月11日，上城区"不忘初心、牢记使命"主题教育部署会召开

（区委宣传部 供稿）

2019年2月12日，中共上城区纪委十届四次全体会议暨"三联三领三服务"推进大会召开

（区委宣传部 供稿）

2019年6月29日，上城区庆祝中国共产党成立98周年表彰大会召开。会上，第二期“最强党支部成长营”启动

（区委宣传部 供稿）

2019年5月6日，上城区举办纪念五四运动100周年特别主题团日暨“新时代上城十大杰出青年”风采展示活动

（区委宣传部 供稿）

2019年10月23日，上城区举办“不忘初心、牢记使命”主题教育暨庆祝浙江省第23个环卫节大会 （区城管局 供稿）

2019年11月23日，“尚城·红星系”城市基层党建综合体在杭州市党群服务中心举办“上城日”主题活动。图为点茶技艺展示 （区档案馆 供稿）

2019年4月29日，上城区“追梦新时代，劳动最美丽”庆祝“五一”国际劳动节大会举行

（区总工会 供稿）

2019年9月24日，上城区庆祝全国首个“9·26”工匠日主题活动暨第二届“上城工匠”认定发布会举行

（区总工会 供稿）

2019年5月24—25日，第五届全球私募基金西湖峰会举行。图为国企改革“双百行动”发展基金落地签约仪式　　（玉皇山南基金小镇管委会 供稿）

2019年5月24—25日，第五届全球私募基金西湖峰会举行。图为深圳证券交易所杭州基地落地签约仪式　　（玉皇山南基金小镇管委会 供稿）

2019年5月24—25日，第五届全球私募基金西湖峰会举行。图为主论坛“高峰对话”　　（玉皇山南基金小镇管委会 供稿）

2019年1月25日，2019中国（杭州）数字经济高峰论坛在上城区举行　（区委宣传部 供稿）

2019年7月9日，2019侨界创业投资高峰论坛举行。图为区工商联（商会）与香港总商会签署战略合作协议　（区工商联 供稿）

2019年8月30日，南华期货股份有限公司正式登陆上海证券交易所。图为鸣锣开市仪式

（清波街道 供稿）

2019年9月18日，浙江省欧美同学会总部落户上城区。图为揭牌仪式 （清波街道 供稿）

2019 年 5 月 29 日，上城区举办“同心尚城·营商环境大家谈”城市客厅活动

（区工商联 供稿）

2019 年 6 月 6 日，全国大众创业万众创新活动周上城分会场活动暨创新创业嘉年华活动在玉皇山南基金小镇举行

（区委宣传部 供稿）

2019年4月29日，上城区融媒体中心成立
（区委宣传部 供稿）

浙江华日实业投资有限公司总部（2019年3
（浙江华日实业

2019年3月12日，上城区数字统战体验馆开馆。图为体验馆内部场景　　（区委宣传部 供稿）

公司　供稿）

杭州娃哈哈集团有限公司下沙第二生产基地（2019年9月）

（杭州娃哈哈集团有限公司　供稿）

2019年7月31日，上城区第一个街道社会治理综合服务中心——南星街道社会治理综合服务中心成立并对外开放
（南星街道 供稿）

2019年4月19日，杭州城站火车站地区“路地警务融合”暨杭州市公安局上城区分局城站派出所成立揭牌仪式举行
（区公安分局 供稿）

海潮雅园一园安置房（2019年8月12日）　　（杭州望海潮建设有限公司 供稿）

望江街道南光坊小区加装电梯（2019年3月28日）　　（望江街道 供稿）

搬迁前的杭州汽车南站（2019年6月29日）　　（杭州望海潮建设有限公司 供稿）

健康智谷项目（2019年1月30日）　　（区委宣传部 供稿）

小区智慧垃圾分类投放点（2019年12月） （区委宣传部 供稿）

2019年9月1日，杭州市凤凰小学小蜜蜂中队在学校大厅向同学们分享垃圾分类知识，倡导绿色亚运 （何 杰 摄）

2019年国庆期间，志愿者在湖滨商圈开展人墙式文明交通劝导志愿服务　（团区委 供稿）

2019年10月19日，第二十一届中国杭州西湖博览会市民休闲节在湖滨步行街举行

（吴海平 摄）

2019年12月13日，地书爱好者们在湖滨步行街书写“百廉图”　　（区纪委区监委　供稿）

2019年11月16日，杭州市全民终身学习活动周暨上城区第十六届终身教育节开幕

（区委宣传部　供稿）

2019年10月28—29日，英国哈洛学院数学研修团到上城区海外教师培训中心学习。图为研修团考察张天孝小学数学教育博物馆，并与张天孝（左四）合影

（区教育局 供稿）

2019年11月15日，上城区中小学第二十四届“七色花”艺术节器乐专场比赛举行

（区教育局 供稿）

北京师范大学附属杭州中学（2019年9月）　　（区教育局 供稿）

杭州新世纪外国语学校（2019年4月）　　（区教育局 供稿）

2019年10月12日，南宋文化节启幕　　（陈建荣　摄）

2019年10月17日，上城区举办以“盘点宋时世相百态，探寻文化高光时刻——宋文化对后世的深远影响”为主题的南宋论坛　　（区委宣传部　供稿）

重建后的草桥亭（2019年11月）（区文广旅体局 供稿）

2019年11月15日，上城区在清河坊历史文化街区举办“南宋风情·茶趣人生”2019仲秋静心茶会（清波街道 供稿）

凤凰山南影视基地——电影频道杭州基地（2019年12月） （区委宣传部 供稿）

升级改造后的东坡大剧院（2019年9月27日） （王 川 摄）

目 录
Contents

特 载
Special Report

专 记
Special Records

大事记

Chronicles of Events

上城概览

Overview of Shangcheng District

中共杭州市上城区委员会

Shangcheng District Committee of Hangzhou Committee of CPC

上城区人民代表大会及其常务委员会

People's Congress and Its Standing Committee of Shangcheng District

上城区人民政府

People's Government of Shangcheng District

政协上城区委员会

Shangcheng District Committee of the CPPCC

纪检·监察

Disciplinary Inspection & Supervision

民主党派与工商联

Democratic Paties & Association of Industry Commerce

群众团体
Mass Organizations

军　事

Military

主导产业

Leading Industries

现代产业生态圈

Modern Industrial Ecosphere

对外经济贸易与区域合作

Foreign Economic and Trade & Regional Cooperation

综合监督管理

Comprehensive Supervision and Management

人力资源和社会保障
Human Resources and Social Security

城区建设与管理
Urban Construction and Administration

环境保护

Environmental Protection

科学技术

Science and Technology

教育
Education

文化

Culture

卫生与健康
Health

体 育

Sports

社会生活

Social Life

街道

Subdistricts

人物
Figures

附录
Appendix

主题索引

Subject Index

《上城年鉴（2020）》部分组织机构全称简称对照

全　称	简　称
中共杭州市上城区纪律检查委员会、区监察委员会	区纪委区监委
中共杭州市上城区委办公室	区委办公室
杭州市上城区人民代表大会常务委员会办公室	区人大常委会办公室
杭州市上城区人民政府办公室	区政府办公室
政协杭州市上城区委员会办公室	区政协办公室
中共杭州市上城区委组织部	区委组织部
中共杭州市上城区委老干部局	区委老干部局
中共杭州市上城区委党史和地方志编纂研究室	区委党史和地方志编纂研究室
中共杭州市上城区委宣传部	区委宣传部
中共杭州市上城区委统一战线工作部	区委统战部
中共杭州市上城区委政法委员会	区委政法委
杭州市上城区委机构编制委员会办公室	区委编办
中共杭州市上城区委直属机关工作委员会	区委直属机关工委
中共杭州市上城区委、上城区人民政府信访局	区信访局
杭州市上城区档案馆	区档案馆
杭州市上城区发展改革和经济信息化局	区发改经信局
杭州市上城区教育局	区教育局
杭州市上城区科学技术局	区科技局
杭州市公安局上城区分局	区公安分局
杭州市上城区民族宗教事务局	区民族宗教局
杭州市上城区民政局	区民政局
杭州市上城区司法局	区司法局
杭州市上城区财政局	区财政局
杭州市上城区人力资源和社会保障局	区人力资源和社会保障局
杭州市上城区住房和城市建设局	区住房和城建局
杭州市上城区商务局	区商务局
杭州市上城区文化和广电旅游体育局	区文广旅体局
杭州市上城区卫生健康局	区卫健局
杭州市上城区退役军人事务局	区退役军人事务局
杭州市上城区应急管理局	区应急管理局
杭州市上城区审计局	区审计局
杭州市上城区统计局	区统计局
杭州市上城区市场监督管理局	区市场监管局

全　称	简　称
杭州市上城区城市管理局	区城管局
杭州市上城区人民政府金融工作办公室	区金融办
杭州上城区数据资源管理局	区数据资源管理局
杭州市上城区投资促进局	区投资促进局
杭州市上城区行政审批服务管理办公室	区审管办
杭州市上城区电子机械功能区管理委员会	区电子机械功能区管委会
杭州市城站广场管理委员会	城站广场管委会
杭州市上城区人民法院	区法院
杭州市上城区人民检察院	区检察院
中国人民解放军杭州市上城区人民武装部	区人武部
杭州市上城区总工会	区总工会
中国共产主义青年团上城区委员会	团区委
杭州市上城区妇女联合会	区妇联
杭州市上城区社会科学界联合会	区社科联
杭州市上城区科学技术协会	区科协
杭州市上城区残疾人联合会	区残联
杭州市上城区工商业联合会	区工商联
杭州市上城区红十字会	区红十字会
杭州市上城区关心下一代工作委员会	区关工委
杭州市规划和自然资源局上城分局	市规划资源局上城分局
国家税务总局杭州市上城区税务局	区税务局
杭州市生态环境局上城分局	市生态环境局上城分局
杭州市公安局交通警察支队上城大队	上城交警大队
杭州市消防救援支队上城区大队	区消防救援大队
杭州市望江地区改造建设指挥部	望江指挥部
杭州市湖滨地区商贸旅游特色街居建设整治指挥部	湖滨指挥部
杭州市南宋皇城小镇管理委员会	南宋皇城小镇管委会
杭州市玉皇山南基金小镇管理委员会	玉皇山南基金小镇管委会
杭州市上城区投资控股集团有限公司	上投集团
杭州市上城区人民政府湖滨街道办事处	湖滨街道
杭州市上城区人民政府清波街道办事处	清波街道
杭州市上城区人民政府小营街道办事处	小营街道
杭州市上城区人民政府望江街道办事处	望江街道
杭州市上城区人民政府南星街道办事处	南星街道
杭州市上城区人民政府紫阳街道办事处	紫阳街道

真抓实干 争做标杆
奋力开启区域治理现代化新征程
——在区委十届十次全体（扩大）会议上的报告

（2020年1月2日）

中共上城区委书记 陈 瑾

同志们：

这次区委全会的主题是：高举习近平新时代中国特色社会主义思想伟大旗帜，深入学习贯彻党的十九届四中全会精神、中央经济工作会议精神，认真落实省委、市委各项决策部署，回顾总结2019年工作，研究部署2020年任务，高质量推进一流的国际化现代化城区建设，奋力开启区域治理现代化新征程。

下面，我代表区委常委会作报告。

一、2019年工作回顾

2019年是中华人民共和国成立70周年，也是改革开放开启新征程和机构改革全面完成的第一年。一年来，我们深入学习贯彻习近平新时代中国特色社会主义思想和党的十九届四中全会精神，紧紧围绕省委、市委决策部署，团结带领全区广大干部群众，昂扬斗志，拼搏进取，奋发有为，推动经济社会高质量发展。全年实现地区生产总值增长5%，服务业增加值增长7.8%；财政总收入166亿元，其中一般公共预算收入85亿元，增长5.6%；固定资产投资140亿元、社会消费品零售总额401亿元，分别增长0.5%和增长8.5%，较好完成年度各项目标任务。先后获得全国“七五”普法中期先进区等国家级和省级荣誉94项。

一年来，我们坚持守初心担使命，主题教育见行见效。紧紧围绕“守初心、担使命、找差距、抓落实”的总要求，扎实开展“不忘初心、牢记使命”主题教育。区委常委会深化新时代解放思想大讨论，带动全区上下读原著学原文悟原理，牢固树立“四个意识”、坚定“四个自信”、做到“两个维护”。出台“六赛五比”机制，举办“美好社区”建设、垃圾分类等4场擂台比武，推动党员干部互学互鉴、互比互看。大力开展九大专项整治活动，形式主义、官僚主义整治取得阶段性成果，基层减负各项工作稳步推进，崇尚实干、担当作为的氛围更加浓厚。持续深化“三联三领三服务”和“上门看、当面谈、马上干”机制，积极开展民情走访、困难结亲、项目领办等活动，累计走访企业1706家、群众2.25万户，收集各类问题2885条，解决率达96.95%，企业、群众的获得感和满意度显著提高。

一年来，我们坚持强创新促转型，经济质效不断提升。围绕“醉杭州”样板目标，历时9个月圆满完成湖滨步行街一期改造提升工程，成功承办全国步行街改造提升工作现场会，新湖滨街区在国庆节前精彩亮相，并以裸眼3D的形式进驻第二届进博会中国馆，接受习总书记巡馆。大力推进杭港高端服务业示范区建设，与香港贸发局浙江办事处交换项目合作备忘录，编制完成示范区实施方案，近江金融科技中心、杭州金地中心等“152”工程项目全面开工，香港新世界以97.9亿元摘地。深耕玉皇山南基金小镇2.0版，引进国家“双百基金”、省文投集团、浙勤集团、深交所杭州基地等一批高端项目，以基金小镇为核心的沿江发展区块成功列入中国浙江自贸区杭州联动创新区。聚焦“新制造业计划”，全面启动电子机械功能区“数字园区”建设，高新技术产业、装备制造业分别增长17%和19%。优化完善创新服务体系，培育国家高新技术企业34家、获得浙江省科技进步奖8项。深入实施“凤凰行动”，南华期货成为国内主板上市期货第一股。

一年来，我们坚持抓改革谋发展，重点攻坚稳步推进。坚持以“最多跑一次”改革为龙头，撬动各领域各方面改革。统筹实施23项年度重点改革试点任务，顺利完成新一轮党政机构改革，进一步理顺机构职能，提升服务能力。深化企业办事便利化改革，创新打造营商环境服务中心以及分析监测、“一件事”联办、服务协同三大平台，新企业开办“一件事”平均用时仅27分钟，比世界银行最新公布的最短时间还快，成为全国压缩企业开办时间工作推进会全省唯一区（县）现场观摩点，代表杭州参加国家营商环境测评并名列前茅。加快推进政府数字化转型和机关内部“最多跑一次”改革，材料电子化比率和“跑零次”实现率居全市前列。率先将“城市大脑”应用于基层治理实践，“上城平台·街区治理”应用场景作为唯一一个区（县）应用项目在全市“城市大脑”发布会上正式发布。牢牢抓住浙江省欧美同学会总部落地有利契机，进一步深化金融人才管理改革试验区和人才生态示范区建设，全面加速海内外高端人才和项目集聚。

一年来，我们坚持重传承塑品牌，文化内涵持续拓展。牢牢把握意识形态工作领导权、管理权、话语权，挂牌成立区级融媒体中心，打好网络舆论主动战。实施文化强区战略，出台文化兴盛三年行动计划，进一步打响“南宋古都·经典上城”品牌。精心组织庆祝中华人民共和国成立70周年系列活动，传播“上城声音”、讲好“上城故事”，汇聚团结奋进的强大能量。深入推进群众性精神文明创建活动，选树“最美”典型，紫阳街道王凤娟获评第六届浙江省道德模范，小营红巷获评浙江省爱国主义教育基地。加大非物质文化遗产和老字号企业保护扶持力度，举办南宋文化节、中国民间艺人节、全球私募基金西湖峰会等系列活动，文化影响力和美誉度不断提升。积极推进之江文化产业带上城发展极建设，集聚央视短视频基地、佳平影业、睿宸影视等一批龙头企业，凌笛商业体验中心建成并投入使用，电视剧《在远方》被推荐参加第56届戛纳电视节，《麦香》荣获全国“五个一工程”奖。启动海潮寺复建工程，顺利完成中意文化交流项目草桥亭重建和东坡大剧院提升改造。深入实施“七送”文体惠民工程，全省基层公共文化服务体系评估排名从86位大幅提升到24位，创历史最好成绩。

一年来，我们坚持出实招办实事，民生福祉日益增进。积极推进望江区块征迁扫尾，全年征迁1259户、非住宅及企业50家，完成“三改”21万平方米、拆违2.28万平方米，汽车南站顺利搬迁，人居环境有效改善。加大保障性安居工程建设力度，新开工蓝领公寓940套，建设安置房项目8个、共计89万平方米，安置843户。出台《上城区危旧房项目权证办理办法》，率先在全市破解危改房屋权证办理难题。启动老旧小区“微更新”工程，首批6个小区改造55万平方米，新工社区列入市级试点。积极推进“未来社区”建设，始版桥项目被列入全省首批“未来社区”试点。坚持教育优质均衡发展，教育现代化发展指数继续领跑全省。扎实推进“健康上城”建设，卫生监管数字化工作走在全国前列。完善就业创业政策，成功创建省“无欠薪”城区。率先在全省推出家庭养老照护床位，提供线上线下服务，打造“没有围墙的养老院”。严格抓好中央环保督察“回头看”整改落实，空气质量不断改善，生活垃圾持续减量，“五水共治”再夺“大禹鼎”。扎实办好既有住宅加装电梯、“厕所革命”等关键小事，进一步提升群众获得感和满意度。

一年来，我们坚持优治理保平安，社会大局和谐稳定。深入开展贯彻中办5号文件试点，推进社会治理现代化“六和工程”建设，相关标准规范作为治理样本被中央政法委采用。区级社会矛盾纠纷调处化解中心正式启用，初步实现“一站式接待、一揽子调处、一条龙服务、一体化指挥”。大力开展“信访积案销号攻坚年”活动，化解信访积案77件，赴国家信访局登记人次同比下降80%，取得近年来最好成绩。创新智慧审判模式，全国首推AI法官助理，实现金融借款合同纠纷“即诉即办、即审即判”。坚决防范化解互联网金融风险，实现网贷机构、借款余额、出借人数“三下降”。开展“湖滨晴雨”成立十周年系列专题活动，进一步提升民主促民生、合作促共治的能力水平。积极推进美好社区建设，做优做实“全科网格”运行机制，“3+X”社区服务综合体实现全域覆盖，中国社区建设展示中心新馆正式投入使用。率先在全市成立6个街道级物业综合服务中心，进一步巩固提升党建引领下居委会、业委会和物业服务企业三方协同治理成效。持续深化扫黑除恶专项斗争，公共安全、防灾减灾等各项工作全面加强，应急管理体制机制进一步健全，安全生产实现“零亡人”目标，顺利实现省平安区“十四连创”。

一年来，我们坚持夯基础铸铁军，党建引领全面加强。大力实施“党建双强”工程，持续深化“尚城·红星系”城市基层党建综合体建设，开展“红色代办员1+1”专项行动，基层党建10分钟服务圈基本形成。聚焦忠诚干净担当，切实加强领导班子和干部队伍建设，分类分批选派128名干部到重点工程、一线城市和扶贫攻坚对口地区挂职锻炼。构建“大统战”工作格局，创新打造数字统战平台，相关项目获评2019年中国智慧城市十大创新案例。创建全国首个数字统战体验馆，率先发布全省新阶层工作标准体系，充分凝聚干事创业强大合力。坚持全面从严治党，统筹推进“清廉上城”建设，层层抓好“两个责任”落实，深化“四种形态”实践运用，在国际红通追逃、群众身边腐败和党员领导干部涉腐惩治等方面取得明显实效。突出政治巡察定位，完成4轮12个区直单位常规巡察，与鹤峰联合开展扶贫协作领域专项巡察，全力助推脱贫攻坚。

我们高度重视民主团结，大力发展社会主义民主政治。区委常委会坚决落实党中央和省委、市委各项决策部署，总揽全局、协调各方，召开区委人大、政协工作会议，切实加强党的领导。区人大认真履行宪法和法律赋予的各项职责，充分发挥依法决定、专项监督、专题调研等重要作用，有力推动全区中心工作。区政府撸起袖子加油干，扑下身子抓落实，一锤接着一锤敲，奋力推动各项工作稳步发展。区政协发挥专门协商机构独特作用，积极和区委同频共振，展示政协新样子。各民主党派、工商联和无党派人士的作用进一步发挥，老干部、档案、科协、残联、红十字会等工作取得新成绩，工青妇等群团桥梁纽带作用切实提升。党管武装、双拥优抚、民族宗教、侨务等工作全面加强。对口帮扶、区县协作等工作进一步深化，雷山、鹤峰以优异成绩脱贫摘帽。

同志们，回顾过去一年的奋斗历程，我们更加坚定了不忘初心、砥砺前行的为民情怀，更加坚定了牢记使命、忠诚担当的奋斗精神，也更加坚定了改革创新、攻坚实干的工作作风。我们取得的每一点进步，离不开上级党委政府的坚强领导，离不开全区干部群众的共同奋斗，离不开老领导、老同志和社会各界的关心支持。在此，我代表中共上城区委，向在座的各位同志并通过你们向全区各级党组织和广大干部群众表示衷心的感谢和崇高的敬意！

二、关于全会实施意见稿的说明

受区委常委会委托，我就《关于认真学习贯彻党的十九届四中全会精神，高水平推进区域治理体系和治理能力现代化的实施意见》（以下简称《实施意见》）起草情况向全会作说明。

（一）实施意见稿的主要考虑

区委常委会决定制定出台《实施意见》，主要有以下几方面考虑。

第一，这是贯彻党的十九届四中全会精神以及省委、市委决策部署的重大举措。党的十九届四中全会是当今世界正经历百年未有之大变局、我国正处于实现中华民族伟大复兴关键时期召开的一次历史性会议，深刻回答了中国特色社会主义制度和国家治理体系需要“坚持和巩固什么、完善和发展什么”这个重大问题，对决胜全面建成小康社会、全面建设社会主义现代化国家，对巩固党的执政地位、确保党和国家长治久安，具有重大而深远的意义。省委十四届六次全会作出了高水平推进省域治理现代化的重大部署。市委十二届八次全会也作出了高水平推进杭州城市治理现代化的决定。区第十次党代会提出了争做“四个标杆区”的奋斗目标，社会治理标杆区就是其中之一。作为杭州的核心城区，上城各项工作始终走在全省全市前列，因此我们在贯彻党的十九届四中全会和省委、市委全会精神上也必须走在前、作示范，高水平推进区域治理体系和治理能力现代化，努力走出一条上城特色的区域治理新路子。

第二，这是总结提炼过去实践探索、推动区域治理现代化的内在要求。改革开放以来特别是党的十八大以来，我们在习近平新时代中国特色社会主义思想指引下，把“最多跑一次”改革的理念方法作风贯彻到区域治理的方方面面，形成了许多具有引领示范作用的经验。比如上城连续十四年获评省平安区，探索建立了华东首家派出“金融法庭”，“平安365”被列为全国纪念“枫桥经验”50周年现场会参观点，“三社联动”模式在全国做了经验推广，先后荣获全国智慧城市先导区、全国社区治理和服务创新实验区等国家级荣誉。这些经验不仅是上城贯彻落实中央和省委、市委重大决策部署的创新举措，更为推动区域治理现代化奠定了基础。站在新的历史起点，我们必须全面总结、固化提升一批在实践中行之有效的治理经验，不断把中国特色社会主义的制度优势、上城治理探索的先发优势更好转化为区域治理效能，努力开创区域治理现代化新局面。

第三，这是全面检视短板问题、开展对标补短争先的迫切需要。当前，日益严峻复杂的外部环境和改革发展稳定中的各类隐患，让上城各项治理工作面临着许多新的问题和挑战。比如，经济高质量发展体系尚未完善，引领性项目集聚优势还不够，新旧动能转换需要持续发力；城市规划、建设、治理的协同机制有待健全，空间布局还需要进一步优化；公共资源配置全面覆盖常驻人口机制还未健全，优质公共服务均衡化供给与辖区群众的期望还存在差距；平安建设形势依然严峻，金融风险隐患犹存，区域治理的系统性整体性水平有待提高；一些干部本领恐慌、能力不足，对大城市中心城区治理缺乏应有的科学理念和知识储备等等。我们必须下大决心、花大力气，积极学习借鉴一线城市中心城区和各兄弟区（县）的先进经验，对标对表补短板、不折不扣抓整改，抓住问题的根源、找到解决的办法，力争在区域治理各领域各方面各环节都有新突破新发展。

（二）实施意见稿的起草过程

区委高度重视《实施意见》起草工作。区委全会主题确定之后，即成立文件起草组，在区委常委会直接领导下承担实施意见稿起草工作。在“不忘初心、牢记使命”主题教育中，区委常委会多次召开专题会、务虚会，深入学习党的十九届四中全会以及省委、市委全会精神，组织开展专题发言和课题调研，为撰写实施意见稿提供了清晰的思路和丰富的素材。

实施意见初稿形成后，在一定范围广泛征求意见建议。区委专门组织召开座谈会，认真听取区人大、区政协、老干部、各民主党派、工商联、无党派人士以及部分单位、各街道、基层代表等方面的意见建议。同时以书面形式向全区征求意见建议。经收集汇总，文件起草组共收到各方面反馈意见172条。从征求意见反馈情况看，大家普遍认为，实施意见稿深入贯彻党的十九届四中全会和省委、市委全会精神，准确把握上城实际，突出坚持和完善党的领导制度，抓住了区域治理的关键和根本，明确了推进区域治理现代化的指导思想、基本原则、主要目标和具体任务，为高质量建设一流的国际化现代化城区提供了有力保障。

各方面提出了许多好的意见建议，主要有以下几个方面。一是建议在完善思想文化引领工作机制中建立与中央、省级主流媒体的资源合作共享机制；二是建议在优化政府依法行政体制机制方面加强对基层部门的法治培训指导，提升基层干部与工作人员依法行政的能力与水平；三是建议在健全高质量发展制度体系中加入打造一流营商环境最新举措；四是建议重视“微法庭”在推进社会治理“最多跑一地”改革中的作用；五是建议《实施意见》与《关于贯彻中办5号文件，推进城市基层社会治理体系和治理能力现代化的实施意见》（上委办〔2019〕108号）进行有机衔接。

根据区委要求，文件起草组逐条分析各方面提出的意见建议，力求做到能吸收的尽量吸收，对实施意见稿进行认真修改完善。起草期间，区委常委会专门召开会议进行审议，形成了提交这次全会审议的实施意见稿。

（三）实施意见稿的基本框架

《实施意见》总体考虑是，紧扣‘认真学习贯彻党的十九届四中全会精神，高水平推进区域治理体系和治理能力现代化”这个主题，紧密结合省委、市委的决策部署，从区第十次党代会确立的战略目标和重大任务出发，着眼争做社会治理标杆区，全面总结区域治理各领域取得的成绩、积累的经验、形成的原则，重点阐述和部署全面推进党的领导、法治保障、高质量发展、基层社会治理和治理能力保障等方面制度体系建设，明确需要推进的重点工作任务。

《实施意见》共分为四个部分。第一部分为指导思想，主要阐述了在高水平推进区域治理体系和治理能力现代化过程中，必须以习近平新时代中国特色社会主义思想为指导，全面贯彻党的十九届四中全会精神，按照中央和省委、市委决策部署，突出区域治理关键环节，更高水平推进上城区域治理体系和治理能力现代化，不断满足人民群众的获得感、幸福感、安全感，为高质量建设一流的国际化现代化城区提供有力保证。第二部分为基本原则，主要阐述了在高水平推进区域治理体系和治理能力现代化过程中，我们必须坚持党的领导、坚持以民为本、坚持改革创新、坚持效能导向。第三部分为主要目标，分三个时间节点阐述了必须完成的阶段性目标。到我们党成立一百年时，各方面制度更加完善，逐步建成一流的国际化现代化城区。到二〇三五年时，各方面制度更加定型，共建共治共享大格局成效显著，治理体系和治理能力现代化水平走在全国前列。到中华人民共和国成立一百年时，全区发展更有质量、民生更有品质、平安更有保障，高水平全面实现区域治理现代化。第四个部分为重点任务，主要是围绕提出的目标，就全面推进党的领导、法治保障、高质量发展、基层社会治理和治理能力保障“五大体系”建设，部署了20项具体工作任务。

希望同志们深刻领会中央和省委、市委会议精神，紧紧围绕实施意见稿开展讨论，提出建设性的修改意见建议，为高水平推进区域治理体系和治理能力现代化贡献智慧和力量。

三、2020年主要工作安排

区域治理体系和治理能力建设是一项多维度、立体化、全方位的系统工程，必须统筹谋划、有序推进，以“钉钉子”精神，一步一个脚印抓好落实。明年工作的总体思路是：高举习近平新时代中国特色社会主义思想伟大旗帜，深入学习贯彻党的十九届四中全会精神，认真贯彻落实省委十四届六次全会和市委十二届八次全会精神，坚持稳中求进工作总基调，紧扣高质量建设一流的国际化现代化城区目标，聚焦“六大工程”，提升治理效能，奋发进取，担当实干，努力在全市“干好一一六、当好排头兵”进程中走在前列。

建议2020年经济社会发展主要目标安排：地区生产总值增长5%，服务业增加值增长7.5%，一般公共预算收入增长5%，固定资产投资增长10%，社会消费品零售总额增长8%。

具体要抓好以下六大工程：

（一）全力以赴推进产业升级工程

始终坚定不移把发展作为第一要务，围绕“高精尖细深”，进一步优化经济结构，创新经济治理方式，大力推动五大主导产业发展，加快转型升级步伐。

提升产业能级。高质量打造玉皇山南基金小镇2.0版，充分发挥浙江自贸区杭州联动创新区等政策叠加效应，全力推进空间、产业、服务提质扩容。做强小营智慧健康产业园，以“健康智谷”和丰平大健康产业园建设为龙头，加速培育健康服务、数字医疗产业，全面深化省级健康服务与大数据产业创新服务综合体建设。依托电子机械功能区，积极实施数字经济与新制造业“双引擎驱动”战略，持续推进“企业上云”“工业互联网”等数字化改造专项行动，加快培育一批拥有持续创新能力的“隐形冠军”“单项冠军”，推动飞地园区更好融入大城北地区规划建设。积极对接“一带一路”、长三角一体化等重大战略，发挥浙江省长三角资本研究院、长三角特色小镇产业联盟等重要载体作用，助推浙江与长三角、粤港澳，尤其是上海、香港之间金融、资本、人才的深度融合。鼓励支持有实力的本土企业“走出去”，开拓多元市场，有效应对贸易摩擦，建设更高水平开放型经济。

激发消费活力。紧抓杭州打造国际消费中心城市有利契机，推进全区免税退税商店申报落地，进一步巩固提升湖滨步行街一期改造成果，加快启动二期改造工程，构建“最时尚、最智慧、最人文”的品牌消费集聚地和新零售试验区，打造城市品质提升的“醉杭州”样板。紧抓清河坊历史街区列入首批省级高品质步行街试点契机，加强与南山路文化艺术休闲特色街区的整体联动，充分挖掘夜间消费需求潜力，积极探索培育富有上城地域特点和文化特色的“夜间经济带”，进一步擦亮全省新消费升级和高质量发展的金名片。全面启动中医药等老字号企业振兴工程，在品牌推广、市场开拓、人才培育、数字赋能等领域加大精准帮扶力度，让“老字号”在传承发展中焕发新活力。

厚植发展后劲。发挥新一轮区街财政体制调整的政策优势，充分调动各街道积极性，突出抓好稳企留企、协税护税等为企服务工作。继续巩固和拓展减税降费成效，确保涉企“十条新政”等惠企措施落实落细。深化产业链招商、专业化招商，积极对接世界500强、央企和省属国企，吸引更多“152”工程和“大好高”项目落地。坚持抓大不放小，持续引进发展潜力大、附加值高的中小项目，增强财政发展后劲。加大国有企业改革力度，全面盘活国有资产，抓紧修订完善国有房产出租管理办法，加快推进无证房产确权办证，进一步提升国资国企运营管理水平。优化财政支出结构，继续压缩控制“三公”经费和一般性支出，加强财政绩效管理，真正将财力用在刀刃上。继续做好雷山、鹤峰等地扶贫协作工作，推动互利共赢。

（二）全力以赴推进改革增效工程

以“最多跑一次”改革为龙头，纵深推进各领域各方面改革，以改革促发展、以改革强治理、以改革增活力，争取打造更多具有时代特点、上城特色的新模式新范例。

打造营商环境最优区。贯彻落实中央支持民营企业发展“28条”，着力解决民营企业融资难、融资贵问题，帮助企业转型升级。持续深化“最多跑一次”改革，加快“一体化政务服务”平台向区、街道、社区各层面的推广运用，推动三级便民服务体系标准化规范化建设，构建全方位、全天候、无缝隙的“15分钟便民服务圈”。持续推进企业办事便利化改革，深化营商环境服务中心及分析监测、“一件事”联办、为企服务协同三大平台建设，完善企业自主点餐式导办系统功能，推动投资项目审批提速增效。强化知识产权保护利用，严厉打击知识产权侵权行为，切实维护公平有序的市场环境。

打造创新创业示范区。以重大科技专项、技术创新引导专项和中小企业扶持专项为重点，织密建牢科技创新网络，进一步加强雏鹰企业、青蓝企业、双高企业等科技主导型企业培育，积极打好国家高新技术企业三年倍增计划收官战。加大财政科技投入，引导企业加大研发力度，推动创新成果转化。充分发挥海归驿站等一批优质众创空间项目的引领示范作用，推动全区创新服务资源朝着专业化、精细化、特色化、差异化方向发展。加速实施新一轮“1211”人才计划，全面修订金融、创新、文创等人才政策，继续办好全球私募基金西湖峰会、“智汇经典上城”高层次人才交流与项目合作大会，充分发挥省欧美同学会总部的引领带动作用，加强人才项目孵化机制，推动海内外各类人才“引得进、用得好、留得住”。

打造数字应用第一区。完成“城市大脑·上城平台”架构搭建，持续提升数字驾驶舱功能，进一步打破部门间、层级间、系统间的信息壁垒，整合数据资源，加强指挥集成，着力破解同一件事条线重复工作、信息不对称、“信息孤岛”等顽疾。积极推广湖滨地区街区治理经验，巩固提升城市管理、日租房管理、星级酒店入住等日常应用场景智能化水平，探索商圈人流管理、居家养老等新场景应用，推动市一医院周边交通治堵向浙一、浙二等重点医院拓展。深化政府数字化转型，加强与浙江政务服务网、“浙里办”、“浙政钉”等平台对接，完善机关内部“最多跑一次”改革网上协同办事平台建设，让“数据跑”代替“人工跑”，提高政务服务水平和机关运行效率。

（三）全力以赴推进建设提质工程

坚持产城融合的城市发展理念，发挥标杆性项目在城市品质提升中的示范带动作用，打开城市治理空间，统筹优化功能布局，更好满足居民对城市美好生活的期待和向往。

全力打造杭港高端服务业示范区。探索成立理事会、管委会、发展集团等机构，建立健全专业化、市场化、国际化的示范区运营管理体制。落实示范区城市设计及控规指标，编制三年行动计划、规划实施细则，争取土地、财政、就业、人才等相关政策落地，推动示范区长远发展。围绕示范区功能布局和“1318”产业体系，细化招商准入条件，主动对接高端资源，持续跟踪新世界项目、娃哈哈总部、绿城总部等重点项目进展，加快推进城站东通道、海东8～9号、海西10～11号等地块出让，着力招引一批重量级、总部型项目和高品质开发运营商，发挥杭港驿站等实体化服务平台作用，努力探索出一条核心城区高端服务业发展的新路子。

全速推进“未来社区”规划建设。进一步完善始版桥“未来社区”规划设计方案，全力营造立体市井、立体花园、立体联通的“上城之上·空中坊巷”最佳效果。加快“未来社区”13号地块出让进度，做优建设方案，确保2020年全面开工建设，力争在2022年亚运会前精彩亮相。编制望江城市文化年轮带方案，利用新增空间加速推进汽车南站安置房、娃哈哈公租房、崇文未来学校等社区配套用房建设。坚持群众参与、政府引导、市场运作，以“人性化、生态化、信息化”未来生活方式为导向，抓紧研究九大创新场景落地模式，积极培育共建共治共享的社区生活共同体，为高密度旧城中心区活力再生提供上城示范。

全面提升城市宜居环境水平。全域化完成征迁“清零”，积极推进省“无违建区”创建工作。加快木场巷、永明新村等安置房建设进度。实施老旧小区“微更新”三年行动计划，完成改造面积75万平方米，进一步优化人居环境，改善城市面貌。有序落实迎亚运道路整治任务，整治修缮复兴路、飞云江路等道路，提升区域通行能力。深入践行垃圾分类“三定三服务”上城方案，立足源头减量，完善清洁直运体制改革，推进大型垃圾分拣中心建设，实现“三年大变样”，持续保持全市领先水平。推进雨污分流改造全覆盖，高水平创建“污水零直排区”。巩固中央环保督察整改成果，加大饮用水源、餐饮油烟类等问题督察整改力度，积极打造人与自然和谐共生的绿色城区。

（四）全力以赴推进文化兴盛工程

深入实施全区文化兴盛三年行动计划，以南宋皇城遗址保护、开发为核心，放大特色文化优势，提升文化治理软实力，努力建设“有理想、有情怀、有文化、有温度”的新上城。

加大南宋文化保护开发力度。在市委、市政府的统一部署下，协同推进南宋皇城大遗址综保工程，全力打造南宋皇城小镇，加快吴山地下空间、德寿宫遗址项目开发，有序推动南宋文化体验中心等一批综合性高、带动力强的精品项目落地。实施“城市记忆”修复工程，全面加强历史建筑保护利用，努力打造活态开放、没有围墙的建筑博物馆。积极推动南宋文化档案史料、文物古籍等梳理研究工作。用足用好亚运会机遇，推动南宋文化传播发展，让南宋文化深入人心、走进千家万户。加强与开封、绍兴的联动，协助办好“两宋论坛”，谋划开展好南宋文化节、杭州美术节、吴山庙会等系列节展活动，延续历史文脉，讲好“上城故事”。

高质量打造之江文化产业带上城发展极。充分发挥省文投集团的带动辐射作用，加快推进央视短视频基地、凌笛数码等九大重点项目建设，全面提升文创产业发展能级。持续擦亮影视文化金名片，以凤凰山南影视基地为龙头，逐渐形成影视制作、内容孵化、发行交易和衍生品开发“一条龙”产业链，力争有更多作品入选全国、全省“五个一工程”等权威奖项。深化文旅融合发展，做强钱塘江夜游品牌，建设一批主题鲜明、要素完善的文化旅游网红打卡点，稳步推进全域旅游示范区建设。加强与日本京都、意大利维罗纳等国际文化名城的联动，有力推动对外文化交流，进一步提升上城文化知名度和影响力。

共同建设精神文明家园。牢牢抓住意识形态主导权，健全完善网络舆情应急处置工作机制，巩固提升“学习强国”平台的覆盖面和使用率，在营造主流舆论上更好发力。充分发挥融媒体中心优势，与中央、省级主流媒体全面合作，建立对外传播资源合作共享机制。积极培育和践行社会主义核心价值观，弘扬时代主旋律，传播社会正能量，选树“最美”典型，推行文明风尚，引导群众形成崇德向善的思想自觉和文明守礼的言行习惯。以中共杭州小组纪念馆迁址提升和中国社区建设展示中心新馆亮相为契机，全面做强红色文化主阵地，统筹推进“两馆两中心”建设运营工作，切实抓好新时代文明实践中心建设。继续做好“七送”文体惠民工程，进一步丰富群众精神文化生活。

（五）全力以赴推进民生福祉工程

围绕“打造家门口的品质生活”，积极推进民生服务专业化、多样化、精细化、均衡化发展，营造共建共治共享的社会治理格局。

着力解决群众操心事烦心事揪心事。全面深化“美好教育”建设，探索设立立德树人研究院，启动公办初中提质强校工程，实施人才培育“梧桐计划”，加快校舍建设和提升改造。扎实推进“健康上城”建设，全面贯彻实施更高水平医联体建设三年行动，加快基层社区卫生服务能力提升，探索推进0~3岁婴幼儿托育照护服务，进一步增强基层服务承载力。充分发挥全省首批康养体系试验区先行先试作用，积极探索“家院互融”养老新模式，有序推进老年人家庭适老化改造项目，进一步提升全区养老服务水平。织密织牢民生保障安全网，关心关爱残疾人等特殊群体，确保在全面小康进程中一个都不落下。研究出台新一轮区级就业创业政策，积极创建省根治欠薪示范区。完善民生实事项目票决制，全力抓好既有住宅加装电梯、二次供水、煤气“瓶改管”等“关键小事”，更好满足辖区群众对美好生活的向往。

着力打通基层治理“最后一公里”。坚持系统治理、综合治理、依法治理和源头治理相结合，推动形成“党委领导、政府负责、民主协商、社会协同、公众参与、法治保障、科技支撑”的良好局面。持续深化中办5号文件试点，整合基层审批服务执法力量，积极探索联合执法“最多查一次”，加快实现一枚印章管审批、一支队伍管执法。坚持和发展新时代“枫桥经验”，以“六和塔”体系构建为主线，全面推进社会治理现代化“二十项行动”落地。深化区、街两级社会矛盾纠纷调处化解中心建设，推广“微法庭”工作模式，推进诉源治理、多元化解，努力实现矛盾纠纷化解“只进一扇门”“最多跑一地”。健全信访工作联席会议机制，实现“基层的事在基层办”，确保信访积案“减存量、控增量”。强化网格单元微治理功能，规范事务准入，明确网格职责，优化网格服务，增强网格治理效能。深化基层民主协商，健全街道居民议事制度，推广“湖滨晴雨”经验，引导社会各界力量积极参与基层社会治理。深化“法治上城”建设，深入实施“七五”普法，做优做强“尚法”系列品牌，健全公共法律服务体系，增强全民法治精神和法治意识。

着力夯实平安建设根基。坚持底线思维，把维护国家政治安全特别是政权安全、制度安全放在第一位，全力打好线上线下整体仗、持久仗、主动仗。健全金融风险防控和监管体系，主动有序推进政府隐性债务化解，坚决抓好全市“三降”指标刚性落实。加快“平安365”平台迭代升级，推动“基层治理四平台”高效运转，探索构建集运行监控、监督指挥、联勤联动、数据集成应用等功能于一体的城市日常运行综合管理平台。持续推进“雪亮工程”“智安小区”建设，强化湖滨商圈、河坊街、城站等人群密集区域安全管控。持续深耕“公民警校”“四联三防”等群防群治特色品牌，通过信息联享、问题联治、工作联动、平安联创，不断夯实平安上城基层基础。压紧压实安全生产和消防安全责任，加强商场市场、工程建设、食品药品以及特种设备等领域重大隐患排查整治。加强宗教领域规范化管理。坚决推进“扫黑除恶”专项斗争，依法严厉打击各类犯罪行为，确保辖区群众生命财产安全和社会和谐稳定。

（六）全力以赴推进党建领航工程

坚定不移贯彻新时代党的建设总要求，把党的领导落实到区域治理各领域各方面各环节，团结带领全区干部群众锐意进取、艰苦创业，不断凝聚推进区域治理现代化的强大力量。

巩固教育成果深化治理。始终把党的政治建设摆在首位，建立初心传承、初心课堂、初心路线等“初心系列”长效机制，引导全区党员干部自觉用习近平新时代中国特色社会主义思想武装头脑、指导实践、推动工作，在学懂弄通做实上争当表率。建立健全问题整改“五个一”工作机制，对主题教育期间尚未整改到位或一时难以解决的突出问题，务必紧盯不放、持续用力、一抓到底。制定出台十项基层社会治理制度机制，切实把主题教育实践成果转化为推动区域治理现代化各项工作的强劲动力。

突出党建引领统筹治理。充分发挥区委在区域治理中的统筹领导作用，积极实施街道人大工作条例，推动政协“请你来协商”平台走深走实，协同推进数字统战联盟建设，团结各方面力量，凝聚各阶层智慧，齐心协力抓好区域治理各项工作。紧扣基层治理需求加强区域化党建，做实街道“大工委”、社区“大党委”制，更好发挥基层党组织在区域治理中的引领作用。深化“尚城·红星系”城市基层党建综合体建设，积极探索完善“业联体2.0版”、小区建支部等党建引领基层治理的新模式新方法，全面构建共建共治共享的城市基层党建格局。

砥砺干部作为担当治理。把牢政治标准“硬杠杠”，强化党员干部尤其是领导干部的政治素质和政治历练，切实做到旗帜鲜明讲政治。聚焦“担当有为、基层一线、实干实绩”的用人导向，把提高制度执行力和治理能力作为新时代干部队伍建设的重大任务，把“最多跑一次”改革、数字经济、征迁破难、信访维稳等重点工作作为考察识别干部的大考场，大力发现培养选拔优秀年轻干部。有序推开职务职级并行机制，推进全区科级以下干部跨部门交流，落实优秀社区党组织书记纳入专项周转事业编制管理实施细则，打好严管厚爱组合拳。坚持全面推行鼓励激励、容错纠错、能上能下“三项机制”，旗帜鲜明为担当者担当、为干事者撑腰，努力锻造一支动真碰硬、敢闯敢干的上城铁军排头兵。

优化作风建设推动治理。纵深推进“清廉上城”建设，严明政治纪律和政治规矩，高标准落实中央八项规定及实施细则精神，深入开展“三不”专项整治，坚决反对形式主义、官僚主义，切实为基层减负增能。继续推进纪检监察体制改革，深化政治巡察，整合各种监督力量，全面构建党统一指挥、全面覆盖、权威高效的监督体系。始终保持惩治腐败的高压态势，营造风清气正的政治生态，在防控廉政风险、扎紧制度笼子、开展警示教育上下更大功夫，切实做到标本兼治。强化制度意识，提升执行能力，在全区营造尊崇制度、执行制度、维护制度的良好氛围，争做区域治理现代化的推动者和实践者。

同志们，推进区域治理现代化，使命光荣、责任重大。让我们更加紧密地团结在以习近平同志为核心的党中央周围，高举习近平新时代中国特色社会主义思想伟大旗帜，在省委、市委的坚强领导下，进一步创新治理机制，提升治理能力，奋力开启区域治理现代化新征程，为高质量建设一流的国际化现代化城区而不懈奋斗！

政府工作报告

——在上城区第十五届人民代表大会第四次会议上

（2020年1月18日）

上城区人民政府区长　金承涛

各位代表：

现在，我代表上城区人民政府向大会报告工作，请予审议，并请区政协各位委员和其他列席人员提出意见。

2019年工作回顾

2019年是中华人民共和国成立70周年，是高水平全面建成小康社会的关键之年，也是改革开放开启新征程和机构改革全面完成的第一年。一年来，区政府坚持以习近平新时代中国特色社会主义思想为指导，全面贯彻党的十九大和十九届二中、三中、四中全会精神，切实落实区委各项决策部署和区十五届人大三次会议确定的目标任务，坚持稳中求进工作总基调，坚持新发展理念，坚持高质量发展，统筹推进稳增长、促改革、调结构、惠民生、防风险工作，高质量建设“四个标杆区”，全区经济社会保持健康发展良好态势。

全年预计地区生产总值增长6%，其中服务业增加值增长8%；固定资产投资140亿元，增长0.5%；社会消费品零售总额401亿元，增长8.5%。完成财政总收入166亿元，其中一般公共预算收入85亿元，增长5.6%；新增城镇就业12700人。我们成功举办了第五届全球私募基金西湖峰会，湖滨国家级步行街精彩亮相，连续14年成功创建省级平安区，再次夺得全省“五水共治”工作优秀区“大禹鼎”，荣获全国“七五”普法中期先进区等国家和省市荣誉95项。

2019年，我们重点抓了以下六方面工作：

一、坚持稳增长调结构，发展质效稳步提升

坚定不移贯彻新发展理念，深化“最多跑一次”和“亩均论英雄”改革，有效激发市场活力，打出了“营商环境最优区”品牌，推动高质量发展取得新进展。

主导产业稳步发展。五大主导产业实现一般公共预算收入49.19亿元，占全区一般公共预算收入60.37%。金融服务业持续做强，完成一般公共预算收入18.08亿元，同比增长1.3%。以基金小镇为核心的沿江发展区块成功列入中国浙江自贸区杭州联动创新区，成立长三角特色小镇产业联盟，深交所杭州基地、浙江省长三角资本研究院落户。文创产业蓬勃发展，实现增加值160亿元，同比增长7.5%。引进央视短视频基地、省文投集团等重大项目7个。信息技术产业势头良好，完成数字经济核心产业增加值25亿元，同比增长5.5%，成功举办2019杭州数字经济高峰论坛。商贸旅游业再创新高，全年接待游客6400万人次，实现营业收入403亿元，荣获省政府推进批发零售改造提升先进区。健康服务业加快发展，完成一般公共预算收入3.44亿元，小营智慧健康产业园引进健康智谷等项目106个，上城健康服务与大数据产业创新服务综合体入选第三批省级创建名单。

发展动能持续增强。支持民营企业健康发展，出台《贯彻落实稳企业稳增长促进实体经济发展政策举措》，资助金融、科技和文创等项目123个9.45亿元，惠及企业930家（次）。全面落实减税降费政策，累计减税降费19.58亿元。全力打造杭港高端服务业示范区，完成示范区实施方案并获市委、市政府批复，香港新世界集团望江新金融总部项目成功落地。完成湖滨步行街一期改造提升，承办商务部全国步行街改造提升工作现场会，新招引品牌400余个，建成最时尚、最智慧、最人文的“醉杭州”样板，并以裸眼3D形式进驻第二届进博会中国馆。实施“新制造业计划”，完成数字化技术改造项目7个，启动电子机械功能区数字化园区建设。深入实施创新驱动战略，举办全国双创周上城分会场活动。加强与英国格拉斯哥大学等国外高校合作，推进“创新研究中心”建设。通过国家高新技术企业评审45家，创建省级众创空间1家，新认定省科技型中小企业77家、市级企业研发中心10家，获省科技进步奖8个。专利总申请3055件，同比增长16.38%；专利总授权1632件，同比增长6.7%。深入实施“凤凰行动”计划，南华期货成为国内主板上市期货第一股，毛戈平化妆品等7家企业被列入市级重点拟上市企业。圆满完成第四次经济普查工作。

重点改革不断深化。出台《深化“最多跑一次”改革建设国际一流营商环境的实施意见》，代表杭州市参加首次全国营商环境测评并取得优异成绩。全市率先启动“常态化企业开办”专窗和全流程网上办理，现场办理平均用时26分钟，成为全国压缩企业开办时间工作推进会全省唯一区（县）现场观摩点。深化“证照分离”改革，用水用气、投资项目等42个事项纳入“一件事联办”。推进企业投资项目审批制度改革，实现赋码备案到竣工验收审批“最多90天”。纵深推进国资国企改革，实施区属国有企业财务负责人统一委派管理制度，完成新一轮区街财政体制改革和清河坊公司股权结构调整。完成路通市政公司改制，年产值由3000万元增长至2.76亿元。改革南宋皇城小镇管理体制机制，构建小镇管委会统筹下的省级特色小镇创建机制。加快工程项目竣工决算进度，大力推进国有资产权证办理。启动安置房“建管分办”一体化改革，完成办证2336套。全市率先破解农户安置房、危改后房屋办证难题，惠及群众150户。全市率先启动物业管理体制机制改革，成立街道物业综合服务中心，实现监管职责下沉。

开放合作持续扩大。进一步完善“大招商”体制机制，编制重点产业链招商实施方案。着力招大引强、招强引优，成功引进国企改革“双百行动”发展基金、浙勤集团、浙商金控等重点项目，近江金融科技中心、杭州金地中心等3个“152”项目落地开工。全年实际到位外资4.49亿美元，同比增长97.98%。积极做好稳外贸工作，鼓励企业参与“一带一路”建设，完成货物出口14亿美元，服务贸易出口6.55亿美元，外贸高质量发展指标位列主城区第一。完善区“1211”人才计划项目绩效评价机制，资助人才创业创新项目20个1377万元，入选市“521”人才计划3人。举办“智汇经典上城”高层次人才交流与项目合作大会，现场签约重点人才项目7个，成立海外引才工作站5家。发放新引进应届毕业生一次性生活补贴4995万元。深化与贵州雷山、湖北鹤峰的东西部扶贫协作，落实政府帮扶资金9500万元，“御见西江”雷山县苗族文化展示中心正式开业，两地脱贫摘帽均通过省级验收。稳步推进与淳安、衢州开化、吉林朝阳、黄山祁门、绍兴越城的区县协作、山海协作、对口合作。

二、坚持铸品牌强融合，文化传承成果丰硕

擦亮南宋文化金名片，深化文化旅游融合发展，打造文化精品工程，公共文化服务体系不断完善。

传统文化活力彰显。出台文化兴盛三年行动计划，进一步打响“南宋古都·经典上城”品牌。加强与中国美院战略合作，深化文化品

牌和城市美学设计。成功举办“经典南宋·韵味杭州”2019南宋文化节，德寿宫遗址考古有效推进，海潮寺复建工程顺利开工。积极参与“知味杭州”亚洲美食节系列活动，举办“知识江南美学·味象风雅宋韵”主题论坛。进一步加强“非遗”保护和扶持，激励老字号企业发展，资助项目和企业8个156万元。加大文化交流，与北京、开封、绍兴等地开展南宋文化品牌共建，与鹤峰、雷山、开化等地加强资源共享，组织“文化走亲”18场。

文旅融合成效明显。加快以南宋皇城小镇为核心的南宋文化体验园建设，吴山广场地下空间开发完成控规调整，首家杭州亚运会特许商品零售店开业，清河坊历史街区入选首批省级高品质步行街试点。加快文旅项目落地，钱塘夜游“钱印号”正式启航。完成“草桥结拜”文化景观复建，助推杭州和意大利维罗纳文化交流。积极推进之江文化产业带上城发展极建设，凌笛数码商用体验中心建成并投入使用。打造凤凰山南影视基地，电视剧《麦香》获全国“五个一工程”优秀作品奖，《在远方》作为中宣部、国家广电总局重点推荐片目亮相第56届戛纳电视节。提升旅游服务智慧化水平，打造文旅系统平台和“数字旅游专线”，推广“酒店30秒入住”系统，为游客提供便捷服务。清波古韵小镇通过第三批省级旅游风情小镇评审。

文化服务质量提升。深化基层公共文化服务体系建设，顺利通过省级标准认定，全省评估排名比去年提高7位。加快公共文化设施建设，区体育中心主体结顶，区图书馆、区非遗展示中心建设稳步推进。举办“书香上城”全民阅读节活动，“西湖醉书吧”“湖滨城市书房”等正式投入使用。实施文化惠民工程，开展各类公共文化服务2000场次，惠及群众30余万人次。

三、坚持优规划精管理，环境品质持续提升

践行“有限空间、无限发展”理念，优化城市功能布局，推进城市有机更新，全面提升城市精细化管理水平。

发展空间有效拓展。强化规划引领，深化“一轴三组团”发展定位，完成国土空间总体规划上城区发展大纲编制工作。修编望江单元控规，编制铁路杭州站东通道及核心区块地下空间开发方案，新增地上产业空间50万平方米，拓展地下产业空间10万平方米，彻底改变望江地区安置房集聚区功能定位。完成南宋皇城小镇城市设计方案，启动玉皇山南基金小镇城市设计及凤凰山景区控规修编。强力推进征迁扫尾，完成“三城一广场”等“清零”项目14个，征迁住宅1309户、企业和非住宅50家（户），征迁涉铁房产19处1.76万平方米，拆除铁轨630米，汽车南站顺利搬迁。加快土地收储出让进度，望江单元08地块及海东1至7号地块完成出让，土地面积203.78亩；望江核心区1至12号等地块完成收储，土地面积393.54亩。盘活低效土地974亩，荣获省级国土资源节约集约模范区。

重点项目稳步推进。推进重大投资项目建设，全年投资项目开工78万平方米，续建143万平方米，竣工50万平方米。秉承“人本化、数字化、生态化”理念，启动“未来社区”建设，始版桥社区列入首批省级试点并成为省长唯一联系点，娃哈哈公租房地块及内部道路率先开工建设。加大安置力度，安置房开工24万平方米，续建50万平方米，交付15万平方米，安置843套。出台特殊安置房源管理办法，提升存量房源使用效益。试点老旧小区“微更新”，开工建设新工社区等项目6个，涉及35万平方米，总投资8000万元，惠及居民4596户。完成既有住宅加装电梯60台。深化交通治堵，建设道路9条，开通3条，建成停车场（库）3个，新增公共泊位300个。深化“三改一拆”，完成改造21万平方米，拆违2.3万平方米，改扩绿5.18万平方米。高品质打造蓝领公寓，开工建设二期项目940套，惠及1880人。

城区环境持续优化。着力提升城市管理“五化”水平，做优城区环境质量。切实做好垃圾分类“关键小事”，垃圾源头减量3.6万吨，下降2.95%，创建省级示范街道1个、市级示范街道2个。加快再生资源回收体系建设，建成标准化回收网点72个，形成定时定点清运专线12条。深入开展“厕所革命”，完成公厕提升改造15座。完成“两街两高架”沿线亮灯提升工程。深化“五水共治”工作，推进“污水零直排区”建设，实施雨污分流项目58个，完成中河、新塘河市级“美丽河湖”创建，河道清淤1万立方米，饮用水源地水质达标率100%。实施中大吴庄等11个高层住宅小区二次供水改造工程，惠及居民2571户。加强道路扬尘监测，建立健全大气预警应急处置机制，全区$PM_{2.5}$较去年下降0.7%。做好省级环保督察迎检工作，完成上级交办信访问题整改19件。开展全区道路交通安全综合治理工作。

四、坚持强保障惠民生，公共服务日趋完善

紧紧围绕人民日益增长的美好生活需要，切实加大民生保障投入，完善社会保障体系建设，群众幸福感获得感不断增强。

社会保障全面夯实。坚持新增财力三分之二以上用于民生保障，全年民生支出32.06亿元，占一般公共预算支出76.9%。举办各类就业援助服务和专场招聘50余场，开展高技能人才培养、就业创业培训2000余人，发放创业担保贷款3600万元，城镇登记失业率保持在3%以下。强化参保扩面激励，基本养老保险、医疗保险参保率达99.49%。开展低保低边渐退试点，发放基本生活保障金及各类补贴2453万元。深化康养服务体系建设，政府购买居家养老服务1240万元。加快家庭养老照护床位试点建设，推进老年家庭住房适老化改造，提升示范型老年食堂20家。推进退役军人服务保障体系建设，区街社三级退役军人服务中心（站）实现全覆盖。

美好教育全面深化。坚持教育优先发展，出台《建设“美好教育”加快教育优质均衡发展的实施意见》，教育现代化发展指数继续保持全省第一，高分通过全省政府履行教育职责督查。落实“公民同招”新政，促进公办民办协调发展。中小学师训考核连续四年排名全省第一，新设特级教师工作室20个，率先实现“校校有特教”。加快“五育”并举，创建全省中小学劳动实践教育试点学校4所。加快学校基础设施建设，开工4所、续建2所。提升校园品质，完成学校改造项目5个，全市率先实现教室空调全覆盖。规范各类“进校园”事项，切实减轻学校负担。深化校外培训机构治理，完善“护校安园”机制，消除校园周边安全隐患148处。

卫健事业全面推进。深化“健康上城”建设，大力开展爱国卫生运动，命名省级健康促进学校14家。持续改善基层就医服务环境，提升改造社区卫生服务用房3处。推进“出生一件事”多证联办和“舒心就医”服务，安装自助便民设备179台，实现就诊“最多付一次”。积极推进高水平医联体合作，成立全国首家社区IBD（慢性炎症性肠病）康复中心。完成新生儿心超筛查2872例、先心病早筛29831例。深化家庭医生签约服务，签约11.9万人，建立家庭病床320张。新增公共场所母婴室11处，“暖心家园”入选全国首批试点，“红十字爱馨驿站”被评为省首届十佳“红十字公益品牌项目”。

五、坚持防风险保稳定，社会治理不断优化

创新社会治理模式，加强各类风险防控，织密安全防护网，夯实共建共治共享基础，推进平安上城建设，社会大局持续和谐稳定。

基层治理更加扎实。启动“城市大脑·上城平台”建设，湖滨“街区治理”应用场景在全市“城市大脑”2019年中发布会上精彩亮相，完成区级数字驾驶舱设计并上线。推进省“非接触性”执法试点，完成综合执法数据库搭建。深化普法责任制，实施年度普法重点项目55个。夯实“三治融合”基层基础，调解纠纷5121起，成功处置5117起。持续深化“访调对接”，调解信访案件141件，成功化解137件。启用区社会治理综合服务中心，实现矛盾纠纷调解“最多跑一地”。开展“美好社区”示范点建设大比武，设立全市首个“民意小圆桌”，社区“3+X”为民惠民综合体建设全覆盖。召开“湖滨晴雨”工作室成立十周年全省研讨会，中国社区建设展示中心重装开馆，社区治理模式在第四届中国社区治理论坛上推广。

安全体系更加健全。完成应急管理职能改革，设立区应急指挥中心，完成区消防救援大队挂牌，实现应急管理、指挥统筹、风险处置“三统一”。深化“重大隐患60日整改闭环机制”，开展暗访曝光6期，曝光隐患733处，完成整改726处。保持强监管、严执法高压态势，处罚390起，罚款270万元，行政拘留50人。深化城市居住小区消防安全综合治理，开展消防安全攻坚专项行动，改造提升中心微型消防站18座，安装智能充电桩563处，完成老旧小区消防设施增配18个。夯实基层防灾减灾基础，培育上城区赛孚应急救援队。妥善做好梅汛期应急处置和超强台风“利奇马”防御工作。大力推广餐饮智慧化监管，大型以上餐饮单位和中小学校、幼儿园、医院、养老机构食堂“阳光厨房”建设率达100%。

社会环境更加稳定。强化重点管控，圆满完成中华人民共和国成立70周年大庆等重大活动期间维稳安保任务，全年刑事警情、治安警情分别同比下降21.3%和5.1%，实现全年重要时间节点重大刑事案件“零发生”、公共安全“零事故”。深入开展“扫黑除恶”专项斗争，坚决打击“套路贷”及涉黑涉恶团伙，抓获上网逃犯53人。传承和发展新时代“枫桥经验”，湖滨派出所入选全省“枫桥式公安派出所”名单。积极推动“路地警务融合”，新城站派出所挂牌成立。全面推进信访积案销号“清零”，化解各类积案77件。稳妥推进网络借贷风险处置工作，积极开展追赃挽损，全力维护投资人合法权益。深化“1+X”劳动纠纷多元化解机制，成功创建省级“无欠薪”区。

六、坚持提能力转作风，自身建设扎实推进

以党的政治建设为统领，以机构改革为契机，深入推进政府职能转变，优化服务，改进作风，持续推进廉洁高效服务型政府建设。

扎实开展主题教育。高标准开展“不忘初心、牢记使命”主题教育，持续深化“三联三领三服务”活动，有效提振干事创业、攻坚克难的精气神。走访企业4894家，收集问题952个，协调解决919个，做到事事有落实、件件有回音。向各基层单位共征集到意见64条，明确责任部门，落实整改举措，建立长效机制，整改率100%。高质量完成新一轮政府机构改革。积极做好政府性债务风险防范工作，圆满完成全年化债任务。

全力提升履职能力。加快政府数字化转型，网上办实现率、一证通办实现率等7项核心指标达到市定争先目标。深化法治政府建设，加强“两高一低”整治力度和行政复议规范化建设，行政负责人出庭率达96.5%，同比增长35.5%。积极推进政务公开，主动公开政府信息10134条，受理依申请公开209件，部门预决算公开率达100%。坚持人大代表、政协委员列席区政府常务会议制度，定期向人大报告、向政协通报工作。承办人大代表建议111件、政协提案110件，面商率、办结率、满意率均为100%。开展历年未解决建议、提案集中办理，解决率分别达74.6%和76.3%。

持续改进工作作风。全面贯彻落实“基层减负年”工作要求，大力整治形式主义突出问题，发文同比减少36.8%，区级层面会议同比减少37.5%，推进机关内部“最多跑一次”改革，切实为基层减负。持之以恒落实中央八项规定及其实施细则精神，严格规范党政机关办公用房有关规定，厉行勤俭节约，全年一般性支出压缩5.91%。依法接受人大及其常委会监督，自觉接受政协民主监督，主动接受监察、司法、社会和舆论监督。进一步加强审计监督，完成结算审计项目105个，净核减率为10.91%。

此外，我们积极发展民族宗教、对台、侨务、科协、老龄、工会、青年、妇女儿童、志愿服务、慈善等事业，大力加强保密、档案、地方志、人防、国防动员、人民武装、双拥共建等工作。在省市党委政府的正确领导下，在社会各界的关心支持下，在区历届四套班子和全体干部职工的共同努力下，区行政中心顺利竣工并平稳有序完成搬迁工作，为上城融入“大湾区”“拥江发展”等省市战略和下一步高质量发展奠定了坚实的基础。

各位代表，过去一年，面对经济下行压力和复杂严峻的外部挑战，成绩取得来之不易。这是习近平新时代中国特色社会主义思想指导的结果，是上级党委、政府和区委正确领导的结果，是区人大、区政协监督支持的结果，是全区人民团结拼搏的结果。在此，我代表区人民政府，向全区人民和所有关心支持上城发展的同志们、朋友们，致以崇高的敬意和衷心的感谢！

在充分肯定成绩的同时，我们也清醒地看到，当前外部形势复杂多变，经济下行压力加大，发展不确定因素较多，上城经济社会发展还存在不少问题和挑战，主要有：创新发展动能尚显不足，产业平台有待进一步升级，发展空间制约依然存在；部分民生领域资源分配不够均衡，区域治理现代化水平还不够高；安全生产风险隐患较多，风险管控能力亟待提升。对此，我们一定正视问题，采取更加有力的措施，切实加以解决。

2020年重点工作

2020年是高水平全面建成小康社会和“十三五”规划收官之年，也是实现第一个百年奋斗目标冲刺之年。我们要高举习近平新时代中国特色社会主义思想伟大旗帜，紧扣高水平全面建成小康社会目标任务，坚持稳中求进工作总基调，坚持新发展理念，坚持以供给侧结构性改革为主线，坚持以改革开放为动力，推动高质量发展，坚决打赢三大攻坚战，全面做好“六稳”工作，保持经济运行在合理区间。今年工作的总体要求是：深入学习贯彻党的十九届四中全会和中央经济工作会议精神，全面落实省、市、区委各项决策部署，聚焦区委“六大工程”，高水平推进区域治理体系和治理能力现代化，提升政府治理效能，全力打造创新发展、社会治理、文化传承、有机更新、品质生活新高地，高质量推进一流的国际化现代化城区建设，努力在全市“干好一一六、当好排头兵”进程中走在前列。

今年全区发展主要预期目标为：地区生产总值增长5%；服务业增加值增长7.5%；固定资产投资增长10%；社会消费品零售总额增长8%；一般公共预算收入增长5%；新增城镇就业10000人。

重点抓好以下五方面工作：

一、全力以赴优化营商环境，打造创新发展新高地

坚定不移把高质量发展作为第一任务，合力推进五大主导产业，不断加快创新转型，纵深推进各领域改革，努力打造“营商环境最优区”。

全面支持民营企业发展。深入贯彻落实中央支持民营企业发展二十八条，实施《优化营商环境条例》，毫不动摇地鼓励、支持、引导、保护民营经济和民营企业健康发展。继续落实减税降费政策，进一步减轻企业税费负担。加强政、企、银对接，大力推广应用杭州金融综合服务平台，着力缓解中小微企业融资难、融资贵等问题，风险池基金可贷资金规模扩大到6亿元。完善营商环境“一中心三平台”建设，探索企业办事“无差别一窗受理”。加快推动落实“凤凰行动”计划，做好服务企业上市工

作，力争新增上市企业3家。深入开展“三联三领三服务”活动，继续帮助企业解决发展中的困难和问题。

全面优化产业平台。主动融入长三角区域一体化战略，编制杭港高端服务业示范区三年行动计划，加快建立多元主体参与的管理体制，大力发展现代金融、科技服务、信息服务等高端服务产业。紧盯重点落地项目，推动新世界集团项目、娃哈哈总部大楼等全面开工。完成湖滨步行街二期改造提升工程，大力发展“夜间经济”和“首店经济”，招引国际化商业品牌总部落地，打造新零售示范之城中心区，成为城市品质提升的“醉杭州”样板。深耕玉皇山南基金小镇2.0版本，支持深交所杭州基地、浙江省长三角资本研究院等平台发展，全力服务实体经济，构建更加完善的小镇产业生态体系。推进电子机械功能区数字化园区建设，全面实施“新制造业计划”，探索建立企业供应链协同平台，实现数字经济和制造业高质量发展“双引擎驱动”。着力推进小营智慧健康产业园建设，加快浙一城站院区健康创新综合体、方谷园双创空间建设，改造利用现有楼宇物业，引进丰平健康等项目100个以上。

全面深化改革创新。加快“最多跑一次”改革向基层延伸扩面，推动公共场所服务效能提升，进一步完善“15分钟办事服务圈”。严格落实“四个减”要求，积极探索个人“一件事”联办。深化投资项目审批制度改革，实现一般企业投资项目从赋码备案到竣工验收“最多80天”。深化“亩均论英雄”改革，强化评价成果运用。以市场化为导向，推进国资国企改革，重点推进国有房产确权办证、出租管理和分批注入工作，探索无证房产授权委托经营。激发国企运营活力，探索对竞争领域的部分国企实行混合所有制和薪酬体制改革。

全面加大动能转换。坚持招商引资与招才引智并重，建立健全资源统筹、项目跟踪、队伍提升等机制。聚焦重点产业链，紧盯标杆性企业和引擎性项目，积极开展土地招商、产业招商和中介招商，引进10亿元以上项目7个，开工“152”工程项目3个。因地制宜复制推广自贸区改革试点经验，在投资、金融、服务等方面先行先试，推进离境退税商店申报落地。强化创新驱动，深化《高新技术企业三年倍增计划》，新增国家高新技术企业31家、省级科技型企业30家、省级高成长科技型中小企业25家、省级企业研究院1家，培育省级众创空间1家。加速实施新一轮“1211”人才计划，充分发挥省欧美同学会总部的引领带动作用，推动海内外各类人才“引得进、用得好、留得住”。

二、全力以赴提高治理效能，打造社会治理新高地

锚定“社会治理标杆区”建设目标，完善党委领导、政府负责、民主协商、社会协同、公众参与、法治保障、科技支撑的社会治理体系，全力构建共建共治共享的社会治理现代化新格局。

推进社会治理社会化。全面落实社会治理现代化“二十项行动”计划，以打造社区治理共同体为基础，进一步推进居民民主协商自治，加快建设人人有责、人人尽责、人人享有的社会治理共同体。完善区社会矛盾纠纷调处化解中心建设，推进社会治理领域“最多跑一地”改革，大力推进诉源、诉中治理，持续深化“访调对接”“诉调对接”，有效化解基层矛盾纠纷。完善“社区网格+社会组织”工作机制，鼓励和扶持社会组织落地社区开展公益服务，不断夯实“三治融合”基层基础。充分发挥物业综合服务中心作用，打造“业联体”升级版。继续巩固“无欠薪”城区创建成果，实现基层“1+X”劳动纠纷多元化解模式全区全覆盖。

推进社会治理法治化。编制实施《法治上城建设规划（2020—2025年）》和《公共法律服务体系三年行动计划》，进一步完善法治上城建设体制机制，推动法律服务向社区进一步延伸。做优做强“尚法”系列品牌，着力构

建全民参与的社会化普法格局，全面做好“七五”普法收官工作。深入推进“两高一低”专项整治，不断加强行政执法规范化建设，全面落实行政执法责任制和问责制。深化“无信访积案区”建设，全力做好存量积案化解。坚决做好网络借贷风险防范处置工作，全力维护人民群众合法权益。持续深化“扫黑除恶”专项斗争，依法严厉打击各类犯罪行为，确保社会大局持续稳定，争创二星级平安金鼎。

推进社会治理智慧化。紧紧围绕打造“数字应用第一区”目标，做优做强“城市大脑·上城平台”，持续提升数字驾驶舱功能，积极推动市一医院周边交通治堵场景经验向浙一、浙二等重点医院周边拓展。深入推进政府数字化转型，加强与浙江政务服务网、“浙里办”等平台对接，完成全省业务事项标准化确认及政务服务2.0建设。依托“基层治理四平台”，稳步推进区街社三级智慧治理体系建设。加强区应急指挥平台信息整合，进一步完善“重大隐患60日整改闭环机制”，常态化开展城市居住小区消防安全综合治理工作。推进“雪亮工程”和智慧安防小区建设，不断完善安防保障体系。

三、全力以赴促进文化繁荣，打造文化传承新高地

深入实施文化兴盛三年行动计划，传承优秀传统文化，夯实公共文化阵地，推动文创产业发展，努力营造文化大繁荣、大发展、大兴盛的新气象。

巩固文旅融合成果。结合南宋临安城遗址综合保护和申遗工作，进一步深化南宋皇城小镇体制机制改革，清河坊历史街区力争成为省级高品质步行街新样板。深入打造南宋文化体验园，开工建设吴山地下空间一期，推进德寿宫遗址保护性开发。办好2020南宋文化节系列活动，提升南宋文化影响力。以中医药、“梁祝”传说等传统文化为重点，打造“文化打卡来上城”文旅融合品牌，深化省级全域旅游示范区创建。完成望江城市文化年轮带方案编制，实施“城市记忆”修复工程，修缮历保建筑5处。

优化公共文化服务。继续深化现代公共文化服务体系建设，力争全省公共文化服务评估排名稳步提升。公共文化设施建设实现突破，区非遗展示中心、区文化馆分馆、刘江艺术馆正式运行，区体育中心、区图书馆内装基本完成。深入开展“全民阅读·书香上城”活动，打造“城市书房”3处。继续做好文体惠民工程，推进“一街一品”“一社一品”建设，整合提升基层公共文化服务空间。做好全国、省、市文明指数测评，不断优化城区文明风貌。

促进文化产业兴盛。聚焦之江文化产业带上城发展极建设任务，推进国家级短视频基地、凌笛数码等九大重点文化项目建设。大力培育影视文化精品项目，引导和鼓励创作一批在全国有较大影响力的影视动漫文化作品。打造影视产业链，推进凤凰山南影视基地等文创产业平台建设。坚持“产城互动、优势互补”，加速文化产业园区、文化创意街区提质增效。

四、全力以赴提升城区环境，打造有机更新新高地

坚持产城融合的城市发展理念，统筹城区规划、建设、管理和生产、生活、生态，一体推进城区有机更新，全域提升城市品质内涵。

持续优化空间发展布局。深度融入拥江发展战略，落实望江新城城市设计及控规指标，优化交通结构，推进铁路杭州站东通道、复兴路、婺江路、海潮路建设。拓展产业空间，完成莫南二期、东宝路18号征迁及华东家具市场搬迁。以“上城之上·空中坊巷”的特色定位，全速推进始版桥“未来社区”建设，完成勇进实验学校搬迁，续建婺江路南侧地下连廊，开工建设始版桥安置房、邻里公园、未来学校及娃哈哈文化设施、总部大楼等项目。协同推进钱塘江上城段绿道建设，有效改善沿江景观风貌。统筹做好土地出让工作，计划出让土地3宗、收储土地8宗，推进“未来社区”

地块、望江核心区8至12号、望南人才房等地块出让。

大力推进重点项目建设。全域化完成存量项目征迁"清零"，完成安置800套。按照国务院关于城镇老旧小区改造会议精神，全面推进老旧小区"微更新"，实施项目22个，建筑面积75万平方米。全面推广危旧房改造后权证办理，完成办证100套。全力推进省"无违建区"创建，有效推进存量违建"清零"工作。加快保障性住房建设，开工劝业里10-2号地块等安置房项目1100套，竣工交付常青村、平安里安置房项目400套。持续深化交通治堵，扎实推进道路交通安全综合治理，建设道路3条，完工4条，有序推进"迎亚运"道路整治5条；建设公共停车场库2个，新增泊位400个。持续推进既有住宅加装电梯，做到"愿装尽装"。建成蓝领公寓940套，切实缓解外来务工人员租房难问题。

全面提升城市管理水平。巩固中央环保督察工作成果，严查严管企业违规行为，做到立查立改。全面深化垃圾分类"三定三服务"上城方案，全年源头减量3万吨，生活固废继续保持零增长。完善清洁直运体制改革，实现沿街定时定点清运。推进大型垃圾分拣中心建设，打造全品类回收平台。推进再生资源回收，建成标准化回收网点28个。高水平打造"污水零直排区"，完成雨污分流改造街道3个。改善老旧高层住宅小区水质，完成二次供水改造工程10个，惠及居民2000余户。继续推进"厕所革命"，完成公厕提升改造10座。做好"五气共治"工作，打赢蓝天保卫战。改扩绿2万平方米，城区生态环境持续改善。

五、全力以赴完善民生保障，打造品质生活新高地

坚持以人民为中心的发展思想，发挥区域特色优势，推动社会事业均衡发展，推进民生保障提质增效，努力提升群众的幸福感和获得感。

确保教育优先发展。加快推进"美好教育"十大工程，继续保持教育现代化发展指数全省领先。坚持"五育"并举，深化研学旅行试点，积极推进"立德树人"实践示范区建设。加强少年儿童近视防控，确保近视率较上一年下降1%。实施人才培育'梧桐"计划和教师"5+3"安居计划，开展新一轮区特级教师评选。积极实施中小学减负措施，稳步推进民办学校招生改革。加快校舍建设和提升改造，续建上教院附小等学校4所，大通新村幼儿园等2所学校投入使用。

推动卫健优质发展。深入开展爱国卫生运动，防控重大传染病疫情，做好国家慢性病综合防控示范区复评。探索3岁以下托育照护服务新模式，新增托育机构3家。高水平推进医联体建设，积极打造专科联盟和区域医疗中心。提升中医中药服务能力，扶持基层医疗中医"专科专病"建设，做好全国基层中医药工作先进单位复评。完善智慧医疗服务平台，做优"舒心就医"服务，做实"出生一件事"多证联办等便民惠民举措。深化"一中心一品牌"，创新预防接种门诊6S管理模式。继续优化基层就医环境，提升改造老旧社区卫生服务用房3处。

实现民生精准保障。确保新增财力三分之二以上用于民生保障。出台新一轮区级就业创业政策，实施就业援助精准服务计划，扎实开展高质量就业社区创建，确保城镇登记失业率低于4%。探索实施企业新型学徒制、职业技能等级认定试点工作，提升劳动者职业技能水平。扩大参保群体覆盖面，全区基本养老保险、医疗保险参保率均达99%以上。深化康养体系建设，增加家庭养老照护床位，鼓励老年家庭适老化改造，提升社区居家养老服务照料中心品质。出台退役军人服务保障办法，提升退役军人服务站机构建设质量，做好退役军人就业安置工作。完善清河坊、城站广场等重点区域无障碍设施建设，创建省级无障碍社区2个。深入开展低保专项治理工作，确保各类困难人群应保尽保、高效救助。深化与贵州雷

山、湖北鹤峰、淳安、开化、长春朝阳、黄山祁门、绍兴越城等地的对口帮扶及合作。

根据民生实事项目人大代表票决制度，前期区政府经过广泛征集、遴选比较，形成2020年12个民生实事候选项目，现提交大会审议：1.建设“美好家园”。加快老旧小区微更新，开工110万平方米，完工75万平方米；既有住宅加装电梯“能改尽改，愿装尽装”；城站广场无障碍电梯建成并投入使用；全区新增车位1700个。2.加快校舍建设。开工“三城一广场”地块42班小学；建成徐家埠地块18班幼儿园、大通新村地块12班幼儿园并投入使用。3.推进“未来社区”建设。开工安置房项目2个、公租房（人才房）项目1个、公园绿地1座，建成配套道路3条。4.提升养老服务能力。改造10家社区级居家养老服务照料中心，为100户困难低收入老年家庭提供基础适老化改造。5.完善婴幼儿综合服务体系。新建0～3岁托育服务机构3家；新建省级标准规范化儿童之家1个、街道级示范型儿童之家6个。6.实施文体惠民工程。开展“文化走亲”10场，惠民演出、戏剧下乡60场，惠民培训、讲座500场，送书5000册；完成区体育中心大楼装修主体框架。7.深化垃圾分类。提升改造老旧垃圾房10座，安装垃圾房称重监控设备70套，引进第三方易腐垃圾处置设备2套，实现社区资源化回收场地全覆盖。8.改善居民用水“最后一公里”。完成2000户老旧高层住宅二次供水设施改造。9.提升消防安全保障水平。补齐消防基础设施建设短板，完成8个小区消防供水设施改造。10.建设“美丽河湖”。提升改造龙山河、贴沙河沿河绿道，改善龙山河（三河一塘）沿线设施。11.大力推进“厕所革命”。完成88间校园厕所、10座城市公厕提升改造，对10座城市公厕增配无障碍设施。12.建设智慧餐饮共治平台。实现餐饮食品安全的智能管理和风险智能预警。

今年，我们还要科学编制上城区“十四五”规划，做好第七次全国人口普查工作，继续加强双拥共建和武装工作，扎实做好民族宗教、对台、侨务、档案、地方志、老龄、工会、青年、未成年人保护、妇女儿童、志愿服务、红十字、慈善等工作。

各位代表，同志们！新的形势和任务，对政府工作提出了新的更高要求。区政府将高举习近平新时代中国特色社会主义思想伟大旗帜，增强“四个意识”，坚定“四个自信”，做到“两个维护”，认真贯彻落实党的十九届四中全会和省、市、区委全会精神，构建“不忘初心、牢记使命”长效机制，全面提升政府治理效能，建设人民满意的服务型政府。加强法治政府建设，全面推进依法行政。健全科学、民主、依法决策机制，规范重大行政决策程序。健全行政执行的实施、评价、问责等机制，提高政府执行力和公信力。完善行政权力运行监督机制，依法接受人大及其常委会监督，自觉接受政协民主监督，健全监察监督、司法监督、审计监督、社会监督、舆论监督等制度。落实全面从严治党要求，深入推进党风廉政建设，认真贯彻落实中央八项规定及其实施细则精神，持之以恒纠正“四风”，一体推进不敢腐、不能腐、不想腐。积极稳妥化解政府性债务风险。牢固树立过“紧日子”的意识，全面实施预算绩效管理，继续削减一般性支出，进一步压缩“三公”经费。

各位代表，使命重在担当，奋斗成就梦想！让我们更加紧密团结在以习近平同志为核心的党中央周围，在市委、市政府和区委的坚强领导下，在区人大、区政协的监督支持下，坚定信心，保持定力，锐意进取，开拓创新，高质量推进一流的国际化现代化城区建设，为高水平全面建成小康社会、实现第一个百年奋斗目标而不懈努力！

专记

Special Records

庆祝中华人民共和国成立70周年活动

【中华人民共和国成立70周年书画展】 2019年6月21—30日，上城区在杭州图书馆一楼大厅举办“丹青翰墨颂盛世”迎接中华人民共和国成立70周年书画展。活动由杭州图书馆、区图书馆、小营街道联合举办，开幕式由求是书画社副社长张乐主持，区文广旅体局、小营街道、区图书馆等单位相关负责人参加。书画展展出作品70幅，寓意庆祝中华人民共和国成立70周年。开幕式后，30多名书画家现场创作书画30多幅，组成50米长画卷。

【庆祝中华人民共和国成立70周年歌咏大会】 2019年9月8日，上城区庆祝中华人民共和国成立70周年歌咏大会在区政府大礼堂举行。活动以“歌唱祖国”为主题，采取“一主二副”模块全区联动，即在区行政中心设主会场，在上羊市街社区和湖滨步行街设分会场。大会开篇由区四套班子领导和法检两长、区委老干部、机关干部代表齐唱《我和我的祖国》。歌咏大会以中华人民共和国走过的光辉历程为主线，设置4个篇章，分别是第一章《黎明的曙光》、第二章《新中国之声》、第三章《改革的春天》和第四章《新时代追梦》。上羊市街社区举办“美好社区七十载，同心共唱爱国情”文艺演出。演出分《梦回上羊》《砥砺前行》和《继往开来》3个篇章，讴歌伟大祖国，同心聚力筑梦。湖滨步行街举办同心汇聚“醉杭州”暨杭州湖滨步行街庆祝中华人民共和国成立70周年文艺演出。（张雪梅）

【国庆茶话会】 2019年9月23日，上城区举办庆祝中华人民共和国成立70周年各界代表人士国庆茶话会。全区各民主党派、工商联、无党派、民族宗教界、侨界等代表人士100多人参加。区委书记陈瑾为活动致辞。茶话会上，全体人员共同欣赏由统一战线成员展示的诗朗诵《可爱的中国》、独舞《月满西楼》、小提琴演奏《龙的传人》等节目。与会代表围绕区委、区政府中心工作进行交流互动。代表畅所欲言、建言献策，凝聚思想共识、发挥自身优势，汇集智慧，团结一致，为加快建设一流的国际化现代化城区贡献力量。

【统一战线主题教育活动】 2019年9月24日，上城区统一战线“同心同行跟党走，红旗颂歌献祖国”主题教育活动在小营巷公园举行。区委统战部、区工商联、区各民主党派、区侨联、区知联会、区新联会、区新生代企业家联谊会等组织的班子成员100多人参加。主题教育活动安排升国旗、绣国旗、唱红歌、参观“红巷·同心筑”统一战线爱国主义教育阵地等活动。（严　琰）

【“‘毅’起出发迎华诞，建功立业新时代”红色毅行活动】 2019年9月22日，区委组织部、区委两新工委、区工商联联合开展“‘毅’起出发迎华诞，建功立业新时代”红色毅行活动。区委常委、组织部部长王歆出席活动并讲话。活动设置拍快闪、拗造型、知识抢答、红色毅行等环节。区新生代企业家联谊会、创客孵化器、民办学院、民营医院、律师事务所、公益社会组织、街道商会等组织的200多名代表组成科技强国队、公益善行队、尚法律行队、新生代企业家队等12支队伍参加。（潘罗定　沈　沉）

【庆祝中华人民共和国成立70周年上城讲述会】 2019年9月18日，上城区举办“展大美画卷、筑幸福尚城”庆祝中华人民共和国成立70周年上城讲述会暨杭港高端服务业示范区启航活动。活动以现场讲述和文艺演出交叉进行的方式，展示中华人民共和国成立70年来上城变迁的辉煌画卷，以及峥嵘岁月背后的动人故事。讲述会由“古都文脉引领新时代”“双创动能集聚新高地”“生活之美绘就新上城”3个板块组成，邀请中国工艺美术大师、国家级非物质文化遗产铜雕技艺传承人朱炳仁，浙江华日实业投资有限公司董事长陈励君及上城居民、社区工作者代表讲述在上城扎根、创业、生活的故事。活动现场，杭港高端服务业示范区正式启航，开启杭州、香港两地协同发展、合作共赢新篇章。

2019年9月18日，上城区举办庆祝中华人民共和国成立70周年上城讲述会暨杭港高端服务业示范区启航活动　（区委宣传部 供稿）

【“诗词筑梦·礼赞中华”系列社科文化活动】 2019年，上城区社科界、文艺界举办“诗词筑梦·礼赞中华”系列社科文化活动。8—10月，先后开展“我为祖国写诗”有奖征集、爱国诗词讲座、诗歌征集手稿展、爱国诗词之旅等活动。活动邀请清华大学教授陈来、复旦大学特聘教授何俊等专家、学者分别主讲“礼赞中华——守望传统，续写未来”和“东坡诗词中的时空流变和生命意识”诗词文化普及讲座，并举办“盘点宋时世相百态，探寻文化高光时刻”南宋论坛。10月25日，“诗词筑梦·礼赞中华”爱国诗词之旅启动仪式在杭州市天长小学举行，区委常委、宣传部部长范卫东和市社科联副主席、市社科院副院长孙璐出席，区社科联有关领导、常务理事和部分理事，杭州市天长小学师生代表等150人参加。活动以经典爱国诗词串联旅游线路，通过诗词之旅活动，将诗词文化带到校园，在青少年中普及传统文化、厚植爱国情怀、坚定文化自信。

【纪念中华人民共和国成立70周年系列活动宣传】 2019年，上城区推出一系列宣传活动报道，营造庆祝中华人民共和国成立70周年良好氛围。《上城报》和“上城发布”微信公众号、微博及上城网分别以“70年奋斗逐梦”“70年筑幸福上城”“庆新中国成立70周年”“红色基地巡礼”等主题，推出相关新闻报道64篇。与杭州网合作推出“触摸历史建筑，聆听光阴故事——上城区庆祝新中国成立70周年”网络主题报道，以图文等形式，从历史记忆符号、文化传承、社会治理、社会品质、创新转型、聆听建筑故事6个方面，通过对中共杭州小组纪念馆、钱学森故居、思鑫坊等上城标志性地标的挖掘，展现上城区的变迁和发展。至年末，网络主题报道点击量超过10万次。

（张玉瑛 赵 晨 王 灵 吕 啸）

【庆祝中华人民共和国成立70周年党团知识竞赛】 2019年10月，上城区“不忘初心、牢记使命”庆祝中华人民共和国成立70周年党团知识竞赛在各级团组织中举行。全区各直属团组织通过内部选拔，以单独组队或联合组队形式参赛，有17支队伍、68名团员青年参加比赛，其中8支队伍进入决赛。决赛设置必答题、抢答题、风险题，最终区教育局团工委以总分190分的成绩获冠军。

（李佳杰）

【“壮丽七十年，文明新征程”系列公益活动启动】 2019年8月26日，唱响伟大祖国颂歌——“壮丽七十年，文明新征程”系列公益活动在清波街道雷锋广场启动。来自辖区社区、公益组织的工作人员与专业乐团以独唱、合唱、歌舞、诗朗诵等形式，讴歌中华人民共和国成立70年来的发展成就，宣传倡导文明出行新风尚，展现良好社会风貌。活动持续至9月底，由省文明办、省公安厅交管局、浙江广播电视集团主办，FM93交通之声策划承办，区文明办、清波街道、清河坊社区联合承办。

（蒋成杰）

“不忘初心、牢记使命”主题教育

【概 况】 2019年9—12月，上城区开展第二批“不忘初心、牢记使命”主题教育。全区区级领导班子、64个区直单位、437名区管及以上党员领导干部、1612个基层党组织、2.89万名党员参加主题教育。区委把主题教育作为首要政治任务，按照“守初心、担使命，找差距、抓落实”总要求，结合上城区实际，以“三学三争走在前·三联三领创标杆”为总载体，做实规定动作，创新自选动作，高质量、高标准开展主题教育，取得阶段性成效。《浙江日报》、《杭州日报》、“西湖先锋”等媒体多次报道上城区主题教育情况，省委、市委专题活动简报多次刊发上城区主题教育经验做法及典型案例。区委书记陈瑾在全市第二批主题教育工作交流会上发言。

【多形式开展主题教育】 2019年，上城区委围绕学习贯彻习近平新时代中国特色社会主义思想这一主线，深化学思践悟，学懂、弄通、做实伟大思想，筑牢党员干部思想根基。建立“四定”学习机制，开展集中自学6次，先后采取领导干部大会、党委理论中心组等形式学习习近平总书记重要讲话、中共十九届四中全会精神和《习近平新时代中国特色社会主义思想学习纲要》《习近平关于“不忘初心、牢记使命”重要论述选编》等书目。区领导围绕8个专题进行专题研讨，组织全区各级党组织集中研学3500多场次，组织406名区管干部分2期开展学习轮训。邀请省政协原副主席、区委原书记陈加元等4

2019年10月11日，上城区举办“不忘初心、牢记使命”主题教育专题党课暨“上城先锋”初心分享会　（区委宣传部 供稿）

名参与和见证上城区革命、建设、改革发展历程的代表，分享初心感悟，砥砺使命担当。开展晨读夜学、“初心早读课”等活动，选派65名党建工作指导员，为行动不便党员送书、送课、送教上门550多场次。梳理制定4条红色精品路线，摄制《学榜样、践初心》微视频，宣扬20名担当作为好干部和8名市级“党建双强”季度之星先进事迹。围绕“10个如何”，采取领导干部专题谈、专家智库深度谈、党员群众献策谈等形式，先后开展支部大讨论1400多次，收集“微建议”1200多条。

资料

“四定”：定时间、定地点、定人员、定内容。

8个专题：分别是党的政治建设、全面从严治党、理想信念、宗旨性质、担当作为、政治纪律和政治规矩、党性修养、廉洁自律。

“10个如何”：如何在服务借力大上海、深度融入长三角中全面提升杭州的城市能级和核心竞争力？如何抢抓5G商用和产业化的新机遇，努力打造全国数字经济第一城？如何制定实施“新制造计划”，打赢杭州制造的翻身仗？如何更好借势亚运会筹办，加快城市国际化进程？如何持续放大良渚古城遗址成功申遗效应，全面提升杭州的人文优势和文化影响力？如何满足人民对美好生活的向往，促进公共服务优质均衡？如何做强做优城市大脑，提高城市治理精细化现代化水平？如何持续优化生态环境，走出一条具有特大城市特点的“两山”发展新路子？如何强化全市一盘棋，破解发展、工作和政策碎片化问题？如何全面提高干部能力素质，充分激发干部干事创业的精气神？

【下沉一线调查研究】 2019年，上城区在“不忘初心、牢记使命”主题教育期间，结合“三联三领三服务”活动，开展民情走访、困难结亲、红色代办、项目领办、难题破解等工作，组织全区1648名党员干部走访企业4800多家次、居民2.1万户次，收集问题建议1837条，协调解决1620条。实施“千场党课进基层”行动，组织各级领导干部、支部书记上党课1700多次。全区各级单位先后组织调研成果交流活动60多场次，形成调研报告400多份，形成《关于推进上城区住宅小区物业综合管理体制机制改革工作的指导意见》等一批机制成果。

【问题检视】 2019年，上城区在主题教育期间，坚持以自我革命精神和“刀刃向内”勇气，查找、剖析、解决自身存在问题。召开部分正区级老干部、民主党派和工商联主要负责人、基层代表座谈会6场，区领导到街道、社区和企业走访调研110多次，在“上城发布”、《上城报》开设融媒体专栏，向社会征求、收集意见建议。区委围绕“四个对照”“四个找一找”要求，召开对照党章党规找差距专题会议和专题民主生活会，坚持从自身检视，做到“三讲三不讲”，全区1426个党支部结合“三会一课”，组织党员干部同步开展对照检视。针对检视出的五大类17个问题，区委常委会带头制订整改清单，围绕基层治理、改革攻坚、强基固本推出一系列制度措施，解决突出问题。

资料

“四个对照”：对照新时代中国特色社会主义思想和党中央决策部署；对照党章党规；对照人民群众新期待；对照先进典型、身边榜样。

“四个找一找”：找一找在增强“四个意识”、坚定“四个自信”、做到“两个维护”方面存在哪些差距；找一找在知敬畏、存戒惧、守底线方面存在哪些差距；找一找在群众观点、群众立场、群众感情、服务群众方面存在哪些差距；找一找在思想觉悟、能力素质、道德修养、作风形象方面存在哪些差距。

“三讲三不讲”：重点讲自身所在单位、自身所在领域、自身个人的问题，不讲主体不明、指向不清的问题；重点讲典型事例和具体问题，不讲原则来原则去的空泛问题；重点讲自身主观存在的短板问题，不讲推脱责任的客观现象，做到一条一条列出来，一人一幅“像”、一人一本“账”。

【问题整改落实】 2019年，区委围绕“六大行动”“八大亮点工作”中存在的突出问题，聚焦中心工作，集中力量，推进整改破难。制定十大专项整治方案，组织召开问题整改部署会、推进会和问题交办会7次，建立专题研判、月度例会、后进通报、跟踪问效四项倒逼机制，构建“1+3+13”正风肃纪明察暗访监督网格。先后开展督查71次，出动督查人员361人次，督查单位237个，发现问题102个，发出问题交办单10件、进度催告单1件。建立“六赛五比”机制，举办“党建引领‘美好社区’”、“党建双强”助推垃圾分类、“最强领头雁·治社名师”、“三联三领三服务”等擂台比武，推动二次供水、雨污分流、加装电梯等问题解决。

资料

“1+3+13”：“1”即区委主题教育领导小组办公室正风肃纪组；“3”即区委直属机关工委、区教育局、区国资办3个正风肃纪小组；“13”即派驻纪检组、纪工委等13个纪检监察组织。

“六赛五比”：“六赛”指红黑榜单赛进度、现场考察赛成效、大会交流赛做法、开门评估赛口碑、业务竞赛技能、担当作为赛作风；“五比”指压实责任比、分层分类比、常态长效比、选树典型比、浓厚氛围比。

二次供水：指单位或个人将城市公共供水或自建设施供水经储存、加压，通过管道再供用户或自用的形式。二次供水主要为补偿市政供水管线压力缺乏，保障寓居、生计在高层人群用水而建立的。

【全领域全过程督导】 2019年，上城区成立“不忘初心、牢记使命”主题教育领导小组，下设办公室、综合组、宣传组、联络组、整改落实组“一办四组”工作机构，制定工作方案，建立实时调度、一周通报、半月例会、每月推进制度，围绕方案谋划、专项整治、阶段分析等内容召开会议6次。组织街道、机关、指导组、联络员培训会4场，梳理区委常委会、区直单位领导班子和党员领导干部、党支部和党员3个层次落实清单。组建8个指导组，明确10项工作任务清单、4项工作制度和6个方面14条次指导检查事项，采取明察与暗访、走机关与走基层、听汇报与听民声、专项督与面上导、纠问题与树典型相结合的方式，把指导工作渗透覆盖到主题教育全领域全过程。各指导组全程指导参与各单位动员会、民主生活会，对检视工作不到位、效果不落实的5个单位12名区管干部发放“提醒贴士”，及时予以纠正。

（潘罗定　沈　沉）

机构改革

【概况】2019年1月19日，上城区召开全区机构改革动员大会，以机构设置和职能配置更加优化协同高效、编制资源配置更加科学合理为宗旨，对全区机构改革工作进行全面部署。成立区深化机构改革协调小组，区委书记陈瑾任协调小组组长。区委常委会召开专题会议3次，研究机构改革工作；召开书记办公会议5次，专题听取改革情况汇报；召开区深化机构改革协调小组办公室及办公室扩大会议20多次，对各阶段工作进行分析研究，就职能调整、人员转隶等事项进行协调。改革后，区级设置党政机构35个，其中区委工作机关12个、区政府工作部门23个。

【党政机构改革】2019年，上城区按照中央和省市改革精神和部署要求，结合上城区实际情况，制定《杭州市上城区机构改革方案》《杭州市上城区街道职能调整和体制改革方案》2个主体文件和《关于做好全区机构改革中档案工作的意见》《区级机构改革部门“三定”工作实施意见》《区级机构改革人员转隶工作意见》《关于做好区级党政机关机构改革中国有资产管理工作的通知》《关于做好区级党政机关机构改革经费保障和财务管理工作的通知》《关于涉及机构改革部门办理统一社会信用代码证书相关事项的通知》6个配套文件，以及全区各单位“三定”（定职能配置、定内设机构、定人员编制）要素框架，对机构改革的实施要求、人员转隶、印章制发、“三定”拟订等工作进行规范和明确。1月23日，召开全区人员转隶及“三定”工作培训会。1月25日，全区涉改部门完成挂牌、人员集中办公，并以新机构名义开展工作。2月4日，全区完成13个区级部门、39名行政人员和64名事业单位人员的转隶交接。3月8日，34个区级部门规定印发，全区机构改革提前完成。

2019年1月19日，上城区召开全区机构改革动员大会

（区委编办　供稿）

【街道机构改革】2019年，上城区推进街道职能调整和体制改革，同步印发6个街道“三定”规定。明确街道“加强党的建设、统筹区域发展、组织公共服务、实施综合管理、监督专业管理、动员社会参与、领导基层自治、

维护安全稳定”8项主要职责，推动街道工作重心切实从抓经济工作调转到加强党的建设和公共服务、公共管理、公共安全上来，通过加强基层党建引领基层社会治理。明确各街道统一设置党政综合办公室、党建工作办公室（群团工作办公室）、综合信息指挥室（公共管理办公室）、公共服务办公室、平安建设办公室、区域发展办公室6个综合性办事机构及党群服务中心、公共服务中心、区域发展与治理中心（社会治安综合治理中心）3个事业单位。

【综合行政执法改革】2019年9月30日，市委办公厅、市政府办公厅印发通知，杭州市市场监管、生态环境保护、文化市场、交通运输、农业5个综合行政执法队伍向主城区进行派驻，统一承担行政执法职责，有关职责、人员、编制同步划转。相关专业执法工作统一以杭州市相应综合执法大队的名义进行；派出机构主要负责人由属地提名，经相应的市直部门同意后，由属地按规定程序任命；派出机构人员、经费、办公场所、执法用车等由所在城区统一安排；派出机构业务考核由市相应综合行政执法部门和属地共同负责。

【事业单位改革】2019年，上城区按照能转职能的不转机构、确需转机构的实行综合设置的原则，同步推进承担行政职能事业单位改革。全区承担行政职能的事业单位26个，其承担的行政职能全部列入部门主要职责，对相应部门的内设机构设置进行调整，与机构改革实现无缝对接。

（林晓华）

“三联三领三服务”活动

【概况】2019年，上城区在巩固“三联三领”工作成果基础上，组织开展以“服务基层大走访”“服务企业大协调”“服务群众大化解”三大专项行动为总抓手的“三联三领三服务”活动。成立由区委书记陈瑾为组长的工作统筹小组，下设办公室、基层破难组、为企服务组、信访化解组“一办三组”工作机构。召开“三联三领三服务”活动推进大会，制定工作方案，明确任务清单，聚焦“初心使命”“关键小事”“一线淬练”，走访服务企业，全面结对帮扶困难家庭，推动“三联三领三服务”活动常态化、制度化。

【干部一线淬炼】2019年，上城区围绕“三大专项行动”创新服务机制，落实好“十个一”规定动作，创新千名党员干部“走千企、结千家、破千题”“红色志愿一小时”“互学互看互比”等举措，选派95名党员干部到重点项目挂职锻炼，组织机关党员与1400多户困难家庭“结亲”，54个部门积极领办挂包社区66个老旧小区“微更新”项目。围绕垃圾分类、社会治理创新、服务高质量发展等主题开展“互学互看互比”活动，“城市大脑”应用、湖滨步行街改造提升等工程成为干事创业大考场，一批担当有为好干部得到更好的锻

2019年4月26日，上城区召开“三联三领三服务”问题交办暨千名党员干部“走千企、结千家、破千题”活动部署会　（区委宣传部 供稿）

炼，并被宣传和表彰。

【全覆盖走访机制建立】2019年，上城区建立区领导“组团服务”、机关部门“专业服务”、党员干部“靠前服务”、街道“兜底服务”的全覆盖走访联系服务工作网络，建立领导挂包重点企业“一对一”帮扶、为企服务领导小组成员单位分条线走访调研、非领导小组成员单位“三联三领”挂包走访、各街道和园区落实兜底服务“四维度”走访服务机制，推动走访服务常态化。全年走访企业1706家，走访居民2.47万户，收集问题建议2873条。

【难题破难常态化机制建立】2019年，上城区建立“走访联系、问题收集、分层办理、跟踪分析、定期会商、结果督查、限期整改”问题交办和处置工作机制，落实走访联系“五个一”、建档施策“三个清”、结对帮扶“三个准”等举措，引导机关党员迈开步子走基层、扑下身子解难题，参与民情走访、结对帮扶、项目领办、难题破解等行动，服务群众、服务基层由“坐堂问诊”变为“出门巡诊”，形成难题破解常态化工作机制。全年化解信访积案77个，其中10个为10年以上信访难题，解决事关企业发展的具体问题1652个，解决群众反映的小事难事1221件，群众满意率100%。

（潘罗定　沈　沉）

扫黑除恶专项斗争

【概况】2019年，上城区扎实推进扫黑除恶专项斗争。以中央督导为契机，全力配合4月中央的扫黑除恶督导组督导及10月中央督导“回头看”。结合“不忘初心、牢记使命”主题教育，有效遏制全区重点领域黑恶犯罪，依法查处重点案件，铲除黑恶势力经济基础，“打伞破网”行动取得重大突破，基层基础进一步巩固，源头综合治理进一步加强。

【“建功扫黑除恶专项斗争”专题教育活动动员会】2019年3月15日，全区政法系统“建设清廉政法队伍，建功扫黑除恶专项斗争”专题教育活动动员会召开。区领导周徐胤、金晓东、秦文等出席。全区公、检、法、司等部门近100名正科级以上干部参加。会上，对全区政法系统“建设清廉政法队伍，建功扫黑除恶专项斗争”专题教育进行动员部署，与会人员观看廉政教育警示片。专题教育重点加强对各单位开展“建设清廉政法队伍，建功扫黑除恶专项斗争”工作跟踪评估，着力提高整改质效，并指导建立完善清廉政法队伍建设的长效机制；运用多种方式加强宣传，突出扫黑除恶专项斗争等年度重大工作任务的氛围营造。积极创设发挥政法干部队伍先锋模范作用的运行载体，全面推动扫黑除恶专项斗争工作质效提升。

【扫黑除恶工作基础保障】2019年，上城区成立由区委书记陈瑾和区委副书记、区长金承涛任双组长的扫黑除恶专项斗争领导小组，通过召开专题会议等举措，确保工作部署有条理、任务推进有计划。将扫黑除恶专项斗争纳入“不忘初心、牢记使命”主题教育，夯实扫黑除恶业务基础。通过线上线下相结合形式，提升扫黑除恶专项斗争工作氛围，浙江电视台《新闻联播》栏目报道上城区利用公交站牌、公交候车亭增设扫黑除恶宣传广告的做法；省级以上媒体正面报道上城区扫黑除恶工作相关文章36篇。

【黑恶势力精准打击】2019年，上城区畅通举报渠道，通过自行排摸、群众举报收集黑恶线索，同步接收上级下发线索。对举报人进行奖励，累计发放奖励金4.5万元，提高群众参与扫黑除恶专项斗争的积极性。严厉打击黑恶违法犯罪，全面打击处理涉黑涉恶团伙，加大案件破获力度，对相关涉案人员采取刑事强制措施，对涉案资产进行查封、扣押、冻结。9月6日，由上城区侦办、起诉、审判的滨江建筑垃圾清运行业黑社会犯罪系列案件正式判决，以组织、领导、参加黑社会性质组织和敲诈勒索、寻衅滋事、强迫交易、故意伤害、妨害作证、串通投标等罪名对沈某某等31人判处24年至1年3个月不等的有期徒刑及相应财产刑，对4名首要分子均处没收个人全部财产、剥夺政治权利、并处罚金及追缴违法所得等。在“打伞破网”工作上持续发力，在办理涉黑涉恶案件中实行查办黑恶势力违法犯罪线索，追查黑恶势力背后的腐败问题和“保护伞”线索，倒查党委、政府主体责任和有关部门监督管理责任线索“一案三查”制度，对黑社会“保护伞”进行查处。对相关人员实施党纪政务处分。同步查处其他违纪违规问题，同时，区纪委向市纪委移交涉及其他区县党员干部“保护伞”问题线索。

【行业乱象整治】 2019年，上城区通过深入剖析、梳理每个打击处理的涉黑涉恶案件，整理出行业建议49条。针对群众举报线索和上门走访、督导调研等过程中发现的行业问题，各行业主管部门有针对性地开展专项治理行动，对湖滨地区野导游拉客、景区周边发小广告等行为进行专项整治。结合“不忘初心、牢记使命”主题教育，制定工作方案，对易产生黑恶势力的行业进行重点专项整治，加强社会乱象整治，维护社会秩序。全年开展行业行动检查130多次。

【中央督导及“回头看”整改落实】2019年，上城区进一步压实中央督导及“回头看”问题的整改工作，结合省市问题清单及区自查自纠活动，梳理出相关问题，各牵头部门每月上报整改情况。开展全区扫黑除恶专项斗争平安考核工作，制定并印发考评办法，通过考评考核的“指挥棒”进一步推动“回头看”整改落实。区各部门对年度扫黑除恶工作进行总结，固化成熟经验和做法，制定相关机制规范31个。

（郑梅珊子）

湖滨步行街改造提升

【概况】 2019年，区商务局、湖滨街道、湖滨指挥部、上投集团等单位联合打造杭州湖滨步行街。该步行街为浙江省唯一一条被纳入商务部首批步行街改造提升试点及11个试点中唯一一条由车行道变步行道的街区。湖滨步行街提升改造工程围绕“建成最时尚、最智慧、最人文的新消费示范街区，打造城市品质提升的‘醉杭州’样板”目标，从步行街道路铺装、绿化有机更新、景观亮灯提升、城市家具更新、城市立面改造、节点景观提升六大方面对街区进行改造提升。改造提升后，湖滨步行街紧靠西湖东侧，依托湖滨路、东坡路和平海路西段（延安路以西）形成‘干’字形步行街区格局，总长1760米，占地面积41万平方米。北至庆春路、南至解百新元华、东至延安路、西至湖滨路，包括长生路、学士路、平海路、邮电路、仁和路等部分路段，打破原有以道路、大型商业体进行空间区隔的方式，植入“湖滨九里”街区概念，即以解放路为界，按照从南到北、从东到西的命名顺序，整个街区分为9个里（泗水里、将军里、东坡里、仁和里、龙翔里、学士里、长生里、劝业里、钱塘里），把商业与自然、文化、历史及艺术巧妙融合，彰显中华传统文化，体现杭州特色、西湖元素，以此提升湖滨整体内涵体系，引导业态分布和商业聚集。

【湖滨步行街改造提升工程设计方案专家评审会】2019年1月22日，上城区召开湖滨步行街改造提升工程设计方案专家评审会。区委副书记、区长金承涛，区委副书记、政法委书记周徐胤，副区长朱黎明等出席，来自社会各界11位专家，以及市建委、市商务局等相关领导参加。会议就湖滨步行街设计方案进行专家打分、论证评审。会上，5个设计单位分别就方案理念、投资建设、政府决策、群众反馈、智慧商圈等内容进行详细汇报。专家组在听取汇报、审阅资料、提问质询后，分别从总平规划、技术指标、消防节能环保、投资估算、设计方案、设计进度和服务承诺7个方面进行打分，并出具专家评审意见。会议参考评审小组评审结果，综合确定2个优胜方案。优胜方案修改完善后上报市政府，最终确定湖滨步行街中选设计方案。

【湖滨步行街改造提升意见征集座谈会】2019年2月18日，上城区召开湖滨步行街改造提升意见征集座谈会。区商务局、区城管局等相关部门领导（专家）、学者及有关商家代表参加座谈会。会议听取北京市建筑设计研究院和上海波城建筑设计事务有限公司两个单位的设计方案，与会领导、专家和商户代表提出相关意见和建议。会议对设计方案提出好中选优、优势互补、稳妥实施、全面考虑等要求，并将城市历史、“新零售”等概念纳入湖滨步行街改造提升工程。

【湖滨步行街无障碍环境提升优化项目对接会】2019年，上城区听取中国残联建议，在湖滨步行街改造提升中充分考虑残障人士、老年人、孕妇、儿童等群体的出行需求，将国际化无障碍建设理念融入项目中。3月16日，湖滨步行街无障碍环境提升优化项目对接会在北京市海淀区召开。中国残联无障碍环境建设推进办公室、中国中建设计集团有限公司和上城区政府联合组织会议，与会领导与无障碍环境建设专家委员、学者等为湖滨步行街项目无障碍环境提升优化需求出谋划策。湖滨指挥部汲取“广义无障碍”——北京市与雄安新区无障碍系统优化成功实践案例经验，结合湖滨步行街实际，优化设计方案。

2019年9月27日，杭州湖滨步行街举行开街仪式　（王　川 摄）

【湖滨步行街封闭施工】2019年5月13日，湖滨步行街改造提升一期工程开始进行封闭式施工。施工范围为学士路以南区域，包括东坡路从解放路至学士路段、平海路中心广场等，封闭日期为2019年5月13日22时至9月15日。一期工程完成道路铺装3.5万平方米、绿化有机更新3000平方米、景观亮灯提升195处（智慧灯杆113处、高杆灯2处、景观灯80套）、城市家具更新128处（四季座椅45处、四级导视45处、九里七星展示亭2处、移动花车3处、广告牌31处、景观玻璃房2处）、城市立面改造经营单位30多个、第五立面改造10个，街区257户商户中，67%以上进行不同程度业态提升和形象升级。

【湖滨步行街开街】2019年9月27日，由省商务厅和市政府主办的浙江首条国家级步行街——杭州湖滨步行街开街仪式在湖滨街区举行。商务部副部长王炳南，省委常委、市委书记周江勇，副省长朱从玖，市领导于跃敏、许明、缪承潮、胡伟、谢双成，区四套班子领导陈瑾等出席开街仪式，并与嘉宾、市民共同体验湖滨步行街。开街仪式上，副市长胡伟致辞，区委书记陈瑾介绍湖滨步行街建设有关情况。湖滨步行街围绕国际国内知名步行街定位，进行全方位改造提升。该项目由湖滨街道、上投集团联合开发建设，湖滨指挥部具体实施，总投资3.5亿元。项目分为一期和二期工程，按照商务部当年启动、当年建成、当年验收要求，项目邀请上海波城建筑设计事务有限公司、中国美术学院全程参与设计。实施线上线下融合、休闲体验、业态提升、文化感知、环境提升五大工程，对上百个项目分责任、定时点、明要求。提升后，步行街以湖滨步行街智慧街区综合管理平台为核心，接入“数字城管”、市场监管、智慧消防、公安4个部门综合平台，设有智慧灯杆、智能导视牌、广告牌系统及无障碍地图服务4个智慧终端与服务系统，智慧街区建设取得突破性进展。

（王 杭）

【五级联动保障】2019年，湖滨步行街改造提升工程通过部、省、市、区、街道“五级联动”深入推进。商务部领导多次实地指导，明确设计方向。省政府将步行街改造提升列入当年省政府重点工作，成立由副省长朱从玖任领导小组组长，省政府副秘书长高屹、省商务厅厅长盛秋平任副组长，省级12个部门及杭州市政府相关负责人为成员的多部门协同工作机制。杭州市、上城区均成立工作领导小组，统筹推进提升工作，市区两级政府主要领导分别建立不同层级的例会和协调制度，全年召开专题会议15次、协调会议10多次、新闻发布会2次。上城区每周召开工作例会，领导小组下设“五组一班”（工程建设组、业态提升组、街区管理组、商业运营组、文化挖掘组，工程建设专班），任务细化到街道、社区，倒排时间、挂图作战。市商务局成立工作专班，靠前服务指导，综合协调推进。杭州市制订《新消费“双街示范”工程工作任务清单》《湖滨步行街交通建设工程工作任务清单》等文件，对上百个项目分责任、定时点、明要求。同步成立杭州湖滨步行街区管委会，下设街区发展服务中心，指导湖滨步行街商业发展有限公司开展工作。

【“1+N”规划体系形成】2019年，湖滨步行街改造提升工程按照“一个详细规划和街区环境、业态布局、交通网络等若干个配套规划”的要求，形成“1+N”规划体系。委托上海波城建筑设计事务有限公司编制景观提升方案，委托中国美术学院编制“双街示范”、街区形象整体提升及景观亮灯、城市家具、导视系统、店招店牌等专项设计方案，委托仲量联行编制街区业态规划，最后由中国美术学院统一进行汇总，形成文态、业态、形态“三合一”方案。由市规划资源局牵头，经多方认证，形成《湖滨步行街区交通组织方案研究》报告，就交通迁改等问题制定实施方案。实施交通迁改十大工程，车行道改为步行道，慢行系统与交通系统更加连贯，并分期改造区域周边的地下通道等，与周边停车场库共享停车位。由中国移动和中国电信等团队制定湖滨步行街智慧服务方案，由中国美术学院团队制定湖滨路整体业态提升。联合西湖申遗专家组、浙江大学、中国美术学院、浙江工商大学等组建文化挖掘专家团队，形成《杭州湖滨步行街的前世今生》《杭州步行街文脉传承与发展定位研究》等文化专项成果。湖滨步行街改造提升工程从确定试点到正式开街，历时9个月，135天细化方案、135天现场施工，实现当年启动、当年建成、当年验收。

【智慧街区打造】2019年，上城区以杭州打造数字经济第一城为契机，与湖滨步行街改造提升同步建设“城市大脑湖滨综合试验区”，用技术赋能街区发展。搭建智慧街区综合管理平台，融合公安、城管、市场监管、文化旅游、消防、景区、地铁集团、公交集团等20多个市、区级部门和企业的相关条线数据，形成街区治理、智能出行、智慧商业三大板块，全面掌握街区实时人流、网格动态、商业业态、周边酒店入住情况、周边停车情况等信息，依托大数据为消费者提供精准服务。利用运营商数据和相关技术，结合大众点评、美团等第三方平台，进行客流结构、轨迹、商圈联动等分析，为街区增进活力和整体品牌运营提供参考依据。街区内移动支付覆盖率100%。“杭州湖滨步行街”公众号通过文字、图片、音频、视频等形式统一发布信息，实现美景、美食、停车场、公交车站和停车点位线上查询，并支持一键导航。加强智能硬件设施建设，打造“多杆合一”、智能导视牌等智慧终端，汇聚周边餐饮、娱乐、文化等资讯，进一步提升街区旅游服务质量。结合“多杆合一”工程，安装Wi-Fi点位54个，街区实现Wi-Fi全覆盖。推进5G建设，街区及周边区域实现5G信号全覆盖。华为技术有限公司在街区开展快闪活动，消费者可在街区体验5G云VR游戏等。

【街区管理创新】2019年，省市区三级政府为湖滨步行街制定品牌促进、免税退税、文化旅游、市场监管等方面的支持政策。街区有11家企业申请离境退税点。制定《湖滨步行街放心消费无假货商业街区建设实施方案》，引导街区商户投入“无理由退货”“诚信经营无假货”建设，推进步行街区域全域化放心消费。加强安全监管，建设“阳光厨房食安天眼”“智慧电梯”等在线监管系统，全面保障市民、游客安全。围绕浙江省“最多跑一次”改革向公共场所延伸的试点契机，设置24小时政务办事综合自助机，207项事项可在自助机上办理。探索管委会牵头下的部门“派驻制”、部门联审制和为企服务代办制，形成科学高效的街区日常管理与运营体系，助力街区发展。

【街区综合效益提升】2019年，湖滨步行街克服步行街封闭施工带来的影响，全年实现零售额（营业额）82.05亿元，比2018年增长9.2%；社会消费品零售额增长8.9%。街区内国内外知名品牌集聚，累计入驻品牌1600多个，其中国际品牌160多个、新零售品牌66个、老字号品牌25个。步行街开街后，人流量增长9%。综合体内业态调整体量1.35万平方米，新增公共空间3.5万平方米。街区同步启动业态提升和品牌升级，新引进品牌400多个，先后落地网易严选、寺库、微店Park等10多个品牌线下首个店铺，引进华为浙江旗舰店、无印良品、松下生活空间、哈姆雷斯等20多个品牌旗舰店。新建成杭州书房（“城市书房”项目）、“时间”等10多个文化节点。街区不定时举办音乐、街舞、行为艺术、阳台艺术节等活动，形成“湖上市集”“睡前练会琴”“城市漫步”等湖滨步行街特色IP。通过步行街改造提升，东坡大剧院同步回归，并向市民奉献歌舞剧《白蛇》；解决红泥花园等街区重要节点的业态提升问题，引进“新零售”品牌联华鲸选；推动周边及区域内危旧房改善。

（王璀佶）

望江新城建设

【概况】2019年，上城区全面推进望江地区改造建设工作，立足高端定位，秉承“有限空间、无限发展”理念，致力于将望江新城打造为文化“新地标”、站城一体

"新门厅"、经济增长"新引擎"，成为以金融科技为支撑，宜业、宜居、宜游的产城融合发展新高地。年内，望江单元控制性规划深入优化，《关于杭州市望江单元（SC04）控制性详细规划（修编）》获市政府批复。启动"未来社区"建设，始版桥"未来社区"纳入全省首批"未来社区"试点创建项目。加快土地收储、出让，保障性住房、文体教育配套、道路配套建设全面铺开。海潮雅园一园、汽车南站临时过渡点、木场巷路（望江路—海潮支路）、三多路（望江路—映霞街）、始版桥直街（映霞街—东宝路）等8个项目竣工。望江公园北公共地下停车库工程、上城区社会治理综合服务中心一期工程等10个项目开工建设。区行政中心及科技文化馆项目获"西湖杯"（建筑工程奖）；海潮雅园一园获"西湖杯"（优质结构奖）和市双标化工地荣誉。常青村安置房获杭州市"最美建筑工地"称号，6条道路获评或入围杭州市"最美丽的支小路"。

【望江单元控制性规划获批复】2019年，上城区进一步加快望江新城建设。围绕望江金融科技城、国际交流港、健康宜居城、杭港高端服务业示范区建设，对望江单元控制性规划进行优化调整，形成新的规划方案。3月，《关于杭州市望江单元（SC04）控制性详细规划（修编）》获市政府批复。该规划进一步明确规划范围、规划目标及功能定位，空间结构整体形成"一心、一带、两轴、四片"空间格局，并将城站火车站东出入口金融核心区块命名为"特别意图区"。望江新城城市设计持续深化，进一步促进产城融合发展，为"未来社区"、杭港高端服务业示范区建设夯实基础。

【管线迁改工作】2019年，望江新城管线迁改工作有序推进，涉及14个区块。年内，完成汽车南站征收项目搬迁、铁路征收项目签约工作；做好望南402、404铁路专用线拆除及望北铁路用房回迁安置工作；配合做好汽车南站、"三城一广场"（礼品城、沃尔玛超市、大浪淘沙、华东家具市场1号馆）、婺江路匝道等企业征迁事宜，推进凯旋路及莫南二期项目路灯拆除，以及东宝路、海潮路、规划婺江路电力应急抢修迁改等工作，为后续建设提供保障。

【路网建设加强】2019年，望江新城持续加强路网建设。全年竣工道路2条，全长553米，分别为木场巷路（望江路—海潮支路）、三多路（望江路—映霞街）。12月，3条道路取得施工许可证，总长695.53米，计划投资1092万元，分别为望江单元海塘路（海潮路—秋涛路）一标段、望清路（东宝路—婺江路）、三多路（映霞街—东宝路）。其中，望清路、三多路位于始版桥"未来社区"规划范围内，将为城市更新、扩容，打造"未来社区"九大场景夯实基础。5月，海潮寺路（甬江路—望江路）、近江路（秋涛路—钱江路）、银鼓路（婺江路—徐家埠路）、海潮支路（凯旋路—海潮寺路）获2016—2018年度杭州市区支路建设中"最美丽的支小路"称号，映霞街（始版桥直街—海潮路）、始版桥直街（望江路—映霞街）入围"最美丽的支小路"。

【铁路杭州站更新规划方案征集专家评审会】2019年10月31日，铁路杭州站更新规划方案征集专家评审会召开。会议旨在实现更新设计方案优中选优，利用好铁路杭州站资源优势，实现杭州站的转型蝶变，打造具有国际水准的城市中心精品车站，打通城市脉络，助力建设高品质"城市会客厅"。评审会邀请中国工程院院士程泰宁等7位专家组成评审委员会，对广州市交通规划研究院与立亚设计咨询（青岛）有限公司联合体、中铁第四勘察

汽车南站临时过渡点候车大厅　　（杭州望海潮建设有限公司 供稿）

设计院集团有限公司与华东建筑设计研究院有限公司联合体、杭州市城市规划设计院与AREP Ville联合体、上海互东集团有限公司与北京城建设计发展集团股份有限公司4个单位的设计方案进行详细评审，最终确定由中铁第四勘察设计院集团有限公司与华东建筑设计研究院有限公司完善《铁路杭州站更新规划方案》。

【汽车南站过渡点启用】2019年7月1日，上城区汽车南站临时过渡点正式启用。过渡点总面积2552平方米，项目于2018年末启动施工，2019年1月17日通过五方主体竣工验收，并于1月31日由区政府办公室牵头，协同各职能部门与杭州长运客运站场有限公司（南站）完成联合验收。过渡点承担汽车南站原有大部分班次的运营工作，为市民客运出行提供便利。

【望南04橡胶厂地块安置房项目具备开工条件】2019年12月12日，望江单元SC0404-R21-04地块农转非居民拆迁安置房（望南04橡胶厂地块）项目申领施工许可证，具备开工条件。项目位于望江路与海潮路交叉口，北至海潮支路，西至海潮路，南至甬江路，东至海潮寺路，总用地面积1.58万平方米，总建筑面积7.92万平方米，涵盖65平方米～110平方米五类户型526套。

【海潮雅园一园安置房项目竣工】2019年8月9日，望江单元SC0403-R21-03地块城市居民拆迁安置房（海潮雅园一园）项目完成竣工验收。该项目东至海潮寺路，南至海潮支路，西至凯旋路，北至望江路，有住宅楼11幢、841户，总建筑面积14.45万平方米，小区地下设计两层为停车库，设置停车泊位1170个。该项目为望江单元地块落成的首个安置房小区，同时是望南地区一次性安置户数最多的项目。该项目获“西湖杯”（优质结构奖）、市双标化工地荣誉，并入选“温度2019·杭州十大城市案例”。

海潮雅园一园内部环境　　（杭州望海潮建设有限公司 供稿）

【常青村安置房项目获“最美建筑工地”称号】2019年11月，近江单元SC0302-R21-11地块拆迁安置房（常青村安置房）项目获杭州市“最美建筑工地”称号。项目位于清江路秋涛路交叉口，东至望江变电所，西至秋涛路拆迁安置房地块，北至清江路绿地，南至四号支路，项目用地面积7900平方米，建筑面积3.78万平方米，共216套，配备地下车位298个。项目实施过程中，严格落实杭州市有关控尘要求，做好围挡美化、场地硬化、垃圾清扫等工作。

（汤李郁）

【望江新城核心区块全面“清零”】2019年，望江街道通过成立攻坚专班、提供保姆式服务、腾挪发展空间等手段，全面完成核心区块“清零”工作。针对地块涉及国有、农户、企业等多种产权，现场动迁指挥部与涉迁区域网格联建共建，推出定时通话、随时上门、实时跟进“每日三时”联系群众机制，分片进楼幢、包干入户头，收集群众意见建议150多条，并进行协调解决。优化征迁手续办理流程，组织国土、税务等部门现场设点集中办公，公证、法务等服务资源“一窗集成”，实现所有地块腾空、签约、领号“一次办结”，选房、公证、安置“一门受理”，并为群众提供应急处置、金融安全、就业招聘等八大类30多项“菜单式”服务。通过拆旧换新为望江新城建设释放土地资源新活力。5月，杭州市清泰实验学校等3所学校搬迁，2个垃圾回收站清退，1间铁路宿舍和60多户住户“清零”，100多家企业（住户）注销工作全部完成，核心区块土地目标项目全面“清零”，平整土地41.93万平方米。

【望江新城核心地块出让】2019年7月，安添国际有限公司（香港新世界）以97.92亿元摘得望江单元SC0402-R21/B-02~04，SC0402-B1/B2-13等核心地块，土地面积140亩（9.33万平方米）。其余核心地块土地招商工作有序开展，8~9号地块和10~12号地块委托第三方专业单位，专题研究土地出让时序方案。该片区核心地块位于望江新城核心位置，东至新开河、规划绿化，南至规划婺江路、望江单元SC0402-R21/B-14地块等，西至规划海潮路，北至规划近江路，地上建筑面积近40万平方米，地下建筑面积约6万平方米。

【望江单元地块拍出杭州最高宅地起价】2019年4月16日，望江单元SC0402-R21-08地块出让面积42517平方米，楼面起价为每平方米34872元，经过55轮竞价，最终成交楼面价为每平方米45325元，由杭州滨江房产集团股份有限公司以52亿元成交总价竞得，溢价率为29.98%，自持22%，为当前杭州最高宅地起价。该地块东至凯旋路，南至望江路，西至始版桥直街，北至映霞街，地块周边学校、商业配套一应俱全，交通便利，集中打造望江新城视觉景观地标。

【莫南二期征迁项目启动签约】2019年5月31日，自莫南二期征迁项目公布征收决定起，望江街道即成立专班逐门逐户走访，为征收对象讲政策、算账本、解心结，做到“一户一档、一户一策”。莫南二期项目属望江单元SC0401-R21/B-08地块，涉及莫邪塘南村27幢楼房的1118户国有住户、19处企业房屋。7月5日，该项目启动签约，当日完成签约816户，占总户数的73%，其中货币签约351户，创造望江征收史上单个项目启动首日签约户数最多的新纪录。7月18日，该项目完成首批征收补偿款支出10.4亿元，创造上城区征收史上单个项目体量最大、资金拨付速度最快、金额最大的新纪录。

（周廷波）

“四个全域化”工作

【概况】2019年，上城区“四个全域化”工作强化规划引领，深化“一轴三组团”发展定位，完成国土空间总体规划上城区发展大纲编制工作。修编望江单元控制性详细规划，编制铁路杭州站东通道及核心区块地下空间开发方案，新增地上产业空间50万平方米、地下产业空间10万平方米，彻底改变望江地区安置房集聚区功能定位。完成南宋皇城小镇城市设计方案，启动玉皇山南基金小镇城市设计及凤凰山景区控制性详细规划修编。推进征迁扫尾，完成“三城一广场”等“清零”项目14个，征迁住宅1309户、企业和非住宅50家（户），征迁涉及铁路房产19处、1.76万平方米，拆除铁轨630米，近江水产品市场、汽车南站顺利搬迁。加快土地收储出让进度，望江单元08地块及海东1～7号地块完成出让，土地面积13.59万平方米；望江核心区1～12号等地块完成收储，土地面积26.24万平方米。盘活低效土地64.93万平方米，上城区获评省级国土资源节约集约模范区。推进重大投资项目建设，全年开工78万平方米，续建143万平方米，竣工50万平方米。启动“未来社区”建设，始版桥社区列入首批省级试点，并成为省长唯一联系点。娃哈哈公租房地块及内部道路开工建设。安置房开工24万平方米，续建50万平方米，交付15万平方米，安置843套。制定特殊安置房源管理办法，提升存量房源使用效益。试点老旧小区“微更新”，开工建设新工社区等项目6个。完成既有住宅加装电梯60台。深化交通治堵，建设道路9条，开通3条，建成停车场（库）3个，新增公共泊位300个。完成“三改一拆”改造21万平方米，拆违2.3万平方米，改扩绿5.18万平方米。高品质打造蓝领公寓，开工建设二期项目940套，惠及1880人。

资料

“微更新”：指在原“三改一拆”旧住宅区改造基础上，在不动房屋结构或不大动前提下，对老旧小区进行综合提升改造的一项惠民工程。

【“微更新”试点建设】2019年，上城区启动老旧小区“微更新”三年行动计划，对新工社区、滨江新苑、未央村和向阳新村、电厂二宿舍、劳动路社区（沿湖片）、南班巷6个老旧小区实施“微更新”试点建设。6个项目改造面积44万平方米，总投资8000万元，惠及住户4596户。至年末，除新工社区项目外，其余5个项目均进入竣工收尾阶段。新工社区项目在全区“微更新”项目中改造体量最大、改造内容最多、受益住户最多。该项目充分挖掘空间资源，用足小区边角料，用好小区周边资源，通过利用铁轨沿线未利用空间、中河绿化带、学校和省市职能部门房产，增加近3000平方米配套用房、近400个停车泊位和2000多平方米居民共享活动空间；同时开工加装电梯7台，实现加装电梯管线迁改与“微更新”施工同步进行，降低成本。上城区“微更新”项目建设充分探索“共商共建共享”社区治理模式，改造前征求、搜集住户意见和需求，优化设计方案。改造过程中注重挖掘历史底蕴，使老旧小区历史风貌和现代理念相融合，宣讲原文故事，延续属地特色。其中电厂二宿舍在小区外墙改造中加入齿轮、信报箱、工作证等属地工业元素，新工社区在改造中将荒废的报恩桥复原。采用政企合作模式，创新资金筹集模式，新工社区引入社会资本投资约1500万元建设停车库，涉及停车位140个。

【“未来社区”建设】2019年，上城区把“未来社区”建设列入区委全会八大重点工作，并成立以区委、区政府主要领导任组长的“未来社区”建设工作领导小组，从全区20多个部门抽调50多名业务骨干建立实体化工作专班，下设6个小组合力推进。6月28日，经过省发改委评审，始版桥“未来社区”项目列入省首批24个“未来社区”试点之一。9月25日，省发改委发文确定上城区为“未来社区”创建的省长联系点。始版桥“未来社区”项目位于望江新城区块，地处杭港高端服务业示范区核心区块。规划单元150万平方米，实施单元23万平方米，实施区域内有9块用地，根据项目开发类型、资金来源、推进时序等分成四大区块，分别是2个安置房区块、1宗大型出让区块和娃哈哈文化产业用地。年内，完成“未来社区”实施单元内全部土地“清零”和收储工作，以及一期开工准备工作。共8个项目（含配套设施），分别是9号地块（汽车南站）安置房、娃哈哈公租房（人才房）、婺江路（秋涛路—凯旋路）、望清路（东宝路—婺江路）、三多路（映霞街—东宝路）、地下通道（婺江路南侧），娃哈哈文化中心、娃哈哈总部大楼（创新用地）。总建筑面积超40万平方米，保障性住宅近2100套，道路总长2000多米，整个望江新城区域内路网和配套设施全部完善。

（王晓帆）

“最多跑一次”改革

【概况】 2019年，区审管办围绕全面深化“最多跑一次”改革，打造“营商环境最优区”，制定《上城区深化“最多跑一次”改革建设国际一流营商环境的实施意见》，建设区营商环境服务中心，代表杭州市参加首次全国营商环境评价并取得良好成绩。聚焦企业开办便利化改革，全市率先实现企业开办全流程网上办理，现场办理平均用时26分钟，开办效率全国领先，被列为全国压缩企业开办时间现场会考察点。深化“证照分离”改革，推广多部门联办“一件事”，创新开发企业办事“自主点餐”系统，用水用气、投资项目等42个事项纳入“一件事联办”。深化企业投资项目审批制度改革，赋码备案项目开工前审批实现“最多90天”。

【多部门联办“一件事”推广】 2019年，上城区“最多跑一次”改革重点由单个事项实现“最多跑一次”扩大到多部门联办事项“一件事”实现“最多跑一次”，着重梳理优化公民个人办事和企业办事两个全生命周期的“一件事”。至年末，公民出生“一件事”流程优化工作初步完成；企业开办由“全程一件事”半日办结升级到全程网上办“跑零次”；投资项目领域实现投资项目选址意见书和建设用地预审意见书“两书合一”，并实现“一窗进件、材料共享”，审批时间压缩至两个工作日，提速60%以上；交警、城管部门临时占用城市道路审批“一件事”联办后，审批时间从原来23天压缩至1天；房屋租赁备案业务在全市率先实现全流程“网上申报、在线审批、自助取件”，群众办事实现“一次不用跑”。

【企业开办便利化改革】 2019年，上城区以“压缩企业开办时间”为目标，推出“企业开办全流程一件事半日办结”改革举措。通过设置“常态化企业开办专窗”，整合市场监管、税务、公安、银行、人力资源和社会保障等部门职能，推进信息共享、并联审批，成功实现全流程“一件事”半日内办结，跑出企业开办“上城速度”。6月，推出“全流程网上开办企业”措施，协调市场监管、税务、银行、邮政EMS、刻章等部门开办企业全流程网上办理，实现“一次不用跑”。至年末，全区有60%以上的新设企业实现“全流程网上开办”。

【“营商一件事”企业自主点餐式服务推出】2019年，上城区依托省市现有系统，研发“营商一件事”企业自主点餐系统，并结合现场大厅的咨询导办窗口、综合收件窗口、全程跟踪督办机制，为办事企业提供一整套办事需求快捷解决方案，包括提供办事申请材料、办事咨询方式、申请材料预审、办事进度跟踪督办等。其中最核心功能是办事企业可根据实际经营需求任意组合在“政务服务菜单”上自主“点餐”，当场快速生成并打印办事申请材料清单及相关表格，实现政务咨询导办“一口清”“一单清”，让企业更方便办事，形成以企业办事需求为中心的再造办事流程。企业通过“点餐”要求政府部门提供“定制化政务服务”，政府部门真正成为为企服务的“店小二”。年内，该系统主要在企业开业经营过程中涉及的各类“一件事”上进行成功运用，包括企业开办、证照联办等。

【投资项目审批提速增效】2019年，上城区投资项目在线审批监管平台2.0版升级到3.0版，投资项目审批用时全面实现从赋码立项到竣工验收“最多90天”。贯彻杭州市《工程建设项目审批制度改革试点实施方案》及各专项配套制度，推出区域评估、“模拟审批”、“代办1+1”等相关举措，对全区所有投资项目的审批进度实行动态跟踪和实时监管，确保审批时间提速、审批过程规范。年内，全区所有企业投资项目均实现“最多90天完成审批”和“模拟审批全覆盖”，同时区域环评、能评、文物保护等区域评估全面铺开。

（杨晓婷）

2019年10月16日，群众在“营商一件事”企业自主点餐系统操作办事

（区审管办 供稿）

社会治理建设

【概况】2019年，上城区以市域社会治理“六和工程”（党建领和、政府主和、社会协和、智慧促和、法治守和、文化育和）为抓手，按照全市推进社会治理体系现代化工作要求，制订并落实上城区《全面推进社会治理现代化“二十项行动”计划》《社会治理“六和塔”工作体系建设推进机制》。构建工作体系，建立组织领导、分工协作、项目推进、工作例会、信息报送、宣传推广、教育培训、督查考核、比学赶超9项机制，通过健全体制、激活机制、创新制度、狠抓落实，提升上城社会治理水平。

【全科网格建设】2019年，全区网格由256个调整为260个，并制定《深化网格化管理和网格员队伍建设的实施方案》《关于优化社区组织架构强化网格服务能力全面提升基层治理现代化水平的实施意见》，配强网格队伍，健全日常培训、工作考核、绩效奖惩机制。全年全区网格上报事项17万余件，办结16.99万件，办结率99.7%。

【基层智慧治理】2019年，上城区深化基层智慧治理，开展“雪亮工程”“智安小区”建设。在湖滨步行街街区开发“街区治理”应用场景，整合公安、检察、法院等部门数据资源，推进区级基层治理综合信息指挥中心、街道综合信息指挥室、社区微脑三级智慧治理中枢和“一体两翼维稳合成作战平台”建设，助力基层社会治理。

【基层基础建设】 2019年，上城区多措并举，加强基层基础建设。对落后社区党委建立问题清单，推进整转销号。举办相关培训及活动，评选区级“治社名师”，示范带动全区社区干部队伍整体优化提升。聚焦网格党建，深化“尚城·红星系”城市基层党建综合体“1+6+N”工作格局，构建党建引领居委会、业委会、物业服务企业协同治理联合体（“业联体”），打造“业联体”实体阵地。推进党群服务阵地建设，完成50个标准化中心、46个共建式驿站、58个功能型微站三级布局，基本形成“10分钟党建服务圈”。

（徐小夏）

【区社会治理综合服务中心建成运营】 2019年，上城区按照“一站式接待、一揽子调处、一条龙服务、一体化指挥”原则，整合政法、公安、信访、司法、法院等10多个部门资源，建成集信访调处、法律援助、诉讼服务、信息研判、劳动仲裁、矛盾化解六大功能于一体的上城区社会治理综合服务中心（信访矛盾联合调处中心）。该中心位于望江公园配套场地，北接上城区行政服务中心，南临之江路，西靠望江路，东接望潮路，利用望江公园地下一层车库改造而成，总建筑面积2886平方米，设置候访区、接待室、指挥中心、仲裁庭等功能室，有24个部门入驻。10月31日，该中心正式投入运营。中心制定行政审批、公共服务、执法权力3张清单，下沉八大领域365项执法事项和65项行政审批服务，其中综合行政执法队在6个街道挂牌运行。“一个窗口管审批”“一个中心管治理”“一支队伍管执法”工作格局初步形成。年内，各部门联合接待群众3368人次，其中律师窗口接待157批、180人次，居民群众来电、来信及送锦旗致谢100多次。

（徐小夏 汤李郁 叶 敏）

2019年10月31日，上城区社会治理综合服务中心揭幕启用

（区委政法委 供稿）

大事记
Chronicles of Events

1月

1日 上城区第四次经济普查登记正式启动。

同日 上城区紫阳街道上羊市街社区登上中央电视台新闻频道特别节目《我和我的祖国》——“‘我’与共和国同龄”板块。

5日 中国邮政和朱炳仁艺术博物馆联合创办的“朱炳仁艺术”主题邮局（位于北京798园区）正式对外营业。

7日 上城区在“尚城1157·利星”商业综合体设立区首个妇联执委服务微驿站区。

8日 区委十届八次全体（扩大）会议举行。会议学习省委、省政府批准的《杭州市上城区机构改革方案》，要求高质量完成全区机构改革各项任务。

同日 《上城年鉴(2017)》获第六届全国年鉴编纂出版质量评比一等奖，并获框架设计二等奖，条目编写一等奖，装帧设计一等奖，检索、编校质量和出版时效一等奖。

9日 上城区邻里价值观建设践行活动年度总结暨第七届道德模范（“最美邻里”）颁奖大会举行。

10日 上城区与杭州广宇集团有限公司制定的全国首个《适老化住宅设计规范》地方标准正式实施。

11日 上城区文学艺术界联合会成立暨第一次代表大会举行。

同日 中央电视台财经频道《第一时间》栏目拍摄南光坊小区加装电梯情况。

12日 上城区与华数数字电视传媒集团有限公司签署战略合作协议。

14—17日 中国人民政治协商会议第五届杭州市上城区委员会第三次会议召开。

15—18日 上城区第十五届人民代表大会第三次会议召开。

18日 中华姓氏图腾艺术展在上城区梓府启幕。由西泠印社出版社出版的《中华姓氏图腾》同时首发。

同日 上城区馒头山文化街区、五柳巷历史文化街区入选省文化创意街区，凤凰御元艺术基地入选省重点文化产业园区。

19日 全区机构改革动员大会召开，对全区机构改革工作进行动员部署，标志着上城区机构改革工作进入全面实施阶段。

22日 《人民日报》联合新浪微博数据中心发布《2018年度人民日报政务指数·微博影响力报告》，由上城区区长公开电话受理中心开办运营的“上城信访”新浪官方微博获评全国十大信访微博第三名。

25日 之江文化产业带

重点项目签约现场会暨2019中国（杭州）数字经济高峰论坛在上城区召开。论坛上，杭州凌笛数码科技有限公司与上城区签约，合作项目落地望江金融科技城，共建时尚数字中心。

同日　全国政协副主席张庆黎到玉皇山南基金小镇政协委员会客厅调研，和委员畅谈政协工作。

28日　上城区举办党外代表人士迎新春联谊座谈会。区主要领导，以及统一战线各界代表人士等参加座谈。

同日　“小营·江南红巷”被省科协、省委宣传部、省教育厅、省科技厅认定为第七批省级科普教育基地。

30日　上城区人民调解委员会主任、上城区人民调解协会会长沈寅弟被聘为全国人民调解专家，系全省唯一。

同日　上城区联合萧山国际机场在机场国内国际连廊区域推出以“南宋有约”为主题的第二季文化长廊展览。

2月

1日　上城区健康服务与大数据产业创新服务综合体入选第二批浙江省产业创新服务综合体创建与培育名单。

3日　市委副书记、市长徐立毅到上城区走访看望拆迁安置群众。

4日　中央电视台除夕大型特别节目《一年又一年》直播南宋皇城小镇过大年活动。

11日　上城区“勇敢娃娃兵研学基地”入围首批浙江省中小学生研学实践教育基地。

12日　区纪委十届四次全体会议暨“三联三领三服务”推进大会召开。

同日　玉皇山南基金小镇优秀企业代表浙江玉皇山南投资管理有限公司入围中国证券投资基金业协会公布的2019年第一批私募资产配置管理人名单，全国仅3席。

13日　中共中央组织部公务员二局局长戴建营等一行到玉皇山南基金小镇考察，听取小镇建设情况介绍，并对小镇金融产业特色、运作管理、人才引进、环境氛围等情况进行了解。

19日　上城区首个产业园妇联——小营街道智慧健康产业园妇联成立。

27日　省委常委、常务副省长冯飞率省直有关部门负责人到玉皇山南基金小镇开展“三服务”活动。

3月

1日　市人大常委会主任于跃敏带领考察组一行到区湖滨商圈党群服务中心，考察社区（街区）智能化治理工作。

4日　省委常委、政法委书记王昌荣到湖滨商圈党群服务中心调研智能化治理工作。

同日　上城区垃圾分类工作登上中央电视台新闻频道“两会”特别报道《两会有啥事，我们帮你问》栏目。

5日　上城区以“激扬新时代巾帼力量，献礼我的国70华诞”为主题，举行纪念“三八”国际妇女节109周年大会暨妇联基层组织建设“两个覆盖”工作推进会。会议表彰2018年度上城区“最美”家庭、“最美”廉内助、“三八”红旗手、“三八”红旗集体及巾帼文明岗。

同日　上城区举行“党建引领建新功，青春筑梦新征程”暨上城区党员志愿服务“红色志愿一小时”行动启动仪式。

6日　中央统战部五局副局长吴茜一行到上城区数字统战体验馆暨望江统战之家进行调研。

7日　共青团杭州市上城区第十三次代表大会召开。

11日　省委常委、市委书记周江勇到上城区调研湖滨步行街改造提升工作。

12日　上城区数字统战体验馆在中豪望江国际揭牌开馆。市委常委、统战部部长陈新华和区委书记陈瑾为体验馆揭牌。

14日　国家发改委城市和小城镇改革发展中心副主

任王劲松到上城区考察玉皇山南基金小镇，了解小镇运营有关情况。

同日　市委常委、纪委书记、监委主任陈擎苍到上城区开展“走亲连心”服务企业活动，为企业解决工作中遇到的实质性难题。

17日　根据杭州公安真实事件改编的公安题材电影《爱无痕》在上城区举行全国首映仪式，并于3月19日在全国各大院线正式上映。

20日　新华社监察室到上城区调研就业帮扶工作，并召开座谈会。

20—21日　上城区“湖滨晴雨”工作室获中共中央宣传部2018年度舆情信息工作优秀单位，参与报送的信息《电影〈我不是药神〉的舆论情况》获中共中央宣传部2018年度舆情信息优秀稿件。

22日　玉皇山南基金小镇联合陆家嘴新兴金融产业园、申万宏源杭州分公司共同举办玉皇山南金融学院——山南论剑之“陆家嘴金融科技赋能量化私募研讨会”。

23日　“为党旗添光彩，建名城当先锋”机关党员志愿服务暨市城投集团万名党团员志愿服务总队成立3周年活动在吴山广场举行。

25日　由杭州市园文局组织的“红色记忆”系列活动首站在小营街道举办。杭州6个主城区文物负责人及各博物馆文物工作者50多人参加。

同日　市人大常委会主任于跃敏到望江街道在水一方社区就滨江四号区块多处房屋渗漏情况接待居民代表。

26日　市政协主席潘家玮调研位于南星街道馒头山社区的市政协委员上城工作站，并召开座谈会。

27日　上城区举行2019年全区重大项目集中开工仪式，9个重大项目均位于望江新城，项目总投资约20亿元。

同日　近江水产市场启动搬迁工作。

28日　上城区发布望江新城三年建设规划方案，将秉持“有限空间、无限发展”理念，按照“一心、一带、两轴、四片”城市空间格局，打造文化“新地标”、城市“新门厅”、经济“新引擎”。

29日　上城区与中国移动杭州分公司签署5G战略合作协议，双方将发挥各自优势，共同打造全国5G示范商圈和5G发展标杆区，助推杭州数字经济发展。

同日　上城区获评2018年度浙江省平安区，实现省平安区“十四连创”，并获全市平安创建综合考评第三名。

同日　由上城区文创办、西泠印社艺术品鉴定评估中心共同主办的“红色题材——宣传画艺术特展”在叶子文化艺术中心展览馆（德馨园）开幕。展览持续至4月18日。

30日　《2018年浙江省数字经济发展综合评价报告》发布上城区数字经济综合评估总指数为118.7分，在全省89个区县(市)中排名第4位。

是月　上城区启动全市首个垃圾分类敲门行动。

4月

1日　省经济和信息化厅调研组到区电子机械功能区调研，听取企业发展情况，商谈推动上城数字经济发展政策。

2日　省妇联调研组到上城区调研妇女儿童工作。

同日　《中国建设报》头版头条刊登题为《贯彻新发展理念，建设没有“城市病”的城市》的信息，对上城区“智慧城管”工作进行报道。

同日　“来自星星的画语”第五届自闭症学生公益画展在杭州市杨绫子学校举行，展出来自30所（个）特殊学校、康复机构、工疗站的100多名自闭症学生（学员）创作的200多幅国画、书法、素描、油画、儿童画及创意美术等作品。

3日　市委常委、常务副市长戴建平到上城区调研“压缩企业开办时间”改革工作。

同日　上城区与中国建设银行股份有限公司杭州分行签订党建共建暨全面深化战略合作协议。

4日　上城区召开经济、科技暨“三化融合”工作推进大会。会议要求政企同心、开拓进取，高质量推进一流的国际化现代化城区建设。

8日　区委召开理论学习中心组（扩大）专题学习会，传达学习习近平总书记在省部级主要领导干部坚持底线思维，着力防范化解重大风险专题研讨班开班式上的重要讲话精神。

9—22日　上城区国家级“非遗”代表性项目代表性传承人朱炳仁一行到美国纽约市开展中美文化交流，弘扬中国铜艺文化。

12日　公安部第十三届国际执法联络员培训班学员到上城区开展警务交流。

同日　省政协主席葛慧君考察调研玉皇山南基金小镇政协委员会客厅。

16日　上城区位于玉皇山南基金小镇的首个无人超市在白塔岭社区的“海ео驿站”商务区开张试营业。

同日　省社科联调研组到上城区调研社科普及基地建设工作。

19日　上城区启动主题为“以文化筑梦，为青春领航”的上城区青年精品文化“青斓”工程三年行动计划。

同日　杭州城站火车站地区“路地警务融合”暨杭州市公安局上城区分局城站派出所成立揭牌仪式举行。

同日　“上城三大传说——古桥·古井·古巷”展览在“尚城1157·利星”商业综合体举行，首次展出部分古建筑的历史典故和传说故事。

19—21日　主题为“宋韵百味，茶享杭城”的清河坊民间茶会在南宋皇城小镇举行。

23日　最天使文创书城湖滨店——5G应用创新书城开幕。

26日　银行线下“邮币馆”在中国工商银行杭州羊坝头支行旗舰店开业，首开的邮币寄售业务是中国工商银行贵金属业务打通线上线下零售生态圈的全新尝试。

同日　上城区首个“一窗受理”平台试点应用工作率先在望江街道近江东园社区展开。

28日　上城版《我和我的祖国》唱响，并登上“学习强国”App。

29日　上城区举行庆祝国际劳动节大会。会上，表彰50名上城区劳动模范。

同日　上城区融媒体中心暨杭州电视台上城记者站挂牌成立。

同日　上城区选送的铜雕技艺《千里江山》铜茶道系列、杭州刺绣《西湖小景》扇面系列、萧山过江布《幸福一辈子》杭州特色系列抱枕、南宋官窑烧制技艺《葵口茶盏》4件商品入选首批浙江省优秀“非遗”旅游商品。

是月　上城区获评2018年度全省生活垃圾分类工作优秀区县（市）。

5月

6日　上城区举办纪念五四运动100周年特别主题团日暨“新时代上城十大杰出青年”风采展示活动。

同日　上城区与浙江省文化产业投资集团有限公司签署战略合作协议，助推上城发展极建设。

7日　全国人大常委会委员、全国人大环境与资源保护委员会副主任委员吕彩霞率考察团一行到玉皇基金小镇走访调研，了解小镇生态环境等建设情况。

同日　省委常委、省纪委书记、省监委主任任振鹤到上城区专题调研指导清廉文化建设工作。

8日　上城区召开适老化改造项目推广会，现场进行适老化改造家庭签约。

9日　2019中国“公民警校”少年警校发展论坛在上城区举行。

同日　上城区首个“人大代表建议智库”在小营街道姚园寺巷人大联络站成立。

12日　“遇见南宋”中

国移动·2019杭州国际少儿迷你马拉松在玉皇山南基金小镇公园开跑。

13日 上城区获2018年度浙江省“五水共治”（河长制）工作优秀区县（市）称号，夺得“大禹鼎”（浙江省颁发的关于治水工作的最高奖项）。

14日 上城区召开全区警示教育大会，要求扎实推进全面从严治党向纵深发展、向基层延伸，加快建设“清廉上城”。

同日 上城区与鹤峰县东西部扶贫协作联席会议在上城区召开。（鹤峰县于4月29日经湖北省政府批准退出贫困县。）

15日 上城区与雷山县东西部扶贫协作联席会议在上城区召开。（雷山县于3月退出贫困县序列。）

16日 2019年文化与优雅生活旅游发布活动暨“清风润心”上城·鹤峰“非遗”文化交流活动在上城区政府大礼堂举行。

17日 区“数字南宋”文旅系统正式上线，该平台利用数字经济的信息化、互联网化、技术化等，推动旅游产业提质增效。

同日 贵州雷山县文化旅游茶叶招商杭州推荐会在上城区涌金广场举行。

18—22日 由杭州市政府主办，上城区政府、中国美术学院承办的“知识江南美学·味象风雅宋韵”主题活动在中国美术学院南山校区举行。

23日 市政府新闻办“辉煌70年”系列发布会首场发布举行，上城区率先亮相，介绍中华人民共和国成立70年来上城经济社会发展成就，并发布第五届全球私募基金西湖峰会相关情况。

23—25日 第六届中国民间艺术产业示范展在中国民间艺术产业示范基地——梓府举行。

24日 深圳证券交易所杭州基地落户玉皇山南基金小镇。

25日 以“金融供给侧结构性改革与私募基金发展”为主题的第五届全球私募基金西湖峰会开幕。

同日 由区文广旅体局、浙江省社会科学院文化所、浙江省诗词与楹联学会、小营街道联合主办的龚自珍《己亥杂诗》问世180周年纪念会暨“实学思想家故里行”文化旅游推广发布会在龚自珍纪念馆举行。

27—31日 上城区组织80多名新闻发言人和宣传干事在湖北武汉大学举办新闻发言人培训班。

28日 省委常委、市委书记周江勇到上城区看望少年儿童，向少年儿童致以节日祝福，向中小学、幼儿园教师和少年儿童工作者表示问候。

29日 市委副书记、市长徐立毅到上城区部分“非遗”、文创企业调研，了解相关情况。

同日 市委副书记、政法委书记张仲灿一行到南星街道白塔岭社区人大代表联络站开展联系基层代表和群众活动。

同日 “书斋闲赏——苏州博物馆馆藏明清文房器具展”在上城区南宋官窑博物馆开幕。

同日 上城区举办“同心尚城·营商环境大家谈”主题分享会，政府、企业共话改革，携手同心共谋上城新发展的举措与实践。

同日 上城区社会治水团体紫阳街道民间古井研究协会亮相于中央电视台纪录频道播出的大型纪录片《长江序曲——来自长江经济带的报告》。

31日 国务院办公厅督查室调研组到上城区开展调研，了解上城区绩效管理、考核评价等工作落实情况。

是月 上城区启动千名党员干部“走千企、结千家、破千题”活动。

6月

1日 上城区庆祝中华人民共和国成立70周年系列活动之上城区第十九届歌手大赛暨杭州市第二十五届“三江歌手大赛”上城选拔赛

决赛在区政府大礼堂举行。

2日　上城区在杭州新世纪外国语学校湖畔校区举办“尚城·红星系”文旅红色联盟品牌发布会暨“文化进万家”惠民工程启动仪式。

同日　上城率先发布“红色护照”，正式成立“尚城·红星系”文旅红色联盟。

3日　杭州市首个“垃圾分类观察室”在上城区小营街道老浙大人大代表联络站举行授牌仪式。

5日　上城区两新党建“三整一全”工作推进会暨“上城红云学院”成立仪式举行。

同日　上城区征迁建设领域警示教育馆开馆。

6日　2019年全国大众创业万众创新活动周上城分会场活动暨创新创业嘉年华活动在玉皇山南基金小镇举行启动仪式。

12日　上城区作为杭州市“全流程网上企业开办”改革的唯一试点城区，正式启动试点工作。

13日　上城区组团到香港参加“科技创新、共享亚运”杭州（香港）创新合作恳谈会。区委书记陈瑾在会上代表上城区与香港贸易发展局交换杭港高端服务业示范区项目合作备忘录。

14日　上城区出品的电视剧《鸡毛飞上天》获第二十五届上海电视节“白玉兰奖”国际传播奖。

17日　“不忘初心、牢记使命”主题教育省委第一巡回指导组到上城区调研主题教育学习情况。

19日　“建功新时代、上城再扬帆——国旗下的诵读”庆祝中华人民共和国成立70周年大型系列诵读活动上城专场在小营街道红巷生活广场开幕。

同日　贵州省雷山县国家非物质文化遗产体验馆在中山南路386号开馆。

20日　上城区与中国美术学院签署战略合作协议。双方将共同围绕文化繁荣主题，推进历史文化与城市发展的有机融合，助推上城文化艺术领域发展建设。

26日　省委宣传部副部长葛学斌，市委宣传部常务副部长、市文创产业发展中心主任龚志南一行到上城区调研之江文化产业带上城发展极建设情况，并召开全市之江文化产业带座谈会。

27日　商务部流通业发展司司长郑文一行到上城区专题调研湖滨步行街改造提升工作。

同日　浙江省首批“未来社区”试点创建项目建议名单公示，上城区始版桥社区位列其中。始版桥社区将以“上城之上，空中坊巷”特色定位，打造旧城中心城市再生的标杆。

28日　上城区举行老旧小区‘微更新”实施方案汇报会，率先吹响全市老旧小区综合改造提升新号角。

29日　上城区召开庆祝中国共产党成立98周年表彰大会。

7月

1日　汽车南站搬迁到秋涛路255号（临时过渡站）营业。同时，有部分班线分流到火车东站公路汽车站、客运中心站和汽车北站营业。

9日　市政协主席潘家玮、副市长胡伟、市政协副主席谢双成到上城区调研湖滨步行街改造方案及建设情况。

同日　以“聚焦资智融通，赋能杭港合作”为主题的2019侨界创业投资高峰论坛在杭州举行，并正式授牌杭港驿站。翌日，上城区承办的侨界创业投资高峰论坛分会场——杭港资本项目对接会在近江时代大厦召开。

10日　上城区发布“上城平台·街区治理”应用场景。

同日　全国首只私募资产配置基金——山南云栖私募资产配置基金经中基协备案，成功发行。

11日　省政协主席葛慧君一行到上城区专题调研“未来社区”试点工作。

12日　上城区政府与华数传媒集团举行战略合作签约仪式。

16日　杭州少年儿童图书馆“尚善之家”分馆在中山中路22～26号的“尚善之家”公益服务中心挂牌成立。

同日　上城区海月桥社区、西牌楼社区、岳王路社区3个社区消费者维权服务点启用。

18日　全省首个基层新的社会阶层人士统战工作规范发布会暨尚城·同心荟联盟成立大会在玉皇山南基金小镇举行。

19日　上城区西牌楼社区退役军人服务站正式揭牌启动。系杭州主城区第一个社区退役军人服务管理站。

22日　《中国社区报》以《提高社工队伍素质，助推基层服务再提速》为题报道上城区南星街道如何深耕社工队伍建设、提升基层服务。

23日　全国70家电台联合《人民日报》、腾讯新闻制作的庆祝中华人民共和国成立70周年融媒体报道之《我家住在解放路》聚焦报道上城区解放路。

31日　上城区第一个全融合打造的街道社会治理综合服务中心——南星街道社会治理综合服务中心成立并对外开放。

8月

1日　区领导分组带队看望慰问奋战在高温一线的工作人员，代表区委、区政府和全区人民向他们表示感谢。

同日　上城区“互联网+”养老试点工作正式启动。居家养老服务补贴告别纸质券结算模式，实现市民卡信息化支付结算。

同日　上城区推出掌上社保“移动办”，实现24小时服务不打烊。

同日　钱塘江边开放第一个“市民垂钓区”，设在上城区之江路江堤——甬江路至望潮路段，总长约1千米，施划100多个钓位。

2日　区委十届九次全体（扩大）会议召开。会议专题研究争做文化传承标杆区各项工作，讨论《上城区文化兴盛发展三年行动计划（2019—2021年）》，勾画上城文化发展的路线图，即打造3条文化体验带、构建5个支撑体系、开展十大重点工程。

4日　上城区的中国工艺美术大师、国家级非物质文化遗产铜雕技艺代表性传承人朱炳仁当选2019第五届全球华人影响力盛典建国70周年杰出贡献人物，并获“建国70年70人‘非遗’传承保护杰出成就奖”称号。

5日　上城区首台应用于基层医疗机构的医疗票据自助机在清波街道社区卫生服务中心投入使用。

6—8日　区政协举办2019年度政协委员暑期读书会活动。

10日　上城区各部门、街道积极应对台风“利奇马”，全力做好各项应对措施。

13日　国内首个三毛互动主题展在恒庐美术馆举行。（主题展持续至11月13日）

15日　上城区“党建引领家风尚，垃圾分类先锋行”主题党日活动暨推进垃圾分类志愿者红色联盟启动仪式举行。

19日　由上城区省级社科普及基地西湖国学馆携手躬耕书院、龙井草堂举办的第三届“乐山水·行仁义”公益音乐会在西湖文体中心落幕。

同日　上城区产电视剧《麦香》获全国第十五届精神文明建设“五个一工程”优秀作品奖，系杭州市唯一。该剧于5月18日在中央电视台综合频道黄金档播出。

26日　上城区唱响伟大祖国颂歌——“壮丽七十年，文明新征程”系列公益活动启动。

27日　上城区社科界、文艺界庆祝中华人民共和国成立70周年之“诗词筑梦·礼赞中华”系列文化活动的首场讲座在西湖国学馆开讲。

27—28日　上城区作为调查样本区代表杭州参加全国首次营商环境评价活动。

28—30日　上城区辖区

企业久融新能源科技有限公司亮相第十三届上海国际充电设施产业展览会，并在充电设施金桩奖——中国充电设施十大品牌2019年度评选活动中获“2019年度充电运营服务优秀品牌企业”奖项。

30日　南华期货股份有限公司正式登陆上海证券交易所，成为国内首家A股主板上市的期货公司。区委书记陈瑾等参加鸣锣开市仪式。

9月

2日　“小营·江南红巷”被评为浙江省社会科学普及基地。

2—5日　全国政协副主席刘奇葆率全国政协调研组走访上城区凤凰山南影视基地，并与电影频道杭州基地、杭州佳平影业有限公司、浙江睿宸影视制作有限公司等影视制作公司进行面对面交流，了解影视文化产业发展情况。

3日　第八届中国创新创业大赛（浙江赛区）暨第六届浙江省“火炬杯”创新创业大赛互联网行业决赛在上城区举行。

5日　上城区召开教育大会暨创建全国义务教育优质均衡发展区推进会。

同日　上城区“保安协会”（尚和义警队）在太庙广场揭牌成立，系杭州市正式成立的首个“保安协会”。

同日　华东首个派出“金融法庭”——杭州市上城区人民法院基金小镇人民法庭亮相玉皇山南基金小镇。同时，上城区发布《金融商事审判白皮书》。

同日　上城区成立“公益党建联盟”，在党建引领下，搭建更加广泛的社会联动平台，动员更多的社会力量关注公益、参与基层治理，进一步完善基层治理体系和治理能力。

同日　上城区融合相关红色资源及党建资源、文旅资源发布“初心之旅”现场教学点，设“不忘初心·使命之旅”“投身祖国·建功之旅”“铭记英烈·缅怀之旅”“名人文化·寻迹之旅”4条路线。

同日　2019“杭州国际日”在杭州洲际酒店开幕。开幕前，意大利访问团到上城区寻觅“梁祝草桥结拜”传说。

8日　上城区庆祝中华人民共和国成立70周年歌咏大会在区政府大礼堂举行。活动以“歌唱祖国”为主题，采取“一主二副”模块全城联动，即在上城区行政中心设主会场，在上羊市街社区和湖滨步行街设分会场。

11日　上城区召开“不忘初心、牢记使命”主题教育部署会，深入学习贯彻习近平新时代中国特色社会主义思想，认真贯彻落实中央和省市委关于扎实推进第二批主题教育的各项要求，全面启动上城主题教育工作。

11—12日　德国包纳市市长吕特克·西莫率包纳市政府代表团一行到上城区考察，并召开座谈会。

13日　由上城区文创企业浙江睿宸影视制作有限公司制作的动画电影《福星高照朱小八》正式上映。

16日　上城区开展主题为“祝福祖国·乐活上城”的庆祝中华人民共和国成立70周年暨重阳节活动。

同日　市人大常委会主任于跃敏到上城区调研人大代表监督垃圾分类试点工作。

17日　上城区重点文创企业杭州佳平影业有限公司出品的电视剧《在远方》在北京举办首映发布会。该剧于22日在浙江卫视、东方卫视、优酷视频首轮播出，韩国、葡萄牙国家电视台海外同步播出。

18日　浙江省欧美同学会总部落户上城区（清波街道）南山路178-1号。

同日　上城区举办庆祝中华人民共和国成立70周年上城讲述会暨杭港高端服务业示范区启航活动。

同日　最高人民法院副院长陶凯元率考察团一行到玉皇山南基金小镇法庭调研相关工作。

19日　上城区举办“党建双强”助推垃圾分类擂台

比武活动。

同日　上城区召开书法家协会成立暨第一次会员代表大会。

19—23日　以影视产业发展为主题的上城展馆亮相第十三届（2019）杭州文化创意产业博览会。

20日　上城区朱师傅修鞋店经营户王凤娟获评第六届浙江省道德模范（诚实守信模范），受到省委书记车俊接见。

同日　上城区南星街道组织编纂的《南星街道社区治理实务手册》正式发布，系杭州市第一本街道本土化基层治理指导手册。

20日　上城区举办“光辉七十年，共筑同心圆”老报纸展。

21日　省委副书记、省长袁家军到上城区始版桥社区考察“未来社区”试点项目，肯定土地出让“带方案、带规划、带项目”的好做法。

22日　上城区举行“‘毅’起出发迎华诞、建功立业新时代”红色毅行活动。

23日　上城区与浙勤集团签订战略合作框架协议。浙勤集团将在集团总部落户、资本运作、产融结合、教育培训、会议会务等方面与上城区开展更加全面深入的交流合作。

23—24日　“指尖上的‘非遗’”——杭州“非遗”技艺展评活动在太庙广场举行。

24日　上城区举行庆祝全国首个“9·26”工匠日主题活动暨第二届“上城工匠”认定发布会。

同日　杭州市暨上城区庆祝中华人民共和国成立70周年特别主题团日活动“我与祖国共奋进——国旗下的演讲”在小营红巷大礼堂举行。

25日　杭州湖滨步行街改造提升工作新闻发布会召开，宣布经过近5个月的封闭施工，湖滨步行街将于国庆节前正式开街亮相。

26日　上城区举办“党建双强”助推“美好社区”建设互学互看现场大比武活动。

同日　钱塘江上“钱印号”游船首航。

27日　由浙江省商务厅和杭州市政府主办的浙江首条国家级步行街——杭州湖滨步行街开街仪式在街区举行。

28日　省委常委、市委书记周江勇到上城区调研湖滨步行街改造提升工作，强调要打造商旅融合、湖街辉映的“醉杭州”样板。

同日　中国步行街（杭州湖滨）圆桌会在杭州举行。商务部副部长王炳南，副省长朱从玖等领导，及有关部门负责人出席活动。

同日　上城区“不忘初心、牢记使命”主题教育区管干部读书班第一期在市委党校开班。

同日　杭州孔庙举办己亥年祭孔典礼，并新增“崇学护书”活动。

29日　上城区举行“共贺华诞，幸福养老”——庆重阳暨康养体系建设试点启动大会，推出全省首个家庭养老照护床位服务新模式。

30日　区四套班子领导和全区机关党员干部在杭州云居山浙江革命烈士纪念碑前举行烈士纪念日公祭活动。

是月　上城区蓝领公寓二期工程开工。

是月　上城区和杭州网联合制作《触摸历史建筑、聆听光阴故事》网络主题报道，呈现一幅既体现上城气质，又展现上城居民幸福感的时代画卷。

10月

1日　上城区在区行政中心南广场举行升国旗仪式，表达对伟大祖国母亲的无限热爱和诚挚祝福。上城各地同步举办庆祝中华人民共和国成立70周年活动，用不同的方式进行庆祝。

2日　“醉湖滨·遇见文旅”活动在湖滨步行街启动。文化学者、艺术家和学生们将在步行街开展为期一个月的沉浸式街巷文化展示活动。

10日　上城区报送的文章《浙江杭州上城：用历史

建筑留住“杭州记忆”》被推送至“学习强国”全国平台首页推荐。

11日　上城区召开“不忘初心、牢记使命”主题教育专题党课暨“上城先锋”初心分享会。

同日　上城区推出“以案学纪”警示教育动态学习版第四部。

12日　“经典南宋·韵味杭州”2019南宋文化节在湖滨步行街开幕。文化节活动持续至11月28日。

同日　全新升级的东坡大剧院开业，并举行由林兆华戏剧工作室打造的轻歌舞剧《白蛇》首场演出。

15日　区法院本级的“基金小镇法庭信用卡纠纷和金融借款合同纠纷智能审判开发及升级项目”在杭州市公共资源交易中心上城分中心开展。这标志着上城区首个政府采购电子化交易项目正式完成。

16日　第八批全国重点文物保护单位公布，上城区的杭州孔庙碑林（石窟寺及石刻类）、求是书院旧址（近现代重要史迹及代表性建筑类）、浙江图书馆旧址入选。

17日　2019年上城区“社科普及周”——南宋论坛在杭州西湖国学馆召开。

18日　省人大常委会原副主任、省政府原副省长叶荣宝，省政协原副主席徐鸿道，省政府原副省长、省政协原副主席陈加元等省级老领导一行到上城区开展“走看促”活动。

18—21日　第八届中国民间艺人节在中山中路168号金逸影城（南宋御街店）举行。

19日　“民意直通·市民体验”专题活动暨2019杭州市民体验日在上羊市街社区启动。活动中，上羊市街社区与民主协商对话节目《我们圆桌会》栏目联合成立杭州市第一个“民意小圆桌”——上羊市街民意小圆桌。

同日　由工业和信息化部、中国通信工业协会、区文广旅体局主办的首届全球爱情产业数字经济峰会暨“爱情一带一路”旅游城市论坛在杭州举行。

同日　上城区书法家协会成立并运行。

同日　第二十一届中国杭州西湖国际博览会市民休闲节·“爱在杭州”彩车巡游活动在湖滨步行街举行。

20日　民政部部长黄树贤调研上城区民政工作。

同日　“披云杯”第七届南宋斗茶会在上城区虮蜡子巷广场开幕。

22日　上城区首个全流程电子招投标项目“望江单元望清路（东宝路—婺江路）道路工程”在上城区公共资源交易中心完成网上开标评标。

22—23日　中国红十字会副会长尹德明调研上城区红十字基层组织建设工作。

23日　中国社区建设展示中心新馆启用（试运行）。

同日　上城区举办“不忘初心、牢记使命”主题教育暨庆祝浙江省第23个环卫节大会。

23—24日　第四届中国社区治理论坛在上城区召开。

24日　《杭州日报》推出《追梦上城践初心》栏目，聚焦上城开展“不忘初心、牢记使命”主题教育的好经验、好做法，开篇报道《“最多跑一次”改革的上城速度》。

25日　上城区2019年“社科普及周”暨“诗词筑梦·礼赞中华”爱国诗词之旅启动仪式在杭州市天长小学举行。

26日　上城区在北京师范大学附属杭州中学举办“勇担新使命，奋进新时代”机关干部职工第三届趣味运动会。

29日　上城区举行“新制造业计划”推进大会暨“尚城·红星系”上市企业党建联盟成立仪式。

30日　上城区举办“担当使命守初心”专题读书会暨调研成果交流会。

同日　中央统战部信息中心副主任马建国率中央统战部调研组一行到上城区数字统战体验馆调研数字统战

工作开展情况。

31日　“全市扩大有效投资推进重大项目暨文化兴盛行动”大比武活动在上城区举行。

同日　上城区社会治理综合服务中心（信访矛盾联合调处中心）建成并启用。

11月

2日　近江海鲜城在涌金广场重新开业。

同日　上城区到北京开展2019南宋文化节“南宋古都·经典上城”城市品牌推介，并在清华大学举办的“2019清华国家形象论坛”的“城市品牌与文旅发展”分论坛上做主旨演讲。

4日　区委召开全区领导干部会议，传达学习中共十九届四中全会精神。

同日　上城区举办“三联三领三服务”大比武暨重大项目集中签约仪式。

5日　湖滨步行街亮相第二届中国国际进口博览会中国馆“幸福中国”单元，用裸眼3D视频的方式呈现。

同日　上城征迁建设警示教育馆线上平台启用。

同日　毛戈平美妆品牌联合毛戈平形象设计艺术学校发布国风艺术造型大秀——“气蕴东方·2020毛戈平彩妆造型趋势发布会”。

6日　2019年杭州市全民终身学习活动周暨上城区第十六届终身教育节开幕式在杭州文广集团演播厅举行。

同日　玉皇山南基金小镇入选十大“杭州新经济会议小镇”。

同日　上城区“11·9”消防宣传月活动在湖滨步行街启动。

7日　上城区在区行政中心举行住宅小区物业综合管理体制机制改革推进暨物业综合管理中心授牌仪式大会。会上，区住房和城建局向各个街道进行授牌，在街道公共服务中心增挂物业综合服务中心牌子。

8日　区委、区政府制定《关于全面落实预算绩效管理的实施意见》，上城区财政预算安排引入“专家评审”机制。

9日　2019年“杭州大宋108公里”国际越野赛在上城区举行。

同日　上城区重点文创企业杭州佳平影业作为影视代表在希腊比雷埃夫斯参加“视听中国·走进希腊”暨中希广电视听合作发布会，并携电视剧《在远方》走进希腊高校。

10日　杭州市茶研会携上城区茶研会、杭州市紫阳小学茶艺社团、杭州部分茶企组成杭州市“宋代点茶”狭山交流团参加第三十届日本狭山市大茶会，开展茶文化交流活动，推进南宋点茶“非遗”技艺走出国门，走向世界。

11日　区委常委会召开“砥砺奋进践初心”专题读书会暨对照党章党规找差距会议。

同日　上城区举办“智汇经典上城”2019年杭州·上城高层次人才交流与项目合作大会。

12日　张天孝小学数学教育博物馆开馆暨张天孝图书捐赠仪式在上城区举行。

同日　杭州市建兰中学与杭州移动签署战略合作协议，将打造5G全覆盖智慧化校园，并成立首个5G校园科学实验室。该校成为杭州移动的“5G+智慧校园”示范基地。

13—14日　在中国城市环境卫生协会主办的“2019年度环卫行业示范案例”征集活动中，上城区有7座公厕获奖。其中，官巷口公厕、近江四苑公厕被评为公厕示范案例，棚桥公厕被评为环卫一体化示范案例，春江花月公厕、梵天寺公厕、富春江路公厕、三益里公厕等都成为公厕示范入选案例和环卫一体化入选示范案例。

15日　南宋皇城小镇人民调解委员会成立，系旅游类特色小镇人民调解委员会。

同日　上城教育智库举行成立大会，大会现场聘任8位上城教育首届智库专家。

15—16日　以“让教育成为最美好的遇见”为主题

的2019中国杭州名师名校长论坛在上城区举行。

20日 上城区举行浙江省市县长项目“152”工程杭政储出〔2019〕9号商业商务用房项目暨杭州金地中心开工仪式。杭州金地中心项目于11月13日由金地商置杭州公司与上城区政府签约，总投资超34亿元。

21日 南宋皇城小镇·杭州吴山庙会开幕式暨伍子胥祭祀大典举行。

22日 在浙江省第十四届精神文明建设“五个一工程”表彰会上，上城区出品的电视剧《麦香》获浙江省“五个一工程”特别奖；电影《天渠》《嘉年华》、歌曲《问天》获浙江省“五个一工程”优秀作品奖。其中，《麦香》还获全国第十五届精神文明建设“五个一工程”优秀作品奖。

22—28日 上城区举办“‘百县千碗’进上城·浙里真有味儿”2019南宋文化节美食周活动。

23日 杭州市党群服务中心“上城日”主题活动举行。

同日 上城区在湖滨步行街举办“杭州锦裳汉服出行日”活动，吸引200多名汉服爱好者参与。

25日 省文化和旅游厅公布浙江省美丽乡村美育村（社区）试点单位，上城区有4个社区上榜，分别是清波街道劳动路社区、湖滨街道青年路社区、南星街道馒头山社区和白塔岭社区。

27日 市委宣讲团到上城区宣讲中共十九届四中全会精神。

28日 全国“压缩企业开办时间”工作推进会考察团到上城区考察营商环境服务中心。

同日 由上城区文化馆F1摄影沙龙与杭州市摄影家协会、杭州市摄影艺术学会共同主办的2019第三届“一带一路”国家风情摄影展在上城区文化馆分馆（惠民路20号）二楼展厅展出。

29日 上城区推出发票专用章刻制免费和免费赠送增值税防伪税控设备（首次申领发票）两项举措。至此，上城区新设企业开办涉及4枚公章刻制、1个税控设备申领、邮寄、复印7个免费项目，真正实现开办企业“零费用”。

30日 “南宋韵·钱江源·土家情”风情展演暨2019年南宋文化节闭幕式在区政府大礼堂举行。

同日 全国普法办印发《关于通报表扬“七五普法”中期先进集体和先进个人的决定》，上城区作为法治宣传教育先进区受到表彰。

12月

2日 上城区“自助惠民系统”壁挂自助式终端在紫阳街道社区卫生服务中心投入使用。该系统于12日全面上线，全区6个街道社区卫生服务中心、179台自助终端均投入使用。

5日 上城区开展“志愿服务践初心、无私奉献担使命”国际志愿者日暨“上城·青志”大数据平台发布仪式，志愿服务的年度“最”系列，通过“志愿汇”大数据揭晓。

6日 上城区举办“齐聚新力量，共话同心圆”首期“新联会客厅”访谈活动，邀请地区新阶层代表人士讲述正能量故事，同时迎来上城区数字统战体验馆开馆以来第100批次客人。

同日 亚特兰大香港协会与杭州上城区总商会在杭港驿站路演中心签署《合作备忘录》。

7—15日 “灵动浙江”非物质文化遗产展亮相湖滨步行街，胡庆余堂、凯喜雅丝绸、龙井茶叶、龙泉青瓷等8家“非遗”企业开展互动体验活动。

8日 上城区南宋德寿宫遗址入选2019年度浙江十大考古发现。

9日 省委常委、市委书记周江勇到上城区专题调研南宋皇城遗址保护工作。

10日 张永华名中医工作室（上城区中医院二级工作室）在清波街道社区卫生服务中心举行签约授牌仪式，

杭州市中医院睡眠障碍门诊正式落户上城。

11日　“经典上城，潮起望江”首届上城区书法名家邀请展举行。现场发布《经典上城，潮起望江——庆祝中华人民共和国成立70周年主题书法作品集》。

13日　长三角特色小镇产业联盟成立大会在玉皇山南基金小镇举行，玉皇山南基金小镇当选为该联盟轮值会长单位之一（共两个会长单位）。

同日　上城区检察院在杭州市公益损害与诉讼违法举报中心工作通报会暨信访代办制推进会上介绍开展信访代办制工作的情况。下一步，杭州所有区县（市）检察机关将全面试行信访代办制。

15日　望江隧道试通车。隧道先期开通江南、江北隧道主出入口及出口匝道和相关地面道路。

同日　“杭州2022年第19届亚运会特许商品零售店”开业启动仪式在清河坊历史文化街区举行。

16日　杭港驿站举办首届香港资本市场论坛，为助推新时代民营经济发展，服务杭港高端服务业示范区建设积极建言献策。

17日　在北京召开的2019中国智慧城市科学发展大会上，上城区“数字统战”案例获2019年中国智慧城市十大创新案例。

同日　全国行业类媒体“走基层，强四力”主题采访团走进上城区。来自中央和地方的44家行业类媒体的记者编辑组成采访团到上城区参观学习、调研采访，近距离感受上城区借力“城市大脑”实现社会智能化治理的实践成果。

18日　杭州海潮寺复建工程举行奠基开工仪式。

同日　浙江省工商联督导组到上城区开展“新时代工商联的新样子”大讨论活动调研督导。

19日　上城区美术家协会成立暨第一次会员大会在中国美术学院南山校区召开。

同日　上城区举办“尚红好女儿”宣讲团成立仪式，并开展“巾帼尚学堂，我们来宣讲”首场宣讲。

19—20日　区委召开区委常委会（扩大）会议。区委书记陈瑾强调，要深入学习贯彻中共十九届四中全会精神、中央经济工作会议精神，认真落实省委十四届六次全会精神，按照即将召开的省委经济工作会议及市委全会的部署，持续推进各项工作，高质量建设一流的国际化现代化城区。

20日　2019年中国真空年会暨新制造产业论坛会议在杭州召开。会上，中国航天五院五一四所、上城区人民政府、杭州特美刻航天科技研究院有限公司三方签订落户协议，在上城区携手推进真空技术在科技创新、技术应用、成果转化和人才培养等领域的全方位合作，填补杭州航空航天真空产业链空白。

同日　2019杭州美术节在“尚城1157·利星”商业综合体开幕。

23日　上城区开展“清廉社区，群文风采”2019年上城区文艺团队社区清廉文化展演活动。

同日　浙江省副省长、公安厅厅长王双全到区公安分局调研指导民警公寓建设工作。

25日　“湖滨晴雨”工作室成立10周年研讨会在上城区召开。中宣部有关部门领导出席会议并讲话。

同日　“尚城·红星系、文创新势力”——杭州市党群服务中心“上城两新日”活动在杭州市党群服务中心举行。

27日　“立德树人，五育并举”上城育人风采展示活动在杭州文广集团1号演播厅举行。活动现场为第一届“上城美少年”颁奖，并挂牌成立美术报少儿书画院上城分院。

（年鉴编辑部）

上城概览

Overview of Shangcheng District

地情概貌

【概况】 上城区是杭州市的老城区。南宋时建皇城于杭城南部，习惯称南边为上，区名由此而得。

自隋唐以来，辖区一直是商贾辐辏、官衙毗邻、名贤辈出的繁华地区。辖区内的凤凰山东麓是隋唐时期州治及五代吴越国王宫和南宋皇宫所在地，留有众多古迹遗址和人文景观，具有较高历史价值，通过遗址考古发掘，累计有5项考古发现被评为全国十大考古新发现。宋时的三省六部、德寿宫、龙翔宫、安抚司，元时的江浙行省，明清时期的织造署、南巡行宫，清代的旗营将军署，以及宋至清的杭州府署，元至清的仁和、钱塘县署，民国时期的浙江省政府等省市官衙、名宅、重要机关；中华人民共和国成立至1995年12月，中共杭州市委、市人大常委会、市政府、政协杭州市委员会等机构均设在上城区域内。

上城区道路纵横，交通发达，是杭州市的商贸黄金地段。省市区的大批商业、旅游业、服务行业，省市各大银行，省市著名医院和文化设施均聚集在该区。上城区在保留和开发历史街区、加快旧城改造、打造国际化城区、推进社会治理等方面取得明显成效，城区面貌日新月异，全区经济、旅游、购物、休闲环境日益优化。

杭州悠久的历史为上城区留下丰富的文化遗产，至2019年末，国家、省、市有关部门公布的上城区辖区内的重点文物保护单位97处，其中全国重点文物保护单位15处、省级文物保护单位15处、市级文物保护单位48处、市级文物保护点19处。

【地理位置与面积】 上城区地处杭州城区中部偏南，东以贴沙河、清江路至西兴大桥与江干区为界，西自钱塘江大桥经虎跑路、铁路涵洞桥、玉皇山脚、万松岭路、西湖东岸、庆春路西延伸段与西湖区接壤，南以钱塘江主航道为界与滨江区相望，北以庆春路与下城区毗连。2019年12月，根据第三次全国国土调查，上城区区域面积重新测定为26.02平方千米（含山体、水域面积）。地形以平原、丘陵为主，地势西南高、东北低。

【气候】 上城区地处亚热带季风气候带，温和湿润，雨量充沛，光照充足，四季分明，春秋较短，冬夏较长。春季一般始于3月中旬，春季回暖早，冷暖转换快，气温日较差大。夏季平均始于5月下旬至6月初，初夏常为梅雨季节，高湿闷热；盛夏晴热少雨，也是台风影响最频繁时期。秋季多开始于9月下旬至10月初，多秋高气爽的天气。冬季多开始于11月底至12月初，多晴冷天气。2019年，全区年平均气温18.1℃，比常年（17.0℃）偏高1.1℃，低温日数创最少纪录，仅有1天最低气温在0℃以下，极端最低气温明显偏高；夏季38℃以上的高温日数仅3天，明显偏少。全区年日照时数1649.6个小时，较常年（1709.4个小时）偏少3.5%。全年雨日数为160天，比常年均值（147.4天）偏多12.6天。吴山、凤凰山、紫阳山、玉皇山等林木覆盖、郁郁葱葱，平地以柳浪闻莺、望江公园为代表的各大公园分布辖区。全区绿地面积579.24万平方米，覆盖率35.32%，人均公园绿地面积7.99平方米，人均绿地面积17.81平方米。

（年鉴编辑部）

【行政区划】 2019年，上城区有街道6个、社区54个。其中湖滨街道有社区6个、清波街道有社区5个、小营街道有社区12个、望江街道有社区11个、南星街道有社区8个、紫阳街道有社区12个。

（黄　茜）

【人口】 2019年末，上城区有户籍家庭111586户、户籍人口319039人，户籍家庭和户籍人口分别比2018年减少119户、增加361人，平均每户家庭人口2.86人。其中：男性158142人，女性160897人。从年龄结构看，17岁以下、18～34岁、35～59岁和60岁以上人口分别占总人口的12.3%、19.5%、35.9%和32.2%，其中60岁以上占比提高0.6个百分点。全年出生人口2300人，出生率7.21‰，下降0.64个千分点；死亡人口1952人，死亡率6.12‰，下降2.39个千分点。人口自然增长率1.13‰，上升7.72个千分点。全区暂住人口125466人，增长14.6%。

【少数民族】 2019年末，上城区有少数民族人口3469人，分属34个少数民族，其中回族1191人、满族841人、畲族334人、土家族235人、蒙古族226人、壮族156人、苗族118人、朝鲜族97人、瑶族41人、侗族44人、布依族19人、彝族22人、黎族19人、达斡尔族18人、藏族24人、白族17人、锡伯族15人、其他少数民族52人。

（蔡　勤）

经济建设

【概况】 2019年，上城区全面深化“六大行动”上城实践，统筹抓好经济转型、项目建设、机构改革、社会治

2019年上城区行政区划情况

表1

街道	所辖社区
湖滨	涌金门、青年路、东平巷、岳王路、东坡路、吴山路
清波	清河坊、定安路、劳动路、清波门、柳翠井巷
小营	小营巷、金钱巷、西牌楼、紫金、马市街、大学路、葵巷、老浙大、长明寺巷、茅廊巷、梅花碑、姚园寺巷
望江	大通桥、始版桥、兴隆、莫邪塘、清泰门、婺江、耀华、近江东园、近江西园、在水一方、徐家埠
南星	美政桥、海月桥、馒头山、玉皇山、紫花埠、复兴街、水澄桥、白塔岭
紫阳	上羊市街、彩霞岭、十五奎巷、太庙、候潮门、北落马营、新工、海潮、木场巷、凤凰、春江、甬江

理等工作，经济社会发展取得新成效、新进步。全区实现地区生产总值1171.41亿元，按可比价格计算，比2018年增长6.1%。按常住人口计算，人均生产总值33.95万元，增长6.7%。按全年平均汇率折算，为4.92万美元。按产业分，第二产业实现增加值400亿元，增长2.8%；第三产业实现增加值771.41亿元，增长8.2%。二三产业结构为34.1∶65.9。全年完成财政总收入165.93亿元，增长3.6%。其中，一般公共预算收入完成85.13亿元，增长5.6%。一般公共预算支出52.55亿元，增长29.4%。固定资产投资增长1.1%，其中房地产开发投资、工业投资、高新技术产业投资、民间投资分别增长1.0%、37.1%、37.1%和1.2%。社会消费品零售总额增长8.5%。实现货物出口总额106.84亿元，服务贸易出口总额6.8亿美元。全年实际利用外资4.49亿美元，实际到位内资183.47亿元，分别完成目标任务的2.04倍和1.67倍。完成房地产销售面积20.7万平方米。建筑业增加值19.5亿元，占地区生产总值的1.7%。全年新增城镇就业1.27万人。

（魏建军　沈珏敏）

【“1+6”产业发展】 2019年，上城区加快推进“1+6”产业发展。全年数字经济实现增加值26.28亿元，比2018年增长6%。文化创意产业实现增加值142.9亿元，增长10%。金融产业实现增加值238.29亿元，增长8.6%。旅游业实现总收入403亿元，接待境内外游客6400万人次。健康产业实现增加值104.84亿元，增长17.2%。时尚（制造业）产业实现增加值2400多万元，为2018年的97.6%。高端装备（制造业）产业实现增加值13.17亿元，增长25.6%。

（沈珏敏）

【产业升级促动】 2019年，上城区加快产业升级，主导产业取得良好的市场回应，发展后劲明显增强。“凤凰行动”计划深入推进，深圳证券交易所杭州基地正式落地，南华期货股份有限公司登陆上海证券交易所成为主板期货第一股。评定上城区杰出金融人才4人、突出贡献金融人才12人。金融服务业完成一般公共预算收入18.08亿元。着力打造凤凰山南影视基地，杭州佳平影业有限公司获评省级文化出口企业。引进浙江省文化产业投资集团有限公司等重大项目，国家（杭州）短视频基地落户上城。文创产业完成一般公共预算收入4.97亿元。优化发展信息技术产业，累计实现企业“上云”6400家，浙江威星智能仪表股份有限公司入选省第三批上云标杆企业名录，杭州城市大数据运营获评省大数据应用示范企业。信息技术产业完成一般公共预算收入7.68亿元。重视发展商贸旅游业，浙江省对外服务公司、杭州中国国际旅行社等4家企业入选“杭州服务”品牌20强，钱塘江豪华游船“钱印号”投入运营。商贸旅游业完成一般公共预算收入15.01亿元。有序发展健康服务业，与上海天亿弘方投资管理有限公司签署投资合作协议，引进健康智谷项目，上城区健康服务与大数据产业创新服务综合体列入省级创建名单。健康服务业完成一般公共预算收入3.44亿元。湖滨商圈打造全省首条国家级步行街，松下品牌中心、联华鲸选等新零售业态启幕。玉皇山南基金小镇承办第五届全球私募基金西湖峰会，发行全国首只私募资产配置基金——“山南云栖基金”，推进数字产业与金融资本有机结合。南宋皇城小镇完成国家AAAAA级旅游景区资源评估，清河坊历史文化街区入选省高品质步行街试点名单，吸引亚运会特许商品零售店等特色商户入驻街区。杭港高端服务业示范区加快创建，其实施方案获市委、市政府批复，杭港驿站正式揭牌，凌笛数码数字化商用体验中心建成并投入使用。区电子机械功能区加快数字化转型，数字园区指挥中心建成运行，金云数据服务（杭州）有限公司、杭州特美刻航天科技研究院有限公司等相继落地。小营智慧健康产业园强化战略布局，成立建设工作领导小组，方谷园、中纬地块等区块加速产业集聚。新增国家高新技术企业34家、省科技型中小企业77家、省高成长科技型中小企业19家，获省科技进步奖8项，列入省重点研发计划项目3项、市重大科技创新项目2项。制定《推进上城区“新制造业计划”行动方案》，完成工业企业亩产效益评价，全力打造数字经济与制造业“双引擎”。杭州华塑加达网络科技有限公司等7家企业入选市战略性新兴产业培育名单，杭州海兴电力科技股份有限公司、浙江威星智能仪表股份有限公司等企业项目入选杭州市制造业数字化改造攻关项目库。

【产城融合互动】 2019年，上城区坚持产城融合互动，稳步拓展城市空间，有序推进重点项目建设。发放莫邪塘南村二期（望江单元SC0401-R21B-08）地块保障性安居工程建设项目征收令，完成签约1096户。先后实现望江核心区块44万平方米房屋70天全面拆平，近江水产市场2000多家商户80天全面腾空，秋涛南路婺江路匝道项目提前90天全面“清零”。完成市级“清零”地块8个，成功收储地块2宗，挂牌出让地块2宗，协议出让地块1宗。土地存量更新530亩（35.33万平方米），超额完成任务。完成低效用地再开发18宗，上城区连续4年获全市区域建设用地集约利用综合评价第一名。全年新开工面积78万平方米，竣工面积50万平方米，完成固定资产投资140亿元。杭州钱学森学校、望江邻里中心等项目开工，目术塘蓝领公寓、海潮雅园一期安置房等项目竣工，工联大厦二期、永明新村地块安置房等项目有序推进。推动“152工程”（省市县书记、县长工程）落地，近江金融科技中心、杭州金地中心等项目入库。开展“未来社区”试点创建，借鉴新加坡等国家的先进经验，打造旧城中心城区再生标杆，始版桥社区入选浙江省首批创建名单，并列为省长联系点。

【营商环境优化】 2019年，上城区坚持体制机制改革，优化营商环境。践行“最多跑一次”改革，以创建“营商环境最优区”为目标，打造营商环境服务中心及分析监测、“一件事”联办、服务协同三大平台。代表杭州市参与全国营商环境评价，上城区营商环境水平名列前茅。率先开展企业开办便利化改革，上城区入选全国压缩企业开办时间工作推进会全省唯一区（县）现场观摩点，实现新设企业“一日办结”“零跑腿”“零成本”。实现一般企业投资项目从赋码到竣工验收审批“最多90天”，事项申报、受理、办结出文等通过投资在线平台3.0版全程网上办。成立上城区为企服务中心，制定“稳企业稳增长惠企十条新政”，集中走访企业4800多家，协调解决问题919个。完成新一轮机构改革，界定35项部门职责边界，明确38项转变职能措施，实现街道职能调整及体制改革。推进南宋皇城小镇、湖滨步行街等区域管理体制创新，激发制度活力。优化区与街道财权分配关系，建立科学合理的街道财政管理体制。制定区属国有企业财务负责人统一委派管理办法，加强国有企业监督管理。深化综合行政执法改革，下放执法权限和审批事项。

【为企服务升级】 2019年，上城区通过优化工作机制、提升服务效能、精准式对接破难题、加大政策扶持力度等举措，推动为企服务升级。整合优化相关工作机制，逐步建立领导挂包重点企业“一对一”帮扶、为企服务领导小组成员单位分条线走访调研、非领导小组成员单位“三联三领”挂包走访、各街道和区电子机械功能区落实兜底服务“四维度”走访服务机制。先后开展“走亲连心”等企业大走访专项活动，全年集中走访企业4894家，基本实现重点工业企业和重点服务业企业走访全覆盖。成立为企服务领导小组专班，充实为企服务力量，实现对全区6个街道和区电子机械功能区的全面对接，提升企业走访信息收集和梳理分析的时效性。搭建街道、区电子机械功能区和全区40个为企服务领导小组成员单位间的沟通平台，问题协调解决时限明显缩短，基本实现一般问题3个工作日解决、重点问题7个工作日办结、疑难问题15个工作日内有实质性进展。摸排梳理企业反映的问题及诉求，强化部门协作，采取“一企一策”帮扶等措施，帮助企业稳定生产、开拓市场，协调推进解决企业发展中的难点及堵点。全年收集企业问题952个，解决919个，问题解决率96.5%。形成“1+3”扶持政策体系，即以财政引导基金为基础，科技、金融、人才3个政策为支撑，为入驻上城区的企业和人才提供全方位“店小二”式服务。落实省市区三级惠企政策落地“5个一”机制，先后制定“建设国际一流营商环境实施意见”“稳企业稳增长惠企十条新政”等扶持政策，打好以提振企业信心、增强企业竞争力为重点的稳中求进组合拳，持续提升上城企业转型发展创新活力。（魏建军）

政治建设

【概况】2019年，上城区坚持以习近平新时代中国特色社会主义思想为指引，深入学习贯彻中共十九大和十九届三中、四中全会精神，学习贯彻习近平总书记在庆祝中华人民共和国成立70周年大会上的重要讲话精神，进一步加强党的建设，深化重点领域改革、党政机构改革，推进依法治区建设，着力提升城区国际化水平，高质量推进一流的国际化现代化城区建设。

【“法治上城”建设】2019年，区委统筹法治宣传教育和依法治区各项工作，制订《上城区2019年法治政府建设工作要点》，明确全区法治政府建设年度工作任务，构建区委全面依法治区委员会领导下的“1+3+N”工作机制，进一步明确法治政府建设行动计划（2018—2020年）任务分工。区人大及其常委会依法履行职权，增强监督工作的针对性和实效性。区政府深入推进依法行政，完善重大行政决策制度。区政协聚焦全区重大决策部署，履行政治协商、民主监督、参政议政职能。司法体制及配套改革工作有序推进，创新智慧审判模式，在全国首推AI法官助理，实现金融借款合同纠纷“即诉即办、即审即判”。实行区四套班子领导学法等长效机制，开设领导干部季度法治讲座4次。推进“交互式普法”工作，“尚法工作室”在全区全覆盖。上城区获评全国“七五”普法中期先进区县（市）、2019年度“法治杭州”建设考核第一名。

资料

“1+3+N”工作机制： 指区委全面依法治区委员会办公室领导下的区委全面依法治区委员会司法协调小组、区委全面依法治区委员会执法协调小组、区委全面依法治区委员会守法普法协调小组和N个区级部门单位。

【全区各领域改革推进】2019年，上城区认真落实中央和省市各项改革部署，结合机构改革，进一步优化完善“1+1+7”改革体制，制定“两规则一细则”，明确23项年度重点改革任务，统筹推进各领域各方面改革。“最多跑一次”改革向机关内部及湖滨商圈等公共场所全面延伸。商务部首批试点的湖滨步行街开街，上城区成功承办全国步行街改造提升工作现场会。始版桥“未来社区”被列入全省首批试点。聚焦“营商环境最优城区”目标，在率先实现常态化企业开办0.5天基础上，打造营商环境服务中心，上城区代表杭州参加国家营商环境测评，测评成绩名列前茅。全国儿童少年近视防控工作试点、杭港高端服务业示范区建设等国家和省市级重点改革任务稳步推进。

资料

“1+1+7”改革体制：即区委改革委员会下设区委改革办及经济体制改革专项小组、民主法制领域改革专项小组、文化体制改革专项小组、社会体制改革专项小组、生态文明体制改革专项小组、党的建设制度改革专项小组、纪律检查体制改革专项小组7个专项小组。

【基层共建共治】2019年，上城区完善党委领导、政府负责、民主协商、社会协同、公众参与、法治保障、科技支撑的社会治理体系，不断优化基层共建共治工作，推进社会治理现代化“六和工程”建设，相关标准规范作为治理样本被中央政法委采用。区级社会矛盾纠纷调处化解中心启用。优化“全科网格”运行机制，“3+X”社区服务综合体实现全域覆盖，上城区率先在全市成立6个街道物业综合服务中心。深化扫黑除恶专项斗争，安全生产实现“零死亡”目标，实现省平安区“十四连创”。

（占志铖）

2019年5月27日，“诗画浙江、风雅上城”上城区、兰溪市、常山县、苍南县“四馆联动·文化走亲”活动在上城区举行　（陈建荣 摄）

文化建设

【概况】2019年，上城区深化文化惠民工作，加强文化遗产保护和开发，推进新时代上城文化品牌建设，进一步完善现代公共文化服务体系。围绕南宋文化深化与传承，深化文化旅游融合发展，打造文化精品工程。全年举办南宋文化节、重阳诗会、“非遗”展示等文化活动85场。资助“非遗”项目和老字号企业8家、156万元。首个杭州亚运会特许商品零售店开业，钱塘江夜游“钱印号”游轮启航，完成凌笛数码商用体验中心建设、“草桥结拜”文化景观复建和凤凰山南影视基地打造。组织各类阅读活动135场、文艺演出397场。举办公共文化培训260期，培训项目80个。实施文化惠民工程，开展各类公共文化服务2000场次；开展“文化走亲”活动18场，其中文化演出11场，吸引观众1万余人次，观众满意度100%。

（潘建强　张雪梅）

【文化设施建设】2019年，上城区有区文化馆（含龚自珍纪念馆）、区图书馆、区非物质文化遗产保护中心、大华书场及6个街道文化站、和54个社区文化室。基层文化活动室设备配置进一步完善，公共文化服务专项经费及时到位，完成图书馆、文化站评估定级，推进示范文化街道、社区创建工作。有特级文化站1个、一级文化站5个，省级示范文化社区6个，市级综合示范文化站4个、示范文化街道6个、示范文化社区38个、示范文化户125户；创建智慧文化免费Wi-Fi服务点50个。

【《上城区文化兴盛三年行动计划（2019—2021年）》推出】 2019年8月2日，上城区推出《上城区文化兴盛三年行动计划（2019—2021年）》。计划明确上城区文化发展的目标、规划、主要任务和路线图，即打造3条文化体验带，构建5个支撑体系，开展十大重点工程。3条文化体验带分别是南宋文化体验带、时尚文化体验带、创意文化体验带，其中南宋文化体验带将深入挖掘凤凰山、馒头山、玉皇山、吴山及孔庙、太庙周边坊巷的景观和历史文化资源，培育以影视制作、休闲养生为核心的文化创意产业发展，并推进吴山地下空间、工具厂德寿宫项目开发，加快元福巷、十三湾巷等重点地块城市有机更新。5个支撑体系分别是先进文化引领体系、公共文化服务体系、文化产业发展体系、文旅融合创新体系、上城形象传播体系，其中文旅融合创新体系以时尚游、清风游、红色游、坊巷游和研学游为重点，打造上城生活美学地图；拓展全域旅游空间，提升“城市大脑”文旅系统应用，打造国际化全域旅游体验区。十大重点工程指文化人才引育、“非遗”和老字号振兴、历史建筑活化、传统文化重塑、文化设施提升、文化消费升级、文化景观更新、文艺精品创作、节庆活动共享、创意产业繁荣。

（张雪梅）

社会建设

【概况】 2019年，上城区加大民生保障投入，完善社会保障体系建设。推进老年家庭住房适老化改造，改造提升示范型老年食堂20个。实现区—街道—社区三级退役军人服务中心（站）全覆盖。坚持教育优先发展，教育现代化发展指数保持全省第一，并高分通过全省政府履行教育职责督查。落实“公民同招”新政策，促进公办教育与民办教育协调发展。深化“健康上城”建设，开展爱国卫生运动，被命名省级健康促进学校14所。深化发展全国首个社区IBD（慢性炎症性肠病）康复中心，建立家庭病床320张，新增公共场所母婴室11处，“暖心家园”项目入选全国首批试点，“红十字爱馨驿站”项目被评为省首届十佳“红十字公益品牌项目”。

（潘建强）

【社区治理创新】 2019年，中华人民共和国第一个居民委员会成立70周年。上城区秉承社区建设“历史和现实双第一”目标，以创建民政部第三批全国社区治理和创新实验区建设为新起点，坚持以基层社会治理“三社联动”向“社会联动”转型为目标，通过“美好社区”建设的载体，进一步创新社区治理的路径与方法，为社区建设构建由内而外、以外促内的循环体系，增强社区治理的资源，推动全区社区建设走在全市前列。上城区“三社联动”迈向“社会联动”的社区治理经验被收入《全国社区建设部际联席会议简报（第24期）》和《中国城市社区治理报告（2019）》；上城区社区治理工作在第四届中国社区治理论坛和全省民政工作会议上做交流发言；“美好社区”建设和社会组织建设经验获省民政厅推广。

（黄　茜）

生态文明建设

【概况】 2019年，上城区着力提升城市管理水平，做优城区环境质量，加强生态文明建设。全年垃圾源头减量3.6万吨，比2018年下降3%，创建省级垃圾分类示范街道1个、市级垃圾分类示范街道2个。加快再生资源回收体系建设，建成标准化回收网点72个，形成定时定点清运专线12条。完成公厕提升改造15座。完成湖滨步行街、延安路、中河高架和秋石高架沿线亮灯提升工程。深化“五水共治”工作，推进“污水零直排区”建设，实施雨污分流项目58个，完成中河、新塘河市级“美丽河湖”创建，河道清淤1万余立方米，两条河道水质达标率100%。实施中大吴庄等11个高层住宅小区二次供水改造工程，惠及居民2571户。加强道路扬尘监测，建立健全大气预警应急处置机制，全区$PM_{2.5}$数值下降0.7%。做好省级环保督察迎检工作，完成上级交办信访问题整改19件。

（潘建强）

【生态文明工作体制完善】2019年，市生态环境局上城分局制订区各成员单位2019年目标任务，并将其纳入区直单位综合考评。配合区政府向区人大常委会汇报2018年上城区环境质量状况及环境保护目标完成情况。年内，市生态环境局上城分局完成“三线一单”（生态保护红线、环境质量底线、资源利用上线和生态环境准入清单）编制工作。推行街道生态环境质量报告制度，全区6个街道全部向人大街道工委汇报年度环境状况和环境保护目标完成情况。继续开展领导干部自然资源资产离任审计，对南星街道原党工委书记和原主任任职期间的自然资源资产管理和生态环境保护责任履行情况进行现场审计。审计调查内容主要为生态文明建设目标责任制及“河长制”等工作落实完成情况、水环境质量改善情况、固体废弃物处理情况及辖区绿地面积变化情况。

【生态环境质量公众满意度调查】2019年，市生态环境局上城分局委托第三方咨询公司，在全区范围内开展全年生态环境质量公众满意度电话调查和入户调查，对全区环境质量和区政府工作进行评价和建议收集，旨在了解全区生态文明建设方面有关薄弱环节。调查结果显示，市对区生态文明建设公众满意度得86.12分，在全市13个区县（市）排名第8位。上城区委托满意度调查中，电话调查80.22分、入户调查84.07分。

（厉金燕）

中共杭州市上城区委员会

Shangcheng District Committee of Hangzhou Committee of CPC

综述

【概况】2019年，区委学习贯彻习近平新时代中国特色社会主义思想，学习贯彻中共十九大和十九届三中、四中全会精神，深化“最多跑一次”改革，进一步推进全面改革，全力争做“四个标杆区”，高质量建设一流的国际化现代化城区。全年全区实现地区生产总值1171.41亿元，比2018年增长6.1%，国家级步行街杭州湖滨步行街开街，连续14年成功创建省级平安区，并获全省“五水共治”工作优秀区“大禹鼎”、全国“七五”普法中期先进区等荣誉。

【领导体制完善】2019年，区委发挥党委总揽全局、协调各方核心作用，完善“一个中心、三个党组”领导体制。定期听取区人大常委会、区政府、区政协党组工作汇报，召开区委人大工作会议、区委政协工作会议，支持区人大、区政府、区政协按照各自职责积极履行职责，支持监察机关、审判机关、检察机关依照宪法法律和章程独立负责、协调一致开展工作。加强对统一战线、人民武装、群团组织等工作的领导，健全完善沟通协调机制和“四办”主任联席会议制度，强化统筹协调和工作落实。

（占志铖）

【保密工作】2019年，区保密部门贯彻落实中央和省市有关加强和改进保密工作的实施意见，结合实际，研究制订《上城区保密委员会2019年工作要点》，明确总体目标、任务和工作要求。部署保密人员排查和审核登记工作，对全区60多个单位自查自评情况进行专项检查。组织开展涉密文件资料和计算机信息系统保密检查及保密知识网络竞赛、保密书法作品征集等活动，参与作品获市级一等奖。组织参与省市区三级保密“三员”培训、机要保密培训、定密工作培训5批。推进信息化项目建设，全年完成多个系统的安装和试点，并对视频系统进行更新升级。

（郑　倩）

【区委常委会自身建设】2019年，区委坚决维护以习近平总书记为核心的党中央权威，严格执行中央和省市委各项决策部署，在维护核心、绝对忠诚上做表率。区委班子成员带头开展“不忘初心、牢记使命”主题教育，深化新时代解放思想大讨论，带头深入检视问题，建立

“六赛五比”机制，有力推动整改破难。全年召开区委常委会会议22次，研究完善经济社会发展战略、分析经济发展和社会稳定形势、研究重大决策部署落实情况等，确保中央和省委、市委重大决策部署贯彻执行。完善区委常委会学习制度。全年召开理论学习中心组会议19次、区委常委会专题学习26次，深入学习习近平新时代中国特色社会主义思想。坚持贯彻民主集中制原则，做到科学决策、民主决策、依法决策。严格执行党风廉政建设责任制，全年专题研究部署党风廉政建设和反腐败工作5次，班子成员带头严守党的政治纪律和政治规矩，强化责任担当。

2019年中共上城区委重要文件题录

表2

发文字号	发文日期	文件标题
上委〔2019〕5号	2019-01-15	中共杭州市上城区委、杭州市上城区人民政府关于印发《杭州市上城区机构改革方案》的通知
上委〔2019〕7号	2019-01-28	中共杭州市上城区委关于进一步加强街道统战工作的实施意见
上委〔2019〕16号	2019-04-15	中共杭州市上城区委、杭州市上城区人民政府关于深化“最多跑一次”改革建设国际一流营商环境的实施意见
上委〔2019〕25号	2019-05-30	中共杭州市上城区委、杭州市上城区人民政府关于印发《上城区全面推进社会治理现代化“二十项行动”计划》的通知
上委〔2019〕26号	2019-06-27	中共杭州市上城区委关于印发《加强和改进人民政协民主监督工作的实施意见》等2个文件的通知
上委〔2019〕32号	2019-09-11	中共杭州市上城区委印发《关于开展“不忘初心、牢记使命”主题教育的实施意见》的通知
上委〔2019〕38号	2019-10-17	中共杭州市上城区委关于授予湖滨步行街改造提升工程先进集体和优秀党员干部称号的通报
上委〔2019〕40号	2019-10-24	中共杭州市上城区委印发《关于高水平推进新时代人大工作和建设的意见》的通知
上委〔2019〕43号	2019-11-10	中共杭州市上城区委、杭州市上城区人民政府关于评定李传全等10名同志为上城区创新领军人才的决定
上委〔2019〕51号	2019-12-17	中共杭州市上城区委关于追授童跃中同志为优秀共产党员的决定

（占志铖）

区委重要会议

【区委全委会】 2019年，区委召开全委会2次。1月8日，区委召开十届八次全体会议。会议学习贯彻《杭州市上城区机构改革方案》，部署全区机构改革工作。8月2日，区委召开十届九次全体（扩大）会议。会议深入学习贯彻中央和省委、市委关于新时代文化建设的重大决策部署，传达市委十二届七次全会精神，专题研究争做文化传承标杆区各项工作，区委书记陈瑾代表区委常委会做题为《坚定文化自信，构筑文化高地，为加快融入长三角高质量一体化发展贡献上城力量》的报告。

【区委常委会会议】 2019年，区委召开常委会会议22次，传达学习中共十九届三中、四中全会精神，以及全国“两会”、中央经济工作会议、中央政法工作会议、省委和市委全会精神，围绕高质量建设一流的国际化现代化城区目标，对“不忘初心、牢记使命”主题教育、“最多跑一次”改革、形式主义整治、湖滨步行街改造提升、“三联三领三服务”活动、警示教育专题学习、扫黑除恶专项斗争等工作进行研究部署，加强对人大、政协、监委、法院、检察院等工作的领导，研究2019年上城区国民经济和社会发展计划（草案）、杭港高端服务业示范区建设等经济社会发展重大问题。

（占志铖）

综合考评工作

【综合考评情况通报】 2019年5月9日，市委办公厅副主任、市考评办常务副主任俞明辉一行到上城区通报2018年度区县（市）综合考评情况。2018年度上城区综合考评得分95.65分，居全市第2位，获优秀等次。其中，社会评价排名第3位，领导考评、特色创新排名均列第2位。“五废共治”、平安创建、地区生产总值增长率、服务业增加值增长率、亩均税收、区域建设用地集约利用综合评价指数等考核目标均名列全市前茅。区委书记陈瑾，区委副书记、区长金承涛，区政协主席占仁义等领导参加通报会。5月21日，上城区召开综合考评大会，通报全区2018年度综合考评结果，表彰优胜单位、先进单位，总结和点评各街道、部门工作，部署2019年度综合考评工作。

【考评体系改革】 2019年3月，区考评办因机构改革需要，承建制转入区委办公室。4月，市考评办对2019年综合考评工作进行改革。为突出市对区压力传导，上城区对考评单位分类、考核指标设置、社会评价等进行调整。考评内容实行“3+2”模块，“3”为“重点攻坚”“日常履职”“争先创优”3项工作，“2”为“大党建”和“难题破解”工作。突出“重点攻坚”，加大对“六大行动”“八大重点工作”等市区重点工作考核。取消特色创新项目考核，增加“上级肯定”考核，加大争先创优力度。调整社会评价内容，增加单位互评，社会评价实行电子化评价。

【深化意见整改】 2019年，区委办做好全区意见整改统筹工作，依托信息化管理平台——“上城区领导干部实绩记录研判系统”，全程实现无介质电子化管理，建立“一把手”领衔办理制度，对所有意见的整改做到时间、措施、责任“三落实”，每月25日前通过研判系统以月报表形式填报整改进度与实绩，进行实时监测，及时通报整改不力、推进缓慢等问题。年内，全区52个责任单位、172条市区意见建议整改工作按期完成整改。2018年度意见建议整改经专项评价，区发改经信局、区人力资源和社会保障局、南星街道获“意见整改成效显著奖”。坚持开门整改，制作宣传网页，对重点意见建议整改情况进行公示，以群众满意度测评结果倒逼相关部门做好整改。

【公开问政】 2019年，区考评办积极做好“公述民评”面对面电视问政相关工作，先后完成“基层服务是否便捷高效”等4场问政活动的组织工作。区考评办将曝光的问题纳入社会评价意见整改考核，33条意见建议在年前100%完成整改。优化社会评价，不断强化群众评价权、监督权，委托第三方开展网上社会评价，促进相关单位真抓实改。

【国务院办公厅调研组到上城区调研】 2019年5月31日，国务院办公厅督察专员傅卿德带领国务院办公厅调研组到上城区调研绩效管理、综合考评等工作。省政府督查室副主任张亮，区委副书记、区长金承涛，区委副书记周徐胤等陪同调研。傅卿德听取上城区绩效管理、综合考评工作汇报，实地考察馒头山社区邻里中心、玉皇山南基金小镇，对上城区社区治理、便民服务、营商环境等工作给予肯定评价，要求上城区再接再厉，加强绩效管理工作探索创新，为全国提供上城经验。

（余琴珠）

重要活动

【两新党建“三整一全”工作推进会暨“上城红云学院”成立】 2019年6月5日，上城区两新党建“三整一全”工作推进会暨“上城红云学院”成立仪式在望江街道举行。全区非公有制企业和新生代企业家、新社会阶层人士代表、党建工作示范点和示范培育点党组织负责人等200多人参加。会上发布上城区两新党建“三整一全”（整园建强、整楼推进、整线突破，全面提升）项目清单，区委常委、组织部部长王歆为新建党支部和楼宇党群服务驿站授牌。会上，正式启动“上城红云学院”。该学院设“大咖说、红领说、青年说、创客说”四大特色板块，面向全区党政领导干部、两新党组织负责人、新生代企业家、企业中高层管理者和青年创客等群体，组织开展“行、学、助、评”系列学习教育实践活动。同时，区委组织部与浙江大学继续教育学院签订师资合作协议，中国浦东干部学院副院长、教授、博士生导师郑金洲为学院第一堂公开课开讲。

2019年6月5日，上城区两新党建“三整一全”工作推进会暨“上城红云学院”成立仪式举行。图为仪式上，区委组织部与浙江大学继续教育学院签订师资合作协议　（区委组织部 供稿）

【庆祝中国共产党成立98周年表彰大会】 2019年6月29日，上城区召开庆祝中国共产党成立98周年表彰大会。区委书记陈瑾出席并讲话。大会表彰全区优秀共产党员35人、优秀党务工作者15人、“担当作为先进集体”5个、“担当作为好干部”20人、先进基层党组织20个。启动第二期“最强党支部成长营”，区委常委、组织部部长王歆为入选“成长营”的党组织代表授旗。庆祝活动演出歌舞《不忘初心》、情景剧《潮起钱塘》、朗诵《入党的初心》等节目。

2019年6月29日，上城区召开庆祝中国共产党成立98周年表彰大会。图为庆祝活动演出情景剧《潮起钱塘》　（区委宣传部 供稿）

【全区新时代党建带群建工作推进会】 2019年7月29日，上城区召开新时代党建带群建工作推进会。区委常委、组织部部长王歆出席并讲话。区委组织部、区直各党（工）委、区直各群团组织负责人及基层工会组织、共青团组织、妇联组织代表等100多人参加。小营街道党工委、区委直属机关工委、杭州娃哈哈集团有限公司党委、湖滨商圈党委、南星街道馒头山社区党委4个单位分别从基层组织、机关组织、两新组织不同领域，就党建带群建工作进行交流发言。区总工会、团区委、区妇联部署下一阶段工作。

【“新制造业计划”推进大会暨“尚城·红星系”上市企业党建联盟成立】2019年10月29日，上城区“新制造业计划”推进大会暨“尚城·红星系”上市企业党建联盟成立仪式在区电子机械功能区举行。市委组织部、市经济和信息化局、市金融办相关负责人参加。区委书记陈瑾、区人大常委会主任袁建祥、区政协主席占仁义等区领导出席。区电子机械功能区、清波街道和杭州海兴电力科技股份有限公司、南华期货股份有限公司、浙江威星智能仪表股份有限公司、浙江恒达仪器仪表股份有限公司作为上市企业党建联盟成员单位、“新制造业计划”行动主体分别做交流发言。

【“上城日”主题活动】2019年11月23日，上城区“尚城·红星系”城市基层党建综合体举办的“上城日”主题活动在杭州市党群服务中心举行，系“尚城·红星系”城市基层党建综合体在杭州市党群服务中心的首场大型活动，集中展示上城区域化党建成效。主题活动安排“小营红巷忆党史”“湖滨人说湖滨路”“治社名师谈治理”“一张飘落千年的金名片”“区块链的前世今生”等20多场活动，将上城区党建工作中的好经验、好做法进行分享，吸引党员、群众近1000人参观体验。区委书记陈瑾，区委常委、组织部部长王歆以普通党员身份在政治生日馆，与来自街道、社区的40多名新老党员一起参加“致敬先锋，接力初心”离退休党员与年轻党员分享会，聆听“初心课”。上城区的党组织、社会组织和“上城工匠”、“非遗”传承人现场展示面塑技艺、景泰蓝手工艺画、浙派古琴、扎染、剪纸、花艺、中医药等传统文化的魅力。

【“上城两新日”活动】2019年12月21日，以“尚城·红星系、文创新势力”为主题的“上城两新日”活动在市党群服务中心举行。区委组织部副部长、两新工委书记陈敏雅围绕中共十九届四中全会“怎么看”“怎么学”“怎么干”3个问题做主题宣讲。区文创企业林本林分享企业在发展过程中的困难、收获及企业发展和党建发展互融共促的感悟感想；浙江华云文化传播有限公司、毛戈平化妆品股份有限公司等企业展示企业党组织风采。

2019年11月23日，上城区“尚城·红星系”城市基层党建综合体举办的“上城日”主题活动在杭州市党群服务中心举行。图为中医药文化体验活动
（区档案馆 供稿）

【新招录公务员基层实践锻炼总结交流会】 2019年11月8日，上城区年轻干部体系化培养工作暨新招录公务员基层实践锻炼总结交流会在杭州东铁大厦召开。市委组织部、团市委相关领导出席，区委常委、组织部部长王歆出席并讲话。区委组织部、团区委、望江街道等部门主要负责人分别从干部体系化培养、干部基层锻炼、“上城青干线”等方面介绍年轻干部培养工作。2018年度新招录公务员通过代表发言、故事分享、歌曲演唱、诗歌朗诵等形式，畅谈基层锻炼收获、体验和感悟。会上，上城区年轻干部体系化培养“青·尚”工程启动。

（潘罗定　沈　沉）

组织工作

【概况】 2019年末，上城区有基层党组织1587个，其中党委105个、党总支67个、党支部1415个。全区有党员28976人，其中新发展210人。上城区深入学习贯彻习近平新时代中国特色社会主义思想，践行新时代党的组织路线，坚持以“不忘初心、牢记使命”主题教育为统领，抓实政治建设；以实干担当为导向，建强上城铁军；以“党建双强”为重点，提升打造“尚城·红星系”品牌；以“两区”（金融人才管理改革试验区、人才生态示范区）建设为保障，激发人才活力；以模范过硬为标杆，树好自身形象。年内，全区组织工作取得新进展、新突破、新成效，在全市大党建考核和基层党建述职评议中均名列第二。

【干部结构优化】 2019年，上城区落实新一轮全国党政领导班子建设规划纲要，全面贯彻新修订的《党政领导干部选拔任用工作条例》，坚持好干部标准，坚持老中青相结合梯次配备，统筹落实结构性干部配备要求。结合全区机构改革，选拔敢于负责、勇于担当、善于作为、实绩突出的干部，全面推开全区中层干部交流竞岗工作，打破干部任用壁垒。全年提拔区管领导干部21人、非领导职务11人、转任重要岗位3人，平岗交流60人，安排军转安置5人。

【年轻干部体系化培养】 2019年，上城区打造年轻干部培养“青·尚”工程，立足建好储备库、上好提升课、锤炼排头兵、破解发展难、画好立体像“五位一体”推进年轻干部体系化培养。开展精准化联合办班，依托年轻干部“成长营”和“上城青干线”“上城红云学院”“吴山大讲堂”等干部学习平台，全年教育培训1700多人次。组织30名新录用公务员、选调生、党政储备人才到基层岗位“墩苗”，分类分批选派128名干部到重点工程一线、一线城市、扶贫攻坚对口地区等地挂职，加强各领域年轻干部交流。结合每周三“走访谈话日”，开展年轻干部全覆盖走访，建立“面对面”知情人谈话、“背对背”干部特征归类分析、“点对点”面谈交流的三级调研模式。按照科级干部总数的15%左右，建立优秀年轻干部库，综合全委会署名推荐、各单位班子推荐、“上城青干线”培训情况、一线挂职情况等，动态调整优秀年轻干部名单。4名“84后”干部在全市中层竞岗中脱颖而出，18名“80后”干部被提拔为区管干部。

【干部监督管理】 2019年，上城区坚持严管厚爱干部，把“改”字贯穿始终，与“组织工作薄弱环节长效整治”“基层减负年”有机结合，围绕选人用人突出问题专项整治、因私出国（境）违规问题专项整治，逐一对照，列出问题清单、整改清单、责任清单，做到即知即改、立行立改。主动防治短板效应，重点抓好个人有关事项报告、基层选任规范、出国（境）管理等薄弱环节，严肃处理因个人有关事项瞒漏报、违规选人用人、出国（境）等问题，个人有关事项报告不一致率创近3年最低。梳理整合干部监督管理工作易错点、难点，编制工作“流程+样表”，汇总并通报典型问题，抓实基础工作。全年梳理备案全区3132名应备人员出国境信息，整理、核查出国境证件1941本。

【公务员管理】 2019年，上城区严格落实机构改革和公务员职务职级并行工作。完成公务员转隶42人、职级套改649人、临退人员职级晋升9人；完成首批581名警察职务套改工作，其中执法勤务类553人、警务技术类28人。对2018年考核优秀的293人记嘉奖、60人记三等功，1人获评浙江省“人民满意公务员”，2人获评2018年度杭州市“十佳公务员”。

【“党建双强”工程】 2019年，上城区持续推进“最强党支部”三年提升行动，初选50个党支部进入第二期“最强党支部成长营”，开展“月度之星”“季度之星”评选活动，推荐12名党员、12个党支部评选市级“党建双强”。制定“最强领头雁·治社名师”管理办法，认定首批“治社名师”5人，举办社区党委书记、社区优秀年轻干部培训班，提升社区干部队伍整体素质。紫阳街道上羊市街社区党委书记邹紫娟作为首批省级兴村（治社）名师，在浙江省基层党建工作骨干暨兴村（治社）名师培训班上交流发言。全年新发展党员210人，其中“三高”（高学历、高职称、高技能）党员18人。

【党建聚力区域共建共享】 2019年，上城区系统化提升“尚城·红星系”党建综合体建设，完成50个标准化中心、46个共建式驿站、58个功能型微站三级布局，基本形成“10分钟党建服务圈”。巩固街道职能调整和体制机制改革成果，优化街道基层党建共建委员会、社区基层党建共建办公室运行机制，落实共建单位联席会议制度和在职党员“双报到、双报告”制度。坚持“党建+民生”，全面实施治理体系大整合、项目推进大协同、街道兜底大统筹、比学赶超大比武等行动，举行党建引领“美好社区”、垃圾分类、老旧小区“微更新”等大比武，切实把党建优势深度融入民生关键小事。

【“业联体”2.0版打造】 2019年，上城区在原有“业联体”组织架构和工作机制基础上，打造“业联体”2.0版，即升级打造党建引领物业服务和业委会三级联动、三方协同治理模式。制定《关于推进上城区住宅小区物业综合管理体制机制改革工作的指导意见》，理顺住宅小区物业综合管理部门职责，合力推进党建引领、政府保障、基层主导、业主主体、市场运作“五位一体”和良性互动的住宅小区物业综合管理格局。分级建立物业调解工作室，指导12个小区成立或改选业委会，全年矛盾化解率80%以上。细化小区党组织目标职责和工作重点，实施“一套标准、一支队伍、一个体系”的“红管家”准物业市场化服务管理机制，组建邻里议事委员会，作为业委会先期机构，履行协商共治、监督监管职责，推动小区有序治理，全面构建党组织领导下的小区发展治理体系。落实街道公共管理办公室物业管理职责，增强街道物业管理力量，每个街道核增事业编制2~3人，全市率先在街道公共服务中心增挂物业综合服务中心牌子。

【两新党建高质量发展】 2019年，上城区坚持以区域化视角开展两新党建工作，加强区域统领和行业引领。以服务民营经济高质量发展为主线，以“五个提升”为目标，以“三整一全”为主要内容，推动两新党建提质增效。围绕“一圈两镇三园”建设，抓好重点区域发展平台党建工作。聚焦民办学校、民办医院、律师事务所等民生领域党建工作。发挥行业部门作用，推进“公民共建”。组织开展“四季党建”活动。深化两新党建品牌，形成“争双强、当先锋”合力，推进两新党建“双覆盖”，建强红色堡垒。注重两新党务队伍建设，通过组织新任支部书记集中宣誓、两新党组织书记集中轮训等活动，培养党性强、善管理、业务精的“红色领头雁”队伍，全年新招聘专职两新党务工作者20人，新选派144名两新党建指导员指导两新党组织开展党建工作。组织开展“千名党员走千企”活动、“红色代办员1+1”专项行动，建立“组团服务”“专业服务”“靠前服务”“兜底服务”工作机制，成立“上城红云学院”，开展“红云公开课”，打造“红色赋能共同体”，全年组织开展“红云公开课”6场次，服务1800多人次。服务民营经济高质量发展相关举措得到市委常委、组织部部长毛溪浩批示肯定。全年新建思科（中国）有限公司、“海归驿站”等两新党组织44个，新发展两新组织党员144人，其中9名党员为高知识群体；清理“空壳”党支部9个，整转后进党组织24个，21个党组织进行“上提”和“下分”。

（潘罗定　沈　沉）

宣传工作

【概况】 2019年，上城区宣传工作围绕纪念中华人民共和国成立70周年、杭港高端服务业示范区建设、湖滨步行街开街、全球私募基金西湖峰会、“三联三领三服务”活动、“不忘初心、牢记使命”主题教育、老旧小区“微更新”等主题开展宣传报道。在中央和省市媒体刊登各类专题、专刊、信息1000多篇，其中中央媒体80多篇、《浙江日报》头版3篇、《杭州日报》头版50篇。全年《上城报》刊出101期，采编原创新闻1000多篇。上城网突出实效性，更新新闻1400多条，制作视频新闻48期。“上城快讯”推送手机短信息263条。“上城发布”微信公众号发布信息1300多条。与新华移动传媒合作，打造“韵味上城”App，发布消息1000多条，新闻客户端安装量6万余次。

2019年4月29日，上城区融媒体中心成立。图为区委书记陈瑾（左）、区人大常委会主任袁建祥（右）为中心揭牌　　（区档案馆 供稿）

【上城区融媒体中心成立】 2019年4月29日，上城区融媒体中心暨杭州电视台上城记者站挂牌成立。上城区融媒体中心分为指挥中心和视频中心两大区块。其中，指挥中心面积140多平方米，具备人员办公和新闻调度等功能；视频中心面积90平方米，负责视频拍摄、制作和导控工作。同时，依托新华移动传媒，打造“云采”系统，通过该系统整合新闻采写、任务下派、网络舆情等功能，形成数据指挥大屏。该中心立足上城发展实际，整合报纸、网站、视频、“两微一端”（微博、微信及新闻客户端）等传播平台，通过组织机构、生产流程、体制机制、人才资源等方面融合，加强技术支撑和平台建设，破除传统媒体与新兴媒体的壁垒，优势互补、协调推进、一体发展，实现“一次采集、多元生成、多渠道传播”，有效提升新闻舆论传播力、引导力、影响力。

【庆祝中华人民共和国成立70周年宣传】 2019年4月12日，杭州电视台综合频道推出《壮丽70年·奋斗新时代》专栏。同时，在全城同唱《我和我的祖国》活动中，上城版《我和我的祖国》唱响。6月19日，区委宣传部联合杭州之声，在小营巷（红巷）开展“国旗下的诵读”大型朗诵活动。国庆期间，联合《杭州日报》进行“追梦70年”庆祝中华人民共和国成立70周年系列报道。

【“不忘初心、牢记使命”主题教育宣传】 2019年，上城区围绕“不忘初心、牢记使命”主题教育开展宣传报道。在《上城报》以每期一个专版的形式，加大宣传力度，9月3日至12月13日，推出专版22个，并策划《“不忘初心、牢记使命”主题教育知多少？一起来学！》《一把手谈初心话担当》《上城党员干部以实际行动践行初心担当使命》3个专栏，刊登区财政局、区科技局、区教育局、区卫健局、区民政局、王皇山南基金小镇、区电子机械功能区等20多个单位如何破难服务民生、服务企业的新闻，报道主题教育相关新闻92篇。“上城发布”同步推出“一把手谈初心”系列访谈、身边的榜样、优秀共产党员等主题宣传。在《杭州日报》推出4个专版及融媒体产品，在《浙江日报》新闻客户端上刊登反映活动期间成效的文章40多篇，其中《浙江日报》头版1篇、《杭州日报》头版3篇。在浙江之声、浙江在线、杭州网等省市主流媒体同步做好主题教育工作动态、先进经验、先进人物的宣传报道工作。

【湖滨步行街开街宣传】 2019年，上城区采取分步骤、有阶段性的宣传方式，对湖滨步行街开街情况进行连续报道。9月25日，在市政府新闻办新闻发布平台上召开新闻发布会，做好步行街开街预热宣传。9月27日，中央电视台《央视新闻》栏目现场直播湖滨步行街开街仪式；新华社刊发《“城市大脑”助力智慧出行——杭州湖滨步行街》文章，新华网推出“醉美湖滨”系列专题；《浙江日报》在头版刊发报道信息《争睹新湖滨》，并策划推出4个版面的《杭州70年·湖滨步行街》特刊；《钱江晚报》《都市快报》在头版头条推出“新湖滨‘打卡攻略’”系列报道，《杭州日报》推出8个版面的《最湖滨、醉杭州——湖滨步行街开街特别报道》。浙江卫视、杭州电视台、杭州网等新闻媒体在主页、头版刊发和播出报道或进行采访直播。各类新闻媒体累计推出新闻报道100多条、专刊专栏20多个，其中各类报纸头版头条11个。“新浪微博”“今日头条”“抖音”等App投放启动页推送宣传步行街，各平台累计曝光量超过400多万次。上城发布与新浪浙江合作推出街拍活动，活动信息累计阅读量突破1045万次。

【全球私募基金西湖峰会宣传】 2019年5月23日，上城区在市政府新闻办新闻发布平台组织召开“辉煌70年·上城社会经济发展成就暨全球私募基金西湖峰会”新闻发布会。发布会邀请有关单位负责人介绍上城区社会经济发展成就及全球私募基金西湖峰会筹备情况。发布会展示上城区“四个标杆区”打造的成就和经验。5月25日，第五届全球私募基金西湖峰会举行。上城区在会场周边做好道旗、灯箱、公交站牌等户外宣传，同时制作玉皇山南基金小镇宣传片，全面介绍5年来小镇取得的辉煌成就，并与中国新闻社、《浙江日报》、《杭州日报》等中央及省市媒体合作，做好峰会的深度报道。各媒体推出相关报道50多篇。

【杭港高端服务业示范区建设宣传】 2019年，上城区全面启动杭港高端服务业示范区建设。2月18日，《浙江日报》刊发《望江地块重大利好！杭港牵手打造高端服务业示范区》文章。5月16日，《浙江日报》以《加大开放力度，杭州香港将联手发展高端服务业》为题刊发文章。6月13日，区委宣传部分别在《星岛日报》和《香港商报》做题为《杭港合作高地，全球互联客厅，未来财富高地——杭港高端服务业示范区》《杭州望江新城：打造杭港高端服务业示范区》两篇专版报道，进一步介绍上城区打造杭港高端服务业示范区的情况。

（吕　啸　王　灵）

统战工作

【概况】 2019年，区委统战部学习贯彻中共十九大会议精神和习近平新时代中国特色社会主义思想，聚焦庆祝中华人民共和国成立70周年，围绕“四个标杆区”建设，全面推进新时期统一战线工作。创建全国首个数字统战体验馆，发布全省首个新阶层工作标准体系，引进浙江省欧美同学会，全市首个统战工作现场会在上城区召开。

【上城区数字统战体验馆开馆】 2019年3月12日，上城区数字统战体验馆暨望江统战之家开馆。市委常委、统战部部长陈新华，区委书记陈瑾出席并为体验馆揭牌。体验馆占地面积约650平方米，集中展示新媒体大数据、舆情大数据、新阶层大数据、工商联大数据、电子台账系统等数字统战系列产品。在馆内可通过触摸显示屏、LED电视墙、立式手机显示屏、统战智能机器人等直接参与互动，实现与新的社会阶层人士线上线下双向互动。随后，全市统战部部长会议暨数字统战工作现场会在上城区召开。会上，区委常委、统战部部长来剑波做交流发言，分享数字统战工作。10月21日，上城区数字统战体验馆在2563个杭州市民体验点中跻身前50位，获“最具品质体验点”称号。至年末，体验馆开展各类活动190多场，7000人次参加。

【《基层新的社会阶层人士统战工作规范》发布】 2019年7月18日，全省首个基层新的社会阶层人士统战工作规范发布暨“尚城·同心荟”联盟成立大会在玉皇山南基金小镇举行。省委统战部副部长张润生等省市区统战工作领导及近100名新的社会阶层人士出席活动。活动发布《基层新的社会阶层人士统战工作规范》。该规范是上城区以全国新的社会阶层人士统战工作实践创新基地重点项目“智·和”同心荟相关工作体制机制为基础，整合该区6个街道、1个园区的新的社会阶层人士统战工作突出经验做法研究编制而成。同时，“尚城·同心荟”联盟成立并举行第一次主题分享

望江统战之家全景

（区委宣传部 供稿）

会。会上，10个联盟单位被授牌，6名代表围绕“新的社会阶层人士统战工作”主题发表演讲。

【浙江省欧美同学会总部落户上城区】 2019年9月18日，浙江省欧美同学会总部落户上城区南山路178-1号，旨在为全省海外留学人员发挥作用提供帮助。当天，浙江省欧美同学会召开一届一次理事大会，大会选举产生同学会会长、副会长27人，理事300人，中国科学院院士、西湖大学校长施一公担任首任会长。10月19日，浙江省欧美同学会开展第一次集体活动。活动安排参观毛主席视察小营巷纪念馆、“红巷·同心筑”统一战线爱国主义教育实践基地及钱学森故居，并在浙江省欧美同学会总部召开一届二次会长会议。

【基层统战工作加强】 2019年1月28日，根据《中共杭州市委关于加强乡镇（街道）统战工作的实施意见》，区委制定《关于进一步加强街道统战工作的实施意见》。3月25—29日，区委统战部在浙江省社会主义学院举办上城区基层统战工作培训班，区委统一战线工作领导小组、全区宗教工作领导小组成员单位，各街道统战委员和统战干事及统战工作重点社区负责人参加培训。5月15—16日，区委统战部组织街道、园区统战干部到拱墅区、富阳区、桐庐县考察学习，调研基层统战、新阶层统战领域工作。9月2日，根据《杭州市加强和改进乡镇（街道）统战工作三年行动计划（2019—2021年）》，区委统一战线工作领导小组办公室印发《杭州市上城区基层统战工作三年行动计划（2019—2021年）》，进一步加强街道统战工作，夯实全区基层统战工作基础。

【上城区党外知识分子联谊会换届】 2019年8月，上城区党外知识分子联谊会开始筹备换届工作。通过区相关部门、企业推荐和个体自荐，经区委统战部研究，确定新一届正式理事名单。第三届杭州市上城区党外知识分子联谊会理事132人，其中保留上届理事36人，新确定理事96人。理事中有无党派人士86人、民主党派36人、共青团员4人、群众6人。理事平均年龄40.48岁，具有大学及以上学历129人，其中研究生42人、博士3人；担任市区政协委员或人大代表40人。11月28日，杭州市上城区党外知识分子联谊会三届一次理事大会召开。会上，第二届区知联会会长王容峰做五年工作报告，会议协商通过《杭州市上城区党外知识分子联谊会章程（修订草案）》《杭州市上城区党外知识分子联谊会理事管理办法（草案）》《第三届杭州市上城区党外知识分子联谊会选举办法（草案）》，举手表决产生第三届杭州市上城区党外知识分子联谊会常务理事37人、会长1人、副会长12人、秘书长1人，审议通过聘请上城区党外知识分子联谊会名誉会长事宜，并通过第三届杭州市上城区知联会会长轮值制度及日常工作制度。

【上城区新的社会阶层人士联合会建设】 2019年，上城区新的社会阶层人士联合会（简称区新联会）举办读书沙龙、第二期新的社会阶层人士研修班等活动，提升统战人士自身素养。与海宁市新联会结对交流，并签署友好新联会结对协议和新阶层实践创新基地结对协议。分别联合清波街道新联分会和紫阳街道新联分会举办“凝聚新力量，筑梦新时代，同心奋进70年”——“新走读”第一季南宋文化行活动和“大手牵小手，运河南宋情”——“新走读”第二季大运河文化行活动，感受南宋文化与大运河文化魅力。5月22日，召开区新联会一届一次会长会议，会议就如何开展好新联会工作进行探讨，提出意见和建议。12月24日，召开区新联会一届二次常务理事会议，会议审议通过区新联会秘书长任免事项、区新联会秘书处成员名单和2020年轮值会长名单，会议回顾2019年度工作，商讨2020年度区新联会重点工作。会上还进行轮值会长及副会长授杯仪式。

（金晨烁）

老干部工作

【概况】 2019年末，上城区有离休干部102人，年龄最小的85岁，最大的100岁，平均年龄91岁。有省市托管服务的离休老干部168人。离退休干部中，副区级以上老领导33人；离休干部党支部6个、退休干部党支部55个，9个部门、6个街道有老干部工作机构。全区贯彻落实区委《关于进一步加强和改进离退休干部工作的实施意见》，坚持党建引领，用心用情做好服务管理，注重发挥离退休干部作用。离退休干部黄卫国获评“全省离退休干部先进个人”，邵美英、周炎珍、湖滨街道东平巷社区第五党支部（离退休支部）、紫阳街道离退休“益家社区文化服务团队”分别获省级“最美共和国同龄人”“最美银耀志愿者”“最美离退休干部党支部”“最美银耀志愿服务团队”荣誉。

【“三项建设”提升】 2019年，区委老干部局进一步提升离退休干部政治建设、思想建设、组织建设“三项建设”。召开老干部情况通报会4次，邀请区领导做政策形势报告，向老干部传达党和政府的声音。坚持党建引领老干部特色工作室、志愿服务队建设，深化“支部+团队”“支部+志愿服务”“支部+社区”共建。湖滨街道东平巷社区第五党支部（离退休支部）形成1个党支部带领“湖滨晴雨”“红管家”“湛青工作室”等8支服务群众团队的“1+8”模式。望江街道离退休支部引领老干部志愿团队开展志愿服务200多次，受益群众5000多人次。进一步打响“党员的幸福——高尚是幸福的通行证”读书会等“四季党建”品牌。加强离退休干部临时党支部的组建、保障服务和跟踪教育等工作，区老年大学总校、南星分校、望江分校和区老干部活动中心4个临时党支部做到有组织、有活动、有经费、有载体、有成效。6月4—6日，区委老干部局在市委党校组织全区离退休党支部书记培训，邀请省、市委党校教授专家做专题辅导。

2019年11月23日，上城区举办“致敬先锋·接力初心”上城区离退休干部党员与年轻党员分享会。图为湖滨街道离休干部湛青书写作品赠送年轻党员

（区委老干部局 供稿）

【老干部主题教育】 2019年开展“不忘初心、牢记使命”主题教育期间，区委老干部局成立由12名老干部组成的“红色讲师团”，先后进机关、社区、学校等场所宣讲32场，受教育8000人次。成立25名主题教育“指导员”队伍，每名“指导员”结对一个离退休支部，开展“送书进支部、进家门”活动。组织离退休干部党员开展“三任纪检书记话初心”、爱国教育基地现场教学、“致敬先

锋·接力初心”上城区离退休干部党员与年轻党员分享会等活动6场，得到中央主题教育指导组、市委主要领导肯定。

【老干部服务管理】 2019年，区委老干部局会同区财政局、区卫健局、区人力资源和社会保障局制定《上城区离休干部全科医生签约服务工作方案》，明确签约服务考核流程，全区64名离休干部参与签约服务，累计服务214次。落实省委老干部局《军队移交地方离休干部住房货币补差》，牵头协调相关部门和街道，解决5名军队移交地方离休干部住房货币补差历史遗留问题，落实补差经费12.4万元。全年完成老党员驿站、开放式共享基地建设等为老干部办实事项目8件，慰问老干部390人次，送上慰问金、慰问品计15万元，落实困难补助经费21万元。

【老干部正能量活动】 2019年，区委老干部局组织全区离退休干部开展“三服务三助力”活动。其中，四套班子原（老）领导全年走访企业43家，协调解决企业需求问题73个次；银亮尚城志愿服务团队、老干部工作室、离退休干部党支部在垃圾分类、“五水共治”、拆迁征收、加装电梯等工作中持续发挥作用，累计服务社区家庭5000多户。开展寻找“银尚达人”“银尚社区”和“银尚之家”活动，评选出湛青、宁国良、孙新宝等先进代表。

【“祝福祖国·乐活上城”嘉年华】 2019年9月16日，由区委组织部、区委宣传部主办，区委老干部局、区文广旅体局承办的“祝福祖国·乐活上城嘉年华”——上城区老干部庆祝中华人民共和国成立70周年暨重阳节活动在惠民路3号原区政府大楼举行。市委老干部局副局长郑旭斌，区领导陈瑾、袁建祥、占仁义、冯晶、王歆、毛素云出席，离退休干部代表200多人参加。活动设有表演区、服务区、展示区及活动区。其间，组织老干部参与“祖国在我心中”老干部畅谈盛世座谈会和区委、区政府组织的大型诵读会、大型歌咏会等庆典活动，320多人次老干部参加。

【“一中心多点”办学模式深化】 2019年2月3日，区委老干部局文化养老“一中心多点”办学模式被评为全市老干部工作“最有影响二十件事”之一。区委老干部局把区老干部大学和老干部活动中心下沉到街道、社区，3月，在望江街道在水一方社区建立区老年大学望江分校，并对区老年大学的课程、师资力量进行优化整合，开设民族舞等32个班，录取学员823人，开课642次。承担省老年大学智慧校园建设试点任务，实现报名、缴费“最多跑一次”，逐步破解“一座难求”问题。

【“文化养老精品线路”整合】 2019年，区委老干部局立足区级“红色护照”红色之旅、“南宋文化走读体验”等线路，协调各街道整合3条“文化养老精品线路”服务老干部工作。3条精品路线分别为“不忘初心，红游上城”——小营红巷红色之旅，“岁月情怀，文游上城”——颐养身心文化之旅，“蝶变山南，乐游上城”——乐活南星小镇之旅。区委老干部局全年接待省内外老干部工作系统考察团23批次。

（黄金羽）

关心下一代工作

【概况】 2019年，上城区加强对关心下一代工作的领导，基本形成“大关工”体制机制，“五老四团一组一员”队伍健全，“五老”主动作为，以社会主义核心价值观引领青少年成长，着力提高青少年思想道德素质、科学文化素质和健康素质。全区有关工委组织136个。其中，一级关工委组织1个（区关工委），二级关工委组织7个

（街道关工委6个、区教育局关工委1个），三级关工委组织128个（社区关工委54个，中小学、幼儿园关工委58个，区教育局直属部门关工委4个，民营企业关工委12个），从事关心下一代工作者6865人。其中离退休人员中参加区级顾问团33人、讲师团8人、关爱团9人、科技服务团8人、网吧义务监督员104人。

资料

“五老四团一组一员”：“五老”指老干部、老战士、老专家、老教师、老模范；“四团”指讲师团、关爱团、科技团、顾问团；“一组”指“18人关爱小组”；“一员”指网吧监督员。

【青少年社会主义核心价值观教育活动】 2019年3月3日，区关工委“庆祖国七十华诞，圆少年七彩梦想”主题教育启动仪式在区社区学院开幕，基层关工委围绕主题开展各种青少年社会主义核心价值观教育活动。6月11日，印发《2019年暑期校外教育活动意见》。各基层关工委结合实际，制订暑期活动计划，落实活动场地、活动经费及组织单位，开展关注外来务工人员子女、“小候鸟”和“新杭州人”子女暑期生活，以及青少年读书日、青少年普法教育等活动。8月26日，区关工委联合区社区学院、紫阳街道、杭州利星百货集团、葛德瑞书画院，在区市民终身学习体验基地“尚城1157·利星”商业综合体举行上城区少儿书画大赛颁奖仪式。大赛以“庆祖国七十华诞，绘少年七彩梦想”为主题，收到书画作品405幅，评选出一等奖10人、二等奖20人、三等奖30人、优秀奖40人。

2019年8月26日，“庆祖国七十华诞，绘少年七彩梦想”上城区少儿书画大赛颁奖仪式在区市民终身学习体验基地“尚城1157·利星”商业综合体举行

（区关工委 供稿）

【青少年教育基地建设】 2019年7月5日，区关工委在区第一个青少年社会主义核心价值观教育基地——少年军校启动为期7天的“伙伴军事挑战七日研学营”国防教育研学活动。全年区少年军校受教育青少年3000多人。9月2日，区关工委印发《关于开展上城区关心下一代教育基地创建工作的通知》，在全区范围内开展关心下一代教育基地（青少年社会主义核心价值观教育基地）创建活动。至年末，“小营·江南红巷”创建为区第二个青少年社会主义核心价值观教育基地，并被授牌命名为杭州市第一批关心下一代教育基地。区关工委评选出7个青少年教育基地资助项目，促进青少年教育基地建设和精准资助，推进新时代关心下一代工作发展，其中区教育局关工委“梦想加油站”项目和紫阳街道关工委“科普活动中心”项目被评为市关工委“青少年教育基地建设项目”，湖滨街道关工委“青年路社区青少年流动书吧”等5个项目被评为区关工委

"青少年教育基地建设项目"。全年区关工委资助15万元，推进重点教育基地（项目）建设。

【夏令营活动】 2019年，区关工委会同区科协、区社区科普大学开展4场暑期夏令营活动。活动安排外太空、银河系天文知识讲座，垃圾分类知识讲座，消防安全知识和应急救护知识讲座等课外知识讲座，锻炼孩子动手能力的生态瓶DIY和科技小制作，以及参观浙江大学微小卫星研究中心、浙江测绘与地理信息科技博物、中国湿地博物馆、杭州红十字生命体验馆、味全体验馆、康师傅梦想探索乐园等博物馆与体验馆。有110名学生参加夏令营活动，其中"奋飞助学"学生26人。

【结对帮困助学】 2019年，区关工委进一步开展结对帮困助学活动。2月2日，区委常委、组织部部长王歆、区关工委负责人、区教育局关工委"梦想加油站"项目教师和工作人员一行，开展贫困学生新春走访慰问活动，走访慰问辖区内困难家庭学生。7月2日，由区关工委、区教育局关工委、区赠人玫瑰学生成长关爱中心联合举办的第一期"梦想加油站"活动项目收官，完成送书、指导撰写读后感、家长沙龙、亲子活动及家访校访交流等活动，并开启新一期"梦想加油站"结对帮扶工作。"六一"前夕，区关工委开展"六一"走访慰问暨第十八届"奋飞奖"慰问活动，区关工委联合区教育局关工委、团区委、区妇联到学校和各街道，走访慰问30名第十八届"奋飞奖"获奖学生和150名困难家庭学生（中小学生），发放奖（助）学金、慰问品10.5万元。7月，市关工委开展第十九届"奋飞助学"活动，区关工委在暑期对家庭困难的学生进行排查摸底，筛选出13名中学生、10名小学生和12名高中生进行资助，共计2.5万元。同时，上城区在2019年"福彩暖万家点亮梦想"助学活动中，资助20名学生、4万元。

【青少年法制教育】 2019年，7月，区关工委开展"法制教育月"活动，在全区6个街道54个社区开展青少年普法教育活动。普法教育活动包括法制教育、消防安全知识、自救自护常识、毒品教育、青春期认识、用水用电知识、交通安全等内容。全区44所中小学（含校区）配备36名法制副校长，协助学校做好依法治校工作，法制副校长进校园开展法制宣讲课160场。区各级关工委在加强劝返未成年人教育管理、亲情关爱和帮助失足青少年接受良好教育等方面办实事。"18人关爱小组"参与未成年人刑事诉讼权益保障、合适成年人参与未成年人刑事案件诉讼等活动，对问题、边缘青少年（含未成年人）做好事前预防、事中维权、事后帮教工作。104名"五老"网吧监督员参加区文广旅体局组织的义务网吧监督员培训和"绿网营建"工作。对网吧、书报亭进行执法监督检查，纠正不规范经营行为。同时，区关工委配合有关部门加强青少年法制教育。6月2日，在柳浪闻莺公园钱王祠临湖区域，协办浙江省（杭州市）全民禁毒公约首发式暨"祖国有我、禁毒有我"公益毅行活动。7月11日，市关工委针对"对青少年法制教育的情况调查与区关工委开展法制教育的做法"这一课题内容到上城区走访调研，区关工委负责人陪同介绍情况。

【关心下一代工作培训学习】 2019年，区关工委加强自身培训学习，进一步提高服务水平。4月2—4日，区关工委全体人员参加市关工委举办的杭州市第十二期关工系统理论培训班。9月26日，举办上城区关心下一代工作理论培训班，全区关工委工作人员（含"五老"成员）90人参加。10月，区关工委到富阳、余杭、拱墅、江干

4个城区进行考察交流，学习优秀品牌建设、帮困助学、“零犯罪”学校创建、公益组织建设、活动开展及政府购买服务工作、关工委基金会建设运作情况、企业关工委建设、部门联动机制等。

（宋晓莺）

机构编制管理

【概况】 2019年，上城区全面完成行政机构改革，行政管理体制改革持续深化，机关内部“最多跑一次”改革推进，南宋皇城小镇、湖滨步行街管理体制进一步完善，政府物业管理体制不断优化。区委编办围绕全区中心工作，推进简政放权、放管结合、优化服务，加强事业单位监督管理，科学配置编制资源，为全区提供体制机制保障。

【机构编制日常保障】 2019年，上城区结合机构改革，核减城管、住建等部门216名事业编制，保障机构改革新建部门、职责加强部门和民生发展部门用编。核准2019年度教育系统招考用编计划132人、卫生系统招考用编计划44人，其他事业单位招考用编计划49人、公务员（含参公）招考用编计划25人。分别为70个单位办理统一社会信用代码证书相关业务，为546人办理入编手续，审批223名科级领导职数、554名编外用工计划。

【机关内部“最多跑一次”改革】 2019年6月，区委编办根据省委办公厅、省政府办公厅印发的《关于加快推进机关内部“最多跑一次”工作的通知》，会同区审管办、区数据资源局等单位，审定42个部门提交的351项办事事项。督促部门制定办事指南和办事流程图，并做好修改完善。年内，全区所有办事事项、办事指南及流程图均在浙政钉上公布，“最多跑一次”协同工作平台完成搭建，高频事项均实现网上办理。

【南宋皇城小镇、湖滨步行街管理体制优化】 2019年3月26日，杭州市清河坊历史街区管理委员会更名为杭州南宋皇城小镇管理委员会，与清波街道合署办公；保留原事业单位杭州市清河坊历史街区发展服务中心，作为处理历史遗留问题的主体；新设事业机构杭州南宋皇城发展服务中心，承担具体事务性工作。杭州清河坊资产管理有限公司隶属南宋皇城小镇管委会，为南宋皇城小镇资产运营公司；管委会与清河坊资产管理有限公司成立联合党委，管委会主任任党委书记。杭州望海潮建设有限公司承担项目建设任务。7月19日，成立湖滨街区建设管理领导小组（议事协调机构），更名设立杭州市上城区湖滨街区发展服务中心，为湖滨步行街街区发展提供支撑保障。

【政府物业管理体制强化】 2019年11月28日，上城区在街道区域发展与治理中心加挂物业综合管理中心牌子，增配2名事业编制人员，落实属地管理责任，强化属地街道对业委会的指导和对物管企业的监督，推动形成“党政引领、属地管理、市场主导、居民自治”的住宅小区物业综合管理新格局。

【机构编制督查自查】 2019年，区委编办按照省委编办要求，开展全区实名制库自查，指导相关单位对日常维护中存在的“在编人员干部管理权限填写错误、行政机构在编人员未填空缺指标”等8个方面问题进行纠正，实现机构编制实名制系统“零差错”目标。围绕加强落实部门“三定”规定执行情况、部门间职责划转和协作配合情况及街道机构改革情况，对全区34个党政机构、3个群团机关、6个街道进行督查评估，巩固深化机构改革成果。

（林晓华）

机关党建工作

【概况】 2019年末，区委直属机关工委有基层党组织45个，其中机关党委10个、党总支12个、党支部23个，党员1751人（含离退休党员）。结合“不忘初心、牢记使命”主题教育，深刻领会习近平总书记在中央和国家机关党的建设机关工作会议上重要讲话精神和全省机关党建工作座谈会精神，深化市委“六大”行动，践行全区“三联三领三服务”活动，落实“强基固本”要求，构建机关清廉文化共同体，以“党员先锋365”品牌为载体，在全市“干好一一六、当好排头兵”进程中走在前、做表率，奠定组织基础。组织“一单位一品牌”创建，评选优秀主题党日案例，举办微党课宣讲，开展“新时代·跟着总书记读好书”等活动，结合纪念中国共产党成立98周年主题，开展“两优一先”表彰、“担当有为好干部”评选等创先争优活动，发挥党员示范引领作用，形成“比学赶超”氛围。

【机关党员教育培训全覆盖】 2019年，上城区采用春训冬训，分批分层对党组织书记、党务骨干、纪检干部、党员和党员发展对象开展集中培训，先后举办培训班6次，实现党员教育培训全覆盖。同时，举行“牢记初心、砥砺前行”分享会、“红色寻访忆初心”走读活动、“我与共和国同成长”征文及音视频创作等活动，拓展机关党员、干部教育覆盖面。

【机关党建责任夯实】 2019年，上城区进一步夯实机关党建责任。坚持“书记抓、抓书记”，建立基层党组织书记党建责任清单、问题清单、整改清单“三张清单”管理模式。开展基层党组织书记履行党建工作述职评议，强化党建第一责任人职责，对抓党建工作执行不到位、标准执行不严格、工作反馈不及时等问题责令整改，进行通报，并约谈基层党组织负责人，确保机关党建工作抓具体、抓深入、抓到位。

【机关党支部规范化建设】 2019年，上城区贯彻落实新时代组织路线，以提升组织力为重点，突出政治功能，印发《上城区机关党支部工作规范》，推进机关党支部规范化建设。构建“3+4”体系，创新党支部“标准、特色、创新”建设路径，形成党支部组织、制度、责任、考核“四体系”。全面实施“党建双强”工程和党支部建设三年提升工程，以支部工作清单化和组织生活流程化，推动支部工作有标准、程序有规范、管理有制度、责任有落实，全面提升党支部建设水平。

【清廉机关建设推进】 2019年，上城区制定《关于全面加强清廉机关建设的实施意见》，深化“三张廉情预警清单”机制运用，推出“以案学纪”情景教育系列学习版，加强日常谈话提醒，提高机关党员政治站位。结合“警示教育月”活动，通过召开专题组织生活会、廉政风险排查等举措，推动基层党组织压实管党治党主体责任。围绕“最多跑一次”“三联三领三服务”等主题工作，开展“三不”问题整治和“为官不为”自查自纠，重点解决机关党员“庸、懒、散、浮、拖”等群众反映强烈的突出问题。区委直属机关工委采用委员分片联系指导机制，分组到各基层党组织调研模范机关创建工作开展情况，听取意见建议，进行现场指导，把全面从严治党要求落到实处。

【做好基层服务】 2019年，区委直属机关工委结合贯彻省市“三服务”活动及区委“三联三领三服务”活动，组织区直机关45个基层党组织，走访居民群众2376户，召开民情恳谈会300次，协调解决指导垃圾分类、安装雨棚等民生问题545个。做强“领航·先锋365”党建品牌，推进党员志愿服务常态化。发动机关党员投身文明城市创建、国庆期间湖滨步行街安全保卫、挂包社区平安巡防等工作，累计服务3500多人次，服务时长5100多个小时。发挥基层党组织政治优势，助力“最多跑一次”改革，以“红色代办员1+1”行动为抓手，打通方便群众办事的“最后100米”。

【党建带群团建设】 2019年，上城区推进党建带群团建设，发挥群团组织作用，增强机关团队活力，营造和谐向上的机关氛围。机关工会通过组织观看爱国电影，举办“我看上城新变化”摄影比赛、“党群共携手，清气满机关”知识竞赛、“搏击红色钱潮，领航跨越发展”拥江健步走、机关趣味运动会等文体活动，激发会员爱国热情，提升会员文化修养，增强会员身体素质。机关团工委通过开展素质拓展、新春联欢会、金秋摄影大赛、青年轰趴活动等，展现机关青年青春向上形象。机关妇工委通过举办“靓丽女人节，最美半边天”主题讲座、插花学习、茶文化体验等主题活动，丰富机关女干部职工生活。

（寿李礼）

信访工作

【概况】 2019年，上城区完成信访工作目标考核，深化领导包案接访、信访事件应急处置等工作机制，推进信访积案化解，确保重大活动期间社会稳定，全年受理信访网电总量4.45万件次，比2018年上升48.3%。其中，来信779件，占3.5%；网上信访2.17万件，上升1.51倍；来访511批、3974人次，批次和人次分别下降53.6%和2.5%；来电2.15万件，上升86.1%，所有来电办件的按时反馈、办结率均达99.6%，综合满意率85.7%，重复投诉率2.5%，效能指数95.65。

2019年4月17日，区委书记陈瑾（左二）接待来访群众

（区信访局 供稿）

【区领导接待来访群众】 2019年，区四套班子领导落实包案制度，分别召开包案专题会议，会商化解方案。全年接访群众449批、3016人次，研究包案142次，下访接待7次。加大领导批示信件办理力度，把区领导批阅来信作为领导接访下访工作的重要内容来抓，督促相关职能部门重视来信办理，做到层层落实，环环相扣。全年区领导阅批来信46件，重要来信领导批阅率100%，有效解决群众诉求。

【信访代办制全面铺开】 2019年，上城区制定《上城区开展信访代办工作实施办法》和《关于信访代办站（点）规范化建设的实施意见》，指导和推广全区信访代办工作。该办法、意见实施后，全面打通信访便民服务“最后一公里”，实现“小事不出社区，大事不出街道”。年内，6个街道和所属社区分别设立代办站、代办点，主动为群众提供代跑服务，化解初信、初访610件。

（叶　敏）

党史编研

【概况】 2019年，区委党史和地方志编纂研究室以全党开展“不忘初心、牢记使命”主题教育和全区推进“文化传承标杆区”建设为契机，持续推进“党史+党建”的“红色引领在上城”具体探索实践，全面推进中共杭州小组纪念馆迁址提升工程，积极开展党史编研、党史宣教、党史资政等工作。以纪念中华人民共和国成立70周年和杭州解放70周年为契机，深化党史资料征编、红色阵地建设和党史宣传教育，讲好上城“红色故事”，放大上城“红色能量”。

【党史资料征编】 2019年，区委党史和地方志编纂研究室结合地方志编纂工作，对上城党史工作发展历程进行系统性梳理，记述2008年区委党史研究室成立以来在资料征编、资政研究、宣传教育、红色阵地建设等方面取得的成果。对全区2012—2017年的组织发展变化进行系统梳理，完成《上城区组织史（第六卷）》样稿印刷。

【红色阵地作用发挥】 2019年4月，区委党史和地方志编纂研究室对全区范围内的红色资源进行普查，并按照事件发生地、人物纪念地、信息展示物、精神承载物、纪念类设施等进行分类。全市第一批86处红色资源点中，上城区有11处，占比13%。进一步发挥“小营·江南红巷”红色阵地集聚作用。全年“小营·江南红巷”国家AAA级红色旅游景区接待参观团队836批、38万人次。中国社区建设展示中心在建馆10周年之际调整场馆功能布局，对展陈内容进行提档升级。以中国基层民主建设的过去、现在和未来发展为展示路线，采用居馆合一形式，运用先进展陈技术，融入互动理念，升级多媒体设备，提升打造4个展区。全年中国社区建设展示中心接待中外参观团队295批、6000多人，散客1.6万人。

【中共杭州小组纪念馆迁址提升】 2019年6月，中共杭州小组纪念馆迁址提升项目（从方谷园3号迁至小营巷61号）启动。该项目坚持“展陈与建筑结合、展陈与形式结合、主要展陈与辅助陈列结合”原则，突出中共杭州小组成立与发展脉络。联合风雅颂扬文化传播集团（杭州）有限公司完成概念设计。通过到省市档案馆查找历史资料，寻访徐梅坤和于树德后人挖掘史料，联合《杭州日报》，面向全社会征集实物等途径，进一步丰富展陈史料。在原有“潮起钱塘”“星火钱塘”“奔腾钱塘”“今日钱塘”4个展厅基础上，突出“组织馆”特色，重点挖掘中共杭州小组成立及创建者的历史资料，以及1922—1949年杭州党组织沿革变化

2019年7月3日，中共杭州小组纪念馆迁址提升项目工作推进会在小营巷召开 （陈梦圆 摄）

的历史资料，完成史料大纲与对照图片收集，联合风雅颂扬文化传播集团（杭州）有限公司完成立面深化设计。运用浮雕、圆雕、沙画、视频、二维动画等手段创新展陈方式，再现中共杭州小组成立时的情形。制作《中共杭州小组创建人》铜雕、《奔腾钱塘》圆雕及“浙江印刷公司工作互助会”“衙前农民运动”“新民主主义革命时期牺牲的杭州党组织主要负责人”“新民主主义革命时期牺牲的浙江省委书记（代理书记）”等主题墙雕；制作党史纪录片《潮起钱塘——中共杭州小组诞生记》，创作沙画视频《新民主主义革命时期牺牲的九位省委书记》及三维动画视频《五四运动在浙江》《陈望道翻译〈共产党宣言〉》。至年末，基本完成工程施工、展陈设计与安装。

【党史宣传教育】 2019年，区委党史和地方志编纂研究室围绕庆祝中华人民共和国成立70周年和杭州解放70周年，开展党史宣传教育。4月，与区委老干部局、杭州电视台、《杭州日报》、浙江之声广播电台等联合开展杭州解放战争老兵口述史系列寻访活动，先后采访1949年5月3日杭州解放的亲历者李心亭、张杜高，《杭州日报》专版报道该活动，同时浙江卫视、杭州电视台等对此进行专题采访。开展“爱中国爱杭州——纪念新中国成立70周年”第三届微拍大赛。大赛围绕“中共杭州小组”主题，创新宣传手段。联合《杭州日报》和西柚传媒视频制作公司到北京采访徐梅坤、于树德的后人徐昆明、于传林，制作成8分钟短片《初心印记——中国共产党杭州小组初创者徐梅坤、于树德后人采访节选》，在第二批“不忘初心、牢记使命”主题教育中，引导党员干部进一步弘扬老一辈革命家开创、斗争、坚持的革命情怀。该短片入选全国“学习强国”App。联合杭州电视台西湖明珠频道创作情景剧《潮起钱塘》，在尊重史实基础上，把中共杭州小组成立过程搬上上城区庆祝中国共产党成立98周年活动舞台，以更加立体生动的故事情节让观众了解、记住浙江党组织发展的源头。

（高明明）

上城区人民代表大会及其常务委员会

People's Congress and Its Standing Committee of Shangcheng District

综　述

【概况】 2019年，区人大常委会坚持以习近平新时代中国特色社会主义思想为统领，深入学习贯彻习近平总书记关于坚持和完善人民代表大会制度的重要思想，坚定人民代表大会制度自信，服务全区工作大局，为民主法治建设做贡献，依靠全体人大代表，依法履行法定职责。全年召开常委会会议9次、主任会议19次，组织专题视察19次，听取审议和讨论专项工作42项，提出审议、讨论意见11件，做出决议、决定14个。

【区人大机构】 2019年末，上城区有各级人大代表241人。其中，区人大代表194人，省市人大代表分别为8人和39人。区十五届人大常委会有组成人员33人，其中主任1人、副主任6人、委员26人。区人大常委会设法制和内务司法、财政经济、城乡建设环境保护、教育科学文化卫生和民族宗教华侨、代表5个工作委员会，以及1个办公室（研究室）。全区6个街道均设立人大街道工作委员会。

【区人大常委会自身建设】 2019年，区人大常委会坚持模范带头，加强学习调研，注重实践落实，不断提高履职能力，促进人大工作高效务实运转。把“不忘初心、牢记使命”主题教育作为加强自身建设的一条主线贯穿全年，活动期间，自主安排系列活动10项，全面检视并集中整改问题20多条，有效提升理论素养、党性觉悟、担当精神和清廉境界。落实区委“三联三领三服务”活动及区人大常委会党组制定的为基层减负11条措施，区人大常委会党组成员及机关到7个社区蹲点调研，走访群众239户、企业79家，帮助基层、企业及群众解决实际困难125个。坚持常委会党组、机关党组、总支、支部四级组织体系同步谋划、整体推进，党建工作加强。人大机关党建阵地获评2019年度全区“特色党建阵地”。建好信息宣传网络阵地，加大人民代表大会制度宣传力度，区人大常委会办公室连续12年获省市人大信息宣传工作先进单位荣誉，在全市人大宣传工作会议上介绍经验。全年被省市人大信息录用39篇，被《人民代表报》《杭州日报》等采用35篇。加强“上城人大”微信公众号建设，发布“人大好声音”，讲述人大代表好故事，全年被“浙江人大”“杭州人大”等微信公众号录用稿件22篇。加强基层立法联系点建设，“湖滨晴雨”工作室继续为全市唯一设立在社区社会组织中的基层立法联系点。进一步提升软硬件设置，完善工作流程，有效促进社会力量参与立法实践，受到省市人大常委会肯定，在市人大会议上交流经验。代表联络站建设创亮点，全区21个代表联络站全部通过验收，南星街道白塔岭（玉皇山南基金小镇）人大代表联络站和小营街道小营巷人大代表联络站获评杭州市首届“最美人大代表联络站”称号。2019年，杭州市人大评比首届人大工作“与时俱进”奖，上城区人大代表建议办理“四评”机制和审计发现问题整改“三位一体”监督模式两个案例均获奖，居各区县（市）前列。

资料

代表建议办理“四评”机制：对建议交办合理性、进度时效性、办理可行性、解决满意度4个方面进行综合评价。

审计发现问题整改“三位一体”监督模式：区人大常委会从有效对接审计监督入手，由区人大、纪委、审计局共同组成“三位一体”监督工作新机制，打造“人大监督关口前移、纪检机构及时跟进、审计部门主动作为”的闭合责任链条，打通财政监督“最后一公里”，推动审计查出问题整改工作走向制度化、长效化。

2019年度上城区人大常委会文件题录

表3

发文字号	发文日期	文件标题
上人大〔2019〕1号	2019-01-08	关于表彰2018年度代表履职积极分子、代表优秀建议、代表建议先进承办单位和先进代表联络站（点）的通报
上人大〔2019〕2号	2019-01-11	关于列席杭州市上城区第十五届人民代表大会第三次会议的通知
上人大〔2019〕3号	2019-01-11	关于旁听杭州市上城区第十五届人民代表大会第三次会议的通知
上人大〔2019〕4号	2019-01-11	杭州市上城区人民代表大会常务委员会关于接受惠海涛等同志辞去区十五届人大代表职务的决定
上人大〔2019〕5号	2019-01-11	杭州市上城区人民代表大会常务委员会关于补选出缺的区十五届人大代表的决定
上人大〔2019〕6号	2019-01-11	杭州市上城区人民代表大会常务委员会关于接受金翔同志辞去杭州市第十三届人民代表大会代表职务请求的决议
上人大〔2019〕7号	2019-01-18	杭州市上城区人民代表大会常务委员会2019年工作要点
上人大〔2019〕8号	2019-03-28	关于表彰2018年度上城区人大信息工作先进个人的通报
上人大〔2019〕9号	2019-03-28	杭州市上城区人民代表大会常务委员会关于接受邱雪冰等同志辞去区十五届人大代表职务的决定
上人大〔2019〕10号	2019-03-28	杭州市上城区人民代表大会常务委员会关于补选出缺的区十五届人大代表的决定
上人大〔2019〕11号	2019-05-23	关于同意调整2019年度杭州市上城区国有土地上房屋征收计划的决定
上人大〔2019〕12号	2019-07-24	关于批准上城区2018年度决算的决议
上人大〔2019〕13号	2019-09-30	杭州市上城区人民代表大会常务委员会关于接受杜世云等辞去区十五届人大代表职务的决定
上人大〔2019〕14号	2019-09-30	杭州市上城区人民代表大会常务委员会关于补选出缺的区十五届人大代表的决定

续表3

发文字号	发文日期	文件标题
上人大〔2019〕15号	2019-11-13	杭州市上城区人民代表大会常务委员会关于接受吴雪芬等同志辞去区十五届人大代表职务的决定
上人大〔2019〕16号	2019-11-13	杭州市上城区人民代表大会常务委员会关于补选出缺的区十五届人大代表的决定
上人大〔2019〕17号	2019-11-13	关于同意调整2019年区本级收支预算、批准区政府2019年地方政府债务限额的决议
上人大〔2019〕18号	2019-11-29	杭州市上城区人民代表大会常务委员会关于补选出缺的区十五届人大代表的决定
上人大〔2019〕19号	2019-12-06	杭州市上城区人民代表大会常务委员会关于召开上城区第十五届人民代表大会第四次会议的决定
上人大〔2019〕20号	2019-12-18	关于出席杭州市上城区第十五届人民代表大会第四次会议的通知
上人大常干〔2019〕1号	2019-01-11	关于决定任免冯晶等同志职务的通知
上人大常干〔2019〕2号	2019-01-19	关于决定任免徐志忠等同志职务的通知
上人大常干〔2019〕3号	2019-03-28	关于任命黄翔等同志人民陪审员职务的通知
上人大常干〔2019〕4号	2019-05-23	关于决定免去次仁顿珠同志职务的通知
上人大常干〔2019〕5号	2019-05-23	关于免去田涛等同志法律职务的通知
上人大常干〔2019〕6号	2019-05-23	关于任免徐振航等同志职务的通知
上人大常干〔2019〕7号	2019-06-22	关于决定任免张宏光等同志职务的通知
上人大常干〔2019〕8号	2019-06-22	关于决定任免张宏光等同志职务的通知
上人大常干〔2019〕9号	2019-06-22	关于决定任免杨盛强等同志职务的通知
上人大常干〔2019〕10号	2019-06-22	关于免去易琦同志法律职务的通知
上人大常干〔2019〕11号	2019-07-24	关于任免徐婷等同志法律职务的通知
上人大常干〔2019〕12号	2019-09-30	关于决定任免赵鹏等同志职务的通知
上人大常干〔2019〕13号	2019-09-30	关于决定免去胡永光同志职务的通知
上人大常干〔2019〕14号	2019-11-13	关于任免陈清亮等同志法律职务的通知
上人大常干〔2019〕15号	2019-11-13	关于任命董伟海等同志法律职务的通知
上人大常干〔2019〕16号	2019-11-28	关于决定免去张敏同志职务的通知
上人大常干〔2019〕17号	2019-11-28	关于任命武胜同志法官职务的通知
上人大常干〔2019〕18号	2019-11-28	关于任免葛淑芳等同志检察官职务的通知
上人大常审议〔2019〕1号	2019-06-06	关于我区2018年环境质量状况和环境保护目标完成情况的审议意见
上人大常审议〔2019〕2号	2019-06-11	关于区教育局工作的评议意见
上人大常审议〔2019〕3号	2019-08-08	关于杭州湖滨步行街改造提升试点工作情况审议意见
上人大常审议〔2019〕4号	2019-08-12	关于2019年上半年经济运行及审计等情况的审议意见
上人大常审议〔2019〕5号	2019-10-15	杭州市上城区人民代表大会常务委员会关于区十五届人大三次会议代表建议办理情况的审议意见
上人大常审议〔2019〕6号	2019-11-25	关于上城区人民检察院公益诉讼工作情况的审议意见
上人大常审议〔2019〕7号	2019-11-25	关于区人民检察院陈静检察官履职评议意见的反馈
上人大常审议〔2019〕8号	2019-11-25	关于区人民检察院戴丽检察官履职评议意见的反馈

（张华峰）

人大重要会议

【区第十五届人民代表大会第三次会议】2019年1月15—18日，区第十五届人民代表大会第三次会议举行。会议应到代表196人，实到代表195人。区政府各部门、机关团体负责人和离退休老干部等101人列席会议，18名公民应邀旁听会议。会议听取和审查批准区人大常委会、区政府、区法院和区检察院工作报告，审查和批准区2019年国民经济和社会发展计划及预算，并通过相关决议；审议区政府2018年民生实事项目完成情况和2019年民生实事候选项目形成情况，贯彻执行《关于实施上城区第七个法治宣传教育和依法治区五年规划（2016—2020年）的决议》；依法选举产生区十五届人大常委会委员4人，通过区十五届人大监察和法制司法委员会、社会建设委员会组成人员名单，票决产生10件2019年政府民生实事项目。会议收到代表提出的建议、批评和意见110件，未收到代表10人以上联名提出的议案。

【区十五届人大常委会第十六次会议】2019年1月11日，区十五届人大常委会第十六次会议举行。会议听取和审议区政府关于2018年民生实事项目实施情况和2019年民生实事候选项目情况、2018年区国民经济和社会发展计划执行情况及2019年初步安排、2018年预算执行情况和2019年预算初步安排等报告，以及区人大常委会工作报告和区十五届人大三次会议筹备工作情况报告；表决通过2019年区人大常委会工作要点、补选代表资格审查报告、个别人大代表辞职补选事项及大会列席人员名单；审议通过区十五届人大三次会议代表资格审查报告、建议议程和日程安排、各项建议名单和有关提请事项；审议区十五届人大有关专委会名单草案及表决办法草案、2019年民生实事项目票决办法草案；根据区长金承涛提请，通过区政府有关人事任免事项。区人大常委会组成人员26人出席会议。区政府、区法院和区检察院领导，区人大常委会办事机构和工作机构、区政府办公室、区发改经信局、区财政局、团区委负责人及区十五届人大三次会议筹备处各组组长列席会议。

【区十五届人大常委会第十七次会议】2019年1月19日，区十五届人大常委会第十七次会议举行。会议听取区政府关于政府工作机构调整情况说明；根据区长金承涛提请，表决通过区政府有关人事任免事项。区人大常委会主任袁建祥为新任命的区政府组成部门负责人颁发任命书，并举行宪法宣誓仪式。区人大常委会组成人员35人出席会议。区政府、区法院、区检察院领导，区人大常委会办事机构和工作机构、区政府办公室负责人列席会议。

【区十五届人大常委会第十八次会议】2019年3月27日，区十五届人大常委会第十八次会议举行。会议专题学习全国“两会”精神，邀请专家辅导学习《中华人民共和国电子商务法》；根据区法院院长叶青提请，表决通过有关人事任免事项；表决通过个别代表辞职事项、补选代表资格审查的报告。区人大常委会组成人员29人出席会议。区政府、区法院、区检察院领导，区人大常委会办事机构和工作机构、区政府办公室负责人列席会议。

【区十五届人大常委会第十九次会议】2019年5月23日，区十五届人大常委会第十九次会议举行。会议听取和审议区政府关于调整2019年度杭州市上城区国有土地上房屋征收计划、2018年环境状况和环境保护目标完成情况的报告；对区教育局进行工作评议；表决通过区人大常委会代表资格审查委员会关于补选代表资格审查的报告；根据区长金承涛、区监委主任金晓东和区检察院检察长孙勇提请，表决通过有关人事任免事项。区人大常委会组成人员31人出席会议。区政府、区监委、区法院和区检察院领导，区人大常委会办事机构和工作机构、区政府办公室、区发改经信局、区住房和城建局、区市场监管局、市规划资源局上城分局、市生态环境局上城分局负责人及区教育局班子成员列席会议，区委组织部负责人应邀列席会议。

【区十五届人大常委会第二十次会议】 2019年6月22日，区十五届人大常委会第二十次会议举行。会议根据区长金承涛和区检察院检察长孙勇提请，表决通过有关人事任免事项。会后，区人大常委会主任袁建祥为副区长张宏光、孟晓斌颁发任命书，并举行宪法宣誓仪式。区人大常委会组成人员31人出席会议。区政府、区监委、区法院和区检察院领导，区人大常委会办事机构和工作机构、区政府办公室负责人列席会议，区委组织部负责人应邀列席会议。

【区十五届人大常委会第二十一次会议】 2019年7月24日，区十五届人大常委会第二十一次会议举行。会议专题学习习近平总书记关于地方人大及其常委会工作的重要指示、全国人大常委会纪念地方人大常委会设立40周年座谈会精神；听取和审议区政府关于2019年国民经济计划上半年执行情况的报告、区政府2018年度决算（草案）和2019年上半年预算执行情况的报告、区政府关于2018年度区本级预算执行及其他财政收支的审计工作报告、审计发现问题整改情况的报告、区政府关于杭州湖滨步行街改造提升试点工作的情况报告；审议区科技局、区工商联、湖滨街道2018年度部门决算情况的报告；根据区法院院长叶青提请，表决通过有关人事任免事项。区人大常委会组成人员30人出席会议。区政府、区监委、区法院和区检察院领导，区政府办公室、区人大常委会办事机构和工作机构、区政府有关部门负责人列席会议，区委组织部负责人应邀列席会议。

【区十五届人大常委会第二十二次会议】 2019年9月29日，区十五届人大常委会第二十二次会议举行。会议听取和审议区政府关于区十五届人大三次会议代表建议办理情况的报告；听取区人大常委会代表工委关于区十五届人大三次会议代表建议处理情况的报告、区监委关于贯彻执行《中华人民共和国监察法》的工作报告；表决通过《杭州市上城区人大常委会任免国家机关工作人员办法》《杭州市上城区人大常委会任命国家机关工作人员法律知识考试办法》及个别人大代表辞职、补选事项；根据区长金承涛提请，表决通过有关人事任免事项。区人大常委会主任袁建祥为新任命的区政府组成部门负责人颁发任命书，并举行宪法宣誓仪式。区人大常委会组成人员28人出席会议。区政府、区监委、区法院和区检察院领导，区政府办公室、区人大常委会办事机构和工作机构、区政府有关部门负责人列席会议，区委组织部负责人应邀列席会议。

【区十五届人大常委会第二十三次会议】 2019年11月13日，区十五届人大常委会第二十三次会议举行。会议听取和审议区政府关于上城区本级2019年度预算调整方案及地方政府债务限额的报告、区检察院关于公益诉讼工作情况的报告，对两名检察官开展履职评议；表决通过区人大常委会代表资格审查委员会关于补选代表资格审查的报告、个别区人大代表辞职事项；根据区法院院长叶青和区检察院检察长孙勇提请，表决通过有关人事任免事项。区人大常委会组成人员27人出席会议。区政府、区监委、区法院和区检察院领导，区政府办公室、区人大常委会办事机构和工作机构、区财政局负责人列席会议，区委组织部负责人应邀列席会议。

【区十五届人大常委会第二十四次会议】 2019年11月28日，区十五届人大常委会第二十四次会议举行。会议表决通过关于召开区十五届人大四次会议的决定、个别区人大代表补选事项；根据区长金承涛和区法院院长叶青、区检察院检察长孙勇提请，表决通过有关人事任免事项。区人大常委会组成人员27人出席会议。区政府、区监委、区法院和区检察院领导，区人大常委会办事机构和工作机构、区政府办公室负责人列席会议，区委组织部负责人应邀列席会议。

（张华峰）

重大事项决定与任免

【重大事项决定】 2019年，区十五届人民代表大会第三次会议表决通过《关于区政府工作报告的决议》《关于区2018年国民经济和社会发展计划执行情况及2019年国民经济和社会发展计划的决议》《关于区2018年预算执行情况及2019年预算的决议》《关于区人民代表大会常务委员会工作报告的决议》《关于区人民法院工作报告的决议》《关于区人民检察院工作报告的决议》6项决议，审查批准区政府、区人大常委会、区法院、区检察院工作报告和2019年预算、国民经济和社会发展规划报告6个报告，票决产生10件2019年政府民生实事项目，以公告形式向社会发布。区人大常委会会议根据区政府提交的报告，做出关于同意调整2019年度杭州市上城区国有土地上房屋征收计划的决定，对上城区旧城改建项目提出具体要求；表决通过关于批准上城区2018年度决算的决议，批准区政府2018年度决算；根据区政府提交的报告，表决通过关于同意调整2019年区级财政收支预算、批准区政府2019年地方政府债务限额的决议，提出地方债务风险防控意见。

【人事任免】 2019年，区人大常委会坚持党管干部与人大依法任免相统一，结合实际，修改《杭州市上城区人民代表大会常务委员会任免国家机关工作人员办法》，制定《杭州市上城区人大常委会任命国家机关工作人员法律知识考试办法》，并严格执行，规范任免程序，组织任命干部向宪法宣誓，强化宪法意识、法律意识、人民意识、监督意识。全年依法任免国家机关工作人员97人次，任命人民陪审员92人，补选区人大代表12人、市人大代表1人。 （张华峰）

监督工作

【财政经济监督】 2019年，区人大常委会聚焦经济发展重大问题，发挥人大监督职能，为区域经济高质量发展提供保障。听取和审议国民经济计划、预算半年度执行、财政决算、审计工作及审计发现问题整改、地方政府债务限额、收支预算调整等报告，分别依法做出相关决议。探索预算绩效审查监督，支持区政府抓好支出项目绩效源头管理，确保资金用在刀刃上。深化国有资产监督，关注区属国有企业杭州清河坊资产管理有限公司改革情况，助推公司完成股权结构调整，助力国有资产、国有企业厘清账本，关注国有资产、国有企业改革发展情况；督实政府隐性债务化解，一年两次听取汇报，全面贯彻落实中央和省市关于防范化解地方政府隐性债务风险的有关决策部署。深化“三位一体”审计整改监督新机制，设计两张负面清单，抽查区城管局、湖滨指挥部等6个单位87个具体问题的落实整改情况，进行销号式督查整改，效果明显。深化部门参与式预算，形成从预算编制、执行、在线监督到决算、审计整改、公开等的“闭合式”监督链条，提高全口径预、决算监督实效；深化预算联网在线监督，强化预算执行预警和数据分析。

【民生监督】 2019年，区人大常委会坚持以人民为中心的工作导向，突出民生领域在人大监督工作中的比重，助推民生实事项目、环境保护、“美好社区”建设、文化教育卫生事业持续发展。创立“微型监督小组、市区联动督查、项目资金督查、四级联查”的工作模式，调动三级人大代表参与监督，助力省市区三级政府34件民生实事项目加速提质、按期完成。贯彻落实区委《关于建立和完善街道居民议事制度的实施意见》，建立会前商议、会中合议、会后督议的“三议”制度，全年确定街道民生实事项目54项，收到居民议事会议成员各类建议87条，均办结。发挥“代表巡河”App作用，常态化开展区人大代表治水监督行动；围绕《杭州市生活垃圾管理条例》贯彻执行情况开展执法调研，对“垃圾不落地”制度、垃圾减量网格化管理等加强监督，完成市人大交付的“垃圾分类代表监督”App试点任务。实地视察望江街道在水一方社区、清波街道劳动路社区打造情况并听取汇报，建议区政府加快统筹推进“美好社区”建设与“未来社区”建设。专题研究老旧小区“微更新”方案，两次到试点小区滨江新苑和新工社区视察调研，以点带面助推全区6个老旧小区“微更新”工程顺利实施。集中力量对区教育局开展工作评议，征集意见建议65条，形成“解决部分地区入学紧张问题、稳步推进民办教育改革”等评议意见。实施“护校安园”专项行动监督，先后督查学校12所，助力消除问题隐患36处。开展数字卫生监督视察工作，完善应用举措；听取区社会心理服务体系建设情况汇报，推动工作深入落实。

【法治监督】 2019年，区人大常委会健全法治监督体系，坚守公平正义底线，切实扛起维护宪法和法律权威、推进依法治区的重要使命。重视省市区三级人大联动执法检查工作，开展《浙江省学前教育条例》《杭州市旅游条例》和《杭州市公共场所控烟条例》3项执法检查，围绕法律主体，排查执法漏洞，推进法律法规全面贯彻实施。强化行政负责人出庭应诉跟踪监督，全年全区行政机关负责人出庭率提升至96.5%。推动“执行难”问题解决，助推法院执行工作保持高水平运行。推进公益诉讼监督，专题听取和审议区检察院公益诉讼工作报告，对2名检察官开展履职评议，促进办案实效和队伍建设。区监委向区人大常委会报告专项工作，向全体区人大代表宣讲《中华人民共和国监察法》，开展人大代表清廉履职联动监督行动。重点关注扫黑除

2019年10月12日，区人大常委会视察组视察区政府民生实事项目进展情况

（区人大常委会办公室 供稿）

恶工作情况，助力全区社会治安形势持续向好。专项视察《中华人民共和国反家暴法》《中华人民共和国慈善法》贯彻实施情况，提出设立反家暴工作专项预算、对慈善事业涉及的各类资金加强监管等建议。推进“七五”普法项目化实施，促进形成“大普法”新格局，破解基层社会治理难题。

（张华峰）

人大代表工作

【代表履职保障】 2019年，区人大常委会丰富闭会期间代表活动载体，高效开展政情通报、代表小组定向视察、“代表进社区”、“主任接待代表”等活动；拓宽代表参与人大工作渠道，严密组织省、市、区各级代表活动，采取市、区代表联动等模式，开展监督活动412人次。完善人大代表联络站建设，把街道居民议事会议成员全部纳入联络站接待选民活动，对7个联络站进行改造提升，全区21个代表联络站全年接待全国各地人大考察团27批次、350人，开展接待选民与群众活动66批次，收集并解决意见建议101条，解决率84.2%。将无明确责任单位、无明确资金来源、无年度财政预算的“三无”建议纳入代表建议办理专项资金申请通道，全年投入专项资金112万元，解决老旧小区路灯改造等民生建议11件。

【代表建议督办】 2019年，区人大常委会完善“四评”机制，修订考核办法，增加评价内容，将“正在解决”建议纳入评价范围，在分类评价中实行一票否决制，使“四评”机制更具实效。全年办理代表建议120件，合议评估4件，其中“留作参考”1件、列入计划解决3件。制定闭会期间建议办理办法，把代表在视察、接待等活动中提出的意见建议，纳入网上督办系统和年底综合考评。建立“微小建议”快捷办理机制，将“群众急需、解决周期短、不涉及公开招投标”的闭会期间建议纳入快速处理通道，实现一周内交办、一月内办结、办结后一周内评价成效。

（张华峰）

人大街道工委工作

【概况】 2019年，区人大常委会倡导支持人大街道工委大胆探索、创建特色品牌。人大湖滨街道工委以“微”学习、“微”走访、“微”心愿、“微”体验为代表联络工作载体，抓实民生“小事”；人大清波街道工委深化探索“一线工作法”，引领代表耕好履职“责任田”；人大小营街道工委探索会商监督机制，推动民生实事落实不走样；人大望江街道工委服务民生，“微更新”治理监督工作获省、市人大肯定；人大南星街道工委持续推进“四式”监督工作法，引导代表全程参与，促使实事项目办出成效；人大紫阳街道工委探索形成“三级联动、三元组合、三会议事、三评成效”的居民议事运作机制，推动居民议事制度规范运行。

（张华峰）

【人大工委关注民生】 2019年，人大湖滨街道工委持续丰富“晴雨监督”工作法内容，并以居民议事会为平台，进一步拓展街道人大工作，以“加减乘除法”推进居民议事制工作。通过居民议事会对民生实事项目开展精准监督，将居民议事会议制度和民生实事项目有机结合，推动民生实事项目落地，使居民群众成为民生实事项目受惠者、实施过程的监督者、成果绩效的宣传者。开展选民接待、代表学习、定向视察、重点项目现场督查等活动，加强代表联络站硬件建设，调动代表的履职积极性，充分发挥人大代表作为党和国家联系人民群众的桥梁和纽带作用。

（王璀佶）

【人大工作质效提升】2019年，人大清波街道工委紧扣人大“两个机关”定位，围绕工作大局，依法履职尽责，着力实施“一二三四”工作法，全力护航辖区经济社会持续健康发展。深化创新“一线工作法”，与中心工作有机结合，推动代表履职尽责，提升街道人大工作质效；开设《“清波话坊”之人大代表》专栏，常态化开展“每月一册”读书会等，提升政治觉悟，增强履职能力；深入推进街道居民议事会议制度，票决推选12项街道民生实事项目，群策群力推动民生实事落地落实，推动“老大难”小区管理步入正轨，探索准物业小区规范化物业管理。（蒋成杰）

【代表履职机制创新】2019年，人大小营街道工委聚焦民生实事，创新代表工作机制，进一步密切联系选民群众，激发代表履职热情。创新推出“三联三听”工作机制，畅通选民—代表—联络站—街道人大工委的四级信息流转渠道。建立街道工委包干制，工委成员每月进站联系工作，帮助联络站破解难题。小营巷人大代表联络站与《人民代表报》结对设立基层联系点。建立联络站—代表联系制度，挖掘整合代表资源，收集企业代表诉求，为社区居民、企业服务。建立代表定期走访制，抓实“代表进网格”工作，发挥“居民议事会”平台的流动性、即时性和群众性特点，及时了解群众关注的热点、焦点和难点问题及对工作的意见建议。推出“我为代表画素像”活动，发布全区首套以人大代表履职为主题的明信片纪念册，提升代表工作知晓度。姚园寺巷人大代表联络站创新打造“人大代表建议智库”，依托人大代表、社区网格员和民情观察员等建立健全“一体两域三员”议事协商机制，进一步打破选民意见收集限制，以协商议事、建言献策、民生服务等形式共同参与基层社会治理。马市街人大代表联络站提出争做“法治智库型”“文化创意型”“惠民服务型”“民生倡导型”“和谐守护型”的新时代“五型”代表口号，深化代表服务和议事监督职能。围绕民生实事项目的征集、初定、确定、实施、监督、评估6个环节创新会商监督机制，整合行政、市场和社会三方力量，确保民生实事项目有效实施。

资料

“三联三听”：联系站点听问题、联系代表听建议、联系群众听民声。

（年鉴编辑部）

【代表履职推动】2019年，人大望江街道工委通过开展一项创新工作和一次主题活动等，推动人大代表履职。2月，组织召开望江街道首届居民议事会议。58名议事会成员听取并审议街道2018年工作报告，通过望江街道居民议事会议议事规则，并对2018年度民生实事项目完成情况进行满意度测评，票选出2019年度十大民生实事项目。开展“垃圾分类，代表先行”主题行动，每名代表挂包联系1个街道创建市垃圾分类示范小区，助推地区垃圾分类工作。区人大十五届三次会议期间，望江代表团提交建议46条，其中立案42条，占全区代表建议总数的33%。组织人大代表和居民议事会成员参与监督滨江新苑屋顶补漏方案及“微更新”工程，以《坚持共建共商共享，能动化解信访个案——上城区人大以点带面助推老旧小区“微更新”改造工程》为题，在《杭州人大信息》刊发人大望江街道工委发挥代表作用推进老旧小区改造工作情况。

（周廷波）

【白塔岭人大代表联络站入选市“最美人大代表联络站”】2019年10月24日，市人大常委会在全市基层人大干部培训班表彰交流会上，公布20个杭州市首届“最美人大代表联络站”名单，南星街道白塔岭（玉皇山南基金小镇）人大代表联络站入选。白塔岭人大代表联络站由4个社区联络点组成，紧密结合社区居民需求和街道中心工作，积极搭建代表与选民之间桥梁，充分发挥代表在社区建设中的作用。年内，解决老年人和残障人士出行不便、整治小区卫生死角和住户占用空地种菜等民生和城市环境问题100多个。

（夏昌方）

【基层人大工作举措创新】2019年，人大紫阳街道工委提升改造上羊市街、海潮两个社区人大代表联络站，摸索“联络站·‘业联体’·社区基层党支部”三元共振化解基层矛盾的办法，形成“小区管理意见‘业联体’处理、居民自身矛盾结合党日活动支部协助化解、政府职能工作诉求代表（议事成员）接待处理”运作模式。建立三方联动监督、三元组合接待、三会议事协商、三评落实成效“四个三”保障机制；运行“四零法则”，实现实事监督“零死角”、民情接待“零距离”、议事协商“零缺位”、制度落实“零折扣”，确保街道居民议事制度落实落细，实现“众人的事众人商量着办”。全年组织代表进社区活动78人次，接待选民112人次，“浙江人大”微信公众号及《杭州日报》以《两级代表，两年时间，心牵一道隔音屏》为题刊登紫阳街道人大代表履职事迹。人大紫阳街道工委作为全区唯一的街道代表在区委人大工作会议上做交流发言。

（李淑艳）

白塔岭（玉皇山南基金小镇）人大代表联络站办公场所

（南星街道 供稿）

上城区人民政府

People's Government of Shangcheng District

综　述

【概况】2019年，区政府坚持稳中求进工作总基调，坚持新发展理念，坚持高质量发展，统筹推进稳增长、促改革、调结构、惠民生、防风险工作，高质量建设“四个标杆区”，全区经济社会保持健康发展良好态势。全区完成地区生产总值1171.41亿元，比2018年增长6.1%；财政总收入165.93亿元，增长3.6%；固定资产投资增长1.1%；社会消费品零售总额增长8.5%；新增城镇就业1.27万人。年内，举办第五届全球私募基金西湖峰会，湖滨国家级步行街提升改造完成并开街。全面完成或超额完成年度十项实事工程。获全国“七五”普法中期先进区、省级“平安区”、全省“五水共治”工作优秀区（“大禹鼎”）等国家和省市级荣誉95项。

【行政效能提升】2019年，上城区制定实施《深化“最多跑一次”改革建设国际一流营商环境的实施意见》，代表杭州市参加首次全国营商环境测评，并取得优异成绩。全市率先启动“常态化企业开办”专窗和全流程网上办理，现场办理平均用时26分钟，成为全国压缩企业开办时间工作推进会全省唯一区（县）现场观摩点。深化“证照分离”改革，用水用气、投资项目等42个事项纳入“一件事联办”。推进企业投资项目审批制度改革，实现赋码备案到竣工验收审批“最多90天”。启动安置房“建管分办”一体化改革，完成办证2336套。全市率先破解农户安置房、危改后房屋办证难题，惠及群众150户。高标准开展“不忘初心、牢记使命”主题教育，持续深化“三联三领三服务”活动，有效提振干事创业、攻坚克难的精气神。全年走访企业4894家，收集问题952个，协调解决919个，做到事事有落实、件件有回音。

【政府信息公开】2019年，区政府加大政府信息主动公开力度，不断提高依申请公开工作的质量和满意度，助力建设人民满意的服务型政府。全区全年主动公开政府信息1.01万条，比2018年下降9.6%；收到依申请公开212件，答复215件，下降29.1%，未发生依申请公开行政复议和行政诉讼被纠错事件。主动接受区人大及其常委会的法律监督、工作监督和区政协的民主监督，坚持人大代表、政协委员列席区政府常务会议制度。

【公务接待】 2019年，上城区严格规范公务接待标准和接待制度。全年接待来宾132批、1700多人次，比2018年下降32.7%。其中，党和国家领导人9批、50多人次；省市领导考察团25批、500多人次；外出考察5批、120多人次。

【政务督查】 2019年，上城区对民生实事、为企服务、环境整治、固定投资、财务决算、消防安全六大方面开展重点督查督导。在督查工作中，围绕政府重大决策、重要工作部署，开展各项工作，全年开展督导检查126次，其中实地督查13次，形成各类报告通报59篇，有效推动各项工作任务的落实。

【建议提案办理】 2019年，区政府办理市人大代表建议、政协提案13件，转办承办区十五届人大三次会议代表建议111件、区政协五届三次会议提案110件，按时办结率、面商率和代表委员满意度均100%。集中推进往年未解决建议提案继续办理工作，解决建议32件、提案30件，解决率分别为80%和75%。

【涉外服务】 2019年，上城区审批因公出国（境）团组

2019年上城区十项实事工程及落实情况

表4

实事项目内容	完成情况
完成“污水零直排区”一期建设，扩绿1万平方米	完成望江、南星、紫阳3个街道250个生活小区“污水零直排”整治；扩绿51870平方米。
提升消防救援能力，推进“百米智能充电服务圈”建设	完成18个街道中心微型消防站提升改造，新增智能充电桩563处。出警121次，扑灭初期火灾62起
推进既有住宅加装电梯，做到“愿装尽装”	加装电梯工作通过联审85台，完成安装60台
区属公办学校空调安装全覆盖	8所区属公办学校180个班级和21个专用教室完成空调安装工作
建设智慧医疗自助惠民系统	各社区卫生服务中心完成179台自助终端硬件安装和软件调试工作
完成公厕提升改造10座	完成12座城市公厕和3座旅游厕所提升改造工作
提升示范型老年食堂20个	全区20个老年食堂全面完成信息化结算、“阳光厨房”建设、社会化运营和运营补助等工作，部分老年食堂进一步开展“互联网+助餐”“人脸支付”“无卡支付”等试点工作
帮扶大病住院困难企业退休人员	帮扶大病住院困难企业退休人员6543人，发放帮扶资金376.97万元
开工建设停车泊位300个，完工150个	开工3处公共停车场建设工程，设计停车泊位794个；完成3处公共停车场、300个停车泊位建设
提升改造破旧垃圾房50座	完成50座破旧垃圾房外立面、内部设施、排水设施等改造

2019年上城区人民政府重要文件题录

表5

发文字号	发文日期	文件标题
上政办函〔2019〕16号	2019-04-17	关于印发上城区老旧住宅小区（社区）“微更新综合整治三年行动实施方案的通知”
上政函〔2019〕25号	2019-04-23	杭州市上城区人民政府关于贯彻落实稳企业稳增长促进实体经济发展政策举措的通知
上政办函〔2019〕21号	2019-05-17	关于印发《上城区政府信息公开工作考核办法（2019年）》的通知

续表5

发文字号	发文日期	文件标题
上政办函〔2019〕23号	2019-06-10	关于印发《上城区“城市大脑”停车系统建设工作方案》的通知
上政办函〔2019〕27号	2019-06-20	关于印发上城区人民调解经费管理使用办法的通知
上政办函〔2019〕28号	2019-06-21	关于印发上城区行政机关合同管理办法的通知
上政办函〔2019〕31号	2019-06-28	关于印发《杭州市上城区关于保护和激励老字号企业发展的扶持政策》的通知
上政办函〔2019〕35号	2019-07-23	关于印发上城区推进分级诊疗制度实施意见的通知
上政函〔2019〕51号	2019-08-02	杭州市上城区人民政府关于进一步加强非物质文化遗产保护和扶持工作的若干意见
上政办函〔2019〕37号	2019-08-13	杭州市上城区人民政府办公室关于印发上城区2019年法治政府建设工作要点的通知
上政函〔2019〕31号	2019-08-20	杭州市上城区人民政府关于印发上城区深化“亩均论英雄”改革实施方案的通知
上政办函〔2019〕40号	2019-09-18	杭州市上城区人民政府办公室关于印发杭州市上城区政府投资信息化项目管理办法的通知
上政办函〔2019〕40号	2019-10-08	杭州市上城区人民政府办公室关于印发杭州市上城区政府投资信息化项目管理办法的通知
上政办函〔2019〕41号	2019-10-14	杭州市上城区人民政府办公室关于印发上城区街道财政体制调整实施方案的通知
上政办函〔2019〕42号	2019-10-23	杭州市上城区人民政府办公室关于印发《上城区政务信息工作考核办法》的通知

（潘建强）

104批次、290人，其中：区直自组、参团团组共46批次、105人，教育线团组58批次、185人（含自组及参团）。全年审批外国人来华邀请申报64批次、117人。

（王晶晶）

区政府重要会议

【区政府常务会议】 2019年，上城区政府召开常务会议14次。

2月28日，区政府召开十五届第二十六次常务会议。会议研究全区营商环境建设、深化“亩均论英雄”改革实施方案等事宜。

3月21日，区政府召开十五届第二十七次常务会议。会议研究《上城区深化“最多跑一次”改革建设国际一流营商环境的实施意见》《上城区城市居住小区消防安全综合治理试点经验推广工作方案》《上城区老旧住宅小区（社区）“微更新”综合整治三年行动实施方案》等事宜。

4月10日，区政府召开十五届第二十八次常务会议。会议研究全区扫黑除恶专项斗争相关工作情况及《上城区关于贯彻落实稳企业稳增长促进实体经济发展政策举措的通知（征求意见稿）》等事宜。

5月7日，区政府召开十五届第二十九次常务会议。会议研究全区道路交通安全综合治理行动事宜、望江单元SC0401-R21/B-08地块安置房项目国有土地上房屋征收等事宜。

6月6日，区政府召开十五届第三十次常务会议。会议研究《2019年上城区·鹤峰县东西部扶贫协作工作要点（送审稿）》《2019年上城区·雷山县东西部扶贫协作工作要点（送审稿）》《杭州市上城区行政机关合同管理办法（送审稿）》《上城区关于行政复议、行政应诉及行政责任人出庭应诉工作的若干意见（送审稿）》《上城区“城市大脑”停车系统建设工作方案》有关问题，以及《上城区人民调解经费管理使用办法（试行）》修订、《杭州市国土空间总体规划上城区发展大纲》编制等事宜。

6月19日，区政府召开十五届第三十一次常务会议。会议研究2019年全区食品安全工作要点、《进一步加强非物质文化遗产保护和扶持工作的若干意见（审议稿）》、《保护和扶持促进老字号企业发展的若干意见（审议稿）》、建设工程消防设计审查和消防验收、老旧小区“微更新”综合整治项目建设、关于望江单元SC0403-R21-04地块等3个安置房项目实行代建制管理，以及关于拟对周忠诚等60名区管干部、裴晓峰等233名科级干部记嘉奖和罗芳鸿等60人记三等功等事宜。

7月5日，区政府召开十五届第三十二次常务会议。会议研究《上城区推进分级诊疗制度实施意见（审议稿）》、上城区2018年决算（草案）和2019年上半年预算执行情况、2018年度上城区本级预算执行和其他财政收支情况审计结果报告等事宜。

7月23日，区政府召开十五届第三十三次常务会议。会议研究2019年上半年全区安全生产、应急管理工作及下半年工作思路、半年度法治政府建设有关问题，以及上城区2019年国民经济上半年执行情况及半年度经济指标完成情况、《上城区优秀传统文化传承发展三年行动计划(2019—2021)(审议稿)》等事宜。

8月30日，区政府召开十五届第三十四次常务会议。会议研究2019年区政府数字化转型任务进度和《杭州市上城区政府投资信息化项目管理办法（审议稿）》、区教育大会筹备情况和《关于推进“美好教育”加快教育优质均衡发展的实施意见（审议稿）》、规范养老机构管理及开展家庭养老床位试点、《区属国有企业财务负责人统一委派管理办法(审议稿)》、清河坊公司深化国有企业改革实施方案有关问题、《上城区2019年行政规范性文件清理结果（审议稿）》等事宜。

10月8日，区政府召开十五届第三十五次常务会议。会议研究部署四季度经济指标和高质量发展考核、《上城区危旧房改造后房屋资金结算办法（试行）（审议稿）》、创建禁毒示范城区工作、网贷风险处置工作、《杭港高端服务业示范区实施方案（审议稿）》、杭州南宋文化节筹备方案有关事宜。

10月29日，区政府召开十五届第三十六次常务会议。会议研究区2019年预算调整、1—9月环境质量及生态目标责任制进展工作、《杭州市上城区全面落实预算绩效管理的实施意见（审议稿）》等事宜。

11月21日，区政府召开十五届第三十七次常务会议。会议研究《上城区危旧房项目权证办理办法（试行）（审议稿）》《上城区特殊安置房源管理办法(试行)(审议稿)》等事宜。

12月12日，区政府召开十五届第三十八次常务会议。会议研究全区年度应急管理工作、年度法治政府建设(依法行政)、《杭州市上城区股份经济合作社“三资”管理制度（审议稿）》、见义勇为先进人物申报政府表彰等事宜。

12月27日，区政府召开十五届第三十九次常务会议。会议研究《2020年政府工作报告（审议稿）》和《2019年区政府民生实事项目完成情况和2020年区政府民生实事候选项目形成情况的报告（审议稿）》《2019年国民经济和社会发展计划执行情况及2020年国民经济和社会发展计划草案》《2019年预算执行情况和2020年预算草案》《关于贯彻执行〈关于实施上城区第七个法治宣传教育和依法治区五年规划

（2016—2020年）的决议〉情况的报告》等事宜。

【区长办公会议】2019年，区政府召开区长办公会议13次。主要议题有："无欠薪"城区创建工作情况、为企服务工作及"走亲连心"服务企业活动、与浙江省文化产业投资集团有限公司签订战略合作协议事宜、转让杭州信宇物业管理有限公司股权、注销杭州上城区房屋拆迁公司、方回春堂物业租赁有关事宜、2018年"最多跑一次"改革工作情况及2019年工作思路、杭州回龙阁艺术品有限公司承租河坊街240～242号房产、建国中路5～7号部分房屋协议招租、2019年春节前后主要慰问活动安排、上城区机关事务管理中心与杭州银行股份有限公司拟签订《房屋租赁合同》、养老机构租金补助、《2019年上城区经济、科技暨三化融合推进大会建议方案》、杭州城站火车站区域"路地融合"警务改革方案、杭州路通市政园林工程有限公司改革、拨付第三批国家"万人计划"入选安家补助及单位人才培养奖励、《上城区营商环境建设指导服务中心实施方案》、玉皇山南B-乙-01地块西区块补偿、杭州城站火车站更新规划公开征集工作方案有关问题、为企服务有关事宜、里太祖湾皇城影视基地景观更新改造方案、国企改革"双百行动"发展基金落地、与思科（中国）有限公司合作备忘录、近江单元SC0302-B1/B2-14地块开发、陶瓷品市场三角地仓库地块出让、2019年上城区国有经营性资产整合盘活情况、铁路安置方案及安置用房收购有关事、2019年区"1211"人才计划项目评审工作、杭州汽车南站安置房项目初步设计方案、望江单元SC0402-B1/B2-20地块地价评估及投资建设标准、给予电视剧《麦香》区级配套资金等事宜。

（潘建强）

应急管理

【概况】2019年，上城区着眼"大安全、大应急、大救灾"要求，强化责任落实，深化安全整治，防控城市运行安全风险，提高应急管理保障能力，全力防范化解重大风险。建立健全应急管理体系，加强应急值守、信息流转与协同联动，提升突发事件应急处置能力。统筹全区应急救援力量，指导并推动社会应急救援力量建设。指导应急预案体系建设，组织编制全区总体应急预案和安全生产类、自然灾害类专项预案，组织开展和指导预案演练，检查指导区级有关部门和街道、园区应急预案的制定和落实。加强防灾减灾救灾工作的组织指挥与协调沟通，指导街道、园区、部门应对安全生产类、自然灾害类等突发事件和综合防灾减灾救灾工作，推动避灾安置场所建设和减灾示范社区创建。

【应急管理体系建设】2019年，区应急管理局与区应急办、区公安分局、区科技局、区民政局、区市场监管局、区防汛抗台指挥部、区防震减灾工作领导小组、区减灾委员会等部门和机构沟通，对接职能、权力事项划转事宜。机构改革期间，区应急管理局坚持"边组建边应急、两手抓两促进"原则，统筹推进改革和安全生产、应急管理工作，实现"上下联动有序、职责交接无缝隙，工作监管无空挡"。投入1000多万元建设区应急指挥平台，整合城管、公安、"平安365"信息系统功能，实现应急管理、指挥统筹、风险处置统一。区应急管理局下设区应急指挥中心，区应急管理指挥平台由区应急管理局管理。区应急管理局与区商务局建立救灾物资储备使用管理联动机制，进一步明确部门职责分工，明确规定救灾物资采购、储备、调拨使用和紧急配送等程序，并提出具体保障措施。

【应急值守与信息分级流转】 2019年，区应急管理局强化重点时段应急值守，在春节、劳动节等重点时段，各街道、相关部门严格执行领导干部带班和值班人员24小时值班制度，确保全区安全形势平稳。区应急指挥中心承担区委、区政府及区应急管理部门值班值守工作，做到24小时全天候、不间断在岗值班值守。区应急指挥中心接收紧急信息后，根据信息类别及时报送流转至各责任部门，推进突发类信息的统盘掌控、有效过滤和高效流转处置，实现突发事件第一时间发现、第一时间处置，有效防止事件扩大或次生事件的发生。

【突发事件应对处置】 2019年，区应急管理局严格执行“突发事件信息30分钟内电话、1小时内书面报告”制度。高效处置地铁5号线万安桥站施工段路面塌陷、候潮门站地面下沉开裂、南星桥站污泥溃坝、城站站地面塌陷等地铁突发事故险情。建立“上城区应急响应处置”微信群，社区、街道、交警、城管等一线巡查力量实现突发事件的第一时间报送，全年报送并处置各类突发事件60多起。

【应急预案修订与应急演练】 2019年，区应急管理局统筹完善应急预案体系，牵头组织全面修订区级总体应急预案和安全生产类、自然灾害类专项应急预案，督促相关部门做好专项预案、部门预案编制修订工作，实现总体预案、专项预案、部门预案全覆盖。积极开展应急演练，针对信息报送、队伍集结、装备设备、物资准备、联动响应等突发事件应对处置关键环节，开展不同层级、不同人员参加的演练活动130多场次，起到“检验预案、完善准备、锻炼队伍、磨合机制、科普宣教”效果，有效提升民众的安全意识和应急自救能力。

2019年4月28日，区应急管理局开展防汛抗台应急演练

（区应急管理局 供稿）

【应急救援队伍建设】 2019年，区应急管理局对全区应急力量资源进行调查统计，有专职消防救援队伍1支，队员100多人。在原有各社区微型消防站基础上，设立街道中心微型消防站18个，并配备专职人员和灭火救援器材设备，可实现“救早、灭小”“三分钟到场”“扑救初期火灾”目标。依托杭州路通市政园林工程有限公司、区园林绿化发展中心建立城市管理应急救援队伍2支，培育上城区赛孚应急救援队，并将区民兵应急力量纳入政府应急管理体系，提高应急突发情况下的应急力量保障。

【国家级综合减灾示范社区创建】 2019年，上城区按照《国家减灾委员会关于加强城乡社区综合减灾工作的指导意见》和《全国综合减灾示范社区创建管理暂行办法》，推进“全国综合减灾示范社区”创建。创新社区减灾工作方法和途径，积极组织社区居民开展防灾应急救援综合演练、避灾场所疏散救助演练等活动，社区居民参与防灾减灾的积极性进一步增强。年内，清波街道清波门社区被评定为2019年度国家级综合减灾示范社区。

【避灾安置场所规范化建设】2019年，上城区按照省《避灾安置场所建设与管理规范》《避灾安置场所内救灾物资储备和管理规范》和“标准化建设、规范化管理、长效化运作、全覆盖保障”要求，采取区—街道—社区三级避灾安置场所分类试点示范推进的方式，强化制度标准，完善布局规划，注重量质并重，依法依规开展避灾安置场所规范化建设工作，进一步提升应对自然灾害的整体防御能力和突发公共事件的应急处置能力。至年末，全区累计建设有区级避灾安置场所1个、街道级避灾安置场所6个、社区级避灾安置场所40个，基本实现全区域全覆盖。

【应急宣传教育培训】2019年，上城区以“5·12”国家防灾减灾日、“安全生产月”等为契机，结合示范社区创建和避灾安置场所规范化建设，开展应急知识进社区、进学校、进企业、进行业等应急宣传教育活动，普及应急知识和自救互救技能。11月18—20日，举办全区防震防汛防灾减灾工作培训班，区防震减灾领导小组、区防汛防台指挥部、区减灾委各成员单位相关人员及街道、社区灾害信息员80多人参加。

【防汛抗台工作】2019年，全区各单位牢固树立“防大汛、抢大险、救大灾”意识，层层压实防汛防台责任。区防汛抗台指挥部部署开展地质灾害点排查、防汛检查、避灾安置场所检查等工作，更新社区防汛抗台形势图54张。应急管理、城管、自然资源等部门及属地街道联合、联动、联处，对地势低洼点、自然灾害点等存在较大安全风险区域进行整治。储备应急物资，开展大型防汛抗台应急综合演练，有效提升协同处置水平。8月，超强台风“利奇马”正面登陆杭州，区防汛抗台指挥部成员单位严格执行24小时领导带班和专人值班值守制度，有序协调，高效处置突发事件。全区安排值班人员5240多人次，向群众发送提醒短信32万余条，下达调度指令168次，召开防汛会商会180多次，发出防御通知520多次，检查重点部位2438处，处置风险点1930多处，拆除危险广告牌40多处，疏通下水口180多处，紧急转移群众4500多人次。开展积水点排涝、河道疏通、绿地树木加固和树木断枝清理，处置积水点238处，支撑行道树1570多株，使用沙包2.75万包，出动抢险车辆188辆次，保障人民群众交通顺畅和生产生活正常。

（吴璐莹）

政务服务

【概况】2019年，区审管办围绕全面深化“最多跑一次”改革、优化营商环境和促进政府数字化转型目标，继续推进简政放权，深化行政审批制度改革，主动服务上城经济社会发展。区行政服务中心进驻政府部门24个、社会服务部门6个，设置办事窗口93个，有工作人员285人。区行政服务中心持续实行“双休日开放服务”，服务公民个人办事事项74项，并针对85个高频服务事项推行午间服务。集中受理事项占事项总数的98.1%，100%事项实现“最多跑一次”，100%事项开通网上申请渠道。全年网上网下受理各类事项105.29万件，其中区行政服务中心受理98.62万件，街道受理6.68万件。区公共资源交易中心受理进场交易项目67个，成交额10.69亿元，其中建设工程项目成交额10.01亿元、政府采购项目成交额5090.68万元、房产招租成交额1776.1万元。

【区公共资源交易中心迁址】2019年6月，区公共资源交易中心搬迁至鲲鹏路366号上城区行政服务中心，进一步完善功能布局、优化中心环境。新中心面积1200平方米，服务大厅设有3个服务窗口及自助服务区、等候区，设有开标室2个、评标室3个，其中电子评标室2个，增加档案室、询标室等，实现开标区与评标区完全独立，交易环境得到较大提升，解决项目招投标高峰期场地安排困难问题，为今后拓展交易范围打好基础。

2019年11月12日，群众在营商环境服务中心办事　（区审管办 供稿）

【营商环境服务中心建设】2019年，区审管办以打造“营商环境最优区”为目标，成立集企业办事、为企服务、决策支持等功能于一体的营商环境服务中心，并开发营商环境评价指标分析监测平台、“企业一件事”协同联办平台、“尚小二”为企服务协同平台。其中，营商环境评价指标分析监测平台可实时采集相关数据，对区域营商环境现状进行自动测算和赋分排名，并与全球各主要经济体进行比较，从而发现差距，做好整改提升。“企业一件事”协同联办平台覆盖企业开办、用水用气、电力获取、网络报装、项目投资、不动产登记、员工招聘、企业注销等“多部门”联办事项，实现各部门之间办事信息实时交换和跟踪督办。“尚小二”为企服务协同平台采集全区1000家重点企业近3年数据进行分析处理，分“总览”“为企服务”“政策支持”3个模块，多维度呈现全区为企服务基本情况和重点产业发展情况，进一步推动解决企业在生产经营中存在的问题，更好地扶持企业发展。至年末，“三平台”主体架构基本开发完毕并投入使用。

区行政服务中心服务大厅　（区委宣传部 供稿）

【“一窗受理”平台推广运用】2019年，区行政服务中心在望江街道及近江东园社区进行“一窗受理”平台推广运用试点，并在试点成功的基础上在全区各街道和社区逐步推广。至年末，街道层面采用“一窗受理”平台收件的事项有22个，社区层面可综合受理事项9个。南星街道、馒头山社区便民服务中心“四端协同”（PC端、手机App端、自助服务机端、大厅办事窗口端）工作持续推进，进一步以“机器换人”模式方便群众办事，提升办事服务效率。

【政务服务标准化体系建设推进】 2019年，上城区加快全区行政（便民）服务体系建设，将标准化服务内容、服务方式、服务环境延伸至街道、社区便民服务中心及其他分中心。定期在全区范围内开展窗口员工综合素质培训和技能“大比武”，推进“智慧大厅”（取号叫号和评价系统）向街道、基金小镇分中心延伸工作。同时，要求各部门、街道更新完善权力事项库服务指南，根据省、市、区县（市）三级权力事项指导目录，按照主项名称、子项名称、适用依据、申请材料、办事流程、业务经办流程、办理时限、表单内容“八统一”要求进行实时更新，对抽查中发现有问题的服务指南，及时通报扣分，并要求整改纠正，将审批服务“标准化”贯穿审批服务全过程。完善“好差评”系统评价机制，智慧服务大厅管理系统显示，中心满意度数为22.46万个，满意率99.8%，对不满意的均进行电话回访，听取群众意见建议，进行优化提升。

【午间值班服务】2019年7月17日起，区行政服务中心在双休日服务基础上，推行商事登记、不动产登记、医保社保、保障性住房（公租房）、交警违章处理、市民卡、公积金7个部门的85个高频事项午间值班服务，所涉及部门窗口工作人员轮班为办事群众提供热心、耐心、细心服务，最大限度方便群众办事。全年全区双休日办件量1.99万件，午间办件量2777件。

【内外联动咨询机制建立】 2019年8月，区行政服务中心在开通各部门咨询电话基础上，启动上城行政服务咨询电话“87823552”分流咨询服务，建立“对外一个号码、对内联动咨询”机制。“87823552”咨询电话启用后，各部门29个咨询电话抽查结果显示，部门10月咨询电话一次性接通率93.1%，关于咨询电话无法接通的信访投诉大幅减少。积极开通网上咨询功能，完善“杭州之家—市民之家”App、“杭州办事服务”App和“上城行政服务”微信服务号预约、查询和咨询解答功能。

【政府采购交易全流程电子化】 2019年，上城区积极推进区级网上超市“全省一张网”工作，提升采购效率，激发市场活力，共建“全省买货、货卖全省”政府采购网上超市市场。至年末，区公共资源交易中心审核供应商入库303个，供应商入围协议审核264项。深化“最多跑一次”改革，加快实施政府采购交易全流程电子化。10月15日，区公共资源交易中心完成上城区首个政府采购全流程电子招投标项目，电子标书取代纸质标书，全部流程实现“在线留痕”，进一步节约社会资源，降低围标、串标的可能性，提升政府采购效率。全年区公共资源交易平台成交项目58个，成交额10.69亿元。其中政府采购项目18个（次），成交额5090.68万元，平均资金节约率8.7%。

（杨晓婷）

数据资源管理

【概况】 2019年，上城区利用大数据共享平台，深化“最多跑一次”改革，加快构建数据安全责任体系，全力打造“数字应用第一区”。区数据资源局积极推进政府数字化转型和“城市大脑上城平台”建设，对政务服务事项材料、流程等进行清理和优化，并起草《杭州市上城区政府投资信息化项目管理办法》。该办法经区政府常务会议专题研究并报请区委常委会审议通过，区政府投资信息化项目管理制度进一步完善。

【“城市大脑·上城平台”建设】 2019年，上城区在“智慧上城”基础上，结合打造“数字应用第一区”目标，将“城市大脑”建设工作列入年度区委、区政府八大重点工作。3月，以区数据资源局为主成立1个综合专班和11个部门专班，全面加速建设杭州“城市大脑·上城平台”。建成“街区治理”应用场景，借助“城市大脑”解决杭州市第一人民医院周边交通拥堵状况。应用大数据、云计算、人工智能等先进技术，聚焦城市街区治理痛点，实现停车泊位资源系统化在线管理。科学规划线路，加强线上线下引流，拆除隔离，恢复道路正常通行功能，变“排队等候”为“即停即走”，变他律为自律。提炼推出“停车指数”和“泊位指数”两个指标，为群众停车提供精准引导。7月10日，上城区“街区治理”特色应用场景在“城市大脑”年中发布会上作为全市4个应用场景之一（唯一一个区县应用场景）对外发布。9月27日，湖滨步行街一期开街，“街区治理”特色应用场景完成一期工程全域覆盖上线。

资料

杭州“城市大脑”：是由杭州市政府和阿里巴巴网络技术有限公司合力打造的“城市大脑”平台，每天有来自全市70多个部门和企业的数据汇入城市大脑，日均新增数据达到8000万条以上，包括警务、交通、城管、文旅、卫健等十一大系统、48个应用场景。

【政府数字化转型】 2019年，区数据资源局联合区委编办、区审管办共同梳理公布“最多跑一次”事项目录，统一编制行政审批办事标准，对行政审批事项的服务指南进行全面检查和修订完善，同步更新浙江政务服务网上城平台权力事项库和各审批系统事项库，确保审批事项信息的一致性和规范应用。依托政务服务数据体系，通过流程再造和数据共享，促进群众办事材料提供方式更便民、承诺期限压缩比更高、办理流程更优化，群众办事便利度、满意度进一步提升。加强政府数字化转型工作的统筹协调，制定发布《上城区政府数字化转型工作任务分工梳理意见》，明确各部门工作任务，并建立“数转办”和“机制体制”“互联网+政务服务”“互联网+协同办公”“互联网+监管”“重大项目示范应用”“公共数据整合”“基础数据整合”专项工作组的“一办七组”组织框架。年内，上城区政府数字化转型核心指标达到市定争先目标，事项总数增加至1680项，“跑零次”比例、网上办实现率、“掌上办”比例、材料电子化比率、即办事项比例、承诺期限压缩比分别提高至99.2%、99.5%、98.3%、99.96%、97.1%、98.9%，“一证通办”实现率为99.8%。

【数据安全责任体系构建】 2019年，区数据资源局落实主体安全责任，将数据安全放在首位，建立多道数据安全屏障。牵头起草《上城区政务数据安全管理办法》，对区级各部门的数据安全管理提出明确要求，从源头管控数据安全。分层次组织各单位签订《数据资源安全管理责任书》，强化数据安全责任制建设和落实力度。在湖滨步行街“智慧街区”开街期间，区数据资源局联合区委网信办、区网警大队，协助湖滨街道制定《湖滨步行街智慧信息系统网络信息安全应急预案》，对各种安全风险进行及时预警和管控。全年全区未发生重大数据安全事故。

【数据共享平台建设】 2019年，上城区初步搭建完成横向到区级各单位，纵向到省市区三级的数据交换和共享体系。全年完成办事大厅叫号数据、财政数据、安置房数据及人口、企业、学校数据归集277.21万条；开发区级接口21个，集成省、市接口105个，实现接口调用累计1183.07万次，推广使用页面查询累计32.42万次。

（郑　磊）

侨务·港澳台事务

【侨务管理】2019年，区侨联坚持党对侨联工作的领导，围绕侨联改革，着力营造干事创业氛围。坚持党建引领侨建，党建和侨建同步研究、同步部署、同步推进、同步考核。区委把侨联工作纳入大党建工作和综合目标管理"双考核"，推动落实侨联工作"两个责任"。明确街道侨联组织职责、细化任务，构建上下联动、横向联合的侨联工作网络。学习领会中央《关于加强和改进党的群团工作的意见》和《关于加强和改进新形势下侨联工作的意见》，增设侨联行政机构，与区委统战部合署办公，在区委统战部侨务科增挂侨联秘书科，强化侨联经费保障，推动工作开展。着力提升机关干部队伍能力，派侨联干部到北京挂职。加强对基层侨联干部培训，组织侨联干部到兄弟区县考察交流，进一步提升基层侨联干部综合素养。全年受理侨界群众来信来访来电43件，维护侨界合法权益。

【2019年侨界创业投资高峰论坛在上城区召开】2019年7月9日，2019年侨界创业投资高峰论坛在上城区召开。论坛以"聚焦资智融通，赋能杭港合作"为主题，旨在通过主论坛和"助力凤凰腾飞，香港上市融资——与港交所面对面""杭港资本项目对接会"两个专项主题活动，促进杭港优势互补，助力杭港高端服务业集聚区建设发展。论坛现场，上城区签约兰博基尼商业文旅、全球华语律师联盟、信永中和（香港）会计师事务所、香港知秋原有限公司（量子在线控股）、杭港两地商协会战略合作五大项目，并引进麻省理工学院等创新型项目和人才，搭建起产业深度合作高能级平台。论坛上，杭州和香港两地商会共同打造的杭港驿站揭牌成立，实现杭港两地的信息互通与远程交流互动，引入大数据、区块链、云计算等前沿技术，持续推动信息技术与政务服务深度融合，发展基于互联网的服务新模式。杭港驿站设在近江时代大厦，含咨询台、服务台、路演中心等，面积1200平方米。

【杭港驿站建设】2019年，杭港驿站坚持采用"123N+"功能模式，即创建一个服务企业的信息化驿站，加强杭港两地商会和机构间资源共享，打造信息发布中心、代理服务中心、项目交流中心三大中心，提供项目落地、企业上市、政策优惠等N项服务，通过"线上推荐、线下代理"方式，实现杭港两地信息互通互动的互联网服务企业新模式。杭港驿站设置电子互动、服务咨询、交

2019年7月9日，杭州和香港两地商会共同打造的杭港驿站揭牌成立

（区工商联 供稿）

流洽谈、咖啡休闲等功能区，强化城市航站楼、到香港上市培训、路演中心等一站式人才服务，积极搭建连接粤港澳大湾区和杭州湾大湾区重要桥梁。8月23日，区委统战部、区工商联与深圳市资产管理学会签署《杭港驿站共建合作协议》，香港交易所董事总经理、首席中国经济学家、深圳市资产管理学会会长巴曙松等参加签约仪式。3月14—15日，对接香港交易所等金融机构，组织20名（其中涉侨5人）企业家到香港培训，聘请12名香港有关领域专家担任杭港高端服务业示范区发展顾问。

【首场“大项目路演对接会”举行】 2019年8月28日，杭港驿站与浙江省中小企业协会战略联合的首场大项目路演对接会在杭港驿站路演中心举行。9个来自餐饮服务、生物科技、互联网、大健康、智能科技、科技创新等领域的项目单位进行路演展示。吸引企业家150多人参观对接。

【“海归驿站”升级】 2019年，上城区“海归驿站”进行升级改造。扩展实体空间至1.5万平方米，成立“海湃社区”，助力海归创业创新人才开展实战培训、落地辅导、资源对接等。建立“一总多分”服务体系，同全区10个众创空间签署合作协议，以“海归驿站”为总站、众创空间为分站，成立共享同盟，主动配合做好政策菜单、活动菜单、服务菜单“三张菜单”，着力打造专注于海归人才和侨胞创业者服务的专业孵化器。“海归驿站”获评市级标准化众创空间。承办2019年全国双创周上城分会场启动仪式暨创新创业嘉年华活动，有效促进项目对接交流。全年“海归驿站”为侨界、海归人才开展活动100多场，服务4000多人次。

【侨联组织建设】 2019年，区侨联推动街道、社区侨联组织换届全覆盖，完成拟任区四届侨联委员会委员的综合评价，有序筹备区侨联换届工作。组织涉侨企业家精准扶贫、“消薄”攻坚，其中涉侨企业杭州慧景科技股份有限公司为松阳石马源畲族捐赠8万元。发挥侨界人大代表、政协委员积极性，履行参政议政、民主监督职责，其中区政协侨联界别完成“创新社区社会治理模式，全力打造平安上城建设”调研课题。发挥旅港同乡会平台作用，开展4周年庆典，拓展旅港同乡会青年分会，加强与香港青年交流，主动邀请旅港同乡会、青年分会组团回乡考察交流，了解上城产业平台建设情况、投资环境和政策，嵌入式开展爱国主义教育。全省率先开展基层社区居委会与香港沙田区居民协会“友好社区”结对活动，建立双方联络机制。

（李　赟）

【台湾事务管理】 2019年，区台办贯彻落实中央和省、市对台工作新要求，全力做好涉台事务，发挥各方面优势，创新工作举措，较好地完成各项工作任务。上城与台湾两地融合更加紧密，基层交流更加深化。借助上城区区位优势和玉皇山南基金小镇品牌影响，吸引有关台资企业入驻上城。全区有台资企业15家，涉及金融、IT、制造、教育、贸易等行业。

【对台交流交往】 2019年，区台办常态化开展台企台商走访，帮助解决台企在生产经营过程中遇到的问题，采取有关举措，加大对台企台资的政策扶持力度。高效完成赴台团组审批手续，全年接待台湾客商10批，为两地企业开展交流提供便利。协同各街道及相关部门召开台湾居民居住证申领动员会议，统一布置任务，确保全区台胞上门走访宣传全覆盖。年内，完成9名大陆学生到台湾就学及5名台湾大学生暑期到上城实习实践对接服务工作，促进两地青年交流。会同市台联会做好台胞台属慰问工作，向台胞台属发放对台工作宣传手册500多份。

（郑　远　应博为）

【与澳门加强教育合作】2019年，上城区与澳门合编教材。澳门版《新思维数学》由新思维教材编委会与澳门数学教育研究会合作，澳门数学教育研究会会长汪甄南任主编，杭州现代小学数学教育研究中心主任张天孝任副主编，经香港教育出版社有限公司（大众控股集团成员）出版，是一套专门为澳门小学生编写的数学教材。12月，杭州市时代小学携手澳门濠江中学附属小学及濠江的结对姊妹学校四川广元市利州区北街小学共同举办“牵手澳门濠江，共研美好教育”杭州市时代小学2019秋季学术周活动，反响热烈。

（张　岚）

地方志编纂

【概况】2019年，区委党史和地方志编纂研究室聚焦志鉴“两全”目标，结合上城区中心工作和发展大局，履行“存史、资政、育人”职责，有序推动地方志工作，推进《杭州市上城区志（1993—2015）》编纂和《上城年鉴（2019）》编纂。年内，《上城年鉴（2019）》完成编纂出版，《杭州市上城区志（1993—2015）》完成复审稿及稿件送审工作。同时，上城区在全市“新时代新方志”主题研讨会上进行交流发言，论文《城区修志如何避免出现“雷同”现象》被《杭州月志》录用。《上城年鉴（2017）》获第六届全国年鉴编纂出版质量评比一等奖。

【二轮志书进入复审阶段】2019年，区委党史和地方志编纂研究室对二轮志书《杭州市上城区志（1993—2015）》编纂进行部类分纂和总纂。通过建立进度分析会议机制、文稿协同打磨机制、督查考核机制、志稿审核机制4个工作机制，把好专家评审关、部类分纂关、全书总纂关、志稿初审关“四关”，有序推进志书编纂工作。聘请资深地方志专家担任主纂，对志书进行整体指导和把关。志书分纂阶段对志书稿件进行结构和框架调整，对史料进行增减、核实，处理好政治和保密、体例、资料、行文等方面问题，并做好规范化工作。分纂结束后，由主纂对志书每篇稿件先进行第一轮修改，部类负责人根据修改意见对稿件进行第二轮修改和补充完善，辅助编辑人员集中处理稿件中表格等相对耗时的问题，最后由部类负责人根据专家意见对稿件处理情况再次进行审核，最终形成总纂稿。在初审阶段，编辑部按照“成熟一个部类，评审一个部类”原则，邀请方志专家及区领导、1993年以来历任四套班子老领导、退休干部等代表及相关部门进行审核。12月，区委党史和地方志编纂研究室向杭州市地方志办公室提交复审申请报告，《杭州市上城区志（1993—2015）》进入复审阶段。

（许红霞　徐晓霞）

【《上城年鉴（2017）》获全国年鉴编纂出版质量评比一等奖】2019年1月8日，中国出版协会、年鉴工作委员会在中国年鉴网公布第六届年鉴编纂出版质量评比结果，《上城年鉴（2017）》获第六届全国年鉴编纂出版质量评比一等奖，并获框架设计二等奖，条目编写一等奖，装帧设计一等奖，检索、编校质量和出版时效一等奖4个单项奖。《上城年鉴（2017）》于2017年11月由方志出版社出版，系创刊以来的第12卷，全书全面反映2016年上城区围绕建设“现代化美丽上城”目标，努力提升发展、文化、生态、健康、平安五大品质，推动区域经济社会稳步健康发展的基本情况及重大事件。

【《上城年鉴（2019）》编纂工作培训】2019年3月13日，区委党史和地方志编纂研究

2019年3月13日，《上城年鉴（2019）》编纂工作培训会召开
（区委党史和地方志编纂研究室 供稿）

室组织召开《上城年鉴（2019）》编纂工作培训会，对2019年年鉴编纂工作进行部署和培训。全区70个年鉴撰稿单位的撰稿人参加。培训邀请市志办年鉴处副处长、《杭州年鉴》执行主编蔡建明授课。《上城年鉴》执行主编对《上城年鉴（2018）》稿件进行分析，提出《上城年鉴（2019）》编纂工作注意事项，就年鉴编纂时间节点安排、稿件内容、稿件质量等方面提出具体要求。

【《上城年鉴（2019）》出版并发布掌上年鉴】 2019年12月，《上城年鉴（2019）》由方志出版社出版。同时，发布掌上《上城年鉴（2019）》，读者用手机扫描该卷年鉴小程序二维码即可在手机上查看年鉴内容，进一步拓宽宣传渠道。《上城年鉴（2019）》是创刊以来的第14卷。该卷年鉴调整内文版式设计，并在封面设计上进行风格转换，注重突出上城区南宋皇城遗址所在地的地域特征。全书基本内容分为综合情况、动态信息、辅助资料三大部分，采用分类法编排，由类目、分目、条目3个层次构成，并对类目和分目设置进行适当优化调整，分目增设综合考评工作、金融管理、住房建设与管理、教学保障等。全书设类目32个、分目183个，收入条目1170条、随文照片100幅、表格24张、附属资料34篇。卷首彩页刊有“美丽上城、热点聚焦、领导调研、党的建设、创新转型、文化传承、品质生活”等主题的照片40页，全面展现上城发展面貌。

（许红霞）

政协上城区委员会

Shangcheng District Committee of the CPPCC

综　述

【概况】 2019年，区政协坚持以习近平新时代中国特色社会主义思想为指导，深入学习贯彻习近平总书记关于加强和改进人民政协工作的重要论述，贯彻中央和省市区政协工作会议精神，聚焦全区中心工作，坚持发扬民主和增进团结相互贯通、建言资政和凝聚共识双向发力，发挥专门协商机构独特作用，助推上城区经济社会事业高质量发展。关注杭港高端服务业示范区建设，助力湖滨步行街提升改造，持续关注区电子机械功能区发展转型，助推老旧小区“微更新”、城乡垃圾分类、“最多跑一次”改革等工作。全年通过调查研究、专题视察、协商建言等参政议政途径，收集社情民意180多条，提交区政协五届四次会议大会发言20篇，为上城区高质量发展提供“金点子”。

【思想政治引领加强】 2019年，区政协加强思想政治引领，突出“人民政协旗帜鲜明讲政治”的本质要求。把政协工作置于党的全面领导之下，制定区政协党组向区委请示报告制度，坚持重大工作向区委请示汇报，把党委的重大决定转化为政协的自觉行动和社会各界的共识，教育引导政协委员树牢“四个意识”，坚定“四个自信”，做到“两个维护”，夯实共同思想政治基础。落实区委《关于加强新时代人民政协党的建设工作的实施办法》，加强政协党组、机关党组和基层党组织建设，探索实行党员委员参加双重组织生活办法，落实党组成员联系界别、党员委员联系党外委员制度，实现党的组织和工作“双覆盖”。全面落实区委《关于加强和改进人民政协民主监督工作的实施意见》，规范开展政协各项协商式民主监督活动。落实区委《关于推进“请你来协商”平台建设的实施意见》，搭建好“请你来协商”履职平台，推进政协工作提质增效。

【建言履职】 2019年，区政协始终把握新时代关于人民政协职能的新定位，围绕全区经济社会事业高质量发展的目标和重点建言献策。主动适应社会主要矛盾新变化和群众工作新要求，将群众所思、所盼、所忧、所虑贯穿于履职各项活动中。发挥政协在文化传承、挖掘、弘扬中的作用，以协商议政、提案推动、举办展览、开发平台等形式，助推文化事业发展和历史文脉传承。坚持大团结大联合，做好协调关系、化解矛盾、理顺情绪、增进共识工作，扩大团结面，汇聚正能量。尊重各民主党派、无党派人士、工商联和人民团体的政治权利，为各界建言立论提供平台，发挥其在协商建言、调查研究、民主监督等工作中的作用。加强政协委员队伍和政协机关干部队伍建设，探索和把握人民政协事业发展的新特点、新规律。

2019年上城区政协重要文件题录

表6

发文字号	文件日期	文件标题
上政协〔2019〕1号	2019-01-04	关于表彰2017—2018年度上城区政协各项先进的决定
上政协〔2019〕2号	2019-01-04	政协杭州市上城区委员会关于召开五届三次会议的决定
上政协〔2019〕3号	2019-01-11	关于同意陶丽南等同志辞去政协第五届杭州市上城区委员会常务委员、委员职务请求的决定
上政协〔2019〕4号	2019-01-11	关于同意刘婷婷等同志辞去政协第五届杭州市上城区委员会委员职务请求的决定
上政协〔2019〕5号	2019-01-11	关于同意方利强同志辞去政协第五届杭州市上城区委员会委员职务请求的决定
上政协〔2019〕6号	2019-01-11	政协第五届杭州市上城区委员会常务委员会关于增补委员的决定
上政协〔2019〕7号	2019-01-23	关于杭州市上城区政协五届三次会议选举结果的报告
上政协〔2019〕8号	2019-02-28	关于同意张璐同志辞去政协第五届杭州市上城区委员会委员职务请求的决定
上政协〔2019〕9号	2019-02-28	政协第五届杭州市上城区委员会常务委员会关于增补委员的决定
上政协〔2019〕10号	2019-02-28	关于周焕泽等同志职务任免的通知
上政协〔2019〕11号	2019-03-11	政协杭州市上城区委员会2019年工作要点
上政协〔2019〕12号	2019-05-16	关于陈少华同志兼任区政协文史研究会会长的请示
上政协〔2019〕13号	2019-07-02	政协杭州市上城区委员会智囊团工作规则
上政协〔2019〕14号	2019-07-02	政协第五届杭州市上城区委员会智囊团组成名单

（区政协办公室）

政协重要会议

【区政协五届三次会议】2019年1月14—17日，中国人民政治协商会议第五届杭州市上城区委员会第三次会议召开，全区198名政协委员参加。会议听取和审议区政协主席占仁义做的区政协五届常委会工作报告；听取和审议区政协副主席马彦做的区政协五届二次会议以来提案工作情况报告；与会委员列席区十五届人大三次会议，听取和讨论区政府工作报告，通过提交提案、小组讨论、大会发言等形式，对全区经济社会各项事业发展积极建言献策；各界别委员进行大会发言；选举通过有关人事事项；审议通过区政协五届三次会议提案审查情况的报告；审议通过区政协五届三次会议决议。

【区政协五届常委会议】2019年，区政协召开五届常委会议5次。

1月4日，召开区政协五届九次常委会议。会议审议通过关于召开区政协五届三次会议的决定、会议议程（草案）和日程及秘书长、副秘书长候选人名单；协商审议政协第五届上城区委员会常委会工作报告、关于提案工作情况的报告及有关人事事项；审议区政协各专委会工作，通报各委员小组、各界别2018年度工作；传达学习习近平总书记关于加强新时代人民政协党的建设工作等讲话精神。

1月14日、16日、17日，分3次召开区政协五届十次常委会议，会议听取各组讨论区政府工作报告、大会选举有关事项等情况的汇报；听取、协商并审议政协第五届上城区委员会第三次会议决议（草案）；协商政协第五届上城区委员会增补秘书长、常务委员候选人建议名单，以及大会选举办法（草案）和协商大会选举总监票人、副总监票人建议名单（草案）；审议通过政协第五届上城区委员会提案委员会关于政协第五届三次会议提案审查情况的报告（草案），政协第五届上城区委员会增补秘书长、常务委员候选人名单，大会选举办法（草案）和总监票人、副总监票人名单（草案）、监票人名单。

2月28日，区政协召开五届十一次常委会议。会议协商审议区政协2019年工作要点（草案）和有关人事事项；通报交流区政协五届三次会议重点提案和各界别、各委员小组2019年度活动计划；传达学习省市相关精神。

6月27日，区政协召开五届十二次常委会议。会议协商审议《区政协智囊团工作规则》及成员名单、《区政协优秀提案评选表彰办法》；协商暑期读书会方案；通报纪念中华人民共和国成立70周年和人民政协成立70周年系列活动相关事宜、“双联系”工作制度和区政协上半年主要工作开展情况；传达学习全国和省市政协有关会议精神。

9月27日，区政协召开五届十三次常委会议。会议开展第五期“请你来协商”——政协提案办理工作及对相关单位进行民主评议；传达学习中央政协工作会议精神。

【区政协五届主席会议】2019年，区政协召开五届主席会议13次。主要议题有：研究讨论有关委员增补等人事事项、区政协2019年工作要点和政治协商、民主监督、参政议政计划，以及第一期至第五期“请你来协商”专题方案及有关事宜；协商讨论召开区政协五届三次会议相关事宜、区政协委员进入专门委员会工作方案、2019年上城区“城乡生活垃圾分类处理”专项集体民主监督的实施方案、《区政协优秀提案评选表彰办法（征求意见稿）》、《纪念新中国和人民政协成立70周年系列活动方案（征求意见稿）》、区政协智囊团有关事项、区政协“树立新时代人民政协的新样子”方案、区政协五届三次会议以来提案工作情况报告；协商审议年度政治协商、民主监督、参政议政计划（代拟稿）和优秀提案表彰办法及名单；听取2018年12月至2019年11月工作情况汇报，研究布置2019年每月工作重点；听取各专委会2019年主要工作及2020年工作思路；通报暑期读书会筹备情况；汇报五届四次会议大会发言征集思路的情况；协商各界别和委员小组年度工作计划、重点提案推荐遴选情况、有关人事事项；协商确定区政协五届十二次常委会议程（草案）和区政协“庆祝新中国和人民政协成立70周年”知识竞赛优秀小组、界别表彰名单（征求意见稿）；传达学习市政协“请你来协商”平台建设推进会会议情况、中国共产党第十九届中央委员会第四次全体会议公报和中共中央政治局常委、全国政协主席汪洋在浙江调研时的讲话精神；学习贯彻《关于在全市政协系统开展“新时代人民政协的新样子”专题讨论活动的实施方案》等精神；审议区“两会”发言材料，明确大会发言人。

（区政协办公室）

提案工作

【概况】 2019年，区政协以调查研究为基础，以“请你来协商”平台为载体，以落实双向发力为目标，切实推进提案办理，不断增强提案成效。五届三次会议收到委员以提案形式提交的意见建议143件，其中以党派名义提交3件、以界别名义提交7件、以委员小组名义提交1件、党派和界别联合提交1件、党派和专委会联合提交3件、界别和专委会联合提交1件、以委员个人名义或联名方式提交127件。43.8%的提案于立案前组织委员对主要承办部门进行走访调研。经提案审查，立案130件，立案率90.9%，为近三届区政协历次会议立案率最高。立案的提案经并案处理后为120件，其中移交区委有关部门承办的提案9件、移交区政府有关部门承办的提案110件、移交区检察院承办的提案1件。未立案的13件建议中，有2件转化为杭州市“两会”政协提案，7件转为社情民意信息，其余作为意见建议进行处理。按照提案办理程序，全部提案完成办理回复。提案解决率78.4%。对一次会议尚未解决的提案跟踪落实15件，二次会议尚未解决的提案跟踪落实9件。委员对提案办理满意度非常满意的77件，占64.2%；满意的38件，占31.7%；基本满意的5件，占4.1%。提案涉及的问题已经解决或基本解决的94件，占78.4%；正在解决的13件，占10.8%；留作研究参考的13件，占10.8%。区政协制定《上城区政协优秀提案评选表彰办法》，根据提案选题和调研建议方面的科学性、针对性、可行性及采纳情况，在各界别、小组、专委会推荐的基础上，评选出五届一次、二次、三次会议的优秀提案，在政协全体会议上予以表彰。

【营造一流营商环境提案】 2019年，区政协收到有关“营造一流营商环境，进一步提升高质量发展竞争力”的提案25件，占提案总数的20.8%。提案内容包括完善产业平台、深化为企服务、赋能民营经济、推进企业上市、保护知识产权、提升楼宇品质等方面。重点提案《关于打造杭港（望江）高端服务业示范区的若干建议》以杭港高端服务业示范区落户上城为契机，提出重点发展金融服务业、争取政策支持等建议，为《杭港（望江）高端服务业示范区实施方案》的编制提供参考，促成金融服务业成为示范区重点培育的产业之一。重点提案《关于电子机械功能区产业定位和企业服务的建议》被园区管委会采纳，园区全面启动“落实三服务，促企助发展”专项活动，举办高新技术企业申报、减税降费、银企对接等培训活动，推进园区逐步向新一代信息技术、生物技术、节能环保、高端装备制造业转型升级。

【优化城区空间功能提案】 2019年，区政协收到有关“优化城区空间功能，进一步提升环境品质竞争力”的提案29件，占提案总数的24.2%。委员围绕老城区有机更新、城市空间布局优化、湖滨步行街区打造、望江新城建设、城市管理提升、历史遗存保护利用等方面出谋划策。重点提案《关于将湖滨商业街打造国际品质商业步行街区的建议》提出步行街建设要体现山水融城、具有文化情怀、协调交通系统和赋予景观特色，湖滨街道、湖滨指挥部等单位吸收相关建议，对湖滨步行街改造提升设计方案进行优化，以“最时尚、最智慧、最人文”的内涵和要求，打造城市品质提升的“醉杭州”样板。重点提案《关于加强全域化地下空间开发的建议》提出用全域化角度思考老城区和望江区块地下空间规划建设等建议，区住房和城建局、望江指挥部等部门根据委员建议，制定加快老城区地下停车场库建设措施，并以全新理念，单独编制望江新城核心区块完整的地下空间开发规划，将核心区块打造成为“隐形城市”。

【改善民生提案】 2019年，区政协收到有关“努力改善民生问题，进一步提升公共服务竞争力”的提案34件，占提案总数的28.3%。委员围绕老旧小区改造提升、保障教育优先发展、加快“健康上城”建设、推进生活垃圾分类、提升养老服务水平、关心群众“关键小事”等方面反映社情民意。由4件提案并案的重点提案《关于持续推进我区城市生活垃圾分类的建议》提出强制分类、智能应用、社会参与等12条建议。区城管局等部门积极采纳，按照《上城区机关事业单位生活垃圾强制分类工作实施方案》，将区行政中心大楼作为垃圾分类示范大楼进行打造；每个社区安装智能化垃圾袋发放机，做好垃圾分类大数据记录，建立经营性回收网点，全年全区创建省级高标准示范小区5个，垃圾分类工作继续保持全市领先。关于老旧小区卫生环境、物业管理、绿化停车、安全设施、住宅适老化等提案建议在全区启动的老旧小区“微更新”和“未来社区”试点工作中得到落实。

【推进社会治理创新提案】 2019年，区政协受理有关“推进社会治理创新，进一步增强人民群众获得感”的提案32件，占提案总数的26.7%。区政协有关界别围绕“最多跑一次”改革、全面推进依法行政、夯实基层治理基础、维护社会和谐稳定、健全公共安全体系等方面建言献策。五届区政协从一次全会开始，根据区委中心任务，把推进“最多跑一次”改革作为民主监督重点工作，组织委员成立民主监督小组，连续3年以重点提案接力的形式助推改革进程。由4件提案并案的重点提案《关于持续深化“最多跑一次”改革的建议》在推进“就近办、网上办”、完善三级行政服务体系、扩大无差别一窗受理覆盖面等改革事项上提出新建议。区审管办根据提案，邀请相关提案人、民主监督小组成员、区政协社会法制和港澳台侨委员会、提案委员会进行集体协商，推进深化联动改革机制，加快各项改革举措落地。全年全区有465项事项接入“一窗受理”平台，在全市率先实现企业开办全流程网上办理和24小时综合自助机街道全覆盖，打造居民群众‘10分钟办事服务圈”，“就近可办”事项占比超过60%。关于加强社区队伍建设、矛盾纠纷预防化解、小区安全综合治理、增强基层服务能力等建议分别落实有关部门领办，上城区以南星街道为试点，实施区街事权财权体制改革，探索执法力量下沉、网格服务下行、协同机制下移，全面提升基层公共服务和治理能力。

2019年五届三次会议以来区政协收到的重点提案建议

表7

提案者	提案名称
民革上城区基层委员会、民族宗教界别	关于打造望江金融科技城的几点建议
民革上城区基层委员会、社会法制和港澳台侨委员会	关于推进上城区全域化旅游发展的建议
民盟上城区基层委员会	关于上城区三点半学后托管工作的建议
民建上城区基层委员会	关于打造杭港（望江）高端服务业示范区的若干建议
致公党上城区基层委员会、经济科技委员会	关于上城经济发展的几点建议

续表7

提案者	提案名称
致公党上城区基层委员会、经济科技委员会	关于进一步提升楼宇品质的几点建议
九三学社上城区基层委员会	关于南宋皇城小镇文化节点建设的建议
工商联界别	关于激励企业上市、助力我区落实“凤凰计划”的建议
经济界别	关于推进湖滨新零售实验区建设的建议
科协界别	关于加强科创政策的宣传及大力发展科技孵化器的建议
教育界别、文史和教文卫体委员会	关于全域化打造行走德育品牌的建议
医卫界别	关于加强区域生物安全管理的建议
妇联界别	关于加强公共场所母婴设施建设的意见和建议
社会福利保障界别	关于加强上城区无障碍设施建设的建议
侨联界别	关于推进上城国际化社区建设的建议

（区政协办公室）

民主监督

【概况】 2019年，区政协通过常委会议和主席会议，听取全区经济社会发展计划执行、促进高质量发展等重点工作及重大民生项目的办理情况。针对制约全区发展的重大问题，举办各类经常性、灵活性的专题协商座谈会。全年以“杭港（望江）高端服务业示范区建设”“基层社会治理‘六和塔’体系建设”等为主题开展5期“请你来协商”专题协商会，并开展监督性的视察和专题调研活动。

【高质量发展建言献策】2019年，区政协关注杭港（望江）高端服务业示范区建设，积极运用“请你来协商”平台，召集政协委员、社会各界人士与区委、区政府领导及有关部门负责人开展面对面互动协商，形成制订行动计划、打造专业队伍、突出智慧化布局、把握人性化配套和文化传承性建设等8个方面建议。建议意见被吸收运用到示范区建设规划中。助力湖滨步行街提升改造工作，开展协商式监督视察，提出整合区域优势、凸显商业本色、深植文化基因、坚持科技创新4个方面建议。针对小营智慧健康产业园打造提质工作，在到上海、广州等地考察学习的基础上，深入分析产业前景和园区优势，提出营造良好发展环境、聚焦重点发展板块、搭建公共服务平台、精准定位产业方向等方面建议。持续关注区电子机械功能区发展转型工作，围绕功能区“二次腾飞”开展专题视察，提出利用数字赋能、突出产业特色、做好公共服务、推动共建共享等方面建议。开展“南宋德寿宫遗址保护和展示”市区两级政协集体民主监督，提出遗址保护利用的相关建议。对数字产业发展、税收体制改革、地方财政等情况开展协商议政，提出务实意见建议。

【高品质生活助推落实】2019年，区政协积极助推老旧小区“微更新”工作，组成专题调研组实地走访辖区居民、单位了解需求，对接专业力量，提出明确任务清单、完善老年设施、规范管理流程、推动资源共享、重视长效管理等10个方面建议。针对城中村改造工作开展专题民主监督，提出提高建设要求、加强产业引导、提升智慧程度、做好文化挖掘等方面建议。围绕助推城乡垃圾分类工作，组成59个监督小组，开展监督活动，提出完善分类体系、强化源头控制、探索“引导”和“倒逼”机制、加强“软硬”条件支撑等建议。专题调研基层社会治理体系建设，提出优化治理理念、坚持资源整合、增强工作融合、深化品牌提升等方面建议。关注城市社区建设工作，提出为社区明责、减负、增能、提效等建议。围绕大学路封闭圈停车管理难问题，组织现场协商会，提出区域共管、跨域共治、数据共联、资源共享等方面建议。围绕继续深化“最多跑一次”改革、蓝领公寓建设、“七五”普法、区域生物安全管理、“行走德育”、“红十字进校园”等工作，开展协商、监督，助推相关工作深入推进。

【高品位文化助力传承】2019年，区政协发挥政协在文化传承、挖掘、弘扬中的作用，以协商议政、提案推动、举办展览、开发平台等形式，全力助推文化事业发展和历史文脉传承。开展南宋皇城小镇体验圈建设研讨活动，设计“循迹千年”“宋人寻雅”“格物致知”“南宋遗珍”“克己复礼”和“杏林源远”6条体验路线，并提出做好市区联动、重视统筹协作、引入市场主体、完善硬件设施、调整商户产业、结合医药特色、加强文化传播、融入市民生活、持续开发体验项目等相关建议。有关调研成果得到省委常委、市委书记周江勇和市委常委、宣传部部长戚啸虎批示，“循迹千年”等体验线路被市文广旅局推荐成为旅游精品路线。围绕望江新城区域社区卫生服务中心（站点）建设开展协商，提出要优先考虑面积、功能配套与服务人口和居民基本医疗公共卫生相适应问题，按浙江省标准规范设立望江卫生服务中心，以满足辖区居民的卫生健康需求。围绕打造全域化行走德育品牌开展协商，重点走访调研杭州市惠兴中学、杭州市勇进实验学校、杭州市时代小学、杭州市胜利小学、杭州市紫阳小学、杭州师范大学附属小学等学校，视察试点课程拓展、研学活动，推进德育工作从灌输转向体验、从封闭转向开放、从静态转向动态转变。加强与教育、卫生、文化、体育、南宋皇城小镇管委会等相关部门联系，并开展调查研究，定期召集专家、委员研讨，助力上城生活品质提升。开展湖滨路步行街建设文化挖掘及杭港高端服务业示范区建设——望江地区城市年轮带挖掘整理研讨活动，对湖滨步行街及望江地区的历史故事、文保建筑等进行梳理建档，推进城市文脉延续工作。与相关单位联合举办“遇见南宋”2019年杭州国际少儿迷你马拉松比赛，配合南宋文化节，全程体现赛事文化特色。开展“南宋德寿宫遗址保护和展示”市区两级政协集体民主监督，市区政协委员走访德寿宫遗址，考证出土瓷器，提出要把德寿宫遗址保护利用作为南宋临安城、南宋皇城遗址保护的突破口和切入口，建立市级层面南宋皇城遗址保护工作领导小组，制定包括德寿宫在内的南宋皇城遗址具体保护方案，用多种形式开展保护利用等建议。

（区政协办公室）

文史研究

【区域文史优势凸显】2019年，区政协加强文史研究工作，凸显区域文史优势。组织编撰南宋系列丛书，从古代笔记中整理反映南宋三大精神的《又见南宋——笔记小说中的大宋风骨》文史资料书籍，并在“2019清华国家形象论坛暨新中国国家形象”专题研讨会上发布。举行《让世界看见匠人心》文史书籍首发式，宣传匠人精神。参与“陈文龙与杭州”学术研讨并形成论文集。在孔庙石经阁举办“吉光片羽——浣花斋藏古物鉴赏会”，在浙江省图书馆举办“岳飞对话王阳明”主题讲座。按照“三亲”史料注重真实性、可读性和故事性要求，在了解掌握征稿专题的历史背景，梳理寻找征稿对象的基础上，逐个进行约稿或口述采访，完成省市政协文史委《浙江文化记忆》和《杭州70年》栏目征稿任务。办好“走读南宋”立体学习平台，在杭州图书馆、市民中心开设系列讲座“宋朝的元宵节”“贵若拱璧的南宋瑰宝”“岁岁清明祭岳飞”“知否知否·你不知道的南宋逸事”“细读西湖清趣图”“空前绝后风雅宋”“我们为什么爱南宋”“高山流水觅知音”“西湖十景甲天下”“格高逸思·南宋临安金石遗存”“游与艺的茶玩典范”“铁血丹心·南宋英烈”等。参与上城区“七送六进”文化惠民活动，开展楼宇“文化节”、书香“悦读季”和楼宇“运动汇”等活动。

【主题展览推出】 2019年，区政协围绕中华人民共和国成立70周年、人民政协成立70周年及杭州解放70周年，开展系列庆祝活动，组织献礼专题书画展、摄影展征稿，并选送作品参加市政协联展。举办“光辉七十年，共筑同心圆”老报纸展及“和合同运——‘一带一路’诗词书法十人展”；联办“我和我的祖国——墨香绘动山河·献礼祖国华诞”书画展、“七十年的记忆——见证杭州解放”老报纸展、“天雨新霁”南宋四雅美学生活展及“阳光艺术·匠心追梦”残疾人艺术展。参与南宋文化节系列活动——“重睹芳华——南宋西湖三十景组”画展。

（区政协办公室）

委员活动

【概况】 2019年，区政协加强委员自身建设，提高协商活动组织能力。开展调查研究，增加协商建言深度，提高建言献策实效。全区198名委员分别加入经济科技、城建和人口资源环境、社会法制和港澳台侨、文史和教文卫体4个专门委员会。组建一支由33名了解上城历史、关心上城发展的委员及相关行业、领域的专家组成的智囊团队伍，发挥委员专业技能和智力优势，为区域高质量发展建言献策。

【主题教育】 2019年，区政协开展“不忘初心、牢记使命”主题教育，按照“守初心、担使命、找差距、抓落实”要求，举办专题学习研讨班，召开专项组织生活会和民主生活会，组织专项知识竞赛，开设《笔谈》专栏，并通过开展界别日活动，为委员搭建履职平台。5月8日，组织区政协委员（干部）到贵州黔东南州委党校参加为期6天的“不忘初心、牢记使命”主题教育培训班。培训活动由区政协副主席陈少华和马彦带队，参训委员（干部）在培训中接受爱国主义教育、革命传统教育、社会主义核心价值观教育，强化“四个自信”“两个维护”意识和立足岗位“做好委员作业”意识。6月24—30日，组织委员参加主题教育专项知识竞赛，区政协委员198人全部参赛。小营和清波委员小组获竞赛小组优秀组织奖，共青团和青联界别、医卫界别、妇联界别、特邀界别、社会福利和社会保障界别等获竞赛界别优秀组织奖。结合主题教育，开展“新时代人民政协的新样子”大讨论，政协委员和政协干部通过专题研学、查找短板、主题演讲、征集金点子等活动，明晰“新时代人民政协新样子”的内涵，进一步提高政治站位。区政协收到政协委员、各民主党派和政协工作者的笔谈文章31篇、“金点子”32个、意见建议21条。

【委员联动履职】 2019年，区政协依托省政协委员会客厅、市政协上城联络组委员工作站及6个街道委员工作站等阵地，与基层协商民主平台有效衔接，积极为群众身边的民生关键小事助力建言。全区建立各类委员履职平台29个，其中街道委员小组“政协委员工作站”6个，界别“委员工作站”1个，委员工作室12个，其他委员履职平台10个，收集社情民意180多条。完善省市区政协委员履职联动机制，邀请辖区内省市政协委员参加区政协委员相关活动。全年市政协委员上城联络组组织活动10次，其中联动履职活动4次。区政协有6名委员参加辖区内省市政协委员会客厅团队，联合开展政协理论和实践问题研究。

【助力对口帮扶工作】2019年，区政协委员积极参与东西部协作、山海协作、对口帮扶等工作。医卫界别委员到贵州雷山县等地开展送医活动，向雷山县妇幼保健院赠送医疗设备。教育界别委员到甘肃定西市、新疆阿克苏市、青海德令哈市和湖北鹤峰县等地支教送课；新社会阶层人士向淳安县等地贫困学生捐助学习和生活用品。共青团和青联界别委员为环卫工人“送清凉”。

【区政协委员暑期读书会】2019年8月6—8日，区政协委员暑期读书会举行。区政协全体委员、各民主党派和区工商联主要负责人、辖区部分市政协委员、贵州雷山县部分政协委员等211人参加读书会。读书会由区政协主席占仁义主持，区政协副主席袁巧玲、陈少华、马彦、俞朔、周常生出席。会上举办主题为“在推进马克思主义执政党建设中牢记初心使命”“以一带一路建设为统领推进开放强省建设”的讲座和委员论坛；传达学习省市政协有关会议精神；区政府领导通报全区上半年经济社会发展情况，感谢政协委员参政议政、建言献策、支持政府推进各项工作。政协委员分“着力加快创新转型”“着力推进文化传承”“着力提升生活品质”“着力优化社会治理”4个专题组与有关职能部门负责人进行座谈交流、咨情问政，并通报区政协上半年政协工作，部署下半年工作。其间，举办委员联谊晚会。（区政协办公室）

纪检·监察

Disciplinary Inspection & Supervision

“两个责任”履行

【主体责任履行】 2019年，区纪委切实履行监督责任，牵头召开履行主体责任情况报告会3场，区领导分别听取情况进行点评，并提出相关要求，切实把主体责任落细落小。通报全年考核检查情况，反馈各单位存在的共性问题，对考核排名后9个单位，逐一通报存在问题及扣分点，要求单位党政“一把手”履行“第一责任人”责任，细化责任清单，抓实问题整改工作。联合区人大常委会、区政协、区委组织部、区委统战部制定《关于对党代表、人大代表、政协委员、党外干部中监察对象加强清廉教育和监督协作的实施办法》，通过建立党风廉政建设情况通报、廉政谈话教育提醒、任前联审、廉政档案、日常监督情况通报5项机制，加强对“两代表一委员”和党外干部的监督教育，切实督促职能部门履行主体责任，形成监督合力。

【责任制考核】 2019年，区纪委结合日常监督检查、片组交叉检查、专项监督、巡察等发现的问题，对49个区直单位和6个街道2018年度的责任制落实工作进行综合考核。经过考核，对28个单位进行扣分。逐个单位梳理存在问题，向分管区领导送达《落实党风廉政建设责任建议书》19份，向各单位发送《落实党风廉政建设责任意见书》54份，有效推进党风廉政建设主体责任和监督责任进一步落实。

【重点事项梳理落实】 2019年，区纪委每季度梳理全区党风廉政建设和反腐败的重点工作、重大事项、重要安排，提请区委常委会集体研究后，进行部署落实。每季度下发党风廉政建设相关工作通知，明确各级党组织、派驻纪检监察组、街道纪工委每季度需完成的工作任务。

（裴晓峰）

正风肃纪

【监督检查】 2019年，区纪委围绕湖滨步行街提升打造、老旧小区“微更新”项目实施等重大工程，做到事前全面开展廉政风险排查，事中对项目进行全过程监督，事后督促整改落实。全年区纪委区监委列席重点工程相关“三重一大”会议240次，实地检查工程项目104次，发现问题32个，及时督促整改，为区委、区政府中心工作推进提供保障。

【专项治理推进】 2019年，区纪委统筹推进基层减负、违建别墅清查、人防系统腐败问题等10项专项治理，牵头开展民生领域不正之风和侵害群众利益问题专项整治，会同10个职能部门，确定集中整治项目14个，建立专班，推进整改落实。开展违规享受集体所有土地征迁安置政策专项治理，全区核查发现存在问题163人，完成整改143人，退缴或补缴各类违规款项1238.5万元。持续深化违规借贷和违规房产交易专项治理，全区纠正违规违纪问题2个，组织处理1人，党纪政务处分1人。

【作风建设深化】 2019年，区纪委贯彻落实中央八项规定及其实施细则精神，把整治形式主义、官僚主义作为一项重要政治任务，按照“基层减负年”各项要求，督促区委办公室统筹开展自查自纠工作，同时建立8个减负工作监测点，列出减负挂账清单，加强督查，确保真改实改。全年开展正风肃纪专项行动667次，出动检查人员2010人次，检查单位1433个次，作风效能问责46人，查处违反中央八项规定精神问题18件、21人，给予党纪政务处分18人，查处形式主义、官僚主义典型问题10件、13人，通报曝光16人。第一时间成立“不忘初心、牢记使命”主题教育正风肃纪组，与整改落实组合署办公，通过构建正风肃纪明查暗访监督网格，开展主题教育正风肃纪督查82次，督查单位348个，出动督查人员430人次，发现问题106个，制发问题交办单10件，并建立销号管理机制，督促整改到位。

【风险防控】 2019年，区纪委以推动廉政风险防控为抓手，按照高、中、低3个风险级别，从单位、内设机构、公职人员岗位3个层面入手，深入排查廉政风险，梳理制定廉政风险清单，分别接受监督。其中，紫阳街道实施“四统一一报告”制度（统一物资采购、统一物品领取、统一文印制作、统一活动组织、统一报告地区单位资助情况），在源头上防止滋生小微权力腐败问题发生。望江街道探索实施“线上+线下”智慧监督管理模式，通过大数据分析智能研判，自动获取量化信息进行统计展示，对岗位风险防控不同维度进行精准画像，确保廉政风险控得住。

（裴晓峰）

执纪审查

【执纪审查规范运行】 2019年，区纪委贯彻落实《监督执纪工作规则》《监督执法工作规定》，全面梳理审查调查业务全流程规范要求，推进线索处置、审查调查、案件审理工作标准化规范化运行。严格“12+3”项监察措施规范使用，制作审批清单，加强监督制约，确保各项措施审慎稳妥使用。

【反腐打“伞”】 2019年，区纪委加大惩腐打伞力度。全区各级纪检监察组织受理信访举报204件，处置问题线索158件，比2018年上升46.3%，立案59件，上升31.1%；给予党纪政务处分、组织处理59人，其中给予开除党籍处分10人；办理职务犯罪案件5件，移送司法机关7人。严肃查处群众身边腐败问题，劝返外逃25年的国际“红通”（红色通缉令）人员袁某某，实现追逃任务“清零”，该案被列为全国纪检监察系统开展职务犯罪追逃追赃的典型案例之一。全年核查涉黑涉恶腐败及“保护伞”信访举报和问题线索17件，查处涉黑涉恶“保护伞”案件4件，给予党纪政务处分4人，移送司法机关2人。通过监督检查和审查调查，为国家和集体挽回经济损失2200多万元。

【“四种形态”实践运用】 2019年，区纪委明确监督执纪重点，把“四种形态”要

2019年7月22日，上城·鹤峰联合巡察组在鹤峰县五里乡柳树村召开“院坝会”，听取村民意见（区纪委区监委 供稿）

求融入到监督执纪问责的各方面和全过程。全年全区运用监督执纪“四种形态”处理179人次，比2018年上升42.9%。其中使用第一种和第二种形态处理153人次，占85.5%；使用第三、第四种形态处理26人次，占14.5%，切实达到惩治极少数、教育大多数的目的。

（裴晓峰）

巡察工作

【概况】 2019年，上城区贯彻落实中央和省市区委关于巡察工作的新部署、新精神，围绕新时代党的建设总要求，持续深化政治巡察，发挥巡察震慑、遏制、治本作用。全年开展常规巡察4轮、专项巡察3轮和巡察“回头看”2轮，巡察区管党组织12个，延伸巡察基层社区（所、队、中心）党组织32个，发现问题267个，提出整改建议58条，移交问题线索17个；针对巡察反馈的353个问题，制定相应整改措施851条，建立或完善制度168项，开展提醒谈话156人次，追责问责28人，收回房产27处、4294平方米，挽回经济损失1700多万元。

【“四库”联建】 2019年，上城区组建由区纪委派驻纪检组组长、街道纪工委书记、区管后备干部为主要成员的13名巡察组组长库。制定《关于新任区管干部和年轻优秀干部到区委巡察机构挂职锻炼的暂行办法》，协调安排优秀年轻干部到区委巡察机构挂职锻炼1年。按照“择优入库、动态管理、按需选取、协商确定”原则，从全区组织、纪检、审计、政法系统及工程建设、征迁安置等领域筛选73名优秀人员入人才库。整合全区财务、人力资源，采取单位申报、政审考察、组织谈话等方式，遴选出102名财务专业人员，建立巡察财务人才库。比选引入3个专业素养高、实战经验足的第三方协审机构，建立区协审中介库，发挥其专长、特长，优化巡察资源配置，提升整体工作效能。

【扶贫领域联合巡察】 2019年6月17日至8月10日，上城区贯彻中央关于深化扶贫协作领域腐败和作风问题专项治理工作决策部署和《浙江省与四省纪检监察机关协同推进扶贫协作监督执纪问责工作机制》精神，聚焦脱贫攻坚和扶贫协作政治责任，联合湖北鹤峰县委对两地涉及扶贫协作领域的相关部门单位、街道（乡镇）党组织开展专项巡察。巡察发现上城方面问题6个、鹤峰方面问题17个，相关经验做法被《中国纪检监察报》、中央纪委国家监委网站、《浙江日报》等各级媒体刊播20多次。

【专项巡察】 2019年，上城区围绕征地拆迁领域，对望江、紫阳现场动迁指挥部征迁安置工作实施专项巡察。巡察发现落实“三重一大”

集体决策不到位、沟通协调机制不顺畅、遗留问题存量消化不明显、征迁安置不规范、征迁队伍教育管理不严格等问题53个，督促限期抓好整改落实。围绕集体经济领域，在对南星、紫阳、望江街道党工委开展常规巡察的同时，延伸巡察玉皇经联社党支部、望江经合社党总支、近江经合社党委，发现制度规定不落实、工程建设和集体资产管理不到位、对下属公司监管不力等方面问题37个。区纪委区监委针对巡察发现的共性问题和突出问题，协调成立区经合（联）社党的建设和集体经济管理领导小组，联合区市场监管局、区财政局等部门力量，加强对经合社党的建设和集体经济的监督管理。实行提级整改，建立街道党工委、办事处对下辖经合（联）社党组织建设和集体经济监管机制，自上而下推动整改落实。

【巡察整改纳入考评】 2019年，上城区将巡察整改工作纳入年度综合考评目标。面向2017年至2019年33个被巡察单位和25个支持配合巡察单位，采取考评对象自查自评、派驻纪检组（街道纪工委）和区委巡察组督评、领导小组考评等方式，实行巡察整改成效“百分制”评估，细化责任落实、组织实施、问题整改、成效宣传4个方面11项内容，重点考评问题整改率、整改主体责任落实、整改情况党内公开和巡察整改“四到位”等情况，发挥巡察整改考评“指挥棒”作用。 （裴晓峰）

党风宣教

【概况】 2019年，区纪委多渠道加强党风宣教。开展“警示教育月”活动，召开全区警示教育大会，邀请省纪委领导辅导授课，组织参观省法纪教育基地，联合区委政法委开展“建设清廉政法队伍，建功扫黑除恶专项斗争”专题教育活动。注重发挥文化独特优势，制订打造清廉文化示范区三年行动计划，升级“清风之旅”2.0版本。建成全市首个征迁建设领域警示教育馆，吸引3000多人次参观。

【区征迁建设领域警示教育馆线上线下运行】 2019年6月，区纪委区监委会同望江街道设计并建造的上城区征迁建设领域警示教育馆开馆运行。警示教育馆展示近年来上城区征迁建设领域的违纪违法职务犯罪案例。11月，开发建成警示教育馆线上平台。线上平台将实体馆的高清图制作成VR展馆，无需安装任何软件App注册登录，只要微信扫一扫警示教育馆二维码即可进入观看。线上平台分为VR展馆和“以案示警”两个部分，突破实体场馆的时间、人数、场地限制，警示案例更丰富。线上平台链接全国纪检新媒体数据平台，通过大数据分析和智能抓取技术，筛选出征地、补偿、拆迁、工程、建设等相关领域的违纪违法职务犯罪案例及纪检监察机关经验做法，与VR展馆一同展

2019年5月14日，上城区警示教育大会召开 （区委宣传部 供稿）

示，丰富案例素材，强化警示教育的专业性与针对性，并借鉴优秀经验，促进辖区警示教育工作开展。

【专题教育活动】 2019年，区纪委联合区委政法委开展“建设清廉政法队伍，建功扫黑除恶专项斗争”专题教育活动，专门明确六大类、15项学习内容和学习任务。区公安分局、区检察院、区法院及区司法局等单位通过理论学习、讲授廉政党课、观看廉政警示教育片、开展廉政谈心谈话、“我为清廉政法队伍建设献一策”交流等活动，将清廉思想、清廉制度、清廉规则、清廉文化融入政法队伍建设，进一步防范廉政风险。

【清廉共建】 2019年，区纪委与湖北鹤峰县纪委签订清廉共建协议，建立信息资源共享、清廉文化共育、日常监督共查3项工作机制，助力脱贫攻坚。定期互通信息，并组织双方挂职干部核查问题线索，研判会商监督检查情况，共享东西部协作、惠农扶贫、生态环保等典型案例警示教育资源。提炼两地清廉文化资源，共同编写清廉宣传册、拍摄清廉宣传片，组织优秀清廉文化节目双向展演，先后于5月、11月，在两地举办“清风润心”上城·鹤峰“非遗”文化交流活动，营造崇廉尚洁文化氛围。聚焦扶贫协作领域责任落实、政策落地、项目推进、资金管理、干部工作作风5个方面内容，在加强常态化、“拉网式”检查的同时，明确由鹤峰县纪委牵头，每年会同职能部门开展一次专项监督检查，上城区纪委每年主动实地走访开展一次协作互动，进一步形成监督合力。

（裴晓峰）

纪检监察队伍建设

【概况】 2019年，区纪委区监委高标准开展“不忘初心、牢记使命”主题教育，组织解放思想大讨论、调研成果交流，开展“三联三领三服务”“当忠诚卫士、铸纪检铁军”演讲比赛和“重温誓言、牢记初心”主题活动，从严从实抓好问题查摆和整改落实。举行区纪委区监委开放日活动，专门聘任特约监察员和法律业务专家，进一步强化外部监督。

【派驻机构改革培训】 2019年，区纪委深化派驻机构改革，完成新一轮派驻机构调整和人员调配。改革后，上城区设派驻（出）机构7个。开展为期3天的全区纪检监察干部业务培训班，选派干部参加省市纪委各类业务培训。建立“周二晚上夜学”和“钉钉夜学”机制，组织业务培训，开展案件监督管理和巡察业务知识等学习交流活动，全年组织各类培训36次，培训2000多人次。加大干部队伍建设力度，搭建区委巡察、审查调查、留置办案等岗位锻炼平台和“四支队伍”交流任职机制，培养“一专多能”型纪检监察干部，43人参加跨部门协作，22人提拔任用、交流转任。开展各级各类评先推优工作，先后有2个集体和7名个人被评为市区各类先进。

【纪检监察队伍监督管理】 2019年，区纪委区监委严格执行请销假、外出报告、因私出国（境）备案、干部报告个人重大事项、分级谈心谈话等各项规章制度。全年审批请假40多人次，外出报告及因私出国（境）备案140多人次。每月组织开展纪检干部问题线索排摸，组织开展贯彻落实组织工作若干薄弱环节、区委机关及派驻机构干部因私出国（境）等专项整治活动。（裴晓峰）

民主党派与工商联

Democratic Paties & Association of Industry Commerce

民主党派综述

【概况】 2019年末，上城区有民主党派7个，下属支部（社）41个，有党派成员891人。区委统战部坚持以提高政治把握能力、参政议政能力、组织领导能力、合作共事能力、解决自身问题能力“五种能力”建设为抓手，召开民主党派工作会议暨党派自身建设推进会，谋划部署全年民主党派工作。印发《关于支持上城区各民主党派、无党派人士开展“不忘合作初心、继续携手前进”主题教育活动的实施方案》，推动各民主党派开展“不忘合作初心，继续携手前进”主题教育活动。印发《中共杭州市上城区委关于调整区领导与区各民主党派、区知联会、区新联会，新的社会阶层代表人士结对联系名单的通知》《关于调整区政府有关部门同区各民主党派、工商联、知联会、新联会对口联系制度的意见》，压实“党委出题、党派调研、政府采纳、部门落实”调研机制，推动全区各民主党派围绕中心工作参政议政、建言献策，多项建言成果获相关领导批示。强化各民主党派人才建设，全年选派党外干部挂职锻炼10多人；拓宽各民主党派社会服务领域，开展社会服务100多场次，惠及居民8000多人次。

【无党派人士认定工作】2019年7月，区委统战部根据《中共中央关于加强新形势下党外代表人士队伍建设的意见》，在全区启动无党派人士认定工作。通过实地走访、电话访谈等方式，对部门、街道、社区、企业、学校等单位具有无党派人士身份的对象进行摸底，并建立区纪委区监委、区法院、区检察院、区公安分局联审机制，对需要参加联审的78名拟认定人员进行资格联审。10月29日，区委统战部印发《关于认定丁韬等86人为2019年上城区新增无党派人士的通知》，并建立无党派人士数据库。全区无党派人士增至184人。

（曹佳妮）

民革上城区基层委员会

【概况】2019年末，民革上城区基层委员会有在编党员71人，其中新发展5人。党员中有省政协委员1人、市政协委员4人、区人大代表2人、区政协委员7人。民革上城区基层委员会被评为2018年度民革杭州市委员会参政议政工作先进集体二等奖、2019年度民革全省宣传思想工作先进集体。三支部获民革杭州市委会2016—2018年度先进集体一等奖。汪政获“光荣浙商”称号。颜瑶卿获省政协通报表扬。陈凡荣获民革杭州市委员会2018年度参政议政工作先进个人、市发改农林工会2018年度先进工会工作者，其主要负责的“水产养殖池塘内循环零排放的技术研究与示范”项目被省农业农村厅评为2018年度技术进步二等奖。傅晓莉获评区人大代表履职积极分子。陶宏莉获评区优秀政协委员。姚晓任民革市委会企业家联谊会副会长，郭伟姣任秘书长，谢炳松、李谊任常务理事。叶慧芳在市委会组织的参政议政演讲比赛中获优胜奖。

【参政议政】 2019年，民革上城区基层委员会各级人大代表和政协委员积极参政督政议政。省政协委员颜瑶卿在省政协会议上提交的提案《提升农村学前教育品质、促进我省乡村全面振兴》得到省领导肯定。市政协十一届三次会议期间，市政协委员姚晓提交的《推动建设工程综合保险在我市交通建设领域应用的建议》、许宏波提交的《关于加强“共享单车”清理、整顿、规范管理的建议》、蔡碧燕提交的《关于实现“公交车—公交车站一体化语音播报”的建议》等建议得到市领导肯定。区“两会”期间，基层委集体和党员个人向“两会”提交涉及经济、文化、社会及生态等方面建议提案11件。其中林巾巾、许宏波分别以“关于对上城区全域化旅游发展现状的分析与建议”“关于打造望江金融科技城的几点建设”为题在大会上发言。

【社情民意撰写】 2019年，民革上城区基层委员会承担“关于老旧小区‘微更新’试点工作中存在的问题与建议”“关于上城区推进城市数字化优化社会治理情况的调研”两个调研课题。11月28日，民革上城区基层委员会班子成员、代表委员及部分参政议政骨干党员到清波街道社区卫生服务中心，就“上城区6S预防接种门诊”开展知情议政暨民主监督活动。年内，陈凡撰写的文章《加强新型职业农民培育，助推乡村振兴战略》入选民革中央“助力乡村振兴”首届莫干山会议征文选。胡世锋撰写的信息《精装修商品住宅装修价格虚高问题突出引发维权热潮亟需加强监管》被民革省委会录用。叶慧芳撰写的信息《阿糖胞苷紧缺影响白血病患者治疗亟需引起重视》被省政府、市政府录用，《建议进行血型普查并将居民血型信息输入身份证》被民革省委会录用。吴军威撰写的信息《建议我市进一步完善相关管理制度防范开发商违规私划车位》被市政协录用。颜瑶卿撰写的信息《建议加快我省重点基础设施项目用地审批制度改革》被民革市委会录用。

【祖国统一工作】 2019年，民革上城区基层委员会致力于祖国统一工作。3月29日，潘晓宇、章迎华和李谊作为民革杭州市委员会祖国统一委员会委员参加在之江饭店召开的专题座谈会。4月，受市司法局、民革杭州市委员会、市台办聘请，吴军威任杭州市台商（台胞）法律服务团成员，为杭州市台湾同胞投资企业协会会长等及时提供法律咨询。4月16日，潘晓宇等人参加在杭台企杭州乐荣电线电器有限公司开展的调研活动，帮助企业解决困难。7月25日，李谊在杭州惠台政策落实情况调研专题座谈会上介绍浙江互动控股公司在文化产业园区的创建情况，以及和台农、台湾文旅企业的合作情况。

【“同心·博爱”民革服务品牌深化】 2019年，民革上城区基层委员会持续做好“同心·博爱”民革服务品牌。开展“‘同心·博爱’送清凉”活动，谢炳松为结对的湖滨街道环卫工人、停车管理员、商圈服务志愿者等一线劳动者送上清凉饮料190箱。姚晓向市“春风行动”捐款3万元，并资助5万元帮助民革浙江省委员会文化服务团举办大型文化公益活动，为淳安县文昌镇“智慧果蔬”项目捐赠2万元。陈凡组织省科技服务团和“三农”服务团专家到淳安县参加农业科技下乡暨“五送”服务活动。许峰为浙江省特殊教育职业学院4名学生免费提供学习釉上彩瓷绘画等社会实践。颜瑶卿参加嘉兴、绍兴、诸暨等地小学放学后托管、0～3岁托育服学前教育等调研活动和座谈会，并赠送书籍200多册给缙云县97所幼儿园，成立浙江名师颜瑶卿缙云工作室。汪政入驻玉皇山南基金小镇金融法律服务中心，免费为居民和中小企业提供普法宣传、法律咨询、人民调解等服务。傅晓莉积极参加区人大常委会会议、街道居民议事会、区教育局评议会等活动。

【支部活动】 2019年，民革上城区基层委员会及各支部积极开展支部活动。与民革杭州市委员会书画服务团、市残疾人康复培训中心在河坊街举办“携手迎春，御街送福”文化惠民活动。先后组织党员到上城区数字统战体验馆开展支部联合学习，参观浙江省辛亥革命纪念馆，到小营巷开展“不忘合作初心，继续携手前进”主题教育活动，到安徽合肥市、巢湖市等地开展“观故居，走多党合作之路”活动。开展“学习民革党章，不忘初心”主题教育活动。9月，情景诗朗诵《可爱的中国》、演唱《越剧选段》、女声独唱《荷塘月色》3个节目在民革市委会举办的“不忘初心·砥砺前行”庆祝中华人民共和国成立70周年暨庆中秋迎国庆朗诵会及区委统战部举办的各界人士代表庆祝中华人民共和国成立70周年茶话会上获好评。12月29日，民革上城区基层委员会组队参加由区委统战部组织的“羽你携手同行·再绘时代新篇”羽毛球迎新联谊赛，获团体第三名。

（秦　菁　叶慧芳　许宏波）

民盟上城区基层委员会

【概况】 2019年末，民盟上城区基层委员会有支部12个，盟员244人，其中新发展6人。年内，组织盟员参加盟省委“两会”精神传达会、盟市委十九大精神讲座及区委统战部举办的学习十九大精神主题活动等。结合班子成员联系基层支部制度，开展支部间联谊活动，增强组织凝聚力。全年“盟员之家”举办（承办）宣传调研骨干培训、盟市委“代表性盟员大走访”启动仪式等各类活动30多场次。

【社会服务】 2019年，民盟上城区基层委员会发挥优势，坚持做好各项社会服务工作。针对社区独居老人缺少关怀现状，发动民盟上城一支部和杭州市建兰中学支部盟员与劳动路社区15名独居老人开展“暖心行动”社会服务结对活动。发挥民盟上城区基层委员会教育界别特色，响应民盟中央“农村教育烛光行动”倡导，做好桐庐县新合乡对口支教工作，支助贫困学生。民盟上城区基层委员会及上城一支部、上城科技支部、杭州市服装职业高级中学支部、杭州市开元中学支部分别与望江街道及其下属社区进行一对一结对共建，开展困难家庭走访、送医、送服务、联谊等活动。

【建言献策】 2019年，民盟上城区基层委员会围绕经济发展、教育、养老、交通、城市建设和改善人民生活等民生问题，通过提案、民主监督、调研报告、社情民意等途径参政议政，为全区社会经济发展献计献策。全年撰写信息报道、反映社情民意的文章130多篇。其中，李秋生撰写的《促进金融机构落实民营企业授信尽职免责》被盟中央采纳，翁意撰写的《建议重视看待“996

工作制”对于中国员工影响》、戚亦平撰写的《加强学分银行宣传与推广的建议》等9篇建议被盟省委采用，欧庆利撰写的《群众利益无小事，民生问题大于天》被市人民建议办采用，并有多篇文章在盟市委公众平台发布。民盟上城区基层委员会被民盟浙江省委员会评为五星级“盟员之家”，被民盟杭州市委员会评为年度优秀组织奖。上城一支部、上城科技支部被民盟杭州市委员会评为年度五星级支部，杭州市服装职业高级中学支部、杭州市惠兴中学支部、杭州市清河实验学校支部为年度四星级支部，上城二支部、杭州市江城中学支部、浙江省杭州第六中学支部为三星级支部。（曾甜甜）

民建上城区基层委员会

【概况】2019年末，民建上城区基层委员会有6个支部及民建会员企业家联谊会上城分会、民建上城妇女工作委员会、民建上城青年工作委员会3个民间组织。有会员177人，其中新增4人。会员中有经济界别会员156人，市人大代表2人、区人大代表4人，市政协委员2人、区政协委员19人。年内，组织会员开展新春、重阳、中秋慰问老会员和社区困难老人，湖北恩施州对口扶贫、爱心公益等社会公益服务行动。民建上城区基层委员会被区委统战部评为优秀组织奖，三支部、一支部、五支部分别获2019年度民建杭州市委员会先进支部考核“先进支部”“表扬支部”“鼓励支部”。何奇、张艺群获评区政协“优秀政协委员”。何奇被区纪委区监委聘为“上城区纪委监委首届特邀监察员”。张艺群创办的“壹群公益发展中心”获上城区“优秀社会组织”。陈咏梅被评为上城区湖滨步行街改造提升工程优秀干部。

【议政建言】2019年，民建上城区基层委员会参加议政建言活动，加强履职能力。年内，与河南濮阳民建企业家、民建绍兴市直新兴二支部、杭州国际城市学研究中心、小营巷社区开展联合议政活动，探讨合作共建工作。先后召开学习贯彻中共十九届四中全会精神议政日活动和南宋文化传承保护议政会。民建上城区基层委员会《关于打造杭港（望江）高端服务业示范区的若干建议》、赵毓芳《关于加强科创政策的宣传及大力发展科技孵化器的建议》、麻侃《关于全面引进“世行标准”进一步优化营商环境的建议》《关于进一步完善我区生活垃圾分类工作的建议》《优化上城区地下空间资源开发建议》等建议获评区政协五届三次会议优秀提案。（马平超）

民进上城区基层委员会

【概况】2019年末，民进上城区基层委员会设支部10个，有会员203人，其中新发展3人。会员中有省政协委员2人、区人大代表9人、区政协委员6人。民进上城区基层委员会按照提高“五种能力”要求和建设“阳光、高效、规范、和谐”参政党目标开展学习实践活动，推进各项工作落实，完成全年目标任务。年内，民进上城区基层委员会被评为民进全国先进基层组织。杭州市江城中学支部、第二联合支部被评为民进杭州市先进支部。

【基层委员会作用发挥】2019年，民进上城区基层委员会通过举办支部信息员交流会，进一步发挥区人大和区政协中民进会员的作用，会员参政意识逐步增强。建议信息《儿童青春期发育年龄普通提前背景下小学生青春期教育课程亟待相应调整与充分落实》获省领导批示，《建议建立儿童票优惠国家标准，儿童福利不应“矮半截”》在《联谊报》刊登，《建议将心理健康检查纳入青少年常规体检项目》等2篇建议信息被市政协录用,《建议在庆祝建国70周年阅兵式中增加驻港驻澳部队方阵》等2篇信息被市委统战部录用,《高品位步行街改造提升工作应创新思路精准施策,打造更加现代化国际化的消费环境》等12篇信息被民进杭州市委员会录用。葛孜被评为全市参政议政工作先进个人。陶旭东、余丽丽、葛孜、袁璐、王杲哲、董文伟被评为民进杭州市优秀会员。

【重点工作民主监督】 2019年,民进上城区基层委员会深化民主监督工作。全年围绕市区两级中心工作,组织15人次会员先后开展“最多跑一次”改革、城中村改造、生活垃圾分类、杭州湖滨步行街提升改造四大重点工作专项视察与民主监督,分别就推进相关工作与责任单位进行座谈交流,提出意见建议10多条,推进各项工作落实。

【共建服务】 2019年,民进上城区基层委员会开展对口联系单位“三联动”活动,组织会员走访区人力资源和社会保障局、区城管局两个对口联系单位,与单位进行政治协商与共建交流,互相通报工作情况,达成开展对口联系和共建服务活动意向,并开展活动。同时,继续发挥民进上城区基层委员会教育界别传统优势,做好教育服务进社区、支教送学、爱心互助等工作。

(袁　璐)

农工党上城区基层委员会

【概况】 2019年末,农工党上城区基层委员会有支部4个,党员94人,其中新发展4人。农工党上城基层委会团结党员,开展“不忘合作初心、继续携手前进”主题教育活动,关注民生热点难点,履行参政党职能。农工党上城区基层委员会被农工党市委会评为先进基层组织,4个支部均被评为市先进基层组织,并均复评为三星级支部,其中第三支部被农工党省委会评为2018—2019年度省先进基层组织。袁相红、吴桂萍、汪希、江龙仙被农工党市委会评为农工党优秀党员;杜缨、宋燕、赖晓刚、王红华被评为农工党优秀党务工作者。吴桂萍获评区“最美统战人物”,杜缨被评为区优秀政协委员。宋燕被评为区优秀信息员。

【职能履行】 2019年,农工党上城区基层委员会发挥党员专业优势,在卫生医疗、文化教育领域切实履行参政议政职能。加强与对口联系部门协商,组织党员到区市场监管局和区统计局就“最多跑一次”改革工作和统计工作开展民主协商和知情问政座谈,对有关“最多跑一次”和统计领域中群众关心的问题进行询问和建议。同时,党员中的人大代表、政协委员在“两会”期间履行职责,积极建言,并撰写提案和建议。其中,杜缨撰写的《关于加强全域化地下空间开发的建议》《借助之江文化产业带发展机遇,打造南宋主题雕塑公园的建议》《关于进一步落实〈杭州市公共场所控制吸烟条例〉的建议》《关于望江新城区域社区卫生服务中心(站点)建设的建议》、宋红朋撰写的《关于提升老旧小区爱国卫生管理水平的几点建议》等提案被立案。江龙仙撰写的信息《统筹社会资源大力发展医养护一体化养老产业》被农工党省委会录用、《关于开展家庭养老病床试点的建议》被农工党省委会、市委统战部录用,并得到中共浙江省委常委、杭州市委书记周江勇批示。宋燕撰写的《以“同心荟”为载体,探索网络作家群体统战工作》调研报告被省政协采用,获农工党省委会理论研究优秀论文一等奖、区委统战部优秀调研成果一等奖,并在年度第10期《情系中华》杂志刊登;撰写的《社会组织在基层治理中的作用与思考——以玉皇山南基金小镇为例》的调研报告被列为区政协大会发言。谢晓燕因撰写《关于进一步加强杭州市外卖食品安全监管工作的建议》受到省市媒体采访。吴桂萍、宋红朋所在的“最多跑一次”民主监督小组联名提案《关于大力推广“24小时综合自助服务机”和“杭州办事服务App”、加快推进“移动办事之城”建设的建议》《关于关于加强街道社区“最多跑一次”窗口人员培训及考核的建议》被列为区政协五届三次会议重点提案。

【关爱帮扶】 2019年，农工党上城区基层委员会组织党员参与农工党市委会组织的精准扶贫活动。第三支部党员谢晓燕、赖晓刚分别参加临安区朱葛村、桐庐县百江镇对口帮扶活动，助力国家精准扶贫工程。4个支部分别和南星街道白塔岭、馒头山等4个社区结对共建，开展医疗服务活动，并深化“智·和”同心健康讲堂建设，在百姓健康、精准扶贫、参政议政等方面开展交流合作，探索和推行民主党派和基层社区“资源共享，优势互补、共建共赢”工作格局。第一支部党员宋红朋全年开展社会服务20多次，受益人数1000多人。第三支部组织党员到城站敬老院了解敬老院运营情况和老人生活环境、健康情况，并为老人提供量血压、测血糖、体检等服务。5月10日、28日，第三支部分别与中国健康促进基金会合作开展“强骨中国行”义诊活动，与壹群公益AS ONE合作开展针对孕妇、儿童健康问题的“铃兰计划——生命之花”妈妈课堂公益项目。杭州口腔医院支部党员吴桂萍、付纪到杭州市娃哈哈小学进行口腔讲课活动；张伟、付昌平在杭州口腔医院健教馆“关爱口腔”亲子月专场活动中开展“爱牙小讲堂”活动；吴桂萍和金冬梅在浙江之声为听众朋友讲述牙齿健康知识。 （韦　云）

致公党上城区基层委员会

【概况】 2019年末，致公党上城区基层委员会有支部3个，党员53人，其中新发展党员3人。党员中有市政协委员1人、区政协委员8人（含区政协常委3人）。致公党上城区基层委员会加强组织建设、履行参政议政、服务社区基层群众，开展庆祝中华人民共和国成立70周年、“不忘合作初心、继续携手前进”主题教育活动等，继承和发扬老一辈致公党人的优良传统，为加快建设一流的国际化现代化城区贡献力量。致公党上城区基层委员会被致公党市委会评为综合先进集体、参政议政先进集体。第一支部被致公党市委会评为“基层基础建设年”活动先进集体。张虹获评杭州市委会参政议政先进个人，练晔获评致公党市委会组织工作先进个人，刘晓获评致公党市委会宣传工作先进个人，叶虹获评致公党市委会社会服务先进个人，李君林获评致公党市委会对外联络工作先进个人，杨帆获评致公党市委会纪念“五一口号”发布70周年和庆祝改革开放40周年系列先进个人，王容峰获评致公党市委会“基层组织建设年”先进个人。致公党上城区基层委员会获区委统战部年度调研成果优秀组织奖，张虹撰写的《积极推进首诊在社区促进分级诊疗、双向转诊的意见建议》获优秀调研成果一等奖，杨帆撰写的《关于进一步提升楼宇品质的几点建议》获二等奖，叶虹撰写的《关于杭州发展老年旅游促进文化养老的建议》获三等奖。

【学习教育】 2019年，致公党上城区基层委员会参观“庆祝南京杭州上海解放70周年史料展”，开展“铭记历史、不忘初心”大讨论。赵超男、李君林到贵州黔东南州学习培训，重温历史，传承红色精神。致公党上城区基层委员会组织党员在小营红巷开展“不忘合作初心、继续携手前进”主题教育活动，活动中开展绣国旗、唱国歌活动，参观中共杭州小组纪念馆。召开专题动员部署会，贯彻《习近平新时代中国特色社会主义思想学习纲要》，学习习近平总书记在中华人民共和国成立70周年和中国人民政协成立70周年的讲话精神，并组织3次集中学习、5场专题活动和一系列主题庆祝活动。全年开展特色活动7场、深化监督议政和服务活动8场。10月15日，邀请浙江红船精神宣讲团成员胡建成做“弘扬红船精神，践行时代使命”专题报告。11月27日，参加致公党省委会监委会关于开展对“不忘合作初心、继续携手前进”主题教育活动巡视督查会议，汇报主题教育开展情况。开展“我和我的祖国”系列活动，挖掘中国致公党创始人之一司徒美堂事迹，编排独幕剧《司徒美堂》，并在致公党市委会经典诵读会上进行汇报演出。

【经济民生发展建言】 2019年，致公党上城区基层委员会就望江地区打造杭港高端服务业示范区进行考察。第一支部朱晖在香港培训期间了解香港服务业相关情况，对示范区打造提出有关问题及对策建议，并参加区政协“请你来协商”专题活动。提前对接区政府对口部门，认领课题，围绕“民营经济高质量发展”主题，提出“社会组织如何参与基层社会治理”、“城市大脑”建设、杭州渣土处置现状等建议，开展专题调研，利用“两会”“建言直通车”等咨政建言渠道，把调研成果转化为思路举措，为党和政府决策部署提供依据，全年完成调研报告8篇。11月，致公党上城区基层委员会协调区审计局开展民主监督座谈会暨“议政日”活动。活动围绕“审计涉及的民生项目有哪些”“审计查出问题后如何跟进后续整改”“如何合理确定全年审计项目”等问题切入社会热点痛点、全区发展规划、审计各个环节，通过查找问题，问政协商，促进区审计工作决策科学化、民主化。

【基层共建】 2019年5月14日，致公党上城区基层委员会与小营街道联合举办“跨界同心，携手同行”基层统战结对共建活动，与老浙大等5个社区结成共建单位，在继续做好“致公·明志讲堂”和“致公·同心圆桌会”等品牌工作基础上，认领老浙大社区市级侨联基地建设等项目3个。11月24日，组织党员在杭州市杨绫子学校捐助6万元，并认领小朋友的礼物心愿。以服务企业、服务群众、服务基层为导向，积极关注社情民意，以“致公·同心圆桌会”为依托，定期开展同心议事。以“致公·明志讲堂”为载体，与红巷社工学堂对接，结合一线社工业务工作实际法律政策需求，针对性开展主题讲座。全年开展“明志讲堂”5期。同时，围绕“基层减负”主题，把握“优势互补、资源共享、共建担当”原则，激活党派力量参与基层治理、社区建设的主动性，着力破解基层社会治理等领域的重点难点问题，确保党派服务落地。“六一”前夕，第一支部对结对街道的6名困难儿童进行上门走访，了解学习生活情况，并送上学习用品礼包和书券等慰问品。推出老浙大社区“侨之家”侨联工作示范点打造共建项目，以提升基层侨联工作“可听、可看、可交流”为目标，依托社区邻里服务中心，升级打造“侨之家”。

【“山南论剑”之致公党海外博士项目路演交流会】 2019年9月17日，致公党上城区基层委员会承办致公党省委会“山南论剑”之致公党海外博士项目路演交流会。来自美国、俄罗斯、英国、法国、澳大利亚、新加坡、日本、埃及、荷兰、泰国、菲律宾等10多个国家的20多名海外博士组成海外博士团考察玉皇山南基金小镇。交流会上，区委组织部、区科技局、区商务局和基金小镇负责人分别介绍区人才新政、科技新政和创业投资环境等。丁乐慧、任小锋、陈小平等博士做“预防和治疗脂肪肝疾病”“非晶丝磁场传感器”“基于视觉机理的高功率环保智能LED光源”等6个创业创新项目路演，并与在场创投公司进行深入对接。

（文　熙）

九三学社上城区基层委员会

【概况】 2019年末，九三学社上城区基层委员会有社员70人，其中新发展社员8人。社员中有市政协委员1人、区政协委员9人、区人大代表3人。九三学社上城区基层委员会被评为2019年度组织建设浙江省先进基层组织、2019年度社务工作杭州市先进集体。第三支社被评为2019年度社会服务浙江省先进基层组织、2019年度社会服务市先进基层组织、2019年度九三学社杭州市五星级支社（总分第一名）。第一支社和第二支社被评为2019年度九三学社杭州市三星级支社。委员会提交的《九三学社快闪唱响〈我和我的祖国〉》获2019年度全省新闻作品二等奖。社员徐志忠被评为2019年度组织工作全国先进个人，陈萍、葛向攀被评为2019年度九三学社浙江省优秀社员，于淑娟被评为2019年度九三学社浙江省优秀社务工作者，于忠华、俞宙、夏丁玲被评为2019年度浙江省社会服务工作先进个人，朱盈被评为2019年度宣传工作杭州市先进个人，葛向攀受聘为2019年度浙江省特邀信息员和杭州信息导师，马彦受聘为2019年度杭州信息导师。

【专题调研】 2019年末，九三学社上城区基层委员会社员围绕“四个标杆区”建设，积极参与、认领“关于地下空间开发的建议”“关于加强南宋皇城周边博物馆建设的建议”等区委、区政府课题。葛向攀撰写的《关于优化市区财政体制的建议》被列为杭州市“两会”联名提案，并全程参与区重点课题“建设国际一流营商环境和争创民营经济高质量发展”。在九三学社杭州市委员会2019年参政议政招投标课题中，社员积极应标，徐志忠获“关于加强全域化地下空间开发的建议”课题，徐跃峰、陈萍、楼卓立联合获“彰显城市国际化独特魅力，大力推进百年紫阳书院复兴的建议”等课题。朱峰撰写的《企业科技人员应和高校科技人员享有同等个人所得税优惠政策》等信息被九三学社社中央、省委统战部等录用。葛向攀撰写的《建议完善转基因食品标示的相关法律规定》等信息被九三学社社省委等单位录用。

【第三支社社会服务】 2019年，九三学社上城区基层委员会第三支社全面开展社会服务工作。与杭州市杨绫子学校结对，在儿童节带上礼物看望学校学生。教师节期间，和特殊教育教师进行座谈。与“在水一方”养老院结对，定期探望老人。到敬老院向老人和工作人员进行新《中华人民共和国老年人权益保障法》普法宣讲。

【学习培训】 2019年，九三学社上城区基层委员会深化“不忘合作初心、继续携手前进”主题教育活动，召集全体社员在桐庐县举行为期两天的主题教育培训会，增强社员政治责任感和历史使命感，进一步提高社员政治素质和履职能力。第三支社开展“红色寻访忆初心”走读系列活动，到郁达夫故居等爱国主义教育基地进行研学再教育。受市委统战部和九三学社市委会推荐，社员夏丁玲、郭园园参加市社会主义学院“第30期杭州市民主党派中青班”学习。受省委统战部和九三学社省委会推荐，社员葛向攀参加省社会主义学院举办的“2019年全省党外特约信息员培训班”。

（葛向攀）

上城区工商业联合会

【概况】 2019年末，区工商联有会员1180人、团体会员12个、基层商会7个。区工商联坚持“团结、服务、引导、教育”的工作方针，发挥服务非公有制经济助手、帮手的作用，为企业构建良好的营商环境，为非公有制经济健康发展贡献积极力量。区工商联被全国工商联评为全国“五好”县级工商联，并获全国工商联2019年民营企业调查点工作示范单位、2019年度全省工商联系统专项工作先进单位荣誉。

【为企服务深化】 2019年，区工商联通过开展教育培训、加强交流合作、促进政企连心、丰富文体生活等方式深化为企服务。利用商会会长会议、常执委会、街道商会会议讲党课，组织企业家参与新时代民营企业“强信心、增动能”专题研修班、杭商学堂2019年度培训班、韶山红色教育培训班等学习培训活动，帮助非公有制经济人士坚定中国特色社会主义道路自信、理论自信、制度自信、文化自信“四个自信”。3月13—17日，联合区委统战部携手香港交易所等香港金融机构，组织近20名企业家到香港培训。7月9—10日，区工商联（商会）与香港总商会签署战略合作协议，同时杭港驿站揭牌亮相，建立起杭州和香港两地供需对接的实体平台。全年杭港驿站举办大项目路演活动1次，接待参观、活动30多批次，900多人次。10月18日，组织新生代企业家走进中国移动5G体验馆，参观学习新型科技应用。联合区科技局、区人力资源和社会保障局、区市场监管局等部门举办政企沙龙3次。组织企业家参加民营经济联席会议、营商环境座谈会、意见征询会等座谈交流10多场。通过省市工商联反映企业诉求，配合全区营商环境调研工作，有效促进政府与企业的沟通交流。协助企业开展红歌快闪、党建答题竞赛、红色毅行等活动，并录制《我和我的祖国》快闪视频。组织企业家举办以“尚城新生，献礼祖国——庆祝建国70周年”为主题的年会，新生代企业家唱红歌、谈初心、认领扶贫物资，展示上城年轻企业家的良好精神风貌。

【非公有制经济人士建言献策】 2019年，区工商联不断拓展非公有制经济人士建言献策渠道。举办“同心尚城”系列分享会，搭建窗口与平台，邀请上城企业家、媒体评论员、经济领域专家及政府领导等作为嘉宾参加活动，并制作成《同心尚城·营商环境大家谈》节目，在杭州融媒体平台播放。各嘉宾从不同行业、不同角度出发，为进一步优化企业发展环境提出意见。建立“尚小二”涉企政策服务平台，联通各职能部门的涉企政策信息资源，建立即时有效的政策沟通、反馈机制，为企业提供高效、精准的政策推送服务。

2019年9月22日，上城区开展“毅起出发迎华诞，建功立业新时代”非公有制企业红色毅行活动（区工商联 供稿）

【扶贫攻坚】2019年，区工商联与湖北鹤峰县工商联签订友好商会框架协议，负责两地企业间的互访与项目对接。引导机关干部、企业家参与消费扶贫工作，推出消费扶贫专场售卖活动。4月、8月，先后组织基层商会和企业到衢州开化县开展消薄扶贫考察。8月，区工商联组织基层商会和企业到鹤峰县考察扶贫，走访重点贫困村，考察相关扶贫协作项目，并向当地捐助资金、物资累计近50万元。组织会员单位与重点贫困村建立“村企结对”关系，推荐优秀企业家担任贫困村“名誉村长”，发挥企业智力、项目、资金等方面的优势，帮助贫困村多方位脱贫。

【新型政商关系构建】2019年，区工商联开展“服务基层大走访”“服务企业大协调”专项行动，及时反映和回应企业及基层的期待与诉求。全年走访调研会员企业60多家，召开座谈会3次，配合省市工商联开展金融服务、营商环境等调研，发放调查表250多份，了解企业发展情况和存在问题，并形成专报，反映给区委主要领导，一些问题受到职能部门重视，得到解决。依托政协工商联界别，通过调研，形成《关于上城电子机械功能区持续高质量发展的几点建议》《以需求为导向，不断提升企业满意度》《上城区数字经济发展的新零售方向研究》3篇调研报告。

【清廉非公有制企业建设】2019年，上城区加强清廉非公有制企业建设。区工商联党组与各基层商会党组织签订清廉建设目标责任书，在7个基层商会中建立商会党组织，成立商会纪检委员会，并明确非公有制企业纪检委员工作职责。拍摄以“政商交往正负面清单”为主题的沙画视频，通过微信公众号、微视频等形式，在全区进行宣传和推广。同时，联合各基层商会，印发清廉建设倡议书，面向非公有制企业开展清廉企业文化征文、清廉主题书法征集，举办清廉知识答题活动等，并利用各类会议组织非公有制企业学习清廉知识，传播清廉理念。

（高　婧）

群众团体

Mass Organizations

上城区总工会

【概况】 2019年末，上城区有基层工会组织1140个，基层工会覆盖单位5371个，工会会员18.74万人。区总工会贯彻学习习近平总书记关于工人阶级和工会工作的重要论述，推进工会各项工作全面开展。区总工会完成上城区劳动模范评选和第二届"上城工匠"认定工作，评选上城区劳动模范50人，并在劳动节期间予以表彰；认定第二届"上城工匠"10人、"上城工匠"提名人员5人，在全国首个"9·26"工匠日主题活动期间予以发布。推选省级劳动模范3人、省级模范集体1个、市级劳动模范12人、市级模范集体4个，培育推荐"浙江工匠"1人、"杭州工匠"4人，1名工匠获评"上城区创新领军人才"，新建区级劳模工匠创新工作室7个。区总工会被中华全国总工会评为"财务规范化建设达标单位"。

【工会组织建设】 2019年，区总工会以全省工会"百日攻坚"行动任务为契机，完善工会组织建设。全区新建工会107个，新发展会员4092人，100人以上企业工会应建尽建完成率100%。开展新一轮"职工之家"评比工作，评定杭州娃哈哈集团有限公司工会等96个基层工会为四星级以上"职工之家"。近3年累计投入工作经费152万元，发放非公有制企业兼职主席履职补贴24.46万元。制定《上城区职业化工会工作者聘用管理办法（试行）》，优化职业化工会工作者待遇。推选杭州市优秀工会工作者4人，评比表彰上城区优秀工会工作者和工会积极分子100多人。深化民主管理"3+X"（职代会、集体协商、职工董监事与形式多样的厂务公开制度相结合）模式，已建工会企业的职工代表大会、厂务公开建制率达到95%以上。

【和谐劳动关系创建】 2019年，区总工会深化和谐劳动关系创建，促进工资集体协商工作提质增效，助力劳动者维护自身合法权益。春节前，组织各级工会劳动法律监督员和工会法律服务志愿者到工业园区、重点项目工地、社区等外来务工人员集中地区，开展农民工工资支付情况专项监督行动，检查用人单位160多个，涉及外来务工人员2000多人，未发现欠薪情况。全区各级工会开展"尊法守法·携手筑梦"打造无欠薪城区普法宣传活动20场。区职工维权帮扶阵地入驻上城区社会治理综合服务中心，配备法律服务智能一体机，设专门的窗口开展职工法律援助服务。首次开展工资集体协商质效评估工作。完成上城工会劳动法律监督员培训三年计划，累计培训持证人员300人，开展全区劳动法律监督大规模集中巡查行动2次。区电子机械功能区获评杭州市首批和谐劳动关系建设标杆园区，国药控股浙江有限公司获评第五轮浙江省创建和谐劳动关系暨“双爱”活动先进企业，5家企业获评杭州市2018年度创建和谐劳动关系先进企业。开展企业社会责任建设工作，复评通过杭州市企业社会责任建设AA级、A级企业各2家，全区新增B级企业41家、C级企业18家。

【庆祝国际劳动节大会】2019年4月29日，上城区举行“追梦新时代，劳动最美丽”庆祝“五一”国际劳动节大会。区领导陈瑾、袁建祥、金晓东等参加。会上，公布新一批上城区劳动模范名单。经过基层推荐、部门审议、媒体公示等程序，王志飞、王骋、王瑞华、卢建军、叶海阳等50人获“上城区劳动模范”称号。

【第二届“上城工匠”认定发布会】2019年9月24日，上城区以“庆华诞·守初心·尚匠心”为主题，举行庆祝全国首个“9·26”工匠日主题活动暨第二届“上城工匠”认定发布会。区领导陈瑾、占仁义、周徐胤、王歆、管光尧、叶榕、周常生，以及相关部门负责人、劳动模范和工匠代表等出席活动。会上，《关于公布第二届“上城工匠”认定结果的通知》发布，江亮、李海燕、吴娜佳、邱华平、沈益东、俞柏堂、聂伍军、梅红玲、虞大明、潘海宾10人获第二届“上城工匠”称号，另有5人获“上城工匠”提名奖。10名“上城工匠”以视频与演讲相结合形式，讲述自己的工匠故事，彰显“上城工匠”攻坚克难、精益求精、追求卓越的工匠精神。

2019年4月29日，上城区举行“追梦新时代，劳动最美丽”庆祝“五一”国际劳动节大会 （区委宣传部 供稿）

【上城区工匠课堂启动】2019年6月14日，区总工会会同区委宣传部、区委人才办举行首次上城区工匠课堂暨全国“最美职工”宣讲活动，全区100多名干部职工代表参加。宣讲以“匠心与坚守”为主题，邀请2019年全国“最美职工”、全国五一劳动奖章获得者、“浙江工匠”黄金娟主讲。黄金娟向职工分享自己35年来与“电能表”的奋斗故事，讲述她用“工作不讲话、讲话不工作”的专注态度和“知其然，知其所以然”的钻研创新精神，从一名奋斗在一线的女工走向国家科技最高领奖台的历程。工匠课堂让更多职工领悟“工匠精神”内涵，以“工匠精神”攻坚克难。年内，区总工会还开展工匠进企业、进工地、进基层宣讲，工匠技能扶贫，工匠微视频比赛等工匠课堂系列活动。9月24日，首次组织“上城工匠”参加市总工会举办的工匠拍卖会，拍得款项6.75万元，参与人数和捐款数额均为全市最多。

资料

黄金娟：国网浙江省电力有限公司高级工程师、高级技师，是国内第一名获国家科技进步奖的女性职工。她研制出世界上首条电能表自动化检定流水线，实现电能计量自动化检定从无到有的突破。

【困难职工帮扶救助】 2019年末，全区有建档市级以上困难职工22户，其中区级困难职工19户，困难职工专项救助、“两节”（元旦和春节）慰问全覆盖。安排经费48万元，为1200名一线外来务工人员、困难职工提供免费体检服务。拨付医疗互助参保补助金50.8万元，出险补助972人次，补助金额118.91万元。“春风助学”困难家庭逐步脱贫，市区两级援助对象较2018年减少67%。实地考察对口扶贫的贵州雷山县、湖北鹤峰县，并与两地总工会签订合作框架协议，拨付对口帮扶款20万元，在两地成立职工（劳动模范）疗休养基地。全区各级工会全年采购对口帮扶地区产品价值85.65万元。

【职工技能提升活动】 2019年，区总工会围绕全面深化“六大行动”上城实践，着力提升职工五大技能竞争力，组织开展各类群众性劳动竞赛、技能比武、建言献策等活动。举办第十五届上城区现代服务业技能大赛暨上城区家政服务业技能大赛，设育婴员、养老护理员、家政服务员、保育员4个技能项目，25支代表队、100多人参加。以竞赛替代培训促进职工技能提升，全区565个基层工会开展技能竞赛，3.8万人次参赛。为109名职工提供免费技能培训和晋升高一级技能等级机会。修订完善《关于上城区技能人才库人员培养管理实施意见》，吸纳人才库成员116人。

【职工普惠服务】 2019年，区总工会组织春季大型招聘会4场，220多家企业参加，现场参与职工3596人，提供咨询服务4120人次。规范职工疗休养工作，招投标建立疗休养旅行社名录库，印发《关于完善疗休养工作的补充通知》，全年组织4330名职工参加疗休养活动。安排高温慰问专项资金63万元，慰问重点工程、重点领域及特殊岗位工作一线职工3万人。全区新建“妈咪暖心小屋”23个，累计建成“爱心驿家”11个。“爱的填空”相亲工作站全年配对1208对职工情侣，其中125对青年职工在当年登记结婚。与区政府召开联席会议，为全区机关事业编制人员争取增加活动经费，自2019年起，每人每年活动经费由500元增加至1500元。

【职工思想文化建设】 2019年，区总工会围绕“守初心、担使命，找差距、抓落实”总要求，在全区基层工会和干部中开展“不忘初心、牢记使命”主题教育。举办全国“最美职工”讲座、职工摄影沙龙、乒乓球比赛、趣

2019年1月3日，“爱的填空”相亲工作站在燕子弄举行迁址揭牌仪式
（区总工会 供稿）

味运动会等庆祝中华人民共和国成立70周年系列活动。抓好意识形态领域建设，区总工会积极在主流媒体上发声，全年被“学习强国”平台录用新闻信息7条，市级以上报纸录用文章10篇。选拔优秀节目参加市首届职工文化艺术节，获铜奖和最佳组织奖。加强职工文化阵地建设，联合区委宣传部，建立区首批企业文化俱乐部3个；新创建省级“职工书屋”3个，拨付专项资金2.1万元。组织工会志愿者开展法律服务、“春风行动”招聘会、工会政策宣传、“六五”世界环境日垃圾分类宣传等志愿服务活动20多场，惠及职工群众5000多人次。

（刘乃华）

共青团上城区委员会

【概况】 2019年末，上城区有14～35周岁青年70552人，其中团员7167人。有团直属街道、机关部门、企事业单位团组织23个，所属基层团支部422个；有区域青年共建委员会7个，150个两新组织实现建团。团区委履行组织青年、引导青年、服务青年、维护青少年权益四项基本职能，深化青年少思想引领、青年创新创业、城市志愿服务等工作。各级团组织举办走访慰问、党团知识竞赛、团员干部专题培训、“新时代上城十大杰出青年”推选、青少年主题思想教育、五四运动100周年特别主题团日等活动1630场。

【共青团杭州市上城区第十三次代表大会】 2019年3月7日，共青团杭州市上城区第十三次代表大会召开，来自上城各条战线的127名团代表出席大会。开幕式上，区委书记陈瑾出席会议并讲话。团市委书记马利阳应邀出席并向新时代青年提出更高要求。团区委书记代表共青团上城区第十二届委员会做题为《不忘初心跟党走、奋勇建功新时代，为高质量推进一流的国际化现代化城区建设贡献青春力量》的工作报告。大会回顾总结区第十二次团代会以来的工作，审议并通过共青团上城区第十二届委员会工作报告，研究确定今后3年的主要任务，选举产生共青团杭州市上城区第十三届委员会常委、书记、副书记及委员。

2019年3月7日，共青团杭州市上城区第十三次代表大会召开

（团区委 供稿）

【“新时代上城十大杰出青年”推选活动】 2019年4月1日，上城区启动“新时代上城十大杰出青年”推选工作。推选面向在上城生活、学习、工作的各族各界中国青年及外籍青年友好人士。经过组织推荐和社会举荐、专家评审会评议和投票等程序，确定俞恩等20名正式候选人，其中前10人被授予“新时代上城杰出青年”称号，其他10人被授予“新时代上城青年英才”称号，并在纪念五四运动100周年活动中予以表彰宣传。

【青少年主题思想教育活动】 2019年，团区委以各种形式开展青少年主题思想教育活动。4月，组织各直属团组织开展以缅怀为主题的团队日活动，以祭扫一次革命烈士墓，讲授一次主题微团课，举行一次升旗仪式，组织一次国旗下讲话，聆听一次革命烈士事迹宣讲，唱一次国歌、团歌、队歌，开展一次入队、入团宣誓，参观一次纪念馆"八个一"为内容，引导团员青年、少先队员增进对英雄先烈的崇敬之情，增强家国情怀和民族自豪感。10月24日，组织共青团上城区第十三届委员会委员、"上城青干线"三期学员70多人参观杭州青年运动史馆，以现场教学、专题党课、团课的形式，推进"不忘初心、牢记使命"主题教育。

【青少年帮扶】 2019年，团区委加强青少年帮扶工作，多渠道开展帮扶行动。4月，团区委联合多部门开展"情系雷山，点亮微心愿""情系恩施·爱心助学"系列活动，认领贵州雷山县中小学生"微心愿"40多个，募集图书2万余册。同时组织多场次建言献策联谊交流活动，推动对口帮扶工作。8月28日，开展残疾青少年精准帮扶"守护者行动"，通过街道、社区各级团组织前期摸排，制作并填写"守护者行动"联络卡，对全区一级、二级残疾青少年83人进行集中走访、调研，对其家庭状况、需求、"微心愿"等信息进行收集、反馈，并结合走访情况，完成残疾青少年"微心愿"认领。开展节日慰问，推进上城区残疾青少年帮扶工作。

【纪念五四运动100周年特别主题团日活动】 2019年5月6日，上城区举办纪念五四运动100周年特别主题团日暨"新时代上城十大杰出青年"风采展示活动。团省委常委、组织部部长盛乐，团市委副书记陈龙宁，区领导陈瑾、周徐胤、范卫东、顾敏达、周常生等出席活动。区级各部门、团干部、中小学代表、各行业青年代表等300多人参加。活动分为3个篇章进行。第一篇章"纪念五四·潮起钱塘"设置《上城青年绘五四》《蜗牛》《五星红旗》等情景歌舞、歌曲节目。第二篇章"新时代·青年范"表彰优秀青年，展播"新时代上城十大杰出青年""新时代上城青年精英"短片，讲述青年人在工作和生活中的经历，诠释青年人的理想之光。第三篇章"致敬青春·扬帆起航"由"上城青干线"二期学员进行经验分享，并做三期开班动员宣言。

【"我与祖国共奋进——国旗下的演讲"特别主题团日活动】 2019年9月26日，上城区"我与祖国共奋进——国旗下的演讲"特别主题团日活动举行。区各直属团组织负责人及团员青年100多人参加活动。活动围绕"礼赞新中国、奋进新时代"的青春主旋律，通过升旗仪式、演讲比赛、主题微团课、重温入团誓词、齐唱团歌等形式进行。演讲比赛中，由区委组织部、区委统战部、"上城青干线"三期学员中选拔

2019年5月6日，上城区举办纪念五四运动100周年特别主题团日暨"新时代上城十大杰出青年"风采展示活动。图为"上城青干线"三期开班动员仪式
（区委宣传部 供稿）

推荐的13名青年参赛选手围绕“庆祝新中国成立70周年”演讲主题，结合自身思想认识、工作生活实际，抒发热爱党和祖国的情怀，展现上城青年精神风貌。

【上城区党群服务中心·网易蜗牛悦读基地成立】 2019年6月2日，上城区15个党群服务中心依托“网易蜗牛”，开通线上读书平台，同步成立线下悦读基地，为全区青年带来“+∞电子书畅读服务”（在中心悦读益站空间内，使用“网易蜗牛读书”App可以享受平台内的所有电子书不限时畅读）等多方位公益惠民支持。该项目为“以文化筑梦，为青春领航”上城区青年精品文化“青斓”工程三年行动计划内容之一。

【共青团杭州凤凰御元委员会成立暨第一次代表大会】 2019年11月20日，共青团杭州凤凰御元委员会成立暨第一次代表大会在凤凰御元党群服务中心召开。团区委负责人，以及杭州丰平文化创意有限公司董事长李克良，南星街道党工委相关负责人及凤凰御元园区团员代表、辖区青年等参加会议。大会筹备组组长报告大会筹备工作相关情况，团员代表表决通过《共青团杭州凤凰御元委员会第一次代表大会选举办法》。会议差额选举产生共青团杭州凤凰御元第一届委员会委员7人，并在随后召开的委员会第一次全体会议上，选举产生书记和副书记。

【七夕百人游园会】 2019年七夕节期间，团区委举办“夜游皇城，创享生活”七夕百人游园会。活动依托“亲青恋”文化品牌，结合凤凰御元文创园区特色，通过游戏闯关、自我展示等形式，把南宋传统文化底蕴和新时代创意氛围相结合，丰富青年文化生活，为单身男女青年提供展示交流机会，吸引辖区100多名单身青年参与。

【“美美讲堂”校地共建项目获第四届中国青年志愿服务公益创业赛金奖】 2019年12月2—4日，第五届中国青年志愿服务项目大赛暨2019年志愿服务交流会在广东东莞市举行。该赛事由共青团中央委员会、中央文明办、国家卫健委等单位共同举办。经过全国赛初评和终评，中国美术学院团委与团区委校地共建志愿服务项目“美美讲堂——社会美育传播计划”从100个决赛项目中脱颖而出，获第四届中国青年志愿服务公益创业赛金奖。该项目通过“线下社会实践+互联网线上课程美育平台”公益新模式，传播中华优秀传统文化，传递当代大学生的志愿服务精神与向善向美的价值观念。

（李佳杰）

【杭州青年运动史馆开馆】 2019年9月29日，杭州青年运动史馆开馆。团省委书记朱林森，团市委书记马利阳，市文明办、市教育局、市园文局、市委党史研究室等相关部门负责人，各区县（市）团委书记和老团干代表、团员青年及少先队员代表等60多人参加开馆仪式。该馆位于思鑫坊萱寿里17号，展厅面积1344平方米，展出文物资料210多件（套）、珍贵历史照片600多幅。该馆具备陈列展示、宣传教育、研究研讨、史料保管等功能，分为“杭州青年为建立新中国而斗争”“杭州青年积极参与社会主义建设”“杭州青年在建设中国特色社会主义中建功立业”3个单元，运用微缩浮雕、多媒体等形式，展示百年来杭州青年的奋斗历程。至年末，该馆接待参观团队28批次、851人。

（王璀佶）

上城区妇女联合会

【概况】 2019年末，上城区有机关妇工委、妇联17个，社区妇联54个、妇女组织625个，其中“四新领域”（新领域、新业态、新阶层、新群体）妇联组织8个，为商圈妇联、园区妇联、街区妇委会、女性社会组织妇联、民主党派妇委会。上城区妇女联合会推动妇联改革在基层落地落实，探索构建城市区域化妇建模式“她TA共同体”、“尚家和”家庭综合服务、“姐妹会客厅”妇女自治平台、“她时代”女性社群等工作品牌，积极打造城市妇女工作“上城样本”。国务院妇儿办副主任胡道华、省妇联副主席陆英、省妇儿工委办副主任张丽萍、市妇联主席楼卿捷等先后调研上城，并对区妇女儿童工作给予肯定。

【基层妇女组织建设】 2019年，上城区深化“她TA共同体”区域化妇建（妇女组织建设）打造，着力破解区妇女群体多元化与妇联组织层级化之间的矛盾。以行业领域为突破口，建立全市首个健康产业联盟妇女组织——上城区小营街道智慧健康产业园妇联、首个科技行业妇女组织——上城区科技局妇委会和上城区科创行业女性联盟、首个会计行业妇女组织——浙经天策会计师事务所妇联，并在望江金融科技城、凤凰御元文创园区成立妇联，推进组织和服务覆盖。以全国“三八”红旗手、区妇联执委陈敏在“尚城1157·利星”文创书城设立“上城区妇联执委服务微驿站”为样本，在区、街道、社区三级妇联执委中全面推广“妇联执委服务微驿站”，开展执委亮牌服务，激发执委工作热情。同时在社区网格、楼道、小微两新组织等微小单元推广建设“妇女微家”，实现服务妇女“零距离”。累计成立妇女组织638个，“双覆盖”阵地建设521个，“儿童之家”52个，区级妇女儿童法律援助中心1个。

【妇女儿童发展规划实施】 2019年，上城区加快实施妇女儿童工作“十三五”规划。区级和街道党政领导班子中女干部配备率均100%；区人大女代表、政协女委员的比例均在30%以上，党代表中女性比例超过45%；全区各社区居民代表女性比例达到57%。连续15年保持孕产妇“零”死亡率，妇幼保健工作走在全省前列。全国首创实施的“星级家长执照”工程面向0~15岁幼儿、青少年家长，做优做实线上线下家庭教育，注册家长有7万余人，其中在校学生家长3万余人，实现100%全覆盖。

【纪念“三八”国际妇女节109周年大会】 2019年3月5日，上城区举行以“激扬新时代巾帼力量，献礼我的国70华诞”为主题的纪念“三八”国际妇女节109周年大会暨妇联基层组织建设“两个覆盖”工作推进会。区委书记陈瑾、市妇联主席楼卿捷及区各级妇联干部、各阶层女性300人参加。会上表彰2018年度上城区“最美家庭”、“最美廉内助”、“三八”红旗手、“三八”红旗集体及巾帼文明岗，并授予“上城妇联执委微驿站”“上城妇联妇女微家”牌子。

【女性社会组织获“双十佳”奖项】 2019年，区妇联培育扶持的社会组织——上城区学悦青少年社会工作服务中心、爱馨互助会分别获年度杭州市妇女儿童家庭公益服务大赛“十佳”项目和杭州市“十佳”女性社会组织。上城区学悦青少年社会工作服务中心以家庭教育推广为特色，有爱心妈妈志愿者100多人，自开设以来累计为6000名青少年儿童提供家庭教育公益服务。爱馨互助会拥有爱馨文化艺术大课堂、阳光妈妈志愿服务队、爱馨驿站项目等社团品牌项目，成立至今累计开设支持性就业课程471场，直接受益人1.41万人，获良好的社会口碑与社会效益。

【家事调解员培训】 2019年8月28日，区妇联举办首个家事调解员培训班，全区各街道、社区妇联主席，各系统妇委会主任、婚姻调解委员，“尚家和”工作室调解员等160多人参加。培训以线上和线下相结合模式进行，其中线下课程涵盖心理学、家暴法解析、调解技巧、案例讲评等针对性和实操性内容，易于将所学技能运用到基层实践工作中。培训提升家事调解员和专业化家事调解员队伍的业务能力，推进多元化家事调解全区域覆盖。培训会上，向新一届上城区婚姻家庭矛盾人民调解委员会成员颁发任命书，并联合区法院聘任家事诉调“六大员”（辅导员、调查员、调解员、观察员、危机干预员、案件回访员）24人。

【区“尚家和”工作室暨婚姻家庭指导中心成立】 2019年10月，区妇联在区社会治理综合服务中心设立区“尚家和”工作室暨婚姻家庭指导中心。由“尚家和”专家团成员驻点，通过服务项目承接标准化、工作机制标准化、服务流程标准化，为全区家庭和妇女提供婚姻家庭纠纷调解、家庭关系辅导、心理疏导等服务。11月12日，市委副书记张仲灿调研上城，对区“尚家和”工作室暨婚姻家庭指导中心开展的工作表示肯定。

【“伊创联盟”成立】 2019年6月6日，区科技局、区妇联、团区委承办的2019年全国双创周上城分会场启动仪式暨创新创业嘉年华活动开幕。活动由“展、论、赛”三部分组成。围绕优秀个人、创业女性、创新企业、科技成果等内容，展示上城区科技创新取得的成果。活动当天，在原有科创行业女性联盟基础上，成立新型女性组织“伊创联盟”。“伊创联盟”聚集上城区工业制造、科技创新、数字经济、文创领域创业女性，以智会友、创意分享、各展所长，集交流、提升和自服务于一体。

2019年6月6日，新型女性组织“伊创联盟”成立　（区妇联 供稿）

【“常回家吃饭，扬清廉家风”倡议】 2019年6月14日，区纪委、区妇联在八卦田遗址公园举办的“百家盛宴展厨艺，邻里相聚迎华诞”主题活动中，联合向全区党员干部发起“常回家吃饭，扬清廉家风”倡议。倡议号召全区党员干部常回家吃饭，用更多时间与亲人相伴，带头正品行、立家规、严家教、树家风，带动更多上城家庭弘扬清廉家风，建设幸福家庭。

【“垃圾分类红色联盟”成立】 2019年，区妇联印发《2019年上城区妇联组织助力垃圾分类工作实施方案》，并联合区委直属机关工委向全区广大妇女家庭、机关干部发起“垃圾分类，从家出发”活动倡议，发放垃圾分类倡议书与宣传品5000多份。8月15日，上城区党员志愿者携辖区家庭志愿者组建“垃圾分类红色联盟”。“垃圾分类红色联盟”探索运用“党建+垃圾分类”模式，通过广大党员的模范引领作用，带动更多居民群众和社会各界参与，推动早日实现全员垃圾分类，为建设一流的国际化现代化美丽上城做出贡献。

【“巾帼尚学堂”宣传教育品牌创设】 2019年，区妇联围绕“巾帼心向党，建功新时代”和庆祝中华人民共和国成立70周年两大主题，充分挖掘辖区妇女积极贡献新时代妇联特色亮点工作。创设“巾帼尚学堂”宣传教育品牌，以“4尚+4式”的宣传方法，即以“浸入式、互助式、共享式和集中式”方式进行“尚德、尚法、尚廉、尚善”主题宣传教育，加强对妇女群众的思想政治浸润引领，演绎传播上城女性家庭美好故事，形成浓厚的宣传舆论氛围，促进妇女儿童工作良好发展。

【“尚红好女儿”宣讲团成立】 2019年12月19日，“尚红好女儿”宣讲团成立仪式暨“巾帼尚学堂，我们来宣讲”“十佳”评选活动在馒头山社区邻里中心举行。活动现场，来自区公安分局、杭州市胜利实验学校、浙江省国际旅行社有限公司等单位的10名“尚红好女儿”宣讲员代表被授予聘书，并开展“巾帼尚学堂，我们来宣讲”首场宣讲活动。“尚红好女儿”宣讲团通过植根基层、贴近群众，有特色、接地气的宣讲方式，分享上城优秀女性的成长故事与感悟心得，促进先进性别文化传播，彰显时代女性精神风采。

【“大手拉小手，爱心伴成长”暑期公益活动】 2019年7月11日，区妇联联合区妇女儿童工作委员会成员单位开展

2019年12月19日，“尚红好女儿”宣讲团成立　　（区妇联 供稿）

“大手拉小手，爱心伴成长”暑期公益活动，覆盖6个街道，涵盖知识讲座、课业辅导、绘画书法、国学教育等10多项内容。组织上城机关女干部“阳光妈妈”志愿者开展“妈妈教你学垃圾分类”、唱红歌、享阅读等特色活动，200多人次参加。

（姜惠芳）

上城区科学技术协会

【概况】 2019年，区科协围绕中心工作，履行好服务科技工作者、服务创新驱动发展战略、服务公民科学素质提高、服务党委政府科学决策“四服务”工作职责。区科协被中国科协评为全国科普日活动优秀组织单位；小营巷社区被中国科协推荐为全国“最美志愿服务社区”。《杭州政务信息》（专报）刊登的《上城区聚焦“四化”促进公众科学素质提升》得到副市长柯吉欣批示肯定，并以“‘四化’举措夯实上城科普发展根基”为题，在全市科普和全民科学素质工作领导小组会议上做交流。

【全区院士工作站运行情况调查摸底】 2019年2月，区科协围绕上城区院士工作站专家及团队建设、人才培养、项目实施及成果产出、成果转化、工作平台建设等方面对全区院士工作站运行情况开展调查摸底。调查结果显示，全区8个院士（专家）工作站在2018年开发新产品30项、项目合作44项，授权专利56项，其中发明专利25项，软件著作权10项，获省级以上成果奖励4项，联合培养硕士学位或副高以上职称人才56人，新增产值17357万元、利润3613万元。杭州柯林电气股份有限公司院士工作站研发的“超/特高压变电设备多源放电性故障检测与预警关键技术与应用”项目被省政府评为省科学技

术进步一等奖。年内，区科协联系区科技局、各街道及区电子机械功能区管委会等单位，了解全区科技创新企业发展情况，重点走访具备较强研发能力、建有专门研发机构、拥有水平较高、结构合理的研发团队的科技创新企业，为企业牵线搭桥，为下一步建立院士（专家）工作站打实基础。

【重点学术项目资金补助】2019年9月，区科协鼓励和支持各学会、协会开展学术活动，并对重点学术项目给予资金支持。通过项目申报评审、班子领导研究，最终对上城区青少年科技辅导员协会的“穆兴小学科技社团竞赛培训”和“上城区科技教育基地科技体验周”、上城区医学会的“学生身高与课桌椅动态匹配智慧管理”、上城区心理卫生协会的“上城区计生特殊家庭心理团辅”和小营街道梅花碑社区科协的“科普公园提升改造”5个项目给予资金补助，共计10万元。

【区科协获评2019年全国科普日活动优秀组织单位】2019年12月16日，中国科协公布2019年全国科普日工作考核结果，上城区的科普日组织工作获表扬。全国科普日活动期间，区科协组织开展1次网络竞赛、2个公益科普网络音频节目、5个科普讲座和5场科普走学活动等系列科普活动。其间，全区开展科普活动72项、77场，74个单位参加科普宣传活动，直接参与活动3.7万人。制作并在蜻蜓FM上线《致敬大工程》和《致敬科学家》两个科普音频节目30期，宣传中华人民共和国成立70周年以来取得的重大科技成就和为中国科技发展做出突出贡献的科学家。结合党建工作、红色教育，加强科普阵地建设，夯实基层宣传教育工作。更新科普画廊（楼道）建设，每月推送百科内容。至年末，全区有科普画廊92处、科普楼道32处，宣传展板692块。落实“科普中国·e站”建设，全区有“科普中国·e站”30个。

【社区科普大学办学】2019年，区科协依托区、街道、社区三级办学网络，在区科普大学以“健康平安家”“玩转智能手机”2个专题开设学院班2个，以“这些年流行的科学谣言你信过几个？”等6个专题开设科普班6个，授课63节，3219人次受益。结合全国科技工作者日活动，开展“新时代·新生活——健康科普行”讲座进社区活动，以“读懂身体发出的信号”等为主题推出讲座3个、6场，300人参加。全国科普日期间，推出“为垃圾分类，给杭城减负”等5个系列科普讲座78场，1796人参加。组织开展市科普讲师团工作，全区举办科普讲师团讲座103场，2771人参加。11月29日，联合市科技工作者服务中心，举办市第152期科学大堂“分子影像·探索人体奥秘”科普讲座，邀请“长江学者”田梅授课。6月，区科普大学工作在全市乡镇街道成校（社区学校）校长培训班上做交流发言。

【科普社会责任评估】2019年8月，为增强社会主体履行科普责任的自觉性，调动社会各方参与科普工作的积极性、主动性，区科协根据《杭州市科学技术普及条例》，委托专业评估机构浙江大学城市学院应用统计研究所，对区社区学院（区社区科普大学）和湖滨街道社区卫生服务中心开展首次科普社会责任评估工作。此次科普社会责任评估主要评估两个单位2018年履行科普责任、科普要素能力及取得工作成效等方面的情况。9—11月，两个单位对各自科普工作进行回顾和梳理，形成自查报告。12月，区科协组织省科技馆、中国杭州低碳科技馆、浙江科技大学等单位相关专家组成评估专家组，对两个单位科普社会责任履行情况进行现场评估，并形成科普社会责任评估结果报告。

【科普阵地建设】2019年，区科协结合党建工作、红色教育，推进彩霞岭社区科教中心升级改造，打造“党建+科普”基地。创新思路，通过社会化租赁方式，在“小营·江南红巷”和紫阳居家安全科普馆布局消防科普体验设施，丰富科普馆展陈内容。加强全区124处科普画廊（楼道）建设，每月更新展板内容。加强“科普中国·e站”建设，至年末，全区注册科普员5677人。5月，紫阳街道科普活动中心被授予“杭州市青少年科普教育基地”称号。12月31日，“小营·江南红巷”被省委宣传部、省教育厅、省科技厅、省科协联合认定为第七批省级科普教育基地。至此，全区省级科普教育基地增至2处。

【科普信息化】2019年，区科协积极打造网络科普宣传平台，在音频自媒体平台蜻蜓FM和喜马拉雅设立《谷雨科学》栏目，播出公益科普节目300多期，阅读量66.6万人次。围绕中华人民共和国成立70周年，制作两个科普音频节目，宣传中国科技成就和科学家。积极推进“科普中国”优质资源应用推广，全区“科普中国”累计分享传播29.9万次。

【健康讲座和论坛】2019年5月15日，区科协会同区医学会开展以“健康生活，幸福上城”为主题的国际家庭日主题宣传活动，邀请杭州市中医院副院长詹强为机关工作人员进行主题为“阴阳平衡中的养生之道”的健康养生讲座，呼吁社会关注家庭与健康。12月，联合市科协、浙江大学医学院开展以“践行健康中国理念，激发活力、开放共享、合作共赢”为主题的第二届国际健康创新论坛，邀请5名相关领域的教授、博士做主题演讲，贯彻落实习近平总书记提出的“没有全民健康，就没有全面小康”的战略指导。

【“诗书礼仪，书香上城”全民阅读活动启动】2019年4月19日，区科协联合区文广旅体局在“尚城1157·利星”商业综合体举行“诗书礼仪，书香上城”全民阅读活动启动仪式暨“上城三大传说——古桥·古井·古巷”首展，旨在营造“爱读书、读好书、尚科普”的良好氛围，引领全区市民全民阅读、全民科普的活动，助推上城区“文化传承标杆区”和“科普示范区”建设。活动由舞台演出、静态展览和区图书馆科技类体验活动3部分组成。活动中，社区居民可以欣赏演出并体验智能跳绳、乐器制造、彩虹杯、神奇泡泡、火山喷发等科技活动，了解科技带来的变化。

【钱学森科技文化节】2019年5—8月，“礼赞七十年，科技筑梦新时代”——上城区2019年钱学森科技文化节举行。活动期间，组织6个街道代表队参与“科普中国”推广活动暨庆祝中华人民共和国成立70周年现场科普知

2019年6月20日，区科协组织6个街道开展“科普中国”推广活动暨庆祝中华人民共和国成立70周年现场科普知识竞赛　　（区科协 供稿）

识竞赛，湖滨街道代表队获一等奖。举办“宇宙探秘专题科普讲座进校园”活动，邀请杭州市天文学会理事长秦鸿翼先后到杭州市凤凰小学、杭州市回族穆兴小学、杭州市胜利实验学校、杭州市天长小学做主题为“黑洞那些事儿”“黑洞看不到，那可以看些什么呢?”的科普讲座，895人参加。举办“中科院老科学家科普讲座进校园”活动，邀请白武明、陈光南、陈洪3位中国科学院老科学家先后在杭州市勇进实验学校、杭州市抚宁巷小学、杭州天地实验小学为中小学生分别做主题为“科学就在我们身边——地震、火山和地球”“声音趣谈”“军用飞机与战斗机飞行员的生死一刻”的科普讲座4场，1150人参加。

【科普宣传微信互动竞答】2019年2月14—19日，区科协与区妇联在微信公众号上开展新春“学科学知识，促家庭和谐”科普妇联知识接力赛主题活动，1.6万人次参加。全国科普日期间，区科协借助“上城发布”和“上城科协”微信公众号，开展主题为“礼赞共和国，智慧新生活”的公民科学素质微信竞赛活动，1.65万人次参与答题。

（来　源）

上城区残疾人联合会

【概况】2019年末，上城区有持证残疾人9762人，比2018年末增加123人，其中视力残疾1277人、听力残疾1683人、言语残疾77人、肢体残疾4109人、精神残疾1290人、智力残疾1080人、多重残疾246人。区残联围绕“全面建成小康社会，残疾人一个也不能少”总目标，做好全区残疾人保障、服务、维权和管理工作。强化专职队伍建设，优化岗位管理和制度流程，提升残疾人工作队伍整体素质。推动志愿助残品牌项目和团队建设，上城区残疾人“阳光艺术”中心、爱馨互助会、七彩阳光残疾人服务中心和艺途无障碍公益服务中心志愿服务水平进一步提升，助推残疾人事业高质量发展，提升残疾人生活品质和幸福感。

【残疾人综合服务】2019年，区残联结合省市残联最新文件及管理办法，为残疾人群体提供便利办事条件。做好浙江政务服务网公共服务事项和扶残助残“一件事联办”事项认领工作，评定审核通过的新办残疾人证及到期换领的残疾人证采取“专门制表由街道签收，社区残疾人协会送证上门”的方式发放。全年受理各类咨询和服务事项4600多件次，其中受理新办理残疾人证815件、换领申请残疾人证151件、上门鉴定139件、死亡注销364件、变更外迁132人、信息变更103件、遗失补证149件、到期换证2530人，除未到期承诺件外，办结率均100%。开展残疾人法律信访维权工作，信访办结率和群众满意率均100%，提供法律援助21人次，进行无障碍建设普法宣传和培训200多人。同时，夯实第一手基础数据，已具备智能化残疾人证换发实施条件，为推进全域智能化残疾人证工作，做好第三代智能化残疾人证换发，实现从纸质证到智能证的无缝衔接做好前期准备。

【残疾人扶贫帮困】2019年，区残联落实残疾人扶贫帮困各项措施。全年发放残疾人津贴11.26万人次、568.46万元；发放生活补贴1.14万人次、410.8万元；发放护理补贴4.49万人次、1733.26万元。为残疾人提供托养与居家安养服务，82人进入市残疾人托管中心，850多人安排在其他机构享受托养服务；依据残疾人的实际需求，实现一对一居家安养服务，拨付服务费165万元。做好对口帮扶，先后到淳安县、鹤峰县、雷山县开展扶贫帮扶协作，投入资金30多万元。

【残疾人教育及就业服务】 2019年，区残联进一步完善残疾人教育及就业服务，残疾儿童少年义务教育入学率95%以上、残疾幼儿学前入园率95%；残疾学生及残疾人家庭助学464人，补助金额94万元。上城区首次规划和资助具备社会服务和公益创新亮点、能回应相应社会需求的“爱聚七彩——法律助残”等3个就业服务新项目。开展“残疾人之家”创建工作，至年末，累计创建完成7个，完成率100%。发放残疾人在职职工社保补助260.61万元、无业（困难）残疾人社保补助205.7万元、教育补助94.38万元。完成残疾人创业者帮助和指导、培训及资金支持，残疾人人力资源专场招聘会及用人单位残疾人审核等工作。

【助残环境优化】 2019年，区残联加大助残环境优化力度，进一步推进“无障碍设施进家庭”项目。投入近20万元，为符合条件的65名残疾人免费适配辅助器具87件，无障碍设施改造36户。组织新购残疾车车主参加理论考试与车辆订购，帮助新车主登记上牌，并及时办理残疾车第三者责任保险。为570名残疾车主发放燃油、维修、保险费补贴54.5万元。同时，设立残疾人机动轮椅车维修点。推进无障碍社区工作。年内，完成南星街道白塔岭社区无障碍社区创建，为全区第二个省级无障碍社区。基本实现白塔岭社区无障碍全覆盖。同时，对全区开展一次无障碍环境的全面实地摸底调查，完成全区14项重点对象的所有无障碍设施调查工作。

2019年3月30日，上城区开展第20次全国“爱耳日”主题活动

（区残联 供稿）

【残疾人康复救助】 2019年，区残联开展“智慧助残”服务，为智力精神残疾人免费适配健康监测手表服务项目，项目包含健康监护手表、手机卡套餐、GPS后台定位等，为残疾人及家属提供一键紧急呼叫、快速检测血压和心率、拨打电话、语音播报、短信提醒、一键查找残疾人位置信息等健康与安全保障服务，全年完成652人健康监护手表的申请发放工作。实施助明、助听、助行工程，做好辅助器具申请适配、残疾儿童康复救助服务。为残疾人白内障复明手术补助资金10.83万元，髋关节置换手术补助资金3万元；申请适配助听器、轮椅、假肢等康复辅助器具122例；残疾儿童基本康复训练补助申请62人，补助资金105.76万元。推进社区精准康复，全年提供康复服务6800多人次；为382名困难、重度残疾人提供上门居家医疗服务，向6个社区卫生服务中心补助资金31.26万元。全年参加健康体检残疾人3326人，补助资金99.78万元。委托第三方专业机构对居家医疗服务质量进行评估，满意率96.4%。强化“平安工疗站”培训引领，加强专业队伍建设，加强精神残疾人综合管理，进一步落实精神残疾人免费服药和住院救助政策。

【残疾人文体活动】2019年，区残联以“平等、参与、共享”为目标，以全国爱眼日、全国爱耳日、全国助残日等纪念日为契机，开展自闭症儿童画展、文化助残“五个一”工程、特殊艺术“五进”活动等系列助残扶残活动。发展残疾人体育事业，举办区第四届残疾人特殊运动会，150人次参加；组织残疾青少年参加市青少年田径游泳锦标赛。

【残疾人信息动态更新及监测】2019年，区残联开展残疾人信息动态更新及监测工作，准确掌握残疾人享受各类政策、服务及家庭收入与支出等情况，了解残疾人小康水平实现程度，为政府制定有关残疾人政策，进一步做好残疾人工作提供可靠依据。配合省残联开展年度省残疾人家庭收入状况监测工作，抽样残疾人家庭250户。年内，区残联完成残疾人基本服务状况和需求信息数据动态更新。（梁霆钧）

上城区红十字会

【概况】2019年，区红十字会围绕“红十字‘救’在身边”这一工作主线，坚持弘扬“人道、博爱、奉献”的红十字精神，完成红十字阵地建设、生命关爱工程、红十字志愿服务等工作任务。中国红十字会副会长尹德明到上城区考察红十字工作。年内，新增二级红十字救护师资47人，培（复）训红十字救护员2953人，普及培训14206人，分别占户籍人口的0.9%和4.5%。年内，建成清波街道南宋御街红十字爱馨驿站、科技工业园区红十字爱馨驿站、湖滨步行街红十字爱馨驿站和杭州市惠兴中学红十字应急救护培训基地。新安装AED（自动体外除颤器）7台。群众防灾避险意识和自救互救能力显著提升。区红十字会获《中华人民共和国红十字会法》暨红十字青少年自救互救知识竞赛单位组织一等奖和杭州市红十字系统先进集体等荣誉，爱馨驿站项目被评为全省首届十佳“红十字人道公益品牌项目”。

【红十字阵地建设】2019年，区红十字会推进红十字应急救护培训“进企业、进机关、进学校、进社区、进商圈”工作，建成红十字爱馨驿站3个、校园红十字应急救护培训基地1个，进一步扩大红十字阵地覆盖面，提升群众性应急救护知识普及度。湖滨步行街爱馨驿站把“公益+直播”“培训+互动”“服务+慈善”有机融合，首创“透明直播间”模式，线上日均收看观众超5万人次，并配备急救箱、担架轮椅、AED等设备，为湖滨商圈提供应急救护、急救培训、志愿活动等服务。南宋御街爱馨驿站成为红十字志愿者帮助“弱势群体”接触社会、适应社会、融入社会的服务阵地，驿站中的奶茶被称为“爱馨奶茶”。科技工业园区爱馨驿站为企业提供应急救护培训的“靠前服务”“专业服务”“定制服务”，实现企业参与培训“零次跑”。杭州市惠兴中学红十字应急救护培训基地帮助青少年了解红十字文化、学习应急救护知识、体验自救互救技能。培训基地在硬件上由“教学区”“互动区”“宣传区”“展示区”和“拓展区”五大区域组成，具有系统性、整体性、趣味性和互动性特点；在软件上将“人道、博爱、奉献”的红十字精神贯穿于教学全过程，开设惠公益、平安救护、消防演练、地震逃生、防毒防艾、交通安全、志愿服务、青春健康、心理素养、生涯规划、食品安全等课程，教育学生认识生命、尊重生命、热爱生命、珍惜生命。

【红十字人道救助】2019年，区红十字会坚持“项目化、精准化、参与化、透明化”筹资模式，策划“帮助身边的小伙伴”“送山区孩子一床被褥”“免费午餐”等项目。建立完善项目策划、动员协调、资金使用、信息反馈、表彰褒奖、宣传报道等制度，持续推进公信力建设，逐步树立“情暖上城·红十字博爱公益项目”品牌形象。同时，以改善困难群众生活为目标，持续开展“红十字博爱送温暖”“计生特殊家庭关爱”“助学帮困”“重病帮扶”等活动，慰问因病、因灾致贫家庭。对湖北鹤峰县和贵州雷山县的困难家庭提供援助，结对帮扶困难学生。全年募集帮扶资金361.98万元，发放救助款292.93万元，对口帮扶中西部地区款（物）274.2万元。

【红十字生命关爱工程】 2019年，区红十字会秉承“赠人玫瑰、手留余香”理念，深化造血干细胞和遗体器官捐献的动员、登记入库和慰问工作。全年全区有98人加入中华骨髓库，2人成功捐献造血干细胞；10人捐献遗体组织，捐献遗体7具、眼角膜7双、脑组织5例；组织无偿献血活动27场，2833人次献血68.36万毫升。持续开展表彰百次无偿献血者、造血干细胞捐献者分享会、缅怀遗体器官捐献者仪式、走访慰问遗体器官捐献者家属等活动，对无偿献血者、造血干细胞捐献者和器官遗体捐献者家属进行关怀慰问。积极推荐先进典型代表参加各级“好人榜”“道德模范”“最美人物”等评选活动，造血干细胞捐献者陈栋被评为上城区2019年度道德模范（“最美邻里”）。

【红十字宣传服务】 2019年，区红十字会围绕“5·8”世界红十字日、世界急救日等重要时间节点，讲好红十字故事，唱响红十字声音，传播红十字文化。运用新媒体传播速度快、视听手段丰富、多种资源联通的特点，联合杭州电视台制作《讲述红十字的故事》栏目，依托直播间打造《人间有爱》系列访谈节目。组建红十字博爱讲师团，让平凡人讲不凡事，使群众成为宣传红十字文化“主角”。坚持“人员专业化、服务常态化、团队多元化”发展模式，加强志愿服务队建设，以“专心”“恒心”“真心”“爱心”“贴心”赢得“民心”。遗体器官捐献宣传动员志愿服务队、湖滨吴山红十字志愿服务队、中医进社区志愿服务队、杭州晴雨公益服务中心等14支红十字志愿服务队伍服务于宣传、扶贫、济困、扶老、救孤、恤病、助残、救灾、送医、助学等传统志愿服务领域，并为杭州马拉松赛事、毅行活动等大型运动赛事活动提供应急救护保障服务。

（孙　洁）

2019年9月3日，杭州市惠兴中学学生在学校红十字应急救护培训基地学习应急救护知识

（区红十字会 供稿）

法　治

Rule of Law

政法委及综治

【概况】 2019年，上城区政法系统学习贯彻《中国共产党政法工作条例》，推进机构改革、司法体制综合配套改革，开展系列平安护航中华人民共和国成立70周年和市域社会治理工作，防范化解各类社会风险，为全区经济社会发展提供坚强保障。上城区获评全国“七五”普法中期先进区，实现省平安区“十四连创”。上城区政法系统获全国检察宣传先进单位、全省平安护航中华人民共和国成立70周年工作成绩突出集体和个人、省模范集体、市扫黑除恶专项斗争先进集体和个人等荣誉。

【“平安上城”建设】 2019年，上城区持续开展“平安上城”建设。落实平安综治领导责任制，优化区平安考核办法，强化过程性指标、结果性指标管控，完善月例会、周通报、线上会商、“红黑榜”等平安创建机制。组织区级督查，压实政治安全、治安防控、公共安全领域主体责任和属地责任，发动区、街道、社区、网格四级平安攻坚，打造共建、共治、共享的平安格局。平安考核获评市优秀，并以总分972.68分列全省第十、全市第三。

2019年4月4日，上城区被表彰为杭州市2018年度平安创建优秀区县（市）。图为区委书记陈瑾（前排左四）上台接受授牌并合影

（区委政法委 供稿）

【政法领域改革】 2019年，上城区持续推进政法领域改革。开展刑事诉讼涉案财物跨部门管理和一体化办案工作，推进“微法庭”服务网、“枫桥式公安派出所”“司法所业务规范化”建设。每个街道实现政法委员全配备。开展政法领域“最多跑一次”改革，区—街道—社区三级

综合治理中心建设运行规范性文件在全市推广。

【社会稳定维护】 2019年，上城区政法系统围绕重大活动节点，健全情报信息会商制度，运行“一体两翼”工作机制，首次通过“路地警务融合”模式实现人员有效管控。统筹涉稳风险化解并稳定控制工作，有效处置网贷平台、征地拆迁等引发的风险隐患，完成各级“两会”、“一带一路”峰会、亚洲文明论坛和湖滨步行街开街等节点的安保维稳工作。推进网贷风险处置，并进行专班实体运作，推动案件侦办、追赃挽损、社会稳定工作，“匹匹基金”平台［匹匹互联网金融（杭州）有限公司旗下产品］处置经验被《浙江政法》杂志刊登，并报中央政法委。开展重大决策社会稳定风险评估，指导落实16项重点实施项目稳评和报备工作，确保风险防范在事前。

资料

“路地警务融合”：2019年4月19日，上海铁路公安局杭州公安处杭州站派出所与杭州市公安局上城区分局站前派出所“合二为一”为杭州市公安局上城区分局城站派出所，标志着杭州首个铁路与地方公安警务融合的派出所正式成立，实现接处警一体化、应急处置一体化、安保维稳一体化。

（徐小夏）

法治政府建设

【概况】 2019年，上城区学习贯彻习近平总书记关于全面依法治国、建设法治政府等方面的重要指示精神，通过依法规范重大行政决策、加强行政规范性文件管理、完善政府法律顾问制度、规范复议应诉行为、完善行政首长出庭应诉制度、深化行政调解机制建设、深化行政执法体制改革、深化“放管服‘最多跑一次’”改革、落实“七五”普法规划等举措，推进上城区法治政府建设工作，为加快推进一流的国际化现代化城区建设提供法治保障。

【依法治区工作】 2019年，上城区组建中共杭州市上城区委全面依法治区委员会及其办公室，成立执法协调小组、司法协调小组和守法普法协调小组。制定并落实《中共杭州市上城区委全面依法治区委员会工作规则》《中共杭州市上城区委全面依法治区委员会协调小组工作规则》《中共杭州市上城区委全面依法治区委员会办公室工作细则》。构建在委员会领导下，办公室牵头抓总、各协调小组督促推动、区级部门各司其职的“1+3+N”工作机制。加强“法治上城”建设的顶层设计、统筹协调、督促落实。制订《2019年法治上城建设工作要点》，形成《2019年法治上城建设重点工作任务年度计划》。

【“法治守和”工程】 2019年6月5日，上城区设立“法治守和”工程专项组，着力提升上城区市域社会治理法治化水平，提高依法善治能力。制定《上城区市域社会治理现代化“法治守和”工程实施方案》，明确组织架构、工作职责、工作目标、运行机制。7月12日，召开上城区市域社会治理现代化“法治守和”专项组专题会议。会议确定年度重点工作，以项目化管理方式，在建设四大体系目标之下，确定2019年19项重点工作，明确责任部门、具体措施、完成时限。统筹打造上城区市域制度规范体系、法治实施体系、法治监督体系、法治保障体系。

【人民陪审员和监督员选任】 2019年，上城区按照《中华人民共和国人民陪审员法》、人民监督员制度及相关配套制度的要求，做好人民陪审员、人民监督员选任和管理工作。公开、公正、高效完成新一轮人民陪审员选任。区司法局加强与区法院、区检察院的沟通协调，完善人民陪审员、人民监督员的增补、培训、考核、保障等工作机制，实现人民陪审员、人民监督员的有机更新。同时发动、引导人民参与和促进法治工作。

【领导干部与执法人员法治意识加强】 2019年，上城区加强对行政执法人员通用法律知识、专门法律知识、新法律法规等岗位培训力度，组织2019年度法治政府建设暨依法行政工作培训，提高政府工作人员的法律业务素质和能力，提升培训的实效性和针对性。贯彻落实《法治政府建设与责任落实督察工作规定》，推动各级领导干部学法的制度化、常态化，多途径强化领导干部法治思维，提升领导干部法治素养。

【政府法律顾问制度完善】 2019年，上城区贯彻落实《关于进一步深化政府法律顾问工作的意见》，进一步加强律师顾问队伍建设，强化法律顾问审查机制，将法律把关贯穿于行政行为全过程。严格政府法律顾问聘任条件，制定《上城区外聘政府法律顾问管理及考核办法》，开展全区外聘法律顾问任职条件审核和专项检查，落实法律顾问追责制度。全区各单位外聘法律顾问均符合任职条件。发挥政府法律顾问作用，在重大行政决策、重大合同审查论证、规范性文件制定、行政复议、合同签订等事项中把好法律源头关。

【重大行政决策程序健全】 2019年，上城区贯彻落实《杭州市人民政府重大行政决策程序规则》，规范公众参与、专家论证、风险评估、合法性审核、集体讨论决定等程序。健全重大行政决策目录清单制度，实行上城区政府2019年度重大行政决策事项目录化管理，不断优化科学、民主、依法决策机制。

【行政机关合同和行政规范性文件管理】 2019年，上城区加强行政机关合同和行政规范性文件管理。修订《上城区行政机关合同管理办法》，坚持合同草案初审、常规合同复审、重大合同会审原则，有效预防和减少合同纠纷，依法维护国家利益和社会公共利益。严格执行行政规范性文件制定程序，对区政府各部门履行审查监督职责，及时纠正违法或不当规范性文件。全年前置审核区政府及区政府办公室行政规范性文件29件，发布并向市司法局和同级人大常委会备案10件，提出意见建议49条。对全区符合清理范围的103件行政规范性文件进行全面清理，公布继续有效77件、废止22件，宣布失效4件。

【行政执法主体和执法人员资格管理】 2019年7月，区司法局开展全区行政执法主体资格确认和公告工作。指导和监督各执法单位因机构改革工作引起的执法主体变更和执法人员换证工作，审查执法人员转换单位或岗位的法律依据，清理无依据的单位账号和违法违规持证人员。6月4日和8月23日，组织全区2019年度报考浙江省行政执法人员综合法律知识考试，全年新增执法证件73本，全区持证率95%以上。

【执法监督规范化建设】 2019年，上城区加大执法监督检查力度，加强执法监督规范化建设。制订行政执法监督工作计划，开展2019年法治政府建设督查工作，对各行政执法部门行政执法“三项制度”（行政执法公示制度、行政执法全过程记录制度、重大执法决定法制审核制度）实施、“两高一低”（行政案件发案率高、行政案件败诉纠错率高、行政负责人出庭应诉率低）整改、政府外聘法律顾问履职、规范性文件和行政合同管理、法制宣传等情况进行专项检查。开展2019年度全区行政执法案卷评查，参与区司法局集中评查的行政许可案卷36

件，行政处罚案卷30件，行政强制案卷5件。

【行政复议应诉案件规范办理】2019年，上城区进一步规范行政复议、应诉案件办理，印发《上城区关于行政复议、行政应诉及行政负责人出庭应诉工作的若干意见》。进一步发挥府院联席会议、季度通报会议等制度作用，加强对败诉纠错案件分析研判力度，推动健全适法问题、执法难题、复议诉讼共性问题破解，健全滥诉甄别、败诉案件剖析机制。开展行政争议化解工作，降低行政案件败诉风险。规范行政调解程序，提升行政调解能力和水平，加强全面落实行政调解与人民调解、司法调解的联动化解。全年全区行政复议案件化解率52%。

【行政首长出庭应诉制度完善】2019年，上城区通过各举措完善行政首长出庭应诉制度。加强行政复议应诉及负责人出庭应诉管理，每季度召开全区“两高一低”联席通报会，通报全区复议应诉工作开展情况，对行政首长出庭工作落实较差的单位负责人进行约谈，提高全区行政机关负责人出庭应诉率。全年全区行政负责人出庭率97%，比2018年提升42%。

（郭康妙）

公　安

【概况】2019年，区公安分局以中华人民共和国成立70周年庆祝活动安全保障为主线，统筹推进各项警务工作，提升维护国家安全和社会稳定的能力水平，实现刑事、治安警情“零上升”，队伍重大违法违纪行为“零发生”，全区社会治安大局持续平稳。区公安分局获评全省信访工作县级公安机关先进单位、全市扫黑除恶专项斗争先进集体。分局经侦大队获“浙江省模范集体”称号，湖滨派出所被评为全省“枫桥式公安派出所”，分局刑侦大队党支部被评为全市政法系统、全市公安机关、上城区“最强党支部”。1名民警立个人二等功，32名民警立三等功。上城区连续14年被评为省级平安区。

【社会政治环境稳定】2019年，区公安分局围绕重大行动和重要节点，完成大型活动安保204场次、各类警卫任务勤务46批次。注重信息掌控、落地查控、处置稳控3个环节，有效处置相关聚集维权涉稳事件，保障“猴子理财”“6·26”案件庭审正常进行。其中以网贷平台涉稳处置为重点，出动安保警力1.3万人次，确保全区涉政、涉稳、涉恐、涉网领域平稳有序。

【警情控制】2019年，区公安分局依托“每日警讯”“社会治安状况常态评估”等平台，强化对辖区各类警情实时研判和重点治安问题分析，多措并举守牢上城阵地。全年接报有效警情5.07万起，其中刑事有效警情1706起，比2018年下降22.2%，治安有效警情6913起，下降5.2%，呈现“双降”态势。

【打击侵财犯罪专项行动】2019年，区公安分局全面落实集侦查、技术、视侦、行动于一体的全时空立体化现场勘查机制，依托浙江省刑侦信息专业应用系统和“钉钉”平台等载体，完善以合成作战室为“中场发动机”的“每案必侦”工作，对现行侵财案件做到接处警快速、情报研判快速、视频追踪快速、布控查缉快速、破案追赃快速。全年全区四类侵财案件移送起诉222人；采取刑事强制措施400人，其中刑事拘留323人、取保候审75人、监视居住2人。由合成作战室研判落地、队所合作抓捕并采取刑事强制措施273人，占总侵财强制措施人数的68.4%。以反诈研判组为牵引，加强对平台类电信网络诈骗、网络赌博等新型违法犯罪案件的系统研判，利用部省市三级电信网络案件侦办和查询平台，深挖信息流、资金流、网络流，攻破一批大案要案。

【重特大案件快速侦破】2019年，区公安分局严格执行《重特大刑事案件应急响应方案》，强化最小作战单元建设，全力攻坚现行重大恶性犯罪，确保在重点节点、敏感时期政治社会大局稳定。全年全区命案发1破1，五类恶性案件发6破6，“两抢”（抢夺和抢劫）案件发5破5，破案率100%，连续10年保持命案全破。根据辖区治安状况，开展“奋战90天，打赢攻坚战”专项行动，出动警力900多人，成功侦破相关“套路贷”案件及“7·5”非法经营（药品）案、以汪某为首的贩毒案等重大案件，捣毁犯罪窝点20多处，抓获犯罪嫌疑人并采取强制措施284人。成功劝投境外在逃人员1人。破获市内盗窃、诈骗等刑事案件264起。侦破群众高度关注的“5·28”比特币特大通讯网络诈骗案，抓获6名犯罪嫌疑人。以资产处置为重点打好网贷平台案件攻坚仗，追赃挽损19.77亿元，追赃挽损率居全市前列，其做法在全市重点地区网络借贷平台风险处置工作现场会介绍，并在《浙江政务信息》（专报）上刊发，得到副省长、省公安厅厅长王双全批示肯定。

【黑恶犯罪专项斗争】 2019年，区公安分局以中央督导迎检工作为契机，以有关专项行动为抓手，打击各类黑恶犯罪。自专项斗争开展以来累计打掉涉黑涉恶团伙23个，抓获犯罪嫌疑人258人，破获案件422起，查封、冻结、扣押涉案资产8538.3万元，发放举报奖励4.5万元。其中，判决黑社会性质组织1个、36人，判决恶势力犯罪集团3个、25人，起诉恶势力犯罪集团2个、7人。会同区纪委区监委查处黑社会“保护伞”2人，党纪政务处分2人。

【公安办事“最多跑一次”改革】 2019年，区公安分局梳理归集全区公安办事网点地理信息，优化公安办事窗口布局，建立“15分钟办事圈”，公安办事“就近办”实现全覆盖。通过建设24小时自助服务区、增投综合自助服务机，实现全天候常用业务可办理。全区公安办事窗口全面推广应用“互联网+可信身份认证”，实现“刷脸可办”“无证可办”。优化营商环境，联合市场监管等相关部门率先实现常态化企业开办全流程0.5天。相关举措得到省委常委、常务副省长冯飞，市委常委、常务副市长戴建平批示肯定。

【“枫桥经验”发展】 2019年，区公安分局推进“枫桥式派出所”创建和“四晒”（晒成绩、晒短板、晒能力、晒精神）活动，夯实基层基础工作。PPT课件《新时代“枫桥经验”之亲民尚和图》获第三届全省公安机关改革创新大赛银奖，湖滨派出所被评为全省“枫桥式公安派出所”。借力辖区资源，创建平安类社会组织——上城区保安协会，分级联动辖区单位279个，吸纳保安2000多人。建立辖区保安公司轮训机制，全区保安员登记量比2018年增长42.5%，保安员发证量增加62%，“三通”（全域“联通”、服务“畅通”、资源“融通”）工作法被《人民公安报》刊载。

【“公民警校”深化】 2019年，区委政法委牵头制定《上城区推进“公民警校”建设的实施意见（试行）》，并在全区范围内推广“公民警校”经验做法，“反恐、反诈、御街、特业、医院、校园”等平安系列联盟进一步壮大。“公民警校”建设成效得到省委常委、市委书记周江勇，省委常委、政法委书记王昌荣的肯定和批示。5月9日，区公安分局承办的2019中国“公民警校”少年警校发展论坛在上城区召开。会上，上城区“公民警校”做题为“建设‘公民警校’，

2019年5月9日，区公安分局承办2019中国“公民警校”少年警校发展论坛（区公安分局 供稿）

绘制新时代‘亲民尚和图’的上城实践”的主旨发言，分享区公安分局依托“公民警校”，以城市平安建设的现实需求为导向，贯彻“平安不出事、矛盾不上交、服务不缺位”的新时代“枫桥经验”精髓要义，始终秉持“自己的安全靠自己维护”的理念，汇聚社会各方力量，构建“资源、平安、心防”三大共同体，将局外人变成合作伙伴，把旁观者变成参与者，逐步探索出一条城市警民共建共治共享平安社区的新模式，绘制出一幅“亲近群众、聚集民智、崇德尚法、和谐与共”的“亲民尚和图”。

【电影《爱无痕》首映】2019年3月17日，根据杭州公安真实事件改编的公安题材电影《爱无痕》在上城区保利国际影城（利星广场店）举行全国上映首映仪式。国家和省市公安部门相关领导，区领导周徐胤、秦文、范卫东，以及来自公安、民政、新闻、文化、电影、旅游等相关系统负责人，民警和警属代表、上城区“公民警校”志愿者参加首映礼。该片于3月19日在全国各大院线上映。《爱无痕》由区委宣传部、区公安分局、苏州市吴江区公安局联合摄制，通过讲述基层民警在工作中经历的种种人生际遇，塑造出一批警察群像，折射出杭州民警可亲、可爱、可敬、可贵的职业形象与品质。影片中部分情节源于杭州上城区和苏州吴江区公安派出所的原生态故事和原型人物，部分演员由从警人员本色出演。该片在加拿大金枫叶国际电影节获“最佳编剧奖”。

【派出所“一室三队（两队）”改造】2019年，区公安分局通过升级综合指挥室软硬件，改造三队（两队）架构职能，实现警情、警力、监控“三图合一”，人员、案件、轨迹等数据“一键支撑”，接警、查核、调度“一呼百应”，并配套制定《上城分局派出所值班领导坐堂工作规范》，建立常态化社会治安状况评估、“五推一研判”等工作机制。

【新时代上城公安工作】2019年10月9日，区委常委会专题研究全区公安工作。会议审议通过《中共上城区委关于加强新时代上城公安工作的实施意见》。意见就区公安分局反恐指挥大楼装修，清波、紫阳派出所营房重建置换，智慧警务建设，执法执勤用车保障、功模子女教育优待、辅警队伍配备和民警待遇等问题进行明确，要求有关部门细化实施方案，全力抓好各项工作落实，完善区公安分局办公条件软硬件配套设施。

（蔡　勤）

检　察

【概况】2019年，全国检察机关深化内设机构改革，初步形成刑事检察、民事检察、行政检察、公益诉讼检察“四大检察”法律监督工作新格局。区检察院全面履行法律监督职责，为上城区高质量建设一流的国际化现代化城区提供司法保障。全年受理侦查机关提请批准逮捕案件260件、384人，批准逮捕190件、273人；受理移送审查起诉案件489件、759人，提起公诉398件、573人。贯彻“少捕慎诉”司法理念，对情节轻微、社会危害性较小的犯罪嫌疑人不批捕59人，不起诉76人。检察环节73%的刑事案件适用认罪认罚从宽制度，及时向被害人或近亲属发放司法救助金。对办案中发现的网络餐饮不规范、留学生涉毒等问题，通过制发检察建议、报送情况反映等方式，完善社会治理。区检察院连续第4年被评为杭州市先进基层检察院。全年集体和个人获评市级以上荣誉31项。其中，2个集体和3名个人因办案成绩突出被授予立功奖励，获省级以上理论研究人才称号2人次，1名干警被评为市劳动模范。

【保障经济社会发展】 2019年，区检察院在优化营商环境和生态环境保护等方面保障经济社会发展。参与互联网金融专项整治，审查办理非法吸收公众存款、集资诈骗犯罪案件26件、101人，坚持案件审查、追赃挽损、风险防控“三同步”。平等保护民营经济健康发展，惩治合同诈骗、侵犯知识产权等违法犯罪，落实涉企案件提前介入、风险评估、走访跟踪等举措，帮助企业防范法律风险。办理的某贸易公司控告案因平等保护民营企业、国有企业权益成效好，被评为全省检察机关优秀案例。聚焦建设国际一流营商环境，审查起诉在市内犯盗窃、涉毒罪的外国人37人，提出预防外国人犯罪、打造国际化一流城市的对策建议，并向上级呈报，得到省委政法委和市委主要领导的批示肯定。关注生态文明建设，依托驻市生态环境局上城分局检察官办公室等平台，并以联合区住房和城建局召开全省首个公益诉讼“两长论坛”（“两长”即区检察院检察长与区住房和城建局局长）为契机，拓展刑事司法与行政执法协作通道，共同守护上城的蓝天绿水。

【涉黑涉恶犯罪起诉】 2019年，区检察院保持对黑恶犯罪的打压态势，起诉“欺行霸市”“套路贷”等涉黑涉恶犯罪62人。办理省市督办的垄断滨江区建筑垃圾清运行业黑社会性质组织系列案，主犯被判处24年至20年不等有期徒刑。挖掘移送“保护伞”线索，其中2人被作出一审宣判。分析建筑垃圾消纳管理存在的问题情况并上报，推动全省建筑垃圾清运行业整治。

【刑事检察职能优化】 2019年，区检察院多渠道优化刑事检察职能。打击诈骗、盗窃、合同诈骗、集资诈骗等侵犯群众财产安全犯罪，批准逮捕102人，提起公诉152人。办理利用比特币虚假交易平台敛财4000多万元、帮助恶势力集团利用“苹果贷”实施诈骗和敲诈勒索近1000万元等团伙化、职业化犯罪案件，维护人民群众合法权益。加强对刑事立案和侦查活动的监督，督促公安机关立案及追捕、追诉3人；通过抗诉、发出再审检察建议和跨省到河南执行监督的方式，纠正2件刑事案件。加强刑事执行和监管活动监督，对逮捕后无继续羁押必要的43人，及时变更为取保候审，督促36名罪犯履行财产刑，监督2名社区矫正服刑人员被收监执行，对全部暂予监外执行案件和16名特赦对象开展同步监督。加强与监察委工作协作，审查办理监察委移送案件8件、9人，起诉滨江区原区委常委兰某受贿、滥用职权案，“红通”人员袁某某贪污案等大要案，确保职务犯罪检察力度。

【民事行政检察】 2019年，区检察院加大民事行政检察履职力度，维护司法公正和权威。办结民事生效裁判申请监督案件65件，提请抗诉或发出再审检察建议23件，对裁判合法正确的案件释法说理，促成息诉罢访。加强对民事执行活动的监督，制发检察建议并督促落实。推进行政检察工作，开展行政非诉执行专项监督；探索行政争议实质性化解。持续打击虚假诉讼，强化与区公安分局、区法院联动，依法监督纠正相关案件6件。

【公益诉讼】 2019年，区检察院全力推进公益诉讼工作。办理行政公益诉讼诉前程序和刑事附带民事公益诉讼案件68件，诉前检察建议按期回复整改率100%，确保涉公共利益法律制度的统一实施。接受区人大常委会公益诉讼专项审议，推进检察公益诉讼提质增效。在全省检察系统率先制定《关于建立公益损害预防机制的实施意见（试行）》，推进公益诉讼专项监督“办理一案、治理一域”，联合区人力资源和社会保障局、区住房和城建局、区市场监管局、区城管局等职能部门开展联席会议、行业整治5次，推动一批无烟示范餐饮店挂牌，纠正服刑人员违规领取养老金问题，整改医疗机构违规排污情况。公益诉讼专项行动取得较好社会反响，其经验做法被《浙江法制报》整版刊登报道。

【首创控告申诉信访代办制】 2019年，区检察院贯彻落实群众来信“七日内回复、件件有答复”原则，在全省检察机关首创控告申诉信访代办制。全年检察官全程领办、代办群众信访59件，均息诉息访。该项制度在全市基层检察院推广，并获评全省检察机关十大创新成果，其工作成效在《检察日报》《浙江日报》刊载。

【未成年人司法保护】 2019年，区检察院落实心理干预、司法救助等机制，最大限度对未成年人进行司法保护。坚持由专人、专职办理涉未成年人案件，对受理的5名涉轻罪未成年人作出不起诉决定，并会同家庭、学校、社区落实帮教举措。严厉打击侵害未成年人犯罪案件，通过司法救助、心理疏导、民事支持起诉等方式，加强未成年被害人救助帮扶。起诉致复兴南苑女童触电死亡的两名被告人，支持女童法定代理人提起民事赔偿诉讼，通过检察建议督促有关单位完善公共配电箱管理。全年举行检察长送法进学校等法治讲座12次，受教育师生4500多人，织密未成年人司法保护网。

【检察改革】 2019年，区检察院坚持员额检察官依法独立办案、入额院领导带头办案，使优质司法资源回归办案一线。顺应内设机构改革和刑事案件“捕诉一体”办案模式改革，组建办案组，配强人员力量，制定相关工作办法，确保案件质效。进一步推进认罪认罚从宽制度、诉前会议制度试点等，将争议焦点沟通、协调在诉前。6—12月，召开诉前会议49次，促使35件刑事案件认罪认罚或达成刑事和解。深化“智慧检务”，应用技术辅助办案180多件次。深化政法一体化办案系统应用，实现案卷网上流转、文书数据共享。建设检察委员会研讨决策信息化系统，提升检委会工作规范化、信息化、高效化水平。

【《信仰的味道》获评省“优秀微党课”】 2019年11月，在全省政法系统“永不落幕”微党课比赛中，区检察院制作的微党课《信仰的味道》获“优秀微党课”荣誉。《信仰的味道》时长5分59秒，由区检察院干警梁燕宏讲述身边老、中、青三代检察人对信仰的解读。

【滨江建筑垃圾清运领域涉黑案】 2019年3月29日，区检察院对沈某某等31人以组织、领导、参加黑社会性质组织罪、寻衅滋事罪、敲诈勒索罪、强迫交易罪、故意伤害罪、妨害作证罪、串通投标罪依法提起公诉。2014年，以沈某某等4人为首的黑社会性质组织成立。该组织自成立以来，利用相关国家工作人员的包庇、纵容，通过组织所谓的巡逻队，以暴力与软暴力相结合的方式，强制要求滨江区建筑垃圾清运领域驾驶员必须挂靠并购买“清运票”；强迫当地近100家（个）物业公司或小区服务队签署高价垃圾清运合同，长期垄断滨江区建筑、装修垃圾清运业务，牟取非法利益1000多万元。沈某某还组织成员对当地流动摊贩“疏导点”数十个小吃摊位进行控制，擅自以卫生费名义胁迫摊贩每月向其缴纳费用，牟取巨额非法利益。

（陈　赟）

法　院

【概况】 2019年，区法院围绕“争创标杆法院，争做标兵法官”工作目标，开展“思想建设年、质量建设年、作风建设年”活动，为高质量建设一流的国际化现代化城区提供司法保障。开展“不忘初心、牢记使命”主题教育，践行“三联三领三服务”活动，成立窗口党群服务驿站4个。规范并丰富党内政治生活，改造党建活动室，创建“最强党支部”。举办警示教育月、纪念中国共产党成立98周年知识竞赛、礼赞“70周年”文艺表演等活动。健全内部权力约束监督和廉政风险排查防控机制，汇编《规章治院》。选优、配强中层骨干，全年晋升晋级18人次。增强履职能力，组织实务培训152人次。打造全新司法警察“警营文化”，依托“尚法青年沙龙”，举办读书交流、医院义诊、情绪管理讲座等活动，关注干警身心健康。自觉接受各方监督，落实人民陪审制度，新选任人民陪审员92人。全年受理各类案件1.21万件，办结1.25万件，分别比2018年下降7.6%和5.5%，近12年来首次实现收案量下降。

【刑事审判】 2019年，区法院惩治刑事犯罪，受理刑事案件396件，审结381件，分别比2018年下降11.2%和15%。审结案件中，涉黑恶势力、涉“黄赌毒”及故意伤害、抢劫、盗窃等危害社会治安犯罪案件181件；电信网络诈骗等涉网络犯罪8件；受贿、渎职等职务犯罪案7件；非法吸收公众存款、集资诈骗案6件，涉及投资人460多人、资金9000万余元。审结“红通人员”袁某某、“猎狐”行动对象钱某某等境外追逃追赃案。集中管辖杭州地区外国人犯罪案件33件。坚持“保障人权、宽严相济”原则，为154名被告人指定辩护人，对180名具有法定从轻情节的被告人适用缓刑。

【民商事审判】 2019年，区法院化解各类民商事纠纷，受理民商事案件6303件，审结6670件，分别比2018年下降14.3%和5.8%。妥善审理公司、企业、合伙有关纠纷98件，买卖、承揽、服务等合同纠纷1346件，房屋土地、建设工程相关纠纷445件，所有权确认、共有物分割等物权纠纷146件，劳动人事争议、劳务合同纠纷187件，离婚、继承等家事纠纷514件，医疗损害、交通事故、产品责任等侵权纠纷332件。

【行政审判】 2019年，区法院聚焦源头防范化解行政争议，督促行政主体严格依法履职，保障行政相对人合法权益。全年受理行政案件197件，办结185件，分别比2018年上升34%和22.5%。发挥区行政争议调解中心作用，调撤案件27件。着力破解“两高一低”问题，定期召开府院联席会议，配合区人大常委会开展专项监督，推动行政机关负责人出庭应诉率提升至97.6%。深化区政府与区法院良性互动，为区征迁改造等重点项目提供法律支持，组织行政机关负责人参加“旁听百场庭审”等活动。

【执行办案】2019年，区法院巩固“基本解决执行难”工作成果，完善综合治理执行难大格局，受理执行案件4615件，办结4640件，分别比2018年下降1.8%和8.2%。加强失信惩戒力度，迅速落实浙江省高级人民法院“史上最强”强制执行措施规定，开出全省首份《责令交付车辆通知书》，累计查扣车辆170辆，腾空房屋492处，限制高消费5802人，列入失信被执行人名单4185人，罚款693人、83万元，司法拘留1264人，以涉嫌拒不执行判决、裁定罪移送公安机关3件、3人，执行制裁违法率上升38.9%。“执行转破产”立案10件，清理“僵尸企业”执行积案。突出执源治理，立审执配合督促履行，逐步构建“自动履行为主、强制执行为辅”长效机制。

【扫黑除恶纵深推进】2019年，区法院推进扫黑除恶。组建精干审判团队，制定六大工作制度，办理“套路贷”诈骗案、“小区服务队”强迫交易案等黑恶势力犯罪案件，其中审结省市督办的垄断滨江区建筑垃圾清运行业重大涉黑44人系列案，案件审理情况在《法制日报》《浙江日报》等报刊上刊登。协同打击虚假诉讼，内外联动常态摸排，对接相关单位报送、核查黑恶犯罪线索。加强宣传，全面发动群众，发放扫黑除恶“明白卡”7000多册，刊发典型案例11例。

【法治营商环境优化】2019年12月31日，区法院制定《关于发挥司法职能作用优化营商环境的实施意见》，对标世界银行营商环境指标，助力打造市场化、法治化、国际化一流营商环境。开展网贷平台专项整治，有序办理“猴子理财”“念钱安”等案件。稳妥推进涉众、涉访、破产难案办理。协同治理民间借贷，建立职业放贷人名录，首度联合区税务机关对执行所得依法征税，甄别规制非法放贷，规范民间融资行为。强调善意执行，维护涉案企业正常经营秩序。突出主动服务，走访企业80多次，召开防范化解金融风险座谈会。发布《金融商事审判白皮书》，分析案件，提出司法建议，帮助金融交易主体防范风险、减少纠纷，该白皮书获评全省法院十大最佳调研报告。注重专业司法服务，玉皇山南基金小镇人民法庭作为华东首个金融专业派出法庭，正式入驻小镇，为小镇高质量发展提供精准服务。

【矛盾纠纷分层多元化解】2019年，区法院适应社会治理新要求，构建分层多元化解纠纷机制，融入社会治理共同体建设。区法院入驻区社会治理综合服务中心，将法院化解纠纷融入社会治理大格局，让群众化解纠纷“最多跑一地”。在“程法官工作室”进社区、“法官—街道”定人定岗对接基础上，在海潮社区、“和家园”工作室和泰隆银行杭州分行设立首批“微法庭”，并逐步构建全覆盖服务网。线下线上开展指导调解、法律咨询、普法宣传等，打通司法服务“最后一公里”。用好ODR平台（在线矛盾纠纷多元化解平台）优化诉调衔接，牵头全区在线调解结案2413件，赋予358件人民调解协议强制执行力。加强诉前引导分流，优化“五室三站”（医患、物业、家事、道交、商事5个联调工作室和人民调解、法律援助、律师公证诉讼服务3个工作站）和“常驻+特邀”律师调解等上城特色化解纠纷模式，引入23个律师事务所、130名律师，参与调解案件862件，调解成功率65.1%。落实涉诉信访“最多跑一次”改革，办理来信、来访169件。规范诉讼服务中心建设，区法院诉讼服务中心获评全省法院“十大示范诉讼服务中心”。

【智能化办案】2019年，区法院突出数字化对法治现代化的支撑引领，推进办案智能化、无纸化。自主研发的

"金融纠纷一站式化解平台"获评全国政法智能化建设优秀创新案例，《人民法院报》《中国审判》刊发该做法。将人工智能引入司法审判，与阿里巴巴达摩院等合作研发，全国首推AI（人工智能）法官助理"小智"，打造"凤凰金融智审"模式，实现金融借款合同纠纷"即诉即办、即审即判"，该举措被人民网等近30家媒体报道，被《中国电子政务年鉴》收录。全覆盖应用智慧法院最新成果，推进"掌上诉讼"，在全市率先启用"e键智能送达"，在全省率先实现无纸化办案，"移动微法院"引入率为80.5%，电子卷宗随案扫描率97.1%。

【司法体制改革】 2019年，区法院系统推进司法体制综合配套改革，整合缩减内设机构，完善员额法官、综合管理类公务员、司法警察单独职务序列管理，制定编外人员管理办法，持续提升队伍规范化、职业化水平。完善审判权运行机制，明确院庭长监督管理职权。深化刑事诉讼制度改革，适用认罪认罚从宽制度结案259件，应用政法一体化系统网上办案357件。深化民商事案件繁简分流，63.9%案件以速裁、调解、撤诉方式快速结案。优化执行工作模式，制作规范流程图，平均执行天数比2018年减少23天。加强办案质效监管，超过12个月未结案案件减少70.3%。

【普法宣传教育】 2019年，区法院在全市首推"尚法小达人"青少年司法维权普法项目，与区教育局、区司法局、区检察院等单位合作，对接学校，开设学期制、体系化的法治教育和实践课程，参与学生1800多人次，自主设计制发有声绘本教材，让"法律有温度、成长有法护"。创新形式以案释法，首度与杭州市消费者权益保护委员会联合发布消费纠纷常见案例，微信原创"快板式"维权普法小视频，开设法官直播讲堂，编发《尚法故事会》等刊物20多期。开展公众开放日活动，组织2165人次走进法院，通过各类媒体刊发报道450多次。深化"阳光司法"，网上公开文书1.01万份，庭审直播率88%。

（李华珺）

2019年9月23日，浙江法院"凤凰金融智审"新闻发布会在玉皇山南基金小镇人民法庭举行，发布AI法官助理"小智" （区法院 供稿）

司法行政

【概况】 2019年，上城区构建学习型、创新型司法行政工作体系。围绕"七五"普法攻坚、"最多跑一次"改革、"最佳营商环境"打造、"三治融合"及"访调对接"行动等重点工作，以"勇立潮头、争做标杆，建设一流的国际化现代化城区"为目标，不断开拓司法行政工作新格局，为全区"四个全域化""四个标杆区"建设助力。全年区公共法律服务中心接待来电来访、法律咨询4191人次，办理法律援助案件963件、法律帮助案件295件，受理审批劳动争议案件670件，挽回经济损失1451.4万元。调解各类矛盾纠纷

5121起，其中调解成功5117起，调解成功率99.9%；调解信访积案141件，化解137件。

【“全方位、智慧化”公共法律服务体系构建】 2019年，上城区构建“全方位、智慧化”公共法律服务体系。初步拟订上城区公共法律服务体系三年行动计划，按照“覆盖全区、惠及全民”的理念和“线上线下有效衔接”的思路，健全“纵向到底、横向到边、中心布局、网上直通”的全方位网络、实体平台体系。以远程视频系统、人工智能自助服务机和“尚法云服务”App为基础，打造特色智慧化公共法律服务平台，推进公共服务产品全方位进驻。突出上城特色，做强做优普法宣传、律师事务所进社区、“尚法工作室”、社会组织参与社会治理等法律服务，推动上城区特色公共法律服务体系构建，满足人民群众法律服务需求。

【“七五”普法攻坚】 2019年，上城区加大普法宣传力度。贯彻实施《中央宣传部、司法部关于在公民中开展法治宣传教育的第七个五年规划（2016—2020年）》，深化“谁执法谁普法”责任制，确定年度普法重点项目55个，打造线上线下公共法律服务体系。推进基层依法治理，加大普法社会组织培育力度。利用微博、微信公众号、抖音短视频等载体，深化“融媒体”普法。通过“尚法云直播”平台和“尚法雏鹰讲师团”送法进校园、“参观五四馆，观众超百万”、“尚法环湖跑”等活动，探索“交互式”普法，面向管理、服务、执法对象和社会公众积极开展不同主题的法治宣传教育活动。3月和12月，上城区先后被评为全省“七五”普法中期成绩突出区县（市）和全国“七五”普法中期先进城区。

【人民调解】 2019年6月，上城区修订《上城区人民调解经费管理使用办法（试行）》，完善纠纷化解保障机制。该办法拓展人民调解补贴范围，将信访积案、房屋征收、老旧小区加装电梯等重点及民生类工程纠纷、已经启动行政复议或诉讼程序且行政机关极有可能被纠错或败诉的纠纷、“访调对接”纠纷、舆情纠纷等纳入区“以奖代补”范畴，提高补贴标准，并增加“一案一议”兜底条款。至年末，区司法局排查矛盾纠纷32起，调解5121起。全年发放“以奖代补”经费85万元。指导、协助成立南宋皇城小镇人民调解委员会、杭州房地产中介服务人民调解委员会、保安协会人民调解委员会等调解委员会。

【“尚法工作室”作用发挥】 2019年，上城区发挥“‘五位一体’尚法工作室”基础作用，深入推进“三治融合”上城模式。全年“尚法工作室”配合走访、帮教服刑人员453人次，配合开展社区矫正对象公益劳动694人次，律师开展法治培训106场次，

2019年11月18日，区司法局开展“尚法小达人”青少年学法活动
（区司法局 供稿）

接待法律咨询615人次、接待人民调解1495件，占社区调解案件总数的74%。

【人民调解助推望江动迁指挥部征迁】 2019年1月，上城区人民调解助推望江征迁工作组进驻望江街道现场动迁指挥部值班开展工作。工作组按照区司法局《关于人民调解参与化解矛盾纠纷助推望江“四个全域化”的工作方案》，根据以往征迁工作中常见矛盾纠纷的性质、特点和要求等，按照“首访责任制”工作原则，做好咨询接待、分流引导、受理调解等工作。至年末，人民调解助推望江征迁工作组接待各类来人来访470多人次，受理各类疑难复杂纠纷案件22起，其中调处成功17起。

【“访调对接”工作】 2019年，上城区根据省市区党委和政府关于开展人民调解参与信访矛盾化解专项行动和实现“无信访积案县（市、区）”目标的工作要求，坚持“访调结合，以防为主”方针，注重源头预防持续推进“访调对接”工作。全年区人民调解协会调解信访案件37件，调解成功26件，做到“案结事了、息诉罢访”，解决一批信访“老大难”问题。

【高效矫正体系打造】 2019年，上城区致力于打造高效矫正体系。全年开展两次专项走访排查活动，区各司法所开展“拉网式”“地毯式”排查，累计走访565人次，根据走访情况，制作走访谈话专档和重点个案明细清单。对走访中了解到思想、情绪有波动或家庭、工作情况有变动的人员，逐一开展信息核查，并适时开展心理矫正，全年累计开展心理咨询56人次、97个小时。成立特赦领导小组、评审委员会，做好排摸工作，为16名特赦人员提请并及时办理解除矫正手续。严格矫正人员日常管理，对在册的125名矫正人员，落实手机定位管理。落实每日信息化核查制度，重点时段“一日三签到”，重点人员双重电子监管。开展扫黑除恶专项斗争，与全区社区矫正对象签订承诺书201份，组织社区矫正对象个别教育1456人次。对10名违反监督管理规定外出的社区矫正对象给予书面警告，对1人提请治安管理处罚。组织对社区矫正对象集中教育12场，受教育1639人次；进行网络授课8299人次。为确有困难人员提供临时救助，全年临时救助困难人员3人次、8345.42元。至年末，累计救助社区矫正对象88人次、21.53万元。

【法律援助工作】 2019年，区法律援助中心降低法律援助门槛，扩大法律援助范围。全年区法律援助中心受理法律援助案件963件，其中刑事案件207件、民事案件749件、行政案件7件。针对劳动争议案件，推进“绿色通道”常态化，全年受理审批劳动争议案件670件，挽回经济损失1451万元。深化值班律师制度，全年提供法律援助咨询4191人次，其中来访咨询3821人次、来电咨询370人次，为295名认罪认罚的犯罪嫌疑人提供法律帮助。深化“最多跑一次”制度，对6起网上法律援助申请进行当天处理答复。制作申请法律援助补充材料一次性告知书35份，年内有10名申请人得到一次性补齐材料援助。

【法律援助规范化水平提升】 2019年，上城区推进司法行政领域“最多跑一次”改革。区法律援助中心在完善一次性告知制度，承诺援助“零等待”，法律援助申请“当场申请、当场受理、当场审批、当场指派”基础上，完善网上法律咨询、网上法律援助申请程序，扩展法律援助统一服务平台功能，多角度、全方位为群众提供法律援助服务。规范法律援助接待咨询、审批指派和案卷归档。按照《杭州市法律援助案卷管理办法》，推行案卷电子化，在全市“一案一评”抽查中，区法律援助中心236件案卷全部合格。依托市法律援助信息化平台，构建程序监管、办案机关意见征询、受援人满意度调查、案件旁听、同行评估“五位一体”的案件质量评价体系，全年区法律援助中心参加旁听案件41件。

【刑事辩护全覆盖工作推进】2019年，上城区根据《最高人民法院、司法部关于扩大刑事案件律师辩护全覆盖试点范围的通知》，在总结前期试点经验基础上，区司法局主动和区法院对接，进一步明确扩大法律援助范围和刑事法律援助律师资源库，推进刑事辩护全覆盖。全年为129名扩大法律援助通知的被告提供法律援助。

【律师行业规范管理】2019年，上城区从严格管理法律服务队伍、抓好律师参与社会公益等方面规范管理律师行业。做好律师事务所、律师年审年检工作，区属35个律师事务所、366名律师，3个基层法律服务所、22名法律服务工作者均公示通过检查。通过开展“双随机一公开”活动、专项警示教育活动、专职执业情况随机检查等工作加强行业监管。公益律师深入区域经济发展的中心工作、律师进社区、金融风险防范前沿、动迁征收现场，玉皇山南基金小镇金融法律服务中心及电梯加装现场等领域（场合）；党员律师在校园“讲”法，为企业“送”法，并在社区“宣”法等领域发挥积极作用。

【律师行业党建】2019年，上城区重视律师行业党建，抓好律师支部建设。指派10名党建工作指导员到律师事务所指导工作。区属律师事务所中成立律师事务所党支部16个。对不符合成立支部条件和已成立党支部的律师事务所，及时进行调整。撤销1个律师事务所党支部；新成立中共浙江非可律师事务所党支部、中共浙江观照律师事务所党支部、中共浙江世元律师事务所党支部、中共浙江迈远律师事务所党支部、中共上海澜亭（杭州）律师事务所党支部5个党支部；对浙江路成律师事务所和浙江扬理律师事务所2个联合支部的党员进行调整，按照《中国共产党支部工作条例》规定开展律师事务所党建工作。完成“西湖先锋”App两新支部全覆盖工作，16个律师事务所党支部、137名律师党员在规定时间完成App下载安装激活任务，覆盖率100%，支部“三会一课”内容上线率100%。

（郭康妙）

军　事
Military

人民武装

【概况】 2019年，区人武部坚持以习近平强军思想为指导，提高武装队伍能力，加强基层武装力量基础，团结带领全体干部职工、专武干部和民兵人员完成以“应急应战”为核心的各项工作任务，部机关、后备力量建设保持协调发展、向上向好的发展势头。同时，加强国防教育，在全区54个社区和27所中小学设立“军人荣誉墙”和“八一光荣榜”。牵头调整区国防教育成员单位，研究制订职责分工和国防教育要点，组建成立区国防教育讲师团，先后多次到企事业单位和学校开展国防知识宣讲授课，并邀请军事学专家进行《变动中的世界格局与安全》专题讲座。

【思想政治教育】 2019年，区人武部坚持把思想政治建设摆在首位，通过落实每季度党委中心组带机关理论学习、参加上级理论读书班和自学研学等形式，学习习近平新时代中国特色社会主义思想和习近平总书记系列重要讲话精神。以开展“不忘初心、牢记使命”和“传承红色基因、担当强军重任”主题教育为主线，抓好经常性战备、法纪、安全保密、职能使命、社会主义核心价值观教育。落实每季度一次党课辅导和主题党日活动，采取“走出去、请进来”方式，组织机关党员和专武干部集体观看红色电影、瞻仰新四军纪念馆、祭奠革命烈士陵园、参观主题教育档案文献展等活动。结合专武干部例会、民兵整组点验、专武干部和民兵骨干集训、应急民兵连集中备勤等时机，全年部领导集中组织上大课6次，因地制宜开展思想政治教育。

【全区“大党建”暨武装工作会议】 2019年3月13日，上城区召开“大党建”暨武装工作会议。会议总结回顾2018年全区组织、宣传、统战和武装工作，全面部署2019年目标任务，并表彰2018年全区武装工作先进单位和个人。区委书记、区人武部党委第一书记陈瑾要求持之以恒地把抓党建、管武装工作做好做实，为上城在“干好一一六，当好排头兵”进程中走在全市前列提供坚强保障，并强调要提高站位、高标要求、抓好落实，始终把牢大党建和武装工作的方向关、质量关和基础关。

【民兵调整改革】 2019年，区人武部按照“编得实、靠得住、拉得出、用得上”标准，研究制定民兵调整改革“十三五”规划，召开民兵整组业务培训会，围绕调整编组、出入转队、调配干部、健全制度等问题，研究制定针对性措施和办法。抓好国防潜力调查，克服人少事多、协调难的实际困难，牵头完成全区民兵组织整顿潜力调查、“四类潜力”人员调查核准等工作。1月29日，牵头召开民兵调整改革任务部署会。3月1日，专题召开武装工作例会，部署民兵调整改革工作。4月，深入各街道基层武装部，听取汇报、分析形势，全面检查民兵调整改革开展落实情况。5月16日，杭州警备区副司令吴仿根带领检查考评组，对区民兵调整改革工作成果和2019年度民兵整组工作进行检查验收。考评组对民兵身份信息、到点率、队伍相识率、基本常识熟悉率、装备器材使用率、组织建立和指标落实等情况进行检查考评。通过检查，对上城区民兵调整改革工作给予肯定，同时指出存在问题，并提出整改意见。

2019年2月26日，区人武部组织首长机关军事训练及街道专武干部“三实”训练（区人武部供稿）

【战备训练】 2019年1月4日，区人武部组织年度开训动员，传达学习习近平主席2019年开训动员令和军委军事工作会议精神。区人武部落实党委每月一次议战议训制度，深入研究战备训练、军事斗争准备、后备力量建设等重大现实问题，推动备战打仗主责主业高起点谋划、高水平规划、高标准落实。针对民兵编组调整改革和自身担负任务实际，按照具体化、系统化、配套化要求，先后3次组成专班修订完善各类方案（预案）20多个，并结合拉动、点验等时机开展预案方案研训和演练。加强部首长机关军事训练和专武干部军事集训月活动，提升首长机关和专武干部的业务技能水平。先后指派网络攻防、情报信息、保交互路、医疗救护等7类专业民兵队伍骨干参与杭州警备区统一组织的跨区联训。组织区民兵医疗分队参加全省第二届民兵岗位练兵大比武杭州分赛区选拔赛，进行轻武器实弹射击、3000米跑及专业技能考核。组织全区专武干部和民兵骨干开展基地化军事集训，展现优良作风和团队凝聚力。组织区属民兵应急连开展集中备勤训练，提升民兵的军事素质，增强服务应急应战能力。

【兵员征集】 2019年，区人武部针对辖区人口老龄化、空心化严重，缺少大中专院校和国有大型厂矿企业实际，深入开展兵役征集宣传、发动和推进工作，积极稳妥处理矛盾困难。7月24日，区人武部牵头组织区政府相关单位参加全省征兵工作会议，并召开上城区征兵工作会议。7月29日，开启为期一周的征兵体检工作，来自6个街道的应征青年陆续参加体检，完成年度兵员征集任务。9月5日，召开全区定兵工作会议，集体表决通过新兵名单及去向。

【"双合格"应征青年役前教育集训】 2019年8月26日，上城区组织开展为期一周的全区"双合格"应征青年役前教育集训。集训以锻炼预定新兵军人品质和意志、磨砺预定新兵军人作风为目的，按照新兵连模式组织展开，严格坚持一日生活制度。集训内容分政治专题教育、军事体能训练、思想排查、文体活动等方面，并在集训中对应征青年进行考察。通过谈心交心、严格训练，摸清每名预征青年的身体、思想、训练底数，强化国防意识和依法服兵役观念，增强参军报国的光荣感和自豪感。

【基层武装部规范化建设】2019年，区人武部针对基层武装部基础设施建设薄弱、滞后问题，发挥南星街道武装部规范化建设试点效果，以点带面，指导其他5个街道武装部按标准要求完成升级改造任务。8月16日，对望江街道"青年民兵之家"和小营街道"两库一室"建设情况进行检查。年末，在杭州警备区组织的基层武装部规范化建设达标评比中，望江、南星、紫阳3个街道武装部规范化建设水平达到五星标准。

【街道党管武装工作和规范化建设工作考评】 2019年12月30—31日，区人武部组织考核组对辖区6个街道党管武装工作和基层规范化建设工作进行全面量化考评。考评坚持"一把尺子量到底、一套班子干到底"原则，采用查阅资料、实地查看、电话抽查等静态检查方式进行。考评突出六大方面、65项具体内容，全方位反映各单位年度武装工作开展及落实情况，以及各单位的工作亮点。考评结束后，考核组做总结讲评，对各街道全年武装工作成效表示肯定，对存在问题向各街道领导进行通报，并提出具体整改意见，还代表部党委传达下一年度武装工作指示要求。

【退役士兵返乡欢迎仪式举行】 2019年12月13日，上城区退役士兵返乡欢迎仪式在区行政中心举行。副区长毛素云、区人武部和区退役军人事务局负责人参加。仪式上，区领导等欢迎退役士兵返乡，并激励他们秉承部队光荣传统和过硬作风，为家乡建设和经济发展做出新贡献。

（蒋奇栋）

人民防空

【概况】 2019年，区人（民）防部门以人民为中心，加快构建全民防空格局，编制修订防空袭预案，开展防空防灾疏散演练，完成"5·12""9·18"年度防空警报试鸣任务。加强人防重点工程规范化管理，开展人防工程平时使用和维护管理登记工作。开展人防工程"双随机"巡查，立案查处人防工程违法案件1起。完成区人防专业队整组训练，战时防空、平时服务、急时支援能力和水平进一步提升。

【人防工程"双随机"巡查】2019年，区人防办积极开展"双随机"巡查工作，依据区人防工程现状，按照5%~10%的工程比例制订巡查方案计划，分批次随机抽取20多处人防工程进行全面检查，严格对照检查内容排查工程质量，清理安全隐患。针对人防工程使用维护管理中存在的问题，发出整改通知单，督促工程管理单位抓紧整改。全年查处人防违法案件6起，发出整改通知书6份，立案1起。

【指挥通信建设】 2019年，区人防办从区人防专业队整组训练、人防指挥部成员调整和方案编成等方面着手，加强指挥通信建设。落实防空警报器建设任务，防空警报器完好率、鸣响率均为100%。推进基层人防（民防）规范化建设，年度规范化建设任务全面完成。视频会议系统、电台及移动指挥车联训达到上级要求，全年4个季度均获全市人防系统指挥通信业务联训满分，并在全市人防应急应战机动通信保障演练中完成既定演练任务。年内，完成人防综合业务网迁移工作，实现省市区人防指挥所的互联互通。

【防空防灾疏散演练】 2019年，区人防办会同区教育局举行防空防灾疏散演练和人防宣传周活动，全区30所中小学近3万名师生参加。5月9日，区人防办在杭州市海潮幼儿园开展“防空防灾演练宣传进校园”示范活动。参与演练师生200多人，有效提高幼儿的防灾意识和应急自救能力。11月29日，区人防办与桐庐县人防办联合组织城市防空袭人口疏散接收安置演练，100多人参加。演练围绕临战人口疏散接收安置课题，以快速、安全、有序疏散、有序安置为目标，突出练程序、练方法，通过局部范围少量群众参与检验区和街道熟悉战时人员防护疏散接收安置的组织指挥程序，了解疏散路线、接收安置地点、各阶段主要工作内容、疏散和接收过程的组织方法和管理要求，提高区、街道防空袭疏散接收安置的组织指挥能力。

【人（民）防宣传活动】 2019年3月1日，区人防办在天阳·明珠商业中心开展国际民防日集中宣传活动，向市场管理员、业主、员工发放《中华人民共和国人民防空法》《公民防灾手册》等宣传资料。在区行政服务中心人防审批窗口向来办事的群众分发介绍人（民）防知识资料，并解答人（民）防地下空间使用及管理等问题。同日，组织人员参加市人防办在下城区城北体育公园开展的大型广场宣传活动。5月12日，区人防办在小营公园开展社区防空防灾知识和人防法律法规宣传活动，接待群众200多人，分发人（民）防宣传资料600多份，还设有人防知识有奖竞猜环节。8月20日，区人防办联合杭州市第三人民医院的实习大学生志愿者，在白马庙巷避暑纳凉点，开展大学生“人防宣传进百县千区”活动。活动为群众提供把脉切诊、诊疗咨询等服务，并结合人防教育开展防空防灾知识专题讲座，促进社区群众进一步了解防空防灾、紧急避险、自救互救等相关知识。

【白马庙巷避暑纳凉点整修】 2019年，区人防办对关闭3年的白马庙巷避暑纳凉点进行整修，重新铺设电线、墙砖，新做门楼吊顶等，并采购新风机、除湿机和纳凉桌椅等设施设备，落实安保、保洁力量，给纳凉市民提供一个干净整洁、安全卫生的纳凉环境。7月1日，白马庙巷避暑纳凉点重新开放。截至9月15日，接待市民3400多人次。

（胡嫩凯）

主导产业

Leading Industries

工业综述

【概况】 2019年，上城区以“工业和信息经济转型升级”为主线，抓好科技创新、项目建设、节能减排等工作，突出重点，提质增效，推动工业和信息产业结构持续优化，总量指标、经济效益、创新能力不断提升，实现工业和信息经济发展稳中有进、稳中提质的目标。全年全区实现规模以上工业增加值363.55亿元，比2018年增长3%；规模以上工业总产值784.7亿元，增长3.1%；规模以上工业销售产值784.56亿元，增长4.9%。实现工业新产品产值47.45亿元，增长60.3%，新产品产值率为6%，提高2.9个百分点；规模以上工业企业（不含杭州供电公司）实现营业收入654.28亿元，增长8.3%；完成利税305.28亿元，增长7.7%。工业产品产销衔接良好，产销率达99.98%。

（魏建军 沈珏敏）

【工业综合能耗下降】 2019年，上城区工业企业综合能源消耗标准煤39.3万吨，比2018年下降9.8%。万元产值综合能耗为0.0501吨标准煤，下降12.5%，工业增加值综合能耗降低率为12.4%。

（沈珏敏）

【工业综合评价】 2019年，上城区开展工业综合评价工作。通过合理界定评价范围，把全区工业企业划分为规模以上工业企业和取得国有土地使用面积在5亩（3333平方米）及以上的规模以下工业企业。结合上城区实际，剔除水、电和税收已不在上城区的企业，2019年度纳入企业综合评价工作的规模以上企业有30家。结合上城区产业结构和企业规模特点，科学设置评价指标，从质量效益、技术创新、绿色发展等维度，采用单指标量化、多指标按权重合成、考虑企业高质量发展情况的百分制综合评价方法进行评价。最终，评定出A类企业（引领发展类）7家、B类企业（支持发展类）13家、C类企业（提升发展类）10家。

【中小微企业升级】 2019年，上城区对中小微企业进行升级提档。加强数据敏感性监测，对无法完成上规（达到规模以上企业标准）的企业，进行原因分析，及时解决企业难题，促进企业顺利升级，年内完成5家“小升规”企业。建立培育库，加强动态跟踪，帮助企业申报“隐形冠军”企业，进一步支持、鼓励、引导小微企业做精、做强、做优、做大。年内，完成2家“隐形冠军”企业培育，以及2家“隐形冠军”企业推荐。引导中小企业追求品质精益求精，增强“精品制造”能力，以及对特色技术、特色工艺、特色品牌的掌控能力，有5家企业纳入“专精特新”库。

（魏建军）

【杭州娃哈哈集团有限公司】杭州娃哈哈集团有限公司创建于1987年，为中国最大、全球领先的民营饮料生产企业。2019年，集团实现营业收入464.55亿元、利税93.3亿元，列2019中国民营企业500强第156位、2019中国民营企业制造业500强第85位、浙江省100强企业第38位，获全面质量管理推进40周年杰出推进单位、2019年度中国罐藏食品领先企业和品牌、全国轻工业企业管理现代化创新成果一等奖、杭州市“春风行动”爱心奖等荣誉。集团在全国29个省市及自治区建有生产基地80个、子公司180多家，拥有员工近3万人，企业规模和效益连续20年蝉联中国饮料行业第一。32年累计销售额7600多亿元，利税1532亿元，上缴税金653亿元。产品涵盖蛋白饮料、包装饮用水、碳酸饮料、茶饮料、果蔬汁饮料、咖啡饮料、植物饮料、特殊用途饮料、罐头食品、乳制品、医药保健食品等10多类190多个品种。除食品饮料研发、制造外，同时有2个精密机械制造公司，自主设计开发、制造模具和饮料生产装备及工业机器人。

（陈小冬）

【浙江华日实业投资有限公司】浙江华日实业投资有限公司是杭州华日家电有限公司的控股公司，创建于1984年。公司在行业内较早发明智能化模糊控制技术，获国家科学技术委员会发明金奖，并在行业中较早掌握以无氟替代为代表的核心技术。公司无氟改造项目获联合国环境署“示范项目杰出贡献奖”，是中国家电冰箱行业中唯一获此荣誉的企业。公司拥有100多项行业核心专利技术，主导产品华日冰箱是“中国名牌产品”，“华日电器”是“中国驰名商标”。公司富阳基地投资的年生产200万台制冷设备项目从节能环保、变频技术等电冰箱行业的最新技术出发，形成全风冷变频无霜、环保型直冷冰箱、匀冷冰箱、冷柜4个系列产品。2019年，公司中高端产品融合专利智能控制、风冷无霜、零度保鲜及变频、互联网控制等技术，被中国质量协会和全国用户委员会评为“全国用户满意企业”。公司产品获“2019专业科技品牌”“2019品质生活之星”称号。董事长陈励君被浙江省浙商研究会评为“工匠浙商”，被浙江省家用电器流通协会授予“卓越功勋奖”。

（王荣荣）

【杭州海兴电力科技股份有限公司】杭州海兴电力科技股份有限公司致力于为全球公用事业的可持续发展提供整

电冰箱生产流水线　（浙江华日实业投资有限公司 供稿）

体解决方案。公司电力端到端的解决方案涵盖微电网、配网自动化、智能计量及收费等方面，帮助电力客户持续增收，提升管理效率，降低运营成本；同时公司还具备完整的应用场景定制化解决方案设计、计量产品研发生产、国际工程项目实施管理、跨国电力运营服务能力。公司加大对技术研发的投入与支持，建立以市场为导向、产学研相结合的技术创新体系。坚持国际化发展道路，以国内8个地区部、海外13个地区部组成全球化营销平台；以国内3个生产基地、海外5个生产基地组成全球化生产网络，产品覆盖90多个国家和地区，其中“一带一路”国家38个。2019年，公司营业收入29.54亿元，比2018年增长15.7%；净利润5亿元，增长51.7%。公司在印度尼西亚、巴西等国家连续中标，确保公司在当地的主要供应商地位。9月，公司与孟加拉西部配电公司合资建立国有公司BSECO。10月，加纳子公司成立。11月，巴西子公司eletra作为行业代表出席在里约热内卢举办的2019拉美公用事业峰会。公司Vending系统OR-CA@M2C8.0通过STS2认证，是国内首个通过测试规范STS531 edition 1.9.1测试的厂家。公司基于电能表的智能化生产线体及智能化制造运营管理系统的平台建设项目入选2019年杭州市制造业数字化改造攻关项目库名单。公司获2018年度“浙江省商标品牌示范企业”称号。

（印　娟）

【浙江威星智能仪表股份有限公司】 浙江威星智能仪表股份有限公司是区电子机械功能区内的高新技术企业。公司聚焦智能燃气信息系统平台、智能终端及超声波计量产品的研发、生产和销售于一体，成为燃气领域计量管理、管网安全、在线监测、能源管理、结算收费等完整解决方案主要供应商。2019年，公司实现销售收入10.74亿元，比2018年增长36.2%。年内，公司获评省“上云”标杆企业和天翼物联产业联盟“特别贡献奖（智慧城市）”，“威星”企业商号被认定为2018年省知名商号，“民用膜式燃气表总装流水线全自动化智能改造项目”入选杭州市制造业数字化改造攻关项目。公司不断完善管理体系，获信息安全管理体系认证、测量管理体系（AAA）认证和浙江制造认证证书，成为行业中少数拥有“品”字标认证的品牌之一。坚持技术创新，加大NB-IoT物联网智能燃气表、超声波智能燃气表的研发与推广力度，成功举办第一届“智慧燃气·杭州论坛”。

（张　妍）

2019年8月，杭州柯林电气股份有限公司搬进位于杭州市莫干山路1418-41号7幢新大楼　（杭州柯林电气股份有限公司 供稿）

【杭州柯林电气股份有限公司】 杭州柯林电气股份有限公司成立于2002年，是国内专业从事电力智能化设备研发、生产及销售的国家级高新技术企业，拥有“智能电网状态测控”省级研发中心和杭州市院士工作站（与中国工程院院士邓宗全合作）。公司在智能电网高新技术领域持续进行研究开发与技术成果转化，在变电、输电、配网监测领域形成企业核心自主知识产权80多项。参与制定行业标准5项，先后承担多个省级以上科技计划，并获省科技进步一等奖、二等奖、三等奖等荣誉。2019年8月，公司搬进位于杭州市莫干山路1418-41号7幢新大楼，厂房面积8000多平方米，公司"超/特高压变电设备多源放电性故障监测与预警关键技术与应用"项目获省科技进步一等奖。全年新申请发明专利6项、实用新型专利13项，取得软件著作权15项，推动修订行业标准3项。

（袁建栋）

【杭州安旭生物科技股份有限公司】 杭州安旭生物科技股份有限公司前身为杭州安旭科技有限公司，成立于2008年7月4日，注册资金4600万元，注册地为区电子机械功能区内，是集研发、生产、销售体外诊断试剂、POCT仪器和生物原材料于一体的高新技术企业。公司拥有杭州旭科生物技术有限公司、杭州博进医疗制品有限公司、浙江安旭生物技术有限公司、杭州安偌网络科技有限公司等子公司。全面实现从原料、原辅材料的研发生产到产品境内、境外、线上、线下销售的一体化产业链建设，成功开发包括妊娠类、毒品类、传染病类、肿瘤标志物类、心肌标志物类、食品安全类、生化类、过敏源类和仪器试剂一体化九大系列100多种产品。产品畅销至欧美、亚洲、非洲、大洋洲等，其中毒品检测试剂在欧美国家市场占有率60%以上。2019年，公司销售收入2.1亿元；资产总额2.49亿元，比2018年增长58.3%。年内，公司被评为上城区重点企业，并入库全国科技型中小企业，成为贵州雷山县、湖北鹤峰县劳动输出就业基地，还成立杭州市大学生就业见习基地，并于8月完成股份改制和更名，推动企业上市进程。公司省级高新技术企业研究开发中心升级为浙江省安旭生物医疗器械研究院；"体外诊断试剂智能化生产线改造项目"入选2019年上城区工厂物联网试点项目。

（杜兴梅）

【杭州华塑加达网络科技有限公司】 杭州华塑加达网络科技有限公司是区电子机械功能区内的国家高新技术企业，成立于2005年，是国内领先的电池安全监控和运行管理平台提供商，致力于后备电池、动力电池及储能电池的运行与安全管理，产品应用于云计算数据中心、通信运营商、轨道交通、新能源汽车、电力系统等领域。2019年，公司实现销售收入1.2亿元，比2018年增长40%。6月，投入近1000万元研发资金建立华塑研究院，并获"杭州市高新技术研发中心"称号；参与编写"浙江制造"BMS技术标准、中国工程建设标准化协会BMS技术标准、中国工程建设标准化协会数据中心工作组数据中心监控白皮书等国家级行业标准。11月，在美国得克萨斯州休斯敦城设立子公司广达科技有限公司，注册资本250万美元，实现本土化经营与海外市场开拓并行的全球运营战略。公司建立数字化工厂，并导入卓越绩效管理体系，被评为上城区重点企业。

（王　杨）

数字经济产业

【概况】 2019年，上城区数字经济运行总体平稳。全区实现数字经济核心产业增加值26.28亿元，比2018年增长6%。其中，信息软件规模以上企业营业收入139.1亿元，增长58.6%，位居全市第一；电子信息制造规模以上企业营业收入40.7亿元，增长17.2%，位居全市第三；物联网规模以上企业营业收入33.7亿元，增长15.7%，高于全市平均值。

【数字经济新格局构建】 2019年4月2日，上城区印发《上城区加快数字经济发展行动计划（2018—2022年）》，加强产业规划布局，借力思科（中国）有限公司、中国铁塔股份有限公司杭州分公司等龙头企业，着力构建以云计算、大数据等优势产业为基础，人工智能、虚拟现实等未来产业为引领的数字产业发展体系。以布局云服务、大数据产业为核心导向，全面推进望江金融科技城提速增质，加快网络基础、产业发展、应用服务“三位一体”发展，引进金云数据云计算中心项目，致力打造“杭州湾区云脑总部”；思科（中国）研发中心、德欧企业工业4.0杭州中心等相继落户；广宇智慧健康总部等“152工程”项目稳步推进，全力打造成千亿级产值的望江“数字E谷”，数字产业集聚态势初具规模。

【产业平台数字化升级】2019年，上城区依托已有数字产业基础优势，推进“一圈两镇三园”产业平台数字化升级。以数字化转型为方向，以“亩产效益”为目标，加快“筑巢引凤”与“腾笼换鸟”，推动区电子机械功能区二次提升，发布“新制造业计划”方案，全面启动产业数字化转型发展攻坚战，鼓励引导全产业链智能化改造，做强“数字+”的文章。玉皇山南基金小镇进入小镇2.0时代，加快数字经济发展，促进“数字+金融”融合。小营智慧健康产业园深化“健康小脑”“健康智谷”建设，产业规模不断集聚、扩大。南宋皇城小镇全面开启数字旅游路径，“文商旅养”一体化发展成效显著。湖滨步行街一期开街，国庆节期间接待消费者141.4万人次，营业额1.98亿元，比2018年增长9.1%，松下生活空间、森马生活方式旗舰店及全省首个景点式零售新业态——联华鲸选·半步多超市等新零售品牌陆续启幕，助力湖滨商圈打造“醉杭州”数字消费新地标。

【社会数字化转型推进】2019年，上城区加强数字经济应用，加快推进社会数字化转型，以“最多跑一次”改革为契机，进一步打破信息孤岛，整合“平安365”、智慧城管、“民情E点通”等原有智慧平台资源，全面推进政府数字化转型，打造全市乃至全省数字政府、智慧政府建设的实践样板。207个事项实现全流程“一次不用跑”。全市首个“五合一”智慧综合服务大厅在小营街道启用。率先完成街道“24小时自助服务终端”全覆盖，并向社区延伸。与浙江华数传媒集团达成战略合作，聚焦“城市大脑·上城平台”建设，打造具有上城特色的社会治理智慧平台。借力机构改革，发挥区数据资源管理局牵头抓总作用，强化政府数据资源管理，整合各职能部门数据，建设上城“城市大脑”，打造便民、利民、快捷、高效的基层政务服务管理新模式。

（魏建军）

房地产业

【概况】2019年，上城区纳入国家一套表联网直报的房地产企业有64家，完成房地产开发投资比2018年增长1.0%，占全区固定资产投资的77.6%，全年房地产销售面积20.7万平方米，下降7.6%。

（沈珏敏）

【广宇集团房地产业务稳健发展】2019年，广宇集团股份有限公司（简称广宇集团）主营业务房地产业务稳健发展，健康产业同步有序推进。全年实现营业收入38.35亿元，营业利润5.54亿元，新开工商品房面积30.17万平方米，签订商品房销售合同金额42.9亿元。广宇集团全年向社会各界捐款66万元。

【广宇集团竞得土地4宗】2019年，广宇集团斩获土地4宗，总建筑面积40.39万平方米。4宗土地中，杭州市和新昌县各2宗，分别为杭州市桥西拱宸桥单元GS0604-B1/B2-19地块、杭州市下沙沿江单元R21-A09地块及新昌县下石演村桃源路地块和新昌县七星街道庙前地村2018-2、南岩3B地块。其中，桥西拱宸桥单元GS0604-B1/B2-19地块建筑面积6.23万平方米，总价3.98亿元；下沙沿江单元R21-A09地块建筑面积7.3万平方米，总价12.13亿元；新昌县下石演村桃源路地块建筑面积12.42万平方米，总价5.06亿元；新昌县七星街道庙前地村2018-2、南岩3B地块地块建筑面积14.44万平方米，总价4.04亿元。

（李　薇）

金融服务业

【概况】2019年，上城区利用中心城区“环湖拥江”有利条件，依托区内传统金融产业雄厚基础，打造并完善以玉皇山南基金小镇为核心的新金融产业生态圈，充分融入钱塘江金融港湾建设。根据杭州市由“西湖时代”向“钱塘江时代”迈进的发展布局，重点规划包含玉皇山南基金小镇、南宋皇城小镇、望江金融科技城、8千米江岸线等重点区块。其中，玉皇山南基金小镇管委会结合景区总规修编和“拥江发展”战略规划，进一步提升和优化小镇空间布局。望江金融科技城作为上城“拥江发展”最重要、最突出的区块，以“金融+科技”为特色，全面对接钱塘江金融港湾战略，在工程建设全面扫尾基础上，优化发展空间、拓宽发展框架，大力发展金融经济、总部经济、楼宇经济，促进产城融合，引进新金融产业和信息经济产业，搭建起产城融合的信息经济产业平台。

【金融产业发展势头良好】2019年，上城区金融服务业完成一般公共预算收入18.08亿元，比2018年增长1.3%，在全区五大主导产业中居首位。完成市外内资招商项目32个，到位金额158.27亿元，其中引进浙江省文化产业投资集团有限公司、百悦资产管理有限公司、中冶银信（杭州）资产管理有限公司等金融项目，进一步助推区金融服务业加速发展。全区金融企业类别齐全，涉及银行业总部、期货业总部、小额贷款、融资性担保、典当、融资租赁、地方资产管理、第三方支付、股权众筹及私募等。

【金融产业特色明显】2019年，上城区立足玉皇山南基金小镇打造的私募金融产业生态圈逐步显现成果。至年末，小镇累计入驻企业2510家，总资产管理规模1.12万亿元，实现税收23.01亿元。连续第5年举办全球私募基金西湖峰会，并将峰会打造成为一个专业化、精品化、国际化的高端资本对话平台，成为浙江省、杭州市极具国内外影响力的行业会议标杆和国际会议品牌。5月24—25日，第五届全球私募基金西湖峰会在杭州召开，基金小镇在峰会上发布3项重要成果。6—12月，上城区先后在杭州举办“西湖—日内瓦湖”金融与科技创新论坛；在英国伦敦举办“一带一路”中英投资伦敦论坛，现场签约西班牙天然气项目2.9亿欧元。

【金融人才评定】2019年，上城区金融人才申报实现线上操作，申请人、街道、区金融办、评审专家均可实现线上沟通、交流及材料申报，极大地提高人才评定效率。完成2018年金融人才分类认定369人，其中A类7人、B类25人、C类68人、D类141人、E类128人，政策兑现396.6万元。

【“凤凰行动”计划推进】2019年末，上城区有境内外上市企业15家，其中新增上市企业为南华期货股份有限公司。毛戈平化妆品股份有限公司、第六空间家居集团股份有限公司、咸亨国际科技股份有限公司等7家企业被确定为重点拟上市企业。根据省政府“凤凰行动”计划，在贯彻杭州市有关“凤凰行动”计划实施意见基础上，继续推进落实《杭州市上城区人民政府关于深入推进“凤凰行动”更好服务实体经济扶持政策》。制定推进“凤凰行动”更好服务实体经济扶持政策兑现操作办法。全年受理政策申报企业10家，兑现奖励465万元。

（陈　妍）

【国内首只湾区主题ETF上市】2019年2月22日，作为国内首只湾区主题ETF（交易型开放式指数基金），南华期货股份有限公司全资子公司南华基金旗下的杭州湾区ETF在上海证券交易所正式上市。由南华基金申报的南华中证杭州湾区ETF获批于2018年11月正式发行，12月14日公告成立，首次募集资金规模超过5亿元。截至2019年2月20日，中证杭州湾区指数近6年收益率为64.5%，超过同期中证500指数收益率。

【南华期货股份有限公司登陆上海证券交易所】2019年8月30日，上城区企业南华期货股份有限公司正式登陆上海证券交易所，股本为5.8亿股，首次公开发行7000万股股票，保荐机构为中信证券。省政府副秘书长高屹、副市长缪承潮、区委书记陈瑾等参加鸣锣开市仪式。南华期货股份有限公司成立于1996年，是国内较早成立的期货公司之一，主要从事商品期货经纪、金融期货经纪、期货投资咨询、资产管理业务、证券投资基金代销业务，先后在中国香港、美国芝加哥、新加坡及英国伦敦4个国际金融中心设置分支机构，形成多市场、多牌照业务的全球化战略布局，有效提升公司综合服务能力和在国际金融市场的竞争能力，是获中国证券监督管理委员会公募牌照的期货公司。2019年上半年实现营业收入38.27亿元，净利润5262万元。

（蒋成杰）

文化创意产业

【概况】2019年，上城区文化创意产业实现增加值142.9亿元，占地区生产总值的12.2%，完成一般公共预算收入4.97亿元。规模以上文化创意企业（含事业）348家，实现主营业务收入（含事业）576亿元，其中主营业务收入超过10亿元的文化创意企业2家；实现利润总额15亿元，就业人员2.52万人。凤凰御元艺术基地、凤山拾遗创意园被认定为杭州市文化产业园区，凤凰山南影视文化街区、五柳巷历史文化街区被认定为杭州市文化创意街区。杭州佳平影业有限公司、尼尔森网联媒介数据服务有限公司被认定为浙江省成长型文化企业。上城区出品的电视剧《麦香》获全国第十五届精神文明建设“五个一工程”优秀作品奖、浙江省第十四届精神文明建设“五个一工程”特别奖；电影《天渠》《嘉年华》、歌曲《问天》获浙江省第十四届精神文明建设“五个一工程”优秀作品奖。

【上城区与省文投集团签署战略合作协议】2019年5月6日，上城区与浙江省文化产业投资集团有限公司签署战略合作协议。双方围绕“一带一核五极多组团”空间发展格局，积极融入之江文化产业带建设，加快推动重大产业项目、国内外高端专业人才和行业领军企业集聚，助推上城发展极建设。浙江省文化产业投资集团有限公司于2019年1月落户清波街道，注册资金30亿元，是省文化事业、文化产业发展的投资主体和投融资平台。

【中国（杭州）数字经济高峰论坛在上城区召开】2019年1月25日，之江文化产业带重点项目签约现场会暨2019年中国（杭州）数字经济高峰论坛在上城区召开。论坛上，上城区与杭州凌笛数码科技有限公司签约，合作项目落地望江金融科技城，将致力于共建时尚数字中心，推动智能制造发展，建立时尚产业互联网赋能行业，搭建时尚设计产业链服务开放平台，培养专业人才、孵化创业企业、形成产业集群，发展三维数字化虚拟经济，打造国际时尚交流中心，成为“新零售、新制造、新商业”模式的数字经济范本。论坛现场，杭州凌笛数码科技有限公司发布与“BV百度风投”共同筹备的人工智能实验室，并宣布与“腾讯云”达成战略合作。上城区文化创意产业办公室与杭州银行文创支行同期签署战略合作协议。

2019年1月25日，上城区与杭州凌笛数码科技有限公司签约

（区委宣传部 供稿）

【之江文化产业带上城发展极建设】 2019年6月26日，省委宣传部副部长葛学斌，市委宣传部常务副部长、市文化创意产业发展中心主任龚志南到上城区调研之江文化产业带上城发展极建设——凌笛数码项目、棱镜光娱全息剧院项目等重点项目的建设情况，并召开全市之江文化产业带座谈会。区委书记陈瑾，以及区委办、区委宣传部、小营街道、望江街道等相关单位负责人陪同调研。座谈会上，龚志南汇报全市之江文化产业带建设情况，及其当前的布局与难点。上城区汇报之江文化产业带上城发展极建设情况。上城发展极是浙江《之江文化产业带建设规划》“一带一核五极多组团”中“五大发展极”的重要一极。上城区编制完成《上城区文化产业发展三年实施方案（2019—2021年）》，提出要以推动文化资源力向文化发展力创造性转化为主线，以国际化、品质化为导向，以“一轴双核三带多点”为依托，聚焦五大主导产业，把上城区打造成为传承千年文脉、引领时尚潮流的国际文化创意中心核心示范区。同时，上城区成立之江文化产业带上城发展极建设推进小组，强化组织领导压实责任，推进上城发展极建设。

【“全市扩大有效投资推进重大项目暨文化兴盛行动”大比武在上城区进行】 2019年10月31日，“全市扩大有效投资推进重大项目暨文化兴盛行动”大比武活动在上城区举行。由市领导潘家玮、戚哮虎、郑荣胜、柯吉欣、金翔等率领的考察组到上城区现场观摩点实地考察。区领导陈瑾、袁建祥、占仁义、范卫东、宣寅、朱荷芳、毛素云，以及相关部门负责人陪同调研。考察组重点考察凤凰山南影视基地，走访电影频道杭州基地、杭州佳平影业有限公司、浙江睿宸影视制作有限公司3家影视标杆企业。凤凰山南影视基地以该3家标杆企业为引领，辐射带动周边馒头山文化街区内近10万平方米的产业空间，促进影视产业集群发展，将基地打造成传承南宋历史文脉、提升上城文化传播能级的新平台。

【凌笛数码公司亮相广交会】 2019年11月4日，第126届中国进出口商品交易会（广交会）第三期闭幕。上城区文化创意企业杭州凌笛数码科技有限公司携自主研发建立的服装产业3D数字化服务平台——STYLE 3D技术参加交易会。STYLE 3D向世界展示中国技术，引来众多海外采购商及国内各地参展商的关注与参观。该项目是之江文化产业带重点项目——凌笛数码项目的商业应用平台，是国家“十三五”重点研发项目技术转化成果，已获5项发明专利，并与百度、阿里、腾讯等达成深度合作，赋能服装产业数字化发展。STYLE 3D旨在以3D数字化重构时尚产业，推动服装设计、生产、消费全生态数字化融合，全面助力服装产业供给侧改革，加速服装产业互联网落地。其合作客户已包含波司登、森马、日播、凯信、锦惠、迪尚、风格服饰等知名品牌。

【思美传媒公司获“中国4A·金印奖”】 2019年12月7—8日，2019中国创意视野China Creati Vision暨第十四届“中国4A·金印奖”颁奖典礼在上海1862艺术中心船厂举行。颁奖典礼上，中国4A·金印奖各项年度奖项揭晓并颁发奖杯（证书）。上城区文化创意企业思美传媒股份有限公司获“中国4A·年度突出贡献奖（公司）”“中国4A·金印奖巡讲支持单位”，思美传媒股份有限公司企业文化中心总监胡坚获“中国4A·年度奉献奖”。

【2名企业家获“光华龙腾奖”】 2019年11月19日，“光华龙腾奖·新中国成立70周年、浙江设计70人”颁奖典礼暨设计赋能制造业转型升级高峰论坛在良渚梦栖小镇举行。颁奖典礼由工信部工业文化发展中心指导，光华设计基金会、浙江省工业设计协会主办。作为“光华龙腾奖·中国设计业十大杰出青年”获得者和设计产业化实践与推进者的杭州博乐工业设计股份有限公司董事长周立钢，以及作为设计产业新商业模式的探索者和实践者的联合创始人沧泠获此荣誉。“光华龙腾奖”即光华龙腾设计创新奖，于2005年设立，2011年由国家科学技术奖励办公室正式批准，是一个评选设计人才的国家级奖项，包括“中国设计贡献奖”“光华龙腾奖·中国设计业十大杰出青年”“龙腾之星”3个子奖项。

电视剧《麦香》播出宣传海报　　（区委宣传部 供稿）

【电视剧《麦香》播出】 2019年5月18日至6月12日，由上城区重点影视公司浙江睿宸影视制作有限公司出品的电视剧《麦香》在中央电视台黄金档播出。根据中国广视索福瑞媒介研究（CSM）全国网数据，首播当日收视率破1（即超过1%），6月6日实时收视率2.5%，以13.9%市场份额领跑电视剧黄金档。《麦香》是国家广电总局纪念改革开放40周年第一批电视剧推荐剧目。该剧将时代历程与个人命运紧密结合，以男女主角为代表的落雁滩百姓的微观视角展现时代发展与进步，获《人民日报》《解放军报》等主流媒体报道。8月19日，该剧获全国第十五届精神文明建设“五个一工程”优秀作品奖。

【电视剧《鸡毛飞上天》获“白玉兰”国际传播奖】 2019年6月14日，第二十五届上海电视节“白玉兰绽放”颁奖典礼在上海举行。上城区出品的电视剧《鸡毛飞上天》获“白玉兰”国际传播奖。该剧被翻译成英语、法语、俄语、葡萄牙语、韩语、蒙语、菲律宾语、印度尼西亚语8种语言，发行至北美、俄罗斯、

韩国、葡萄牙、蒙古、菲律宾、印度尼西亚等20多个国家和地区，覆盖人口基数20亿人以上。其中作为“中国剧场”落地后的首播剧目，在菲律宾国家电视台取得平均收视率15%的成绩。该剧在韩国KBS韩剧社上映后，“의오”（义乌）一词成为韩国搜索引擎的最热门词汇。

【电视剧《在远方》首播】

2019年9月22日，由辖区企业杭州佳平影业有限公司创作的电视剧《在远方》在浙江卫视、东方卫视、优酷视频、腾讯视频、爱奇艺同步首轮播出。浙江卫视、东方卫视在黄金档时段双城日均收视率达到2.6%，峰值破3，同期处于领先位置。同时，优酷、爱奇艺、腾讯网播热度指数与电视剧排名同期第一，电视百度搜索指数、电视剧风云榜排名第一。该剧讲述企业家姚远在快递与互联网行业的创业故事，展现电商物流、互联网行业的兴起、困局及破冰的发展轨迹，反映当代创业者勇于创新、敢于思变、锲而不舍的创业精神。《在远方》被中共中央宣传部、国家广电总局评为2019年“中国联合展台”重点推荐片目，并亮相2019年第五十六届法国春季戛纳电视节，该剧发行至北美、俄罗斯、希腊、韩国等国家和地区。

【区产动画电影《十二生肖之福星高照朱小八》上映】

2019年9月13日，《福星高照朱小八》上映。该片由区重点影视企业浙江睿宸影视制作有限公司联合山东影视制作股份有限公司、杭州娃娃鱼动画设计有限公司、杭州流彩动画有限公司打造，由著名制片人刘志江担任总制片人，潘斌、杨加助执导，王愫稣、王晓彤、孙畅等主要配音。该片在画面制作上融入吴越文化的魅力和岭南文化的特色，设计出亭台楼阁、园林寺院、钟塔庙宇、民宅等建筑。影片将中国传统文化和饮食文化相结合，同时穿插中国传统节日元素。

【上城馆亮相杭州文博会】

2019年9月19—23日，第十三届杭州文化创意产业博览会开幕。文博会以“创意城市·联结世界”为主题，除国内众多文创机构携手参与外，有来自全球53个国家及地区的400多个境外展商带来别具特色、涵养生活、引领人居美学的文创、艺术作品。文博会上，上城馆以“创·新活力，影·享未来”为主题亮相，分为成果展示区、情景再现区、现场体验区、影视衍生品展区、项目洽谈区等板块，通过视频、图片和文字等形式，集中展示上城区近年来影视产业的发展成果。

【杭州东坡大剧院焕新开业】

2019年10月12日，杭州东坡大剧院经过改造升级焕新开业，同步推出轻歌舞剧《白蛇》。杭州东坡大剧院改造提升项目为之江文化产业带重点项目之一。升级后的剧院以“定位国际化、模式市场化、内容先进化、多元适应化”为理念，主打“工业风”，内部设有1048个座位和充满高科技元素的大舞台，适合常规文艺演出和沉浸式互动演出，通过新媒体和全息影像等科技手段，为观众带来顶级视听盛宴。《白蛇》以轻歌舞形式呈现，舞台上烟雨朦胧、轻歌曼舞，配以高科技声光电效果，在70分钟时间内为观众打造一部年轻、唯美的“白蛇”经典传说。

【杭州美术节在上城区开幕】

2019年12月20日，杭州美术节开幕式在“尚城1157·利星”商业综合体举行。杭州市美术家协会主席张子翔出席活动，并宣布美术节开幕。开幕式现场，为30个获评“杭州市艺术品行业2019—2020年度诚信艺术机构”的单位授牌。美术节以“美美与共”为主题，为期1个月。其中，开幕展览为《“美美与共”——2019杭州美术节浙派名家作品展》，闭幕展览是《第二届杭州酒店艺术博览会》。其间，有

20多个主题、题材艺术展览分别在杭州各艺术机构进行联展，展出的作品类别包括国画、油画、版画、书法、陶艺、碑刻拓片等。展览的内容主要以歌颂祖国河山，尤其是歌颂杭州的山水画、人物画、花鸟画为主，形式上以中国书画为主，既有中国的传统艺术，又有中国的当代艺术，还兼容西方艺术。

【最天使文创书城湖滨店开业】 2019年4月23日，最天使文创书城湖滨店开业。湖滨店占地2000平方米，引入5G和人工智能AI技术，实行24小时营业。书城以“城市书房”为理念，结合杭州打造湖滨步行街的初心，推动文化为城市赋能，为市民服务，为杭州西湖的旅游金名片增添人文光彩。开业仪式上，杭州利星百货集团与中国移动杭州分公司签订全面战略合作协议，参与移动“5G+”计划，同时清华大学经济管理学院浙江校友会“阅读示范基地”落户湖滨店，并发布2018年浙江省未成年人阅读状况调查数据。

（张玉瑛）

现代商贸业

【概况】 2019年末，上城区有商品专业市场24个，其中销售额超过1亿元市场19个、4万平方米以上商贸综合体5个；有农贸市场14个，其中星级市场13个；有超市11个，其中大型超市3个；商业特色街3条，其中杭州湖滨步行街提升改造后正式开街。全年实现社会消费品零售总额331.96亿元，比2018年增长8.5%。

【再生资源回收体系建设】 2019年，区商务局合理规划布局回收网点，推广“互联网+”模式，推进上城区再生资源回收体系建设。6月17日，召开全区再生资源回收网点建设工作会。会上，区商务局通报2018年度全区再生资源回收工作整体情况，明确2019年全区再生资源回收工作目标和任务。10月30日，区商务局被评为2019年度杭州市再生资源回收统计先进单位。全年全区再生资源回收量7.61万吨，新增再生资源回收网点36个，覆盖率60%。

【农贸市场第三次改造提升】 2019年，区商务局着力打造“消费更放心、硬件更智慧、环境更安全、生活更品质、管理更细实”的符合新时代消费需求样板市场。3月28日，副区长孙刚锋带队查看复兴农贸市场改造提升情况，随后召集各相关部门、街道及农贸市场负责人，召开农贸市场第三次改造提升工作推进会，部署相关工作。4月29日，区商务局召开望江路农贸市场第三次提升改造会审论证会。会上，望江路农贸市场汇报市场相关情况及改造计划，各部门提出涉及垃圾清运、卫生、噪音等方面的意见和建议。至年末，翰林、望江路2个农贸市场改造工程完成并通过验收，察院前、断河头、凤凰北苑3个农贸市场改造提升工程有序推进，确保居民“菜篮子”市场供应。

【家政信用平台使用培训】 2019年12月9日，区商务局召集辖区重点家政企业开展关于杭州家政信用平台使用培训会。会上，区商务局传达市商务局杭州家政信用信息平台推进工作会议精神，并邀请平台设计方为辖区重点家政企业进行现场辅导和实操演示，以实际行动加快推进家政服务信用平台系统录入工作。多家与会企业表示支持商务部门建立统一家政行业信用平台，并对平台建设提出多项建设性意见。

【商贸行业安全生产和消防安全工作】 2019年，上城区加强商贸行业安全生产和消防安全工作。春节前，区商务局会同区应急管理局、区消防救援大队及商贸行业消防联防中队，在辖区范围内开展商贸行业节前安全生产大检查，分别检查农贸市场、商场、综合体等场所的消防设施情况。4月26日，副区长孙刚锋携区商务局、区市场监管局、区应急管理局、区消防救援大队、湖滨街道等部门开展劳动节前全区商务领域安全生产和消防安全工作检查，针对发现的装修、用电等安全隐患，要求企业立即整改。6月14日，区商务局响应区“消防安全生产月”活动精神，组织辖区31家商贸企业召开上半年度全区商贸行业消防安全暨爱国卫生运动知识培训会。12月4日，组织辖区商贸企业召开全区商贸行业消防安全暨平安创建工作培训班，就消防安全、平安创建和宪法宣传等有关事项向各企业做动员布置，邀请区平安办、杭州中安消防培训中心等单位进行授课，讲解消防安全知识，并建议各企业加强日常安全管理。

（钱梅梅）

休闲旅游业

【概况】 2019年，上城区以南宋文化品牌打造为中心，加快旅游产业全域化、国际化、智慧化发展。全年旅行社组织出境游64.05万人次，接待入境游客15.43万人次，接待内地游客39.03万人次，组织国内出游76.28万人次，

2019年5月17日，“天下西江，神秘郎德”贵州雷山文化旅游茶叶招商杭州推介会在涌金广场举行（陈建荣 摄）

实现营业收入61.85亿元。全区酒店接待入境游客24.9万人次，入境游营业收入1.81亿美元。举办旅游推介会12场，全年接待境内外游客6400万人次。

【文化旅游推介】 2019年，上城区以创建省级全域旅游示范区为抓手，以清河坊历史文化街区、玉皇山南基金小镇、“江南·小营红巷”景区为重点，以建设南宋皇城小镇为契机，做好文化旅游推介，加强上城旅游品牌宣传推广，宣传和传承中华优秀传统文化，加快上城文化旅游发展。3月29日，上城区在浙江大学建工学院开展主题为“在‘浙里’与您分享南宋文化，邀您遨游昔日皇城”的上城文旅推介会，促进上城区研学旅游产品精准营销。5月17日，“天下西江，神秘郎德”贵州雷山文化旅游茶叶招商杭州推介会在涌金广场举行。11月11日，上城区以“最忆是杭州”为主题，在重庆市开展秋季文化旅游推广活动，展示上城区“南宋遗踪一日游”文化旅游精品线路，并为重庆市民量身打造10条文化旅游精品线路。

【参加浙江(江苏)旅游交易会】 2019年9月5—7日，2019浙江（江苏）旅游交易会在南京国际展览中心举行。交易会围绕“吃、住、行、游、购、娱”旅游要素，着力打造并推出富有特色的系列旅游产品。会展面积1.6万平方米，设形象展示区、“百县千碗”主题展区、旅游商品及文创产品展卖区、饭店及旅行社售卖区、数字旅游互动体验展区、“非遗”主题展区、援建单位展示售卖区七大展区。上城区在市文广旅局统一组织下携景区及特色文旅企业围绕“最忆是杭州”展览主题，亮相形象展示区、旅游商品及文创产品展卖区、“百县千碗”主题展区和浙江省非物质文化遗产展区。

【“醉湖滨·遇见文旅”活动启动】 2019年10月2日，“醉湖滨·遇见文旅”活动在湖滨步行街启动。活动为期一个月，文化学者、艺术家和学生在步行街开展沉浸式街巷文化展示活动。上城区借助中国美术学院在杭州历史人文、古今美学理论方面的优势，邀请中国美术学院的艺术家和学生进行现场写生；邀请南宋学院的学者和学生进行南宋文化和特色艺术的展示交流，让市民和游客能够近距离感受南宋风情。文化展示活动还安排书画文化展示、小提琴演奏、世界级非物质文化遗产浙派古琴文化品鉴、湖上市集、非洲鼓表演等活动。

【萧山国际机场“南宋有约”文化长廊展览】 2019年9月26日，区文广旅体局联合萧山国际机场，在机场国内国际连廊区域推出以“南宋有约”为主题的第二季文化长廊展览。展览分为“上城故事”“‘非遗’文化”“悠游上城”“实景展示”四大展区，以南宋文化特点元素为主题，还原真实南宋风貌，展示上城丰富的历史文化。其中，“上城故事”展区真实还原《梁山伯与祝英台》和《白蛇传》两个浪漫爱情故事中的人物与场景。“‘非遗’文化”展区展示上城区的浙派古琴、传统医药老字号、传统折扇、杭州宋酒、特色美食等“非遗”元素。“悠游上城”展区分为老杭州市井民俗游、历史古迹文化游、时尚休闲观光游、南宋皇城文化游、玉皇山南健康生态游、中（东）河古道怀旧游等部分，全方位展示上城区的自然与人文旅游资源。在“实景展示”展区，中河美景被写实地还原，有中河水、杨柳树、斗富桥等景物。

【“钱印号”游船首航】 2019年9月26日，钱塘江上最大、最先进游船——“钱印号”游船首航。“钱印号”游船排水量近1000吨，可载客498人。“钱印号”二层由3个包厢和1个大厅组成，可容纳近100人同时用餐。依托新鲜食材，以本帮料理为主要烹饪手法，让市民、游客体验江河湖新鲜美食。首航庆典结束后，“钱印号”开展常态化运营，提供中文讲解服务，为市民、游客提供舒适的休闲娱乐服务和完备的水上产品谱系。常规路线为滨江码头—钱塘江大桥—六和公园—西兴大桥—奥体中心—钱江新城—滨江码头。“钱印号”游船将创新研发水上商务、水上婚礼、水上会议、水上亲子游、研学旅游等特色包船产品，提供不同线路、不同价位的个性化服务，让市民、游客畅游钱塘江及三江两岸。

【千岛湖鱼头争霸赛暨上城区选拔赛总决赛】 2019年4月11日，千岛湖鱼头争霸赛暨2019年南宋文化美食节美食与优雅生活系列——上城区选拔赛总决赛在杭州新侨饭店花园露台举行。参赛选手分成专业组和民间组两个组别，由专业评委和大众评委从成品的色泽、摆盘、味道、寓意等方面进行品评。经过角逐，民间组7号选手（南星街道寿红霞）、专业组4号选手（王润兴酒楼）获冠军。

（张雪梅）

健康服务业

【概况】 2019年，上城区持续推进健康服务业发展，着力塑造医疗特色品牌，扩大区域内省市重点医院及周边商圈的影响力和辐射力。通过打造小营智慧健康产业园等平台，加快优质健康企业集聚，提高辖区人民群众的生活和健康水平，促进辖区经济社会协调和可持续发展。全年健康服务业实现增加值104.8亿元，比2018年增长17.2%。健康服务业完成一般公共预算收入3.44亿元。杭州佗鹊堂生物科技有限公司与杭州师范大学合作共建生物医药实验室，全景医学影像诊断中心、杭州口腔医院获“中国医疗机构品牌百强榜”民营医疗机构50强。杭州联众医疗科技股份有限公司获“医学影像信息管理与网络通讯系统软件”证书，成为国内具备云影像注册证的企业。杭州医云康网络科技有限公司互联网远程诊疗软件在浙江大学附属第一医院、浙江大学附属第二医院推广应用，承担全省“医共体”建设任务。杭州朵尔美健康科技有限公司远程胎心监护系统具备国内独家三级判读资质，浙江省妇幼保健医院、杭州市妇幼保健医院等大型综合妇幼医院与该企业合作并建立远程胎心监护判读中心，列入浙江省卫生健康委员会的重点推广计划。

【战略布局强化】 2019年，上城区不断强化健康服务业战略布局。2月27日，成立小营智慧健康产业园建设工作领导小组，加快培育健康领域新动能。与杭州立春医疗科技有限公司联合启动“健康城市上城模式”试点，推进大健康领域重点工程精准落地。加强与浙江大学附属第一医院战略合作，推进浙江大学附属第一医院城站院区改造提升项目，着力提升健康产业辐射带动力。引进杭州龙格诊所有限公司等企业，涵盖公立民营医疗机构、中医药养生及康复、健康大数据分析管理等产业前沿领域。6月6日，全省首个“健康服务与大数据产业创新服务综合体”揭牌，该综合体通过大数据服务、科技孵化服务，提升区域乃至周边健康产业企业质量及规模，培育一批具有全国竞争力的大健康产业优势品牌企业。同时全区健康企业集聚孵化进度加快，与上海天亿弘方企业管理有限公司签署投资合作协议，引进“健康智谷”项目。

（魏建军）

杭州联众医疗科技股份有限公司4楼大厅　　（区委宣传部 供稿）

【中医药传统特色产业发展】 2019年，上城区抓住健康服务产业发展机遇期，抢占健康服务产业高地，在中医药传统特色产业发展、医养融合发展等方面取得新进展。区内有胡庆余堂、方回春堂等知名老字号，医馆林立、名医云集。扶持清河坊中医特色一条街和五柳巷中医药文化传承与创新产业园有序协调发展，总入驻医生700多人，其中有何嘉琳、连建伟、鲍严钟为代表的国家级名老中医20多人。加大卢医文化宣传推广，举办中医大型义诊活动，打造“胡庆余堂中药博物馆”“方回春堂膏方节”等独具上城特色的中医文化品牌，推动全区中医保健、中医养生、中医药膳、中医旅游、中医药文化产业快速发展。

（仲　玥）

【广宇“健康家”大健康事业持续发展】 2019年，广宇集团初步形成以“医学影像诊断、养老住房建设、健康产业园、护理服务”为主要内容的大健康产业板块。杭州全景医学影像诊断有限公司以高端影像设备和一流专家团队为主要技术支撑，开展高端体检及健康管理等延伸服务。杭州广宇安诺实业有限公司致力于在浙江市场进行养老住房建设产品的推广、销售及适老化房屋改造服务。小

2019年3月18日，副市长陈红英（右二）参观小营智慧健康产业园
（广宇集团 供稿）

营智慧健康产业园旨在打造一个集展示、体验、会议、数据、零售、交互、产业孵化于一体的高端健康产业集聚园。杭州护家护理站有限公司是杭州市第一个由上城区卫计局审批、以护理站模式单独运营的医疗机构，为各类人群提供专科护理、健康咨询、健康普及、健康随访等专业服务。

（李　薇）

科技企业

【概况】 2019年，省科技厅根据《浙江省科技型中小企业认定管理办法的通知》和《关于做好2019年科技型中小企业认定与管理有关工作的通知》规定，经企业申报、所在地科技部门初审，确定第三批浙江省科技型企业认定名单。上城区的杭州齐顺轨道交通科技有限公司、杭州颀财网络科技有限公司、杭州惠飞科技有限公司等77家企业位列其中。至此，上城区被认定为省级科技型企业增至291家。

【杭州全景医学影像诊断有限公司】 杭州全景医学影像诊断有限公司由广宇集团股份有限公司与上海世正医疗科技有限公司共同投资，成立于2015年9月，注册地位于上城区江城路893号。该公司是市卫计委批准的专业医学影像诊断机构，有浙江省首个第三方独立医学影像诊断中心。中心以高端的影像设备和一流的专家团队为主要技术支撑，为临床医生提供优质图片和精准报告，主要开展肿瘤、心脑血管疾病、神经系统疾病等专病的诊断和早期筛查，并在此基础上开展绿色健康体检、多学科名医联合会诊、远程会诊和健康管理等延伸服务。中心配置浙江省首台PET/MR和256排宝石CT、最新一代PET/CT、3.0T磁共振、乳腺钼靶、E10超声等全套GE公司影像设备；同时拥有一支放射界知名专家、博士生导师领衔组成的专业技术团队。2019年12月27日，该公司被认定为浙江省科技型中小企业。

【浙江孚宝智能科技有限公司】 浙江孚宝智能科技有限公司成立于2017年09月，注册地位于上城区环城东路土山一弄2号。该公司是一家以人工智能（AI）技术为核心，专注于为医疗、地铁、机场、银行、电信等行业提供服务机器人，并提供从设计、研发、制造到销售“一条龙”解决方案服务的科技型企业。核心团队拥有10年的机器人研究、应用领域行业经验，拥有多项服务型机器人自主研发知识产权，主要产品智能配送机器人（睿宝、智宝、敏宝）、智能服务机器人（大宝、大白）和智能平台已在医疗服务、政务、银行等领域推广应用。2019年10月28日，该公司被认定为浙江省科技型中小企业。

【杭州简泊智能科技有限公司】 杭州简泊智能科技有限公司成立于2016年6月，注册地位于上城区定安路126

号。该公司集科教设备、教材研发于一体，拥有专业的技术研发、教学研发团队和多项发明专利，特别在创客实验、编程教育领域不断开拓创新。先后开发《仿人机器人专业教程》《星原力创客指南》《星原力科学探究》等6套系列教材；自主研发用于开源造物的星原力智能套件及采用先进控制算法的智能机械臂套装等教育设备，并为全国各级院校提供从课程设计、教材研发、器材配套到师资培训的创客课程全面解决方案。2019年10月28日，该公司被认定为浙江省科技型中小企业。

【杭州城市大数据运营有限公司】 杭州城市大数据运营有限公司成立于2017年2月，注册地位于上城区旧仁和村6号、9号。该公司以大数据、人工智能、区块链为核心技术，以“数据运营+生态合作”为主要模式，聚焦城市数字化转型和城市数据智能运营，依托其在构建数字化城市中台、城市超级信用链、行业数据透视、城市级数字孪生、智能核身技术、城市级综合支付等领域核心能力，将城市中各个行业和民生应用所产生的数据有效地归集起来，洞悉跨行业数据融合的价值，通过数据服务推进政府、企业、市民共享城市数据，并在杭州政务、金融、交通、智能制造、健康等领域展开工作，提升新时代智慧城市建设活力与创新力。2019年10月28日，该公司被认定为浙江省科技型中小企业。（杨永清）

湖滨商圈

【概况】湖滨商圈东起浣纱路，西至湖滨路，南至西湖大道，北至庆春路，面积87万平方米。商圈核心区块为吴山路、学士路、湖滨路、解放路围合区域，面积17万平方米。商圈内有湖滨公园（一至六公园）、西湖音乐喷泉等自然景观资源，以及韩国独立运动旧址、东坡剧院、龙翔里、湖边邨历史建筑群、老字号店集群等人文景观资源，被誉为“杭城门厅、西湖客厅”。商圈集聚解百城市奥莱、湖滨银泰in77、利星名品广场、衣之家百货、“工联CC”、龙翔服饰城、兴合服饰城、天阳·明珠商业中心等高中端商场及知味观、杭州酒家、外婆家等知名餐饮店和杭州君悦酒店、杭州新侨饭店、杭州友好饭店等星级品牌酒店。年内，湖滨商圈产业平台实现拓展，以湖滨步行街改造提升为契机，推进湖滨商圈业态优化提升。全年引进华为浙江旗舰店等品牌旗舰店20多个，引进品牌400多个。湖滨步行街全年实现零售额（营业额）82.06亿元，比2018年增长9.2%。人流量增长9%，跨年夜当晚瞬时人流峰值达8.5万人。其中湖滨旅游商贸特色街区接待游客5552.03万人次，完成零售额82.05亿元，实现税收3.97亿元。其中国庆期间接待市民、游客141.4万人次，实现营业额1.98亿元，增长9.1%。

（王璀佶　王　杭）

2019年1月20日，网易考拉旗舰店开业。图为顾客在店内选购商品

（湖滨街道 供稿）

【网易考拉全国首个旗舰店入驻】2019年1月20日，网易考拉全国首个旗舰店入驻湖滨商圈。该店借助平台大数据和店铺周边消费者画像分

析，从全球数十万款进口商品中精选3000多个库存量单位，覆盖美妆、个护、母婴、轻奢、数码家电、运动服饰等热门消费类目，并根据更新数据不断调整店内商品种类与数量。旗舰店位于东坡路18号，总面积近700平方米，分上下两层，一楼以全球精选护肤鞋包服饰为主，二楼设有生活家居区、母婴区、考拉全球工厂店等。旗舰店还开设儿童游乐区、电子屏互动区、美妆体验区、数码试用区等场景体验区域，将"美好生活"理念与全球优质商品融为一体。店内设置电子价签，实现全球同步更新价格，并预留两台自助结账机，扫描商品条形码即可下单结账。

【湖滨商圈工会联合委员会成立】 2019年3月28日，湖滨商圈工会联合委员会成立，并召开第一届委员会第一次会员代表大会。来自杭州解百集团股份、杭州知味观食品有限公司、杭州君悦酒店、杭州华溥实业有限公司等企业的60名职工代表参会。商圈企业、新零售企业、八大员（货车驾驶员、快递员、护工护理员、家政服务员、商场信息员、网络送餐员、房产中介员、保安员）企业职工均可申请入会。至年末，湖滨商圈有企业825家，职工1万余人。湖滨街道专门开放延安路257号作为商圈职工活动场所，为商圈职工提供休息、阅读、培训、饭菜加热等服务。

【节假日期间商圈秩序维护】 2019年劳动节、国庆节等节假日期间，湖滨街道联合杭州晴雨公益服务中心、浙江工商大学旅游青年志愿者服务中心等单位，组织800多名志愿者参与湖滨商圈志愿服务，维护商圈节日秩序。仅劳动节期间，累计为30万人次提供服务，其中劝导不文明行人3581人，劝阻闯红灯外卖员工637人，整理乱停乱放共享单车2027辆，提供旅游咨询服务1.97万人，帮助走失儿童寻找父母28人、手机归还失主6部、钱包归还失主4个等。该志愿服务获中国新闻网、浙江新闻、浙江经视等20多家媒体报道，得到市民、游客肯定。

（王璀佶）

玉皇山南基金小镇

【概况】 2019年，玉皇山南基金小镇以省市钱塘江金融港湾战略、"凤凰行动"计划和"拥江发展"战略为指引，以打造小镇2.0版本为核心，以构建"募、投、管、退"完整的金融生态圈为方向，有序推进小镇各项工作。至年末，小镇累计入驻金融机构2510个，总资产管理规模11655亿元，全年实现税收23.01亿元。年内，国企改革"双百行动"发展基金、浙江省文化产业投资集团有限公司、杭州战略新兴产业基金、蚂蚁金融服务集团旗下系列公司等落户小镇。小镇被授予"全国最受欢迎基金小镇""杭州新经济会议小镇"称号。小镇企业浙江玉皇山南投资管理有限公司入围中国证券投资基金业协会公布的年度第一批私募资产配置管理人名单，全国仅三席。全年举办全球私募基金西湖峰会、全国双创周上城分会场、世界环境日外宾接待等重大活动10多场。全年接待参观团534批次、1.02万人次，被各类媒体报道100多次。其中，中国新闻社、新华网等国家级媒体报道20多次，《浙江日报》等省级媒体报道30多次，市级及其他媒体报道50多次。

【服务实体经济】 2019年，玉皇山南基金小镇服务实体经济发展，成功扶持培育郑州天迈科技股份有限公司、浙江新化化工股份有限公司等企业上市。5月24日，深圳证券交易所杭州基地落户小镇。推进"金融小镇浙江行、全国行"活动，与上海陆家嘴新兴金融产业园合作，搭建金融科技与量化私募合作平台，在投上海优质项目

2019年5月24—25日，第五届全球私募基金西湖峰会召开
（玉皇山南基金小镇管委会 供稿）

44个，投资金额23.31亿元。举办“山南系列”活动28场，参会企业1500多家，参会人数超过4000人。

【金融风险防控】2019年，玉皇山南基金小镇全面完成已入驻企业排查，从源头把控金融风险，清理农金（浙江）资产管理有限公司、融海正金（杭州）投资管理有限公司、嘉实金融信息服务（杭州）有限公司等295家“僵尸”企业和潜在风险企业，入驻机构数量降至2510个。完善信息统计平台建设，加强风险监管。基金小镇“金融法庭”挂牌入驻，是华东地区首个派出“金融法庭”，致力打造金融纠纷一站式化解平台。

【第五届全球私募基金西湖峰会】2019年5月24—25日，第五届全球私募基金西湖峰会召开。省委常委、市委书记周江勇为峰会致辞。中国证券投资基金业协会会长洪磊，中国国新控股有限责任公司副董事长周育先，澳大利亚HESTA养老基金投资委员会主席、国际货币金融机构官方论坛顾问委员会委员Mark Burgess，D. E. Shaw亚太区总裁Kevin Patric，美国格林威治市经济咨询委员会主席James Aiello等出席。峰会以“金融供给侧结构性改革与私募基金发展”为主题，设主论坛和“金融供给侧结构性改革下的私募基金与产业发展创新融合”“金融供给侧结构性改革下科技引领未来投资”“金融科技赋能智慧私募的创新与实践”“科创板时代的私募股权发展战略”“金融供给侧结构性改革背景下私募基金资产配置类管理人的发展方向”5个分论坛。其中，主论坛高峰对话环节围绕私募基金行业的创新和发展进行探讨，带来全球资本市场新观点和新趋势，为私募行业指明新方向和新机遇；分论坛“金融供给侧结构性改革背景下私募基金资产配置类管理人的发展方向”由浙江玉皇山南投资管理有限公司主办。峰会上，玉皇山南基金小镇发布3项成果，分别是国企改革“双百行动”发展基金签约；深圳证券交易所杭州基地落成，推动浙江省内优质企业与资本市场对接，助力“凤凰行动”；发起成立“立足浙江、接轨上海、服务长三角”的创新性研究院——浙江省长三角资本研究院，通过对接科技与金融，高质量推进钱塘江金融港湾建设。

【基金小镇入选“杭州新经济会议小镇”】2019年11月6日，“杭州·领创未来会议”在云栖小镇国际会展中心召开。会上，举行十大“杭州新经济会议小镇”授牌仪式，玉皇山南基金小镇成功入选。基金小镇特色功能被进一步开发，与新经济会议之间互为因果，形成互为商机的推动力。

【玉皇山南金融学院“首席经济学家讲坛”】2019年，玉皇山南金融学院推出“首席经济学家讲坛”系列活动，更好地为产业机构和金融机构提供高端智库服务，以及为私募基金行业提供交流、进步的平台和服务，助力基金小镇2.0版本建设。4月20日、9月10日，先后举办第一期、第二期玉皇山南金融学院“首席经济学家讲坛”。论坛上，均进行玉皇山南金融学院特聘导师证书颁发仪式。其中，第一期论坛聘请华鑫证券副总裁、首席经济学家何晓斌为特聘导师，并进行“宏观经济走势和重点产业格局”主题演讲、2019年投资机会分享交流及互动。第二期论坛聘请银河证券首席经济学家、研究院院长刘锋，银河证券基金研究中心总经理、基金评价业务负责人胡立峰为特聘导师，并分别进行“植基务本、重塑增长——2019年下半年中国经济形势与资产配置展望”和“金融供给侧结构性改革下基金财富管理转型创新探讨”主题演讲。

【长三角特色小镇产业联盟成立】 2019年12月13日，长三角特色小镇产业联盟成立大会在玉皇山南基金小镇举行。大会通过并宣读长三角特色小镇产业联盟章程，并根据章程进行选举，玉皇山南基金小镇、艺创小镇当选为该联盟轮值会长单位。该联盟由来自浙江省、安徽省、江苏省的50多个小镇组建而成，涵盖金融、高新技术、互联网等领域，在促进政企联系、开展考察调研、加强学习交流、搭建信息平台、促进国际合作、开展公益活动、服务联盟会员单位等方面开展工作。该联盟整合有效资源，为政府决策提供依据，为会员交流提供平台，为企业发展提供服务，并推广“孵化+转化”模式，有序引导创新创业成果和产业项目转化落地；推广“金融+实体”模式，推动金融资本服务于产业小镇；推广“数字+制造”模式，推动数字技术服务于产业小镇；推广“设计+制造”模式，推动时尚设计、工业设计等与传统产业深度跨界融合；推动品牌输出，在长三角主要城市探索建立跨区域特色小镇。

（楼钟飞）

【富浙资本重大项目引进】 2019年11月4日，南星街道与浙江富浙资本管理有限公司签订重大项目引进协议。浙江富浙资本管理有限公司注册资本20亿元，主导发起设立浙江省国企改革发展基金、浙江国企ETF指数基金，参与发起国同基金、中银浙商基金等基金项目。子公司浙江富浙集成电路产业发展有限公司注册资本150亿元，投资方向为集成电路产业及相关领域。子公司浙江富浙股权投资基金管理有限公司注册资本1200万元，为浙江省国企改革发展基金管理人。浙江富浙资本管理有限公司贯彻落实省政府“凤凰行动”计划，推进混合所有制改革、资产证券化、发展战略引领和杠杆撬动功能，服务省政府重大决策部署落地和浙江国资国企改革发展。

（夏昌方）

南宋皇城小镇

【概况】 南宋皇城小镇以南宋皇城遗址和清河坊国家AAAA级旅游景区为核心，总规划面积3.1平方千米。小镇内留有南宋皇宫遗址、“三省六部”、太庙等南宋宫廷古迹10多处，拥有清河坊、南宋御街等开放式特色街区及南宋遗址陈列馆、紫阳书院、胡雪岩故居等文旅体验点40多个，有“非遗”项目近50项，并留存二十三坊、大井巷两处原生态市井，是国内南宋文化积淀最为深厚、保留最为完整的区域。2019年，南宋皇城小镇完成固定资产投资1.09亿元，实现营业收入128.78亿元、税收6.53亿元。全年小镇接待游客2118.6万人次，比2018年增长3.9%。

（方　汇　郏凌华）

【南宋皇城(小镇)建设工作推进暨领导小组第一次会议】 2019年3月8日，上城区召开南宋皇城（小镇）建设工作推进暨领导小组第一次会议。区领导陈瑾、金承涛、占仁义、来剑波、韦云、毛素云、陈少华等，以及南宋皇城（小镇）建设工作领导小组全体成员参加。会议研究审议南宋皇城（小镇）体制机制改革方案和重大事项决策实施细则，听取南宋皇城小镇管委会、杭州清河坊资产管理有限公司年度工作汇报。领导小组成员围绕如何加快高效推进小镇创建工作交流发言。会议要求高举文化旗帜，把小镇打造成继西湖、运河、良渚之后第四张“金名片”，建成真正代表杭州的特色旅游目的地、历史名城展示窗口和文旅特色小镇示范。

【《一年又一年》栏目走进南宋皇城小镇】 2019年1月26日，中央电视台新年特别节目《一年又一年》走进南宋皇城小镇，通过主持人李梓萌与铜雕工艺美术大师朱炳仁的交谈，从铜雕艺术看南宋文化，从清河坊历史文化街区民间手工艺传承看南宋皇城小镇传统文化发展与复兴，从定胜糕等杭州特色民间小吃到杭州新年民俗，深入展现南宋皇城小镇传统文化传承及迎新春氛围。

【清河坊民间茶会】 2019年4月19日，清河坊民间茶会在南宋皇城小镇·清河坊历史文化街区举行，茶会为期3天。茶会以“宋韵百味，茶享杭城”为主题，旨在展示品茶韵味及南宋文化底蕴。茶会沿用国际化创新手法，结合南宋文化助推宋茶文化的挖掘与传承。同时，活动引入游戏、文创和公益等元素增强活动的全民参与度。

【“走进宋韵”暨南宋皇城实景演出】 2019年6月5日，杭州国际音乐节社会公益普及音乐会——“走进宋韵”暨南宋皇城实景演出在鼓楼小广场举行。此次活动为2019年杭州国际音乐节的预热活动，同时是杭州爱乐乐团社会公益普及演出活动。音乐会持续一个多小时，杭州爱乐乐团、杭州怡枫国乐团、杭州弦趣室内乐团等表演团队运用多样的演奏技法及跌宕起伏的旋律，为市民、游客带来民乐合奏《苏堤漫步》、笛子独奏《扬鞭催马运粮忙》、板胡独奏《月牙五更》、古筝独奏《秦土情》、二胡齐奏《赛马》等音乐节目。

2019年4月19日，上城区举办清河坊民间茶会

（杭州清河坊资产管理有限公司 供稿）

【端午游园会】 2019年6月6日，上城区在南宋皇城小镇·鼓楼小广场举办端午游园会，旨在纪念端午节入选世界非物质文化遗产10周年。游园会中，市民游客可参与包粽子活动，在纪念端午节的同时，展示各地民间文化特色。活动现场还能免费领取菖蒲和艾草，体验端午传统习俗。

（方　汇）

【清河坊年俗活动】 2019年2月5—9日，清河坊历史街区管委会联合西湖名胜区吴山景区管理处举办清河坊年俗活动。活动以“金猪携福迎新岁，山上山下闹新春”为主题，分为“大年初一吴山新春庙会暨南宋皇城小镇迎新会”、“大年初二‘福禄寿喜’四仙祈福”、“金猪迎春，美食来袭”百家宴和“大年初五金猪迎福财神到”四大板块。其中，吴山庙会暨南宋皇城小镇迎新会活动中，演员穿着新春服装，扮成生肖猪造型在清河坊历史街区巡游，并增加“八仙过海送福气”环节，为沿街商铺和市民、游客送福祈福；“‘福禄寿喜’四仙祈福”和“金猪迎春，美食来袭”百家宴活动在鼓楼小广场举行，通过传递美食的形式表达杭州人民对新年的美好祝愿；“大年初五金猪迎福财神到”活动安排敲锣打鼓、舞龙舞狮环节，“福禄寿喜”和“财神爷”为街区商户和市民、游客送上新春祝福。

【吴山庙会】 2019年11月21日，2019年杭州吴山庙会开幕式暨伍子胥祭祀大典在吴山景区伍公庙举行。祭祀大典设置击鼓、起香、献花、敬酒等传统环节。祭祀大典结束后，由龙狮带队、伍公像引领，组成祭祀巡游队伍在清河坊历史文化街区进行巡游祈福，并与商家、游客互动。其间，在鼓楼小广场举办“非遗”博览会。博览会汇集上城区15项省级及以上“非遗”项目，包括胡庆余堂中药文化、朱炳仁铜雕技艺、方回春堂传统膏方制作技艺、振兴祥中式服装制作技艺四大国家级“非遗”项目，以及杭州刺绣、南宋官窑烧制技艺、萧山过江布等省级“非遗”项目。

（郑凌华）

【贵州省雷山县国家非物质文化遗产体验馆开馆】 2019年6月19日，贵州省雷山县国家非物质文化遗产体验馆在南宋御街（中山南路358号）开馆，市民可以“零距离”了解并感受苗族“非遗”文化的魅力。体验馆面积约600平方米，设有两个楼层。一楼展示雷山县国家非物质文化遗产脚尧茶叶、银饰、蜡染、刺绣等展品。二楼为集聚苗族美食的“千户苗寨长桌宴”。市民可以在体验馆欣赏苗家服饰、体验苗族文化、感受苗族风情。

【杭州2022年第十九届亚运会特许商品零售店开业】 2019年12月15日，杭州2022年第十九届亚运会特许商品零售店“赋能亚运·多店同开”启动仪式在清河坊历史文化街区举行。杭州亚运会特许商品零售店首批开设7个门店，分别是清河坊店、市民中心店、武林店、孤山店、庆春路购书中心店、杭州大厦店和万事利展厅店，其中清河坊店为首个杭州亚运会特许商品体验店，系全品类零售店，布局覆盖热门旅游景点、繁华商圈、大型商超。在清河坊店上架的首批特许商品有徽章及非贵金属类、贵金属类、工艺品类、丝绸类、文具类、家居生活类、纪念邮票及邮品类七大类、100多款。

【南宋皇城小镇人民调解委员会成立】 2019年11月15日，杭州南宋皇城小镇人民调解委员会在清河坊历史文化街区成立。该委员会围绕法治宣传、纠纷排查、纠纷调处三方面中心工作，重点通过

2019年6月19日，贵州省雷山县国家非物质文化遗产体验馆在南宋御街开馆
（区委宣传部 供稿）

宣传国家法律、法规和政策，引导、教育公民遵纪守法；组织排查、收集各类矛盾纠纷和不稳定因素信息，开展纠纷预防工作；建立快速响应，接待、受理小镇范围内的消费纠纷、经营纠纷、劳资纠纷、房屋租赁、意外伤害、安全生产事故等矛盾纠纷，促进小镇形成良好文化、商业旅游氛围。

（方　汇）

【“走读南宋皇城小镇”文化体验线推出】 2019年5月24日，清波街道联合杭州西湖世界文化遗产监测管理中心设计走读路线，将26处历史古迹、风景名胜、老字号、“非遗”体验点串珠成链，从“用”“食”“药”“景”“商”“馆”“宅”“古”8个角度，根据史籍记载和考古发掘等进行深度展示，成为南宋皇城小镇文化板块建设的重要项目。每次走读活动均由西湖文化特使进行讲解，现场展示老照片进行古今对照，通过国际流行的走读式文化体验，让游客了解杭州人文底蕴和南宋遗韵。

【南宋皇城小镇国际学生文化艺术交流和实践基地成立】 2019年6月18日，清波街道与中国美术学院合作共建，在清波街7号西卡艺术中心成立南宋皇城小镇国际学生文化艺术交流与实践基地，聘请国际学生担任文化使者，为在杭学习的国际学生搭建国际文化艺术交流的实践与交流平台，打造弘扬优秀传统文化、助推“一带一路”文化交流互通的媒介。基地探索中国传统文化艺术与国际文化艺术的交互式发展模式和国际艺术人才培育模式，定期组织国际师生志愿者开展公益支教，为街道、社区举办艺术课堂、主题展览、讲座、国际文化艺术周等活动，开展南宋文化主题系列写生体验，通过艺术交流、名家论坛、留学生艺术展等形式，增进与“一带一路”国家的文化交融。

【南宋皇城小镇发布党建项目】 2019年5月4日，清波街道举行南宋皇城小镇党建项目发布仪式，揭幕成立小镇党建示范带，发布党建项目清单和党建引领文化共享活动计划。南宋皇城小镇联合党委依托南宋文化和特色产业基础，以党建共建为纽带，整合各方资源和力量，服务小镇企业高质量发展，党建项目在小镇经济产业、文化创意、民生品质等方面发挥示范和带动作用。

（蒋成杰）

2019年11月15日，杭州南宋皇城小镇人民调解委员会揭牌仪式在清河坊历史文化街区举行

（清波街道 供稿）

望江金融科技城（杭港高端服务业示范区）

【概况】 2019年，望江金融科技城入选第一批浙江省小微企业园名单。年内，为新入住企业提供注册落户服务，并采取点对点上门方式，完成40多家重点企业走访，就企业在扶持政策、人才招聘、融资贷款、项目申报、办公场所等问题，通过联合对口部门上门对接、落实创业和人才政策、开展“政银合作”

等方式，帮助企业解决难题。思科（中国）有限公司、中国铁塔浙江分公司、杭州市民卡有限公司、浙江风盛传媒股份有限公司等重点公司经营稳定。全年新注册信息经济类和金融类企业158家，其中信息经济类企业144家、金融类企业14家（金融企业开办严控致注册数大幅减少），注册资金41.67亿元；企业税收4.7亿元，地方财政贡献2.2亿元。

【重点企业稳步经营】2019年，望江金融科技城重点企业经营业绩保持平稳。思科（中国）有限公司运营保持稳定，完成营业收入49亿元；中国铁塔浙江分公司发展迅速，营业收入大幅度增长；杭州市民卡有限公司、浙江风盛传媒股份有限公司等细分行业龙头企业运行态势良好。新楼宇昆仑中心完成招商，2022年第十九届亚运会组委会入驻办公。横店大厦完成内部装修，南华期货股份有限公司等公司预约入驻。城云国际有限公司获绿地集团3亿元C轮战略投资，用于发展智慧城市核心技术；杭州凌笛数码科技有限公司数字化商业体验中心落户园区，推动上城区时尚产业数字化发展。

【项目落地和园区建设】2019年，望江金融科技城各项基础配套设施开工建设，园区营商环境优化，推动国际化、现代化的金融科技城成型，助推杭港高端服务业示范区建设。3月，总投资23亿元的杭州钱学森学校、望江单元邻里中心项目、文化公园及地下停车库项目、木场巷路、三多路、始版桥直街9个重大项目集中开工。6月，始版桥社区入选省首批“未来社区”试点创建名单，将打造立体化、生态化、智慧化的“未来社区”项目。12月19日，杭州现代综合交通大会战重点项目望江隧道开通运行，上城区到滨江高新区时间缩短至5分钟。推动近江城市中心和近江金融科技中心两个“152”工程项目开工建设。年内，上城区单体面积最大的两块商业商务用地——四合一地块（建筑面积14.2万平方米）和41号地块（建筑面积40万平方米），分别出让给香港的金地商置集团有限公司和新世界集团，用于建设高端商务大楼和K11（把艺术、人文、自然三大核心元素融合，将艺术欣赏、人文体验、自然环保结合和互动，带出无限创意、自由及个性化的生活品牌）商业综合体。

【园区“双创”战略实施】2019年，望江金融科技城以人才和创新项目为重点，推进创新创业工作。围绕园区企业和平台，联合区科技局、区人力资源和社会保障局、街道等部门开展人才服务和人才培育工作，在园区核心楼宇开展企业调研、上门服务活动。落实上报人才信息74条，推荐市“引才大使”1人、区“引才大使”2人，海归人才丁勇被聘为市第五批“青年人才大使”。推动“漫赫音美·利星”文创园落地及该园区个性化项目申报。全年园内获评省科技型中小企业17家、市级高新技术企业4家、市“雏鹰计划”企业3家。围绕高端人才，加强对外宣传和人才引进工作，通过挖掘内部人脉资源招引人才项目，推动引进杭州柏艺教育科技有限公司和杭州席克科技有限公司两个海归签约项目；组织企业员工参加中国国际人才交流大会、华为云推介会、创客天下、市国际人才大会等活动，联络外部中介资源，与上海创业机构一度天使和浙江大学紫金众创小镇建立信息交流渠道，学习引才经验和宣传人才政策，对接项目30多个，保持联络的人才项目8个。

（金伟锋）

【望江金融科技城“妇女微家”及妇女联合会成立】2019年3月7日，望江金融科技城“妇女微家”揭牌成立，覆盖思科（中国）有限公司、铁塔浙江分公司、浙江省产权交易所、谷歌体验中心等信息经济和金融类企业4000多家。11月，望江金融科技城召开妇女联合会成立暨第一次妇女代表大会，来自望江金融科技城19家企业和4个属地社区的28名代表参加。望江金融科技城妇女联合会专注于楼宇女性群体的工作生活发展，提供女性成长成才、合法权益维护、家庭文明建设等服务，让区域内女企业家、女科技工作者、女性创业者和职业女性更有获得感、幸福感和成就感。

【首届香港资本市场论坛】2019年12月16日，望江金融科技城举办首届香港资本市场论坛。论坛以“高端、专业、定向、务实”为原则，30多家拟在香港上市的境内外企业家与专家围绕香港上市、证券投资、法律法规、财务管理四大块内容，进行深度对话。论坛通过高端演讲、思想碰撞、经验交流，为企业在香港上市及上市后的资本运作搭建便捷快速和深层合作交流的服务平台。

【杭港高端服务业示范区建设规划】2019年，杭港高端服务业示范区依托杭州和香港两地产业契合度高等优势，以“金融+科技”为战略定位，以数字应用服务为先导，构建“一心一轴、三港一带”功能布局，建设国际交流中心，以及国际金融文化港、数字专业服务岗、国际人才创新港，在新金融、人才服务、信息和数字经济四大领域，与香港展开全方位合作。优化控制性详细规划和城市设计，根据文化本底、资源特色、生态取向和智慧导向，分阶段推进规划评估，有序推进示范区建设。先后迁出近江海鲜城、杭州礼品城等企业，对始版桥直街等进行改造征迁，出让望江核心区块，入驻港资地产品牌香港新世界集团。依托两地商会和机构，设立杭港驿站，为两地搭建供需对接的实体阵地，并与深圳市资产管理学会签署共建合作协议，设立工作联络站。引进优质高端服务业资源，围绕“城市年轮带”“国际交流港”“魅力串珠”3个核心设计理念，塑造兼有金融中心区、片区公共中心、居住功能区三大功能的城市综合新城，着力打造杭港合作新高地、杭州市国际发展新窗口、浙江省“未来社区”新样板、长三角对外开放新枢纽、“一带一路”合作交流新客厅、全球互联客厅。11月13日，浙江省“四大建设”专题推介会上发布全省59个“四大建设”项目，上城区的杭港高端服务业示范区项目入围数字经济推介项目。

（周廷波）

电子机械功能区

【概况】2019年，区电子机械功能区以转型升级为目标，启动数字园区建设，加快“数字经济+新制造业”双引擎驱动，做优做细环境整治，以城北大开发为契机，推动园区升级“蝶变”，增强实体经济效益。全年功能区实现技工贸总收入79.65亿元，比2018年增长11.7%，其中规模以上工业销售产值53.88亿元，增长19.3%。出口交货值20.59亿元，增长22.5%。税收收入7.26亿元，增长61.4%，其中地方财政3.51亿元，增长59.5%。亩均产值1146万元，亩均税收104万元。功能区有注册企业近1000家，其中高新技术企业71家、规模以上高新技术企业24家、限额以上服务业企业9家、规模以上高端装备制造企业14家、省科技型中小企业72家。

【数字园区建设】2019年，区电子机械功能区贯彻落实《浙江省推进数字化园区建设实施方案》，探索数字化园区升级路径，打破企业壁垒，盘活功能区数据资产，增进企业与园区的双向互动，优化功能区运营生态，打造全省数字化示范园区。数字园区建设项目分短期目标和长期目标进行。其中，短期目标为在2019年末完成数字化园区平台网站搭建，并导入资源；长期目标为在2022年完善成为“工业云系统”，引导企业产业数字化建设、资源信息共享。至年末，功能区建成以“企业协同模块”“公共支撑模块”“智能管理模块”和“监测评价模块”为四翼的蝶形平台，并进入测试阶段。其中“企业协同模块”为核心模块，该模块打破产业间壁垒，改变信息孤岛状态，重新整合园区企业及产业资源，形成以物联网为依托的数字化资源池，与园区企业共享路径优势和资源优势，提高利用率、共享率和成功率。

【“数字经济+新制造业”双引擎打造】 2019年，区电子机械功能区加大力度引进数字经济企业和制造业项目，并推进“头雁”企业加快转型升级。杭州海兴电力科技股份有限公司申报的基于电能表的智能化生产线体及智能化制造运营管理系统的平台建设项目和浙江威星智能仪表股份有限公司申报的民用膜式燃气表总装流水线全自动化智能改造项目入选2019年杭州市制造业数字化改造攻关项目。浙江威星智能仪表股份有限公司被评为隐形冠军培育企业，其研发的超声波产品获“浙江制造”认证。杭州亿恒科技有限公司参与的“工业机器人智能故障诊断及健康评估系统”项目入选科技部的国家重点研发计划（2018年度重点专项）。杭州海兴电力科技股份有限公司和杭州捷尔思阻燃化工有限公司研发的产品均被评为“浙江制造精品”。深圳中兴金云科技有限公司与摩根士丹利亚洲有限公司合作打造的“云脑”总部基地落户园区，合力打造全球领先的高性能数据中心研发运营基地。中国航天五院五一四所、上城区政府、杭州特美刻航天科技研究院有限公司合作推进真空技术在科技创新、技术应用、成果转化和人才培养等领域的运用。新引进浙江省冶金研究院有限公司、浙江国正检测技术有限公司等企业，继续培育“专精特新”企业。年内，功能区新增国家高新技术企业15家、省科技型中小企业15家；新引进数字经济企业124家，到位外资1450万美元、内资9亿元。

【物联网产业创新服务综合体创建】 2019年8月27日，市科技局发布《关于认定2019年杭州市级产业创新服务综合体的通知》，认定以上城区电子机械功能区为建设依托单位的杭州市上城区物联网产业创新服务综合体为2019年杭州市级产业创新服务综合体。计划通过3年（2019—2021年）时间，围绕物联网产业建设技术创新体系、“政产学研用”协同创新体系、公共创新服务体系、科技成果交易市场体系、知识产权保护体系、创业创新孵化体系、科技金融服务体系、产业创新生态体系八大内容，将园区打造成产业链、创新链、资本链、人才链“四链”

区电子机械功能区数字园区智慧中心　　（区电子机械功能区 供稿）

融合的产业创新服务综合体，提升物联网产业整体竞争力，辐射带动新型业态的培育和发展。

【功能区环境优化】 2019年，区电子机械功能区优化园区环境，加速产城融合。夏季，进行上园路（莫干山路—西塘路）提升改造，项目总长935米，为双向两车道，改造道路面积1.43万平方米，人行道面积5068平方米，绿化面积2483平方米。改造后新增停车泊位31个，功能区交通更加有序。配合全市“城北大开发”，做好西塘路贯通工程，设计范围北起上园路，南至新文路北100米，全长182.4米，红线宽30米；道路设计等级为次干路，设计车速每小时40千米；排水最大管径DN800。12月，该工程完成沥青铺设。年初，完成位于莫干山路1418-50号的3幢人才公寓、384间房间装修，每间面积49平方米～57平方米，并配有卫生间和阳台。3月，为功能区企业分配房间，第一批为30多家企业提供169间房间，后续陆续有职工入住。6月18日，功能区联合互动V谷产业园、杭州市公共交通集团有限公司，开通“上城科技园（互动V谷）家的心动巴士”，功能区直达地铁三墩站，为职工上下班交通提供便利。11月，在功能区一期标准厂房中央花坛和人才公寓楼下，新建新能源充电桩20个，维护新能源车辆安全充电。

【服务企业员工】 2019年，区电子机械功能区从实际出发，针对不同人群提供精准服务。对党外代表人士、非公有制经济代表人士、新的社会阶层代表人士进行摸底，推选杭州捷尔思阻燃化工有限公司销售部经理裘琦箐等5名功能区高级知识分子成为区知联会理事成员，其中裘琦箐为副会长；推荐杭州慧景科技股份有限公司董事长陈伟为区侨联委员；帮助优秀外来务工人员免费读大学本科、专科，帮助“新杭州人”更好融入园区、圆大学梦。针对青年人才，举办园区第三届青年交流论坛、元宵节送汤圆、青年交友联谊、消防技能比武、垃圾分类课堂、心理辅导、普法宣传、应急救护培训班、中医养生、爱国主义教育观影等活动，丰富职工精神生活。以提高女职工抵御重大疾病风险的能力为目的，组织35名困难女职工、外来女性务工人员免费参加“两癌”筛查。组织12家企业的172对育龄夫妇职工参加育龄健康检查。组织企业女职工开展“三月春暖·做功能区新时代女人”韩式插花活动，丰富女职工业余生活。

【园区党组织建设】 2019年末，区电子机械功能区管委会党工委下辖党组织34个，其中机关党支部1个，非公有制企业党委2个，党总支1个，党支部30个，实现规模以上企业党组织全覆盖。在册党员727人，其中机关党员16人、非公有制企业党员711人。功能区管委会党工委组建挂包指导组，派出管委会机关支部党员作为督导员，分片挂包33个两新党组织，并创设“一人一档”和两新组织“一企一档”机制，确保每个党员参加“不忘初心、牢记使命”主题教育。组织集体学习12次、专题研讨6次，参观红色教育基地1处，观看电教片3部。其间，举办庆祝中华人民共和国成立70周年升旗仪式、“不忘初心跟党走，牢记使命勇担当”网络知识竞赛、“热血奋斗，美丽园区”摄影比赛、“初心使命·读书会”音频征集等活动。功能区管委会党工委以项目领办、“微心愿”认领方式，帮助挂包社区缓解基础设施较差、资金匮乏、困难家庭边缘化等问题。全年发动机关党员、两新党组织出资1.72万元，助推添置网格流动服务设备设施、慰问困难家庭、道路改造等项目实施。建设“尚城·红星系”功能区党群人才服务中心，包含数字园区指挥中心与党建人才服务空间两大区块，成为上城党建在城北“飞地”上的重要堡垒。功能区党群人才服务中心内设有“上城智造同心荟”统战阵地，为党外代表人士、企业优秀高知人才和新的社会阶层人士提供线上线下相配套的服务交流平台。（李 岚）

小营智慧健康产业园

【概况】 2019年，小营智慧健康产业园以提质增效为发展方向，制定《小营智慧健康产业园专项考核办法》。成立小营智慧健康产业园建设工作领导小组，由区政协主席占仁义任组长，设副组长3人，其他成员16人。领导小组下设办公室（设在小营街道），负责领导小组日常工作。围绕精准医疗、生物医疗、中医养生、康复养老等领域开展精准招商，并设立健康科技、专科诊断、医养康复等专业项目。年内，产业园完成财政总收入2.72亿元，一般公共预算收入1.21亿元。

【新增健康类企业106家】 2019年，小营智慧健康产业园通过组建领导小组、制定考评办法、编写数据分析报告等形式，进一步理顺体制机制，明确“健康+总部”“健康+互联网”“健康+基金”发展方向。方谷园、浙江大学附属第一医院城站院区等一批创新研发基地加速推进，杭州彩虹鱼康复护理院、杭州全景医学影像诊断有限公司和杭州联众医疗科技股份有限公司等一批高端健康企业加速集聚。全年新增健康类企业106家，累计进驻健康企业596家。

（王 芹）

对外经济贸易与区域合作

Foreign Economic and Trade & Regional Cooperation

对外贸易

【概况】 2019年，上城区货物出口总额106.84亿元，比2018年增长15.5%；服务贸易出口总额6.8亿美元，增长17.5%。全年跨境电子商务出口总额3.35亿美元，增长22.5%；跨境电子商务进口总额1.02亿美元，增长26.7%。年内，上城区跨境电商企业作为营商环境测评对象，代表杭州市参加国家发改委组织实施的国家营商环境评价测评，区商务局完成全国营商环境评价迎检工作，杭州市获全国第五名。

【外贸业务能力提升培训】 2019年4月2日，区商务局在杭州谷歌出海体验中心举办2019年度上城区外贸业务能力提升培训班，邀请南京焦点商学院特约讲师、外贸行业资深从业者安东尼，为久祺股份有限公司等参训企业进行有关客户搜索和开发技巧策略培训，来自全区50多家外贸企业的企业负责人及业务骨干等100多人参加培训。7月9日，区商务局举办主题为“外贸人赢在领英（LinkedIn）”全区外贸业务学习活动，全区40多家外贸企业的近100人参加活动。

【企业入库申报统计】 2019年，区商务局做好外贸“订单+清单”系统企业上线和订单填报工作。全年系统激活外贸企业225家，激活率100%；实际有填报记录的企业225家，填报率100%，为精准掌握企业开拓市场的动态和订单走向，开展研判分析及有针对性的服务提供依据。落实“最多跑一次”改革，全年全区新办对外贸易经营者备案登记88家。

【参加国际进口博览会】 2019年，上城区做好第二届中国国际进口博览会政策培训和服务引导工作，邀请德国T&I Electric Gmbh公司参展。利用博览会“窗口”作用，宣传上城区承接进口博览会溢出效应相关情况，以及上城区在扩大进口、推动产业升级和消费升级等方面工作。在博览会中国馆“幸福中国”单元，作为国家首批11条步行街改造提升试点之一的湖滨步行街，用裸眼3D视频的方式亮相博览会。

（钱梅梅）

招商引资

【概况】 2019年，上城区新设立外商投资企业31家，实际到位外资4.49亿美元，完成市下达目标任务的2.04倍。“152工程”项目落地3个，完成60%落地率。产业链项目指标数为15个，通过审核27个，完成率为180%。五大主导产业项目落户上城区500多个。

【航天真空技术产业项目签约上城】 2019年7月16日，副区长孟晓斌会同区投资促进局、区电子机械功能区、杭州特美刻实业有限公司相关负责人，走访中国航天五院五一四所，并召开座谈会。座谈会后，签订航天真空技术产业项目框架合作协议，将以军民融合航天真空技术产业项目落地为核心，编制《航天真空技术产业项目发展规划》，共同建设真空技术实验室与检测中心、真空技术产业培育与孵化基地、航天特色教育基地、航天文化交流基地等产业化项目。12月20日，在2019年中国真空年会暨新制造产业论坛会议上，中国航天五院五一四所、上城区政府、杭州特美刻航天科技研究院有限公司举行战略合作签约仪式。三方将共同以真空产业发展为契机，在上城区携手推进真空技术在科技创新、技术应用、成果转化和人才培养等领域的全方位合作，填补杭州航空航天真空产业链空白。引入真空设备制造、真空技术应用、真空标准检测等上下游企业落户区电子机械功能区为主的产业平台，在上城区打造航天真空技术军民融合特色产业链，并加强科技成果转化与市场推广，实现院地合作新典范。

2019年12月20日，中国航天五院五一四所、上城区政府、杭州特美刻航天科技研究院有限公司举行战略合作签约仪式（区投资促进局 供稿）

【对接基因编辑抗药性项目团队】 2019年7月11日，副区长孟晓斌接待基因编辑抗药性项目核心团队一行，并召开专题对接会。区委人才办、区投资促进局、区科技局、小营街道、区电子机械功能区管委会相关负责人参加会议。对接会上，孟晓斌听取基因编辑抗药性项目介绍。该项目负责人从项目概况、行业背景、项目核心竞争力等方面进行介绍，同时提出项目落地需求。各相关部门、街道分管负责人分别介绍上城区产业平台、人才政策、产业政策等情况，并就项目落地需求与该项目团队进行探讨与交流。

【香港企业家代表参观杭港高端服务业示范区】 2019年8月23日，香港贸易发展局浙江办事处、中国香港（地区）商会20多名香港企业家代表到杭港高端服务业示范区参观考察，与副区长孟晓斌及区投资促进局、区工商联、望江街道等单位负责人开展座谈交流。香港企业家代表团围绕示范区整体规划、驿站功能、区域发展、项目对接、惠企服务等方面，就杭港高端服务业示范区未来发展进行意见梳理，为示范区建设建言献策。

【日本孵化器代表团考察上城区】 2019年1月29日，日本孵化器考察团一行到上城区考察调研，区投资促进局相关人员陪同调研。考察团一行实地参观中豪望江国际、近江时代大厦等商业楼宇，了解各楼宇的产业定位、区位优势、交通配套和生活配套等情况。参观“数动空间”和“幼发拉底”两个众创空间，听取众创空间的运作模式、发展现状、政策优势和服务内容等介绍。考察团还参观玉皇山南基金小镇，与区科技局、区投资促进局、玉皇山南基金小镇管委会、区电子机械功能区等相关部门，以及上投集团、赛伯乐投资集团、杭州凯泰资本管理有限公司、杭州联创投资管理有限公司、浙江安丰资产管理有限公司等企业进行座谈交流。日本孵化器考察团介绍其孵化器的总体概况，以及部分孵化项目的发展现状与发展愿景，中方企业代表团就投资方式、投资规模、投资方向等问题与日本孵化器考察团进行探讨与交流。双方结合中国市场的优势和劣势提出切实的解决方案。

【德国包纳市政府代表团考察上城区】 2019年9月11—12日，德国包纳市市长西莫·吕特克率包纳市政府代表团到上城区考察。区领导陈瑾、周徐胤、孟晓斌，以及区投资促进局（区外办）、区教育局相关负责人等陪同，并召开座谈会。代表团到玉皇山南基金小镇、西湖电子集团有限公司、杭州市建兰中学开展实地考察，了解基金小镇的发展历程、当前的营商环境和发展势头；参观纯电动出租车充电场站及新能源汽车和充电设施数据采集应用中心等；认识和了解“建兰大脑”大数据系统。

【国内外考察团考察基金小镇】 2019年，Fidelis World集团代表团、美国中经合集团、中国兵器科学研究院、欧洲货币机构投资者集团亚太区总裁一行、马来西亚客商团和8家世界500强企业总裁团等考察团先后考察玉皇山南基金小镇。考察团听取小镇地理位置、发展历程、产业生态等介绍，了解小镇的产业特色、运作管理、企业集聚、人才引进等情况；参观考察小镇二期项目建设、一期八卦田区块、小镇二期规划展厅。走访小镇内企业杭州凯泰资本管理有限公司，进行座谈交流，听取企业的发展历程、投资方向及国内投资环境等情况介绍。考察团还介绍各自的集团（公司）成立背景、投资意向及重点投资领域等。考察团对小镇舒适怡人的办公环境、高效的企业运营管理模式和完善的软硬件配套设施予以高度评价。考察团表示，希望能通过更多的平台和机制，深入了解上城区的营商环境、投资环境，加强合作交流，进一步探索合作模式，探讨杭州凯泰资本管理有限公司与各集团在中国市场及亚洲市场的合作机会，在未来达成一定的合作，推动两地金融、生物医药等相关产业深入创新发展，为世界500强企业能更好地与上城区开展合作夯实基础。 （王晶晶）

区域合作

【概况】 2019年，上城区按照区委、区政府关于东西部扶贫协作的安排部署，推进各项工作。在产业合作领域，实现引企投资1.54亿元，带动贫困人口1747人；援建扶贫车间14个；完成消费扶贫5616万元，带动贫困人口3646人。在劳务协作领域，举办劳务协作培训班14期，实现贫困人口就业培训767人；帮助湖北鹤峰县、贵州雷山县务工人员到其他地区就业205人，通过公益性岗位、产业合作、扶贫车间等方式实现就近就业1458人；帮助鹤峰县、雷山县到扶贫地区就业1013人。在人才支援领域，向鹤峰县、雷山县选派党政干部人才各2人，专业技术人才56人；完成党政干部培训343人。在资金支持领域，援助财政资金9500万元，实施项目75个；动员社会组织捐赠帮扶资金2549.9万元。在携手奔小康领域，参与结对贫困村的企业30家、社会组织5个、学校32所、医院13个；完成创业致富带头人培训401人次，其中创业成功233人。

【领导带队走访鹤峰县、雷山县】 2019年，上城区领导与贵州雷山县、湖北鹤峰县开展交流互访。区党政主要领导带队走访两地2次，召开高层联席会议4次。4月，区委书记陈瑾随市委书记周江勇到鹤峰县开展扶贫工作调研，实地考察鹤峰县民族幼儿园、电子商务平台、燕子镇龙坪村产业发展项目等扶贫项目。同月，区委副书记、区长金承涛带队到雷山县考察竹产业基地、吉利雷山云尖茶叶茶厂、网易严选雷山体验馆等扶贫项目，并召开高层联席会议。5月，金承涛带队到鹤峰县考察2019年东西部扶贫协作帮扶项目，并召开高层联席会议。

【消费扶贫】 2019年，上城区加大与湖北鹤峰县、贵州雷山县的产业合作力度，不断拓展消费扶贫。5月15—19日，协助鹤峰县在第三届中国国际茶业博览会上开设鹤峰茶叶展馆，参加茶叶推介活动，加快鹤峰农产品“硒品入杭”的进度，为拓宽鹤峰农产品销路搭建高质量平台。两地累计开展40多次交流对接活动，浙江茶叶集团股份有限公司等4家浙江企业在鹤峰县收购茶叶等农特产品价值2000多万元。5月17日，协助雷山县在杭州市涌金广场召开“天下西江·神秘郎德”2019年贵州省雷山县文化旅游茶叶招商推介会。7月17日，在中山南路358号成立“御见西江”雷山县苗族文化展示中心，展示雷山县独有民族文化，销售雷山县特有农业产品。引进网易严选、大润发超市、浙江弘力品牌等浙江籍企业入驻雷山县。开展鹤峰县、雷山县农特产品进区机关食堂、超市和区电子机械功能区等活动，举办两地产品展销会。

【结对帮扶】 2019年，上城区各部门、街道、社区、企业、学校、医院、社会组织、爱心人士与结对地区开展全方位、多方面的帮扶活动。区教育局、区商务局、区卫健局、区投资促进局、区总工会、区工商联分别与湖北鹤峰县相关部门签订战略合作协议，明确双方在招商引资、卫生教育、旅游休闲等领域的合作方向。至年末，累计收到社会各界捐款捐物2000多万元。新增7家企业与鹤峰县签订村企帮扶协议，并聘请企业负责人担任名誉村长，提升企业帮扶责任感，加强帮扶力度。上城区推进远程教育系统全覆盖工程，向鹤峰县、雷山县捐赠85套远程设备，价值600多万元。上城区57名学科骨干教师与鹤峰县教师结成师徒，一对一开展工作交流学习。上城区30所学校与两地学校结对，开展结对活动。区卫健局到雷山县开展医疗对口帮扶交流，了解雷山县医疗及医务人员情况，就双方进一步合作开展讨论。鹤峰县医务人员到上城区结对帮扶社区医院开展点对点观摩学习，助力提升医疗服务能力。同时，上城区与两地13个医院结对，全方位共享医疗资源，进行医疗人才互通交流。5月21日，上城—鹤峰“‘非

2019年11月22日，杭州工联大厦股份有限公司向湖北鹤峰县特殊教育学校捐赠2万元
（区商务局 供稿）

遗’文化走亲”交流活动在上城区举行，双方展示各自的文化艺术表演，体现两地在文化中的差异与融合。雷山县会同网易雷山公司，在2019年网易互动文娱产品发布会上，公布在《逆水寒》游戏中开设千户苗寨场景，扩大西江千户苗寨在青年群体中的宣传。

（魏建军）

【中国(浙江)自由贸易试验区杭州联动创新区申报】 2019年2月27日，上城区成立玉皇山南基金小镇提升发展暨自由贸易区试点申报工作领导小组，推进自由贸易区试点申报工作。10月8日，上城区政府向市商务局提交《关于恳请将玉皇山南基金小镇列入中国（浙江）自由贸易试验区联动创新区的报告》。12月9日，浙江省政府办公厅复函同意设立中国（浙江）自由贸易试验区杭州联动创新区。（钱梅梅）

对口帮扶

【概况】 2019年，上城区对湖北鹤峰县、贵州雷山县实施精准扶贫，开启消费扶贫新模式，开展单位购销、结对帮扶、活动展销、商场超市直销等活动，其中鹤峰县销售额4190.7万元、雷山县销售额1426万元。全年全区组织向鹤峰县捐款444.95万元，捐赠物品价值358.79万元；向雷山县捐款1089万元，捐赠物品价值612万元。

【对口帮扶鹤峰县、雷山县】 2019年，上城区围绕对口帮扶相关要求，结合商务扶贫工作实际，加强资源对接，重点建设好对口帮扶地区在上城区设立的农产品、商务发展、旅游展示中心，支持“硒品入杭”“黔货出山”农产品销售。6月19日，贵州省雷山县国家非物质文化遗产体验馆在上城区中山南路358号开馆，集中展示贵州雷山县13项国家级非物质文化遗产。9月11日，区商务局召集物美凯普商业有限公司、杭州工联大厦股份有限公司等11家大型企业参加“硒品入杭”宣传活动，与湖北鹤峰县6家企业进行交流对接，为后期鹤峰县农产品进入杭州开辟一条利好销售通道。11月19—22日，区商务局带领杭州工联大厦股份有限公司、浙江兴合男装大厦有限公司、杭州望江路农贸市场、杭州联华华商集团有限公司、杭州五丰联合集团有限公司组成考察组到鹤峰县开展农产品产销对接活动，5家企业购销商品近20万元，助推鹤峰县与上城区形成更加紧密的农产品产销网络。全年面向区机关服务企业、职工食堂开设鹤峰县、雷山县农产品售卖专场2场，销售额17.3万元，其中现场销售4万元、订单销售13.3万元。举办、参加两地农产品产销对接活动8场，组织对接供应商、采购商35家，两地贫困地区农产品达成采购金额76.8万元。

【引导社会力量帮扶鹤峰、雷山两地】 2019年，区商务局引导和鼓励社会力量参与结对帮扶，开展对贫困学生、困难群众点对点救助，做到扶贫对象精准。组织区外企业杭州享纳餐饮有限公司向湖北鹤峰县捐资助学贫困学子20人，人均助学3600元。组织杭州童梦楼公益服务中心向湖北鹤峰县、贵州雷山县捐献物品价值104万元。深化电商扶贫，帮助两地筹建电商平台并成功运营，湖北恩施州通过电商平台获销售额871万元，其中硒山寻网络平台及线下门店销售额500多万元。举办鹤峰电商人才游学班，50多人参加。帮助开展服务从业人员培训，面向鹤峰县、雷山县等地开展家政服务技能培训149人。

（钱梅梅）

对外交流

【到南京考察法律服务产业园】 2019年5月16—17日，区投资促进局工作人员参加区司法局组织带队的考察团，到南京建邺区和江北新区学习考察法律服务产业园。考察团了解建邺区法律服务产业园和江北新区法律服务园区的发展历程、运作模式和政策优势，并学习园区的服务管理模式。

【区领导带队考察广州、成都、上海】2019年5月21—24日，由区政协主席占仁义带队，副区长叶榕、区政协副主席马彦、区政协秘书长姚杰，以及区卫健局、区投资促进局、小营街道、上投集团、浙江大学附属第一医院等相关人员组成的考察团，到广州、成都、上海考察学习。考察团在广州市越秀区先后参观广州全景医学影像诊断中心、广州市正骨医院、广州医科大学附属第一医院，并与越秀区政府、广州医科大学附属第一医院相关人员进行座谈交流，双方就健康产业发展布局、政务服务平台打造、粤港澳大湾区建设等方面进行探讨。在成都温江区，考察团调研温江区健康服务产业生态圈建设，先后走访泰康之家养老社区、博奥颐和旗下高端健康管理服务品牌——类经堂，了解企业在高端养老、健康管理、医养结合等方面的成果、运作模式和发展愿景。在上海闵行区，考察团学习考察上海新虹桥国际医学中心打造经验，了解先进专科医疗服务和医疗服务产业链。8月8日，区委副书记周徐胤带队到上海市、江苏苏州市两地考察调研，区投资促进局、清波街道、上投集团、杭州望海潮建设有限公司、杭州清河坊资产管理有限公司相关负责人陪同调研。考察团走访苏州奥体中心商业广场项目，了解苏州奥体中心商业广场的合作、招商、运营管理等情况，探索吴山广场地下空间项目合作的可能性。考察团在上海考察无限极荟项目，了解该项目的定位、业态选择、运营等情况。

（王晶晶）

综合监督管理

Comprehensive Supervision and Management

发展与改革

【概况】 2019年，上城区按照“高精尖细深”要求，优化经济结构，创新经济治理方式，推动五大主导产业发展，加快转型升级。推进杭港高端服务业示范区建设，与香港贸易发展局浙江办事处交换项目合作备忘录，编制完成示范区实施方案，近江金融科技中心、杭州金地中心等“152工程”项目全面开工，香港新世界集团以97.9亿元摘地（杭政储出〔2019〕41号望江单元地块）。玉皇山南基金小镇升级为2.0版，引进国家“双百基金”、浙江省文化产业投资集团有限公司、浙江浙勤集团有限公司、深圳证券交易所杭州基地等一批高端项目；以玉皇山南基金小镇为核心的沿江发展区块成功列入中国（浙江）自由贸易区杭州联动创新区。聚焦“新制造业计划”，全面启动区电子机械功能区“数字园区”建设，高新技术产业、装备制造业分别比2018年增长17%和19%。完善创新服务体系，培育国家高新技术企业34家，获浙江省科技进步奖8项。坚持以“最多跑一次”改革为龙头，撬动各领域各方面改革。统筹实施23项年度重点改革试点任务，完成新一轮党政机构改革，进一步理顺机构职能，提升服务能力；推进政府数字化转型和机关内部“最多跑一次”改革，材料电子化比率和“跑零次”实现率居全市前列。

【事业单位公务用车制度改革】 2019年，上城区全面统筹落实全区非参公事业单位公务用车改革工作。按照《上城区公车改革领导小组关于印发〈上城区事业单位公务用车制度改革实施意见〉和〈上城区国有企业公务用车制度改革实施意见〉的通知》，做好各参改单位、部门车改方案批复工作，统筹全区取消车辆处置和保留车辆安置工作，制定《上城区事业单位公务出行交通费用使用管理办法》和《上城区事业单位车辆管理及车辆使用管理办法》，推进全区非参公事业单位公务用车改革工作。

【规范公务用车】 2019年，上城区规范公务用车，加强对公务用车情况日常监管，包括国家法定节假日的公车停放检查工作。加强对留用公务用车的管理和督查，做好留用车辆标识喷涂工作，严格核定留车部门因侦察办案及机要用车不喷涂车辆备案登记工作，按工作要求落实好车辆标识喷涂工作。推进GPS车辆定位系统统一安装工作，使公务车辆更好地接受监督，并优化集中管理、分散使用的公务用车平台建设。对照《杭州市上城区公务用车管理办法》，健全完善专人负责、领导审批、统一派车、明确线路等制度，创新“公务用车调度”App使用，形成完整的公务用车应急保障作用。（魏建军）

【九大项目集中开工】2019年3月27日，上城区举行年度重大项目集中开工仪式，九大项目集中开工。九大项目均位于望江新城，总投资23亿元，涉及民生保障、基础设施等领域，分别为杭州钱学森学校、望北邻里中心、徐家埠幼儿园、大通新村幼儿园、文化公园及地下停车库、木场巷（望江路—海潮支部）、木场巷（凯旋路—海潮支部）、三多路（望江路—映霞街）、始版桥直街（东宝路—海潮路）。其中望北邻里中心位于望江单元SC0402-R22/A1/A51/A6-15地块内，海潮路以西，映霞街以北，东宝路以南，始版桥直街以东，项目总用地面积8540平方米，总建筑面积2.86万平方米，地上建筑面积1.71万平方米，地下建筑面积1.15万平方米。其中，地上建筑主要包括农贸市场、社区卫生服务中心、居住区养老院、派出所、社区用房、物业管理用房及公厕；地下建筑包括地下一层农贸市场、非机动车库及设备用房。

（魏建军 汤李郁）

2019年3月27日，上城区举行2019年重大项目集中开工仪式

（区委宣传部 供稿）

财　政

【概况】2019年，上城区实现财政总收入165.93亿元，比2018年增长3.6%。其中，一般公共预算收入85.13亿元，增长5.6%，占财政总收入51.3%。一般公共预算收入中，税收收入81.48亿元，占一般公共预算收入95.7%。全年一般公共预算支出52.55亿元，增长29.5%，其中本级一般公共预算支出41.68亿元，增长12.7%。年内，区财政局推动区街财政体制改革，调整完善以“划分收支范围，核定基数，超收留成、短收赔补”为核心的区街财政新体制，优化区与街道财权分配关系，提升街道体制改革后事权与财权匹配度，凝聚区街两级发展合力、推动区域均衡协调发展。全区财政收入基本与经济增长速度适应，全年财政收支平衡，预算执行情况良好。

【扶持经济（产业）发展】2019年，上城区落实减税降费政策，释放更大规模减税降费政策红利，落实小微企业普惠性减税、增值税税率调整、个人所得税专项附加扣除、清理规范行政事业性收费等降成本政策，全年减税降费20亿元。加强财源建设，深化重点财源企业常态化走访机制，建立经济运行分析联席会议机制，推出项目申报“一企一辅”服务机制，搭建重点财源企业高级财务人员培训班等政企交流平台，落实区“1211”引才计划、教育人才专项经费、杰出创业人才培育扶持等人才经费9147万元，打造更优营商环境。支持重点领域产业发展，全年兑付各类财政资助项目123个，惠及企业930家次，资助金额9.45亿元。

【民生支出保障】 2019年，上城区继续将财政支出向民生领域和重点环节倾斜，坚持新增财力的67%以上投入民生保障领域，保障各项社会事业均衡发展。全年民生保障支出32.06亿元，占一般公共预算支出的76.9%。其中，教育支出9.98亿元，重点支持校舍建设与提升改造、落实教育经费生均保障制度等，全区教育现代化发展指数列全省第一；文化体育与传媒事业支出5800万元，重点支持公共文化设施建设，新增社区文化家园11个，实施文化惠民工程，举办杭州少儿迷你马拉松、“大宋108”国际越野赛、体育产业论坛等体育赛事活动；医疗卫生支出1.95亿元，重点支持就医环境提升改善，支持“舒心就医最多付一次服务”电子化改革，提升优化医疗卫生服务；社会保障和就业支出8.5亿元，重点支持参保激励扩面，加大就业支持力度，推进康养服务体系建设；投入6.9亿元进行区域环境提升，完成垃圾分类、公厕提升改造、雨污分流、截污纳管、二次供水改造、既有住宅电梯加装、老旧小区“微更新”等民生实事。加快区域基础设施提升与综合配套建设，保障杭州湖滨步行街提升改造、地铁建设、“两街两高架”（湖滨步行街、延安路和中河高架、秋石高架）沿线景观亮灯提升、道路整治、河道清淤、杭州钱学森学校建设等重大项目。

【助力脱贫攻坚】 2019年，上城区助力脱贫攻坚，深化与贵州雷山县、湖北鹤峰县的东西部扶贫协作，深化援藏援疆工作；推进城乡区域统筹，推进区县山海协作、联络结对、双百村结对帮扶等工作，落实政府帮扶资金1.52亿元。开展消费扶贫，“政府采购云”平台上线农业（扶贫）馆，展示和销售扶持地区农特产品品牌5个、农产品种类20多种。

2019年5月20日，区财政局举办全区全面预算绩效管理培训班
（区财政局 供稿）

【财政绩效管理】 2019年，上城区加快实施财政绩效管理，推动预算绩效管理制度实施，明确区级层面全面预算绩效管理实施的时间表、路线图。引入“财政主导、专家评审、部门答辩、人大监督”的预算绩效事前评估机制，建立绩效目标实现情况与预算支出执行进度“双监控”日常监管模式，选取垃圾分类、“两项补贴”（困难残疾人生活补贴和重度残疾人护理补贴）等7个项目和2018年区人力资源和社会保障局整体支出开展重点绩效评价，涉及预算资金2.05亿元；选取最低生活保障、基本公共文化项目等6个项目开展事前绩效评审，涉及预算资金1.29亿元。加快专项资金清理周期，全年收回存量资金2.83亿元。强化预算刚性约束，全年“三公”经费压缩3.1%，一般性支出压缩5.9%。加快构建集中财力办大事政策体系，实现专项资金标签化管理。修订区级行政事业单位公款竞争性存放管理办法，开展全区公

款存放账户核减清理。

【"数字财政"建设】2019年，上城区加快推进"数字财政"建设，上线行政事业单位"资产云"平台，实现行政事业单位资产全生命周期网上管理。推动医疗收费票据电子化改革，实现全区7个医疗机构、38个站点、63个收费窗口电子化票据全覆盖。加大网上公开力度，提升财政透明度，在全省预决算公开专项检查中，政府预算、政府决算、部门预算公开度均列全省区县（市）第一，部门决算公开度位列全省区县（市）第三。

【政府债务风险防范】2019年，上城区防范政府债务风险，稳妥化解隐性债务，全年完成计划化解债务额的154.94%，超额完成年度化解债务目标，累计化解债务率42.5%。年内，区财政局堵截债务风险源头，摸清全区建设项目底数，履行预算控制价监管职责，审核政府投资项目控制价19项，送审金额4.99亿元，审定金额4.74亿元，净核减率5%。

（黄怡雯）

税　务

【概况】2019年，区税务局组织各项税费收入229.19亿元，比2018年增加19.66亿元，增长9.4%。其中：入库税收160.36亿元，增加14亿元，增长9.6%；非税收收入4.31亿元，增加700万元，增长1.8%；社保基金收入64.53亿元，增加5.59亿元，增长9.5%。实现一般公共预算75.18亿元，增收6.6亿元，增长9.6%。

【减税降费政策落实】2019年，区税务局通过加强宣传辅导、争取部门合作、做好数据核实等措施，落实减税降费政策。在办税服务厅设置"减税降费专窗"，开设减税降费咨询专线，依托FM89杭州之声《民情热线》节目，向听众宣传减税降费政策。针对全区2018年税收收入50万元以上的1681家重点税源企业，开展"送服务，促发展，精准辅导"活动，四套班子领队走访21家典型代表企业。开展减免税数据核实工作，退税4659家，退税金额433.85万元。全年新增减税20.69亿元，新增减费5.08亿元。

【办税服务优化】2019年3月11日起，上城区在全市率先试行税务"常态化企业开办专窗"，推出企业开办全程"一件事"模式。4月1日，启用"新办智能一网通"模式，提升线上发票申领速度。6月10日，上线"新办智能办理"模块，实现线下发票发售30分钟内办结。全年办结申请4049户（税务登记环节），其中邮寄发票547户，发票领用环节平均用时15分钟。持续推行网上电子税务局，推出办税服务厅税费"一窗通办"、电子税务局"一网申报"、自助办税终端

2019年2月1日，区税务局在FM89杭州之声《民情热线》节目直播间向听众宣传减税降费政策　（区税务局 供稿）

“一机办理”等业务事项。90%以上事项实现“零上门”，全年网上综合办税率91.2%，网上办结率99.99%。

【税收法治】2019年，区税务局成立依法治税（行政）工作小组及办公室，制订依法治税（行政）工作领导小组例会制度，召开小组会议4次，形成各尽其职、齐抓共管的税收普法工作体系。开展税收普法“进企业、进园区、进社区、进商圈”活动，依托电视台、直播间、微信公众号等载体，推进全民普法。加大公职律师培养力度，发挥公职律师“税务人”和“法律人”的双重作用。至年末，全区有持证公职律师4人，占全市税务系统公职律师的10%。

【税务文化建设】2019年，区税务局重视税务文化建设。1月17日，京剧改编《我爱你中国》歌曲被浙江省税务局列为2019年税务系统庆祝改革开放40周年大合唱比赛唯一助演节目。建立党员志愿服务队，参与“七一献热血”、爱心奉献、垃圾分类宣传、交通文明劝导等志愿服务。开展“‘党建+业务’双融合，共提升”知识竞赛，以及“新时代·跟着总书记读好书”“我的入党故事”等主题系列征文活动。

（王晓甜）

国有资产监督管理

【概况】2019年，上城区完善资产管理体系，深化国有资产监督管理，加快推进国有企业改革，有效激发国有企业活力，保障国有资产保值增值。至年末，全区有全资、控股国有企业16家，资产总额461.35亿元。区财政局直接监管杭州上城区投资控股集团有限公司、杭州清河坊资产管理有限公司和杭州望海潮建设有限公司3家国有企业，各指挥部和各部门受托监管其余13家国有企业。全区国资监管企业收入5.11亿元，比2018年增长55.3%。

【行政事业单位国有资产监管】2019年，区财政局依托行政事业单位资产管理系统，加强行政事业单位国有资产报废处置、价值变更、调拨等日常管理。分两次完成2019年全区报废固定资产集中处置公开拍卖工作，成交额分别为28.1万元和16.9万元，与评估价比较分别溢价132%和4.1%，所得款项上缴财政专户。做好行政事业单位房产出租申请、评估和备案等审批工作。明确要求各单位应委托具有资质的评估机构，对房产的租赁价格进行评估，通过公开平台进场交易，并报区财政局备案。全年完成行政事业单位房屋出租备案183项。完成2019年度行政事业单位国有资产年报统计工作，至2019年末，全区行政事业单位独立编制机构203个，资产总额58.95亿元，其中行政单位资产总额12.51亿元、事业单位资产总额46.44亿元。

【国有企业监管】2019年，上城区加强国有企业资产交易监管。完成2019年度区属国有企业年报工作，全年纳入年报统计范围的国有企业16家，涉及企业年度决算报表、财务情况说明、汇编范围企业数等报表，资产总计461.35亿元。对全区33家国有企业进行房产清查（含16家区属一级国有企业），进一步摸清区属国有企业家底。深化区属国有企业改革，优化企业结构布局，完成对杭州清河坊资产管理有限公司改革方案的批复。依据国有企业负责人经营业绩责任书，对区财政局直接监管的3家国有企业2018年度经营业绩开展专项审计，完成国有企业领导班子薪酬考核。

（琚马玲）

投资与管理

【2019年高质量发展培训班】2019年9月24—25日，由区

发改经信局、区统计局、区投资促进局牵头，区委组织部（区人才办）、区金融办、区税务局等联合举办的2019年高质量发展培训班举行。开班仪式上，区常务副区长冯晶做动员讲话。培训班上，区委组织部（区人才办）、区发改经信局、区科技局、区统计局、区投资促进局、区税务局分别就人才工作政策、科技产业政策、投资促进考核办法、高质量考核办法及统计理论与统计专业知识进行解读。培训班还邀请市投资促进局综合业务处负责人介绍杭州产业招商情况；要求摩根基金（亚洲）有限公司高级副总裁胡前程讲解“金融开放11条政策”发布的背景、内容及产生的影响。

【助推湖滨步行街改造提升】2019年4月2日，区投资促进局、湖滨街道、湖滨指挥部和相关人员，会同上海波城建筑设计事务所有限公司及湖滨步行街一期重点商户——杭州知味观食品有限公司、杭州采芝斋食品有限公司、杭州仁和饭店、杭州市文化中心、湖滨银泰in77、杭州王星记扇业有限公司等，针对湖滨步行街改造提升设计方案进行交流。4月3日，区商务局、区投资促进局、湖滨街道、湖滨指挥部、上投集团相关负责人参加步行街改造提升动员会，湖滨步行街沿线企业代表、个体户经营者和房屋产权人等出席会议，各企业代表、个体户经营者、房屋产权人对整体工作进展、设计方案、项目建设计划安排进行咨询，并发表意见建议。

（王晶晶）

【支持企业拓展海外市场】2019年，上城区响应国家“一带一路”倡议，着力支持企业拓展海外市场，开展境外投资，推动商品和技术出口。全年新设和并购项目10个，投资总额3.06亿美元，其中中方投资总额7491.84万美元。

（钱梅梅）

【上投集团平稳发展】2019年，上投集团实现主营业务收入3.66亿元，完成年度目标任务的1.04倍，其中房产租金收入1.63亿元。实现净利润9238.13万元，上缴税金4525.81万元。

【上投集团签约长三角数字文化产业基金项目】2019年11月22日，上投集团董事长陈凌军出席“长三角数字文化产业基金战略合作”签约仪式，与浙江省文化产业投资集团有限公司、浙江金控投资管理有限公司、建银国际财富管理（天津）有限公司、中国科学院长三角资本管理有限公司共同投资成立长三角数字文化产业基金。该基金总规模100亿元，其中首期规模50亿元，旨在通过投资，带动并推动长三角数字文化产业一体化发展，打造数字文化产业的“长三角特区”和吸引各类社会资本和人才集聚的“长三角高地”，培育出符合比较优势和发展定位的龙头企业和品牌，服务地方经济社会发展。上投集团参与投资该基金和管理公司，并引进该基金落户上城区。

（吴洪飞）

土地资源管理

【概况】2019年，市规划资源局上城分局注重土地资源智慧管理、精细利用，深化土地利用、土地征收、地质灾害防治、土地执法监察、土地使用审批等工作。全年完成市级“清零”地块项目8个；集体土地征地项目14个，完成征地面积3.2万平方米。上城区获评“2018年度省级国土资源节约集约模范区县（市）”称号，并连续4年获全市区域建设用地集约利用综合评价第一名。开展“4·22”地球日、“6·25”全国土地日等系列宣传活动7次，通过党员活动进社区等方式，依托微博、微信等新媒体平台，全方位、多角度地开展土地政策法规宣传。

【土地征收】2019年，市规划资源局上城分局合理规划进度，采用农户“1+X”综合安置办法，在保障拆迁户权益基础上，超前谋划、因户施策，完成市级“清零”地块项目8个，完成率73%。其中：集体土地完成农户329户（套）、企业20家，完成率分别为97%和95%；国有土地上完成居民914户、非住宅22家，完成率101%和122%。完成城中村改造集体项目结转地块“清零”项目5个，涉及企业19家、农户26户（套）。完成集体土地征地项目14个，征地面积3.2万平方米，征地费用1295.92万元，均拨付到村。加大安全生产、文明施工的管理力度，定员定时对集体土地拆房施工工地安全和扬尘污染情况进行检查，开展集体土地拆房工地巡查86次，全年无安全事故。

【做地出让】2019年，市规划资源局上城分局坚持“明任务、抓进度”，牵头做好做地出让工作，提前2个月完成全年目标任务。挂牌出让地块2宗、203.78亩（13.59万平方米），金额149.95亿元；协议出让地块1宗、11.69亩（7793.33平方米），金额1044.77万元；完成收储地块2宗、267.5亩（17.83万平方米）。海东1～7号地块创造21天从领取规划条件到收储的“上城速度”。完成存量“三块地”调查工作，调查成果形成“一地一册”，并被作为模范样本在全市推广。认真研判建设项目用地时序，提升土地节约集约利用水平，完成低效用地再开发17宗、966亩（64.4万平方米），完成率161%，完成土地存量更新530亩（35.33万平方米），完成率132.5%。依托土地全生命周期系统，做好国有建设用地履约监管工作，提升土地利用效率。主动优化年收益金征收流程，采用一次上门踏勘、合同网上传递等方式，乙方“最多跑一次”即可完成手续办理。签订年收益金合同91个，合同金额1749万元，完成率196.5%，提前并超额完成全年征收任务。

上城区不动产登记窗口周末照常为市民服务

（市规划资源局上城分局 供稿）

【土地行政审批】2019年，市规划资源局上城分局整合构建投资项目3.0平台，实现投资项目全流程网上办、多部门协同办、数据资源共流转。开展“最多跑一次”审批“回头看”，实施政务服务事项“网上办”“掌上办”百日攻坚，170个政务服务事项全部实现“跑零次”。开展“两书合一”（建设项目选址意见书、建设项目用地预审意见书）、“书证合办”（建设用地规划许可证、建设用地批准书），实现审批流程“再提速”，合并办理审批事项27件。全年办理选址及规划条件、划拨（租赁）土地补办有偿使用等各类行政审批事项90件，开具出让金缴款书46份，征缴出让金129.57亿元。通过延时服务、增设午间值班窗口等方式，优化不动产登记服务。全年办理不动产登记业务1.92万件，发放证书1.45万本、证明6362份；开展特殊群体上门服务38次，为“入托”“入学”家庭开通绿色通道40多次，收到表扬信32件，锦旗3面，群众回访满意率100%。加强地籍管理，办结权籍调查49件，用地复核验收9件；第三次全国国土调查成果顺利通过市级、省级核查，并完成国家第二轮核查后的整改工作。认定国有土地上房屋征收范围内未登记建筑185户。

【土地民生保障】 2019年，市规划资源局上城分局加强土地民生保障。牵头推进危改办证事项，完成10个试点项目的房屋测绘、联合会审、权证注销、权籍调查等工作，到年底具备条件的危旧房办证项目全部完成。引入第三方公证，探索形成“安置一套、办证一套”操作程序，试点完成3户3套安置房办证，解决安置人口就近入学、房产抵押等难点问题。在审批、办证环节为企业解决资产处置难等遗留问题。通过多方协调，为杭州中厚置业有限公司解决多年来受阻的地下停车库项目建设难题，完成土地协议出让。在杭州清河坊资产管理有限公司遗留多年的中山中路有机更新项目审批办证上取得突破性进展，完成房产确权2441平方米；为浙江省国有资本运营有限公司、杭州利民中式服装厂、杭州新城房地产开发有限公司、中铁二十四局集团等企业解决企业改制、资产划转问题，涉及房产面积6375平方米。合理解决东仁光学有限公司历史遗留房产转让问题，保障企业权益，维护政府公信力。

【土地执法监察】 2019年，市规划资源局上城分局开展除险安居“回头看”，加强地质灾害防治设施维护保养。对项目基本情况、勘察设计、工程治理、工程验收、隐患点核销、日常防治维护等档案资料逐案梳理，完善“一案一册”。开展汛前地质灾害巡查与灾害性天气应急响应、值班值守，全年启动应急响应3次，出动16组92人次。10月，核销南复路72号803粮库南洞口边坡和紫阳街道四牌楼47幢、48幢屋后边坡地质灾害隐患点。开展行政执法“三项制度”自查和行政执法案卷评查。全年参加行政复议3件，行政诉讼5件。开展违法用地执法巡查75次，未发现新增集体土地违法用地；完成年度“双随机”抽查监管，全面推行掌上执法，在库执法人员人均现场执法10户次。对集体土地违规安置情况进行清查处置，全面核查既享受征迁安置政策又享受“五类福利分房”等相关问题和人员。牵头开展上城区违建别墅问题清查整治专项行动，制定《上城区违建别墅清查整治专项行动实施方案》，进行全面排摸和甄别。开展扫黑除恶系列攻坚年行动，排查近3年来信访案件287件，配合做好线索核查与情况报送，上报2条线索核查情况。办理信访案件75件，办结率100%。

（赵静雯）

市场监督管理

【概况】 2019年末，上城区登记在册的内资企业3.27万家（含分支机构，下同），注册资本7818.05亿元，分别比2018年增长6.4%和18.4%。其中：私营企业31053家，注册资本7368.34亿元，分别增长5.97%和18.15%；国有、集体等非私营内资企业1647家，注册资本449.71亿元，分别增长15.5%和23.3%。个体工商户17264户，资金数额13.09亿元，分别增长0.7%和6.7%，其中台湾居民个体工商户9户、港澳居民个体工商户4户。

【服务经济发展】 2019年，全区新设内资企业4989家，注册资本914.64亿元，分别比2018年下降5.4%和增长

36.9%，其中新设私营企业4699家，注册资本839.41亿元，分别下降3.1%和增长36.4%。新设个体工商户2127户，资金数额2.36亿元，分别下降11.1%和10.5%。全年注销企业2153家，注册资本608.48亿元，分别增长33.6%和318.1%。其中，私营企业注销2008户，注册资本590.08亿元，分别增长29.97%和315.3%；个体工商户注销1666户，下降3.3%。内资企业排名前三的行业分别是批发和零售业、信息传输计算机服务和软件业、租赁和商务服务业，分别为2146家、798家和614家，三大行业占新设企业总数的71.3%，其中批发和零售业进一步发展，所占比重进一步扩大。全区第一、第二、第三产业企业数所占比重分别为0.024%、2.78%和97.19%，与2018年0.03%、2.97%和97%的比重相比，第一产业和第二产业比重略有下降，第三产业比重略有上升，第三产业在全区产业结构中仍占绝对优势，全区产业结构合理。

【农贸市场监管】 2019年，区市场监管局协助三桥农贸市场、玉皇农贸市场、婺江路农贸市场创建放心农贸市场。加强对辖区内市场“创星护星”工作的组织指导，引导市场将“创星护星”工作和创建放心农贸市场工作

2018—2019年度上城区新设企业行业分布情况

表8

	行业	企业数（家）			注册资本（万元）		
		2019年	2018年	增长（%）	2019年	2018年	增长（%）
第一产业	农、林、牧、渔业		4	↓		160	↓
第二产业	采矿业	1		↑			
	制造业	21	31	-32.26	7550	26273	-71.26
	电力、燃气及水的生产和供应业	1	5	-80.00	100	4450	-97.75
	建筑业	100	119	-15.97	156426	119283	31.14
第三产业	交通运输、仓储和邮政业	8	6	33.33	2900	1210	139.67
	信息传输、软件和信息技术服务业	798	545	46.42	268735	285677	-5.93
	批发和零售业	2146	1779	20.63	4333698	433948	898.67
	住宿和餐饮业	194	213	-8.92	26229	29377	-10.72
	金融业	6	86	-93.02	19300	291411	-93.38
	房地产业	102	60	70.00	56260	168941	-66.70
	租赁和商务服务业	614	1461	-57.97	3758634	4643189	-19.05
	科学研究、技术服务	487	497	-2.01	230733	341417	-32.42
	水利、环境和公共设施管理业	3	16	-81.25	1600	16538	-90.33
	居民服务和其他服务业	95	61	55.74	65115	12821	407.88
	教育	66	36	83.33	8310	4071	104.13
	卫生、社会保障和社会福利业	21	44	-52.27	2731	62882	-95.66
	文化、体育和娱乐业	322	307	4.89	157394	226814	-30.61
	其他	4	6	-33.33	50700	14250	255.79
	合计	4989	5276	-5.44	9146415	6682712	36.87

2016—2019年上城区内资企业注册资本情况

表9 单位：万元

年份	注册资本	户均注册资本	新增注册资本	新增户均注册资本
2016	36916908	1896.09	26874509	5303.83
2017	58522726	2064.22	18662311	1891.77
2018	66012387	2148.14	6682712	1266.62
2019	78180480	2390.84	9146415	1833.32

相结合，调动市场主办单位进行改造提升的主动性。严格把控入市蔬菜食品安全准入关，每天抽样检测不少于8个品种、15个批次，其中有部分市场自加压力，抽检批次达16个品种、35批次。指派专门的市场管理人员对快速检测信息进行发布管理，确保检测结果及时公示并上墙。逐步运用新市场管理系统进行市场名称登记申报，办理市场名称登记证20件。

【商标品牌培育】 2019年，区市场监管局加大对商标侵权等假冒违法行为的打击力度，重点加大涉及驰名商标及涉外商标案件的查处力度，加强知识产权保护。全年查处商标案件47件，罚没款84.66万元。开展“西湖龙井”地理标志证明商标使用专项检查。以专项检查为契机，查办地理标志证明商标案件2件，罚没款6.55万元。帮助辖区企业开展商标国际注册、运用和保护，推动市场主体主动树立创品牌护品牌意识，激发商标品牌运用活力。组织、推荐企业参加省商标品牌示范企业申报，杭州奥普电器有限公司、浙江博世华环保科技有限公司参加浙江省商标品牌示范企业申报。

【广告监管】 2019年，区市场监管局开展广告专项整治工作。查处广告违法案件50件，罚没款87.06万元，其中涉及互联网广告案件40件，罚没款73.54万元。有效利用互联网监测系统和广告案件指挥系统，确保案源线索无遗漏，案件查办无死角，完成辖区900多个广告经营单位属地匹配工作，办理报刊出版单位广告发布登记证3份，审批户外广告、店牌店招128件。

【合同监管】 2019年，区市场监管局深化企业“守合同重信用”工作。辖区5家企业首次公示为AAA级“守合同重信用”企业，10家企业延续公示为AAA级“守合同重信用”企业；11家企业首次公示为AA级“守合同重信用”企业，13家企业延续公示为AA级“守合同重信用”企业；9家企业首次公示为A级“守合同重信用”企业，2家企业延续公示为A级“守合同重信用”企业。办理企业动产抵押业务10件，其中动产抵押登记设立9件，主债权6.91亿元，抵押物包括移动充电车、食品配料、空调、设备等；动产抵押变更1件，主债权278.13万元。实现办理合同格式条款备案“零次跑”。打造智慧服务模式，推进合同格式条款备案工作。受理房屋居间、物业管理、汽车销售等领域的25家企业提交的39份合同备案申请，确认备案30份；完成物业企业合同格式条款备案19份，整体备案率90%以上。发放合同格式条款备案告知书1份，宣传引导相关企业使用《杭州市前期物业服务合同（示范文本）》及《杭州市物业服务合同（示范文本）》60多次。

【企业年报工作】 2019年，区市场监管局做好市场主体年报工作。上城区企业自然年报率90.6%，其中因查无下落列入异常数1196家；个体户自然年报率95.7%，其中因查无下落列入异常数77家；农民专业合作社自然年报率100%。企业、个体户自然年报率均达到市局要求90%以上。

【助力小微企业成长】 2019年，区市场监管局做好小微企业数据采集工作，区101家样本企业完成数据填报工作，信息采集率100%。为小微企业提供展示平台，推荐小微企业“成长之星”、服务小微企业“优秀机构”、小微企业集聚发展“优秀平台”等8家。助推企业做大做强，其中杭州娃哈哈集团有限公司获2019年浙江省100强民营企业第22位。保障新设小微企业活力指数采集工作，以问卷形式为2017—2018年在全区范围内注册登记的小微企业进行数据采集，问卷内容包含新设小微创业活跃度、社会贡献度、创新聚合度、环境满意度4个模块指数、28个指标项。

【投诉举报受理】 2019年，区市场监管局加强房产租售、教育培训、保险经纪、美容健身、装饰装修等行业消费风险预警，加强老年保健品消费警示宣传，畅通消费投诉渠道。全年受理投诉举报件2.92万件，其中区消费者协会受理投诉件1.22万件。

【消费者权益保护】 2019年，区市场监管局探索多元化解机制，督促经营者主动与消费者协商和解，提供快速解决消费纠纷的绿色通道。杭州解百集团股份有限公司、湖滨银泰in77、杭州利星名品百货广场有限公司、衣之家百货四大商场改造升级原有客服中心，建立放心消费联络站，完善消费投诉处理机制和消费者保护各项制度，提升商场自我诉调处置能力。建立“谁生产谁负责、谁销售谁负责”责任制，实行从商场端到商户端“两主体”的服务和质量主动把控。创建湖滨步行街放心消费示范街区，推进全域化放心消费，以湖滨区域零售商家为主要对象，开展培训10场次，参加商户600多户。全年全区新发展无理由退货承诺单位202个、放心消费单位272个，完成区放心消费创建目标任务。

【防疫检疫监管】 2019年，区市场监管局加强动物卫生监管工作。严格控制非洲猪瘟和活禽交易，立案查处活禽交易案件6起，检出变质、病害肉类68.5千克。加强对区内16个宠物诊疗机构的监管，开展狂犬病危害、犬只管理与免疫、被犬只咬伤后的处理等知识宣传，增强群众的自我保护意识与能力，落实狂犬病强制免疫到位。全年为4858只宠物犬注射狂犬病疫苗。

（魏　静）

质量技术监督

【概况】 2019年，上城区贯彻落实质量强区工作，质量工作考核获评A级。推进区“政府管理与公共服务标准化”示范项目，撰写的《标准化视角下国际化社区发展对策研究》一文在《中国标准化》期刊上发表。全区有特种设备使用单位1040个，现有特种设备6597台（件），其中电梯4932台、锅炉66台、起重机械1128台（套）、场内专用车辆63台、压力容器277台，压力管道单元131个，无大型游乐设施和客运索道。全年审批特种设备人员作业证435本（复审313本，新发证122本）、发放特种设备使用登记证252张。

【质量强区建设】 2019年，上城区持续推进品牌建设工作，全年新增浙江制造“品字标”生产企业1家，完成“品字标”产品认证1项，新增浙江制造标准立项1项。根据质量提升“双百示范”工程要求，上报先进质量管理方法示范单位1个、质量提升示范特色产业1个。加强"质量服务综合体（站）"建设，新增玉皇山南基金小镇等质量服务综合体（站）3个，通过质量服务综合体培育"放心工厂"21个。区电子机械功能区质量服务综合体被命名为2019年杭州市优秀质量服务综合体。

【质量标准化建设】 2019年，上城区推进区"政府管理与公共服务标准化"示范项目，开展地方标准修订制定工作，复审的23个市级地方标准中，进行修订15个，上报废止8个。组织申报市级先进技术标准补助项目，浙江省沃森智慧医疗研究院、杭州亿恒科技有限公司、国家食品药品监督管理局杭州医疗器械质量监督检验中心浙江省医疗器械检验研究院、浙江威星智能仪表股份有限公司4个单位的7项标准获市级补助62.3万元。

【民生计量管理】 2019年，区市场监管局做好区内在用计量器具强制检定工作，受理检定各类强制检定计量器具5361台（件）。开展公立医疗机构计量监督检查、出版发行物法定计量单位专项检查、水效能效标识专项检查等计量专项检查，向5家企业发放责令改正通知书。针对节假日热销产品、旅游产品、儿童玩具等群众重点关注的消费品，加大质量、计量和检验检测、认证认可机构的执法检查，开展定量包装商品净含量抽检15批次，合格率93%。

【特种设备安全监管】 2019年，区市场监管局持续推进特种设备智慧监管，全区参与电梯"保险+服务"的电梯650多台，参与"云梯智慧监管"的电梯550台。开展特种设备双重预防机制建设，全面推行重大风险隐患排查日志制、严重事故隐患报告制和安全责任事故举一反三制3项制度，均超额完成市市场监管局规定指标任务。全年出动执法人员315人次，检查特种设备使用单位、生产单位170个，发现隐患158个，安全隐患到期整改率100%。

（魏　静）

食品药品监管

【概况】 2019年末，上城区有食品企业3369家，其中生产企业10家、食品流通企业3359家（含小食杂店203个）。全年开展监督抽检食品1576批次，其中不合格食品20批次，不合格食品检出率1.3%，不合格食品的核查处置率100%。全区食品安全情况保持稳定、良好、可控，无重大食品安全事故或群体性食物中毒事件发生。

【食品安全监管】 2019年，区市场监管局启动食品销售风险分级管理，对35家（个）大型商场超市、大型批发企业和连锁企业总部进行风险分级。开展品质食品示范超市创建2个、放心农贸市场创建3个、放心消费餐饮示范企业建设12家，落实食品安全责任保险提质扩面工作。投保单位83个，学校食堂投保率100%。科学制订食品抽检计划，开展食品安全"护校安园"专项行动、网络餐饮专项整治、整治食品安全问题联合行动，立案查处34件，罚款47.08万元。

【餐饮监管体系建设】 2019年，区市场监管局开展餐饮领域抽检729批次（含餐具），其中不合格9批次，不合格食品检出率1.2%，不合格食品的核查处置率100%。在湖滨步行街探索创新"阳光厨房食安天眼"系统，实现后厨的"可识别、可抓拍、可感测、可远程、可示警"，打造"政府监管、企业自律、公众监督"的智慧共治模式。在大型以上餐饮单位、中小学校、幼儿园、医院、养老机构食堂"阳光厨房"建设率100%的基础上，中型餐饮单位"阳光厨房"建设率达50%，视频信号同步接入"阳光餐饮智慧监管"系统，通过"众食安"App向市民公开，消费者可以实时在线

2019年7月14日，区市场监管局开展保健品知识进社区活动，宣传理性消费
（区市场监管局 供稿）

查看食品操作过程，推进社会参与餐饮食品安全监督。加强示范餐饮单位创建，新创建餐饮店（以中小餐饮单位为主）12个，重点场所食堂（学校、养老机构、医院食堂等）3个，早餐食品安全放心示范店2个。

【药品和医疗器械安全监管】2019年，区市场监管局坚持以“强化现场检查为主，宣传教育为辅”为主要工作方式，超额完成药品批发和连锁企业、医疗器械生产企业和经营企业、医疗机构等企业（机构）的年度检查任务，检查覆盖率100%。开展执业药师在职在岗、疫苗质量安全联合专项监督检查、药械清网行动、二类精神药品、医疗美容专项“回头看”等9个专项行动，积极应对各类突发事件。完成药品许可现场检查108家次，医疗器械许可现场检查154家次，药品监督抽样任务120批次，100%完成监督抽样任务，收到报告89批次，全部合格。医疗器械监督抽样17批次，收到报告9批次，全部合格。

【保健品和化妆品监管】2019年，区市场监管局加大保健品和化妆品监管力度。开展联合整治“保健市场”乱象百日行动、保健品市场乱象整治行动和保健食品科普宣传活动，严厉打击虚假宣传、欺诈违法行为，遏止保健食品诱导式营销。推进国产非特殊用途化妆品备案工作和违法宣称的非特殊用途化妆品清查工作。加大化妆品“线上净网线下清源”风险排查处置力度，化妆品不良反应监测报告17例。以第13个全国护肤日（5月25日）为契机，开展主题为“安全用妆、点靓生活”化妆品安全科普宣传周活动。全年完成6个商场70个经营店的2019年“百千万”化妆品美丽消费建设工程。

（魏　静）

价格管理

【概况】2019年，上城区深化价格机制改革，履行价格监管服务职能，推进依法行政，提升作风效能。落实常规检查制度，做好日常价格秩序维持工作。加大价格监测力度，做好政府参谋助手。发挥“12358”价格投诉举报和浙江政务平台的作用，促进全区经济发展。全年收到价格举报投诉件145件，比2018年下降83.4%；查处价格违法案件2件，实现经济制裁金额1704元，其中罚款1500元、没收违法所得204元；未发生执法过错追究事件。

【清费减负落实】2019年，上城区根据省市发改委涉企收费“六清理三公开”专项行动方案通知的相关规定，对价格部门、价格系统的收费行为进行自查自纠。经核实，上城区价格部门、价格系统实现“零收费”，并在网站上公示《杭州市实行政府定价的涉企经营服务收费目录清单》。6月，配合市发改委价格处做好公办幼儿园、普惠民办幼儿园收费调研工作。9月，为推进全区“城市大脑”停车系统建设，加强辖区内机动车停车收费监管，对辖区内停车场所经营单位负责人召开收费政策宣讲会，促使企业更加清楚停车收费政策。

【收费备案审核】 2019年，区物价局为做到备案的准确性，确实掌握价格报备的真实情况，坚持对初次报备的单位进行上门查看，了解企业基本情况，手续完备才予以报备。至年末，办结各类收费备案审核74件。其中，停车收费25件，民办非学历教育培训42件（因政策原因于4月1日起只办理非营利性民办非学历文化教育培训机构备案），养老服务机构收费、医疗服务机构收费（因机构改革现已取消备案）等收费备案7件。

【涉案财物价格认定】 2019年，上城区价格认证中心遵循合法、公正、科学的原则，严把受理关、勘验取证关、市场调查关、测算关、结论关“五关”，排查岗位风险，把风险降低到最低限度。在开展涉案、涉纪财物价格认定工作时，坚持按照规定的标准、程序和方法受理、办理价格认定案件。全年完成价格认定案件213件，涉及财物619项，涉案标的总额2404万元，其中办理各类涉刑事价格认定案件208件，涉案标的金额2384万元，办理涉纪财物价格认定案件5件，涉案标的金额20多万元。

（魏建军）

【价格检查】 2019年，上城区将日常巡查与重点检查相结合，开展节假日前后市场巡查，重点巡查菜市场、商场、超市等场所的价格政策执行情况。开展元旦、春节、清明、端午、中秋、国庆等节假日价格巡查工作，保障节假日价格秩序稳定。开展涉企收费专项检查、殡葬服务机构价格专项检查、成品油市场价格专项整治、农贸市场明码标价专项整治、称重违法违规行为专项整治和医疗服务价格专项检查。专项检查切实减轻企业负担，提升企业价格工作水平，为群众的生产生活创造良好价格环境。

【价格政策宣传】 2019年，上城区采取不同形式开展价格政策宣传。通过边检查边宣传、边执法边普法形式，开展价格政策宣传活动。通过党支部到社区参加服务等形式，到社区宣传价格政策，加强群众对价格工作的了解和支持。与各基层市场监管所保持良好沟通，为价格执法过程提供信息支持。开展涉企收费监测工作，落实价格服务和政策宣传。

【公平竞争审查制度建立】 2019年，上城区物价部门开展滥用行政权力排除、限制竞争行为专项整治和公平竞争审查工作。通过涉企收费检查和转供电检查等工作，提升全区营商环境。区市场监管局作为公平竞争审查工作联席会议办公室所在单位，牵头完成公平竞争审查工作联席会议成员单位调整。8月，召开成员单位调整后的第一次联席会议，布置年度工作任务。会后，参与省公平竞争审查第三方评估工作，落实评估要求，提交评估资料。

（魏　静）

金融管理

【概况】 2019年，上城区做好属地金融监管和风险处置工作。全区有银行业总部机构3个、期货业总部机构1个、小额贷款公司2家、融资性担保机构11个、典当机构11个、融资租赁机构19个、地方资产管理机构1个、第三方支付机构1个、股权众筹公司1家、备案私募机构532个。

【网络借贷风险处置】 2019年，上城区在金融监管工作方面创新举措，进一步压降网络借贷平台存量规模，统筹协调，加快资产催收处置。1月，“上城网贷信息发布”微信公众号建立，发布全区网络借贷平台的相关动态，确保相关人员及时了解信息。

4月，上城区率先实行资产处置专班实体化办公，全方位协调和推进追赃挽损和资产处置工作。年末，网络借贷机构数、待偿金额、出借人数分别比2018年下降57.9%、44.7%、61.1%。

【地方性交易场所整顿】2019年，上城区由区金融办牵头，经侦、工商、街道等部门协同配合，推进地方性交易场所清理整顿工作。年内，上城区明确辖区杭州叁点零易货交易所退出交易场所行业，敦促其做好投资人投诉信访接待处置工作。杭州叁点零易货交易所有关投诉处理较为平稳，业务和资金清算工作有序开展，逐步做好退出交易场所业务的准备工作。

【私募金融统计试点】2019年，上城区创新金融监管模式，根据私募管理行业实际情况，构建基金小镇私募统计系统。玉皇山南基金小镇管委会与各街道共同形成工作机制，定期集中对小镇内私募机构进行提示服务，逐步提升系统填报完成度。该举措旨在及时了解企业状况，获取统计、风控等必要数据。至年末，全区实现私募机构填报率50%。

（陈　妍）

旅游服务管理

【概况】2019年，上城区以“杭州历史文化名城建设和国际化城市建设”为目标，推进南宋文化品牌打造，加快旅游产业全域化、国际化、智慧化发展，加强行业旅游管理和地区旅游协作，打造南宋文化旅游目的地。以文旅体系列活动为载体，积累、梳理并整合活动成果，协助做好亚洲美食节活动等。清波古韵省级旅游风情小镇在创建认定初审中位列全市第一名。

【旅游目的地管理】2019年，区文广旅体局加强旅游目的地管理，不间断开展联合整治和节假日专项整治，营造健康有序的旅游市场环境。全年出动文化旅游执法1.04万人次，劝导“野导”4428人次。7月23日，区旅游执法大队联合西湖名胜风景区的湖滨中队和柳浪派出所，开展名胜风景区环境秩序联合整治行动，出动警力10多人，抓获“野导”和非法散发涉旅小广告人员各4人，交与柳浪派出所处理。

【“酒店30秒入住”应用】2019年，上城区以杭州新侨饭店等为试点，推进“城市大脑”系统便民服务，借助“酒店入住系统”打通客房管理、公安、门禁和支付等多个系统，将数据集成到一个服务平台。至年末，杭州新侨饭店、马可波罗假日酒店、浙江梅地亚中心、杭州中维香溢大酒店、浙江赞成宾馆、杭州维景国际大酒店、杭州五洋公馆西湖店等22个酒店（宾馆）实现“酒店30秒入住”应用场景全覆盖。全区“酒店30秒入住”自助机使用率41.9%，使用率位列主城区第一名。

【市第三届景点、景区讲解员服务技能大赛颁奖】2019年10月30日，杭州市第三届景点、景区讲解员服务技能大赛颁奖仪式在杭州星都宾馆举行。副市长陈国妹、省文化和旅游厅副厅长许澎，市政府副秘书长程华民等领导出席，并为“金牌讲解员”颁奖。有20人被授予杭州市“金牌讲解员”称号，“金牌讲解员”按规定可申请认定杭州市相关高层次人才并享受相关待遇，得分排名前21～40名选手被授予杭州市“优秀讲解员”称号。清河坊景区讲解员盛娜获市第三届讲解员技能大赛“优秀讲解员”称号。

（张雪梅）

安全生产监管

【概况】2019年，区应急管理局行使安全生产综合监督管理职权，指导协调、监督检查区级有关部门和街道、园区安全生产工作。持续深化安全生产领域改革，强化责任落实，深化安全整治，防控城市运行安全风险，安全生产各项工作取得较好成效。开展生产安全事故调查处理，监督事故查处和责任追究落实情况。全年全区未发生安全生产亡人事故，全区安全生产形势持续平稳有序。

【安全生产责任落实】 2019年，区委、区政府贯彻《浙江省地方党政领导干部安全生产责任制实施细则》，落实“党政同责、一岗双责、齐抓共管”要求。区四套班子领导在劳动节、国庆节等节假日，以及中华人民共和国成立70周年、世界互联网大会等重点时段带队开展安全生产检查。年初，区长与副区长，区政府与职能部门、街道，街道与社区、辖区企业层层签订安全生产责任书。机构改革后，安全生产职责明确纳入各部门“三定”方案。区安全生产委员会及时调整安全生产“1+X”责任体系，设置宗教场所、消防领域、建筑领域等不同领域安全生产专业委员会9个，强化行业领域安全监管。各专委会积极履行行业监管职责，及时分析研判行业领域安全风险，做好安全整治。督促企业落实安全生产主体责任，通过安全生产检查、专项整治、暗访曝光、约谈整改等形式推进企业自查自纠安全隐患，全年完成1家省级重大隐患挂牌督办企业及9家区级重大隐患挂牌督办企业所有重大隐患的整改、验收和销号。

【安全隐患排查治理】 2019年，上城区持续推进安全生产大检查工作，对出租房屋、高层建筑、商场市场、沿街商铺、“三合一”场所等进行不间断检查整治。在春节、春运、“两会”、劳动节、国庆节等重点时段和节点，突出专业市场、大型商场、沿街商铺、出租房等整治难点。对于难以整改的隐患，按照隐患整改难易程度实施分类挂牌督办。区安全生产委员会办公室（简称区安委办）组成督查组对各街道安全大检查工作开展情况进行检查，对各单位上报隐患情况、整改情况进行督查，并及时整改。全年全区检查单位7340个次，查处并整治各类安全隐患6720多处。

【安全生产执法检查】 2019年，上城区全面推广应用浙江省行政执法监管平台及“浙政钉·掌上执法”系统，运用信息化手段做到执法留痕，检查有迹可循，推动执法检查规范化，提升监管效能。“双随机一公开”抽查计划完成率、抽查计划公示率、抽查任务完成率、抽查任务公示率、检查完成率、检查结果公示率均100%。“掌上执法”系统应用率100%，“掌上执法”实践检查比例99.5%，抽查事项覆盖率75%，监管事项覆盖率17.5%。运用行政执法监管平台数据归集共享优势，定期分析研判隐患产生的规律性和特性，实施分级分类监管。区应急管理局牵头开展装修装潢、地铁在建工程、燃气安全等一系列检查整治行动20多次，打击安全生产非法违法行为。全年完成行政处罚案件70起，罚款74.8万元，分别比2018年增长27%、31.2%，所有查处案件无行政复议或行政诉讼发生。

【危险化学品整治】 2019年，上城区开展危险化学品专项检查工作，对全区的危险化学品经营企业、危险化学品使用企业、加油站等进行地毯式集中排查整治，并持续推进该项工作。4月，组织全区90多家危险化学品企业负责人开展专项业务培训。危险化学品整治行动中，处罚危险化学品企业15家，罚款16万余元，完成2家区级危化品挂牌督办企业重大隐患整改、验收。同时，区应急管理局联合区市场监管局、区卫健局对辖区社区卫生服务中心、民营医院等医疗机构的危化品使用情况进行检查，针对检查发现的安全问题和隐患，以集体约谈方式督促企业落实安全生产主体责任，及时排查、整治隐患，确保安全。

【小微企业安全生产综合整治】 2019年，上城区推进小微企业安全生产综合整治行动，对辖区范围内生产型的小微企业进行摸底排查，督促企业开展自查自纠。将消防、建筑施工、旅游文化等相关领域纳入整治范围，细化整治方案，明确整治重点、步骤和时间节点。各街道、相关行业部门突出重点行业领域，采用暗访曝光、技术服务指导等方式推进整治工作。全年出动检查1460多人次，检查企业2630多家次，查处各类隐患2370多处。

【“重大隐患60日整改闭环机制”推进】 2019年，上城区发挥区安委办牵头抓总作用，围绕“控风险、治隐患、防事故”目标，持续推进“重大隐患60日整改闭环机制”。全年在消防、建筑施工、危险化学品、老旧小区、学校、高层建筑等重点行业领域开展暗访曝光6期，曝光企业92家，曝光隐患762处，发出隐患整改交办单92份，投入整改资金670多万元，处罚企业25家，罚款16万元，隐患按期整改完成率96.6%。对延期整改的企业，区安委办督促企业做到隐患治理责任、措施、资金、期限、应急预案“五落实”，确保所有隐患整改到位。

【安全生产领域营商环境优化】 2019年，上城区以服务企业为导向，为企业提供优质安全服务。区应急管理局分成5个服务小组，开展走访企业、服务企业工作，全年走访企业204家，协助企业解决问题，着力控风险、治隐患、防事故，提升企业的安全管理水平。深化“最多跑一次”改革，简化办事程序、缩短办理时间，全程实施阳光服务、微笑服务，为企业提供高质量“党务+政务+商务”的“三务合一”服务。全年行政许可办件91件，39项政务服务事项中97%实现“跑零次”，材料电子化率100%，“网上办”实现率100%，“掌上办”实现率100%，即办事项90%，承诺时限压缩比达90%以上。营商环境受访企业对“最多跑一次”实现率和办事过程满意率均100%。

【安全生产信用体系建设】 2019年，上城区推进信用工作力度，在日常执法检查、为企服务中运用信用信息，结合诚信机制建设，强化企业安全管理。及时梳理企业不良信息记录情况，开展信用修复工作，实现动态管理，全年修复不良信息1条。加强安全生产诚信结果运用，建立由挂牌督办隐患信息、行政处罚信息和生产安全事故信息为主的信用应用及查询机制，在企业申请上市、重点项目工程招投标和评优表彰等方面，将安全生产诚信结果作为重要参考，全年开具相关安全生产证明材料40份。7月，开展安全生产领域失信问题专项治理，加大安全生产领域失信行为联合惩戒力度，提高失信企业及个人失信成本，督促生产经营单位严格履行安全生产主体责任、依法依规开展生产经营活动。

【安全生产社会化服务】 2019年，区应急管理局聘请第三方专业机构对辖区实体经营生产企业、养老机构、宗教场所、大型商场市场、危险化学品企业等150多家企业开展安全隐患排查、风险辨识评估，并提出整改建议和措施，解决部分重点企业、高危企业不会管的现状，提升企业自身安全管理水平。该举措旨在进一步推动企业安全生产主体责任落实，建立健全安全风险分级管控和隐患排查治理双重预防机制，引导社会各方力量共同参与安全治理，拓宽破解中小微企业安全生产技术和管理难题的途径，提升企业事故防控水平。

【安全生产宣传及教育培训】2019年，上城区推进安全知识宣传教育，利用公共场所LED屏幕、微信微博平台等载体，开展安全知识和警示性宣传，以案例警示教育群众，引导群众和从业人员自觉加强火灾防范和安全意识。以“安全生产月”、《中华人民共和国安全生产法》宣传周等主题活动为载体，全年开展现场咨询80多场次，展出展板30多块，发放资料5.7万份。4月2—4日，举办宾馆酒店负责人安全管理培训班，300多个宾馆酒店负责人参加，督促企业落实安全生产主体责任。7月29—31日，全区基层安全管理人员安全生产业务培训班举行，各行业主管部门、各街道安全管理员50多人参加，进一步提高基层安全管理人员的安全生产法律法规知识水平和日常安全检查业务能力。深化“全员培训工程”，加大对“三类人员”（企业主要负责人、企业安全管理人员、重点岗位作业人员）的安全生产培训力度，全年培训“三类人员”4.6万人，群众安全意识应急意识进一步提升。

（吴璐莹）

2019年6月4日，上城区举办全国安全生产月宣传活动

（区应急管理局 供稿）

审　计

【概况】2019年，区审计局履行审计监督职责，促进政府增收节支。全年完成国家审计项目17个，发现问题179个，查出管理不规范金额7509万元。完成结算审计项目105个，累计送审金额13.5亿元，核减金额1.54亿元，核减率11.4%。出具审计报告和专项审计调查报告17篇；向被审计单位或有关单位提出审计建议52条；提交审计信息56篇，被批示、采用15篇；向社会发布审计结果公告12篇。

【区委审计委员会成立】2019年5月13日，上城区成立区委审计委员会并召开区委审计委员会第一次会议。会议审议并通过《中共杭州市上城区委审计委员会工作规则（审议稿）》《中共杭州市上城区委审计委员会办公室工作细则（审议稿）》，并决定在区审计局办公室设立区委审计委员会办公室。成立区委审计委员会，旨在进一步加强区委对审计工作的领导，充分发挥审计职能的政治与组织保障作用。

【预算执行审计】2019年，区审计局围绕经济运行、绩效管理等方面，开展预算执行审计。完成区财政局组织的2018年度本级预算执行情况审计和区部门预算执行情况审计两个项目。制定实施方案，完成对预算编制、执行等规定内容的审计，并以预算绩效管理、国有资产管理等作为重点内容，开展审计工作，发现预算绩效管理等方面问题15个，提出实现预算和绩效管理一体化等建议7条。

【重点领域跟踪审计】 2019年，区审计局对湖滨步行街、2014—2018年望江地块拆迁安置资金管理使用情况等重点领域开展以优化管理、提质增效导向的“嵌入式”跟踪审计。成立跟踪审计工作小组，建立审计项目业务会议等制度。建立湖滨步行街跟踪审计月报制度，发挥跟踪审计前瞻性、预防性作用，一阶段一报告，及时为重大项目查漏补缺；边审计边整改，以动态介入的形式，发挥跟踪审计绩效监督，降低损失。出具阶段性审计报告2份、跟踪审计建议函4份，审计专报4份；追回管理不规范资金95.65万元。

【民生工程审计】 2019年，区审计局完成区“五水共治”和公厕提升改造等民生工程管理及资金使用绩效专项审计调查工作。对区公厕提升改造、长效保洁管理及截污纳管、雨污分流、河道绿化养护工程等进行调查了解，通过反映问题、合理分析原因等，推动上城区实现公厕数量充足、分布合理、管理有效、服务到位、环保卫生，以及生活污水减量、辖区水质改善等目标。

【经济责任及自然资源资产审计】 2019年，区审计局针对2018年底启动的机构改革情况，对合并前的原区文化广电新闻出版局（体育局）及原区风景旅游局主要领导开展经济责任审计，以两个项目、两套方案、两份报告、同一项目组的形式同步开展审计。按照《杭州市党政部门领导干部经济责任审计评分定档表》，把重大经济决策、政策落实执行、内部监督管理等情况作为重点，做到审计实施“清单化”、审计范围“全覆盖”。对南星街道进行自然资源资产审计，与区城管局、区治水办、市生态环境局上城分局等相关单位对接，获取南星街道在大气、“五水共治”、垃圾分类等方面的考核标准及考核结果资料，了解被审计领导干部在自然资源资产管理和生态环境保护方面的落实情况。采用审阅制度、抽查台账、现场蹲点、问卷调查、电话查询等方式，发现南星街道在自然资源资产方面存在问题，并提出建议4条。

【涉企补助经费与清欠民营企业账款专项审计调查】2019年，区审计局以开展政府促进民营经济高质量发展扶持政策落实情况及政府部门、大型国有企业清理拖欠民营企业中小企业账款情况专题审计为抓手，对涉企补助专项资金管理、营商环境改善等情况进行梳理分析，并在年度17个审计项目中对区财政局、湖滨街道等13个单位及其11个下属单位的拖欠民营企业账款情况进行调查了解。

【投资审计转型】 2019年，区审计局把投资审计从数量规模向质量效益转变，将送审金额从现行200万元提升至400万元，完成项目数量从2018年的140个降低到2019年的70个。从单一的审核定价向全面监管建设项目管理转变，由单一工程造价审计向包括重大政策贯彻落实、投资决策、工程项目建设程序等11个方面的全面投资审计转变，重点关注工程造价中弄虚作假，高估冒算的行为，强化对工程招投标、合同、采购设备、材料资金管理使用等重要环节的监督。

【遗留项目处理】 2019年，区审计局配合区“无欠薪”城区创建工作及全区财务决算审计工作，推进已竣工未结算审计项目。对全区80多个遗留项目进行排查，确定2015年7月31日以前完成竣工验收的26个在审项目为重点关注对象，针对性提出解决方案。对工程项目存在的历史疑难问题，特别是送审金额高、审计周期长、争议问题大的几类工程项目进行重点跟进，推动结算审计项目顺利进行。

【审计整改与创新】2019年，区审计局整合人大监督、纪检监督、审计监督的力量，形成人大监督关口前移、纪检监督及时跟进、审计监督主动作为的闭合责任链条。对2018年实施完成的5个审计项目、56个审计发现问题清单的整改情况落实核实和销号工作。以经济责任审计全覆盖平台统筹项目安排，将年度内对财政决算审计、资源环境审计等与经济责任审计项目有机结合，以“1+N”方式统筹实施，将南星街道财政决算审计和该街道主任自然资源资产审计作为一个项目立项，由一个审计组实施，减少审计频次。

【大数据审计】2019年8月26日，上城区成立区电子数据审计中心，发挥大数据审计引导作用。在全区政府购买服务资金绩效情况专项审计调查中，运用大数据审计技术，摸清全区行政事业单位政府购买服务的总体情况、资金规模和具体分布。构建信息化平台，建立审计对象库、审计法律法规库、审计整改销号库“三合一”数字信息化平台，建立健全审计动态管理机制，实现信息共享，提高审计工作效率。

（詹丹宁）

统　计

【概况】2019年，上城区统计部门推进统计改革工作，做好统计监测，提供统计咨询，优化统计服务，为全区经济社会发展提供统计保障。编印《2019年度上城区经济和社会事业发展统计公报》及宣传册，为区“两会”提供数据分析资料。开展营商环境工作评价调查，了解企业对设立开办、缴纳税费、人才资源等营商环境的真实感受、评价看法，为全区各部门在营造一流的营商环境过程中提供统计信息咨询和数据支撑服务。做好企业用工、人才资源、月度劳动力、妇女儿童监测等统计工作，用数据反映人民生活的水平，力求尽早发现问题、解决问题。创新数据研究内容，利用统计数据进一步探索湖滨步行街总消费情况的统计研究，助力杭州市“双街示范”工程。持续推进上城区第四次经济普查工作，依据第四次经济普查时间节点，对全区的普查登记对像进行数据采集，登记法人产业活动单位16202个，通过抽中个体户样本进行普查登记的个体经营户1523户。加大统计执法力度，利用单位机构职能调整，在区统计局“三定”工作方案中单独设立执法监督科，不断提升统计法制力量，转变“1+X”执法模式，构筑“1+X”数据核查与“双随机”执法检查相结合的网络化统计执法体系。

【第四次全国经济普查登记】2019年2月28日，上城区第四次经济普查领导小组召开第二次会议，就区普查登记工作提出有关要求。全区各普查区块按照工作计划表有序推进各时间节点的工作。各级经济普查办与业务工作小组发挥各级普查指导员、普查员作用，通力合作，加强沟通，调动相关力量，破解经普工作中遇到的难题，推进上城依法普查工作。至年末，区统计局完成第四次全国经济普查登记工作，并整理汇总各类普查数据，形成上城区第四次经济普查公报初稿。区统计局被省政府第四次经济普查领导小组评为第四次全国经济普查省级先进集体；普查与民调科科长赵晓林被国务院第四次全国经济普查领导小组办公室评为第四次全国经济普查国家级先进个人；三产调查科科员薛英琳被省政府第四次经济普查领导小组评为第四次全国经济普查省级先进个人；二产调查科科员郑小露被市政府第四次经济普查领导小组评为第四次全国经济普查市级先进个人。

【5‰人口抽样调查】上城区根据国家统计局统一部署，以2019年11月1日零时为标准时间点，开展5‰人口变动情况抽样调查。调查人员对被抽中的调查小区进行入户调查。根据抽样调查结果推算，2019年末，全区常住人口为34.5万人，均为城镇人口，城镇化率100%。全区2018年11月1日至2019年10月31日的人口出生率7.08‰，死亡率5.72‰，人口自然增长率1.36‰。与2018年相比，人口自然增长率下降0.18个千分点。

【统计法治宣传】2019年，区统计局以"12·8"《中华人民共和国统计法》颁布纪念日为契机，在全区开展统计法治宣传教育活动。12月4—15日，在"上城统计"微信公众号服务栏设置"知识闯关"赢话费活动，推动市民群众学习统计法规知识的热情，提高统计法治宣传教育效果。12月5日，区统计局在区政府四楼举办以"弘扬法治精神，全面依法治统"为主题的统计法现场宣传活动。通过分发统计法律法规宣传手册、宣传折页，宣讲统计违法案件，增强政府部门的统计法律意识，发挥统计造假、弄虚作假违法案件的教育警示作用。在各街道、社区悬挂统计普法宣传横幅，发放统计普法小册子。至年末，区统计局完成统计核查单位54个，其中立案6个；完成催报单位16个。

【统计工作区域交流】2019年8月26日，吉林长春市统计局朝阳分局到上城区交流统计工作，并进行座谈。座谈会上，区统计局负责人介绍上城区情、经济发展状况及统计机构设置情况。双方就统计基层基础建设、基层队伍建设等工作进行探讨，表示要在统计基层和队伍建设及落实好《防范和惩治统计造假、弄虚作假工作规定》，强化统计法制建设等方面加强交流，共同探索推进统计法制建设。

（沈珏敏）

人力资源和社会保障

Human Resources and Social Security

劳动就业和创业

【概况】 2019年，上城区以就业优先为导向，依托区、街道、社区劳动保障平台，通过完善落实就业创业政策、帮扶重点人群、培训促进就业、创业带动就业等公共就业服务举措，不断优化就业创业环境，努力推动区域实现更高质量的就业。全区就业形势总体稳定，实现城镇新增就业1.27万人，失业人员再就业2698人，就业困难人员再就业2332人，“零”就业家庭保持动态“归零”、基数“归零”。

【失业人员就业保障】 2019年，上城区坚持做好失业人员动态监测及跟踪服务，“想全想细、做深做实”就业创业帮扶工作，辖区登记失业人员服务率和劳动力资源调查率均实现100%。全区享受居家就业社保补贴4808人，发放社保补贴1065.44万元；6099人次实现灵活就业，发放社保补贴2235.28万元，其中市级补贴2011.75万元、区级补贴223.53万元；261人次享受延期缴费社保补贴67.15万元；160人次享受创业社保补贴85.62万元；437家次企业吸收就业困难人员和高校毕业生936人，享受用人单位吸纳就业社保补贴780.22万元。

【就业援助与公共服务】 2019年，区、街道组织“春风行动服务月”“金秋就业援助公益周”等招聘会50场，发布岗位企业869家次，招聘1.75万人，达成意向1316人。上城区深挖创业人群和创业空间资源，加强创业扶持政策宣传，加大创业人群资金扶持力度，与区科技局、街道联动，走访服务区电子机械功能区、科创中心、创业陪跑空间等创业孵化基地，

2019年3月7日，上城区举办春季人力资源招聘会“春风行动”专场活动
（区人力资源和社会保障局 供稿）

发放创业担保贷款4065万元，比2018年增长201.1%，支付贷款利息补贴80多万元。全年完成创业培训118人，完成目标任务的131%；失业人员再就业技能培训305人，完成目标任务的102%；在岗农民工培训1201人，完成目标任务的240.2%。

【东西部扶贫劳务协作】2019年，上城区围绕贵州雷山县、湖北鹤峰县劳务协作任务，建立精准对接机制，搭设稳定就业平台，提供“拴心留人”服务，扎实推进东西部扶贫劳务协作工作。全年区领导到两地走访调研5次，召开劳务协作联席会议8次，举办就业扶贫专场招聘会4场，提供就业岗位1600多个，吸纳59名建档立卡就业者到杭州就业。联合雷山县、鹤峰县人力资源和社会保障局开展职业技能培训14场，培训涉及电商、茶园管理、家政和焊工等方面劳动技能，参训767人次，培训后实现就业497人。6月，组织50名鹤峰县致富带头人到杭州参加培训，通过学习、参观，提升鹤峰县致富带头人就业创业能力。

【高技能人才培养】2019年，上城区认定“叶顺宝机修钳工技能大师工作室”“陈永青中式烹调师技能大师工作室”等12个工作室为“吴山工匠”技能大师工作室，其中2个获评杭州市技能大师工作室。杭州娃哈哈集团“吕民华车工技能大师工作室”被认定为浙江省技能大师工作室，杭州饮服集团杭州知味观食品有限公司（仁和路总店）张静获“杭州市首席技师”称号。组织评选20名区级“百千万”高技能领军人才（优秀技能人才），输送2名优秀高技能人才参加“浙江省2019年‘金蓝领’高技能人才国（境）外培训”“2019年杭州工匠培训团赴美国培训”进修。全年组织开展各项职业技能提升、就业创业培训5700多人，培养高技能人才1520人，发放奖励补贴20.06万元。受理审核1500多名企业职工培训补贴，发放补贴金额300多万元。联合开展区域性职业技能竞赛10场，超额完成年度目标任务。（周　亮）

劳动关系和行政审批

【概况】2019年，上城区聚焦基层劳动纠纷综合治理，完善以调解、仲裁、监察“三位一体”为基础，根据需要联动公安、市场监管、工会、律师事务所等共同参与的多元化解机制，将劳动纠纷调解纳入街道综合治理平台，实现劳动纠纷“一窗式”无差别受理。创新欠薪根治机制，提升全区劳动保障监察执法效能，推进上城区根治欠薪工作。加强掌上执法平台使用，提升“双随机一公开”执法质效，建立完善行政执法公示制度、全过程记录制度、重大行政执法法制审核制度和集体讨论交叉征求意见机制。

【“无欠薪”城区创建】2019年，上城区通过组织业务培训、召开现场会、培育样板工地、加强日常监管等方式推动工地建立“六项制度”，从源头上杜绝拖欠农民工工资，实现全区欠薪案件发生数、涉及劳动者人数、涉及金额数3个“大幅下降”，以及企业50万元以上欠薪案件、在建工程500万元以上欠薪案件、10人以上造成严重不良影响的欠薪群体性事件和造成恶劣影响的极端欠薪事件4个“零发生”。3月，上城区在杭州市“无欠薪”创建区县（市）考核验收初评初审中获全市第一名。4月，以高标准、高质量创建“无欠薪”城区的做法代表全省接受2018年度国务院治欠保支工作考核。上城区顺利通过2018年度浙江省“无欠薪”区县（市）创建验收，2019年度“无欠薪”考核位列杭州市第一。

【劳动保障监察】2019年，上城区劳动保障监察立案

145起，立案案件均妥善处置，法定时效内案件办结率100%；受理“12345”市长热线、信访交办件871件，处置“110联动”856起，均在法定时限内妥善处置。对831个用人单位开展预警排查，累计书面审查1.18万个用人单位劳动保障工作情况。开展保障农民工工资支付、清理整顿人力资源市场秩序、根治欠薪夏季行动、根治欠薪冬季攻坚行动等专项检查，检查用人单位554个。6月，区人力资源和社会保障局被市政府评为“杭州无欠薪”行动成绩突出单位，受到集体嘉奖。8月，区劳动保障监察大队被省人力资源和社会保障厅授予“浙江省创建和谐劳动关系暨‘双爱’活动先进组织”称号。

【劳动人事争议仲裁】 2019年，上城区劳动人事争议仲裁院推进“要素式”办案模式和“1+X”劳动纠纷化解机制建设，打造“预防为先、调解为主、仲裁为民”的劳动人事争议仲裁工作新格局，实现调解率、结案率、群众满意度同步提升。全年区仲裁院立案758件，其中受理687件，因过时效等原因不予受理71件。758件案件中，结案656件，结案率95.5%；调解463件，调解率70.6%，涉及劳动者953人。一裁终局率61%，规模以上企业劳动争议调解委员会组建率为100%。街道“1+X”多元化调解机制建设工作按省市要求提前完成。在南星街道设立区仲裁派出庭，全年调解劳动争议案件252件。区人力资源和社会保障局被评为2019年度省劳动人事争议案件处理成绩突出单位，区劳动人事争议仲裁委员会南星街道派出庭被评为2019年度省劳动人事争议案件处理成绩突出派出庭。

【劳动关系检查指导】 2019年，上城区加强企业和谐劳动关系建设指导，完成辖区263家企业的薪酬调查和450家企业的用工诊断服务。区电子机械功能区获评杭州市和谐劳动关系建设标杆园区，辖区企业杭州娃哈哈集团有限公司被认定为杭州市民营企业构建和谐劳动关系现场教学点。

【行政许可审批】 2019年，上城区受理企业实行特殊工时工作制申请223件，其中申请实行综合计算工时工作制企业155家，实行不定时工作制企业68家，同一企业同时申请综合工时和不定时工作制的41家，涉及综合计时职工1.78万人、不定时工时制职工5125人。全年做出劳务派遣经营许可决定11件，劳务派遣经营许可证变更审批10件，劳务派遣经营许可证延续审批8件，完成35个劳务派遣许可及备案单位的劳务派遣经营情况年检。受理工伤认定申请538件，其中做出予以认定的行政确认532件、做出不予认定的行政确认6件。

（吴亚兰　陈仁忠　郁士奇）

社会保障

【概况】 2019年，上城区围绕促增长、惠民生、保稳定工作大局，结合“最多跑一次”改革，进一步规范基础管理，积极推进社保医保公共服务体系建设，探索经办服务新模式，深化机关事业单位养老保险制度改革，实现业务办理从“最多跑一次”向“就近跑一次”，从窗口经办到“网上办”“掌上办”转变。年内，上城区养老保险参保人数167460人，比2018年净增9001人，参保率为99.5%；工伤保险参保人数186878人，净增15921人。全区有231个机关事业单位参保，养老保险参保人数13963人，其中在职参保人员6751人，退休人员7212人。

【社保医保公共服务事项“最多跑一次”】 2019年，上城区稳步推进社保医保公共服务事项“最多跑一次”改革。加强“五办便民、零跑直享”机制建设，持续推进“五办”

（“网上办、掌上办、就近办、一证通办、社银合办”）服务。“掌上办”实现率从年初25.7%提高至年末100%，“即办”实现率从年初22.9%提高至年末98.7%。31项社保业务在杭州联合银行部分网点实现“社银合作”，52个办事事项延伸至街道社区办理。迭代升级“八统一”标准，办事事项申请材料电子化率实现100%，办理时限从4121个工作日缩减到48个工作日，平均办理时限0.34天，缩减时限98.8%。系统推进“一件事”改革，为解决涉及部门多、环节多、往返跑等问题，牵头推出员工招聘、失业联办等9个“一件事”便民事项，全部实现线上线下统一受理，“一件事”办件数1790件。

【社会保险服务】 2019年，上城区落实省人力资源和社会保障厅制定的社保降费政策，全区机关事业单位减征养老保险1200万元，完成对制造业、交通运输业、建筑业等行业阶段性降费约6000万元；个体工商户及灵活就业人员养老保险缴费基数下限由省平均工资的80%下调至60%，失业保险单位部分费率、工伤保险基准费率下降50%的政策执行顺延。

【医疗保障管理服务】 2019年，上城区基本医疗保险户籍参保人数315807人，参保率99.5%。全年办理医疗保险就医备案1066人，医疗保险关系转移接续2600人，退休人员待遇审核2135人次，发放医疗证历本9770本，完成参保人员急诊和异地安置等零星医药费审核报销2296人次，支付报销金额365.3万元。医疗困难救助申请40人，支付医疗救助金11.6万元。生育保险待遇申领3906人次，支付生育津贴医疗补贴6421.39万元。落实参保人员“转外就医”“规定病种备案”“大病保险3+N”3个“一件事”通过医院端的一站式费用结算，实现“少垫付”“零次跑”。建立健全城乡居民医保慢性病门诊保障制度，允许慢性病门诊处方外配，上城区所有连锁零售药店均纳入可刷卡结算慢性病病种相关药品的范围，促进医疗费用和慢病管理“双控制”。

【企业退休人员服务】 2019年，上城区纳入社会化管理企业退休人员90835人，比2018年增加955人。开展春节、端午节、中秋节慰问活动，发放节日慰问金2.3亿元；探望大病住院退休人员1.79万人次，发放慰问金179.75万元；协助2029名去世退休人员家属做好善后工作，依照规定支付相关费用34.56万元；帮扶生活困难退休人员6543人，发放补助金376.97万元。强化内外监管，对5729名企业退休人员就困难补助、大病住院探望等情况进行电话抽查回访，核实资金到位和群众满意度情况。推进企业退休社会化管理服务，举办“守初心·担使命·共圆中国梦”——上城区企业退休人员“最美”团队和个人选树暨文艺会演活动。推进企业退休人员人事档案整理和数字化，全区完成企业退休人员人事档案整理、数字化处理及数据挂接10.8万卷。

（庄　颖　俞　蕾　张　娟）

社会救助

【概况】 2019年末，上城区有持证困难家庭2096户、2882人，比2018年增加117户、116人。其中，低保家庭1643户、2113人，低保边缘家庭443户、759人，特困供养人员10户、10人。全年审批各类困难家庭补助2899户次，认定低收入家庭经济状况281户次。救助各类困难家庭及特定对象7.92万人次，发放各类救（补）助金3839.78万元。

【生活补助标准调整】 2019年，上城区对精减退职职工补助费标准、最低生活保障标准、特困人员基本生活标准进行调整。3月，享受定期生活困难补助的精减退职职工由每人每月1370元调整为1450元，享受原工资40%的精减退职职工由每人每月1530元调整为1620元。7月1日起，最低生活保障标准由每人每月955元调整为1041元，特困人员基本生活标准由1591元调整为1734元。

【救助改革】 2019年，上城区进一步做好低保与扶贫政策衔接工作，健全低收入群体帮扶政策，发挥社会救助在扶贫开发工作中的兜底保障作用。落实收入豁免及渐退等改革措施，促进困难群体增收减负。将重残和低保边缘家庭中的重病人员（大病保险享受对象）纳入低保；收入型、残疾人低保按政策规定收入豁免；原支出型低保家庭人均月收入超过低保标准但仍在低保标准2倍以下的，可享受一年低保待遇，按不低于低保标准的30%发放救助金；原低保边缘家庭人均月收入超过有关标准但家庭人均年收入仍低于人均可支配收入60%的，实行享受一年低保边缘待遇的政策。

【社会救助专项整治】 2019年5月，区民政局制定低保专项治理工作实施方案，启动社会救助专项整治活动，着重查处金融财产超标、死亡人员“吃低保”等问题。专项整治中，对核查出有异常信息的家庭逐户核实确认，及时清退财产超标家庭。进一步规范民政系统和基层工作人员近亲属享受低保备案管理制度，开展近亲属备案制度落实情况自查和督查。对持低收入边缘证书中的重病人家庭和持残疾证的重残人员、贫困老年人、儿童开展排摸。对在册低保家庭开展“双随机”抽查。全年清退不符合救助标准家庭62户、104人。年内，上城区以政府购买服务方式，由浙江慧谷经济信息咨询有限公司承担辖区社会救助家境调查，全面了解困难群体的家庭境况和救助需求。全年完成家境调查1238户。

【流浪乞讨人员救助管理】 2019年，上城区流浪乞讨人员管理工作守住“不发生一起因救助不到位造成流浪乞讨人员死亡”工作底线，以开展专项整治和强化硬件保障为手段，坚持“自愿受助，无偿救助”原则，做好流浪乞讨人员管理工作。全年出动巡查员1.5万人次，巡查机动车辆1100多辆次、电动自行车1500多辆次，劝导劝离流浪乞讨人员4515人次，护送市救助站119人次，送医院救治12人次，发放救助物资398份，接受市区两级处置流浪乞讨人员应急联动平台任务221次。

（黄　茜）

社会福利事业

【福利彩票发行】 2019年，上城区福利彩票发行中心发行福利彩票6106万元。其中，视频游戏彩票发行额5755万元，“刮刮乐”即开型彩票发行额21万元，电脑彩票发行额330万元。全年募集公益金633万元，发行费收入316万元。“中福在线”解放路销售厅被评为省级五星级投注大厅。

【“春风行动”救助帮扶】 2019年，上城区开展一系列“春风行动”救助帮扶活动。春节前，走访慰问困难家庭2008户，发放“送温暖”慰问金531.23万元。高温期间，向全区困难家庭“送清凉”，发放慰问金128.2万元。开展机关党员干部和困难家庭结对帮扶工作，根据困难家庭变动情况及帮扶需求及时调整结对名单，有1521户困难家庭得到帮扶。全年区慈善总会募集善款553.14万元，实施“安居工程”“慈善医疗救助”“零自负”等各类帮扶救助项目，支出善款402.51万元。

（黄　茜）

人才开发

【高层次人才引进】 2019年，上城区依托六大产业发展平

2019年5月25日，浙江省长三角资本研究院发起成立

（玉皇山南基金小镇管委会 供稿）

台，实施新一轮引进海内外高层次创业创新人才计划，新建海外引才工作站5个。培育集聚优质影视企业和行业顶尖人才，制作拍摄优质影视作品，区产电视剧《麦香》获全国第十五届精神文明建设“五个一工程”优秀作品奖。国家（杭州）短视频基地落户上城。打造杭港高端服务业示范区，全年新增省级博士后科研工作站1个、省级重点实验室1个、市级企业高新技术研究开发中心10个、省级众创空间1个、市级孵化器2个、市级标准化众创空间1个，深圳证券交易所杭州基地、浙江省长三角资本研究院等相继落户玉皇山南基金小镇。全年入选享受国务院特殊津贴1人、浙江省教坛新秀3人、市“521”计划3人、“杭州工匠”4人。年内，举办“智汇经典上城”高层次人才交流与项目合作大会，评定上城区创新领军人才10人、第二届“上城工匠”10人、区级金融人才369人。

【人才服务机制优化】 2019年，上城区配备区人才办专职分管主任，并设立区人才发展研究中心，充实人才工作力量，提高党管人才工作水平。开展“弘扬爱国奋斗精神，建功立业新时代”活动，强化人才政治引领和政治吸纳。建立健全人才工作月度例会、重要事项报告、定期分析研判等工作机制，完善人才工作目标责任制考核办法及细则，开展区级人才工作述职述评，落实“一把手”抓“第一资源”责任。完成年度人才政策汇编，分批组织开办全区人才工作者培训班和人才理论研修班。

（潘罗定　沈　沉）

人力资源管理

【概况】 2019年，上城区加强人才引进和培育，为上城发展提供智力支撑，助力一流的国际化现代化城区建设。引进海内外部分高校硕士及以上研究生10人为事业编制党政储备人才，为全区33个事业单位公开招聘事业编制工作人员49人。全区新增大学生创业企业52家，其中申报无偿资助16家、受理经营场地补贴6家，1名人才入选杭州市杰出人才培养计划。全年完成1800多名专业技术人才职称评定、500多名专业技术人员积分落户职称条件审核、405名高层次人才分类认定。完成400多人次护士类职业资格考试人员报名工作。审核发放应届生补贴3589人共计5117万元。

【“1211”计划深化推进】 2019年，上城区制定“1211”计划政策配套兑现拨付细则，将申请受理频次从原先一年一次提速为一年四次，三期拨付比例由30%、30%、40%调整为50%、25%、25%，充分凸显引才政策比较优势。制定区“1211”计划申报项目评定办法，优化评价流程、细化评审标准、规范拨付流程。全年评审通过区“1211”计划创新创业项目10个，兑现拨付项目扶持资金1377万元。

【高层次人才交流与项目合作大会】 2019年11月11日，上城区连续第3年举办“智汇经典上城”杭州·上城高层次人才交流与项目合作大会。300多名高层次人才带项目参会。区委书记陈瑾到会并致辞。区委常委、常务副区长冯晶在会上做创业环境和人才政策推介。大会发布金融人才管理改革试验区3周年成果，对10名上城区创新领军人才进行表彰，对5个海外引才工作站进行授牌，与浙江大学建工学院签订战略合作框架协议。杭州澳康科技有限公司、杭州科倍安生物制药有限公司、西泽智能系统（杭州）有限公司、杭州柏艺教育科技有限公司、杭州乾塘伙伴文化发展合伙企业（有限合伙）、杭州海码仕编程培训有限公司、杭州有所谓建筑设计咨询有限公司7个重点海外人才项目与相关街道和平台签约，举行项目签约仪式并邀请4名嘉宾做主旨演讲。会后，召开“创新创业在上城”高层次人才座谈会，同步进行“人才与项目对接洽谈”“优秀创新创业成果展”和“优秀项目路演”等活动。

2019年11月11日，上城区举办“智汇经典上城”杭州·上城高层次人才交流与项目合作大会。图为区委书记陈瑾致辞

（区人力资源和社会保障局 供稿）

【高层次人才计划实施】 2019年，上城区申报国家海外高层次人才计划8人、浙江省海外高层次人才计划11人。享受国务院政府特殊津贴1人。入选浙江省有突出贡献中青年专家1人、杭州市全球引才“521”计划3人、杭州市钱江特聘专家2人。1个留学回国人员创业项目获批杭州市优秀项目50万元资助。申报数和审核通过率在主城区名列前茅。

【事业单位人事管理】 2019年，上城区推进事业单位改革，按时完成涉改事业单位岗位设置和人员转隶，进一步加强机关事业单位编外用工审批管理，规范审批流程，全年审批编外人员353人次、退休返聘人员288人次。推进机关内部“最多跑一次”，拟订办事指南，绘制办事流程图，梳理优化事业单位人事管理业务办理事项30个，申请材料精简30%以上，办事时间压缩50%以上。

（李秀荣 洪 泠）

城区建设与管理

Urban Construction and Administration

城区规划

【概况】 2019年，市规划资源局上城分局注重有限土地资源的科学规划，以加强规划引领为目标，组织开展相关规划编制。深化与社区、小区和重点工程项目的对接联动，协调解决建设规划中的问题，协助推进项目建设进度。加大规划管控力度，完善建设项目审批制度，提升规划服务水平。启用“多规合一”业务协同平台和审批管理系统，整合土地、环保、交通等规划40多项，实现项目前期审批策划到报批无缝衔接，赋码备案全部实现开工前审批“最多100天”。全年出具土地利用规划局部图122份。

【规划编制】 2019年，市规划资源局上城分局开展相关规划调研和编制。完成《杭州市国土空间总体规划上城区发展大纲》编制工作，编制成果上报区政府常务会议、区委常委会通过，并提交市规划资源局。协调推进《杭州上城区始版桥未来社区总体规划方案》制定，“未来社区”9号地块（原汽车南站）控制性详细规划调整获市政府批复。开展《杭州市基础教育专项规划》上城区部分专题研究，联合区教育局编制《杭州市上城区学前教育布点规划》《杭州市上城区中小学布点规划》，并提交市规划资源局。完成《杭州市工业用地专项规划》上城区部分课题研究和辖区《生态保护红线调整方案》校核研究，并提交市规划资源局。

【规划管控】 2019年，市规划资源局上城分局加强规划管控，以高品质城市设计引领望江单元控制性详细规划修编，调整容积率与限高，全力打造杭港高端服务业示范区。完成南星单元居住区文化设施及配套公共服务设施和小区绿化工程，近江单元和望江单元2所幼儿园和1所九年一贯制学校，以及1个邻里中心的规划验线；完成辖区2个停车设施项目的规划验线；完成小营、紫阳单元和望江公园北地下公共停车库工程、滨江四号地块文化中心综合用房的规划竣工核实工作。从规划实施层面全力推动民生项目建设，有效缓解“上学难”“停车难”问题，助力上城区公共服务优质均衡，提升人民群众的幸福感和获得感。

【规划审批服务项目建设】 2019年，市规划资源局上城分局在规划条件、公共空间、配套公建上谋深谋细，为打造高端产业创造良好条件。助力“未来社区”试点创建，编制“未来社区”规划方案。始版桥“未来社区”项目试点成功创建，并成为全省唯一的省长联系点，实现社区“居住小环境”的有效提升。根据《浙江省未来社区建设试点工作方案》要求，始版桥“未来社区”规划总建筑面积111万平方米，其中地上70万平方米、地下41万平方米，出让地块27.27万平方米，安置房面积20.97万平方米，安置房配套公建5.24万平方米，综合配套公建6.3万平方米，人才公寓10万平方米。年内，全区6个街道老旧小区“微更新”改造全面铺开，涉及改造社区30个、小区81个，住户楼851幢，改造面积235.23万平方米。老旧小区“微更新”项目全速推进，兼顾解决改造过程中的电梯加装、危改办证等问题。

（赵静雯）

城区建设

【概况】 2019年，上城区继续深化“四个全域化”建设，推进城市交通治堵，保障民生住房，完善公建配套，加快迎亚运道路改造工程，做好规划项目前期工作，城区功能、城区面貌、城区人居环境进一步完善提升。全年开发地下空间15万平方米，建成停车场库3个、停车泊位300个，竣工支小路1.2千米。开工建设安置房7.92万平方米，续建46.65万平方米，竣工14.46万平方米；建成蓝领公寓500套；竣工交付橡胶厂地块03安置房项目（海潮雅园一园）安置房841套。推进近江单元08幼儿园、大通新村12班幼儿园等学校停车设施配套工程。以之江路提升改造为契机，完成之浦路至复兴路上城段规划设计；启动飞云江路、城站路等迎亚运道路前期工作。深化玉皇山南基金小镇城市设计及控制性详细修编，加快推进望江新城城市文化年轮带建设方案规划，以及吴山二期、城站东广场方案深化工作。

【城市基础设施建设】 2019年，上城区对公共停车场进行统一规划、设计，科学合理布局停车设施，建成公共停车场库项目3个，新增公共停车泊位300个；建成配建停车场3个、停车泊位2000个；续建公共停车场项目12个，提供公共停车泊位1800个，并完成移交启用公共停车位400个，有效缓解城区停车压力。完成主次干道项目1360米，续建560米；支小路完工1200米，并推进道路建成后的移交工作。启动复兴路、建国路、江城路、飞云江路、城站路5条亚运道路改造工程，总长度6790米。新增地下空间竣工项目3个、15万平方米。深化吴山广场、城站东广场等5个项目前期方案，加快工联二期、西湖天地二期项目建设推进。

【城区配套设施建设】 2019年，上城区进一步完善配套设施建设。推进复兴单元09地块小学、近江单元08幼儿园、大通新村12班幼儿园等学校停车设施配套工程。新建飞云江路、虎玉路公交站点2对。优化路内停车泊位，完成东坡路、金衙庄转盘两个交通堵点治理，减少路面机动车泊位148个，有效缓解对机动车行驶的影响。

【海绵城市建设】 2019年，上城区城市建设结合海绵城市建设要求，有效调节水循环防易涝点。婺江路、近江单元08地块幼儿园等8个项目建设中均融入海绵概念。老旧小区海绵改造以南班巷小区项目为试点，以“微更新”为契机，融入海绵城市理念，实施“N+海绵”改造，采用“见缝插针”式海绵举措，以组合技术实现雨水消纳“渗、滞、用”功能，提升老旧小区内在居住环境和外在美观度。

（王国醒）

【“无违建区”建设】2019年，区城管局坚持“新增违法建筑‘零’增长、存量违法建筑‘零容忍’”目标，坚持拆旧控新、拆改结合、应拆尽拆，推进“三改一拆”和“无违建”创建工作。全年全区拆除违法建筑2.3万平方米。至年末，清波街道、湖滨街道、紫阳街道、南星街道、望江街道5个街道被市政府命名为市“无违建街道”，上城区被评为省“基本无违建区”。（李月江）

【省公安厅周边环境整治工程三期项目竣工】2019年1月20日，省公安厅周边环境整治工程三期项目开工。工程三期项目位于上城区民生路66号，建设单位为湖滨指挥部，设计单位为浙江建院建筑规划设计院，施工单位为杭州通达集团有限公司，监理单位为北京北辰工程建设监理有限公司。施工内容主要包括新建厅内钢结构小连廊232平方米（主要连接大连廊和3号楼），新建钢结构篮球场700平方米、新建电动车棚105平方米等。3月29日，工程三期项目竣工，总工期60天，总造价375.19万元。

【妇保停车库项目启动地上钢结构施工】2019年，浙江大学医学院附属妇产科医院和湖滨单元C5/S3地块社会停车库及综合配套服务用房项目完成地下室土方开挖，楼板采用“逆作法”施工。该停车库项目设计单位为汉嘉设计集团股份有限公司，监理单位为浙江工程建设管理有限公司，施工单位为浙江宝业建设集团有限公司。项目分别于3月10日、5月10日、6月29日、9月1日完成地下一层至地下四层底板的结构施工，之后开始地下室竖向剪力墙顺做施工。年末，启动地上钢结构施工。该停车库项目由浙江大学医学院附属妇产科医院和湖滨指挥部联合开发建设，医院和湖滨指挥部分别投入3.2亿元和1.51亿元。项目用地面积5300平方米，总建筑面积4.18万平方米。其中：地上建筑面积2.59万平方米（湖滨指挥部1.04万平方米、医院1.55万平方米）；地下建筑面积1.59万平方米（湖滨指挥部1.12万平方米、医院4.77万平方米）。该项目地上由两幢建筑拼接而成，沿学士路和浣纱路成“L”形布置。其中，浣纱路侧为湖滨指挥部停车库配套服务用房，地上11层，标准层层高3.6米，建筑高度40米，面积1.04万平方米，其中400平方米为架空层；学士路侧为医院妇女保健大楼，地上12层，建筑高度45米，面积1.55万平方米，其中500平方米为架空层。该项目设计停车位436个，其中地面停车位21个、地下车位415个。地下一层至地下三层均为湖滨指挥部车位，地下四层为医院专用车位。

2019年2月26日，工联二期项目完成马路钢筋施工

（湖滨指挥部 供稿）

【工联二期项目基坑土方开挖完成】工联二期项目总建筑面积6.52万平方米，其中地

下室面积2.26万平方米、地上面积4.26万平方米，占地面积8875平方米，地下三层，总土方量16万立方米。2019年5月，启动项目基坑土方开挖工作。10月25日，底板土方基本完成。11月4日，完成土方机械设备清场，启动底板混凝土浇筑工作。

【欢乐巷地块获批《建设项目选址意见书》】 2019年5月23日，湖滨单元欢乐巷地块建设项目获市规划资源局《建设项目选址意见书》和用地预审意见批复，批复同意湖滨指挥部开展项目前期工作。该项目东至浙江省公安厅，西至凝海巷，北至解放路，南至国网浙江省电力公司杭州供电公司（杭州市电力局），拟用地总规模5564平方米，将用于公园绿地、地下停车库、社区用房建设，拟订总投资4.5亿元。

【岳王新村地块改建项目考古工作完成】 2019年5月，杭州市考古研究所受湖滨指挥部委托，完成岳王新村地块考古、资料整理和场地平整工作。考古过程中除挖掘整理大量碎瓷片和铜钱外，无重大考古发现。该项目位于南宋皇城遗址范围，东至岳王路，西至马可波罗宾馆，南至平海路，北至A5/S42地块，用地性质为商业兼容居住用地。总建筑面积14357.2平方米，其中地上建筑面积9500平方米（住宅8636.4平方米，配套公建863.6平方米），地下建筑面积4857.2平方米，项目估算总投资5.8亿元。下一步，湖滨指挥部将根据考古意见进行安置建设的审批程序。

【在建工地扬尘管控】 2019年，湖滨指挥部响应区政府办公室印发的《关于进一步做好“六五世界环境日”扬尘管控工作的紧急通知》，自6月1日起，联合监理单位、施工单位落实湖滨步行街提升改造工程、浙江大学医学院附属妇产科医院停车库项目、工联二期项目等在建工地扬尘控制措施。管控内容要求做到施工现场100%围挡、工地裸土100%覆盖、土方开挖100%按湿法作业、工地主干道100%硬化和出工地运输车100%冲洗密闭“5个100%”。同时在工地出入口设置洗车设施和洗车槽，并设置三级沉淀，保证工地50米范围内整洁有序。此外，土方开挖做到边开挖边覆盖，现场水泥桶罐做好封闭措施；现场每天进行雾炮降尘，洒水车一天洒水3次；现场实时保持物联网可视化监控在线，住建部门通过网络随时对工地防扬尘措施进行督查管理。

（王　杭）

城区管理

【概况】 2019年，上城区持续提升城市管理“洁化、序化、亮化、绿化、美化”水平，推进城市有机更新，深化垃圾分类、“五水共治”、公厕提升改造、景观亮化、“先离场后付费”便捷泊车、“三改一拆”、环境综合治理等工作，加强城市精细化、智慧化管理，城区环境秩序持续优化。上城区再次获全省“五水共治”工作优秀区（“大禹鼎”）；拆违工作获市政府“三改一拆”行动集体嘉奖；“非接触性”执法项目被市城管局评为城市管理创新实践活动项目二等奖，湖滨步行街精细化管理项目被市城管局评为城市管理精细化管理“一城区一品牌”创建一等奖。

【综合行政执法】 2019年，区城管局（区综合行政执法局）加大城市管理日常检查力度，持续开展出店占道经营、共享单车、餐饮油烟、瓶装燃气、犬类等专项整治，提升街面管控水平。全年行政处罚案件4.65万件，罚款878.5万元。深化综合行政执法改革，按照中共中央办公厅、国务院办公厅《关于推进基层整合审批服务执法力量的实施意见》，从便民、高

2019年2月，上城区“智慧城管”平台完成提升改造

（区城管局 供稿）

效、规范入手，排摸梳理城管领域行政处罚权力清单，配合街道做好执法权限下放工作，下放给综合行政执法改革街道行政处罚权力187项、行政强制权力9项。

【“智慧城管”建设】 2019年，区城管局完善“智慧城管”运行机制，有序接入全区街面秩序、环卫作业、垃圾分类、河道排污、窨井管网、应急抢险、工程施工、道路养护等案卷数据。通过大数据分析整合，形成“非接触性”执法基础数据库。完善“非接触性”执法硬件设施建设，在钱塘江堤、重要路口等位置新增165路固定监控，改造34辆车载监控，强化“非接触性”证据固定。全年“智慧城管”平台处理各类案卷40.12万件。

【环卫保洁】 2019年，区城管局承担全区道路（街巷）保洁总面积532.32万平方米，通过公开招投标，招标社会化保洁企业保洁率85.8%。以打造“最清洁示范城区”为目标，推进一体化、规范化、精细化保洁，加强对街道、窗口单位、市场公厕保洁单位及垃圾清运单位的日常检查，制订重大卫生问题克难攻坚计划，加强对老旧小区、农贸市场周边地带的卫生死角清理力度。4月，开展“行走杭州·万人春季大扫除”行动，利用“行走杭州”App智能平台上报日常发现的卫生死角、积存垃圾、污水满溢等情况，并集中清理。加大机械化清扫力度，主要道路机械化清扫率100%，次干路机械化清扫率91.7%。

【垃圾分类“三定三服务”上城方案制定】 2019年9月，上城区围绕生活垃圾投放、收运、处置3个环节和“减量化、资源化、无害化”3个目标，制定“定时定点投放、定线定类收运、定域定量收费，桶房指导服务、企户宣传服务、单位定制服务”的生活垃圾分类“三定三服务”上城方案，深入推进垃圾分类工作。改革垃圾清运机制，减少垃圾滞留，提升辖区环境质量，形成易腐垃圾定时定点清运线12条。突出可回收物和易腐垃圾两个重点，推进垃圾全品类回收平台建设，资源化智能回收网点达到100处。坚持垃圾分类与民生事项相结合，创建省级高标准垃圾分类示范小区5个、省级示范片区1个、市级示范小区30个，提升改造垃圾房50座。区城管局成立垃圾分类“红色宣讲团”等专业宣讲培训队伍，培训垃圾管理人员3200多人次。开展生活垃圾分类执法“百日攻坚”行动，查处垃圾不分类等案件481件。全年垃圾源头减量3.6万吨，比2018年下降3%。上城区获2019年杭州市生活垃圾分类工作二等奖。

【“党建双强”垃圾分类擂台比武】 2019年9月19日，上城区开展“党建双强”垃圾分类擂台比武活动，并召开“不忘初心践使命，党建双强显担当”上城区垃圾分类比武推进大会。区四套班子领导、区法院院长、区检察院检察长、区级机关各单位主要负责人、各街道社区相关负责人、志愿者、区“三化四分”领导小组工作人员，以及区党代表、人大代表、政协委员、市民代表、全区基层站所主要负责人、学校代表参加。市委“不忘初心、牢记使命”主题教育第二巡回指导组成员、市容中心相关负责人、市垃圾分类专家等出席。活动通过实地察看垃圾分类情况，各单位、街道通过汇报、展示垃圾分类工作情况，全面推进垃圾分类工作。

【“污水零直排区”建设】 2019年，上城区深入推进“污水零直排区”建设，重点攻坚老旧居民小区雨污分流。实施雨污分流项目58个，完成紫阳街道47个小区“污水零直排”建设工作。完成河道清淤1万立方米，饮用水源地水质达标率100%。加强河堤公共设施修缮提升、绿化养护，新塘河、中河入选杭州市“美丽河湖”。

【高层住宅小区二次供水改造】 2019年，上城区从解决老旧小区供水设备年代久、运行能耗高、二次水污染、水管老化易破裂等问题入手，实施水岸城市花园、江新苑、钱江苑、中大吴庄、雪峰大厦、湖滨公寓、定安苑、水澄南苑、水澄北苑、清波吴山名苑、望江清泰二期11个高层住宅小区二次供水改造工程，提升居民用水便捷性、安全性，惠及居民2571户。改造后，高层住户实现“一户一表”，由杭州市水务集团有限公司接手二次供水泵房的日常管理工作。

【城区亮化建设】 2019年，区城管局结合湖滨步行街提升改造，提升城区景观亮化工程，营造湖滨地区商业氛围，完成“两街两高架”（湖滨步行街、延安路、中河高架、秋石高架）沿线景观亮灯提升项目47个。加强亮灯设施养护，全年查找整改景观照明、户外广告、路灯照明等问题850个。

【公厕提升改造】 2019年，上城区持续推进“厕所革命”，以“一厕一策，宜境怡景”为主题，完成10座公厕规范化、标准化、人性化改造。10月16日，公厕提升改造项目在区城管局民生实事项目大比武中获一等奖。11月14日，在中国城市环境卫生协会主办的“2019年度环卫行业示范案例”征集活动中，上城区7座公厕获奖，其中官巷口公厕、近江四苑公厕被评为公厕示范案例，棚桥公厕被评为环卫一体化示范案例，春江花月公厕、梵天寺公厕、富春江路公厕、三益里公厕均成为公厕示范入选案例和环卫一体化入选示范案例。

【“先离场后付费”便捷泊车】 2019年，上城区将119个社会停车场库的31735个停车泊位、155个道路停车点位的2589个泊位接入“杭州城市大脑”平台，并开通支付宝“先离场后付费”功能。驾驶员开车驶离现场，收费系统根据车牌自动从绑定支付程序上扣除停车费，停车收费便捷性和车位周转率进一步提升。

【燃气“瓶改管”】 2019年5月，上城区在餐饮场所推广使用管道天然气（简称燃气“瓶改管”），减少安全隐患、降低事故发生概率。经过方案草拟、意见征求、办法公布、前期对接、政策宣传、商户座谈、正式实施、技术指导、住户签约缴费等工作。至年末，完成高银街等区域11个商铺的燃气“瓶改管”工作。

【钱塘江防潮管理】 2019年，上城区加强钱塘江江堤防潮安全管理。钱塘江江堤上城段有海塘道口16处，沿江设置隔离栅栏9处、隔离门7处、翻越刺网7处及宣传标语5块、标牌40块。全年出动专职防潮安全员、义务喊潮志愿者等4000多人次，劝阻下堤游泳玩耍1100多次，劝阻垂钓捕捞400多人次。

【市首个钱塘江边市民规范垂钓区开放】 2019年8月1日，上城区在钱塘江边非一级水源保护区之江路江堤甬江路至望潮路段约1千米区域实施规划垂钓区，设置100多个钓位，每个钓位约6米宽，使用黄色油漆标注，并免费对外开放。在各个江堤入口设置《垂钓公约》告示牌，要求进入垂钓区的垂钓者签订承诺书，遵守安全、绿化、卫生原则及市容管理等规定。组建志愿者队伍，加强对该垂钓区及周边非垂钓区域的宣传引导。11月14日，“河畔人家亲水杭州”2019首届杭州市城市河道垂钓比赛在该垂钓区举行，40名垂钓爱好者参加比赛。

【废旧共享单车清理】 2019年12月，区城管局开展为期一个月的废旧共享单车清理行动，进一步提升城市形象和环境品质。对散落在居民小区内、道路边、河道旁、桥梁下、绿化带、工地周边的废旧、破损、被遗弃、无法使用的共享单车进行排查、清理和处置，共清理废旧共享单车1174辆。

【庆祝省第23个环卫节大会】 2019年10月23日，上城区举行“不忘初心、牢记使命”主题教育暨庆祝浙江省第23个环卫节大会，感谢慰问环卫工人为城市清洁美丽做出的奉献付出。区人大常委会主任袁建祥，区政协主席占仁义，区委常委、纪委书记、监委主任金晓东，区委常委、组织部部长王歆，区委常委、宣传部部长范卫东，以及市城管局局长等出席大会。全区城管系统相关人员、环卫工人、社区及居民代表参加。大会评选表彰上城区市容环卫先进集体、十佳城市美容师及优秀城市美容师。现场举行慰问演出，演出分为“红色盛景”“蓝色担当”“橙色奉献”3个篇章。

【杭州路通市政园林工程有限公司改制】 2019年3月，经区政府授权，杭州路通市政园林工程有限公司完成改制，由上城区城市管理综合监管服务中心控股（注册资本2000万元）并进行监管。改制后，公司主要经营市政工程设计与建设、城市环卫保洁、车辆维修和保养服务、应急抢险、物业管理、政府投资及采购等其他相关业务，改制后公司年产值由3000万元增至2.76亿元。

（李月江）

消防管理

【概况】 2019年，上城区重视消防工作。区政府每两月召开1次火灾隐患曝光例会，督办有关单位落实火灾隐患整改责任，有效推动火灾隐患整改。区四套班子领导带队开展消防安全检查，实地调研消防安全工作落实情况。区领导就安全居住小区创建、消防安全风险评估、重点隐患单位督办整改等工作做出批示47次。开展专项整治，加大对人员密集场所和易燃易爆单位的消防检查监督力度。全年区消防救援大队接警出动1211次（含增援出动），出动消防车2215辆次、消防人员1.21万人次，抢救被困人员120人，疏散人员219人。辖区发生火灾100起，直接经济损失26.8万元，受伤1人，无人员死亡，火灾起数比2018年下降8%。

【消防安全排查整治】 2019年，区消防救援大队围绕消防安全三年翻身仗行动，强化安全执法检查，狠抓隐患排查整治。联合各街道、相关部门以交叉检查、行业自查和联合检查等方式，对商场、超市、城市大型综合体、易燃易爆场所等开展火灾隐患排查整治，督促相关单位及时消除火灾隐患。开展“防风险、保平安、迎大庆”专项活动，分行业、分系统、分领域组织消防知识培训，挂牌督办15类重点场所，集中约谈消防工作落实不到位的行业部门和单位（场所）。对全区80个高层住宅小区消防设施情况进行摸排，将其中存在较大消防风险的23个高层住宅小区提请区政府督办。全年全区检查单位4869个次，督改火灾隐患3739处，发出责令改正通知书1101份，处罚383起，临时查封火灾隐患单位108个，责令“三停”（停止施工、停止使用、停产停业）单位114个，罚款172.5万元，拘留65人。区消防安全委员会发挥重点工作督查、专项工作统筹等作用，全年开展督查18次，发出督办通报10份。

【消防安全监管模式创新】2019年，区消防救援大队创新消防安全监管模式，加强18个街道中心微型消防站消防设施配备，落实24小时专人值班，建立智慧消防监控联动平台。平台集智能监控和联动调度于一体，实现联网式独立烟感报警统一管理，微型消防站设置实现“1千米距离”全覆盖。推动全区77个高层住宅小区、146幢高层公共建筑、7个大型综合体安装远程监控系统，162个公众聚集场所安装智慧用电设施。重点单位安装“自主管理”App，年内全区341个重点单位完成“自主管理”App安装，使用率70%以上。

【城市居住小区消防安全综合治理】2019年2月15日，区政府办公室印发《杭州市上城区人民政府办公室关于对2019年〈政府工作报告〉和民生实事项目进行分解落实的通知》，将区消防救援大队牵头实施的“全面提升消防救援能力”项目作为年度区民生实事项目。区消防救援大队督促各街道完成15个存在较大消防隐患问题的单位挂牌整改；对全区18个老旧小区增配必要消防设施，新安装智能充电桩563处；督促23个安全隐患严重的高层住宅小区补齐消防设施落后的短板。年内，完成安全隐患问题整改8处，其余问题均在实施整改，住宅小区自主管理水平明显提高。

【消防重点单位标准化管理】2019年，区消防救援大队制定统一标准，对全区341个重点单位进行标准化建设，按照管理制度标准化、防火巡查规范化、应急演练实战化、宣传培训常态化“四化”标准，加大对消防安全重点单位的监管力度。开展“三自主两公开一承诺”行动，强化落实风险防范措施。实施标准化管理后，重点单位火灾防控能力有效提升，火灾发生率大幅下降。

资料

“三自主两公开一承诺”：“三自主”即自主评估风险、自主检查安全、自主整改隐患；“两公开”即单位向社会公开消防安全责任人、管理人；“一承诺”即公开声明该场所不存在突出风险或者已落实防范措施。

【消防宣传加强】2019年，区消防救援大队围绕年度工作重点，在清明节、国庆节、“11·9”消防宣传日等重要时间节点，与区公安分局和杭州电视台综合频道合作，拍摄并播放有针对性、趣味性、娱乐性的消防系列短片《亲民尚和图》。在湖滨步行街举办“11·9”消防宣传月活动启动仪式，扩大宣传范围。开展“联百镇街、走千村社、进万家庭”入户宣传活动，在每个楼道张贴电动车消防海报和楼宇消防安全提示。开展“敲门守护”行动，走访行动不便或鳏寡孤独老人。全年利用新媒体平台，发送短信8.8万条、微信微博1900多条，印制、发放、张贴各类宣传资料50万余份，开展消防演练200多次，组织消防培训1000多场，为全区消防安全营造良好氛围。

（吴亚男）

交通管理

【概况】2019年，上城交警大队围绕“安全、畅通、便民”总目标和“警情下降、

2019年6月4日，上城交警大队吴山中队在清波街道开展交通安全宣传活动
（上城交警大队 供稿）

畅通提升”第一目标，坚持“警务资源最大化、管理效能全域化、应急处置及时化、队伍管理正规化”“四化”同步，以“5+2”“白加黑”工作状态，推进相关系列行动。加强交通安全宣传，加大对开车使用手机及电动自行车逆行、不戴头盔、违规载人等行为的监管整治力度。全年查处各类交通违法73.59万起。其中，现场查处违法20.31万起，包括电动自行车违法10.68万起、酒驾违法行为741起；非现场拍摄53.04万起，包括违法停车拍摄35.62万起，拖车2515辆。年内，上城交警大队在市交警支队绩效考核第二序列中位列第一，获集体嘉奖。

【工程车专项治理】 2019年，上城交警大队根据《杭州市工程运输车交通安全“六定”管理规定》，开展工程车专项治理。对辖区47个工地、140条运输线路进行排查，梳理出6个重要路口、60个工程车右转弯点及9条复杂路段。根据排查结果，设置定道线路11条，安装定道牌204块，漆画设置右转弯红地毯警示区、轨迹线、警示柱49处。坚持“源头治、路面查”，通过“集中与常态”“空中与路面”“网格与联动”整治方法，对工程车进行集中整治，全年查处工程车重点违法行为1080起，比2018年增长43%。

资料

“六定”：定车、定人、定路、定道、定时、定速。

【国庆节交通安保】 2019年国庆节前，上城交警大队全面启动节日“研、巡、调、复”战时指挥调度机制，通过每日复盘、反复打磨，梳理摸排出重点拥堵时段5个、重点管控部位14个，设计以“四级圈层管控、四个响应等级、四套警力布控”为主要管控策略的国庆长假交通安保方案，按照“由小到大”级别视情况启动。9月25日起，全体民警停休，实行一级上勤方案，并以交通综合治理为抓手，用好自身、政府、部门、社会4股力量，集众智、汇众力，联勤联动，协同作战。9月25日至10月7日，出动警力2000多人次，发动综合治理力量5000多人次。

【基层基础交通警务改革试点】 2019年，上城交警大队以吴山中队为试点，由一把手牵头组建工作专班，全力推进基层基础警务改革试点工作。围绕组织架构、勤务模式、岗位职责、考核机制、系统建设、数据采集6个方面，梳理出涵盖“人车路”基础数据在内的七大项18个分项72条子项的基础信息要素需求，并按照“定目标、定任务、定措施、定责任”要求，制订“任务单”，确定“时间表”，以压实主体责任为手段，确保试点工作正确高效推进。吴山中队通过进班子、建队伍、扩宣传、送服务、解难题等手段，与辖区10家快递外卖企业、34个大型单位、19所学校建立交通综合治理“共同体”，努力构建人在格中走、事在格中办、小事不出格、大事不出网的交通综合治理新格局。

【“诚信借盔”便民举措】2019年，上城交警大队在全市首创“诚信借盔”便民举措，旨在提高电动自行车头盔佩戴率。该措施推出后，受到省市主流媒体关注和报道，并形成信息登上“学习强国”App。全年借出头盔3054顶，归还2574顶，归还率84.3%。辖区西湖大道延安路口、西湖大道定安路口等主要路口高峰时间段的头盔佩戴率基本稳定在90%左右。

（蔡烨玲）

城区绿化

【概况】2019年6月6日，上城区根据杭州市园林文物局《关于城区绿化办机构设置的建议》，完成绿化管理职能转化移交，形成统一管理模式。设立园林文保科，统筹管理全域绿化工作。区绿化办更名为区园林绿化发展中心，承担全区绿化相关的事务性、技术性、服务性工作。以深化“最多跑一次”改革为牵引，推动减环节、减流程、压时限、提效率、优服务，实现审批事项100%可掌上办理。上城区绿化工作以“小而精、美且雅”为理念，打造“美丽上城”。全年完成扩绿5.18万平方米，垂直绿化2000株，扩绿任务翻倍完成，其中道路两侧绿地4600平方米、居住区绿地39452平方米、单位扩绿7818平方米。完成花事工程3个。全年参加义务植树活动12万人次。受理树木迁移砍伐审批90件、方案会审22件、绿地验收2件。处理和反馈信访件190件。同时在园林绿化建设领域开展扫黑除恶行动，打造绿色行业。

【绿化养护】2019年，上城区加强绿化日常养护精细化水平和养护安全管理，通过开展行业培训、整合标段、建立巡查机制等方式，提高绿地养护质量和养护工作效率。以“双最道路、双最河道、双最高架、双最公园”系列评比为抓手，在绿化养护上重点加强对时花更换、修剪、施肥、病虫害防治等养护工作．对养护企业在时花种植方式、品种、色彩搭配等方面提出严格要求。做好天牛、白蚁等病虫害防治工作，实行专人负责，全程跟踪，严防严控。首次在劳动路悬铃木上释放花绒寄甲对天牛进行生物防治试点工作。结合‘一路一单位、一河一单位”的划分思路，合理优化调整新标段。每个标段落实中标企业购买人员保险、树木保险等，做到“一人一树一保险”，签订安全作业责任书，组织学习园林安全作业规范相关内容，提高安全防范意识。提前介入对望江地区新建绿地、地铁四号线复绿工地等跟踪检查，严格按照市绿地移交标准进行整改，落实长效管理。全年检查绿地142处，发现问题120个，整改120个，整改率100%。全年修剪灌木118.55万平方米，修剪乔木1683吨；苗木补植4.77万平方米，调整更换2.52万平方米；时花更换1.81万平方米，施肥面积15万平方米；修缮各类园路40平方米；油漆各类设施150平方米。台风“利奇马”期间，上城区准备支撑钢管7185根、电锯油锯47把、手拉葫芦8台、发电机14台，组织应急人员140人、机动车22辆、吊车2辆，支撑树木1973株，处理倒伏树木131株。

【古树名木保护】2019年，上城区对辖区古树名木进行统计普查。全区有古树名木61株，包括香樟树、银杏树、广玉兰树、朴树、千年古银杏树、古树公园的古树群、万松岭路的香樟古树群、粗糠树（全市唯一1株）等。

位于湖滨步行街的迎国庆立体花坛“我爱你，中国”

（王 川 摄）

根据《浙江省古树名木保护办法》，上城区对古树名木进行日常养护，定时清除垃圾、除草杀虫，确定并实施“紧急需要保护”古树名木修复方案。

【花事创作】 2019年，区园林绿化发展中心开展应景花事创作活动，在城区道路、公园、交通要道等区域设置花镜、花坛。其中，花镜“沐春”位于区环保公园，面积约150平方米，花镜小品在保留原有可用绿色植物的基础上，引入玉簪、蕨类、鸢尾等不同品类、不同色泽的时鲜花卉，寓意“五月春色难再得”的主题思想。立体花坛“太平有象”位于中河南路与万松岭路交叉口，占地100平方米，花事小品表达对传统文化的传承和太平盛世民康物阜的美好愿景，象征国家蒸蒸日上、吉祥如意。迎国庆立体花坛“我爱你，中国”位于东坡路与平海路交叉口，主体构架高度约为6米，占地面积约100平方米。花事小品以西湖之水、鸿运锦鲤、莲开并蒂为元素，打造现代主题的城市绿雕，展示湖滨步行街新风貌，寓意“杭州正奋勇前进，谱写新的发展篇章”。“金秋湖滨东方插花展”于10月24日至11月6日在湖滨步行街举行。插花展展出台湾中华花艺、日本池坊、杭州三三宗3种插花流派、20多件插花作品，还展示沉香、香具和香囊等繁花伴侣。

【景观提升】 2019年，上城区依据城市建设与美化要求，在辖区内重点区域、交通要道进行景观提升。其中，湖滨步行街区景观绿化利用樱花、立体花坛和节点花卉布置串联整条湖滨步行街，形成湖滨步行街园林景观。新塘河景观通过休闲植入、生态修复、文化传达、景观再塑、资源盘活等理念贯通新塘河游步道，打造生态型高参与度的景观。区园林绿化发展中心与交警部门沟通，先后取消秋石高架、中河高架2米高防护网安装，同时加大之江路整治力度，修整路口树木，贯通分车带绿化、增加分车带栏杆垂直绿化，提升道路绿化的整洁度和景观性。深化中河高架花箱景观提升，提升上城区段高架花箱的安全性和花卉植物的美观性，改造顶置式花箱1万余盆。

【义务植树】 2019年，上城区以多种形式开展义务植树活动，12万人次参加。3月12日，上城区义务植树大型宣传活动在凤山公园举行。活动涵盖“以书香换花香”、绿化咨询、绿化条例宣传展览等内容，300多人次参与。同日，区级机关、区四套班子领导干部100多人在望江路和海潮路交叉口义务植树点开展义务植树认种认建活动，种植树木100多株。

（孙晓青）

住房建设与管理

【安置房管理】 2019年，区住房和城建局会同街道、各指挥部通过前期摸排，完成全区待安置户数、房源需求量情况、可用房源情况的全面梳理比对，基本锁定全区7万余平方米的房源缺口底数，为区政府房源建设调配提供决策依据。会同杭州望海潮建设有限公司、望江街道、紫阳街道，对05地块安置房建设户型开展意见征求工作。全年预留调拨房源1600多套，召开房源对接会议10多次，定期梳理空置房源数量及解决操作过程中存在问题。对安置房平台进行优化升级，通过引入实测绘及预测绘关联信息、建立优化地图标记及查房等功能，保证安置房房源管理的全面性及房源数据的精准性。围绕优先保障5年以上在外过渡户的基本思路，完成SC0403-R21-03地块841套安置房源划分。

【安置房建设】 2019年，上城区加快推进安置房建设，开工建设04橡胶厂地块安置房项目。全年开工建设安置房7.92万平方米，续建46.65万平方米，竣工14.46万平方米，建成蓝领公寓500套。03橡胶厂地块安置房项目（海潮雅园一园）841套安置房完成竣工交付，加快居民回迁安置。

【蓝领公寓建设】 2019年，上城区明确蓝领公寓筹建年度目标任务，围绕完成筹集建设房源940套，三年任务两年完成的要求，明确部门职责、倒排实施计划、创新工作机制、引进专业团队、实行智能管理，持续推进辖区蓝领公寓的建设、租赁、管理工作。至年末，2018年筹建完成的757套蓝领公寓入住率达到90%以上。9月，上城区蓝领公寓二期工程开工建设。

【既有住宅加装电梯工作推进】 2019年，上城区打破“散点推进”方式，由散点向成栋成片成小区推进实施既有住宅加装电梯工作。住保房管部门简化审批程序，进一步“统一流程、统一要件、统一时限”，实现7个工作日内受理办结新速度，大幅提升审批效率。加装电梯依托老旧小区改造大环境，推进加装电梯改造进度。至年末，全区加装电梯通过联审87台，完成60台，正在施工16台。

【“和家园”党建阵地引领作用发挥】 2019年，区住房和城建局物业科牵头成立“和家园”物业管理事务服务中心，进一步发挥“和家园”组织优势、专业优势和司法调解优势。年内，“和家园”组织街道、社区开展业务培训5场，受理物业纠纷调解146起，接待并指导近江二园、美政花苑、婺江二园等12个小区的业委会事宜。全年完成来信来电信访投诉654件，数字城管512件。

【房地产开发类项目审批】 2019年，上城区办理施工许可项目16个，阶段平均用时2.5天，较市级审批改革要求的17天缩短近85%。其中仁恒公寓项目从立项备案到施工许可证发放全程历时57天，更新杭州市房地产开发类项目审批“新速度”。

（王　然）

城站广场综合管理

【概况】 2019年，城站广场管委会加强城站广场区域的社会治安、交通运营管理、公共卫生、绿化养护、市政设施维护等工作。全年发送疏散旅客2130万人次，其中元旦、春运、清明节、劳动节、端午节、暑假期间、国庆（中秋）节分别发送疏散旅客28.6万人次、256万人次、31万人次、48万人次、29.5万人次、445万人次和109.8万人次。城站广场旅游咨询服务区服务旅客5万人次。

【春运客运保障】 2019年春运期间，城站广场管委会联合铁路杭州站、市公共交通集团有限公司，协调公安、交警、运管、城管、市场监督、环卫等职能部门，不间断巡查广场进出站秩序、消防安全、食品卫生、票点经营、客运场站安全等情况，做好地面广场、地下层出站大厅、出租车通道、出租车旅客候客区、高架层进站口、环城东路、江城路、站前路等区域的旅客疏导、交通秩序维护、违法营运车辆查处、卫生保洁等工作。成立春运工作领导小组，下设统筹协调组、应急抢险组等4个小组，设置2个可容纳1500～2000人的临时候车棚，联合浙江铁道大厦等6个单位设置应急安置点；在铁路杭州站设立10个验票验证口和老弱病残幼特殊旅客入口。广场管理人员24小时值班协调，做好应对各类突发事件准备，投入管理人员600多人次巡查管控，安全运送旅客256万人次，准点运行列车6239列。联合武警和车站管理人员，维护车站秩序。协调职能部门重点组织开展广场综合秩序整治20多次。以志愿者服务微笑亭、西湖义工服务点为主阵地，组织志愿者4000多人次，开展“暖冬行动”，为旅客提供咨询服务6万余次，帮提行李5万余件，引导购票1.2万人次，送出爱心坐垫2万余张、姜茶5万余杯、各类书籍2万余册。城站火车站各项公共设施安全指标达到规定要求。

【春节返程公交“春运暖巴”开设】 2019年，城站广场管委会与杭州市公交公司对接，通过加密现有公交路线、延长和提前现有公交线路时间及开设“春运暖巴”办法，解决春节节后后半夜返程到杭州站的旅客出行难题。“春运暖巴”于2月13—25日的22时到次日6时运行。线路设置5个方向，分别为萧山城区方向，滨江星光大道、龙湖天街、宝龙城、浦沿、长河方向，转塘、云栖小镇方向，古荡、汽车西站、留下方向，汽车北站、三墩、石祥路方向。旅客可在沿线就近合适位置停靠下车。“春运暖巴”运行期间，发车261班，运送旅客4626人。其间，城站广场管委会牵头协调辖区职能部门，加大夜间交通秩序整治力度，营造安全有序乘车环境。副市长缪承潮在市春运工作专题会议上充分肯定城站广场管委会开通“春运暖巴”的做法。

2019年2月13日，春节返程公交“春运暖巴”公交志愿者在铁路杭州站出站大厅服务乘客

（城站广场管委会 供稿）

【城站派出所成立】 2019年4月19日，杭州城站火车站地区“路地警务融合”暨杭州市公安局上城区分局城站派出所（简称城站派出所）成立揭牌仪式在城站广场举行。省公安厅副厅长石小忠、市公安局副局长姚利民共同为派出所揭牌。城站派出所系上海铁路公安局杭州公安处杭州站派出所与杭州市公安局上城区分局站前派出所“合二为一”成立，是杭州首个铁路与地方公安警务融合的派出所。仪式上，为城站派出所干部颁发任命书，为派出所党总支授旗。城站派出所全面加强杭州火车站及周边区域的平安建设，强化火车站区域的反恐防暴、治安联防、服务管理，提升火车站区域的安全与便利，巩固提升杭州火车站区域社会治安治理能力和水平，实现

统一指挥、快速反应、协调有序、精确处置的目标。

【广场安全管理】 2019年5—10月，根据全区开展“防风险保平安迎大庆”消防安全执法检查专项行动部署，城站广场管委会成立专项行动工作领导小组，多措并举强化特种设备管理，确保特种设备安全运行。邀请特种设备维护单位对广场保安人员分批进行自动扶梯应急处置专项培训。与杭州西奥电梯有限公司共同制定自动扶梯修理方案和施工期间应急管理预案，由该公司对广场9台自动扶梯进行大修。组织协调城管、市场监督、公安等部门负责人，对城站广场辖区范围内餐饮、超市、旅游公司、商场、酒楼等经营单位，集中进行安全生产及燃气专项整治检查。

【城站广场整治服务大行动】 2019年5月和6月，上城区城站广场开展“夏令1号”整治服务大行动。城站广场管委会牵头成立综合整治小组。以问题为导向，举一反三，认真查找自身不足，主动延伸整改。城管、公安等职能部门联合，全面强化对进站大厅、售票处、一楼候车大厅、出站大厅、停车库、出租车通道等区域的秩序整治，树好“窗口”形象。对夜间二楼进站大厅、售票处等重点区域席地而睡、堆放杂物、寻衅滋事的流浪乞讨人员进行身份核查，并做好帮扶劝离工作。加强旅客候车安全管理，将二楼广场进站大厅隔离护栏外候车的旅客引导到安全区域内。强化错峰时段交通管理，切实控制广场1号门、2号门地铁站出入口等重点区域单车驶入停放、电动自行车载客等违规情况发生。整治行动期间，城管城站中队出动人员438人次，出动车辆42辆次，劝导劝离流浪乞讨人数268人次，帮扶整理共享单车2975辆。城站运管所查获出租车违章行为3起，监控抓拍53起。管控地下室出租车9.93万辆次，管控临时场站进出大客车1410辆次。

【“强转树、治十乱”整治月活动】 2019年7月，城站广场管委会协调城管城站广场中队以“强基础、转作风、树形象”为目标，开展“强转树、治十乱”整治月活动。首次施划非机动车停车位。经过实地勘察，根据辖区停车需求实际情况，在不影响单位、商家、行人通行及景观秩序情况下，合理布局，制定非机动车停放方案，施划非机动车停车位24处，大小点位62个，划线总长度1438米，面积2876平方米，可停放共享单车4300多辆。加强面上非机动车停放管理，对乱停乱放的电动自行车通过提醒劝导、张贴提示、搬移集中、行政处罚等方式，督促车主文明、有序停放电动自行车。城管城站中队组织力量，开展广场整治乱停、乱放、乱贴、乱挂、乱堆、乱倒、乱兜（电动车兜拉客）、乱躺、乱分（垃圾分类）、乱涂“十乱”活动，广场面貌整洁有序，保障旅客出行便捷和安全。

【旅游公司接待点管理】 2019年，城站广场管委会就旅游公司接待点管理问题，加强单位沟通合作，进一步强化城站广场环境和秩序管理，展现杭州美丽、文明、和谐的城市“窗口”形象。1月11日，召开旅游公司管理工作会议，通报“民情热线”反映有关出站口旅游接待秩序问题，要求旅游公司规范有序地开展旅游接待活动。4月2日，召开广场接待点管理专题会议，驻城站广场旅游公司、城站汽车客运场站、浙江大华保安服务有限公司等单位负责人参加会议。会议要求接待单位严格遵守国家相关法律法规及各项规章制度，自觉遵守社会公德，维护市场经营秩序。城站广场管委会以“服务式监督”理念为指导，加强城站广场旅游秩序管理，受到市民、游客肯定。

【区域环保检测和管理】2019年8月，城站广场管委会依法加强区域环保检测和管理。协调辖区铁道大厦一二层餐饮店家加强日常油烟排放管理。邀请有资质的第三方检测机构对大厦8个餐饮店逐一进行检测，掌握店家油烟排放浓度核心指标。以检测报告作为执法依据，对合格店家加强日常巡查，督促其定期清洗油烟管道，保证油烟净化设施正常使用；对不合格店家，依据相关法律进行行政处罚，督促其规范经营行为、调整业态结构。

【流浪乞讨居无定所人员管理】2019年，城站广场管委会协调区城管局、区公安分局、区民政局、区治安大队救助分队等单位，加强对流浪乞讨居无定所人员进行劝导劝离工作，确保旅客安全出行和杭州城市入城口文明有序。重点巡察地下室出站大厅、南北车库、一层候车大厅、二层进站大厅及广场内通道等场所，将愿意接受救助人员及时送到救助站。全年出动巡查2500多人次，劝阻劝离流浪乞讨居无定所人员180多人，一般护送救助13人。

【文明指数测评】2019年，城站广场管委会协调职能部门，做好文明指数测评工作。管委会召开迎检动员会传达测评要求，成立迎检工作小组，主要领导组织各职能部门进行文明卫生工作自查。对广场一层候客大厅、二层进站大厅、地下室出站大厅、出租车通道、停车库等进行仔细检查，对店招、绿化、环境等存在的卫生死角，督促相关部门实施整改。广场置挂“公共场所是我家，无烟环境靠大家”“建设无烟杭州，请您不要吸烟”等横幅，大屏幕播放社会主义核心价值观、“做一个文明有礼的杭州人”等标语，营造广场文明建设氛围。分工做好控烟工作，以“禁烟区违规吸烟对象教育点”为阵地，组织广场协管员、保安、志愿者等对违规吸烟旅客进行劝导。城管中队对广场秩序、店铺经营、人行道单车停放等情况开展不间断巡查。环卫班对广场地下车库、出租车旅客等候区、进站候客大厅、室外楼梯等进行清扫，清洁垃圾桶、玻璃、扶手、护栏、花盆花架等广场家具，保持广场环境卫生整洁。

【“8·16”城站广场道路塌陷应急处置】2019年8月16日19时许，一辆工程车由西向东行驶到城站广场南侧靠近地下室南车库入口处附近时，因广场车行道路地面塌陷发生侧翻，地铁部门随即展开抢修，车行道中断通行。城站广场管委会立即启动应急预案，主要负责人第一时间赶到现场，协同组织开展外围秩序维护、抢修保障等应急处置工作。调整旅客出站交通组织方案。在出站大厅旅客出租车等候区入口处设置提醒牌，引导打车旅客到二楼平台乘出租车。在高架南引桥入口位置引导出租车上二楼平台，其他车辆折返城站路、清泰街、邮驿路等进行疏散。做好道路抢修外围管控保障。在西湖大道慢行道向北一侧、站前路西湖大道交叉口等，拉起警戒线，确保抢修现场有序和安全。制定进入南车库临时交通组织方案，移除隔离带花箱和护栏，制作交通引导牌，增派协管员做好引导和服务，确保车辆有序进入南车库。制订24小时值班制度，管委会和各职能部门24小时值班，确保广场管控到位，随时应对次生突发事件发生。

（许康勇）

环境保护
Environmental Protection

环保督察整改

【概况】2019年，市生态环境局上城分局有序做好第一轮中央环保督察交办问题整改落实，顺利完成省级环保督察迎检工作。成立迎接浙江省生态环境保护督察工作协调联络组，负责与省督察组、市迎接省督察工作协调联络组进行衔接沟通等工作，并制定《上城区迎接浙江省生态环境保护督察协调保障工作方案》。同时成立工作专班，从部门抽调人员全力迎检，建立专人跟踪和集中审核的信访交办、处置、反馈工作机制。在区政府门户网站和《上城报》及时发布交办信访件的内容和整改进度。坚持“边督边改”原则，确保高效率、高质量、高标准完成整改工作。

【交办问题整改】2019年，市生态环境局上城分局对第一轮中央环保督察交办问题全面实施整改任务清单化、闭环式管理，积极推进饮用水源、餐饮油烟类督察件落实整改工作，协调全区各部门对照承诺书落实整改。至年末，完成59个主办信访件100%销号。

【省级环保督察迎检】2019年，在浙江省生态环境保护督察迎检工作中，上城区完成3批调阅资料的收集和反馈。完成省督察组对上城区下沉督察工作，查看望江单元SC0402-R21-01地块、南落马营再生资源集置点及贴沙河、美政花园“污水零直排区”建设等7个点位。妥善分办、处置上级交办的信访问题9个批次、21件，落实分局8个协办问题整改，至年末，全部完成整改销号。制定《上城区贯彻落实省生态环境保护督察反馈意见整改方案》。全年编制完成迎检督察简报14期。

（厉全燕）

环境质量改善

【水质监测达标】2019年，市生态环境局上城分局对全区6条河道、17个断面开展月度监测。2019年度河道交界断面水质考核等级良好，饮用水水源地水质达标率100%。编制水质月报和年报，为区政府治水工作提供决策依据。加强集中式饮用水水源保护，开展饮用水水源地巡查，联合街道、城管、公安部门220多人次，开展钱塘江违法钓鱼联合整治和专项执法，保障饮用水水源地安全。全年劝导钓鱼人员300多人次，开具告知书30多人次，立案处罚16件19人

2019年6月24日，市生态环境局上城分局在钱塘江一级饮用水水源保护区开展违法垂钓执法（市生态环境局上城分局 供稿）

次。完成钱塘江闸口断面控制单元水质达标方案、中河化仙桥和贴沙河清泰门两个断面控制单元水质稳定方案编制。

【大气环境质量改善】 2019年，市生态环境局上城分局制定《2019年上城区“蓝天保卫战”工作任务》《上城区大气重污染天气应急预案》《上城区扬尘污染防治专项行动方案》。确认上报道路扬尘监测点位18个，建立健全街道大气应急处置机制，指导各街道编制完成大气预警应急响应方案，全年发生预警15起，100%得到妥善处置并上报。制定《上城区大气污染综合管控方案》，召开专题扬尘防治会议，联合区住房和城建局、区城管局和属地街道开展每周巡察，检查工地156个次，抄告问题15个。对复兴加油站的油气回收设施开展执法检查，对检查中发现的检测气液比超标的3个加油枪进行限制生产，淘汰生物质锅炉3台。加强秋冬季大气污染防治专项执法检查，建立敏感区域和重点废气排放工业企业、汽修店、加油站、干洗店周检查机制。在世界环境日、西湖国际博览会、云栖大会等重要时间节点和会议期间，增加综合检查频次，确保环境质量。全年空气质量指数（AQI）优良天数267天。（厉全燕）

环境综合管理

【概况】 2019年，市生态环境局上城分局进一步深化生态环境领域“最多跑一次”改革，配合建设“一窗受理”和商事登记部门联办平台，建立网上联办审批系统。完成“多规合一”平台使用，更新浙江政务网办事指南，配合完成服务事项二维码评价系统建设，全年为405家企业登记备案项目。积极推进“区域环评+环境标准”改革，不断优化审批流程，强化规划环评作用，简化项目环评审批流程。着力提升重点项目服务质量，对杭州玛利亚妇产医院、吴山变电站、南星变电站等重点项目进行上门沟通服务，一次性告知审批注意事项。建立环境影响登记表备案信息共享制度，每月对备案项目进行选址合法性确认，将不符合选址条件的餐饮项目抄送市场监管部门，将已备案的餐饮娱乐等服务行业项目抄告城管部门。进一步规范环境信访事项的登记办理，全年受理环境信访件410件，处理率100%。开展生态环境领域信访突出问题排查化解工作，同时做好“六五”世界环境日、西湖国际博览会等重大节点和会议期间信访维稳工作。

【日常监督执法】 2019年，市生态环境局上城分局制定“双随机”抽查工作方案，完成“双随机”抽查任务，抽查重点单位11个次、一般单位40个次。完成饮用水水源地、医疗机构两个事项的联合随机抽查任务3个。全年立案查处环境违法案件26件，罚款金额14.5万元，使用“四个配套办法”（按日计罚、查封扣押、限制生产、停产整治和环境信息公开）中的限制生产案件办理1件。加强对工业企业、汽车维修企业、危险废物单位、医院、辐射点（源）等日常监管，使用移动执法系统录入监察记录117条，全面推广使用“浙政钉·掌上执法”平台，完成巡查录入任务90个次、巡查问题整改3个。开展长江经济带生态环境问题全面排查整改和生态环境领域重大风险全面集中排查，市生态环境局上城分局3人参加生态环境部“蓝天保卫战”重点区域强化监督检查，并参与中央环保督查反馈问题整改情况交叉检查和“污水零直排区”建设交叉检查。参加杭州市生态环境执法冬训专项执法行动，与经济技术开发区开展交叉执法检查。

【土壤、固体废物及危险废物管理】 2019年，市生态环境局上城分局加强污染地块修复工程环境监督管理，积极推进红星化工厂铬渣污染土壤地块修复工程。至年末，累计跨省转移处置危险废物1600吨。推进危险废物规范化监管，实施超期贮存危险废物动态“清零”，促进危险废物利用处置行业规范化。加强对重点医疗机构医废规范化处置的监督管理，扩大对民营医疗机构监督覆盖面，立案查处4个单位。进一步规范汽修行业危险废物贮存、处置，对汽修行业进行不定期检查。做好望江街道拆迁地区建筑固体废物转移指导工作。联合区教育局加强学校实验室废物规范处理。全年有193个医疗机构委托处置医疗废物5397.93吨，全区38个产废单位238次委托转移处置危险废物216.2吨。

【辐射安全管理】 2019年，市生态环境局上城分局完成辖区30多个大型医院和小型医疗机构的检查，督促所有机构做好辐射源日常巡查登记。完成11个重点监管单位的监督监测工作。完善监管系统，并动态更新数据，督促核技术利用单位定期巡检、报备，确保放射源得到安全监管。在节假日前和重大会议期间，加强放射源安全检查，全区辐射环境安全稳定。

【施工噪声管理】 2019年，市生态环境局上城分局申报新开工建设项目22个，严格夜间施工作业证明核准，核准888次。开展中高考期间“绿色护考”专项行动，护考16人次，对考点周边的建筑工地发放停工通知，做好绿色护考工作。

【污染源普查】 2019年，市生态环境局上城分局对企业产污和排污情况进行试算，系统强制性审核、提示性审核和产排污核算率均100%，并按时整改反馈问题。完成专网数据的复核与修改，以及工作总结报告和数据分析报告。

【环境应急管理】 2019年，市生态环境局上城分局开展突发环境事件风险评估和应急预案修订工作。在南星水厂开展突发环境事件应急演练。按照省生态环境厅要求，督促南星水厂完成环境应急预案备案工作。建立区级环境应急物资储备中心2个。

（厉金燕）

环境保护宣传教育

【生态环保主题宣传】 2019年，市生态环境局上城分局利用各类平台，围绕“剿灭劣V类水质”、“五水共治”、“五气共治”、节能减排、绿色出行等生态环保主题，开展环境保护宣传教育。结合环境日主题活动，制作环保宣传展板、海报，送到社区展出。开展“生态上城”官方微博和微信公众号建设，完成两期杭州电视台《新闻60分——美丽杭州》专栏报

2019年5月29日，市生态环境局上城分局举办“六五”世界环境日主题纪念活动。图为活动中市教育科学研究所附属小学的学生表演走秀节目

（市生态环境局上城分局 供稿）

道。开展部门、街道“美丽浙江”建设简报信息专题业务培训。全年创建市级“绿色学校3所。

【环境日纪念活动】 2019年5月29日，市生态环境局上城分局与南星街道在八卦田遗址公园联合举办以“蓝天保卫战，我是行动者”为主题的“六五”世界环境日主题纪念活动。市生态环境局副局长楼秀林、副区长朱黎明及各相关部门负责人100多人参加。朱黎明为活动致辞。活动现场，市教育科学研究所附属小学的师生表演舞蹈和走秀节目，并签订倡议书，倡导生态文明、保护环境，展示“低碳生活，从小做起”的风采。小学生志愿者发出“让我们共同努力，争做保卫蓝天的行动者”倡议。南星街道居民代表进行倡导“五水共治”小品表演。街道还聘请5名生态环保达人作为街道“生态文明大使”，用他们自己的绿色理念引领大家保护环境，践行生态文明。活动现场设立环境法制和“五水共治”两个宣传点，水质监测和垃圾分类智能回收两个互动体验点，让居民可以进行现场体验。

（厉金燕）

五水共治

【概况】 2019年，上城区“五水共治”工作按照省委书记车俊关于“‘五水共治’只能加强，不能放松”指示要求，坚持以水质提升为根本目标，以“污水零直排区”建设和“美丽河湖”创建为抓手，有序开展全区“五水共治”（“河长制”）工作，推动全域化治水引向深入。全年完成河道清淤1.03万平方米。完成紫阳街道和清波街道省级“污水零直排”街道、22个省级生活小区和134个市级生活小区创建任务。对无法彻底分流的区块，通过召开专家论证会，予以论证。对11个小区实施高层住宅二次供水改造，惠及居民2571户。完成清泰南苑二期等3个节水型小区和杭州市妇产科医院等4个节水型单位创建。全区河道水质呈总体可控、稳定向好的趋势，河道总体水质基本保持在Ⅳ类以上，河道水质达标率89.9%。全区“水十条”断面水质考核指标达到Ⅲ类以上水质标准，其中50%断面达到Ⅱ类水质标准。

【“河长制”全面落实】 2019年，区委书记、区长同时担任全区“总河长”，统筹全区“河长制”工作。各街道党政一把手担任街道级“双总河长”，负责街道“河长制”工作，全区每条河道各级“河长”配备到位。完善“河长”会议召开、巡查、考核、述职等职责，强化“河长”作用。编制“一河一策”，结合河道实际情况，确保每条河道做到“河长”职责、治理目标、工作举措三明确。完成以区级、街道级、社区级为单元的“一河一档”建立工作，将每条河道细化到社区单元，做到层级明确，责任明晰，助力河道治理。全年全区完成区级“河长”巡河168人次，街道级“河长”巡河504人次，社区级“河长”巡河2554次，巡河发现问题507个，巡河率和问题解决率均100%。全年组织“河长”及义务监督员培训4次，培训420人次。加大河湖管理保护监管和饮用水源保护力度，全年立案查处涉水执法案件64件，处罚金额19.22万元。上城区获评2018年度全省“五水共治”（“河长制”）工作优秀区县（市），夺得“大禹鼎”，中河和新塘河入选杭州市“美丽河湖”。

新塘河新貌 （区政府办 供稿）

【饮用水水源地和古井保护】2019年，上城区“五水共治”工作着重从饮用水水源地和古井保护方面推进。多次召开专题研究会，研究水源地保护事宜，制定专项行动工作方案，并成立上城区饮用水水源环境保护工作领导小组，统筹推进水源地环境问题整治工作。针对钱塘江下堤钓鱼、游泳管理问题，与钱塘江管理局杭州管理处建立例会制度，定期交流钱塘江管理情况。重新设立和完善保护区宣传牌29块，对钱塘江上城段的9个下梯道口进行改造提升，并组织专业人员对防护设施进行日常维护管理。成立联合执法组，对一级饮用水水源保护区内垂钓、游泳和其他可能污染饮用水水体的违法行为进行严厉查处。对钱塘江及内河开展每月水质监测，编制水质分析和水源地环境评估报告。壮大民间“河长”队伍、义务监督员、钱塘江喊潮队等力量，加强环境质量状况和环保法律法规等宣传教育。推行古井长效保护，扩大全区首个民间古井保护团队——紫阳民间古井研究协会队伍建设，更新完善“一井一档”资料，针对各水井需求实际，一对一制定维修方案，切实发扬古井文化，带动治水工作。

【“五水共治”宣传】2019年，上城区结合“百千万”蹲点调研、“三联三领三服务”活动、“垃圾分类”等工作活动，走进居民家庭、校园和企业等场所进行面对面、点对点“五水共治”宣传。“五水共治”形成“吾水共治”全民治水局面。民间护水队、钱塘江喊潮队、民间“河长”、护河小卫士、党员先锋护河队、河道义务监督员队伍等治水力量不断壮大。有“上城区排水管网活地图”之称的谭鸣宇获杭州市第二届“治水匠人”称号，贴沙河望江段街道级“河长”赵产军、贴沙河彩霞岭社区段社区级“河长”孔稼贝获2019年度杭州市优秀基层“河（湖）长”称号。5月29日，紫阳民间古井研究协会在中央电视台综合频道和纪录频道播出的纪录片《长江序曲——来自长江经济带的报告》中亮相。11月24日，《浙江日报》头版以《新塘河，河塘新》为题对上城区新塘河进行报道。 （潘建强）

科学技术

Science and Technology

综　述

【概况】 2019年，上城区科技工作围绕区委、区政府打造“创新转型标杆区”目标要求，结合推进省科技创新“五倍增、五提高”和市高新技术企业“双倍增”计划，组织科技创新服务各项工作。全年区级财政投入科技经费1.45亿元，比2018年增长13%，其中技术创新专项资金4139万元，增长6.5%。被列入省级及以上科技项目8个，获省级及以上科技项目经费724万元。全区有省级以上高新技术企业132家，新增33家；市级高新技术企业137家，新增14家。获省科技进步奖8项。新认定省级企业研究院2个、省级科技型中小企业75家、省高成长科技型中小企业19家、市级以上高新技术研发中心10个。组织实施区级科技计划项目90个，推荐申报市级以上科技计划项目86个，获各级各类项目立项85个，获资助经费1925.1万元，带动企业投入科技研发经费超过5亿元。新认定市级科技企业孵化器（众创空间）1个，全区现有市级以上孵化器（众创空间）15个，其中国家级孵化器1个、国家级众创空间7个。区科技创业中心获2018年度国家级科技企业孵化器考评良好单位。全年引进科技型企业17家。上城区健康服务与大数据产业创新服务综合体入选省创建名单，被认定为市级物联网产业创新服务综合体。

【上城区健康服务与大数据产业创新服务综合体升级省创建名单】 2019年2月1日，省科技体制改革和创新体系建设领导小组办公室会同省发改委、省经信委、省财政厅，联合组织专家初选、集中评审，并报经省政府同意，公布第二批浙江省产业创新服务综合体创建与培育名单，上城区健康服务与大数据产业创新服务综合体列入其中。在培育期，上城区健康服务与大数据产业创新服务综合体以区科技创业中心为主平台、以小营智慧健康产业园及区电子机械功能区为依托，汇聚各类数字医疗企业41家，科技研发人员479人。12月4日，上城区健康服务与大数据产业创新服务综合体升级为省创建名单。

【上城区经济、科技暨“三化融合”工作推进会】 2019年4月4日，上城区在区政府大礼堂召开经济、科技暨“三化融合”工作推进会。区委书记陈瑾出席并讲话，区委副书记、区长金承涛主持会议，永安国富资产管理有限公司等6家企业代表发言。大会对在全区经济发展中有突出贡献的重点企业进行授牌，通报表彰2018年度获国家和省市荣誉企业和R&D研发投入10强企业、知识产权优秀企业名单。永安国富资产管理有限公司等161家企业被命名为上城区重点企业；杭州思创宣道信息技术有限公司等31家新认定的国家级高新技术企业、杭州通兴电子有限公司的“杭州通兴电子研究开发中心”等8个市级企业高新技术研发中心、杭州捷尔思阻燃化工有限公司的“浙江省捷尔思无卤磷氮阻燃技术研究院”和杭州海兴电力科技股份有限公司等R&D研发投入10强企业、杭州跟策科技有限公司等11家知识产权优秀企业获表彰。

2019年4月4日，上城区召开经济、科技暨“三化融合”工作推进会（区科技局 供稿）

【上城区创新创业嘉年华开幕】 2019年6月6日，2019年全国“大众创业、万众创新”双创活动周上城分会场启动仪式暨上城区创新创业嘉年华开幕活动在玉皇山南基金小镇兰巷举行。活动周以“打造数字应用第一区，构筑创新创业新高地”为主题。启动仪式设置创新成果互动、双创平台展示、科技创新创业服务、创新创业资源对接、大学生创新创业实践、健康服务与大数据产业创新服务综合体六大板块，展示创新创业项目及双创成果66个。仪式上还进行全省首个健康服务与大数据产业创新服务综合体揭牌，杭州银行、杭州联合银行为博世华、杭天科技企业获风险池基金授信，以及为第二届计算机“算法设计大赛”选手代表授队旗等活动。启动仪式与分设活动同时进行，安排来自美国、日本、德国的5个海外高端创业项目进行路演；组织由40支参赛队、120名选手参加的计算机“算法设计大赛”；邀请浙江理工大学、浙江科技学院等高校和企业家代表开展高校与企业产学研成果转化对接。

2019年6月6日，2019年全国创新创业活动周上城分会场暨上城区创新创业嘉年华活动开幕（区委宣传部 供稿）

【物联网产业创新服务综合体入选市级名单】 2019年8月27日，市科技局发文公布17个杭州市产业创新服务综合体认定名单，上城区申报的“物联网产业创新服务综合体”名列其中。该综合体着力加强创意设计、技术创新、协同创新、公共创新服务、知识产权、创业孵化、科技金融、产业创新生态等建设，为全区物联网产业升级发展提供综合性、针对性服务。

（杨永清）

科技发展计划管理

【概况】 2019年，上城区落实省科技创新“五倍增、五提高”和市高新技术企业“双倍增”计划任务，加强科技计划、项目申报、资金拨付流程管理。制定鼓励培育创新主体加强科技金融创新实施细则，涉及科技创新发展、统计库入库科技型企业、鼓励加大创新投入、创新成果、重大专项及产业化项目、创业创新基地、研发机构建设、创新券应用、促进成果转化、风险池基金的申报、认定奖励及资助工作，进一步规范科技项目申报、科技计划管理和资金拨付流程。组织实施区级科技计划项目90个，推荐申报市级以上科技计划项目86个，获各级各类项目立项85个，其中省重点研发计划项目3个、市重大科技创新计划项目2个，获科技项目经费1925.1万元。

【市高新技术企业“双倍增”计划超额完成】 2019年1月18日，市科技局召开全市高新技术企业专题会议，通报2018年度高新技术企业“双倍增”计划完成情况。上城区新增省科技型中小企业任务完成率262%、国家级高新技术企业新增目标完成率170%，两项指标均位列全市第一。自实施杭州市高新技术企业“双倍增”计划以来，全区产业转型升级步伐加快，产业结构明显改善，科技企业数量占比偏少的局面得到有效改变。至2018年末，上城区国家高新技术企业数占规模以上企业比重由16%增至68%，占比进入市前三位，经过培育、引入和梳理，每千家科技型中小企业数由8.07家增至45.8家。

【R&D研发投入10强企业认定】 2019年3月8日，区科技局为鼓励企业研发、激发创新动力、推进科技进步，经评审认定，公布杭州海兴电力科技股份有限公司、浙江中烟工业有限责任公司杭州卷烟厂、浙江威星智能仪表股份有限公司、浙江省水利水电勘测设计院、思创医惠科技股份有限公司、浙江省工业设备安装集团有限公司、浙江省三建建设集团有限公司、杭州捷尔思阻燃化工有限公司、中铁二十四局集团浙江工程有限公司、浙江明康工程咨询有限公司10家企业为2018年上城区R&D研发投入10强企业。

【2个项目列入市重大科技创新计划】 2019年4月30日，市科技局发文公布年度市重大科技创新项目立项计划，杭州海兴电力科技股份有限公司的“智能微电网控制系统与集成设备产业化”、机械科学研究院浙江分院有限公司的“集成电路制造装备上的实时在线薄膜测量设备”2个项目列入其中。

【第2只风险池贷款基金建立】 2019年5月22日，针对科技型企业融资难融资贵问题，区科技局与杭州高科技担保公司、杭州联合农村商业银行股份有限公司，按照4:4:2的出资比例，签订总额为2500万元的上城区中小企业风险池贷款基金协议，系上城区第2只风险池贷款基金。此前与杭州高科技担保公司、杭州银行建立1000万元风险池贷款基金，至此风险池贷款额度放大到3.5亿元。

【3个项目列入省重点研发计划】 2019年11月7日，省科技厅发布省重点研发计划项目，思创医惠科技股份有限公司的“智能医疗开放创新平台开发及应用示范”、尼尔森网联媒介数据服务有限公司的“融媒体中心关键技术研究及应用——基于人工智能及边缘计算的融媒体智汇云平台”、杭州金通科技集团股份有限公司的“基于空间

制约型城区可持续发展的城市交通综合管理关键技术研究与应用”3个项目通过评审，列入2020年度省重点研发计划项目（课题）。

（杨永清）

科技创新

【概况】2019年，上城区入选省级健康服务与大数据产业创新服务综合体，被认定为市级物联网产业创新服务综合体。全区新认定国家重点支撑领域高新技术企业33家、省级科技型企业75家，列入省高成长科技型中小企业19家，新增市级高新技术企业研发中心10个、省级众创空间1个、市级科技企业孵化器2个。杭州海兴电力科技股份有限公司入选省国家高新技术企业创新能力100强企业。杭州海湃创业服务有限公司董事长胡晓敏、杭州奋兮科技有限公司首席执行官丁勇被聘任为第五批“杭州市青年人才大使”。

【杭州海兴电力科技股份有限公司入选创新能力百强】2019年2月11日，省科技厅经企业申报，各市、区县（市）科技局（委）审核汇总，第三方评价等环节，发文公布15家2018年省创新型领军企业名单。上城区的杭州海兴电力科技股份有限公司名列其中。文件规定，新认定的省级创新型领军企业在申请省级科技项目不受有1项项目执行的限制，允许再申报1项，在同等条件下优先给予支持。11月19日，浙江省科技发展战略研究院和省科技信息研究院联合开展高新技术企业创新能力评价工作。通过多指标的综合对比，在参评的11815家企业中评选出“2019年浙江省国家高新技术企业创新能力百强”，杭州海兴电力科技股份有限公司排序第51位。

【2家企业上榜“杭州准独角兽企业”榜单】2019年2月12日，杭州市第三届万物生长大会召开。会上，杭州市创业投资协会联合“微链”App（一站式创投服务平台）发布两份重要榜单——杭州30家“独角兽企业”榜单和杭州138家“一亿美金以上公司（准独角兽）”榜单。上城区的杭州联众医疗科技股份有限公司、杭州销冠网络科技有限公司分别入选医疗健康和房产服务类“杭州一亿美金以上公司（准独角兽）”榜单。

【宜康（杭州）生物技术有限公司被认定为省技术先进型服务企业】2019年2月18日，省科技厅、省商务厅、省财政厅、省税务局、省发改委联合发文公布浙江省2018年度技术先进型服务企业认定名单（15家）。上城区的宜康（杭州）生物技术有限公司名列其中。该公司经营范围主要是生物技术的技术开发、技术咨询、技术服务、成果转让，生物制品生产及销售（限制、禁止类除外）。技术先进型服务企业是指从事信息技术外包服务、技术性业务流程外包服务和技术性知识流程外包服务并达到认定条件的企业。根据《浙江省技术先进型服务企业认定管理办法》有关规定，认定的技术先进型服务企业在有效期内享受相应税收优惠政策。

【“全要素空间”成为省级众创空间】2019年8月12日，省科技厅根据《浙江省众创空间管理与评价试行办法》，经各单位自愿申报、科技管理部门审核推荐和形式审查，公布2019年度省级众创空间认定名单。上城区的杭州全要素科技服务有限公司运营的“全要素空间”名列其中。至此，上城区被认定为市级以上众创空间10个，其中晋升为省级众创空间8个、国家级众创空间7个。

【10个研发中心被认定为市级高新技术企业研发中心】2019年8月16日，市科技局经企业自主申报，各区县（市）科技局组织现场考察，

专家评审和推荐，发文公布390家企业研究开发中心为2019年杭州市企业高新技术研究开发中心。上城区的浙江划云数据技术有限公司“划云基于物联网技术的智慧环保市级企业高新技术研究开发中心”、杭州全景医学影像诊断有限公司“全景医学影像诊断市级企业高新技术研究开发中心”等10家企业的高新技术研发中心被认定为市企业高新技术研发中心。至此，上城区被认定为市级以上的企业高新技术研究开发中心增至62个。

【新增市级科技企业孵化器3个】 2019年9月18日，市科技局经过公开征集、资料审核、专家评审、行政决策等程序，认定37个单位为2019年杭州市科技企业孵化器、42个单位为2019年杭州市标准化众创空间。上城区的杭州海湃创业服务有限公司被认定为市级标准化众创空间，浙江中交通路建设有限公司和杭州思创医惠孵化器有限公司被认定为市科技企业孵化器。至此，上城区拥有市级以上众创空间11个、市级以上科技企业孵化器4个。

【19家企业列入省高成长科技型中小企业】 2019年10月15日，省科技厅经地方推荐、核实和第三方评估，认定1828家企业为2019年度浙江省高成长科技型中小企业。上城区的浙江威明环境科技有限公司、杭州齐慧科技有限公司、杭州海利环境科技有限公司等19家企业列入其中。上城区按照省“千企攀高”行动要求，对新认定的高成长科技型中小企业纳入省级高新技术企业重点对象进行培育。

【19家企业被认定为市“雏鹰计划”企业】 2019年10月16日，市科技局经企业申报、所在地科技局推荐、专家评审、公示等程序，认定813家企业为2019年杭州市“雏鹰计划”企业，上城区的杭州云汽配配科技有限公司、杭州环海健康科技有限公司、杭州惠飞科技有限公司等19家企业名列其中。至此，上城区被认定为“雏鹰计划”的企业增至68家。

【新增国家级高新技术企业33家】 2019年12月4日，全国高新技术企业认定管理工作领导小组办公室公布2019年新认定高新技术企业名单，上城区的通卡联城网络科技有限公司、杭州科创环境工程有限公司、杭州海利环境科技有限公司等33家企业榜上有名。同时公布有效期超过3年重新认定的杭州金通科技集团股份有限公司、浙江安正科技股份有限公司等11家高新技术企业名单。至此，上城区通过认定的有效国家级高新技术企业增至132家。

（杨永清）

科技服务与交流

【概况】 2019年，上城区科技创新工作集中力量抓好“五个一批”，即落实好一批政策、走访帮扶一批企业，启动一批项目，攻克一批难题，推进一批合作。与辖区20多家科技型初创企业签订培育工程项目合同书，落实事前科技经费补助。开展科技资源统计工作，摸清“家底”。设立企业科技联络员，用好“红色代办员”队伍，为企业开展科技项目申报等需求服务。先后开展进园区、进企业科技政策、项目申报等专题培训7场次、参加人员1200人次，并举办全国双创周上城分会场启动仪式暨创新创业嘉年华等活动。

【全区科技企业统计年报会】 2019年1月17日，区科技局与区统计局联合召开全区科技企业统计年报会。双方业务科室负责人就科技统计指标含义、关联性、注意事项等相关知识进行培训，详细介绍科技统计年报填报方法和填报要求，确保统计结果能够真实反映上城各项科技创新及发展水平。通过培训与实践，全面掌握2018年全区科技创新人才、创新能力及高新技术产业发展情况，为上城区科学决策和管理提供服务。

【市高新技术企业培育三年行动计划政策培训】 2019年2月21日，上城区会同市科技局在区电子机械功能区联合举办杭州市高新技术企业培育三年行动计划政策培训会。培训会旨在推进“服务企业、服务群众、服务基层”工作，加快高新技术企业培育，落实“三年倍增计划”。副区长叶榕和市科技局高新处、区科技局有关负责人出席，浙江大学教授王友钊、杭州电子科技大学会计学院副教授王方明等专家受邀讲课。全区拟申报高新技术企业65家企业的负责人参加培训。

【优化营商环境支持科技创新政策梳理】 2019年4月19日，区科技局梳理出优化营商环境支持科技创新政策，主要包括建立高新技术企业培育库，以及对列入培育库的科技型企业优先获风险池贷款及推荐项目进行申报。对当年新认定的国家高新技术企业，每家奖励60万元。对当年新认定的科技型初创企业培育工程企业，每家奖励15万元～60万元。对当年新认定的市级高新技术企业，每家奖励20万元。对新认定的省级、市级高新技术企业研发中心和省级企业研究院，分别给予50万元、30万元、80万元的资助。加快实施“双创”战略，对符合区未来产业发展方向的孵化平台，最高资助1000万元。对新认定的国家级、省级、市级孵化器或众创空间，分别奖励100万元、50万元、20万元。对新引入的独立研发中心（实验室）、重大成果转化项目，最高补助1000万元。扩大企业创新券使用范围至长三角区域，并按合同总额的30%给予补助。

【高新技术企业认定管理工作培训会（上城专场）】 2019年5月13日，区科技局与省科技厅、市科技局联合举办2019年高新技术企业认定管理工作培训会（上城专场）。培训会对2019年高新技术企业申报的认定条件、知识产权、高新技术产品（服务）收入、研发费用等技术方面做详细说明，重点从企业关心的专家评审、税务审核、国家火炬中心抽查等关键问题进行解答。杭州电子科技大学会计学院副教授王方明围绕高新技术企业税收优惠、认定有效期、减免税条件发生变化时的处理办法、高新技术企业申报时财务操作实务、高新认定研发费用范围与加计扣除研发费用范围的区别等进行讲解，并在研发项目立项、知识产权证明材料、科技成果转化等8个方面提出可行性建议。浙江天正信息科技有限公司高级系统架构设计师陶砾为培训企业演示并讲解高新技术企业网上申报的全流程，涉及科技部高新技术认定平台和省高新技术企业认定平台的注册、填报、材料上传、认定通过及每年的年报报送、部分企业发生的高新技术企业更名时的注意事项等。全区150多家企业代表参加培训。

【科技型企业融资难融资贵问题座谈会】 2019年5月22日，区科技局邀请杭州高科技担保有限公司、杭州联合银行及区内部分企业负责人召开科技型企业融资难融资贵问题座谈会。与会人员就科技型企业融资难、融资贵问题进行深入探讨，明确要围绕企业需求，致力于服务科技型中小企业发展好风险池基金，科技企业、担保机构、银行三方要建立协调机制，建立标准化的工作流程，加强信息交流沟通，改革贷款抵押方式，提高办贷时效，精准做好服务。

【风险池基金推介】 2019年8月27日，区科技局组织召开全区风险池基金业务推介会。辖区内50多家企业的负责人及代表参加。推介会上，区科技局计划科、区市场监管局知识产权中心负责人分别介绍上城区风险池基金业务和知识产权抵押相关鼓励政策；杭州高科担保公司、杭州银行和杭州联合银行负责人分别就风险池基金产品、申报材料、贷款业务流程等进行介绍，并现场解答相关问题。

【第八届中国创新创业大赛（浙江赛区）互联网行业决赛在上城区举行】 2019年4月29日，第八届中国创新创业大赛（浙江赛区）暨第六届浙江省“火炬杯”创新创业大赛启动。大赛由科技部、财政部、教育部和全国工商联共同指导，省科技厅和科技部火炬中心共同主办，浙江火炬生产力促进中心承办。大赛分电子信息、互联网、新能源及节能环保、生物医药、先进制造、新材料、人工智能七大行业进行比赛。9月3日，互联网行业总决赛在上城区的杭州华辰国际饭店举行。省科技厅高新技术产业处处长赵新龙主持开幕式，副区长叶榕出席并致辞。省区相关部门负责人及嘉宾参加开幕式。上城区30个项目从全省互联网行业报名的339家企业里脱颖而出，角逐大赛最终晋级名额。经过对决，上城区的浙江企效数字科技有限公司、杭州潘哒教育科技有限公司、杭州爱怡康科技有限公司晋级总决赛，并与其他六大领域的优秀企业共同角逐最终大奖和全国总决赛晋级资格。活动还邀请25个省内外知名创投机构、券商和银行组成投资团，通过现场举牌要求洽谈的模式，进行投资融资合作。

【“智汇经典上城”项目路演】 2019年11月11日，区科技局在2019杭州·上城高层次人才交流与项目合作大会上，组织奥尔文泰生物科技（杭州）有限公司、浙江孚宝智能科技有限公司、杭州医云康网络科技有限公司、杭州佳沃思医疗科技有限公司、优比付（杭州）科技有限公司等6家企业参加大会分项“智汇经典上城”项目路演。路演项目涉及科技、金融、医药等领域，各投资人与参会观摩企业交流相关项目技术问题及合作议项。通过项目路演，科技部门主动为企业与企业间搭建项目合作桥梁，吸引更多海内外高层次人才带项目、带技术、带资金与招商单位、项目人才需求企业进行交流和合作洽谈。

（杨永清）

科技奖励与成果转化

【概况】 2019年，上城区优化创新创业环境、搭建创新平台、集聚高端人才，全面提升自主创新和内生发展动力。落实《上城区加强科技创新促进转型升级的若干扶持政策》，加大科技经费预算，扩大受众面。财政科技经费惠及企业264家，拨付经费4139.4万元；领取创新券企业66家，发放经费526万元。2018年度享受研发费用加计扣除优惠企业225家，金额9.3万元。8家企业获风险池贷款7000万元。全区获省科技进步奖8项、市“115人才”项目9项、市创新创业团队1个，审批核准外国人就业560人次。促成欧联（杭州）节能建筑技术公司与奥地利NEUBAU建筑物理研究所合作研发“‘装配式+被动式’超低能耗建筑体系”，杭州海兴电力科技股份有限公司与巴西福塔莱萨大学合作研发《基于宽带载波边缘计算网关的AMI解决方案》。

【获省科技进步奖8项】 2019年5月14日，省委、省政府召开科学技术奖励大会，公布2018年度省科学技术奖获奖项目名单。上城区获省科技进步奖8项，分别是杭州柯林电气股份有限公司的“超/特高压变电设备多源放电性故障检测与预警关键技术与应用”获省科技进步一等奖，浙江省茶叶集团股份有限公司的“茶制品质量控制关键技术研究与应用示范”获省科技进步二等奖，杭州海兴电力科技股份有限公司的“输配电网设备一体化智能检测系统”、浙江中烟工业有限责任公司的“面向快速响应的企业智慧物流关键技术及应用”、浙江博世华环保科技有限公司的“浙江特色经济林土壤质量精准调控技术及应用”、杭州金通公共自行车科技股份有限公司的“公共自行车智能物联控制系统关键技术及应用”、浙江省机电设计研究院有限公司的“面向泵阀铸件的先进成型技术及自动化生产线”获省科技进步三等奖，浙江威星智能仪表股份有限公司的“物联网密钥管理与数据安全关键技术及应用”获省技术发明奖二等奖。

【科技创新高端人才座谈会】2019年2月26日，上城区召开科技创新高端人才座谈会。区委副书记、区长金承涛，副区长叶榕及区政府办公室、区委组织部、区科技局、区人力资源和社会保障局主要负责人出席会议。区内17名高层次科技人才代表分别发言，在会上分享创业经历，畅谈科技创新工作计划，提出有关人才政策的意见和建议。

【科技人才政策培训】2019年3月30日，区科技局、区人力资源和社会保障局在区科技创业中心联合举办2019年上城区科技和人才政策宣讲培训会。区科技局有关负责人主持并做开班动员，区科技局计划管理科负责人对全区科技创新鼓励政策和年度申报的各类计划项目进行解读。区科技局成果合作科负责人着重介绍上城区创新券政策申报条件、流程等。区人力资源和社会保障局人才科负责人就上城区“1211”人才政策进行解读，为有意向企业做申报辅导。

【与英国格拉斯哥大学建立创新创业跨海直通车】2019年2月27日，上城区与英国格拉斯哥大学在杭州新侨饭店举行中英创新创业交流座谈会。区委副书记、区长金承涛，副区长叶榕及区科技局负责人等出席。双方就人工智能、生命科学等领域开展国际间校地合作展开交流，分别在上城区和格拉斯哥大学成立“国际创新研究中心”，建立格拉斯哥大学毕业生到上城区创新创业跨海直通车，促进国际高校科技成果转化与创新创业，助力上城区打造世界级产业孵化高地、创新发展阵地和高科技人才集聚地。

【鹤峰荒野红茶品质提升产品鉴定会】2019年12月13日，上城区举办东西部扶贫协作暨鹤峰县荒野红茶品质提升产品鉴定会。鹤峰县富硒荒野红茶（老枞茶）是由区科技局、浙茶集团及鹤峰县茶叶局成立的浙江省茶叶加工技术研究鹤峰有机硒茶分院利用近两年时间研发得到的改良新品种。鉴定会邀请中华全国供销合作总社杭州茶叶研究院院长尹祎等6位茶叶界的“院士”级专家组成专家组进行鉴定。专家组从汤色、香气、滋味3个维度进行评审，一致认为鹤峰荒野红茶在品质方面得到较大提升，认为荒野红茶原料好、产量大，可以形成一个产业，通过政企扶贫协作方式可以让鹤峰茶品质得到进一步提升，推动鹤峰县脱贫致富。

（杨永清）

知识产权保护

【概况】2019年，上城区知识产权保护协调职责从区科技局划入区市场监管局。区市场监管局通过细化政策服务、对接平台服务、创新主体服务等举措，持续优化营商环境，扎实推进“服务企业、服务群众、服务基层”工作，全年受理发明专利资助申请148件，专利质押融资质押额达5000万元。

【知识产权政策宣传】2019年，上城区以“知识产权宣传周”为载体，针对科技企业孵化器、众创空间、创意产业园、科技工业基地等不同创新载体对象的特点和需求，分类施策，提供相对应的知识产权服务。面向全区科技企业，先后举办以国内知识产权申请实务、国际专利布局实务、知识产权与创意保护、发明专利挖掘技巧、知识产权质押融资实务与政策、国内知识产权政策综述等为主要内容的系列讲座培训。培训会搭建上城区专利代理机构及企业对接平台，解答企业问题数十个，现场服务企业30多家。面向望江街道徐家埠社区居民开展“4·26”世界知识产权日宣传服务活动，发放宣传资料100多份，解答居民提问50多人次，为增强社区居民尊重、保护知识产权意识奠定良好基础。

【知识产权示范引导】 2019年，上城区开展知识产权强企培育服务工作。帮助思创医惠科技股份有限公司完成国家知识产权优势企业年度审核。协助杭州亿恒科技有限公司、浙江安正科技股份有限公司、思创医惠科技股份有限公司、杭州天冠科技有限公司4家企业完成市级专利试点示范企业复核；杭州捷尔思阻燃化工有限公司、杭州特美刻日用品有限公司、浙江中源电气有限公司、浙江新门海科技有限公司、杭州图强工程材料有限公司、浙江威明环境科技有限公司、尼尔森网联媒介数据服务有限公司7家企业被认定为2019年度杭州市专利试点示范企业。推荐浙江威星智能仪表股份有限公司等3家企业的4项专利成果申报浙江省专利奖，推荐思创医惠科技股份有限公司申报浙江省专利导航项目。引导企业开展知识产权贯标工作，组织企业参加3场杭州市知识产权贯标与内审员培训，浙江中源电气公司、杭州旭森化工科技公司、浙江新门海科技公司、杭州博时科技公司、杭州全景医学影像诊断有限公司、杭州数创自动化控制技术有限公司、浙江国正检测技术有限公司、杭州金通科技集团股份有限公司、求是科教有限公司、恒达仪器有限公司10家企业获国家知识产权管理规范体系认证证书。指导湖滨步行街创建省级知识产权保护规范化市场培育工作，湖滨步行街通过省市场监管局审核立项，并获项目资助10万元。

【企业专利申请】 2019年，上城区在企业专利方面开展政策宣传引导，加大政策扶持力度，企业申请专利质量明显提升。全年专利申请总量3055件，比2018年增长16.4%，发明专利申请量达1081件，增长18.9%，发放专利资助资金273.5万元，思创医惠科技股份有限公司发明的专利成果“一种取非晶片的方法及装置”通过省发明专利奖初审。浙江中杭电子有限公司围绕电连接器领域布局申请高质量专利60多件，为企业创新权益提供保障，其中深海电连接器一项研发成果成功申报3件发明专利和3件实用新型专利，获得工信部的重大科技专项支持。

（魏　静）

教育

Education

综述

【概况】 2019年，上城区有各类学校、幼儿园62所。其中，幼儿园30所，小学18所，初中12所，中等职业学校、特殊教育学校各1所，注册学生41327人。在职教师3555人，其中，研究生学历380人、本科学历3005人、大专学历167人，大专及以上学历教师占99.9%；有正高级职称教师8人，副高级职称教师444人、中级职称教师1705人，中高级职称教师占60.7%。有在职省特级教师23人、区特级教师28人，有省市级教坛新秀485人、区级教坛新秀1220人。全年招收中小学生6859人，完成学业毕业学生6328人，全区九年制义务教育入学率100%。全年财政性教育经费支出9.94亿元，比2018年增长6.4%。

上城区全面加强教师队伍建设。落实师德师风建设，把师德表现作为教师资格定期注册、年度考核、职称评审、岗位聘用、评优奖励的首要内容。在杭州师范大学第一附属小学成立“思政研究院”，成为上城区思政课教学实践新阵地。上城区教育获评浙江省2018年教育现代化发展指数第一名，并通过2019年省政府对上城区政府履行教育职责督查。杭州市杨绫子学校被评为全国教育系统先进集体；杭州市胜利实验学校教师胡珏被评为全国优秀教师。“行走德育”获全国优秀德育案例，并被《人民教育》杂志刊登；星级家长执照工程获评2019年全国特别受百姓喜爱终身学习品牌项目。上城区人才培养模式被评为全国教师队伍建设十大优秀案例，在全省中小学师训考核中连续4年列第一。

上城区全面实施教育系统十大工程。推动党建引领工程，进一步规范中小学校、幼儿园党组织管理，推进中小学校党建示范点标准建设。推动教育治理工程，下放中级职称评审权力到学校，进一步扩大和落实学校办学、用人自主权。推动师德示范工程，开展“清廉教育”“清廉学校”创建，发掘师德典型、讲好师德故事，形成教育新风尚，弘扬教育正能量。推动人才培育工程，架构具有上城特色的“教育人才多维生长台”，培养大批优秀教师，全区四级人才梯队骨干教师有1394人，享受国务院特殊津贴1人、国家“万人计划”教学名师1人。推动校舍提升工程，全年实施学校建设计划项目22个、维修计划项目72个，改建完成浙江省杭州第十中学、杭州市抚宁巷小学、杭州市回族穆兴小学、杭州市金陶幼儿园、杭州市清波幼儿园、浙江省杭州第六中学、杭州市服装职高、杭州市开元中学等学校。推动集群发展工程，提升名校集群发展内涵，深化校长、教师交流工作，全年落实55名教师区域交流、支教，盘活区域教师资源。推动素养发展工程，打造具有区域特点的“行走德育”模式，推出行走线路130多条，6000多人参与；建成区域“学习中心”12个，开放课程16门，2000多名学生共享。推动轻负高质工程，多部门联动，排查整治辖区培训机构，取缔非法培训机构3个，规范晚托类机构12个，纠正超前超纲违规培训行为，初步形成校外培训轻负高质教育格局。推动教育国际化建设工程，全年新增国（境）外友好学校10所，全区国（境）外结对学校80对；有191名教师到英国、希腊、新加坡等国家交流基础教育；组织34个中小学师生交流团组、778名学生到英国、美国、澳大利亚、葡萄牙等国家开展交流访问。推动终身教育工程，形成区域各类教育资源合力，“匠心课堂+”项目初见成效；宝妈乐育婴培训精益求精，获评省成人教育品牌；“星级家长执照”工程有效推进，获评省成人教育品牌项目、省妇女儿童发展“十三五”规划示范项目、全国终身学习品牌。

【上城区教育现代化指数位列全省第一名】 2019年12月，浙江省人民政府督导委员会公布教育现代化发展水平监测结果，全省均值70.7分。上城区以统筹推进“三个强化”的政府履职力度、践行“名校就在家门口”目标、共享共建“名师就在我身边”资源、推进“美好教育”系列改革行动四大举措创建教育现代化，监测总分87.32分，在全省91个区县（市）（含2个开发区）中排名第1位，蝉联全省首位。

【研学旅行】 2019年，上城区率先在全省完成区域研学网络布局。发挥区“行走德育”网图资源优势，通过自主研发和与“第二课堂”场馆、研学旅行机构合作等途径，搭建研学活动开放联盟，使研学旅行成为助力学生全面发展的德育模式。构建“追梦之旅”“扬帆之旅”“铸魂之旅”“寻根之旅”“探索之旅”5个系列研学课程，利用清河坊“非遗”文化之旅、南宋皇城小镇南宋文化探寻之旅、中山路中医药特色文化之旅、“小营·江南红巷”红色之旅等资源，形成多维度、高品质、特色化的自主研学课程品牌。推进研学基地培育，新申报挂牌杭州市中小学生研学旅行基地2个，共建研学场馆（机构）30个，设计研学旅行线路130多条，初步形成点面结合、布局合理、互联互通的研学网图。

【上城区接受省教育督导委员会履行教育职责督导】 2019年11月6—7日，省教育督导委员会对上城区履行教育职责情况进行督导。督导组通过考察学校、走访职能部门，全方位掌握上城区在“政府重视、立德树人、保障到位、管理规范”四项评估内容的完成情况，并重点了解政府在教育财政投入、资源配置、编制保障、制度支持等方面的履职情况。11月7日，召开上城区关于政府履行教育职责督导评估实地督查反馈会。会上，督导组在政府履行教育职责方面给予上城区高度评价。

【上城区第十四届天堂儿歌比赛】 2019年3—4月，上城区举办以“童心向党”为主题的第十四届天堂儿歌比赛。比赛分幼儿组、小学低段、小学高段和中学组进行，全区4万名中小学生和幼儿园小朋友参加。经过海选和学校选拔，有1200多名孩子进入初赛，经专家现场评定，分别评出一等奖200人、二等奖280人、三等奖380人。

上城区还组队参加杭州市天堂儿歌比赛，获优秀组织奖。

【2019中国杭州名师名校长论坛】 2019年11月15—16日，2019中国杭州名师名校长论坛在上城区举行。论坛由市教育局、区政府主办，区教育局承办。论坛秉承“层次高、专业强、主题明、国际化”的原则，聚焦美好，面向未来，深度对话，智慧碰撞，深化和践行“美好教育”，共建“人类命运共同体”。论坛上，围绕“国际视域教师教育”这一主题，江干区教育发展研究院副院长黄小波，芬兰坦佩雷大学教育学博士、总统颁发荣誉勋章获得者Pentti Suursalmi，加拿大高贵林教育局教务主任兼首席科技官Stephen Whiffin，区教育局副局长、区教育学院院长王莺等中外学者进行发言。在“让教育成为最美好的遇见”主论坛上，来自中国、美国、意大利、南非、乌克兰、白俄罗斯等世界各地的名师名校长以“素养时代学教方式的变革”“新时代教师教育的转型与创新”为主题，共同探讨素养时代教师的使命和责任。

2019年11月15—16日，2019中国杭州名师名校长论坛在上城区举行（区教育局 供稿）

【张天孝小学数学教育博物馆开馆】 2019年11月12日，张天孝小学数学教育博物馆开馆暨张天孝图书捐赠仪式举行。省市区有关领导，上城区、西湖区教育局相关负责人，浙江省外国语学院教育学院、省师干训中心、省教研室、市基础教育研究室有关专家、学者，来自全国各地的数学教育专家、名师名校长，杭州各城区小学数学教研员及出版社、杂志社代表等参加。张天孝倡导“学数学，长智慧”，构建以思维能力培养为核心的数学学习新体系；主张“出名师，育英才”，致力于中国儿童数学教育发展和改革。他是浙江省功勋教师、特级教师，被聘为中国科学院心理研究所特邀研究员，是教育部首批“国培”计划专家。上城区从1984年起采用张天孝编写的数学教材。该博物馆位于上城区枝头巷17号，开馆时间为周一至周五的9～16时。馆内收藏张天孝从事小学数学教育研究60多年的珍贵史料，包括他编写的教材手写稿200多卷、数学教材6套（13个版本）、思维训练7套，他个人无偿捐赠的图书1.5万册，以及20世纪60年代开始的“三算结合教学研究”“应用问题教学研究”“思维能力培养教学研究”的初期文稿与相关出版物。

（张　岚）

学前教育

【概况】 2019年，上城区有幼儿园30所（44个园区）。其中，省一级园区27个、省二级园区17个，城区省等级幼儿园覆盖率、优质学前教育资源覆盖率、名园集团覆盖率均100%，学前教育普惠率88%。有幼儿教师895人，在编教师565人。幼儿教师中，本科及以上学历770人，占幼儿教师总数的86%；有高级职称教师20人、中级职称321人，中级及以上职称占38.1%；有区特级教师2人、区学科带头人34人、“五阶段”获奖教师259人。在园幼儿9650人，班级372个，学前三年入园率100%。全年全区学前教育事业费支出1.44亿元，占教育事业经费的17.9%，安排学前教育专项经费1750万元，学前教育生均公用经费定额标准由2018年的555元提高到570元，覆盖全区范围内所有幼儿园。

【学前招生工作】 2019年5月，上城区进一步改进完善服务区系列配套政策，对接全市幼儿入学信息采集系统，推行学前教育招生线上线下双轨制服务，提供双报名服务区。努力践行“最多跑一次”要求，优化完善招生工作流程，做到“一次报名，一站服务，不带幼儿，减少等待，线上下载，不便下载，园里去带”。通过调查在先、谋划在先、预案在先，幼儿园招生工作平稳有序。

【“陪伴是最好的教育”好爸爸论坛Ted演讲赛】 2019年5月11日，上城区第四届“陪伴是最好的教育”好爸爸论坛Ted演讲决赛暨幼儿画展在杭州市崇文实验学校音乐厅举行。13名幼儿园孩子的父亲在论坛上发表演讲。区人大常委会副主任韦云，副区长毛素云，区政协副主席陈少华，区教育局、区妇联相关负责人，知名主持人叶峰，浙江师范大学杭州幼儿师范学院副院长王芳，杭州师范大学学前教育系主任朱晓斌、心理系教授周俊，省督学周文敏，杭州市崇文实验学校校长俞国娣等，以及各幼儿园的家长、教师代表500多人参加活动。论坛还进行实时网络直播，44.5万人通过网络观看直播。演讲赛最后评选出“好爸爸”奖13人，其中获“最具风采奖”“最具启示奖”“最具人气奖”各1人。

【幼儿园课程改革主题研修】 2019年，上城区积极推进幼儿园园本课程建设，分别于1月、6月，分两批对全区幼儿园园本课程实施方案进行专家论证，助力提升幼儿园课程能力。上半年在全区开展“园本课程实施中‘基于主题审议背景下的教学活动设计与实施’”主题研修，各幼儿园结合实际开展活动，并有5名幼儿园教师组成上城团队参加杭州市研修展示。下半年开展“幼儿园游戏中语言学习评价研究”主题研修，充分挖掘游戏在课程中的价值。年内，在全区幼儿园启动“幼儿园课程环境建设”系列研修活动和“园本课程评价方案的制定与实施研究”活动，并开展“一园一研”课程专题研讨，杭州市胜利幼儿园举办第一期园本课程实施反思性现场会。推荐的10篇论文参加杭州市中小幼专题论文评比，获一等奖、二等奖、三等奖各2篇。

【创意馆幼儿培训】 2019年，上城区社区学院创意馆以小班化教学、个性化发展为特色，面向3~6岁儿童开展各类创意培训。全年开设创意美术、语言表演、趣味舞蹈、幼儿跆拳道等培训项目12个、班级93个，参加培训990多人次。开展“创意宝贝乐学”系列体验活动8场，100多组有3~6岁幼儿家庭参加。11月23—25日，在杭州恒庐美术馆举办第六届“童心看世界”创意儿童画展，现场设有专家沙龙、教学展示和亲子体验环节，有200多幅儿童作品参展，有500多组家庭、1000多人次参加。

（张　岚）

义务教育

【概况】 2019年，上城区有小学18所，在校学生21413人；初中12所（含九年一贯制学校5所），在校学生9511人。全区小学适龄儿童全部入学，小学毕业生100%升入初中。义务教育阶段生均公用经费标准略有提高，小学生均公用经费850元、初中生均公用经费1050元。上城区推进“美好教育”三年行动计划，打造美好的教育生态环境；开展行走德育创新实践，促进学生全面发展；深化义务教育课程改革，减轻学生过重课业负担；聚焦提升学校办学水平，推进教育高位发展。

【儿童青少年近视防控工作】 2019年，上城区作为全国近视防控试点区，认真贯彻省市相关文件精神，制定《上城区儿童青少年近视防控工作实施方案》，建立“政府主导、部门配合、综合防控、科学实施”的推进原则，从强化宣传教育、细化行为干预、优化视觉环境、健全视力监测、完善视保档案、指导科学矫治6个方面入手，做深、做细、做实上城区儿童青少年的近视防控工作。4月，与温州医科大学附属眼视光医院签订合作备忘录，成立上城区绿色护眼大使服务学校；举行杭州市少年儿童爱眼护眼三年行动计划启动暨上城区近视防控工作现场会。10月11日，参加浙江省儿童青少年近视综合防控工作现场推进会，上城区在会上做题为“综合施策，全力防控儿童青少年近视”的工作汇报。12月，开展上城区儿童青少年近视防控试点学校申报工作，在全区培育一批有实效、有代表、有影响力的近视防控试点学校。

【公办小学和民办小学同步招生】 2019年，上城区为进一步深化义务教育招生改革，促进义务教育优质均衡发展，推进新时代“美好教育”建设，根据省市教育部门相关要求，实施公办小学和民办小学同步招生。招生期间，加强政策宣传，开展各类招生服务工作，统一区域内的公办小学和民办小学录取程序和时间，顺利完成2019年招生入学工作。

【“控辍保学”工作】 2019年8—12月，省教育厅下发133条上城区疑似辍学儿童信息。区教育局联合辖区学校，借助公安部门力量，对133名学生户籍所在地一一进行深度走访，全面排查，对儿童出境等情况做好记录，“清零”上城区疑似辍学儿童台账，织牢义务教育覆盖网。

【区域“学习中心”阶段性成果发布会】 2019年5月7日，上城区以“面向未来教育的区域学习中心建设”为主题，召开“学习中心”阶段性成果发布会。发布会上，全方位展示上城区“学习中心”项目组两年来在区域教育教学领域所做的开创性探索。《浙江日报》等媒体对发布会进行报道。年内，全区新增10个“学习中心”。全区22个“学习中心”开展活动近100场，近5000人参与活动。

【浙江省中小学stem教育项目试点区工作推进】 2019年，上城区被浙江省教育厅认定为省中小学stem教育项目试点区。7月8—18日，“浙江—印州中小学stem课程平移项目”活动在上城区进行。来自美国印第安纳州的专家、教师及全省各地64名参训教师和上城区190多名学生，在杭州市胜利实验学校开展学习活动。上城区以该活动为契机，结合区域教育特点，制定《中小学stem教育三年规划(2019—2021)》。

【全国首届中小学“思维课堂”高峰论坛在上城区举行】 2019年11月17日，全国首届中小学“思维课堂”高峰论坛暨“审辩式思维”教学研讨活动在上城区教育学院举行。同时全国中小学“思维课堂”教学研究联盟成立。华东师范大学基础教育改革与发展研究所所长、博士生导师李政涛，延安大学政法学院教授武宏志，北京语言大学教育测量研究所原所长谢小庆等专家，以及来自全国各地中小学教师参与观摩研讨活动。区教育学院教师孔晓玲、陆虹、邵虹分别进行区域“思维课堂”实践经验分享。

2019年4月25日，上城区中小学生“七巧板”科技节开幕

（区教育局 供稿）

【中小学生“七巧板”科技节】 2019年，上城区举办上城区中小学生“七巧板”科技节活动。5月，组队参加2019年杭州市中学生阳光体育航天航空模型锦标赛，获团体第三名。6—11月，开展区青少年科技创新大赛。其间，开展信息技术作品、海模、空模、电子设计与制作、scratch趣味编程、创客、机器人、天文知识、科技创新、科技实践活动和科幻画等项目竞赛，以及探究“一张纸的力量”科普活动、西安科学考察研学活动等主题类活动。组织学生参加2019年杭州市中小学生科技节，获“优秀组织奖”。11月，组队参加2019年杭州市中小学生阳光体育航海模型锦标赛，获小学组团体第一名、中学组团体第一名果。

【中小学生“七彩阳光”体育节】 2019年，上城区开展第四届中小学生“七彩阳光”体育节活动。活动设置中小学生“三棋”、校园足球、篮球、排球、游泳、田径、“三跳”等比赛项目，近3万人次学生参加。4月，杭州市阳光体育中小学生田径运动会举行，上城区中学生和小学生田径队均获团体总分第三名。9月，在杭州市“市长杯”校园足球首届精英联赛暨小学生男子甲组最佳阵容挑战赛中，上城区足球队以六战四胜二平的成绩，获甲A组冠军。

【中小学生“七色花”艺术节】 2019年5—12月，上城区分阶段举办第二十四届中小学生“七色花”艺术节活动。活动设普及活动类、艺术表演类、艺术作品类三大类比赛，涉及声乐、器乐、舞蹈、戏剧曲艺、原创校园歌曲、海报设计、书法、篆刻、工艺等20多个项目。艺术节期间，举办相关比赛与活动13场次，全区3万余名中小学生参加。其中戏剧和舞蹈比赛涌现出很多原创作品，充分诠释新时代背景下上城区少年儿童朝气蓬勃、昂扬向上、奋发进取的精神风貌。

（张　岚）

中等职业教育

【概况】 杭州市服装职业高级中学（简称服装职高）是上城区唯一一所中等职业学

2019年5月29日，上城区举办第二十四届中小学生“七色花”艺术节绘画比赛速写专场活动

（区教育局 供稿）

校，是全国纺织服装教育学会副会长单位、教育部中职服装教学指导委员会主任单位。2019年，学校在职教师61人，全部为本科及以上学历，其中研究生学历5人；有高级职称的26人、中级职称的32人。学校在校学生535人，开设服装设计与工艺、服装设计与表演2个专业。学校被区文广旅体局、区教育局联合命名为上城区"非遗"特色学校，被市教育局确定为杭州市职业教育与普通教育融通试点立项单位、屠昌平技能名师工作室，校企合作单位汉帛服装设计与工艺专业教学实训车间立项为杭州市示范性教学实训车间。

【品牌专业建设】2019年，服装职高坚持专业内涵发展，以项目建设任务书为蓝本，围绕品牌专业建设思路，逐步实施、有序推进，充分发挥服装实训基地的辐射功能，积极引领服装专业发展。服装实训基地的硬件建设及数字化、信息化运用进一步加强；新建数字一体化电脑高速缝纫机实训室、服装陈列仿真教学系统，更新服装CAD实训室；进一步加强师资培养力度，重点打造年轻专业教师队伍。12月，学校"服装设计与工艺"专业在杭州市中等职业教育质量提升工程品牌专业第二年绩效考评中被评为优秀。

【现代学徒制教学试点】2019年，服装职高与汉帛（中国）有限公司进一步开展现代学徒制教学试点，实施工学结合教育教学模式，加强校企沟通协调。共建、共享教学团队双导师制，建立、健全双导师选拔、培养、考核、激励制度，形成校企互聘共用的管理机制，有效提升教学管理时效，逐步形成学校、企业"六共同"[共同制订招生（招工）制度、共同完善人才培养方案、共建课程教材、共同组织实施工学结合教育教学模式、共建师资队伍、共同考核与评价]模式，为工学结合和产学研一体打下坚实基础，形成符合浙江经济社会发展特点、适应现代企业发展和产业转型升级要求、具有浙江特色的现代学徒制。

【参加省级中等职业技能大赛获奖】2019年4月14日，服装职高组织师生参加浙江省职业技能服装专业大赛，获服装设计与工艺项目团队一等奖1名（2人组），"模特表演"项目获一等奖3人、三等奖1人。5月22日，参加全国职业技能大赛，获服装设计与工艺项目团队银奖1个（2人组）、"模特表演"项目获银奖3人。11月7—8日，参加杭州市中等职业学校师生职业能力大赛，获服装设计与工艺项目一等奖2人、二等奖5人、三等奖1人。

（张　岚）

社会教育

【概况】2019年，上城区以全区市民需求为导向，以机制创新、资源整合、项目推进、特色发展为策略，深化纵向一贯、横向沟通、内外一体、多维整合、高度开放、科学规范的终身教育体系。区社区学院推进社会教育各项工作，全年全区接受教育培训市民59.87万人次。参加杭州市中等职业教育与成人教育专项（教育教学）论文评比，获一等奖2个、二等奖1个；在第五届NERC杯全国社区教育优秀微课程评选活动中，获一等奖2个，二等奖2个，三等奖4个，优秀奖2个。年内，《中国社区教育》上城专版发行。

【终身教育券新六大工程】2019年，区社区学院以深化终身教育券新六大工程为主线，通过部门联动、社会推动，推出各类市民终身教育活动，参与人数52.01万人次。其中，参加含各类亲子活动、流动少年宫、青少年助力支持服务等主题活动的"双主体成长工程"受益2.46万人次，含各类老年教育培训、老年体验等活动的“夕阳红七彩工程”受益近4.2万人次，含匠心课堂、匠心工作室等活动的“筑匠心惠民工程”受益10.45万人次，含国学诵读亲子活动、南宋文化节等活动的“域文化传承工程”受益1.7万人次，含“身边的私人医护”等活动的“养教护健康工程”受益2000多人次，“数字化学习工程”受益33万人次。

【第十六届市民终身教育节】2019年11月6日，杭州市全民终身学习活动周暨上城区第十六届市民终身教育节开幕式在杭州文广电集团演播厅举行。市人大常委会副主任罗卫红，副市长陈国妹，区领导陈瑾、范卫东、韦云、陈少华，以及市区有关部门负责人参加。开幕式由市委宣传部、市教育局等8个市级单位会同上城区政府主办，汇聚杭州市各区县社区教育特色项目。省成人职业教育协会、市社区大学及各区县教育局、社区学院，区社教委成员单位相关负责人，一线社区教育工作者、各类获奖代表和市民代表近1000人参加。现场，杭州市第二批示范街道“30分钟市民学习圈”、2019年杭州市示范学习型团队、2019年杭州市“终身学习品牌”项目、2019年杭州市“百姓学习之星”，以及区“终身学习体验基地”、区“百姓学习之星”、区“优秀社区志愿者”获奖代表接受表彰，还发布《杭州社区教育宣言》。上城区全民终身学习活动周为期两周，围绕“‘八八战略’再深化、欣欣向荣再出发”主题，开展“学习兴强国”“价值筑梦想”“榜样树正气”“文明迎亚运”“匠心惠民生”“低碳促环保”“睦邻绘和谐”“科学助健康”八大板块、108项主题活动，线上线下有1.4万名市民参加。

【“市民学习圈”构建】2019年，上城区根据《关于打造上城“市民学习圈”高品质推进终身教育工作的意见》，发挥街道、社区教育委员会作用，推进“市民学习圈”建设工作。紫阳街道、南星街道获评2019年杭州市示范街道“30分钟市民学习圈”。紫阳街道向全市介绍“市民学习圈”构建工作做法，为全市提供“上城样板”。望江街道学习圈建设省级重点课题顺利结题，课题论文获市级奖项。

【“优生、优育、优教”培训】2019年，区社区学院与小营街道“优生、优育、优教”三优中心继续开展0～3岁婴幼儿及看护人培训。以“优家学堂”品牌推进“优生、优育、优教”工作开展。成立小营街道“三优”工作领导小组、早教基地联络工作小组，并在辖区8所幼儿园进行早教基地挂牌，初步构建起以区社区学院为中心、辖区幼儿园为早教基地的属地管理的早教指导网络。全年为区域0～3岁幼儿家长提供早教咨询、亲子活动、家长讲座等服务活动50场，受益1800多人次。

【专项职业技能培训】2019年，上城区开办成人双证制培训班，招收学员327人。进一步完善家政实训室，立足“培训——实操——考证”一体化模式，开展家政人才技能培训，母婴护理类培训考证926人。70名来自全区各养老机构的护理员参加养老护理培训竞赛。71人通过初级茶艺师鉴定考试。开展定向职业技能培训，面向浙江省杭州第二中学东河校区高一年级450名学生开展职业技能选修培训。开展中华韵形体艺术培训，春季班招生9个班，在册学员240人；秋季班招生9个班，在册学员203人。

【老年教育培训】2019年，区社区学院组织开展“乐龄学堂”老年教育培训，在管理精细化、提升服务力、开发新课程、扩展辐射力上取得显著成绩。全年开设班级58个，招生1750人次，形成多部门推动、多形式办学的老年教育发展格局。“乐龄学堂”项目获改革开放40周年“浙江省社区教育优秀工作品牌”称号。

【社区教育融入社会治理】 2019年，区社区学院与区公安分局合作，进一步实现资源共享、培训互通，探索城市警民“共建、共治、共享”平安社区建设的新模式。“公民警校”项目的实施创新性开发社区教育对社会治理服务功能，有效提升全区社会治理实效。全年开展培训48场、5601人参与。“公民警校：跨界融合打造社会治理新格局的上城实践”被评为2019年浙江省成教品牌项目。与区科协合作，继续举办“上城区社区科普大学”，开展科普活动140场，受益3200多人次。 （张 岚）

【“九养上城体系”打造】 2019年3月15日，上城区社区教育委员会工作会议暨“九养上城体系”工作推进会召开，提出要创新打造“九养上城体系”，助力“数字应用第一区”建设。会议提出要汇聚成员单位力量，依据网络大数据跟踪分析，汇聚、检验和调整学习资源，统筹思考，合作开展需求调研，立足上城居民所需，共建线上线下资源，从内涵到外延，从名称到结构，从内容到形式，从单向到互动，增强该体系的科学性与系统性，通过线下体验式学习和平台数字化推送等途径，多元整合，普及推广，实现资源应用与利用的价值最大化。“九养上城体系”包含道德与法治修养、文化涵养、科学素养、家庭教养、技能给养、e能储养、保健滋养、闲暇福养、乐龄颐养，致力打造“线上+线下”多元学习模式和区域联动、共建共享的创建模式。至年末，有线上培训、实体培训、体验式活动等各类课程1500多门，参与学习人次20多万人。

【新增66个“匠心工作室”】 2019年5月16日，上城区第三批社区“好老师”教学研讨会暨多元素质提升体验活动在区社区学院举行。会上，区社区教育委员会为湖滨街道陈明珠匠心工作室、清波街道王力匠心工作室、小营街道张云匠心工作室、望江街道傅利华匠心工作室、南星街道王美官匠心工作室和紫阳街道徐远渭匠心工作室6个“匠心工作室”颁发奖牌。至此，上城区市民新增6处终身学习体验场所。“匠心工作室”进一步推动在教学创新、匠心课堂、文化活动等方面的示范、辐射、带动作用，共建共享美好上城社区教育。寒假期间，开展活动38场，1000多名青少年受益。 （年鉴编辑部）

特殊教育

【概况】 2019年，上城区特殊教育体系由1个中心、1所学校、4个基地组成。1个中心即上城区特殊教育资源中心，负责全区特殊教育业务指导。1所学校即杭州市杨绫子学校，有19个班级、218名学生、73名在编教职工。学校持续探索研究“十五年制智障教育模式”，依托上城区“智慧树”残疾人服务社，促进智力障碍青少年就业。4个基地即上城区自闭症康复训练研究中心、特殊教育康复训练基地、随班就读师资培训基地和上城区青少年生活教育基地。上城区形成以特殊学校（杭州市杨绫子学校）为骨干，融合教育（资源教室）为主体，“卫星班”、送教上门为补充的特殊教育工作格局，为有特殊教育需求的孩子提供学习、生活保障，不断深化特殊教育工作。杭州市杨绫子学校被教育部、人力资源和社会保障部联合授予“全国教育系统先进集体”称号。

【普通教育与特殊教育幼儿融合计划活动】 2019年3月14日和11月7日，杭州市杨绫子学校分别与杭州市始版桥幼儿园和杭州市胜利幼儿园大学路园区启动为期1个月

2019年3月14—21日，杭州市杨绫子学校学生组队参加在阿联酋首都阿布扎比举行的第十五届世界夏季特殊奥林匹克运动会 （区教育局 供稿）

的普通教育与特殊教育幼儿融合计划活动。活动各分8次进行。杭州市始版桥幼儿园大班学生、杭州市胜利幼儿园大学路园区大班学生分别和杭州市杨绫子学校学前班小朋友先后进行4次互访，开展普通幼儿与特殊儿童手拉手游戏等活动，并一起体验学校生活，提高特殊孩子的自信心、集体适应能力和社会交往能力，培养普通幼儿的包容心与爱心。

【参加第十五届世界夏季特奥会与省残疾人旱地冰壶锦标赛】 2019年3月14—21日，第十五届世界夏季特殊奥林匹克运动会在阿联酋首都阿布扎比举行。杭州市杨绫子学校的朱以灵、刘星、唐梓涵、朱灏霖4名学生作为篮球项目运动员参加运动会。4名学生所在的中国特奥篮球队获亚军。3月21日，第三届残疾人冰壶运动季浙江站启动仪式暨浙江省第一届残疾人旱地冰壶锦标赛在塘栖国家盲人门球训练基地开幕。杭州市杨绫子学校王畅、杨文浜、沈雨晨、吴健琪4名学生组成的杭州代表队参加旱地冰壶比赛，并获冠军。

【第五届特殊学生公益画展】 2019年4月2日，由市残联、市教育局、长江商学院浙江校友会主办，区教育局、区残联、杭州市杨绫子学校承办的杭州市第十二届自闭症日宣传“来自星星的画语”——第五届特殊学生公益画展在杭州市杨绫子学校举行。市人大社会建设工作委员会主任王辉、省残联康复部部长余雪青、市残联副理事长洪金红、区人大常委会副主任韦云、中韩人寿保险有限公司首席业务官李谦等出席画展。来自全市特殊教育学校和康复机构的教师、家长和学生代表，杭州市胜利小学及杭州市胜利实验学校师生，知名书画家、新闻媒体记者朋友及志愿者300多人参加活动。画展展出来自全市28所培智学校、康复机构、工疗站及南京市鼓楼区和秦淮区特殊教育学校学生的画作200多幅。

【“相约周末·特殊儿童教育——康复咨询门诊”活动】 2019年5月20日，杭州市杨绫子学校党支部和浙江大学医学院浙江儿童医院康复科联合党支部联合与俞林亚特级教师工作室建立“医院—学校”合作模式，深化医教结合，推出每月“相约周末·特殊儿童教育——康复咨询门诊”活动。每期邀约浙江大学医学院浙江儿童医院康复科专家与杭州市杨绫子学校校长俞林亚共同坐诊，同时两个支部的党员医生和教师共同组成公益团队为特殊儿童家庭提供服务，为特殊儿童提供符合其身心发展规律和实践需求的教育、保健与康复等。

【第二届篮球节暨“生活、生命、生长”体验基地建设启动】 2019年5月24日，杭州市杨绫子学校举行以“迎亚运、讲文明、爱运动、我健康”为主题的第二届篮球节暨“生活、生命、生长”体验基地启动仪式。来自杭州市胜利实验学校160多名四年级学生与100多名杭州市杨绫子学校师生共同体验文明乘公交、文明过马路、整理仪容仪表、篮球互动、参观画展等融合活动。活动增进普通学校和特殊学校孩子们之间的交流与互动，让特殊教育的孩子更加自然地了解社会、融入社会，培养和鼓励他们自强不息的信念，为他们将来更好地生活、生存奠定基础。中韩人寿保险有限公司作为该体验基地共建单位，受邀参加启动仪式。建立该体验基地，旨在丰富学生课余生活、增强学生体质，同时培养全体中小学生讲文明、懂礼仪的小主人品质，以更好的精神面貌和形象迎接亚运会的召开。并通过体验基地，让普通学校的学生与特殊教育学生融合共处，共同以“当好小主人，争做好少年”的饱满精神，迎接世界宾客。

（张　岚）

家庭教育

【概况】 2019年，上城区家长学校以“读懂家长、读懂孩子”为服务理念，积极开展面向社会、家庭、学校3个层面的指导与服务，进一步形成并优化以“整体关注、促进个性、满足需要”为指向的三级助力学生发展服务机制，为家长提供优质服务，助推学校教育和家庭教育达到“同步”，教师和家长教育达到“同心”，学校和社区教育达到“合力”，形成多层次体系助力家长和孩子共同成长与发展。全年开展家庭教育服务活动50多次，服务学生家长1.3万人次，研发“星级家长执照”课程80节，接听“成长热线”咨询电话85个。

【“星级家长执照”课程研发】 2019年3—12月，上城区为培养“明责任、乐学习、会倾听、常陪伴”的家长，依托区域资源，研发区域“星级家长执照”课程80节，其中“父母故事”精品课程55节、“清廉家风”课程25节。“父母故事”精品课程分幼儿园阶段和小学阶段，分别研发课程25节和30节。“清廉家风”课程设置“经典品读”“清风行动”及“榜样力量”3个系列。全区40所学校的骨干教师及家长代表参与录制，课程内容时代性强、科学性强、操作性强，课程拍摄专业、精细、标准，进一步推进上城区“星级家长执照”的课程建设。

【“快乐升学”专题服务】 2019年3—4月，上城区开展“快乐升学”家庭教育专题服务活动，实施“幼小衔接”“中小衔接”“初高衔接”三大服务工程。全年举办“衔接教育”大型讲座3场。通过家庭教育专家的指导与引领和成长热线个案的咨询、分析，为不同年龄段家长提供“衔接教育”关键期的服

2019年10月29日，上城区拍摄“清廉家风”课程　（区教育局 供稿）

务，为家长择校提供观念上的引导，促进学生全面健康发展，如期完成幼儿园与小学、小学与初中、初中与高中衔接过渡。全年服务全区家长1.1万人次。

【“我的家教故事”主题文章评选】 2019年3月13日至4月20日，上城区组织全区家长参加市教育局家长学校组织的“帮助孩子扣好人生第一粒扣子——我的家教故事”主题文章评选活动，全区有6000多名家长参加。经过区域初评，35篇文章被推荐参加市级评选，获奖27篇，其中杭州市崇文实验学校家长钟书临的《那掠空的纸鸢》、北京师范大学附属杭州中学家长余羿萱的《愿你做一棵挺拔生长的树》、杭州师范大学第一附属小学家长闫悦然的《小鸟玩具风波记》等7篇文章获一等奖，其他家长的5篇文章获二等奖、15篇文章获三等奖。

【“家长大讲堂”活动】 2019年9—12月，上城区青少年活动中心以“携手走过青春期”为主题，面向全区中学生家长推出“家长大讲堂”活动，帮助家长认识青春期孩子成长的生理变化和心理发展特点，引导家长树立正确的家庭教育理念。活动分“突变系列——走进孩子心灵”“发展系列——支持孩子成长”“完善系列——帮助孩子冲刺”3个板块。通过家长自主报名、发放入场券等形式，服务有需求家长。全年举办“家长大讲堂”3场，参加听讲家长1300多人次。

【“护苗2019·防性侵”主题观摩活动】 2019年9月11日，上城区中小幼“070”（零欺凌）——“护苗2019·防性侵”主题观摩活动在杭州市饮马井巷小学举行。区教育局义务教育科负责人、各中小学和幼儿园分管德育领导及家长代表160多人参加。通过杭州市饮马井巷小学教师徐岚“保护身体秘密，远离危险信号”的班会课展示，区法院刑事审判庭审判员娄磊的专业讲座“如何有效预防性侵?”，让教师和家长意识到防范性侵害的必要性和迫切性。同时，义务教育科从预防性侵安全教育、加强教职员工队伍管理、预防性侵协同机制构建等方面对学校提出更细化的要求，希望通过社会各方共同努力，切实保障学生身心健康。

（张　岚）

校外教育

【概况】 2019年，上城区校外教育活动体系由区青少年活动中心及科技（中学和小学各1个）、艺术（中学和小学各1个）、体育（中学和小学各1个）、国学、国防、生存、农事、图书11个素质教育基地组成。区青少年活动中心以“公益为先、孩子为本、活动育人”为理念，升级2.0版研学活动平台——“淘活动”，为全区青少年提供全面、优质、便捷的校外教育服务。全年开展“玩转周末”“玩转寒（暑）假、春（秋）假”研学活动103场；组织“流动少年宫”进学校、进社区活动57场，参与学生1.1万人次；开展国防、生存、农事等教育活动58场，参与学生9000多人次；开设区域性一级社团18个，推出个性特长培训项目142个，服务学生1.98万人次，认定特长生1627人；举办少先队、科技、艺术、体育等大型学生活动52场，参与学生4.86万人次。

【省市庆“六一”主题活动】 2019年5月30日，团省委、省教育厅、省妇联、省少先队工作委员会联合举办的“争做新时代好队员”浙江省暨杭州市庆“六一”主题活动在杭州市清河实验学校举行。省委常委、省委秘书长陈金彪出席活动，并代表省委向全省少年儿童致以节日的问候，团中央书记处书记奇巴图与少先队员代表一起为“上城区红领巾学院”揭牌。省市区相关单位负责人和少先队员代表、辅导员老师代表、新闻媒体记者等450多人参加活动。

【"淘活动"平台建设】 2019年，杭州市第一个全公益性质的青少年校外研学平台——"淘活动"升级改版。升级后的平台集信息发布、活动报名、线上支付、互动评价等多种功能于一体，实现中小学生校外教育的"最多跑一次"。完善学生参与活动的评价体系，为区域中小学生综合素质评价提供更丰富生动的过程化评价依据，形成立体的校外学习成果。为全区在平台注册的3.5万名中小学生提供优质的校外教育及校外活动服务。

【少年军校建设】 2019年，上城区少年军校以爱国主义教育为主题，以素质教育为宗旨，推进少年军校活动系统化、机制化、规范化和科学化建设。全年全区有20所学校、3000多名学生参加少年军校国防教育"五日营"实践活动；全省60多名学生参加暑假军事伙伴夏令营活动，全省260多名学生参加春假"重走长征路共圆军营梦"和秋假"战狼铸军魂"研学活动，全省300多学生参加玩转周末"射艺大比拼""走进军营"和"狙击特训营枪王来挑战"研学活动。全区各军分校开展国防主题教育100多次。2月，上城区少年军校被省教育厅认定为"勇敢娃娃兵"研学教育基地；7月5日，被区关工委认定为上城区社会主义核心价值观教育基地；12月，被省新四军历史研究会评为2019年度革命传统教育基地优秀单位。

【生存实践活动】 2019年，上城区青少年活动中心生存基地通过多种形式，开展生存教育实践活动。全年有19所小学、3000多名学生参加活动。暑假期间，该基地进行维修改建。改建后，以蓝白色为主色系，确立更贴近少年儿童的"地中海"风格，增加空调和新风系统，降低更衣室的潮湿度和闷热度，为区域学生进行生存教育活动提升硬件条件。该基地主要负责全区各小学四年级学生生存知识培训和游泳训练，与前世界游泳冠军吴鹏联手，打造全新生存活动课程，形成生存自救知识体验课程、生存自救游泳体验课程、生存自救研学体验课程3门特色课程。该基地通过图文展览、现场演练等方式，教授孩子交通安全、消防安全、人为伤害防范、意外伤害救护、特殊电话拨打、水灾自救、地震自救等知识，促进孩子掌握生活中遇到意外事故的处理方法，学会避免自然灾害和抵御不法侵害，提高自我保护能力。

【农事实践活动】 2019年，上城区青少年素质教育学农实践中心坚持以素质教育为基础、以实践为本位的教育理念，培养学生善于解决问题的实践能力和勇于探索的创新精神，通过给孩子们创造更多实践和锻炼的机会，让他们在锻炼自己动手能力的同时增强合作意识。年内，组织区域内19所学校、3000多名六年级学生到共建基地开展为期一周的农事实践活动。

【"品味书香、诵读经典"读书征文活动】 2019年7—10月，上城区根据《杭州市教育局办公室关于印发"我和我的祖国"弘扬中华优秀传统文化系列活动方案的通知》，组织全区青少年参加杭州市第十五届中小学生"品味书香、诵读经典"读书征文活动。经评选，杭州市胜利实验学校陈羿翀，杭州市建兰中学唐昊祯、娄敏杰，杭州市江城中学叶颖，北京师范大学附属杭州中学沈静好、郑宇琦，杭州市开元中学邱睿劼，浙江省杭州第六中学董黎园，杭州市服装职业高级中学张益颖等9名同学获一等奖，区教育局获杭州市优秀组织奖。

（张　岚）

教育国际化

【概况】 2019年，区教育局以“立足本土、放眼世界，心怀中国、面向未来”为抓手，围绕师生交流、教师培养、课程建设、资源共享等维度，全面推进“千校结好”“百校结对”行动计划，开展国（境）外友好学校交流互访，稳步推进教育国际化示范学校创建和理解教育特色品牌项目建设，着力培育具有“民族根、中国心、世界眼、未来梦”的上城学子，架构“上城美好教育”区域教育国际化道路。杭州市惠兴中学、杭州市天地实验小学获评2019年杭州市教育国际化示范学校，杭州市清河中学、杭州市胜利实验学校、杭州市凤凰小学3所学校的理解教育课程（项目）被认定为2019年杭州市国际理解教育特色品牌项目。全年因公出国（境）教师191人，到英国、希腊、新加坡等国家交流基础教育，探讨课程改革事宜，其中103人开展14天以上的教师研修项目。浙江省杭州第十中学、浙江省杭州第六中学、杭州市胜利小学、杭州市紫阳小学等34个中小学师生交流团、778名学生到英国、美国、澳大利亚、葡萄牙等国家开展交流访问和课程体验。杭州市清河中学、杭州市天长小学、杭州市胜利实验学校、杭州师范大学第一附属小学等学校先后接待来自新西兰、日本、新加坡等国家和地区的教育访问团。

【教育对外交流】 2019年，上城区新增国（境）外友好学校10所，结对学校增至80对。上城区关于教育国际化区域实践的成果《打开上城教育之门》一文被刊登在光明日报出版社主办的《教育家》杂志。3月8—23日，杭州市杨绫子学校的4名学生到阿拉伯联合酋长国参加第十五届特殊奥林匹克运动会。6月6日，来自韩国、日本、马来西亚、澳大利亚、印度等13个国家的嘉宾到杭州师范大学第一附属小学观摩“认识可持续发展目标”互动课程，了解中国学校可持续发展教育实践情况。7月19—29日，杭州市天长小学民乐团部分成员作为中国唯一代表，到葡萄牙参加第三十九届葡萄牙·巴塞罗斯国际民俗节。9月12日，德国包纳市市长、包纳市丁特中学校长等到杭州市建兰中学进行交流。11月8—13日，杭州市紫阳小学“绿芽”茶艺社团师生随市茶研会代表团到日本参加狭山市大茶会活动，学校4名“小茶人”展示中国杭州上城“非遗”传统文化——“点茶”技艺，获好评，《人民政协报》对此进行专题报道。12月19日，选派优秀教师参加由国务院侨办、省外侨办与国外华侨华人中文学校合作承办的“中华文化大乐园”活动。12月25日，上城区承办省“千校结好”项目成果展示活动。杭州市胜利实验学校校长张浩强在成果展示活动中以“从有形到有效”为题，介绍学校多年来与多国姐妹学校

2019年7月19—29日，杭州市天长小学白天鹅民乐团部分成员到葡萄牙参加第三十九届葡萄牙·巴塞罗斯国际民俗节　（区教育局 供稿）

的沟通交流经验。

【海外优质教育研修学习】2019年，上城区响应省教育厅推进新时代浙江教育现代化的新思路、新举措，采用“引进输出，双向交流”模式，通过骨干教师海外研修、引进海外优质研训课程等形式，助力教师学习借鉴国外先进教育理念，树立“立足国际视野”的大教育观。9—10月，上城区中小学21世纪创新教育高级研修班赴英国研修团和中小学教师人文与艺术素养提升高级研修班赴希腊研修团完成专题式海外研修，并在全区校长书记读书会上做研修汇报。推进教育人才海外培养工程，“丰叶”资助计划资助7名教师出国研修，其中上城区首批“未来名校长”中的5名培养对象于3月到美国开展为期一个月的“校长领导力”课程学习。继续引进海外优质课程，为中小幼各学段教师的专业化成长赋能。3月，完成“德国体态律动/原本性音乐教育课程”第二期实践阶段培训，以及英国“戏剧直通车”优质课程与英国“小学英语教师专业发展及实践技能提升”课程90学时培训。7月，“浙江—印州中小学stem课程平移项目”培训活动在杭州市胜利实验学校举行。参加培训的有来自全省各地的64名不同学科的学员教师及上城区的小学生。培训中，教师开展课堂观察、中美对话、工作坊体验、翻转课堂、团队汇报等活动，学生参加PBL项目制学习、stem成果嘉年华等活动。

【中外教育理念融合发展】2019年，上城区设立国际教师培训中心，让到访上城的国（境）外教师了解中国传统文化和上城美好教育。国际教师培训中心精心设计培训课程，对全区外籍教师和海外教师开展研训活动。上城区优质课程资源向美国、马来西亚、新加坡、英国等国家输出小学数学、特殊教育课程及教育教学经验。杭州市天长小学作为华文教育基地学校参与汉语国际教育推广项目，主持编写供欧洲华文学校选用的《中文》教材6册，并通过专家审定。11月，英国哈洛学院数学研修团到上城区专题研讨中小学数学教育。英国3所技术教育学院的数学课课程教师在上城区学校开展数学课堂观摩、考察张天孝小学数学教育博物馆、进行中英数学团队研讨和师生对话等学习交流活动。研修培训结束时，英国教师取得由区教育局国际交流与合作办公室和区教育学院教师发展研究中心联合颁发的结业证书。杭州市胜利小学承办两期浙江省Pepper机器人培训班，全省25所学校、50多名技术教师参加。新加坡教育部科研处专家、科学中心局专家到杭州市胜利实验学校参观上城区创意智造“学习中心”，观摩学生创客社团活动和机器人课，并进行stem教育调研。9月，组织中小学开展“国际体验日”活动。年内，选派3名教师到肯尼亚、芝加哥、意大利佛罗伦萨阳光学校支教；组织5名“未来名校长”到美国开展一个月跟岗培训；组织50名骨干教师到希腊、英国研修，在剑桥大学学院会议中心，分享杭州上城最佳教育实践经验。

（张 岚）

教育科学研究

【概况】2019年，上城区教育科学研究工作坚持“为教育行政决策服务，为教育改革和发展服务，为一线教师服务”宗旨，履行“研究、指导、管理、服务”职责，努力为区域教育转型发展提供智力支持。全年在省市级各类课题立项92个，其中省科研类课题7个、省教研类课题4个、市科研类课题49个、市教研类课题19个，市师干训类13个。全年获省市级研究成果奖73项，其中省科研成果奖3项、省师干训成果奖15项、市科研成果奖39项、市教研成果奖8项、市师干训成果奖8项。获杭州市教育学会专题征文活动一等奖5篇、二等奖3篇、三等奖1篇。区教育学院获“浙江省（2017—2018年度）教科研先进集体”称号，《上城教育研究》杂志获全国教育内部报刊优秀奖。

【教育课题研究】 2019年10月，杭州市教科所所长俞晓东等专家对由区教育局局长项海刚担任负责人的杭州市第三届重大课题“高品质视域下构建教育生态的区域实践”进行走访调研。11月，国家社会科学“十三五”规划重大课题“立德树人的落实机制研究”课题组专家成员一行到上城区调研，并在区教育学院召开调研会议。会议由项海刚主持，华东师范大学教育学部主任袁振国领衔的课题组专家共8人出席会议。

【首届上城教育学术周】 2019年11月13—19日，首届上城教育学术周举行。学术周活动中，举行张天孝小学数学教育博物馆开馆仪式，进行国家级教学成果一等奖、二等奖推介和名师风采展示，并举办2019年中国杭州名师名校长论坛，全国首届中小学“思维课堂”高峰论坛等活动。学术周旨在厘清核心素养导向的课程建设与学教方式变革的思路，展示区域核心素养导向的课程、教学与评价的探索和实践成果。

（张　岚）

师资管理

【概况】 2019年，上城区教师队伍建设以培育卓越人才为核心，拟定《上城教育人才“梧桐”计划实施办法》，加大教育高端人才培育、引进和奖励力度，进一步完善“五级人才梯队”培养模式，打造具有上城特色的“教育人才多维生长平台”，形成区域助力教师成长的上城模式。依托特级教师工作室、名师工作坊、班主任工作室、“未来名师名校长”培养计划等项目机制，培养一支师德高尚、业务精湛、结构合理、充满活力的高素质专业化教师队伍。继续落实培训者成长助力计划和教育领导力高端研修计划，深化海外研修学习，“未来名师”马益彬完成非洲肯尼亚“阳光学校”项目一年支教工作，丰富教学经历，开阔教育视野。完成全区中小学（幼儿园）教师职称认定评审，先后通过初级教师职称认定253人，通过一级教师职称评审82人，通过高级教师职称评审22人。

【工作室（坊）终结性评估与设立】 2019年，上城区加强各类工作室（坊）终结性评估工作。8月13日，完成首批19个特级教师工作室终结性评估，并公布结果，有7个工作室被评定为优秀。5月22日，完成第三届名师工作坊终结性评估。在总结上一轮项目经验的基础上，启动新一轮特级教师工作室项目。4月16日和10月21日，分别发文公布7个和13个特级教师工作室立项项目，确定设立20个特级教师工作室，在全区范围内招募学员288人。8月26日，发文公布第六届名师工作坊立项项目2个、班主任工作室立项项目3个，在全区范围内招募学员57人。

【省市区教坛新秀评选】 2019年，上城区组织开展省市教坛新秀推荐和区教坛新秀评比活动。8月28日，省人民教育基金会、省特级教师协会公布评比结果，白引、张雪姣、唐亮3名教师被评为2019年浙江省中小学教坛新秀。11月5日，虞佳等90名教师被评为上城区第十七届中小幼、中职教坛新秀。12月19日，市教育局公布评比结果，孙晓燕等31名教师被评为杭州市第十七届中小幼、中职教坛新秀。

【区学科带头人、星级班主任和“五阶段”获奖教师评选】 2019年5月5日，上城区启动新一轮区学科带头人、星级班主任和“五阶段”获奖教师评选推荐工作。截至7月15日，评出“五阶段”获奖教师871人，区学科带头人196人，一星级班主任200人、二星级班主任65人、三星级班主任9人。各类评选活动为教师搭建更好的专业发展平台，促进上城区教育事业优质均衡发展。

【正高级教师评审】 2019年9月19—30日，上城区组织开展浙江省中小学新一届正高级教师评审推荐工作。经过学校推荐、资格审查、专家评审、区中级职称评审委员会推荐、区教育局党委讨论研究、公示等程序，推荐参评的5名候选人最终均通过浙江省中小学正高级教师职称评审，取得正高级教师任职资格。

【中级职称自主评聘试点】 2019年，上城区稳步推进“区管校聘”工作，逐步推广中级职称自主评聘制度。在试点学校经验的基础上，全区学校逐步推广在核定的教师岗位结构比例内自主开展专业技术职务评聘工作，进一步深化人事制度改革，落实和扩大学校用人自主权，实现职称评审与学校用人的紧密结合。北京师范大学附属杭州中学、杭州市清河实验学校两所学校平稳推进中级职称自主评聘工作，评审认定一级教师职称7人。

【教育系统高层次人才推荐】 2019年，上城区教育系统高层次人才推荐工作有序推进，组织浙江省杰出教师、浙江省有突出贡献中青年专家人选推荐和浙江省“万人计划”教学名师申报等工作。杭州市天长小学楼朝辉获评“浙江省有突出贡献中青年专家”称号。

【师德师风建设加强】 2019年，区教育局加强师德师风建设。制定《加强中小学教师师德师风建设长效机制的实施方案》，修订《上城区中小学校师德师风评议及报告实施办法》，严格落实师德一票否决制。结合暑期师德培训活动，深入开展师德师风教育，全体教职工签订师德师风承诺书和杜绝有偿家教承诺书，对参与有偿补课“六类行为”进行自查自纠。

资料

有偿补课“六类行为”：违规参加校外培训机构组织的有偿补课；违规组织任何形式的有偿家教；违规参加其他教师、家长、家长委员会等组织的有偿补课；违规为校外培训机构和其他从事学生课外培训的人员介绍生源、提供学生相关信息；违规组织、推荐和诱导学生参加校内外有偿补课；违规向学生推荐校外培训机构和其他课外培训的相关信息。

（张　岚）

教学保障

【概况】 2019年，上城区投入学校建设经费8789万元，用于校园维修改造和基本建设。年内，开工建设近江单元SC0302-R22-08地块幼儿园、望江单元SC0402-R22-13地块幼儿园、望江单元SC0403-R22-08地块幼儿园、南星单元D05地块幼儿园、复兴单元SC0605-09地块18班小学及社会停车场项目和望江单元SC0403-A33-11地块48班九年一贯制学校；启动望江单元SC0401-A33-17、18地块42班小学和杭州市凤凰小学秋涛校区改建工程前期工作。投入经费2675万元，用于购买各类教育装备。全区中小学校拥有多媒体设备的教室1601个，其中普通教室871个，多媒体套数与班级数比为1∶1，覆盖率100%。全区建有图书室的公办中学9所、公办小学16所，拥有率均100%。公办中小学馆藏图书（不含电子图书）99.32万册，生均册数38.95册。全区有A等级食堂17个、B等级食堂42个。

【4所幼儿园开工建设】 2019年，上城区开工建设4所幼儿园。近江单元SC0302-R22-08地块幼儿园位于钱江路、徐家埠路交叉口，项目总用地面积6915平方米，总建筑面积11015平方米，设计规模为18个班，计划总投资5752万元。该项目建设主体为望江指挥部，于4月开工，至年末，完成主体结顶。望江单元SC0402-R22-13地块幼儿园位于三多路、望江新园附近，项目总用地面积4500平方米，总建筑面积7987平方米，设计规模为12个班，计划总投资4802万元。该项目建设主体为望江指挥部，至年末，完成主体结顶。望江单元SC0403-R22-08地块幼儿园位于映霞街、海潮路交叉口，项目总用地面积7205平方米，总建筑面积17248平方米（含两层地下室，由幼儿园和邻里中心各使用一层），设计规模为18个班，计划总投资8000万元。该项目为开发商配建项目，于2月开工，至年末，完成地下室施工。南星单元D05地块幼儿园位于钱江路和甬江路交叉口南星单元D05地块内，项目总用地面积4990平方米，建筑面积7500平方米，是一所以建筑合建方式配建的规模为21个班幼儿园，计划总投资4500万元。该项目为开发商配建项目，于5月开工，至年末，完成地下室施工。

【杭州钱学森学校开工建设】 2019年初，杭州钱学森学校开工建设。项目位于望江单元（SC04）管理单元内，地块编号为SC0403-A33-11，南临规划的海塘路，西至规划的海潮路，东侧为与秋涛路相隔30米宽的新开河，北侧为规划中的商业和金融业用地，西南角为规划幼儿园。项目总用地面积3.99万平方米，容积率1.2，总建筑面积9.93万平方米，设计规模为48个班九年一贯制学校，其中小学30个班，初中18个班，每班为45人。项目核定概算6.53亿元，工程建安投资5.72亿元。该项目建设主体为望江指挥部。

【中小学班级教室空调100%安装】 2019年，区教育局为区内未配备教室空调的中小学校配齐空调。该项目为年度区为民办实事项目，涉及杭州市高银巷小学、杭州市天长小学孝女路校区、杭州市胜利小学钱塘校区、杭州市紫阳小学、杭州师范大学第一附属小学、杭州市凤凰小学、杭州市金都天长小学、浙江省杭州第六中学8所学校的180个班级和21个专用教室，覆盖7000多名学生。至此，全区所有中小学校班级教室均配备空调，上城区成为全市第一个班级教室100%拥有空调的城区。

【中小学直饮水数字监控项目100%完成】 2019年，上城区进一步规范辖区学校直饮水卫生管理，保障学生饮水健康。区教育局会同区卫生和计划生育监督所，在2018年4所中小学（浙江省杭州第十中学、杭州市紫阳小学、杭州市凤凰小学、杭州市胜利小学）直饮水换芯在线监控试点工作的基础上，实现学校直饮水数字监控项目全区中小学100%覆盖。5月，该项目入选杭州市城市大脑区县应用平台特色场景，并于10月底入选杭州市城市大脑项目。

【上城区中小幼教育装备仓储中心建成】 2019年，上城区中小幼教育装备仓储中心建成。仓储中心位于玉皇山南基金小镇，将幼儿园和中小学一些标准化的木制品设备提前半年至一年购买到位，然后放在储存中心进行通风散味，促进教育装备绿色和环保，消除师生们和家长们的担心和顾虑，让家长和师生对区教育局统一配备的木制品能够放心使用，让学校使用的木制品更加环保，促进学生健康成长。

【上城区易耗品领用平台推出】 2019年1月，区教育局创新推出“上城区教育易耗品领用平台”。学校教师通过手机下载“易耗品领用”App，实名注册后，可根据需求，领取物品，后台实时记录领用人信息，自动生成周账单、月账单等信息，做到进账、出账相符合。通过该平台管理和统一领取路径，易耗品浪费现象、办公经费均大幅减少，后台还可做大数据分析，为学校的经费分配与管理提供依据，便于监督管理易耗品领用情况，促进教育易耗品经费合理使用。该举措于8月7日以《杭州上城：易耗品“小材料”做出清廉“大文章”》为题在省纪委省监委网站上刊登报道，区财政局还把此项做法在全区进行推广。

【教育资助】 2019年，上城区继续落实学生资助工作，做到应助尽助。全年有2037人次享受各类资助190.26万元。其中，56人次五类生幼儿享受保育费减免10.4万元，426人次残疾学生享受生活护理21.3万元，1216人次中等职业学校学生享受学费免除121.6万元，191人次中等职业学校学生享受国家助学金19.1万元、校内人民助学金3.06万元、政府奖学金3.2万元，148人次持证家庭学生享受区民政局提供的营养午餐补助11.6万元。

（张　岚）

文化

Culture

综　述

【概况】 2019年1月，上城区根据《杭州市上城区机构改革方案》，将原区文化广电新闻出版局的文化和广播电视管理职责、原区体育局的职责及原区风景旅游局的职责整合，组建区文化和广电旅游体育局（简称区文广旅体局），作为区政府工作部门。区文广旅体局围绕打造"文化传承标杆区"目标，坚持以文化人、以文铸城、以文兴业、以文惠民、以文促融，高质量推进文化兴盛行动上城实践，进一步打响"南宋古都·经典上城"品牌，为加快融入长三角一体化发展贡献上城文化力量。全年开展文化惠民演出、电影放映讲座1200多场，推出公共文化免费培训班260期、2700课时，开展全民阅读活动2000多场，组织"文化走亲"活动18场。"经典南宋·韵味杭州"2019南宋文化节在湖滨步行街开幕，文化节吸引到绍兴市主动上门对接合作，还把活动拓展到北京市、开封市、鹤峰县、雷山县、开化县等地。《上城区深耕南宋文化打造文化传承标杆区及有关建议》获省委常委、市委书记周江勇批示肯定。举办"醉湖滨·遇见南宋"文化雅集，推出以太庙社区为样板的"一街一社文化品牌"。参与制定《上城区文化兴盛三年行动计划（2019—2021年）》。与区委组织部合力打造"文旅红色联盟"，将辖区内设有基层党组织或有党员的体育企业、文创企业、星级宾馆、旅行社等单位全部纳入联盟，凝

杭州书房（解放路店）内景　　（区委宣传部 供稿）

聚全区文旅行业资源。与区委宣传部共同筹备庆祝中华人民共和国成立70周年歌咏活动。在湖滨步行街率先建成具有上城特色的首批杭州书房。上城区顺利通过省基层公共文化服务体系评估，全省排名前进至第24名。结合杭州与维罗纳国际文化交流活动，完成草桥亭复建，打造“草桥结拜”梁祝文化体验圈。

【上城区通过浙江省基本公共文化服务标准认定】 2019年10月21日，经浙江省公共文化服务体系建设协调组发文认定，上城区达到浙江省基本公共文化服务标准（2015—2020）。9月19日，浙江省音乐学院公共基础部主任张卫中、市文广旅局负责人等5人组成专家组，实地考察区文化馆、区图书馆（筹）、南星街道馒头山社区文化中心、紫阳街道上羊市街社区文化中心、杭州书房仁和分馆等文化阵地，结合听取汇报、查阅资料、现场提问等方式，了解上城区近年来的基本公共文化服务体系建设。专家组成员对上城区公共文化服务一致给予好评，对上城区配备街道文化协管员这一举措表示肯定。上城区以此为契机，继续深化公共文化服务体系建设，拉高标杆，以文化普惠群众，不断提升上城区人民群众的文化获得感和幸福感。

【区移动图书馆开馆】 2019年4月19日，上城区移动图书馆开馆。上城市民可通过“上城区图书馆”App操作，找到需要的书籍，在家门口实现市区两级图书馆的“通借通还”。同时还推出24小时电子书自助借阅机服务，内置3000册最畅销电子书，每本电子书配置二维码，读者通过手机扫描二维码即可在线免费阅读，突破图书馆时间、空间限制，为读者提供身边的移动数字化阅读服务。

【南宋书院国际留学生艺术交流基地揭牌】 2019年7月10日，南宋书院雅集之长三角一隅苏城记暨南宋书院国际留学生艺术交流基地揭牌仪式在宋憶美学藏馆举行。活动上，区文广旅体局向西卡艺术中心、杭州月印池文化创意有限公司、西湖琴社、杭州国立当代文化艺术馆、杭州三虎文创公司、西泠印社南宋书院国际留学生艺术交流实践基地授牌。该基地以展览、讲座、论坛等形式展现南宋杭城的传统文化艺术与现代杭城的科技化，助推国家“一带一路”建设，依托杭州本土文化艺术资源，促进中外文化艺术交流，为在杭国际学生和市民在国际文化艺术交流方面搭建实践、实习与交流的平台，向世界展示更加真实、立体、全面的中华优秀传统文化。授牌仪式上还为求是·同济文学社执行社长、副秘书长颁发聘书。各接牌单位之间开展古琴演奏、城市美学讲座等文化交流活动。

【《浣花斋：让世界看见匠人心》首发】 2019年3月7日，《浣花斋：让世界看见匠人心》首发仪式在浣花斋美术馆举行。社会各界知名艺术家、收藏家等参加。全书分“起承转合，薪火不息”“名人佳话，广结良缘”“匠心独具，技艺长流”“浣花典藏，时光印记”和“题词匾额，名笺谱系”五大篇章，系统地梳理、记述百年老字号浣花斋的历史发展脉络及流传至今的特殊工艺，以动人的故事、翔实的史实等集中展现浣花斋数百年的传承发展历程。

【鹤峰公益行活动】 2019年7月4—8日，区文广旅体局组织人员组成上城区公益团到湖北鹤峰县开展爱心助学公益行活动。上城区公益团和鹤峰县文旅局举办体育工作交流会、文艺团队交流、“非遗”传承人交流、爱心结对启动仪式、鹤峰县第七届“文明杯”羽毛球邀请赛、鹤峰县文化体育场所参观等活动，并就双方体育产业和体育人才的合作、帮扶、培养、交流意向等方面进行探讨。其中在鹤峰县思源实验学校爱心结对仪式上，公益团成员进行捐资，改善农村学校体育条件，开展困难学生帮扶爱心结对，“一对一”结对帮扶贫困儿童。

【草桥亭重建】 2019年3月，在中意两国元首见证下，杭州市和维罗纳市签署《世界遗产地友好关系协议》，拉开文化交流序幕。根据《中国杭州市与意大利维罗纳市在各自被列入联合国教科文组织世界遗产地名录和遗产地之间进行推广、开发和共享的友好协议》和市委常委会会议精神，上城区承接修建草桥亭、重现“草桥结拜”场景的任务。9月2日，上城区完成草桥亭重建工作。草桥亭选址于杭州市方志馆西门外侧，靠近西湖景区，与鼓楼、南宋御街等历史建筑（街区）形成集中的南宋历史文化街区。上城区组织专家论证，依据隋朝草桥门（望江门）所在地，挖掘草桥门及草桥亭文化，最终确定草桥遗址。以杭州梁祝、维罗纳罗密欧与朱丽叶的爱情故事为文化交流切入点，通过“文化+空间+国际交流”模式，打造“草桥结拜”梁祝文化体验圈。草桥亭整体造型风格简朴庄重，按宋代《营造法式》，采用木结构复建，设四梁八柱，中央两梁为月梁形式，其上分别设置一组浮雕，取材梁祝故事中的“草桥结拜”和“十八相送”。整个亭子有各种构件约3500件，邀请书法名家书写楹联、横匾、重修草桥亭碑记，并配建梁祝纪念铜像，重现“草桥结拜”场景。梁祝铜像采用黄铜材质，由朱炳仁铜雕博物馆设计制作。结合上城区非物质文化遗产传承工作，开发设计扇艺、书签、手提袋、文化衫等梁祝文化文创衍生品，其中梁祝主题的杭扇由第一批浙江省非物质文化遗产杭扇代表性传承人、杭扇领军人物赵平加专门为9月3日中国和意大利文化交流活动设计而成，寓意“念念向善”。

（张雪梅）

2019年1月9日，上城区“邻里价值观”践行活动年度总结暨第七届道德模范（最美邻里）颁奖仪式举行　（区委宣传部 供稿）

精神文明建设

【概况】 2019年，上城区精神文明建设工作以习近平新时代中国特色社会主义思想为指导，以庆祝中华人民共和国成立70周年为主线，以巩固全国文明城市创建成果和建设“文化传承标杆区”为目标，着力培育并践行社会主义核心价值观，深化群众性精神文明创建活动，引领弘扬社会文明风尚，为高质量推进一流的国际化现代化城区建设提供精神动力和道德滋养。

【社会主义核心价值观宣传】 2019年，上城区深化社会主义核心价值观宣传教育，制作发布庆祝中华人民共和国成立70周年、交通文明劝导等大型公益广告墙绘4处。组织庆祝中华人民共和国成立70周年歌咏大会等庆祝中华人民共和国成立70周年群众性活动。提升“最美现象”精神文化品牌，举行上城区“邻里价值观”践行活动年度总结暨第七届道德模范（最美邻里）颁奖仪式，组建上城区道德模范（最美邻里）巡回宣讲团，面向全区各街道、社区开展宣讲报告会6场。做好省市“最美”人物推荐，常态化开展“身边好人”评选，全区入选“浙江好人”3人、“杭州好人”5人，涌现第六届浙江省道德模范王凤娟，第十五届杭州市道德模范（平民英雄）俞涤萍、何阿奎等先进典型。开展寻找“最美家庭”系列主题活动，弘扬中华传统美德和优良家风。实施中华优秀传统文化传承发展工程，举办上城区第十七届邻居节，以“文化家园、德润邻里”为主题，推出邻居节活动150多场，3万余人次参加。

【群众性精神文明创建】 2019年，上城区做好全国和省市城市文明程度指数测评迎检工作，抽调区市场监管局、区城管局、区住房和城建局等10个部门相关人员，成立上城区文明迎检专班，分成4个专项小组，对全区农贸市场、社区（小区）、主次干道等开展专项督查。在景区、公共广场设置公益景观小品，推进文明创建实现常态化管理。鼓励群众自治组织、志愿者队伍参与文明创建，以各类重大活动和节假日为契机，开展“洁美家园”市民清洁大行动。建设区、街道两级“雷锋广场”“雷锋角”，常态化开展学雷锋志愿服务。深化市民文明素质提升行动，加强上城区微笑志愿服务队、张能庆公益服务站、晴雨公益志愿服务队等志愿服务队伍建设，成立上城区“文明城市·红袖章”志愿服务队，开展不文明行为劝导、停车引导、环境清洁美化、爱心帮扶等服务活动。

【基层宣传文化阵地建设】 2019年，上城区进一步加强基层宣传文化阵地建设，新建成社区文化家园11个。小营巷社区文化家园被评选为杭州市五星级社区文化家园，春江社区文化家园被评选为杭州市四星级社区文化家园，清河坊、白塔岭、在水一方3个社区文化家园被评选为杭州市三星级社区文化家园。结合社区文化家园建设，推进“孝心车位”试点工作，在全区12个社区（小区）建成61个固定“孝心车位”，营造孝亲敬老、崇德向善的社会风尚。整合社区教育资源，以“九养上城”课程体系为引领，推出“匠心课堂+”项目。围绕“‘八八战略’再深化、欣欣向荣再出发”主题，举办2019年杭州市全民终身学习活动周暨上城区第十六届终身教育节活动。成立上城区社会治理现代化“文化育和”工程专项组，分设平安文化建设、社会心理服务体系建设、社会诚信体系建设3个小组，构建以价值导向、道德引领、文化浸润为核心的平安文化体系。深化“书香上城”工程，建成湖滨步行街“城市书房”项目，推进全民阅读。

【公民思想道德建设】 2019年，上城区加强和改进未成年人思想道德建设，组织未成年人开展“扣好人生第一粒扣子”主题教育、“清明祭英烈”、“向国旗敬礼”网上签名寄语等活动。深化爱国主义教育基地、“第二课堂”活动基地和社区青少年俱乐部建设，“小营·江南红巷”被评为浙江省第十一批爱国主义教育基地，新评选出杭州市“第二课堂”活动基地2个、上城区爱国主义教育基地3个，胡庆余堂中药博物馆被评为杭州市“第二课堂”活动十佳先进基地。优化“星级家长执照”工程，研发并拍摄精品课程55节，其中选送20节至“浙江省家长学校”平台。全区选树100名“美德少年（新时代好少年）”，其中，2人获杭州市“美德少年（新时代好少年）”称号。组织开展交通文明素质提升行动，举办巡回宣讲70多场，2000多人次参与。开展交通安全教育进校园试点工作，开展“爱心护学岗”活动。组织志愿者在主要交通路口于上下班高峰时期进行交通文明劝导，劝导不文明交通行为5万余次。全年整理共享单车6万余辆次，城区环境整洁度进一步提升。

（郭　佳）

群众文化活动

【中华姓氏图腾艺术展在上城区开幕】 2019年1月18日，中华姓氏图腾艺术展暨《中华姓氏图腾》首发式在上城区中山南路187号梓府开幕。活动由省文化和旅游厅、市文联、中国文物学会、中国民间艺术产业示范基地等联合举办，区文广旅体局承办。党政机关、文化旅游界、中央和地方新闻媒体及主承办单位的领导和嘉宾近100人出席开幕式。中华姓氏图腾艺术展展出姓氏图腾原创手稿原件365幅，由“百家姓图腾”“复姓图腾”“合璧图腾”“姓氏图腾”四大部分组成。艺术展持续至1月25日。《中华姓氏图腾》由著名文化学者司徒华经过40多年收集、整理、研究，运用其独创的雅篆体书法的表现形式编著而成，由西泠印社出版社出版。该书收入中华姓氏基本知识和668个图标，是一部工具书类别专著。

【“南宋韵·吴越风”歌曲创作活动】 2019年4月22日，杭嘉湖歌曲创作加工采风暨“南宋韵·吴越风”歌曲创作活动启动。开幕式由市文化馆副馆长林敏主持。市文化馆馆长马红，市音乐家协会主席宋家明，上城区、嘉兴市、湖州市三地文化广电旅游部门有关负责人等参加。开幕式上还进行“逐梦新时代”——杭嘉湖优秀原创歌曲专辑赠送仪式。该专辑收录《河坊街上琅格琅铛》等由杭州、嘉兴、湖州三地音乐作者创作的反映风土人情和时代风貌的优秀音乐作品，由浙江文艺出版社出版发行。活动为期一周，开展大咖讲座、专家点评、作品交流和实地采风等活动。

2019年5月16日，2019“清风润心”上城·鹤峰“非遗”文化交流活动在上城区政府大礼堂举行　（陈建荣 摄）

【全民阅读暨纪念中华人民共和国成立70周年太庙社区系列活动启动】 2019年4月20日，区文广旅体局会同紫阳街道太庙社区在杭州市紫阳小学举行“书写历史、童画未来”全民阅读暨纪念中华人民共和国成立70周年太庙社区系列活动启动仪式。启动仪式上，太庙社区地书协会会员书写中华人民共和国发展70年来的重要思想。社区青少年从“生态、智能、共享、健康”4个角度，以“畅想未来，打造未来社区”为主题进行绘画。还开展“放飞爱心，书送希望”图书以旧换新等公益活动，深化“书香太庙”“南宋社区”阅读品牌，牢筑太庙社区南宋文化基础。

【“清风润心”上城·鹤峰“非遗”文化交流】 2019年5月16日，廉政主题“文化走亲”活动——2019文化与优雅生活旅游发布活动之“清风润心”上城·鹤峰“非遗”文化交流活动在上城区政府大礼堂举行。区委书记陈瑾等区领导，鹤峰县委常委、县纪委书记、县监委主任王闯等鹤峰县相关领导和浙江省相关部门负责人，以及两地“非遗”文化传承人、浙江湖北商会代表、上城区机关干部和群众代表出席并观看演出。活动中，鹤峰县带来歌伴舞《鹤舞茶乡》、满堂音《罢酒宴》、民歌《做军鞋》（穿号儿）、柳子戏《桃花扇》等歌舞节目。上城区通过歌曲《宋韵小唱》、诗朗诵《我们是光荣的护林员》、原创歌舞《清风润心》等节目，讲述古韵风雅、新貌喜人、风清气扬的上城故事。

【“品读南宋”2019南宋文化国际高峰论坛】 2019年9月30日，由中国美术学院国际联合学院、浙江大学建工学院和区文广旅体局组织的“品读南宋”2019南宋文化国际高峰论坛在杭州孔庙举行。论坛有各界代表50多人参加，并邀请浙江大学建工学院党委书记刘峥嵘、副书记傅慧俊和区政协副主席陈少华、杭州书法协会副主席陈进、浙派古琴传承人徐君跃等出席。论坛进一步弘扬社会主义核心价值，加强南宋文化的研究互鉴、教育普及、保护传承、创新发展、传播交流等，拓展南宋文化品牌效应，推进地域特色文化强区建设，增强优秀传统文化根植上城的生命力、影响力和感染力，为上城区建设“文化传承标杆区”高质量赶超发展提供精神动力和文化支撑。

【参加市“三江”歌手大赛】 2019年9月23—26日，杭州市第二十五届“三江”歌手大赛半决赛、总决赛及颁奖晚会在桐庐剧院举行。比赛分青年美声组、民族组、流行组、组合组和中老年组5个组别，由各区县（市）选送的105名选手参赛。经过角逐，上城区选送的8个节目获金奖4个、银奖2个、铜奖2个，分别是青年美声组丁立《那就是我》、流行组王巧君《新的心跳》、中年组徐德文《儿行千里》和伍迎春《我的深情为你守候》获金奖；民族组潘珊珊《亲圪蛋下河洗衣裳》、组合组朱静雨、庞焱《来电狂想》获银奖；青年民族组王亚男《曙色》、流行组林树成《心脏》获铜奖。区文化馆业务干部全晓丹获优秀辅导奖，区文化馆获优秀组织奖。

（张雪梅）

南宋文化节

【概况】 2019年10月12日至11月30日，2019年南宋文化节举行。南宋文化节以“经典南宋·韵味杭州”为主题，举办演艺、展览、讲座、论坛等系列活动，以互动体验展现南宋文化经典和人文记忆，着力构建融人文、旅游、产业、体验于一体的南宋文化传承平台。2015—2019年，南宋文化节让市民亲身感受南宋文化，吸引越来越多热爱南宋文化研究的专家、学者参与，凝聚形成传承发展南宋文化的多方合力。南宋文化节成为上城区的文化载体，进一步推进上城南宋历史文化追溯研究不断深入，先后出版8卷断代史《南宋全史》、54部专题史等研究著作。

（张雪梅）

【南宋文化节开幕】 2019年10月12日，以“经典南宋·韵味杭州”为主题的2019年南宋文化节在湖滨步行街开幕。省市领导蔡晓春、戚哮虎、罗卫红、陈国妹、叶鉴铭等，区四套班子领导，区法院院长和区检察院检察长，市区相关部门负责人，以及有关嘉宾、文化专家代表、南宋文化大使等参加开幕式。开幕式首次把南宋文化元素植入国际化的新湖滨时尚商业街区，“醉湖滨·遇见南宋”文化雅集和林兆华戏剧工作室打造的轻歌舞剧《白蛇》首演在步行街举行。同时，全新升级的东坡大剧院开业。

（王　灵）

【“南宋古都·经典上城”城市品牌推介】 2019年11月2日，以“新中国国家形象”为主题的2019清华国家形象论坛在清华大学举行。国家形象和文化研究领域的政府领导、企业高管、媒体领袖和知名学者等出席。区政协副主席陈少华一行到北京开展2019南宋文化节“南宋古都·经典上城”城市品牌推介，并在论坛的“城市品牌与文旅发展”分论坛上做主旨演讲。作为南宋皇城遗址所在地、南宋文化发祥地，上城区深度挖掘南宋文化厚重积淀，加快实施文脉修复和文旅融合双战略，发展全域旅游，提升文化旅游产业对地方经济的贡献率。

（张雪梅）

【“醉湖滨·遇见南宋”文化雅集】 2019年10月12日，“醉湖滨·遇见南宋”文化雅集举行。文化雅集利用湖滨步行街文化空间和街巷，打造融诗酒花茶、琴棋书画、戏曲歌舞为一体的“雅”文化，带领人们感受南宋文化的古今传承。文化雅集分3个展区开展展示活动：在月印池西北角，是少儿宋词诵读、雕版印刷等艺术展示和苏东坡与黄庭坚下棋的场景展示；在利星广场前东北侧，是古琴和洞箫合奏的《高山流水》和《潇湘云水》音乐展示，以及国画山水、花鸟画现场创作及插花、香道品鉴；在利星广场前南侧玻璃房，是区各类“非遗”艺术品展示，以及小提琴独奏《梁祝》。

【南宋文化节美食周活动】 2019年11月21—28日，上城区在南宋御街举办“‘百县千碗’进上城，浙里真有味儿”2019南宋文化节美食周活动。通过组织南宋特色菜肴和上城民间传统美食征集发布和线下体验活动，弘扬上城地域特色美食文化。活动由发布与颁奖仪式、现场烹饪与观摩体验、线下体验店打卡三部分组成。烹饪现场，向市民游客展示老杭帮传统菜、新杭帮创意菜、星际酒店自助餐等菜品。最终，南宋菜“秋水长天”和绍兴“干菜焖肉”获评“人气王”菜品。发布仪式上，区文广旅体局公布16名“百县千碗”美食工匠之首批上城区培育对象名单及10个“百县千碗”美食体验店之首批上城区培育企业名单。按照“最上城、最特色、最大众”原则，通过街道和餐饮机构遴选推荐、面向社会征集、多方征询意见研究讨论，综合形成春笋烧布鱼、田螺塞干菜肉、钱塘三鲜腐皮卷、望江门外四喜豆腐丸、烂糊鳝丝、开洋双冬油泡儿等上城“十碗”基本菜单。

2019年11月30日，“南宋韵·钱江源·土家情”风情展演暨2019南宋文化节闭幕式在上城区政府大礼堂举行　（陈建荣　摄）

【南宋文化节闭幕】 2019年11月30日，“南宋韵·钱江源·土家情”风情展演暨2019年南宋文化节闭幕式在区政府大礼堂举行。市区有关领导，以及开化县和鹤峰县有关部门领导、南宋文化节组委会成员单位负责人、媒体代表、观众代表等参加。闭幕式安排12个具有地域特色的文艺节目，重点发布下一届南宋文化节征集令。征集令围绕南宋风雅、南宋风情、南宋风姿、南宋风云、南宋风味和南宋风信六大主题，面向社会各界征集下一届文化节活动项目。同步面向社会征集南宋文化节“智库”，邀请具有节庆活动创意策划和相应执行能力的专业团队、从事南宋文化或传统文化研究的专家、学者，以及致力于传统文化宣传推广、具有较高艺术水准的宣传推广人才和团队，为南宋文化节整体策划、创意设计、传统文化元素提炼等提供智力支撑。闭幕式上，以“南宋韵·钱江源·苗山风·土家情”为主题，播放上城区、开化县、鹤峰县三地旅游宣传视频，举办三地地域风情、人文旅游资源摄影作品展览。

（年鉴编辑部）

文物与历史建筑保护

【概况】 2019年末，上城区有各级文物保护单位（点）97处（区管49处、景区管理48处），其中全国重点文物保护单位15处、省级文物保护单位15处、市级文物保护单位48处、市级文物保护点19处。全区有市政府公布的历史建筑7批、174处。全年完成历史建筑保护修缮项目10多处，包括三元坊巷9号、锅子弄34号等历史建筑保护修缮工程。辖区内的杭州孔庙碑林、求是书院旧址、浙江图书馆旧址——大学路馆舍入选第八批全国重点文物保护单位。根据小营巷街区红色旅游线路（“郁达夫故居—钱学森旧居—毛主席视察小营巷纪念馆”）拍摄的《红色小营》微视频获市园文局“红色记忆”微视频征集活动一等奖。

【新增全国重点文物保护单位3处】 2019年10月7日，国务院核定并公布第八批全国重点文物保护单位。经过前期推荐申报、评估审核等环节，辖区内的杭州孔庙碑林、求是书院旧址、浙江图书馆旧址——大学路馆舍成功入选，占杭州市入选总数的33%。杭州孔庙自南宋绍兴元年（1131年）起，一直是杭州府学所在地，孔庙内的《南宋太学石经》被称为“刻在石头上的教科书”。1949年后各地发现的碑石均集中存放于孔庙。杭州碑林博物馆于1989年建成并对外开放，为浙江省最大的石刻博物馆。馆藏唐至清代各类碑刻500多石，内容包括帝王御笔、地方史料、名家法帖、人物画像、天文星图、水利图刻及儒学、宗教、墓志等，其中五代吴越国天文星象图刻石是世界上保存下来最早的一块天文星象刻石。1961年，杭州孔庙碑林被公布为浙江省第一批省级文物保护单位。求是书院旧址原为普慈寺旧址，于清光绪二十三年（1897年）由杭州知府林启创办。1997年，求是书院旧址被公布为浙江省第四批省级文物保护单位。浙江图书馆前身是浙江藏书楼，创办于清光绪二十八年（1902年），清宣统元年（1909年）扩建为浙江图书馆，大学路馆舍为其总馆。现存馆舍于1932年9月正式开放使用。1997年，浙江图书馆旧址被

求是书院旧址　　（区住房和城建局 供稿）

公布为浙江省第四批省级文物保护单位。

【《上城区50年以上老房子保护利用规划研究》完成】2019年，区住房和城建局根据区人大常委会《关于做好上城区历保建筑及50年以上老旧房屋保护性排查调研的通知》，联合各街道，对全区现存800多处老房子进行保护性排查调研，先后走访居民1000多户次。3月，区人大常委会、区住房和城建局与市规划院共同完成调研文章《上城区50年以上老房子保护利用规划研究》。

【区历史文化遗存数据库建立】2019年，区住房和城建局组织对辖区范围内众多历史遗存开展抢救性拍摄工作，并将各历史遗存影像及文字资料通过整理固化，实现数字化保存。6月，上城区历史文化遗存数据库基本完成，入库历史遗存775处，保存高清图片9922幅，收集整理文字资料387篇、近12万字。

【安家塘28～30号建筑修缮完工】2019年5月7日，安家塘28～30号历史建筑修缮完成，并通过市、区两级验收。安家塘28～30号建筑位于安家塘历史地段内，建于1934年，建筑面积316.69平方米。该建筑坐西北朝东南，为二层木结构传统硬山民居建筑，是民国时期典型民居。修缮前，该建筑屋面、楼板及楼梯局部坍塌，破损严重，木结构局部脱榫虫蛀，并因地势低洼，雨期极易积水。杭州玉皇山南建设公司对该建筑实施保护修缮，在整修建筑的同时整治改善周边环境，加设排水系统，实施雨水外排，改善更新水电设施条件，加强消防能力，对屋面进行一级防水处理，施工中修缮部分屋面瓦件，屋面采用老材料结合传统施工工艺施工，较好体现民国初期传统历史风貌。

【锅子弄34号历史建筑修缮竣工】2019年7月，锅子弄34号历史建筑修缮工程竣工。该历史建筑建于1935年，是杭州市第二批历史建筑。建筑分主楼和附楼两部分，为四合院格局，主楼为一幢三层砖混结构建筑，附楼为一层砖木结构建筑。该房屋为当时杭州著名妇科专家何少山所有。修缮前，该建筑木地板损毁严重，屋面檐口破损，墙面渗水，粉刷层大面积脱落。2019年2月，浙江坤融建设有限公司进场施工。修缮后，建筑结构安全性能及历史韵味提升，由杭州市时代小学使用，并成为区“非遗”体验基地。

【三元坊巷9号历史建筑修缮竣工】2019年8月7日，三元坊9号历史建筑保护修缮工程竣工。该历史建筑建于19世纪70年代，为一幢木结构院落式传统民居，二层设戏台，是杭州保存较完整的宅邸民居之一。2007年3月，该历史建筑被列入市第三批历史建筑保护名单。修缮前，该历史建筑住户混杂，年久失修，存在安全隐患。2019年1月，湖滨指挥部以“最大程度还原历史建筑原有风貌”为原则，组织进场施工修缮，主要对建筑外墙、屋面及内部结构进行整体修缮加固，恢复西厢房戏台、立面门窗及二楼栏杆。结合使用功能需要，改造升级水电管线，增加厨卫等必要设施，适应现代化办公和生活需要。

（孟　蕾）

【杭州海潮寺复建工程奠基开工仪式举行】2019年12月18日，杭州海潮寺复建工程举行奠基开工仪式，并按照佛教传统举行洒净仪式。海潮寺始建于明万历年间（1573—1620年），由净土宗第八代祖师、明末“四大高僧”之一的莲池袾宏初创，并铸有大钟。清代以来，海潮寺与灵隐寺、净慈寺、昭庆寺并称“杭州四大丛林”。清嘉庆年间（1796—1820年），该寺扩建，有殿宇僧舍300多间。1944年，海潮寺大殿和藏经楼毁于大火，只留下建于明末清初的天王殿及部分僧舍。2000年，海潮寺被公布为杭州市第三批市级文物保护单位。2012年初，市政府决定复建海潮寺。杭州望海潮建设有限公司（望江指挥部）和区委统战部、区民宗局、市佛教协会等单位形成多级联动，及时了解、解决复建过程中存在的困难和问题，并结合望江新城建设，明确时间节点，积极开展海潮寺复建项目的前期工作，做好控规调整，协助开展地块周边征迁及建设工作。2019年10月，海潮寺（处所）复建工程规划方案进行公示。项目位于上城区望江单元新开河绿化带西侧，东临新开河绿化带，南临甬江路，西临海潮寺巷，北至B1/B2-03地块，总用地面积为1.61万平方米。原址保留天王殿，新建金刚殿、大雄宝殿、大悲殿、文殊殿、普贤殿、钟鼓楼、方丈楼、海潮斋等，总建筑面积25992平方米。

【上城区南宋德寿宫遗址考古发掘】 2019年12月8日，上城区南宋德寿宫遗址入选2019年度浙江十大考古发现。南宋德寿宫始建于绍兴三十二年（1162年），为宋高宗赵构退位后居所，与南宋皇城遥相呼应，坊间也称北大内，占地面积近17万平方米。此次发掘区域位于德寿宫前苑西北部，局部涉及中轴线位置，发掘面积6800平方米。新发现有大型宫殿基址、砖砌道路、砖砌庭院地面、台阶、假山基础、排水设施等建筑遗迹，出土高丽瓷器座、鸱吻、伽棱频伽、玻璃砖等文物3000多件。遗址区内南宋早中期遗迹之间多存在叠压打破情况，按时代早晚排序依次为：秦桧宅邸、德寿宫时期、重华宫（慈福宫）时期，其中秦桧时期遗迹揭露较少，多为德寿宫及后期修改建时期遗迹。

（年鉴编辑部）

非物质文化遗产保护和利用

【概况】 2019年末，上城区有各级非物质文化遗产代表性项目106项，有市级及以上“非遗”生产性保护基地、研究基地、宣传展示基地等22个。完成第七批上城区非物质文化遗产代表性项目和第三批“非遗”特色学校申报。支持打造胡庆余堂国药号蒋玲霞技能大师工作室、萧山过江布非遗传习所、原音斋斫琴坊等“非遗”人才平台。铜雕技艺《千里江山》铜茶道系列、萧山过江布《“幸福一辈子”》杭州特色系列抱枕被、杭州刺绣《西湖小景》扇面系列、南宋官窑制作技艺《南宋官窑葵口茶盏》系列被省文化和旅游厅列为2019年省优秀“非遗”旅游商品。省级“非遗”项目“杭州刺绣”参展第十四届中国（义乌）文化产品交易博览会、北京世界园艺博览会。举办“深化‘非遗’保护传承，上城区探索‘非遗+’成果展”“光辉70年，共筑同心圆”等“非遗”老报纸展，2019“非遗”大观

2019年8月9—16日，“非遗+”成果展在区行政服务中心展出

（区文广旅体局 供稿）

园——上城区“非遗”博览会，2019年非物质文化遗产传播季——品牌杭州·产品品牌颁奖盛典暨创意集市，“非遗”年货节等活动。铜雕技艺被列入国家振兴项目，铜雕技艺、杭州刺绣、振兴祥中式服装制作技艺被列入省级振兴项目。朱军岷的《郎世宁〈仙萼长春图册〉之一》《帝苑芳华铜桌》《鹏程万里》3件铜雕技艺作品入围2019年浙江省文化和旅游厅举办的首届“非遗薪传奖”传统工艺大展。草桥亭建设的木雕“非遗”技艺得到市委常委、宣传部部长戚哮虎肯定。

【“朱炳仁艺术”主题邮局开业】 2019年1月5日，以铜雕艺术家朱炳仁命名的“朱炳仁艺术”主题邮局在北京798园区朱炳仁艺术博物馆对外营业，并举办《己亥年》生肖特种邮票首发仪式。该邮局是中国首个以“非遗”工匠名字命名的主题邮局。作为全年邮票发行的“开门票”，《己亥年》生肖特种邮票以“家”的核心概念连结，并首次在一枚生肖邮票中完整体现“全家福”的概念，寄寓新春时节合家团圆、五福临门的美好祝福。

【国家级“非遗”代表性项目代表性传承人传承活动专家评估会】 2019年6月21日，区文广旅体局组织专家对上城区国家级“非遗”代表性项目代表性传承人朱炳仁（铜雕技艺）、包文其（振兴祥中式服装制作技艺）、俞柏堂（方回春堂传统膏方制作技艺）进行传承活动评审。通过组织传承人会议，布置评估具体工作，收集、整理传承人材料，专家组讨论等环节，3名国家级非物质文化遗产代表性传承人均通过专家评审。

【杭州“非遗”技艺展评活动在上城区举行】 2019年9月23—24日，“指尖上的非遗”杭州“非遗”技艺展评活动在上城区太庙广场举行。杭州13个区县（市）及钱塘新区、西湖风景名胜区共15个单位及其所在地列入“非遗”名录的30个项目参展。活动由市文广旅局、上城区政府共同主办。副市长陈国妹、市政府副秘书长程华民、副区长毛素云等领导出席。活动由杭州特色传统美食（点心）制作技艺竞赛和列入各级“非遗”代表性名录的代表性项目展示两部分组成。其中，代表性项目展示活动按照“非遗”的特点、形式分为4个单元，集中呈现杭州市15个地方推荐的30项“非遗”传统技艺与传统美术；杭州特色传统美食（点心）制作技艺竞赛中，来自各区县（市）的15名“非遗”传承人，以及列入“非遗”代表性项目名录的30道传统美食参赛、参评。通过材、色、形、法、装饰、精工技艺等方式，集中体现杭州传统美食魅力。

【“非遗”博览会】 2019年11月20—21日，2019“非遗大观园”——上城区“非遗”博览会在鼓楼小广场举行。活动由区文广旅体局、杭州市南宋皇城小镇管理委员会主办，区非物质文化遗产保护中心承办，旨在推进上城区各级非物质文化遗产的传承与保护。国家级“非遗”代表性传承人包文其、俞柏堂，省级“非遗”代表性传承人陈明珠、俞康发、金家虹、吴莹、丁光明等参加活动。博览会汇聚吴山庙会祭祀大典、胡庆余堂中药文化、铜雕技艺、方回春堂传统膏方制作技艺、振兴祥中式服装制作技艺等16项国家级和省级“非遗”项目。

【上城·鹤峰“非遗进校园”座谈会】 2019年4月2日，湖北鹤峰县文旅局一行人到杭州市时代小学考察，与区文广旅体局、区图书馆（区非遗中心）有关负责人和区省级代表性传承人吴莹、金家虹，以及杭州市时代小学副校长郦云等学校领导开展“非遗进校园”座谈会。座谈会上，上城区和鹤峰县就两地“非遗”工作的优化提升进行深入交流，推动两地“非遗”发展。

【“非遗”中日交流】 2019年11月10日，杭州市茶研会、国际文化交流中心携上城区茶研会、杭州市紫阳小学茶艺社团师生组成的杭州市“宋代点茶”狭山交流团参加第三十届日本狭山市大茶会。大茶会在狭山稻荷山公园举行。参加大茶会的除日本代表团外，还有中国杭州、美国华盛顿、越南、韩国等多个国际代表团。狭山市市长、议长、副市长、市民部部长、市教育部部长等政府要员出席活动。狭山市市长亲身体验上城区“非遗”传统技艺“点茶”。杭州市紫阳小学茶艺社团的“小茶人”把点完的茶分给嘉宾品茗，获一致称赞。活动吸引大批国际友人参与，现场询问点茶文化、点茶技艺等知识。代表团与日本狭山市茶道联盟友好交流，参观静冈牧之原大茶园和茶之都博物馆，与日本茶企业交流互动，了解日本茶文化、茶产业的发展历史和今后的发展方向，学习日本先进的种植、采摘、加工技术和茶叶及衍生产品的研发思路，同时推进中国茶文化走向世界。 （张雪梅）

【“灵动浙江”非遗展】 2019年12月7—15日，“灵动浙江”非遗展亮相湖滨步行街。活动在原有“丝茶酒瓷”的展示内容基础上，增设入驻湖滨路步行街的老字号品牌文化和手工技艺展。活动现场通过户外设点、搭建展示台的方式，在湖滨步行街沿线各“非遗”和老字号企业门口空地，集中展示“非遗”和老字号传统文化、特色产品、手工制作技艺等。龙泉玉德青瓷有限公司、杭州龙井茶业集团有限公司、浙江台绣服饰有限公司、浦江剪纸天海艺苑、绍兴上虞傅家岭越窑青瓷科技有限公司、浙江承启轩文化传播有限公司、杭州胡庆余堂天然食品有限公司、浙江凯喜雅股份有限公司8家“非遗”企业参展。方回春堂、王星记、毛源昌、采芝斋、知味观、杭州酒家等老字号企业展示传统膏方现场制作、传统中医文化、特色扇子、眼镜发展史、传统糕点现场制作、饮食文化等。市民和游客可体验名中医现场把脉诊断、验光配镜咨询、视力功能检查、眼镜清洗维修等服务。

（年鉴编辑部）

文化市场管理

【概况】 2019年，区文化市场行政执法工作围绕“平安建设”主线，以文化市场规范有序安全为总目标，严格落实各项监管措施，打击各类违法违规行为，守住文化市场内容和场所“两个安全”底线。全年办理行政许可项目292件，行政备案事项133件，出动执法人员检查1482次，检查文化经营单位1318个次，受理各类举报投诉件10件，行政处罚案件6件，警告违规违法单位（机构）2个，处罚款1.4万元，没收非法地面卫星接收设施2件。全年无投诉、无行政复议、无行政诉讼案件发生。

【护航中高考】 2019年6月，区文化市场行政执法大队结合护校安园专项行动，在全区范围内开展文化市场集中整治行动，为中高考保驾护航。执法人员重点检查浙江省杭州第四中学吴山校区、杭州市建兰中学、北京师范大学附属中学等学校周边网吧、歌舞娱乐经营场所，坚决打击不良商家违法经营行为，为师生创造平安、健康、和谐的教育学习环境。区文化市场行政执法大队采取定期复查与突击检查相结合方式，对校园周边环境进行执法检查，出动执法人员120人次，检查校园周边网吧51个次、娱乐场所23个次，在巡查中未发现违法情况。同时要求歌舞娱乐场所严格执行营业时间，禁止在凌晨2时至上午8时营业，呼吁居民区附近的歌舞娱乐场所主动提前结束营业，严格控制音响设备音量，杜绝扰民现象发生。加大营业性演出管控力度，杜绝学校周边营业性演出，并在中高考期间停止校园周边工程建设，防止噪音影响考生学习与休息，确保给考生营造一个安静的学习、考试环境。

【全区游泳场所开放管理工作会议】 2019年7月4日，区文广旅体局会同区文化执法大队、区卫生监督所、区红十字会等相关职能管理、监督部门在区社会体育指导中心会议室召开2019年上城区游泳场所开放管理工作会议。全区22个高危险性体育项目经营场所负责人、40多名救生员参加会议。会议对有关公共安全工作进行安排和部署，确保各项经营活动规范、有序、安全运行。

【文化市场突击夜查】 2019年9月29日，区文广旅体局会同小营街道综合治理办公室对辖区12个娱乐场所开展突击夜查。强化安全管控，逐个检查安全制度是否健全、消防设施是否完好、消防通道是否畅通、禁烟是否落实，督促娱乐场所落实主体责任。规范经营秩序，查看营业日志、从业人员花名册，以及曲库是否存在违禁内容、是否与境外曲库相连等，同时普及法治宣传教育。落实隐患整改，出动检查人员36人次，发现隐患19条，其中立即整改17条、限期整改2条。

（张雪梅）

【新闻出版和电影管理】 2019年2月，上城区加强对印刷企业、出版物企业和电影企业日常行政及监管工作。排摸走访了解行业情况，传达省市相关工作要求，切实掌握3个行业140多家企业实际生产经营状况，进一步强化管辖企业的综合管理。全年出动执法人员146人次，检查经营场所172个次。区新闻出版局审批窗口全年办理行政许可项目122件，所有事项均按法定时限完成，全年无投诉、无行政复议、无行政诉讼案件发生。

【扫黄打非】 2019年9月，上城区召开“扫黄打非”工作会议，调整工作领导小组和办公室组成人员，明确各成员单位职能，专题研究文化市场集中清理整治方案，引导文化经营场所规范合法经营。9月9—15日，由区扫黄打非办牵头，联合文旅、市场监督、公安、城管等部门执法人员，对全区酒店、电影院、网吧、KTV、书店、夜市等文化娱乐经营场所开展“扫黄打非”专项清理整治。整治行动明确“扫黄打非”工作重点，重点查处政治性有害出版物及信息和伪科学内容出版物、印刷品及信息；排查“一日游”旅行社合同签订履行情况和导游带团违规行为；查处歌舞娱乐场所内提供播放违禁歌手作品、违禁歌曲等违规行为，各类低俗色情演出行为，自媒体违法违规采编、有害信息传播、敏感问题炒作、从事敲诈勒索等行为；清查含有妨害未成年人健康成长内容的非法有害少儿出版物及信息。其间，开展中小学校园周边文化环境专项整治和盗版少儿出版物专项整治。

（陈　彬）

档案工作

【概况】 2019年，上城区档案工作围绕档案“一盘棋、双加强”目标，局馆联动，推进全区档案事业全面发展。完成档案系统机构改革，指导涉改部门做好机构改革档案管理工作。全面深化“互联网+政务服务”，实现全区统建平台在线办事事项100%归档。推进数字档案馆建设，建成便于档案“收、管、存、用”的数字化管理系统，通过省级数字档案馆评估。开展“国际档案日”宣传活动，指导基层单位做好档案工作，助推服务中心工作和经济建设。按照省市档案主管部门的统一部署，不断挖掘馆藏民生档案资源，建立民生档案数字资源共建共享机制，积极开展“异地查档跨馆服务”和“长三角地区民生档案‘异地查档、便民服务’”等活动。全年接收区委办公室、区人大常委会办公室、区政协办公室、区委组织部等单位的文书档案、照片档案220卷、2844件；接收延安路南端贯通工程指挥部和杭州商宇房地产开发有限公司北落马营地块拆迁档案、会计档案269卷、2442件；接收望江指挥部相关档案47件。全年累计接待办理档案服务1922人次，查阅2946卷(件)。

【档案机构改革】 2019年1月，根据《杭州市上城区机构改革方案》，区档案局（区档案馆）行政职能划转给区委办公室，对外保留区档案局牌子，区档案馆继续作为事业单位设置。6月，根据《关于同意调整区委办公室下属事业单位有关机构编制事项的批复》，杭州市上城区档案局（档案馆）更名为杭州市上城区档案馆，设置办公室、数据资源科、保管利用科3个内设机构，主要职责为负责集中统一管理全区重要档案资料，保守党和国家秘密，维护档案完整和安全；依法接收区级党政机关、团体、企事业单位的档案，并提供档案接收指导服务；开展档案和资料的整理、鉴定、保管、保护、修复、复制、统计、利用服务工作；开展档案宣传、文化、信息化建设；开展馆际合作和业务交流；完成区委、区政府交办的其他任务等。

【机构改革档案管理】 2019年1月，区委办公室、区政府办公室印发《关于做好全区机构改革中档案工作的意见》，要求机构改革涉及的部门单位制定档案管理与处置工作方案，明确分管领导、责任科（室）和人员，落实工作经费，承担相应的档案收集、整理、鉴定、保管、利用和清点、交接等工作，按规定向区档案馆或新组建机构移交档案。同时，区档案局制定《上城区直机构改革中档案工作业务指导方案》，区档案馆在区机构改革人员转隶及部门“三定”工作培训会上做档案管理业务培训，对涉及机构改革部门全宗号做相应调整，并对全区各涉改单位进行业务指导。

【服务“最多跑一次”改革和政府数字化转型工作】 2019年，上城区档案工作全面深化“互联网+政务服务”，高效抓好机关内部“最多跑一次”改革，审定办事事项3个。建成电子文件归档、交换和电子档案管理统一平台，推进“最多跑一次”归档简化优化。做好“最多跑一次”事项电子档案接收工作，区档案馆和区审管办、区数据资源局联合开展统一建设平台及“一窗受理”平台电子文件归档工作，组建工作小组，进行上门指导，并每周通报归档进度，实现337个事项100%归档。

【省级数字档案馆建设】 2019年，上城区贯彻落实省委十三届四次全会决定和《浙江省档案事业发展“十三五”规划》提出的“建设数字档案馆”任务要求，积极筹划准备，以评促建，稳步开展数字档案馆建设。搭建档案信息可靠平台，建设馆室一体化的电子档案管理与归档接收系统、基于局域网的馆藏档案长久保存系统、基于不同网络的档案利用系统，建成便于电子档案“收、管、存、用”全流程管理的数字档案平台。规范档案数据量化标准，修订完善《杭州市上城区档案馆数字档案资源管理制度》《杭州市上城区档案馆档案数字化加工实施细则》等制度，组织专业人员对历史数据进行校验、修改和补充，完成案卷级、文件级电子目录数据库建设，对馆藏音频、视频、印章、照片、实物档案全部进行数字化，档案数字化率提升至90%以上。区档案库房借助物联网技术，安装电动智能密集架、智能盘点车、视频监控系统、恒温恒湿总控系统等设备，通过RFID电子标签和馆员工作站等手段，由系统辅助实体档案定位、出入库提醒、报警、盘点等，实现档案库（室）智慧管理、综合管理。11月，区档案馆通过省级数字档案馆评估。

【“国际档案日”宣传活动】2019年6月5日，上城区以“新中国的记忆”为主题开展“国际档案日”系列宣传活动。联合小营街道金钱巷社区，在区社区学院举办档案展览及咨询服务活动，为居民解答档案利用、“最多跑一次”查档服务等问题。利用“杭州上城档案”微信公众号，推送《与历史对话——档案中的上城》档案史料，展现中华人民共和国成立70周年以来上城区的发展变化。组织档案人员参加省档案学会举办的首届兰台青年学术研讨会论文评选，温泮婧撰写的《浅谈业务建设评价模式下的基层国家综合档案馆建设》获评优秀论文。

【档案业务培训】2019年11月5日和12月9日，区档案馆分两批组织全区一级立档单位档案员参加虚拟档案室系统操作培训。虚拟档案室系统是全区档案馆室一体化平台的重要组成部分，能提供数据统计、在线移交等功能。通过系统理论专门讲解、实际操作学习等，促进档案员熟悉并掌握系统的使用，方便单位自主管理相关档案。

【档案执法检查】2019年9—12月，区档案局深入开展档案执法监督检查，推进“互联网+档案监管”模式，深化“双随机、一公开”监管，2名执法人员积极开展掌上执法，规范执法行为，落实监管责任。区档案局采取听取汇报、实地查看、现场询问等方式，先后对区委宣传部、团区委等单位开展单位档案管理情况检查，对湖滨指挥部和浙江档科信息技术有限公司开展重点建设项目档案管理情况和档案服务外包承揽企业档案安全工作情况进行检查，累计检查单位28个，其中对2个单位进行督促整改。全区档案工作进一步规范，档案实体和档案信息安全保障有效提升。

2019年6月5日，上城区在区社区学院开展“国际档案日”宣传活动
（区档案馆 供稿）

【档案室规范化建设】2019年11—12月，区档案局对区委办公室、区审计局、杭州市陶子幼儿园等单位创建示范及规范化数字档案室、档案目标管理认定等工作进行具体业务指导。对照《浙江省数字档案室建设测评标准》进行实地检查，针对存在问题，提出相应解决方案，完善单位档案室安全管理责任制。12月，经市档案局验收考核，区审计局创建示范数字档案室，区委办公室、区卫健局、区红十字会、湖滨指挥部创建规范化数字档案室，杭州市陶子幼儿园通过市一级档案目标管理认定。

（温泮婧）

上城区社会科学界联合会

【概况】2019年，上城区社会科学界联合会以习近平新时代中国特色社会主义思想和系列重要讲话精神为指导，立足上城实际，推进社科普及基地网络建设，举办“社科普及周”活动，推出线上《周末社科微谈》社科讲堂栏目，开展社科理论宣讲，进一步发挥社科联桥梁纽带和智库智囊作用。深入挖掘南宋文化，创新推动上城哲学社会科学事业发展，积极为打造“文化传承标杆区”贡献社科力量。

【区社科联一届二次常务理事会议】 2019年2月22日，区社科联第一届理事会第二次常务理事会召开，全体常务理事参加。会议传达市社科联（院）2019年工作要点，回顾区社科联2018年主要工作，部署2019年工作重点。根据区委提名文件和区社科联章程，会议审议并通过有关人事调整事项，选举薛迓冰为区社科联主席，陈婷为区社科联专职副主席，倪优优、曹婕为区社科联兼职副主席。会议增补13名来自区级有关部门和学校、律师事务所、媒体等社会机构的专家、学者充实到理事队伍中，优化理事人才结构。

【区社科联一届二次理事（扩大）会议】 2019年6月20日，区社科联一届二次理事（扩大）会议在区社科普及基地玉皇山南基金小镇党群人才服务中心举行。市社科联副主席、市社科院副院长朱学路，区委宣传部常务副部长、区社科联主席薛迓冰，区社科联副主席、理事及各社科基地负责人、社科宣讲团特聘讲师等近100人参加。会议回顾区社科联成立一年半以来在组织课题研究、强化理论引领、加强阵地建设、创新普及形式等方面所做的工作和取得的成绩，同时对下一步工作做出部署。会上举行区首批社会科学普及基地授牌仪式和区社科宣讲团成立仪式，市社科院党建研究所所长、区社科联特聘讲师肖剑忠在会上进行“不忘初心、牢记使命”主题宣讲。

【社科普及基地网络建设】 2019年，上城区注重社会科学实践，开展社科普及基地建设，构建起省市区三级社科基地网络，社科基地在质量和数量上持续提升。6月，中国社区建设展示中心等13个单位被命名为首批区级社科普及基地。9月，新增杭州胡庆余堂中药博物馆、“小营·江南红巷”为浙江省社科普及基地。至年末，上城区建成各级社科普及基地13个，其中省级4个、市级3个，进一步充实社科普及载体和资源，为社科普及品牌打造夯实阵地基础。

【社科理论宣讲】 2019年6月，上城区成立社科宣讲团，聘请何俊、江山舞、肖剑忠等18名在社会科学研究领域和业内具有影响力的人士担任讲师，强化社科“智囊智库”作用，为区社科人才队伍注入新力量，同时为新时代讲好杭州故事、上城故事，履行好社科“启智、育人、立言、明德”的职能搭建更加坚实的平台。制定《杭州市上城区社会科学基层理论宣讲管理办法（试行）》，科学规范指导社科宣讲工作，定期举办社科理论送课进街道、进社区、进校园宣讲活动，内容涵盖时政、党建、文化、金融等，区社科联和各基层理论宣讲点全年开课50多次。

【线上《周末社科微谈》社科讲堂栏目推出】 2019年，区社科联探索开辟全新线上社科普及渠道——“社科讲堂”，联合华语之声、上城区融媒体中心、“上城发布”等平台，每周推出一期《周末社科微谈》社科讲堂栏目。栏目内容涵盖“文人故事”“岁时节日”“地名故事”“美食文化”等，相继策划推出“古井密码”“老城遗韵”等系列内容，并穿插音频，讲述与上城历史、南宋文化等相关的社科知识，弘扬南宋文化。全年推出《周末社科微谈》社科讲堂栏目40多期，其中近20期被“学习强国”“浙江社科”等平台录用。

【“社科普及周”活动】 2019年10月，上城区“社科普及周”系列活动举行。结合庆祝中华人民共和国成立70周年主题，全区各街道、各社科普及基地、各基层理论宣讲点、各社科团体等社科机构组织开展不同主题、不同类别的社科文化活动60多场，包括讲座论坛类、书画展览类、演讲竞赛类等，超过2万人次参与，切实推进社科普及深入基层、面向群众。区社科联、省级社科基地“小营·江南红巷”被评为2019年度杭州市社科普及先进单位。

（赵　晨）

上城区文学艺术界联合会

【概况】 2019年，上城区文学艺术界联合会（简称区文联）成立，并启动各项工作。区文联贯彻落实习近平新时代中国特色社会主义思想和习近平总书记有关文艺工作重要讲话精神，坚持文艺工作“两为方向”和“双百方针”，努力承担新形势下宣传思想工作“举旗帜、聚民心、育新人、兴文化、展形象”的使命任务，围绕区情实际，弘扬南宋文化，践行文艺惠民、创作文艺精品，推进上城区“文化兴盛三年行动计划”和“文化传承标杆区”建设。

【上城区文学艺术界联合会成立】 2019年1月11日，上城区文学艺术界联合会成立暨第一次代表大会召开。市委宣传部常务副部长龚志南，市文联主席应雪林，区领导陈瑾、袁建祥、占仁义、范卫东、王歆、韦云、毛素云、陈少华等出席大会，各相关单位负责人及文学艺术界专家、学者300多人参加。大会确认音乐、美术、书法、曲杂戏剧、摄影、舞蹈、电影电视、写作、民间文艺、设计雕塑、艺术创意11个艺术界别（协会）、247名正式代表。会议审议通过《上城区文学艺术界联合会章程（草案）》《上城区文联第一届委员会委员选举办法（草案）》等，以举手表决形式选举产生区文联第一届委员会委员73人。

【区文联第一届委员会第一次全体会议】 2019年1月11日，区文联召开第一届委员会第一次全体会议，以无记名投票方式选举产生区文联第一届主席团，肖斌任主席，陈婷任专职副主席兼秘书长，方志达、刘志江、朱军岷、吴重生、吴家平、沈浩、陈敏、徐君跃、徐镇、董其峰、韩璐任兼职副主席。大会聘请朱炳仁担任区文联名誉主席，毛戈平、李玮、吕春生、朱明虬、陈水琴、杭间、胡乔华（华少）、夏赛丽、崔巍、嵇锡贵、蒋胜男11人担任顾问。大会号召全区文艺家坚持“以人民为中心”的工作导向，积极培育和践行社会主义核心价值观，推出更多以文载道的精品力作，培育更多崇德尚艺的文艺人才，为将上城打造成文化兴盛、文艺繁荣的一流的国际化现代化城区作出贡献。

【上城区作家协会召开第二次会员代表大会】 2019年8月29日，上城区作家协会（简称区作协）召开第二次会员代表大会。省作协主席、市文联主席、市作协主席艾伟到会祝贺。大会对区作协上一届的工作给予肯定，希望区作协团结会员，共同开创上城文学事业新局面。会上举行区作协顾问聘书颁授仪式，聘请孙建江、董晓伟、薛家柱为顾问，并选举产生新一届理事会主席、副主席、秘书长和副秘书长。中国作家协会会员、浙江省作协全委会委员、浙江日报北京分社社长吴重生连任区作协主席，杭州市天长小学校长楼朝晖任常务副主席，汪海英、陆桂芳、饶美红、俞宸亭、戚山鹰任副主席。

【上城区书法家协会成立】 2019年9月19日，上城区书法家协会成立暨第一次会员代表大会召开。省文联副主席、书记处书记，省书法家协会副主席赵雁君，中国书法家协会顾问、省人大财经委原主任、省国石文化研究会会长楼小东，市文联常务副主席汪华瑛，中国美术学院教授、市书法家协会主席王冬龄，区领导陈瑾、范卫东、韦云、陈少华等出席，区有关部门负责人、区书法艺术界人士和会员代表等近200人参加。区委书记陈瑾为区书法家协会授牌，区委常委、宣传部部长范卫东致辞。协会聘请王冬龄、宋涛、郑竹三、金鉴才、张勇、张耕源、林乾良、祝遂之、赵光育、桑士达、高法根、童衍方、楼小东担任顾问。会议审议通过区书法家协会章程，选举产生区书法家协会第一届理事会理事及主席、副主席、秘书长和副秘书长。

【上城区美术家协会成立】 2019年12月19日，上城区美术家协会成立暨第一次会员代表大会召开。省美术家协会副主席、浙江画院原副院长池沙鸿，市文联秘书长程育青，市美术家协会主席张子翔，中国美术学院中国画与书法艺术学院书记韩璐，中国美术学院原副院长高法根，著名美术家高晔出席，区文联和有关部门负责人、区美术界人士和会员代表等100多人参加。会议审议通过《杭州市上城区美术家协会章程》等，聘请艺术家吴山明任名誉主席，张鸿铭等21名业内知名艺术家任顾问，选举产生区美术家协会第一届理事会理事和主席、副主席、秘书长、副秘书长。

【“知识江南美学·味象风雅宋韵”主题活动】 2019年5月18—22日，“亚洲文明对话大会”和“知味杭州”亚洲美食节配套活动——“知识江南美学·味象风雅宋韵”主题活动举行。活动由市政府主办，区政府、中国美术学院承办。推出“江南美学雅文化展示”“宋代文物精品展示”“味象文人茶雅集”3个展览模块和“知识江南美学·味象风雅宋韵”论坛。论坛开幕式在中国美术学院南山校区举行，以江南美学生活元素为载体，围绕“美城”“美院”“美食”“美学”4个关键词，通过体验、互动、展陈、主旨演讲、交流对话等方式展示南宋文化，展现当代东方优雅生活。国内外嘉宾100多人参加，其中外国嘉宾12人、国内嘉宾48人，观众50多人。活动推出西湖琴社“千年雅乐一脉流芳”浙派古琴体验、承香堂·荷花池头“三三宗插花展”、恒庐美术馆“四时清景”主题作品展、杭州宋代玉器艺术馆“宋代精品玉器展”等环美院文化体验点系列配套活动。

【第六届中国民间艺术示范展】 2019年5月23日，第六届中国民间艺术产业示范展在梓府开幕，展览持续7天。展览以“弘扬民间艺术，展示工匠技艺，交流创作成果，促进产业发展”为宗旨，以“百人双百件”为题，展示来自全国各艺术门类的100多名国家级艺术家的手工艺精品200多件，包括近30名历届“中国十佳艺人”、20多名历届“民间最受欢迎艺人”、50多名手工艺产业发展领军中青年艺术家的新作品。展览设置“中国民间艺术产业示范奖”奖项，由中国民间艺人节评委会参与评审。展览期间，“中国民间艺术产业发展”座谈会召开，邀请参展代表、专家学者、相关部门负责人交流分享经验，共同研究探讨手工技艺与中国民间艺术产业未来发展的方向与路径。

【第八届中国民间艺人节】 2019年10月18日，第八届中国民间艺人节在南宋御街开幕，活动持续4天。艺人节推出中国民间手工技艺精品博览会（含展览和展销会）、第十四届中国民间文艺“山花奖”·优秀民间工艺美术作品初评活动及“中国民间十佳艺人”推荐三大特色活动板块。来自北京、河北、江苏、安徽、江西、福建等21个省、直辖市、自治区的

100多名民间艺术家携带各自手工艺精品参展，并参评全国民间文艺领域的最高奖项——中国民间文艺“山花奖”。活动期间，邀请印度中国经济文化促进会带来印度木雕、铜器、纺织、细密画等特色工艺品展示。

【各类文艺活动举行】 2019年，区文联围绕全区中心工作，开展各类主题文艺活动，持续开展系列文艺惠民活动。全年开展“经典上城，潮起望江”首届杭州市上城区书法名家邀请展、古琴世家暨唐宋元明清五朝老琴西湖音乐会、“西湖墨韵——牟建闽书法篆刻展”、中华姓氏图腾艺术展等活动。组织开展文艺家协会、文艺机构开展“一带一路”诗词书法十人展、“之江琴韵”浙派古琴音乐会、两岸三地宋代玉器展、“草堂·书院·国学馆”音乐会、日本经典动漫原稿展（杭州站）、郁达夫罕见小说手稿全国巡展等惠民文化活动，引导文艺工作者坚持以“以人民为中心”为创作导向，推出体现时代特征、富有杭州特色和上城味道的精品活动。（赵　晨）

卫生与健康

Health

综　述

【概况】2019年末，上城区有医疗卫生机构242个（含省市医疗机构、不含停业和筹建机构），其中医院23个、社区卫生服务中心（站）43个、门诊部58个、诊所（含卫生所、医务室）97个。拥有床位1.47万张，其中医院床位1.44万张。有各类专业卫生技术人员2.34万人，其中执业（助理）医师8758人，注册护士1.11万人。6个社区卫生服务中心中，有全国示范中心1个、省级示范中心4个。

【基层医疗卫生健康服务建设】2019年，区卫健局围绕“保基本、强基层、建机制”，以加快医疗卫生健康领域“最多跑一次”改革为抓手，着力破解“看病难”“办事烦”等问题。推进卫生健康相关审批服务“简化办、网上办、就近办”，医疗机构设置审批等5个涉企事项纳入全市商事登记一窗受理平台；辖区6个助产机构全部面向群众提供“出生一件事”多证联办服务。完善分级诊疗工作体制机制，深化省市区三级医联体合作，开展双向转诊；推进专科联盟建设，建立合作项目15项。实施全省基层医疗卫生机构补偿机制改革工作，推进社区卫生服务中心政府投入和财政补偿机制政策落实落地。加快医疗卫生领域信息化建设，拓展上城数字卫监平台应用场景。投入340多万元，实施智慧医疗自助惠民项目。推进省级“新生儿心超筛查”和市级“新生儿先心病早筛”民生实事项目落地。实施社区卫生服务用房建设三年行动计划，提升改造紫阳街道木场巷、上羊市街社区卫生服务站；改造完成湖滨街道社区卫生服务中心全科区域、氧气房等项目。推进“清廉医院”建设，开展医药购销商业贿赂专项治理，严格落实“双十”排名约谈制度。年内，上城区数字卫监平台经验被副省长成岳冲、副市长陈卫强批示，国家卫生健康委监督局局长赵延配、健康监督中心主任胡光先后到上城区开展专题调研。

【卫生科研】2019年，区卫健局加强医学科研工作，开展继续教育与业务培训，深化与浙江大学医学院附属第二医院合作，提升医务人员学术水平。全年各社区卫生服务中心安排医师、护士各25人分别参加住院医师规范化培训和社区护士岗位培训，其中住院医师规范化培训中医13人、西医12人。全区医

2019年上城区卫生机构情况

表10

指标名称	年末实有数（个）	备注
卫生机构	242	含省市医疗机构、不含停业医疗机构和筹建机构
医院、卫生院	23	
门诊部	58	
社区卫生服务中心（站）	43	
诊所（含卫生所、医务室）	97	
疾病预防控制中心	1	
卫计监督所	1	
妇幼保健院（所、站）	2	
其他卫生机构	2	

2019年上城区卫生技术人员情况

表11

指标名称	年末实有数（人）
卫生技术人员	23402
执业医师	8628
执业助理医师	130
注册护士	11096

（仲　玥）

疗卫生机构在各种刊物发表文章16篇，申报立项科研项目4项，获科学专利1项。

医政医管

【概况】 2019年，上城区加强医疗质量安全控制，巩固医养护签约服务工作，提升基本公卫服务项目。强化部门、街道、社区联动，扎实推进东西部医疗扶贫，完成企业退休人员、干部保健检查、征兵体检等工作。推进中医药、妇幼保健、疾病预防、精神卫生、慢性病和职业病防治等方面建设，完善设备配置和基础设施建设。

【医疗质量管理规范化】 2019年，区卫健局结合上半年度和下半年度医疗质控检查，依托上城区11个医疗质量分质控中心专家，对辖区各街道社区卫生服务中心和民营医院开展督查。重点检查感染控制与监测、无菌操作及消毒隔离技术规范执行情况、手卫生管理、水处理与医疗废物管理等，并就发现问题进行现场反馈与指导。对辖区内有血液透析、新生儿病房、产房、口腔科、内镜室等重要风险点的医疗机构，开展全面院感风险排查，筑牢医疗安全防护底线。加强第一类精神药品、麻醉药品管理，购用严格初审。实行辖区医疗机构医疗争议月报制度，全年处理信访医疗纠纷329件。全年行政调解1例。委托杭州市医学会进行医疗事故技术鉴定6例。

【医疗机构年度校验】 2019年2月，区卫健局按照《医疗机构管理条例》《医疗机构基本标准》《医疗机构校验管理办法》，开展2018—2019年度医疗机构校验。校验采用分批校验新模式，按照类别和街道分布，将应校验的200多个机构分成7个批次，分别进行培训，同时在各街道社区卫生服务中心和民营医院培育医疗机构校验师资力量，强化业务学习，提升民营医疗机构管理能力，进一步加强行业自律，规范竞争行为。经审核，通过校验医疗机构193个，因改建、扩建、迁建等原因报停9个，新开设医疗机构37个，注销12个，校验情况公示在《上城报》上，并报杭州市卫生健康委员会备案。

【医疗对口帮扶】 2019年，区卫健局通过医疗帮扶、结对共建、人才交流，携手贫困地区共同打赢脱贫攻坚战。先后接收湖北鹤峰县卫健局领导干部、业务骨干56人到杭州学习培训一周，接收鹤峰县选派的14名医疗卫生专业技术人才到上城区开展为期一个月的交流学习；接收贵州省雷山县2名干部挂职一个月，安排雷山县16名临床医师和护理人员至杭州市第一人民医院进修一个月，帮助进修挂职人员学习专业知识、先进技术和管理经验，提升医疗业务水平，带动当地医疗发展。全年区卫健局派出11名医疗骨干到鹤峰县支医，派出7名医疗骨干到雷山县支医。帮扶医疗骨干人员通过提升自身业务水平带动当地医疗水平和服务能力提高，尤其在医疗规范、公共卫生服务管理、传染病防控、行政管理等方面对当地医疗水平的整体提升做出积极贡献。全年分别在鹤峰县、雷山县完成门诊、急诊、会诊414人次和610人次；分别在两地举办培训49次和19次，受益2076人次和782人次；分别在两地开展义诊17次和18次，受益3660人次和690人次。

【上城区与浙医二院战略合作】 2019年，上城区继续与浙江大学医学院附属第二医院开展全面战略合作，签订2019年专项培训暨技术指导协议，加强现有人才系统培养。采取进修、专题培训、远程教育等形式，提高基层医务人员技术水平。以全科医师、社区护士、医技人员培训为合作重点，选送41人到医院进修培训。组织136名医护人员到医院临床技能培训中心开展心肺复苏、外科创口换药缝合技能培训。邀请医院专家开展远程视频讲座11场，课程内容涵盖社区患者用药安全、风湿免疫科疾病诊治、高尿酸血症的规范治疗、社区慢性咳嗽、过敏性紫癜的诊治及鉴别诊断等，有效提升基层医疗卫生服务水平。 （仲　玥）

疾病预防控制

【概况】 2019年，上城区无甲类传染病报告，乙类传染病10种（艾滋病、肝炎、麻疹、登革热、细菌性痢疾、肺结核、百日咳、猩红热、淋病和梅毒）、544例。甲乙类传染病报告发病率140.99人/10万人，比2018年报告发病数下降12.4%，报告发病率下降17.2%。全年无死亡病例报告。与2018年相比，增加病种为麻疹，减少病种为霍乱、伤寒及副伤寒和疟疾。报告丙类传染病5种（流行性感冒、其他感染性腹泻、手足口病、流行性腮腺炎和风疹），报告发病总数7332例，报告发病率1900.31人/10万人，无死亡病例报告，报告发病数上升140.9%，报告发病率上升127.8%。全年全区未发现人感染H7N9流感确诊病例。接收预警信息287起，其中时间序列138起、时空探测70起，单病例预警79起。预警信息总数上升70.8%；总预警病种10种，增加预警病种为人感染H7N9禽流感（医院误报），减少病种为霍乱和恶性疟。预警起数排名前三的病种依次为：流行性感冒、肺结核和其他感染性腹泻病。年内，区内两个省级医疗机构传染病数据交换

2019年3月24日，“开展终结结核行动，共建共享健康中国”世界防治结核病宣传活动在杭州市旅游职业学校举行　　（区卫健局　供稿）

系统启用，实现传染病报告信息化，报告效率进一步提升。及时有效处置登革热本地感染疫情，全年登革热报告发病数12例。

【疫苗管理体系完善】 2019年末，上城区有预防接种单位13个，其中产科医院6个、社区卫生服务中心6个、民营医疗机构1个。完成“九苗”（卡介苗、乙肝、脊灰疫苗、百白破、麻疹、麻腮风、甲肝、流脑、乙脑）接种10.29万剂次。常住儿童各年龄组（1岁组、2岁组、7岁组）和流动儿童各年龄组（1岁组、2~4岁组、7岁组）“九苗”接种率均高于95%。全年上报、调查处置AEFI（疑似预防接种异常反应）102例，其中一般反应81例、异常反应19例、心因性反应2例。区卫健局调整全区疫苗管理领导小组及相关工作小组，进一步规范全区疫苗管理。区疾控中心按照《上城区疫苗采购及配送、管理制度》，规范开展全区疫苗采购及疫苗使用管理工作，确保全区疫苗接种安全。利用政府采购平台管理一、二类疫苗，实现区疾控中心和各接种点疫苗管理一体化和信息化。其中，一类苗疫苗进行需求上报、调拨及库存管理，二类苗疫苗进行需求上报、采购、调拨及库存管理。开展预防接种门诊“6S现场管理”试点工作，成功创建两个上城区预防接种“6S管理”门诊。通过社会购买服务方式，进行疫苗全程冷链储存、运输管理服务。全国儿童预防接种日期间，开展“免疫规划宣传周”活动，深入社区、幼儿园、集市及流动人口聚集地，开展摸底调查及现场预防接种知识宣传，发放宣传资料600多份。

【结核病防治管理】 2019年末，上城区登记疑似肺结核病人200例，全部转诊处理，其中主动转诊到位34例、追踪到位病人136例、其他到位病人28例，总到位率99%。全年登记肺结核病人103例，比2018年下降25.9%，其中病原学检查阳性肺结核病人51例、病原学检查阴性肺结核病人44例、结核性胸膜炎8例。其中有82例纳入社区基本公共卫生服务管理，规范管理80例，规范管理率97.6%。接收2018年转归新涂阳肺结核病人39例，其中治愈18例、完成疗程7例、非结核死亡6例、诊断变更8例；接收病原学检查阴性肺结核患者55例，其中完成疗程47例、诊断变更5例、治疗失败2例、转入耐多药治疗1例；处理结核性胸膜炎患者16例，其中完成疗程14例、诊断变更2例。2018年肺结核患者（不包含结核性胸膜炎患者）治疗成功率为88.9%。2018年登记的肺结核患者中106例纳入基本公共卫生服务管理，其中100例完成治疗，96例规则服药，规则服药率为96%。全年区疾控中心处理结核病疫情7起，筛查接触者420多人。其中，散发疫情6起，涉及学校和民营培训机构；聚集性疫情1起，为精神病房疫情。世界防治结核病日期间，围绕“开展终结结核行动，共建共享健康中国”学校宣传嘉年华活动，开展结核病防治宣传，受益群众3000多人次。

【艾滋病和性病防治】 2019年，上城区规范开展艾滋病（HIV）防治工作。全年阳性告知及流调HIV确诊病例270例；接待自愿咨询检测1460人次，确诊22例；定期对上城区看守所在押的有高危行为的犯人进行HIV抗体检测，检测508例，确诊1例；对3803名外来务工人员进行HIV抗体检测，确诊1例；对627名男性老年人进行HIV抗体检测，无确诊病例。随访管理HIV感染者/艾滋病病人275例，其中免费抗病毒治疗240例。全年辖区医疗机构初筛阳性送市疾控确证比例达90%，精准推进艾滋病防治工作。全年全区监测点通过网络直报报告监测性病5种（梅毒、淋病、生殖道沙眼衣原体感染、尖锐湿疣、生殖器疱疹）、8576例，比2018年增长9.8%，其中本地病例下降4.7%，非本地病例增长11.5%。

【地方病防治】 2019年，上城区贯彻落实《浙江省重点地方病实施意见（2017—2020年）》，全面开展地方病防治专项三年攻坚行动。全年国家、省、市和区投入经费26.21万元，保证地方病防治工作顺利开展。设立地方病防治领导小组，制定防治规划，并将防治工作纳入政府及部门目标管理责任制。召开部门协调会，区卫健局、区财政局、区教育局等相关部门分工合作，开展碘缺乏病监测、盐业监管、健康教育等工作。2017—2019年，全区无新发地方性克汀病病人，儿童甲肿率达到考核要求（<5%），儿童尿碘中位数173.3微克/升，孕妇尿碘中位数为120.65微克/升，孕妇补碘率为99.1%，达到考核要求。经综合自评，上城区在组织领导、监测和防治措施、碘盐管理、健康教育方面评价得分合计96分，管理、技术指标均达到消除标准。至2019年末，上城区无现住址疟疾输入性病例，辖区医疗机构报告疟疾病例7例，其中恶性疟4例、间日疟1例、三日疟2例，处置率100%。与浙江大学医学院附属第一医院续签浙江省抗疟药物放置试点项目协议。采集辖区孕妇家庭食盐样品和尿液样本110份，其中合格碘盐69份，合格碘盐食用率62.7%，尿碘中位数120.65微克/升。选择辖区5所小学210名8~10周岁学生进行盐碘和尿碘检测，其中非碘盐77份，碘盐133份，合格碘盐125份，合格碘盐食用率59.5%；尿碘中位数173.3微克/升，尿碘含量在100~300微克/升的占64.3%。触诊未发现明显甲状腺肿大学生。

【慢性非传染性疾病防控】 2019年，上城区落实各项社区慢性病综合防控措施，全区医疗卫生机构慢性病监测信息化工作稳步推进。发挥基本公共卫生服务技术指导机构作用，每季度对6个社区卫生服务中心慢性非传染性疾病综合防治工作进行督查，加强整改指导。在清波街道柳翠井巷社区和紫阳街道北落马营社区开展慢性病患者自我管理市级试点。结合健康宣传日开展专题活动。浙江大学医学院附属第一医院、浙江大学医学院附属第一医院城站院区和浙江省中医院慢四病报告及浙江大学医学院附属第二医院死因报卡信息化工作进一步完善，报卡质量有效提高。申请使用市公共数据工作平台账号，指导社区内实现平台互通使用，辖区6个社区卫生服务中心均实现中心内户籍查询，全区慢四病初随访户籍信息准确性大大提高。全年全区肿瘤报告发病率588.07人/10万人，急性冠心病事件报告发病率99.11/10万人，脑卒中报告发病率382.33/10万人，糖尿病报告发病率253.11人/10万人。全年全区发现并建档高血压患者3.82万人，高血压患者规范管理人数2.72万人，规范管理率

66%，控制率65.2%；发现并建档糖尿病患者1.17万人，糖尿病患者规范管理人数8508人，规范管理率65%，控制率60%。

【居民漏报和行为危险因素调查】 2019年，上城区开展第六轮居民漏报及行为危险因素调查。省疾控中心调查组抽样小营街道姚园寺巷和大学路社区、紫阳街道新工和彩霞岭社区、清波街道柳翠井巷和清波门社区、望江街道清泰门和在水一方社区、南星街道馒头山和紫花埠社区为上城区调查地区。10月22日，上城区召开漏报调查和成人行为危险因素监测启动会，明确调查过程中社区和社区卫生服务中心的工作职责。11—12月，完成3600户居民漏报及282人行为危险因素调查。

【居民健康素养和烟草使用监测调查】 2019年，区疾控中心使用2019年《浙江省居民健康素养监测和烟草使用调查问卷》，对660名15～69岁常住人口的居民具备健康素养水平和烟草使用情况开展调查。上城区居民具备健康素养总体水平为38.9%，具备基本知识和理念、健康生活方式与行为、健康基本技能素养的比例分别为57.7%、36.2%和35.9%。具备六类健康素养的比例由高到低分别为：安全与急救素养70.6%、科学健康观素养68.9%、健康信息素养48.5%、慢性病防治素养41.4%、基本医疗素养32%和传染病防治素养27.3%。全区居民吸烟人群占比为总人口的16.4%，超过60%吸烟人群每天吸烟数量在10支以上，超过50%吸烟人群不想戒烟。在对二手烟的接触和认知上，21.7%的居民几乎每天接触二手烟，餐厅和工作场所接触的二手烟占比最高。93.6%的居民认为二手烟会导致成人肺癌，93.9%的居民认为二手烟会导致儿童肺部疾病，67.9%的居民认为二手烟会导致成人心脏疾病。

【中国环境流行病学特殊人群队列研究】 2019年，上城区积极参与“2019年杭州市双生子项目调查”特殊人群队列研究。在全国双生子人群队列研究基础上，拟对杭州市现有双生子人群队列开展艾森克人格测验和行为方式调查。通过计算杭州市双生子人格特征遗传度，行为方式遗传度，构建人格特征与行为方式交互作用模型，为学生的学习成绩干预、成人的不良行为方式干预提供理论依据。在前3年双生子人群摸底和现场调查工作的基础上，开展双生子人群调查，调查显示全区18岁以下双生子15对，18岁以上双生子12对。

【健康危害因素监测】 2019年，区卫健局对3个医疗机构开展消毒质量监测，采集样品40件，合格率100%。全年无尘肺病病例报告，报告农药中毒病例和疑似职业病（中暑）各1例。建立用人单位职业病信息库，审核职业健康体检卡81张。开展生活饮用水监测，采集管网末梢水样品120份、出厂水样品4份，检测居民水箱水样品40份，合格率均100%。对1个美容场所、1个游泳场所、1个宾馆及2个公共场所的集中式中央空调通风系统开展卫生监测。开展个人剂量监测，监测对象为6个社区卫生服务中心和区妇幼保健计划生育服务中心7个单位、16名放射科医护人员。对30家重点企业开展职业危害因素监测，并开展辖区尘肺病例随访及回顾性调查。

【食物中毒事件管理及食品风险监测】 2019年，上城区网络报告食源性疾病事件1起。全区采集、检测食品231份，其中化学污染物和有害因素监测样品124份、微生物样品监测107份，监测发现不合格样品10份，风险发现率4.3%。杭州市第一人民医院作为常规监测点医院，开展食源性疾病主动监测工作，上报腹泻病例309例，采集粪便样本进行食源性致病菌检测病例276例，采样检测率89.3%，检出阳性23例，检出率8.3%。杭州市妇产科医院和杭州市第一人民医院开展单核细胞增生李斯特氏菌专项监测，全年杭州市第一人民医院上报病例信息及生物样本检测结果4例，杭州市妇产科医院上报病例信息及生物样本检测结果2例。

（仲　玥）

卫生监督

【概况】 2019年，区卫健局全面落实医疗卫生行业综合监管制度，深化“最多跑一次”改革。加强国家“双随机，一公开”监督管理，进一步强化事前、事中、事后监管，全面履行卫生监督执法职责。公共场所卫生许可发证实行告知承诺制，平均审批时间从3个工作日减少至0.5个工作日；压缩医护人员审批时限，实现即办件操作立等可取。全年核准发放公共场所卫生许可证221件、放射卫生许可证18件、放射校验35件。母婴保健技术机构执业许可登记及变更8件，母婴保健技术服务人员合格证发放164人次。通过浙江省医师、护士、医疗机构审批一体化平台，受理审批医师和护士网上注册申请3386人次，美容主诊医师备案10人次。窗口受理医疗机构校验196个，受理医疗机构设置许可、变更及注销205个，按时办结率、群众满意率均100%。全年完成行政处罚案件582件，其中一般程序419件、简易程序163件，罚没款110万元。受理投诉举报案件91件，其中立案查处37件，全部投诉案件均及时回复，满意率100%。开展辖区职业健康检查机构工作负荷、辖区企业职业健康检查等专项检查，检查60家次，立案查处48家，罚款2万余元。完善智慧卫生监管平台功能，优化平台设计，全年利用平台查处非现场执法案例80起。

【行政执法智能办案管理系统开发运行】 2019年，区卫计监督所积极探索人工智能技术在行政执法实践中的运用，研究开发并成功运行行政执法智能办案管理系统。该系统利用语音识别、文本分析等技术，对行政执法信息数据资源进行分析挖掘，发挥人工智能在证据收集、案例分析、法律文件引用中的作用；聚焦争议焦点，向执法人员推送办案规范、法律法规规定、案例模板等信息，提出处理意见建议，生成执法决定文书；引入裁量智能辅助信息系统，有效规范行政自由裁量权，确保执法尺度统一。全年运用智能办案系统查办案件582件，一般案件办案时间缩减至2个小时，办案质量大幅提升，在全市案件评比中排名第一。

【医疗市场“双随机”监管】 2019年，区卫计监督所承担“双随机”监管任务196个，任务完成率100%。其中，医院、卫生院、门诊部、诊所14个，放射诊疗7个，其他医疗机构7个，二级以上医院1个，住宿场所77个，美容美发场所34个，游泳场所21个，学校13所，二次供水场所9个，沐浴场所7个，商场4个，影剧院2个。立案处罚90件，罚没款17.93万元，均及时立案、及时结案，无行政复议或行政诉讼发生。检查结果全部通过手机移动端录入省卫生监督综合管理系统，并按照主动公开原则，通过浙江政务服务网，向社会公开上城区“双随机”抽检结果，以公开促公正。

【医疗市场行为规范管理】 2019年，上城区多举措加强医疗市场行为规范管理。全年完成医疗机构消毒隔离检测79个次，检测样品1641件，立案查处无菌包检测不合格和污水监测不合格单位18个，处罚金额7.29万元。开展辖区医疗机构抗菌药物输液检查，立案查处未经备案、擅自开展抗菌药物输液医疗机构8个。规范医疗美容服务行为，以注射美容为重点，检查监测区内医疗美容机构25个，采样211件，立案查处违法违规开展服务机构18个，罚款9万余元。加强医疗卫生机构医疗废物专项治理，检查机构52个，立案处罚18个，处罚金额2.54万元。严厉打击非法行医，开展非法行医巡查226个次，查处18个，处罚金额17.78万元，没收仪器12台。

【校园卫生健康监管】 2019年，上城区围绕传染病防控、饮用水卫生、教学与生活环境卫生监测等重点内容，开展校园卫生健康专项监督检查。制订学校卫生重点监督计划，完善卫生监督协管机制，规范学校卫生监督管理。加强春秋季开学、中高考和各类应急保障期间卫生健康监督。全年出动卫生监督员108人次，检查学校14所。学校饮用水滤芯更换在线监管项目在全区推广使用，全区32所中小学校的320台饮水机均安装智能水表，数据全部接入区卫计监督所“智慧卫监”平台，数据同步投射到监督员的手机执法终端，实现实时监管、精准监管。全年有3所学校、5台直饮水机发生预警。

【公共场所卫生监督管理】 2019年，区卫计监督所结合元旦、春节、劳动节、中秋节、国庆节等节日节点，对住宿场所、沐浴场所、美容美发场所、娱乐场所等公共场所进行日常执法监督，检查577个次，行政处罚311个次，罚款47.4万元。其中涉水产品及饮用水立案查处7个，包含二次供水场所5个、涉水销售企业2家，罚款8700元。1月1日起，施行新修订《杭州市公共场所控制吸烟条例》，区卫计监督所严格执行新条例，加大控烟宣传和执法力度，全年行政处罚12个，罚款2.4万元，其中处罚违法吸烟个人11人。

上城区中小学直饮水卫生监管平台。图为2019年11月19日平台界面

（区卫健局 供稿）

结合物联网技术，实现地铁空气质量、宾馆消毒情况在线监测，并在龙翔桥地铁站安装空气质量在线监测设备，实时监测地铁站内二氧化碳、一氧化碳、甲醛、PM_{10}等指标情况，进一步保障地铁空气环境卫生安全和乘客健康权益；在宾馆消毒间安装智能插座监测消毒柜，通过智能插座传输公共场所消毒设施运行数据，了解消毒时间、消毒次数及与公用品消毒数量的匹配情况。

（仲　玥）

社区卫生服务管理

【概况】 2019年，上城区根据基本公共卫生服务项目相关政策、标准和规范，落实医养护一体化签约服务工作，推进基层公共卫生服务均等化、普惠化、便捷化。基本公共卫生服务项目稳步推进，老年人慢性病管理、孕产妇保健、儿童保健等各项指标均达到考核要求。全区完成医养护一体化签约11.8万人，转诊率15.4%，其中市级医联体转诊占50.3%，社区就诊率61.1%，全区建立家庭病床320张。全年为1151名居家医疗服务对象开展上门服务2.5万人次。

【医养护一体化签约服务】 2019年，上城区以提质扩面为核心，做细做实家庭医生签约服务工作，在年度杭州市签约服务质量考核中，上城区有效签约率92.1%，全市排名第一。成立上城区医养护一体化家庭医生签约工作领导小组，制定《上城区深化医养护一体化家庭医生签约服务工作方案》，以政策为保障，发挥各街道、社区力量，全区6个社区卫生服务中心通过组建52个家庭医生签约团队，推进签约服务网格化。全区签约11.8万人，十类重点人群签约覆盖率85.9%。以“提高感受度、提升满意度”为目标，推进质量建设，将工作重点向提质增效转变，实行人群分类管理，制定重点人群与普通人群菜单式“签约服务包”，细化签约服务内容，深化签约服务内涵。全区建立家庭病床320张，开具慢性病长处方9.6万张，为1151名居家医疗服务对象提供上门服务2.5万次。优化签约服务团队，组织社区卫生服务中心参加市基层卫生协会组织的高血压、糖尿病、冠心病、膝关节炎等社区专病管理项目培训，提升全科医生专病诊治能力，培训50多人次。

【基本公共卫生服务项目推进】 2019年，上城区做好十二大类基本公共卫生服务，进一步完善制度建设、组织管理，科学分配资金，推进信息化建设，落实项目执行。全年建立健康档案31.34万份，建档率90.1%，健康档案合格率90.4%，动态使用率55.5%。新生儿访视3452人，访视率98.2%；0～6岁儿童健康管理2.03万人，儿童管理率98.5%。孕产妇保健早孕建册3385人，早孕建册率98.1%；孕产妇系统管理3363人，孕产妇系统管理率97.4%；产后访视产妇数3386人，产后访视率98.1%。老年人健康管理2.75万人，老年人健康管理率57.1%。为65岁以上老年人提供中医药健康管理3.29万人，管理率68.2%；0～36月龄儿童接受中医药健康管理服务1.14万人，管理率59.2%。

【基层医疗机构补偿机制改革】 2019年，上城区全面实施基层医疗卫生机构补偿机制改革。年内，完成当量测算、当量核准、调整系数和专项补助方案确定等工作，推进购买服务，建立专项补助与付费购买相结合、资金补偿与服务绩效相挂钩的基层医疗卫生机构补偿新机制，有效调动基层医疗卫生机构和医务人员积极性。

【分级诊疗双向开展】 2019年，上城区利用区域省市医疗机构集聚优势，以推进区域分级诊疗体系为目标，借助“双下沉、两提升”工程，与辖区省市医疗机构开展全方位医联体合作，拓展医联体内涵，实现资源优势互补和区域医疗服务综合能力提升。优化转诊服务平台功能，按照就近转诊、精准转诊、服务直通原则，开展转诊和检查预约等服务。全年各社区卫生服务中心邀请省级专家坐诊128场，接诊1542人次；邀请市级专家坐诊204场，接诊3120人次。为有需要的居民预约转诊，市医联体转诊22.41万人次，市级医院下转近3万人次，省级医院下转1.68万人次。同时，与省市医院进行人才培养合作，开展线上下线培训项目。其中，继续与浙江大学医学院附属第二医院签定专项培训暨技术指导协议，开展医务人员专项培训项目，提升基层医疗卫生机构医务人员的服务水平。

【省市区三级专科联盟合作】 2019年，上城区推进社区卫生服务中心与省市医疗机构专科联盟建设。南星街道社区卫生服务中心继续巩固与浙江大学医学院附属第二医院合作的全国首个社区IBD康复品牌，IBD转诊病人突破100人。清波街道社区卫生服务中心与浙江大学医学院附属第一医院建立康复科协作，与浙江省名中医、市中医院院长张永华签约建立全市首个社区“睡眠障碍门诊”。紫阳街道社区卫生服务中心与浙江大学医学院附属第二医院签订“糖尿病性周围神经病神经电生理筛查”合作协议；小营街道社区卫生服务中心引进市肿瘤医院名中医丁纪元，成立丁纪元工作室，打造中医肿瘤治疗特色门诊。进一步厘清基层医疗机构功能定位，着力提升社区医疗机构补位发展能力，区卫健局与小营街道、杭州立春医疗科技有限公司签署战略合作协议，探索打造未来“4S”服务社区医疗服务功能站。

资料

“4S”：指smart（智能）、self-help（自助式）、senior（资深专家）、scientific（科学）。

【“优质服务基层行”活动】2019年，上城区全面开展“优质服务基层行”活动，各社区卫生服务中心均对照标准开展自评，针对薄弱环节进行整改。年内，经省市专家现场评估，清波街道社区卫生服务中心达到国家推荐标准，其余5个中心均达到基本标准。（仲　玥）

人口健康与家庭发展

【概况】2019年，上城区坚持“夯实基础，高效务实，便捷服务”工作理念，全面推进母婴设施建设，深化“最多跑一次”改革。贯彻计划生育特殊家庭优惠政策，落实特殊家庭“三个百分百”工作。推进民生实事项目，开展新生儿先天性心脏病筛查项目和心超检查，以及托育服务需求和市场供给关系调查摸底工作，健全妇幼健康管理，保障母婴安全，并稳步做好老年人意外伤害保险和高龄老人慰问工作。

【出生“一件事”“最多跑一次”改革】2019年，上城区根据《浙江省推进出生“一件事”“最多跑一次”改革实施方案》，由市卫健委牵头，区卫健局、区公安分局、区医保办、区妇幼保健计划生育服务中心等单位配合，顺利完成出生医学证明、户口申报、少儿医保、市民卡、预防接种卡的“多证联办”。全年全区6个助产机构实现出生“一件事”多证联办全覆盖，办理出生“一件事”事项10149例。生育登记、再生育审批两个事项依托“浙里办”App实行“就近办”“网上办”和“掌上办”，实现“零跑次”。全年全区生育登记2134对，再生育审批37对。

【计划生育特别扶助金核发】2019年，上城区完成计划生育特殊家庭“对象年审、资格确认、公开公示、资金发放”工作全过程核查。经审核，全年特别扶助新增76人，死亡12人，迁出14人。全区符合特别扶助政策条件1013人，发放特别扶助金993.69万元。全面落实计划生育特殊家庭优惠政策，全年投入资金135万元，为失独家庭提供每月10个小时家政服务、生活护理补助金发放、意外及疾病保险办理、居家医疗等服务。全年发放区级公益金84户、46万元；市级公益金27户、11万元。

【新生儿先天性心脏病筛查项目和心超检查】2019年，新生儿先天性心脏病筛查项目和心超检查被列为杭州市和浙江省民生实事项目。区卫健局及时制定印发《关于贯彻落实〈杭州市新生儿先天性心脏病筛查项目实施工作方案〉的通知》。3月19日至12月31日，全区新生儿数34811人，筛查30426人，筛查覆盖率87.4%；心超检查2872人（省市要求上城区对筛查可疑阳性儿童接受心超检查人数达到1317例以上），完成率218.1%。

【托育服务需求和市场供给关系调查摸底】2019年，上城区为配合省市卫健委对婴幼儿照护服务机构政策、规范、标准的制定，对辖区0～3岁婴幼儿家庭的托育服务需求、承担费用、选择标准、家庭照护情况进行抽样调查。发放调查问卷2593份，手机微信获取群众需求信息425人，调查对象3018人，占全区0~3岁适龄儿童的34%。8月，对辖区126个教育培训机构进行走访，其中在区市场监督管理局注册的93个、在大众点评网络登记的33个。走访发现有12个机构提供托育服务项目，幼托婴幼儿325人，进一步掌握市场现存的不合规托育现象和家庭对托育服务的需求状况。

（仲　玥）

卫生健康信息化

【概况】 2019年，区卫健局在已有信息化建设成果基础上，重点围绕“杭州城市大脑”、市政府数字化转型、改善医疗服务“最多跑一次”、区民生实事项目等内容，助力为民便民诊疗服务项目，启动并完成局信息安全防护系统建设，进一步深化卫生健康信息化建设，提升健康大数据治理能力和业务协同，提高信息化惠民便民服务和数据安全防范能力。

【自助便民惠民项目推动】 2019年，“智慧医疗自助惠民系统项目”被列为上城区民生实事项目，通过部署立式自助机21台，壁挂自助机158台，全区所有街道社区卫生服务中心（站）自助机全覆盖，实现就诊者自助预约、挂号、充值、结算及排队叫号，进一步提升患者就医体验感与获得感。2月20日，全区所有街道社区卫生服务中心（站）、区妇幼保健计划生育服务中心实现支付宝、微信自结算，进一步方便患者便携支付。至年末，通过支付宝、微信方式支付21.88万人次，支付3385.34万元。3月15日，全区推出“健康V上城”微信公众号一期，为患者提供查询检验、检查报告、就诊用药、即时消息推送、健康小工具自测、预约挂号等功能。9月4日，所有街道社区卫生服务中心（站）、区妇幼保健计划生育服务中心实行电子票据，实现票据无纸化。10月9日，所有街道社区卫生服务中心（站）实现刷脸就医，实现不带钱不带卡，看病只用一张码。

【信息安全防护系统建设】 2019年3月，区卫健局信息安全防护系统建设项目获区电子政务信息化立项后即启动招投标。该项目通过部署服务器防护软件、深度威胁发现设备、网关深度安全、白名单锁定机构等，保障业务连续性，实现月均防各类攻击2万多次，避免各类病毒、威胁对医疗健康数据、应用和网络带来威胁。通过区发改经信局“惠民惠企、科技普惠”项目一期、二期——容灾备份中心项目，建立健康数据异地容灾备份，进一步保障数据安全性。5月15日，基于云平台BS架构的区域HIS等通过信息安全等级保护测评二级。7月26日，

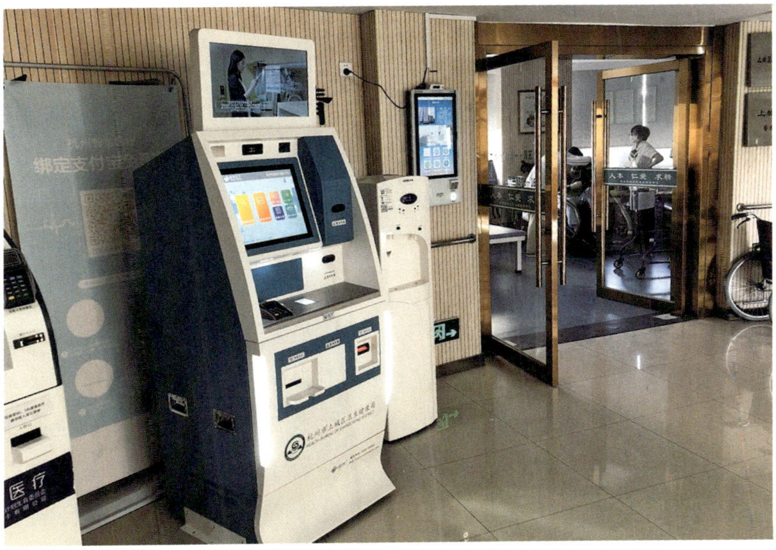

南星街道社区卫生服务中心的立式自助机和壁挂自助机

（区卫健局　供稿）

配合区发改经信局完成一期建设项目验收。11月1日，区卫健局信息安全防护系统项目建设完成并通过验收。

【健康大数据中心二期项目建设】 2019年，区卫健局启动健康大数据中心二期项目建设。制定并完善细化项目建设方案和需求调研，按计划有序完成号源池、信息集成平台、数据脱敏、运维一体平台的建设，并把基层医疗卫生机构补偿机制改革绩效考核、移动管理、大屏展示模块的优化完善纳入下一年年度计划，以提升数据治理能力和业务协同。

【“城市大脑”推进“健康上城”建设】 2019年，上城区按照“全市一盘棋”要求和顶层设计，统筹推进“‘城市大脑’‘舒心就医’最多付一次”的信用就医建设。5月17日，全区所有街道社区卫生服务中心（站）、区妇幼保健计划生育服务中心实现就诊病人“先看病后付费”。6月20日，实现“‘舒心就医’最多付一次”。全年“舒心就医”使用9.36万人次，“舒心就医”指数达25%以上。同时，校园饮用水智能监管项目纳入市“城市大脑”区县平台特色场景项目，完成辖区所有公办中小学智能水表安装，实现校园饮用水智慧监管。

（仲　玥）

爱国卫生与健康促进

【概况】 2019年，上城区爱国卫生运动委员会办公室（简称区爱卫办）、健康上城建设领导小组办公室（简称区健康办）在“健康中国”战略背景下，以“健康中国”行动、“健康浙江”行动为重点，推进实施“健康杭州、健康上城”战略。围绕区委、区政府中心工作，探索与城市发展相适应的爱国卫生工作机制，高质量推进一流的国际化现代化城区建设，进一步改善人居环境，提高人民健康水平，逐步形成与城市发展水平相适应的健康素养。

【国卫复评成果巩固】 2019年，上城区在2018年通过国家卫生城市复评的基础上，于3月和10月先后召开全区爱国卫生暨“健康上城”工作会议，部署推进全年爱国卫生和“健康上城”建设工作。开展防蚊灭蚊工作，动员各街道、区爱卫会成员单位开展爱国卫生固定日（每月最后一个周五）活动，全年参与部门500个次，参与人数2万余人次，清理各类垃圾150多吨，有效清除蚊虫孳生地。4月，联合省市爱卫办在小营巷社区开展第31个爱国卫生月暨“厕所革命”现场主题宣传活动。其间，在全区推进环境卫生整治和病媒生物防制行动，并联合区文明办在钱塘江堤制作300多米长的健康教育主题宣传墙绘，引导居民关注健康生活方式。加强日常爱国卫生督查，监督PCO消杀公司做好日常除“四害”服务和技防设施维护，全年发出防蚊灭蚊和爱国卫生抄告单52张，通报具体问题300多个，督促街道和有关部门做好环境卫生整治，切实巩固国卫复评成果。

【病媒生物防制】 2019年，上城区落实常态化“四害”消杀，督促各街道组织PCO消杀公司每周至少一次开展社区外环境消杀作业，加强病媒生物防制。元旦和春节前夕，开展两轮越冬蚊杀灭行动。春秋季统一灭鼠活动期间，均同步组织开展早春蚊蝇消杀，有效降低蚊蝇密度。同时，制作登革热防控宣传纸巾1500盒，发放登革热防控横幅300多条、海报2000多张、宣传折页6.5万份。开展爱国卫生主题培训，督促社区和物业、文化、旅游、体育行业做好防蚊灭蚊工作。配合区商务局参与辖区农贸市场提升改造技术指导，督促有关市场加强除“四害”技防设施建设，落实蚊蝇防制措施。指导跟进各街道自主招标PCO消杀公司进驻，区爱卫办加强日常监督抽查和经费补助，并为街道社区配齐防蚊灭蚊物资。6月，配合市疾控中心开展全区6个试点社区登革热蚊媒课题研究。选派3名区疾控中心人员参加全市病媒防控技能竞赛，上城区获团体二等奖，有2名个人分别获二等奖、三等奖。

【“健康上城”建设】 2019年，区健康办根据《省委省政府健康浙江建设领导小组办公室关于印发2019年健康浙江建设工作要点和考核评分细则的通知》，协调各“健康上城”建设领导小组成员单位，召开考核培训会议3次，完成自评3轮。以年度综合考评为抓手，对2018年度“健康上城”建设领导小组成员单位进行考评打分，考评结果纳入全区综合目标考核。结合2019年度“健康浙江”考核细则，明确将“健康上城”建设工作纳入负面清单制度，继续将“健康上城”考核纳入全区综合目标考核。开展“健康上城”LOGO投票征集，收到各类作品286件，参与网络投票1.4万人。全年投入25万元，为33个社区安装统一规格健康教育宣传栏。

【“健康细胞工程”建设】 2019年，上城区进一步推进“健康细胞工程”建设，申报省健康促进医院2个、省健康促进学校9所。复评省健康促进学校（金牌）2所、省健康促进医院3个，命名省健康促进学校（铜牌）14所。9月，区卫健局会同区文广旅体局、区妇联、区红十字会举办第二届健康家庭大奖赛，评选出健康家庭15户，其中2户代表上城区参加杭州市第二届健康家庭大奖赛，获三等奖。以小营巷全国爱国卫生运动纪念馆为窗口，全年接待四川、广东等省份的健康城市建设交流团队14批、450多人次，有效发挥小营巷爱国卫生和“健康上城”建设成果宣传作用。

【居民健康素养提升工作】 2019年，上城区实施居民健康素养提升工程，同步开展健康素养和烟草行为监测项目。召开年度健康教育讲师团工作会议，安排省市区医疗机构健康教育讲师77人，分别走进社区、企业和单位开展健康巡讲。举办市民微信健康知识大赛，参与人员覆盖机关部门、街道1.6万人。组织辖区单位职工、社区居民参与杭州市第七届市民健康知识大赛，营造健康氛围，持续夯实“健康上城”建设基础。

（仲　玥）

中医中药工作

【概况】 上城区中医药文化底蕴深厚，重视发展中医药特色服务，提升基层中医药服务能力建设，加强中医药监督管理，积极打造中医药服务强区。2019年末，全区有中医门诊部38个（含1个停业门诊部）、中医诊所35个，开展中医科诊疗服务的医疗机构153个（含1个停业机构）机构。医疗机构中有执业医师（含助理医师）2508人，其中中医类执业医师858人、中西医类执业医师95人、中医全科103人。基层医疗机构中有执业医师（含助理医师）500人，其中中医医师182人、中医全科97人。全年民营中医医疗机构诊疗人数202.7万人次，业务收入12.6亿元。全区6个社区卫生服务中心中医诊疗人数88万人次，业务收入1.69亿元。

【中医药监督管理】 2019年，区卫健局依托上城区中医药质量控制中心专家，对辖区各街道社区卫生服务中心和民营医院开展上半年度和下半年度医疗质控检查。8月，根据国家中医药管理局办公室《关于开展中药饮片采购验收专项检查工作的通知》要求，区卫健局对辖区社区卫生服务中心、民营中医医疗机构开展中药饮片采购验收专项检查，进一步规范中医医疗机构中药饮片的采购、验收行为。检查中发现医疗机构中药饮片整体质量较好；对于个别中医门诊部中药饮片验收不严格、流程不够规范、索证不全的现象，进行限期整改。

【基层中医药服务能力提升】2019年，上城区6个社区卫生服务中心均设有独立的中医药综合服务区，并开设“上城区名中医馆”和中医“治未病”工作室，各社区站点均能开展基本的中医药适宜技术。向辖区基层医疗卫生机构推广10类30项以上中医药适宜技术，每个社区卫生服务中心能够按照中医药适宜技术操作规范开展6类以上技术，每个社区卫生服务站能够按照中医药适宜技术操作规范开展4类以上技术。全年在各种刊物发表相关文章4篇，获得科学专利1项。年内，清波街道社区卫生服务中心获批省级中医药适宜技术示范基地。

【基层中医特色专科建设】2019年，上城区发挥中医骨干人才领军作用，推进基层中医特色专科建设，让社区居民在家门口就能享受到“简、便、廉、验”的中医药服务。年内，紫阳街道社区卫生服务中心针推科被评为“杭州市基层医疗机构中医特色专科”，学科带头人邱华平被评为“杭州市百名最美医师”“上城工匠”。南星街道社区卫生服务中心张能忠骨伤针灸科团队、清波街道社区卫生服务中心余氏中医外科等均有特色，在社区居民中均有较高知名度。小营街道社区卫生服务中心引进市肿瘤医院名中医丁纪元，成立丁纪元工作室，打造中医肿瘤治疗特色门诊。

【传统医学师承工作】2019年，区卫健局切实做好中医药传承工作，实施中医学术经验传承工程，历年累计中医师承备案213人。其中2019年有60人完成师承培训备案工作，报送参加传统医学师承考核23人，其中通过考核并取得出师证书8人。有2名医师考核通过取得确有专长医师资格证书。

【中医药文化弘扬】2019年，上城区在全区弘扬中医药健康养生文化，提升公民中医药健康素养，增进社会对中医药核心价值理念的认知和认同，营造良好中医药事业发展氛围。全年参加首届世界中医药互联网产业大会、市首届中医文化节开幕式暨中医养生保健操展示活动、市卫生健康系统中药炮制调剂鉴定技能竞赛等各类中医药文化展示宣传活动，将中医药健康知识、中医药健康服务送到民众身边，提升民众中医药参与感、获得感。其中参加市卫健委中医处组织的中医药文化成就巡回展，集中展示上城区中医药文化发展及成果；参加全市中医药健康文化知识竞赛，获组织奖；参加全市中医药适宜技术推广应用比武，获区县团体三等奖。3月，利用小营街道社区卫生服务中心浙江大学医学院社区实践带教基地平台，举办上城区首届“社区医学教学基地留学生中医药交流活动周”活动，来自6个国家的留学生参加。

（仲　玥）

精神心理卫生

【严重精神障碍患者管理】2019年末，上城区在册精神障碍患者1665人，其中严重精神障碍患者1642人，检出率4.48‰，规范管理患者人数1640人，规范管理率99.8%。4月3日、9月10日，区卫健局先后两次召开全区精神卫生工作协调小组会议，印发并解读《转发关于〈关于杭州市进一步加强严重精神障碍患者综合管理的实施意见〉的通知》，明确各部门工作重点，贯彻落实严重精神障碍患者综合管理工作。全年排查出疑似精神障碍患者38

人，诊断复核率100%，确诊20人，均纳入社区管理。全年落实严重精神障碍患者发病报告281份，其中发到辖区外218份、落实辖区内63份。全年开展精神障碍患者肇事肇祸应急演练34人次。国庆节前，开展平安护航中华人民共和国成立70周年进一步加强严重精神障碍患者排查和慰问工作，慰问1600多人。继续对服用基本抗精神疾病药物的患者实施医疗费用总额减免服务，享受此项政策160人，发放减免款11.35万元。继续落实“以奖代补”政策，全区落实有奖监护44人，发放奖补金额6.17万元。制定并印发《关于上城区推行部分精神分裂症患者免费注射新型长效针剂的通知》，1名患者享受此政策。开展对公安干警、社区干部、患者家属、全科医生、精神障碍患者防治医生等培训20多场，受益1300多人次。

资料

“以奖代补”： 对切实履行监护责任的严重精神障碍患者监护人发放监护奖金（监护奖金与残疾人护理补贴不重复享受），由街道和患者监护人签订监护协议。

【社会心理服务体系建设】 2019年，上城区打造“1+6+52+X”区、街道、社区全面覆盖的三级心理服务平台，运行并开展心理健康教育、心理咨询、心理评估、心理疏导和干预等服务。1月11日，南星街道馒头山社区心理咨询室作为全国社会心理服务体系建设试点工作研讨班现场参观点，受到各地专家好评。10月，区级社会心理服务指导中心入驻上城区社会治理综合服务中心，并开展相关工作。全年组织开展社会心理服务专兼职队伍培训750多人次。面向公安干警、法官、企业职工、老年人、妇女、学生、家长等，开展心理健康讲座进机关、进企业、进学校、进社区活动15场，讲座邀请省市专家主讲，3000多人次受益，并发放心理健康宣传折页及核心知识知晓率手册1万余份。引入浙江婚姻家庭协会及滴水公益组织等社会团体，开展社区戒毒康复人员和计生特殊家庭人员团体心理辅导活动8场，360多人次受益。完成城乡居民心理问卷及核心知识知晓率问卷线上调查1000多人，在6个街道10个社区开展心理健康核心知识知晓率宣传活动10场，完成线下问卷调查2000多份。

（仲　玥）

体 育
Sports

综 述

【概况】2019年，上城区体育工作完成“两品牌一论坛”推广，即推出首届杭州少儿国际迷你马拉松，完成“大宋108”国际越野赛，举办体育产业论坛。全年上城区主办、承办、协办各类体育赛事活动48次，指导并协助各街道、社区、体育社团开展活动300多次。深入开展体育惠民、体育帮扶工作。全年送排舞、太极拳、瑜伽、轮滑等各类体育培训进社区、进企事业单位、进机关50多期。公共体育场馆免费或低收费向社会开放，辖区中小学校室外体育场地对外开放率100%；更新、新建健身苑（点）13处，并定期做好室外健身器材巡查和维修工作。与湖北鹤峰县结对，组织辖区体育企业到鹤峰县帮助改建学校体育场地等，完善体育设施建设，推进当地体育事业发展。全年完成国民体质监测样本量1760个，积极筹划医疗机构与体育单位结合试点，做好预防慢性病工作。加快上城区体育中心建设，至年末，完成基础结构结顶，并进入验收及内部装修阶段。

【清荷幼儿园幼儿体质跟踪监测】2019年4月10日，区国民体质监测中心工作人员连续第4年对杭州市清荷幼儿园600多名幼儿及家长进行体质监测，对幼儿健康发展状况定期进行分析、评价，及时掌握小朋友们生长发育情况。体质监测主要对象是3～6岁幼儿，检测内容包括身高、体重、坐位体前屈、双脚连续跳、立定跳远、网球掷远、10米折返跑、走平衡木等项目，主要从身体形态、身体机能和身体素质3个方面检测孩子的柔韧性、平衡感、反应能力等情况。国民体质监测让家长在感受幼儿体质监测氛围的同时，享受惠民便民服务，并及时了解孩子的体能体质，加强针对性日常锻炼，引导幼儿更好地发展体育技能。

【三级社会体育指导员培训】2019年3月28日，上城区社会体育指导员协会在区国民体质监测中心举办三级社会体育指导员技术等级培训班。来自各街道、各体育社团的社区文教干部和体育团队骨干50多人参加培训。培训班邀请国家级社会体育指导员时玉芬为学员授课。时玉芬根据社会体育指导员实际工作需要，分别就社会体育的基本特点、社会体育指导员管理和制度的建立和发展、社会体育指导员志愿服务的宗旨及社会体育指导员工作职责和义务进行讲解，并根据健身项目的需求和健身知识普及等问题，详细说明体育健身对和谐社区建设的积极作用，把基本理论培训和基本技能培训结合起来。经过培训，学员均通过考核，并获社会体育指导员三级证书。

（张雪梅）

群众体育

【杭州国际少儿迷你马拉松】 2019年5月12日，上城区举办“遇见南宋”2019杭州国际少儿迷你马拉松活动。活动由政府主办、社会力量承办，是杭州马拉松首个以少年儿童为核心人群的竞速跑赛事，丰富并拓展杭州马拉松赛事形式和平台。参赛少儿年龄要求为6～12周岁。活动设少儿迷你马拉松（2.6千米）及亲子家庭跑（1.3千米）两个项目，并专门设立亲子园游会、活动手印墙、少儿表演、千人绘未来和游戏互动等体验项目。有1150人参加活动。

【全民健身日上城区体育活动】 2019年8月8日，区文广旅体局与辖区各体育社团、各街道和社区围绕“健康中国，你我同行”主题，组队参与省市全民健身日活动。同时组织策划一系列小型多样、科学健康的群众性体育竞赛与活动，包括海洋趣味、体育展演、工间操、健步走、健身操、火棒操、太极拳、青春毅行、绿色骑行、棋类、保龄球、腰鼓舞、太极拳、排舞、游泳和游园会等技能比赛、技艺展示和教学培训。全区近5000名群众参加全民健身日系列活动。

【区机关干部职工第三届趣味运动会】 2019年10月26日，以“勇担新使命、奋进新时代”为主题的上城区机关干部职工第三届趣味运动会在北京师范大学附属杭州中学举行。运动会由区委直属机关工委、区文广旅体局和区总工会主办，区社会体育指导中心承办。区四套班子领导和主办方负责人参加开幕式。运动会设集体项目6个、个人项目3个、体能测试4个，包括广播操、拔河、运转乾坤、并驾齐驱、砥砺前行、一分钟跳绳、迷你高尔夫、点球射门等，突出趣味性和竞争性。经过角逐，区公安分局获团体总分第一名，区纪委和区卫健局分别获团体总分第二名和第三名。

【参加“迎亚运·绿色行”杭州骑行大联动】 2019年9月7日，由第十九届亚运会组委会和省体育局主办的“迎亚运·绿色行”杭州亚运会倒计时三周年骑行大联动在杭州奥体中心启动。上城段有150名骑手参加接力骑行，其中年龄最大的78岁。骑手们沿钱塘江骑行60千米，途经滨江区、西湖区、上城区、江干区、萧山区5个城区。

2019年5月12日，上城区举办“遇见南宋”2019杭州国际少儿迷你马拉松活动　　（区文广旅体局　供稿）

骑手们以共同挑战总数2022万千米的骑行活动，为实现省委、省政府提出的办成具有“中国风范、浙江特色、杭州韵味、共建共享”的亚运目标，传播体育文化正能量，弘扬环保健康主旋律。

【上城区秋季登山活动】 2019年11月9日，上城区开展秋季登山活动。活动由区委直属机关工委、区文广旅体局和区总工会主办，旨在进一步推动上城区全民健身运动的发展和“健康上城”建设。全区各单位、各街道和各体育社团400多人参加。参赛队伍在从浦玉路（玉皇山南基金小镇二期）出发，途径兰巷、水澄桥路、虎玉路、八卦田、玉皇山、紫来洞、老玉皇宫、圣果寺遗址、馒头山公园、凤凰山脚路、大资福寺，再沿虎玉路、水澄桥路、兰巷，返回到浦玉路。

【上城代表队获市第二届市民体质大赛团体第一名】 2019年12月1日，杭州市第二届市民体质大赛（决赛）暨国家体育锻炼标准达标赛在浙江大学华家池校区闭幕。比赛执行《国家体育锻炼标准》，设20～39周岁、40～59周岁男子组和女子组组别。设有坐位体前屈、30秒跳绳、立定跳远、十字象限跳、1分钟仰卧起坐（女）、俯卧撑（男）、绕杆跑、掷实心球、曲线托球跑、引体向上（男）、1分钟仰卧举腿、1000米跑（男）、800米跑（女）、3000米快走、50米跑、25米×4往返跑等项目，从人体形态、身体机能、身体素质三大方面考验参赛者身体素质。来自全市13个区县400多名选手参加比赛，其中上城区有13人参加。最终，上城区代表队夺得团体总分第一名。

【上城区业余羽毛球赛】 2019年7月13日，由区文广旅体局主办，区羽毛球协会承办的2019年上城区业余羽毛球赛在杭州第二中学东河校区羽毛球馆举行。比赛采用中国羽毛球协会审定的最新《羽毛球竞赛规则(2019)》和世界羽毛球联合会的相关规定，所有流程按正规程序进行。来自辖区各单位的23支代表队、220多名选手参加。经过比拼，杭州市前卫体育协会代表队获混合团体第一名，中国银行飞云江路支行代表队获团体第二名，杭州第二中学东河校区代表队获团体第三名。

2019年8月23—29日，上城区第七届男子篮球赛在杭州市凤凰小学举行

（区文广旅体局 供稿）

【第七届男子篮球赛】 2019年8月23—29日，上城区第七届男子篮球赛在杭州市凤凰小学举行。比赛以“促进交流，强身健体，构建和谐”为宗旨，丰富干部职工群众的业余文体生活，进一步推动上城区全民健身运动的发展。经过比拼，区公安分局代表队在12支代表队中脱颖而出，夺得比赛冠军；上城教育代表队和中国工商银行杭州江城支行代表队分别获第二名、第三名。

（张雪梅）

竞技体育

【概况】 2019年末，上城区有国家级青少年训练基地1个、国家级传统项目学校1所、省级体育特色学校3所、省级阳光体育后备人才基地1个、市级体育传统项目学校6所、市队联办学校5所、市级体教结合学校2所、区级训练基地7个，区级体育传统项目33个。年内，上城区组队参加杭州市中小学生阳光体育田径、射击、乒乓球、羽毛球比赛，分别获田径运动会小学生代表队区县（市）团体总分第三名、中学生代表队团体总分第三名，射击比赛小学组团体第一名（杭州市紫阳小学）、中学组团体第二名（杭州市江城中学），乒乓球比赛团体第二名，羽毛球比赛团体第三名、金牌数第一名等奖项。承办杭州市中小学生阳光体育击剑锦标赛，上城区中学组和小学组击剑队均获团体第二名。组队参加省青少年阳光体育后备人才田径比赛，上城区获团体第三名。组队参加第三十九届浙江省“迎春杯”青少年（儿童）游泳锦标赛，选派的18名参赛选手中有13人次进入前八名；参加2019年浙江省游泳冠军赛，选派的12名参赛选手中有11人次进入前八名。参加2019年洛阳市全国羽毛球邀请赛，上城代表队获9岁男子单打第一名、10岁男子单打第三名、9岁男子双打第三名等奖项。组织全区骨干教练员业务培训、学术交流各1次。组织东西部对口协作体育交流，邀请湖北鹤峰县4名优秀青少年学生到杭州开展羽毛球集训（7天），并赠送羽毛球运动装备4套。举办上城区第四届“七彩阳光”体育节。对参加2021年杭州市第二十届运动会比赛项目进行调整，做实做强游泳、羽毛球、田径、射击、击剑、足球、艺术体操等优势项目，尝试做好柔道、摔跤、排球、网球、乒乓球等项目。上城区青少年羽毛球基地被评为2019—2020年全国羽毛球后备人才基地。

【中小学生三棋比赛】 2019年3月30—31日，上城区中小学生三棋比赛在北京师范大学附属杭州中学举行。全区组织31个中小学代表队、327名选手参加。比赛分小学组男子甲、乙个人，女子甲、乙个人和初中组男、女个人，以及小学、初中男女混合团体组进行，决出团体奖项42个。其中杭州市建兰中学代表队获围棋中学组和国际象棋中学组两项个人冠军，浙江省杭州第十中学获象棋中学组团体总分第一名；杭州市崇文实验学校、杭州市凤凰小学和杭州市清泰实验学校分别获小学组围棋、国际象棋和象棋团体总分第一名。

【小学生篮球、排球比赛】 2019年4月28日，上城区第

2019年3月30—31日，上城区中小学生三棋比赛在北京师范大学附属杭州中学举行　（区文广旅体局　供稿）

四届“七彩阳光”体育节小学生篮球、排球比赛落幕。经过4天118个场次的角逐，杭州天地实验小学获男子篮球和女子篮球第一名，杭州市凤凰小学和杭州市胜利实验学校分别获男子篮球和女子篮球第二名，杭州市天长小学获男子篮球和女子篮球第三名；杭州市凤凰小学获男子排球和女子排球第一名，杭州师范大学第一附属小学和杭州市天长小学分别获男子排球和女子排球第二名，杭州市娃哈哈小学获男子排球和女子排球第三名。

【中小学生游泳比赛】2019年5月18—19日，上城区第四届“七彩阳光”体育节中小学生游泳比赛在定安路游泳馆举行。来自全区中小学校41个代表队、近400人参加。经过角逐，杭州市高银巷小学和杭州市惠兴中学代表队分别获小学组和中学组团体总分第一名，杭州师范大学附属第一小学和杭州市凤凰小学分别获小学组团体总分第二名、第三名，杭州市建兰中学和杭州市开元中学分别获中学组团体总分第二名、第三名。

【第五十八届中小学生田径运动会】2019年10月20日，上城区第四届“七彩阳光”体育节暨第五十八届中小学生田径运动会在北京师范大学附属杭州中学闭幕。运动会由区教育局和区文广旅体局主办，分小学组和中学组进行比赛。来自全区中小学校32个代表队、602名选手参加。经过角逐，有两项区田径纪录被打破，分别是：杭州市建兰中学在中学男子4×100米决赛中，以47″15的成绩破47″54区纪录；北京师范大学附属杭州中学吴欣城和杭州市建兰中学纪宏伟在中学男子组三级跳远决赛中分别以13.53米和12.47米的成绩破12.31米区纪录。杭州市建兰中学获中学组团体总分第一名，杭州市勇进实验学校和北京师范大学附属杭州中学分别获中学组团体总分第二名、第三名；杭州天地实验小学获小学组团体总分第一名，杭州市勇进实验学校和杭州市时代小学分别获小学组团体总分第二名、第三名。

【第八届青少年轮滑锦标赛】2019年11月17日，上城区第八届青少年轮滑锦标赛在杭州市非奥运动项目轮滑培训基地举行。比赛分中学组、小学组和幼儿组3个组别进行，设有150米、300米、500米和1000米计时赛等项目。来自区各中小学校、幼儿园的23支代表队、150多名选手参加。经过角逐，浙江省杭州第六中学、杭州天地实验小学、杭州近江艺术幼儿园一队分别获中学组、小学组和幼儿组团体总分第一名；杭州市大学路小学、杭州市金都天长小学分别获小学组团体总分第二名、第三名；杭州始版桥幼儿园和杭州市胜利幼儿园分别获幼儿组团体总分第二名、第三名。

【桥牌比赛】2019年7月13日，由区文广旅体局主办、区桥牌协会承办的上城区桥牌比赛在杭州市服装职业高级中学举行。来自辖区12支成年代表队和10支学生代表队，共111人参加。最终，浙江工程设计有限公司代表队获成人组第一名，浙江省自然资源厅代表队和浙江省河海测绘院代表队分别获成人组第二名、第三名，杭州市建兰中学一队获学生组第一名，锦江桥牌俱乐部校外班代表队和杭州市建兰中学二队分别获学生组第二名、第三名。11月22—23日，市第十四届桥牌联赛第六站在杭州市服装职业高级中学举行。比赛由市体育局主办，市桥牌协会、区文广旅体局、区体育总会承办。来自市属各区桥牌队、团体会员队等56支代表队、200多名选手参加。经过角逐，上城区代表队获决赛（附加积分编组）第一名，拱墅区代表队获决赛（全胜制组）第一名，杭州市建兰中学一队获青少年组（赢墩组）第一名。

【杭州吴山第五届“高菲·六星”杯健身锦标赛】2019年10月14日，杭州吴山第五届“高菲·六星”杯健身锦标赛在杭州胜利剧院举行。比赛吸引长三角地区的19个代表队、265名健美健身爱好者参加，其中有不少外国友人参与。比赛由区体育总会主办，区健美协会承办，设男子健体、比基尼健身、男子健体全场三大项目，不同项目按照身高再分为不同组别。其中男子大众健体组选手不用上油上色，只需穿着牛仔裤、运动鞋就能上台比赛，展现他们日常生活中自然阳光的面貌。

【上城区代表队获“永盛杯”乒乓球等级联赛甲B第三名】2019年3月31日，由杭州市乒乓球协会主办，拱墅区乒乓球协会承办的杭州市第十四届“永盛杯”乒乓球等级联赛在浙江商业职业技术学院体育馆举行。来自各区县（市）乒乓球协会、各有关单位及乒乓球俱乐部40个代表队参加。比赛设甲A、甲B、甲C3个组别。经过比拼，上城区代表队（浙江天禹环境工程有限公司队）获甲B组第三名。（张雪梅）

社会生活

Social Life

民政事务管理

【民政“最多跑一次”改革】2019年，按照省民政厅关于“民政权力事项颗粒化”的工作要求，区民政局重新认领权力事项，权力事项由原来52项增加到168项，并根据办事指南规范化要求，对所有权力事项进行完善，对权力事项办理流程和材料进行优化。年内，区民政部门网上办、材料电子化等指标均100%实现。

【婚姻登记服务】2019年，上城区办理内地居民结婚登记2611对，比2018年下降15%，婚姻登记合格率为100%。办理内地居民离婚登记1023对，下降2.5%。补办婚姻登记证955本，出具无婚姻登记记录证明4份，接待婚姻问题来电来访咨询1.6万人次。自8月7日起，上城区开放周六办理预约结婚登记，并实行婚姻登记全市通办。至年末，全区办理跨区域结婚登记321对，跨区域离婚登记66对，方便群众办理婚姻登记手续。

【婚姻家庭辅导】2019年，区民政局与拱墅区社会心理服务中心签订婚姻家庭辅导工作协议。该中心以政府购买服务形式承接上城区婚姻家庭辅导工作，无偿为当事人提供包括婚前辅导、婚姻家庭与心理咨询、法律咨询、离婚劝导和调解等多种形式的婚姻家庭辅导服务。全年为婚姻当事人提供婚姻家庭辅导服务348人次，其中新婚辅导162人次，婚姻家庭咨询8人次，法律咨询4人次，离婚劝导与调解174人次，经劝导，有62对夫妻选择和好或暂缓离婚，劝导成功率71.3%。辅导对象对婚姻家庭辅导员的服务满意度100%，全区非理性离婚的比例进一步降低。

【婚育户“一件事”联办】2019年，上城区推进婚育户“一件事”联办，在省内居民办理结婚登记时，同步为其办理户口登记信息婚姻状况变更，以及依本人申请提供生育登记服务、符合条件的夫妻投靠落户“一件事”联办服务。全年全区申请联办448件，同步为当事人办理婚姻状况变更737人、生育登记1件、夫妻投靠落户1件。

【殡葬管理】2019年，上城区围绕市殡葬改革相关要求和考核目标，全面抓好各项殡葬事务，落实惠民殡葬及生态安葬奖补政策。全年投入惠民殡葬经费81.2万元，发放生态安葬奖励4.8万元。

加大推行殡葬移风易俗与殡葬改革宣传工作力度，倡导文明祭祀新风，发放文明殡葬倡议书宣传折页4000多份，文明殡葬新风氛围浓厚。认真做好清明、冬至期间南山陵园群众祭扫高峰安全保障工作，区交警、市场监管、城管、卫健、消防、环保等部门通力合作，保障措施完善，群众祭扫安全顺利，秩序良好，无安全责任事故和负面舆情现象发生。

【地名管理与服务】 2019年，上城区审核命名住宅3处：海潮御品公寓、仁滨公寓、杭源御潮府；审批编排门号151家、3588处。制作发放浙江省门牌证2527份（含使用证）。根据市“跑改办”关于“最多跑一次”改革专项评估电话调查抽样相关要求，对群众和企业的办事体验情况按要求分时段进行全面电话回访，满意率100%。接收地名咨询电话1107个，开据情况证明86份，核实地址545处，处理市公开电话交办单（反馈单）15件。处理数字城管253件，“数字城管”及时解决率100%。

（黄　茜）

社区建设

【“美好社区”体系完善】 2019年，上城区结合创建全国第三批社区治理与服务创新实验区的契机，在和谐社区建设基础上，创新探索以“让千家万户切身感受到党和政府温暖，让居民获得‘美好生活’全方位感受”为目标的“美好社区”建设，推进《上城区关于加强和完善社区治理建设“美好社区”的三年行动计划》，提出通过以党建引领全域化、治理空间多元化、需求服务精准化、公共安全立体化、文化建设品牌化、居住环境宜居化为六大建设途径，力争在3年内把全区所有社区建设成为“党建引领、协商共治、社会联动、服务优质、环境优美、文明祥和”的社区美好家园。4月5日，为纵深推进“美好社区”建设，破解社区治理街道、社区单打独斗难题，增强社区治理资源，上城区印发《上城区党建引领协同推进“美好社区”建设的实施方案》。该方案以职能部门落地在社区的工作项目化为抓手，借助区社区建设指导委员会的平台和其统筹作用，将部门项目与街道、社区建设实际需求紧密结合，进一步打通部门和街道、在社区治理中的联动路径，实现协同推进“美好社区”建设的良好局面。区城管局、区公安分局、区教育局和区文广旅体局等部门的“垃圾分类”“公民警校”“一社一品”等10个项目参与“美好社区”建设，总项目居民满意度达97.94分。

【清廉社区建设】 2019年，上城区围绕社区建设和社工队伍管理中存在的问题，以制定社区清单、强化民主公开、深化社区民主监督和强化社区协商机制建立为主要抓手，结合社工队伍管理现状与实际，制定印发《关于加强社区工作者清廉教育的实施方案》，在全区开展以“三个一”（“开展一次专题教育、完善一批工作制度、树立一批优秀典型”）为主要内容的教育活动，有效提升全区社工队伍清廉建设工作水平，推进清廉社区建设。

【国际化社区建设】 2019年，上城区根据国际化社区建设新要求，着力改善社区软硬件环境，加快基础设施建设，完善服务管理手段，增强外籍人士在居住、语言、文化等方面的融入感。清波街道清河坊社区和望江街道近江东园社区对照各项评价指标，成功申报第四批杭州市国际化社区示范点。

【承办杭州市第十届“社区工作者节”】 2019年10月23日是中华人民共和国第一个居民委员会——上羊市街社区居民委员会成立70周年纪念日，同时是全市第10个“社区工作者节”。为全面展示杭州市社区治理和服务创新工作成果，弘扬新时代社工精神，杭州市第十届“社区工作者节”暨“最美社工”颁奖晚会在上城区举行，“社区工作者节”以“不忘初心，逐梦前行”为主题，以晚会形式展现新时期社工风采，对“最美社工”进行表彰。市人大常委会副主任陈红英、副市长王宏、市政协副主席冯仁强出席。

（黄　茜）

【中国社区建设展示中心建设】中国社区建设展示中心（简称展示中心）是民政部批准建立，集史料陈列、文物展示、理论研究、文献收藏、社区实务于一体的社区建设专题类展示馆，位于上城区元宝街1号，紧邻胡雪岩故居，由清光绪年间（1875—1908年）兵部侍郎朱智的故居改建而成，占地面积约5000平方米。2019年，展示中心完成展馆升级改造，设立基层组织历史厅、社区建设发展厅、社区治理成果厅、“左邻右舍”社区治理创新园（中华人民共和国第一个居民委员会）4个展区。全年展示中心接待国内外参观团队295批、6000多人，散客1.6万人；开展专题培训16期，培训学员2381人。举办各类座谈交流活动28场，并承办第四届中国社区治理论坛。展示中心被评为浙江省直机关党日活动基地、杭州青少年学生“第二课堂”活动基地、上城区社科普及基地、上城区爱国主义教育基地、2019社会资源旅游推荐访问点等。

【展示中心管委会第六次会议召开】2019年3月30日，中国社区建设展示中心管委会第六次会议召开。民政部基层政权建设和社区治理司副司长、展示中心管委会副主任汤晋苏，省民政厅副厅长、展示中心管委会副主任江宇，市民政局局长、展示中心管委会副主任何凌超，区长金承涛参加会议并讲话。会议就展示中心改馆方案、管委会成员调整建议名单等内容进行研究讨论，并听取展示中心2018年工作情况和2019年工作计划。

【展示中心新馆开馆】2019年10月23日，展示中心经过展馆升级改造，重新对外开放，并举行新馆启动仪式。升级改造后，新馆展陈内容更全面，参观动线更合理，互动环节更新颖，社区功能更完善，居民活动更具多样性。新馆设立基层组织历史厅、社区建设发展厅、社区治理成果厅、“左邻右舍”社区治理创新园4个展区，综合采用实物陈列、图板呈现、二维动画、触摸互动查询、趣味模拟游戏等手段，全方位展示中国社区建设的发展历程、历史演进、地方经验、技术融合等方面的总体脉络。其中：基层组织历史厅主要展示中国历代社会基层组织的历史回眸、城市居民委员会的创建与发展、基层组织选举方式的演变及中华人民共和国第一个居民委员会的寻访历程。社区建设发展厅主要展示从20世纪80年代至今中国社区建设经历的6个阶段。社区治理成果厅以

2019年10月23日，中国社区建设展示中心举行新馆启用仪式

（中国社区建设展示中心 供稿）

“文字介绍+图板呈现”的方式，展示国内各地社区治理实践成果。“左邻右舍”社区治理创新园纳入社区功能，以最大化空间让社区居民各种需求服务得以实现。启动仪式上，同步举行《中国城市街道与居委会档案史料选编》及《新中国第一个居民委员会30条——组织能力与社区善治》新书赠书仪式，并同步发布上城区“美好社区”十大案例。

2019年10月23日，第四届中国社区治理论坛在上城区举行。图为区委书记陈瑾致欢迎词　　（中国社区建设展示中心 供稿）

【社区治理业务培训】 2019年，展示中心培训基地拓宽培训内容与形式，积极搭建学员沟通交流平台，共同探讨、分享社区建设和社区治理方面的新思路、新理念与新成果。全年实施全国各有关省（市、区）民政部门委托社区治理业务的培训项目6个，培训学员230人，组织专题授课30次，互动交流12次，体验式培训6次。针对上城区社区工作者，组织培训10期，培训2151人次。发放培训意见征求表170份，回收131份；发放结业证书158本。收到培训相关意见建议35条、学员心得体会146份。培训满意率99%。

【第四届中国社区治理论坛在上城区举行】 2019年10月23—24日，第四届中国社区治理论坛在上城区举行。来自部分省（市、区）民政厅（局）领导，全国社区治理领域专家学者、全国社区治理和服务创新试验区相关负责人、部分社会组织负责人近200人参加论坛。民政部政策研究中心主任、中国社区治理研究会会长王杰秀出席开班仪式并发表主旨演讲，民政部基层政权建设和社区治理司副司长黄观鸿、省民政厅副厅长江宇、市政府副秘书长王仁、区委书记陈瑾等参加论坛。举办论坛旨在以服务推动基层社会治理创新为出发点和着力点，积极搭建全国社区治理领域信息交流、项目合作、决策执行的重要平台。论坛上，上城区等单位代表介绍社区治理创新方面的实践探索与思考，部分专家学者进行主题演讲。会后，论坛代表和专家学者在中国社区建设展示中心、小营巷社区和馒头山社区实地参观调研。　　（杨宏军）

社会组织管理

【社会组织参与对口扶贫】 2019年，按照区委、区政府关于东西部扶贫协作部署，结合市民政局关于推进社会组织参与脱贫攻坚的要求，上城区组织区慈善总会、区娃哈哈三捷教育发展基金会、区益优社区互助中心、清波街道张能庆公益服务站等社会组织承接扶贫帮困项目，全年10个社会组织对接或实施扶贫项目15个，涉及资金175.69万元。其中，清波街道张能庆公益服务站联合贵州雷山县城南社区，在当地组织志愿者，设立“银丝坊”志愿服务项目。

【社会组织参与社区治理】 2019年，上城区以提升社会组织参与社会治理能力为目标，按照“党建引领、社会联动”的思路，深化公益党建联盟，拓展公益党建路径，创新社会组织培育孵化模式，优化社会联动路径，凝聚多方力量共同参与社会组织培育和社区治理，有效提升社会组织服务供给水平和参与治理能力，推进基层社会治理体系和治理能力现代化建设。年内，上城区获杭州市社会组织参与平安建设考核第三名。

【“公益党建联盟”建设推进】2019年9月5日，区委组织部、区民政局举行推进“公益党建联盟”建设暨社会组织“为国庆献礼·为祖国点赞”活动。活动中，公益人代表阎军楠讲述自己作为一名党员的公益初心。区社会组织综合党委向党建指导员颁发聘书，“尚善之家”发起“清河坊—南宋御街”慈善公益街区的慈善公约，并向首批爱心商家授牌。区委常委、组织部部长王歆参加活动并提出强化社会组织党的建设，耕植公益“红树林”；优化社会组织能力建设，培养公益“排头兵”；深化社会联动平台建设，做大公益“朋友圈”等要求。

【公益项目资助】2019年，上城区以社会组织发展基金会为平台，统筹区、街道两级公益创投专项经费，推进公益创投进一步常态化、专业化和规范化。社会组织发展基金会通过需求征集、项目申报、项目优化、专家评审等环节，投入492.25万元公益服务资金，资助区、街道公益服务项目63个，形成“上城区爱馨互助会——重残、智残等人群的文化及社会融入服务”“杭州晴雨公益服务中心——文明交通劝导活动”“圣爱社会工作服务中心——高龄老人上门助餐服务”等一批品牌服务项目，有力提升全区社区服务供给水平。（黄　茜）

民族和宗教工作

【概况】2019年，区民宗局坚持管理与服务相结合原则，开展民族团结进步创建活动，助推民族乡村振兴。贯彻落实《宗教事务条例》，合法开展相关宗教活动，提升宗教场所管理规范化水平。落实宗教场所消防安全责任，每月开展平安宗教活动场所安全隐患排查检查不少于4次。在宗教重大节日期间，强化值班值守，做好应急预案。持续高水平推进平安宗教活动场所创建，贯彻落实相关创建指标体系要求，分层细化区、所在街道、宗教场所工作职责，更大层面和范围上将宗教工作纳入网格管理。年内，指导思澄堂创建为全省普法示范点。

【民族乡村振兴“双百村结对”行动】2019年，区民宗局推进民族乡村振兴“双百村结对”行动。与结对的丽水市松阳县象溪镇象溪圩村开展双向交流10次，通过积极发动、牵线搭桥，为象溪圩村筹措资金30万元。以“线上+线下”相结合方式，助推象溪圩村农产品销售。在“三联三领三服务”活动结对的南星街道美政桥社区设立农产品展销点。协助松阳县土特产上线浙江省政府采购“扶贫馆”，通过政府集中采购，实现农产品销售额10万元。2月11日，区民宗局到丽水市松阳县象溪镇石马源畲族村开展结对帮扶活动。实地走访象溪镇石马源畲族村，查看石马源村居家养老服务中心建设情况、石马源村容村貌，以及石马源村近年来围绕打造“美丽畲村，文化畲寨”，加大村庄基础设施建设、文化建设和产业持续发展等方面情况。

【宗教场所平安创建】2019年，区民宗局进一步推进宗教场所平安创建，全年开展宗教活动场所隐患排查15次。由副区长带头，全区宗教工作领导小组开展平安检查2次。年内，联合区消防救援大队指导场所组织消防培训、消防演习4次，大力提升场所安全管理与隐患防范水平。（王琳莉）

养老服务

【概况】2019年末，上城区有60岁及以上老年人10.28万人，占户籍总人口的32.2%，其中80岁及以上2.14万人、90岁及以上3839人、100岁及以上105人。全区有养老机构16个，养老床位1805张；有居家养老服务照料中心50个、示范型居家养老服务中心7个、康复护理站6个；有社区老年食堂20个。全年为老年人办理、申领老年卡4751张，为80周岁以上高龄老年人发放保健补贴1092.84万元。结合签约服务推进，扩大为老服务范围和服务内容，全年完成医养护一体化签约服务11.8万人，其中65岁以上老年人4.26万人。为90岁以上老人提供居家医疗服务，其中独居空巢老人701人、困难残疾老人324人、失独家庭老人122人。

（黄　茜　仲　玥）

【老龄健康服务】2019年，上城区通过开展老年人意外伤害保险购买和高龄老人慰问活动，做实老龄健康服务工作。区卫健局与区民政局、区退役军人事务局、区公安分局等部门衔接，对全区60周岁（含）以上低保、特困、重点优抚、失独人员和80周岁（含）以上高龄老人进行摸底核实，有23319人享受政府补贴参加老年人意外伤害保险，共计69.96万元，赔付127件，赔款13.25万元。市级投入11.4万元、区级投入9.12万元，慰问全区百岁老人。重阳节前夕，各街道、社区对80岁以上老人开展爱心慰问，发放长寿面等相关慰问品价值100多万元。

（仲　玥）

【适老化改造】2019年1月10日，上城区《适老化住宅设计规范》正式实施。5月8日，上城区在区社区学院举行困难老年人家庭适老化改造启动仪式。上城区通过招标，确定易租康健康管理（杭州）有限公司和杭州广宇安诺实业有限公司为全区适老化改造的实施单位。全年完成50户困难老年人家庭适老化改造工作。

【“互联网+养老”服务】2019年8月1日，上城区“互联网+养老”服务正式上线。该服务改变以往纸质券结算的模式，老年人可通过电话呼叫、手机下单等方式得到相应服务，并可通过市民卡进行支付结算。杭州在水一方养老服务集团被评为第三批国家智慧健康养老应用试点示范企业。

【老年人助餐服务】2019年8月1日，区民政局、区财政局和区市场监管局联合印发《关于开展老年人助餐服务体系建设提升工作的实施方案》，加大对实施“互联网+助餐”示范型老年食堂补助力度，运行经费改变原先“一刀切”模式，按照老人就餐次数进行补助，进一步提高资金使用绩效。全年全区20个老年食堂均由第三方社会组织负责运行，老年食堂均建成“阳光厨房”，并实现市民卡信息化结算。

【养老护理员技能大赛】2019年7月1日，上城区在区社区学院举办养老护理员技能竞赛。技能竞赛参赛对象为从事上城区机构养老和居家养老服务的实体工作人员，全区有4支居家队和10支机构队分别参加个人赛及团体赛。杭州在水一方养老服务集团居家队获团体一等奖。上城区缘外缘颐养中心的骆姣和杭州在水一方养老服务集团的常贝获个人一等奖。技能大赛后，上城区选拔多名优秀选手参加全市养老护理员技能竞赛，并获好成绩。

【家庭养老照护床位试点】2019年9月18日，区民政局和区财政局联合印发《杭州市上城区家庭养老照护床位试点工作方案》，在全省率先推出家庭养老照护床位试点。年内，建有照护床位50张。上城区积极探索家院互融的养老服务模式，满足老年人，特别是中度、重度失能老年人在家养老也能享受专业机构服务的愿望，进一步提升老年人和其家庭成员的获得感。

【养老院服务质量提升】2019年，上城区按照国家和省市关于养老院服务质量大检查要求，对照《浙江省养老院服务质量大检查指南》基础性指标中的具体内容要求，开展养老机构自查、区级多个部门联动检查督查等。通过自查、督查，区养老机构管理与服务规范化、标准化工作基础进一步夯实，养老服务队伍专业化水平不断提升，养老机构服务质量持续改善，老年人养老服务获得感和满意度明显增强。

【完善居家养老服务】2019年，上城区实施居家养老政府购买服务2276人，支出资金837.4万元；家电类和水电类保修完成签约3093家，服务金额99.6万元，上门服务3001次；审批“智慧养老”服务对象2.67万人，发放“智慧养老”服务终端2.41万台；医疗签约889人，服务次数1.78万次；制作并发放老年优待证4751张；发放高龄津贴1207万元，惠及19.9万人次。开展百岁老人重阳慰问活动，发放慰问金3.45万元。

【为民办实事项目完成】2019年，上城区完成省市为民办实事项目。建成小营街道居家养老服务中心。完成居家养老服务照料中心、养老机构、康复护理站、老年食堂等为老服务资源整合。完成生活服务、康复护理服务、托养服务、家庭支持服务、社会工作及心理疏导服务、康复辅助器具租赁服务六大功能区设置。

（黄　茜）

【庆重阳暨康养体系建设试点启动大会】2019年9月29日，上城区举行“共贺华诞，幸福养老”——庆重阳暨康养体系建设试点启动大会。会上表彰“最美长者”“最美家庭”和“最美为老服务者”，并推出全省首个家庭养老照护床位服务新模式，为上城老人送上节日“大礼”。上城区作为全省首批康养体系建设试点城区之一，计划通过3年时间，构建服务设施配套完善、医养有机结合、专业素质优良、覆盖家庭社区、具有上城特色、持续高效互助的六大康养体系，逐步形成政府引导、多方共举、服务多元、资源共享的康养服务体系和管理模式，促进健康老龄化，为省市康养体系建设工作提供“上城样本”。家庭养老照护床位是康养体系建设中的关键一环和“自选动作”。服务对象为60周岁以上，经老年人能力评估为中度、重度失能的老年人，享受每月600元的补助；85周岁以上老年人能力评估结果可放宽至轻度，享受每月200元的补助（两者不可重复享受）。符合政府购买居家养老服务的老年人（上城户籍，退休金每月3000元以下，老年人能力评估为不能自理或不能完全自理的空巢独居老年人），每月的政府购买服务补贴（“重阳分”）可抵扣服务费用。根据老年人家庭养老服务需求，由专业服务组织制定服务清单送“货”上门并签订协议，让老年人家庭享受到“私人定制”的精准专业养老服务。

（年鉴编辑部）

退役军人事务

【概况】2019年，上城区贯彻落实习近平总书记关于退役军人工作的重要指示精神，以全区机构改革为契机，成立区退役军人事务局。区退役军人事务局以“全心全意为退役军人和其他优抚对象服务”为宗旨，做好退役军人服务保障工作，着力发挥退役军人在推动经济建设、维护社会和谐稳定、加强国防后备力量建设中的作用。李克良被评为全省首批“最美退役军人”，陈全江、汪彬华被评为全市“军队为你骄傲”优秀退役军人，郝龙清、朱锋被评为全市“最美退役军人”。

【退役军人三级服务保障体系建设】 2019年，上城区贯彻习近平总书记关于“组建退役军人管理保障机构，维护军人军属合法权益，让军人成为全社会尊崇的职业”要求，围绕“有机构、有编制、有人员、有经费、有保障”目标，全面推进退役军人服务中心（站）建设。全年成立区退役军人服务中心和6个街道退役军人服务站、54个社区退役军人服务站，基本形成“横向到边、纵向到底、覆盖全域”的三级服务保障体系。

【退役军人和其他优抚对象信息采集工作】 2019年，上城区扎实做好退役军人和其他优抚对象信息采集工作。通过信息系统补登核准的退役军人及其他优抚对象12316人，占全区户籍人口的3.6%。其中军队转业干部3084人，退役士兵7558人，复员军人466人，退休干部67人，无军籍退休职工260人，烈士遗属、因公牺牲军人遗属和病故军人遗属484人，现役军人家属397人。

【退役军人服务保障】 2019年，上城区着力提升退役军人服务保障工作实效。全年审核发放“三属”（未享受定期抚恤的烈士和因公牺牲、病故军人的遗属）优待证30本，并做好优待证年检工作；为“三属”、残疾军人新办电子乘车卡92张。开展伤残军人评残、退役军人带病回乡认定、改领在职在乡抚恤金等事项“代办”服务，服务退役军人7人次；为全区8名重点优抚对象申请安装假肢矫形器配送辅助器具17项。根据相关文件，及时调整代管军队离退休干部和无军籍离退休人员的离退休经费标准。年内，完成重点优抚对象和无军籍离退休人员年度体检工作。

【退役军人就业安置】 2019年，上城区拓展退役军人就业安置渠道，设置3个行政编制岗位、17个参照公务员管理事业编制岗位。11月7日，以阳光透明、公平公正为原则，召开退役军人集中选岗会议，完成20名营职以下军转干部的自主择岗工作。根据实际工作需要，接收安置随军家属1人，接收自主择业退役军人34人。

【退役军人先进选树】 2019年，上城区以全区退役军人信息采集工作为切入点，建立“退役军人典型”数据库。在“八一”建军节和中华人民共和国成立70周年两个重要时间节点，选树退役军人先进典型11人，并在区退役军人服务中心荣誉墙等平台进行先进事迹集中展示。其中，1人被评为全省首批“最美退役军人”，2人被评为全市“军队为你骄傲”优秀退役军人，2人被评为全市“最美退役军人”。为136名退役军人申领和发放中共中央、国务院、中央军委颁发的“庆祝中华人民共和国成立70周年”纪念章。牵头组织第6个烈士纪念日公祭活动，营造致敬英烈、学习英烈的浓厚氛围。

【双拥工作】 2019年，上城区着眼退役军人政策咨询、人文关怀、就业帮扶等需求，引入张能庆公益服务站、亲民社会工作服务中心等社会公益组织，完善信息管理、教育培训、帮扶解困、军民融合等16项服务内容，协助承担街道、社区两级退役军人服务站开展日常接待和有关活动。全年组织开展“我的红色记忆——50年党龄党员生日会”等优质服务项目活动60多次，开展法律咨询等专场活动8次。春节、“八一”期间，上城区先后两次走访、慰问辖区部队及共建部队单位，走访优抚对象1706人次，其中困难优抚对象78人次、困难企退军转干部38人次。以清波街道军地共建为重点，开展为社区独居老人和部队官兵搭建互助

2019年7月30日，清波街道组织辖区退伍老兵代表到省军区某部营区参观（清波街道 供稿）

情感平台等活动。清波街道退役军人服务站“兵妈妈兵儿子”结对活动先后获中央电视台《新闻联播》栏目和浙江卫视采访报道。

【“四回应”办事机制建立】2019年，上城区建立退役军人“有诉求受理、有困难帮扶、有矛盾化解、有疑惑解答”的“四回应”办事机制，积极发挥“一中心两站”（区退役军人服务中心和街道、社区两级退役军人服务站）作用，点对点了解情况，面对面疏导思想，着力宣传、解释优抚安置相关政策，做到政策落实到位、解释到位，实现退役军人诉求有通道、解困有平台。全年区退役军人事务局接待各类来访来电（咨询）185件次，收到诉求对象表扬锦旗1面。

（宋　勤）

志愿服务

【概况】2019年末，上城区有注册志愿者10.34万人，形成杭州晴雨公益服务中心、鼓楼微笑志愿服务队等160支特色志愿队伍。全面推进志愿者服务能力建设，发布“上城·青志”志愿服务智慧平台，组织社区志愿服务培训，开展各类专项志愿服务。全年围绕垃圾分类、交通安全引导、平安巡防等开展志愿服务，累计服务18万个小时。

【“最美”社区志愿服务培训】2019年6月21日，上城区“最美”社区志愿服务培训暨交通文明劝导志愿服务行动启动仪式在区社区学院举行。全区志愿者代表300多人参加。活动现场，上城区第一支“文明城市·红袖章”志愿服务队成立。志愿服务队深入各相关点位、重点区域和相关场所，开展不文明行为劝导、停车引导、环境清洁美化、爱心帮扶等各类志愿服务活动，弘扬“奉献、友爱、互助、进步”志愿服务精神。启动仪式结束后，2019年度上城区“最美”社区志愿服务培训第一期开幕。培训根据街道区域分布分北部（湖滨街道、清波街道、小营街道）和南部（望江街道、南星街道、紫阳街道）两批举行，通过开展“志愿者基础理念”“志愿者礼仪形象塑造”“志愿服务基本医疗急救”“志愿服务助力社区垃圾分类”等必修课程、选修课培训，普及志愿服务理念，提升志愿服务水平，推动社区志愿服务精品化发展。

【党员志愿服务“红色志愿一小时”行动启动】2019年3月5日，团区委联合区委组织部、区委直属机关工委等部门在“尚城1157·利星”商业综合体举行“党建引领新时代，青春筑梦新征程”暨上城区党员志愿服务“红色志愿一小时”行动启动仪式。来自全区各界志愿者代表150多人参加。并在仪式现场开展书香换花香、旧衣回收、WABC（无障碍艺途）艺术画展等志愿服务项目。该行动旨在通过志愿服务亮出党员身份，“零距离”服务企业、服务群众、服务基层，依托“红动志愿”公益综合体，在全区15个党群服务中心建立“‘小蜜蜂’志愿者之家”，全区党员可通过“志愿汇”平台注册成为党员志愿者，并将志愿服务时数转化为“红色积分”，更好地发挥党员在基层的战斗堡垒作用，凝聚志愿公益正能量。

【“上城·青志”志愿服务智慧平台发布】 2019年12月5日，上城区举行“志愿服务践初心，无私奉献担使命”“12·5”国际志愿者日暨“上城·青志”大数据平台发布仪式。“上城·青志”大数据平台全面展现上城区志愿者注册、分布、结构、实时开展服务等智慧化信息。同时上线社区志愿服务对接系统，社区发布需求，高校、企业、机关、社会组织等服务组织认领需求，实现数据信息的互联互通、精准定位、共享使用。发布现场，有100多个志愿项目实现线上进驻，实时准备接单。同时，揭晓2019年志愿服务时数最多的志愿者、2019年志愿服务工作发起最多的社区等，并进行表彰。

【垃圾分类志愿服务】 2019年，上城区青年志愿者以“美丽上城·青年当先”为主题开展垃圾分类志愿服务活动。活动在6个街道、54个社区同步开展，通过独立组建、社区联建、校社联建、企社联建等形式，建立54支垃圾分类劝导员志愿者队伍。各支队伍全面开启垃圾分类宣传讲解和投放指导行动，以每月固定举办两次的频率，通过常态化的巡查机制，助推全区垃圾分类工作长效化。5月1日，团区委开展“青春闪耀，我们都是追梦人——垃圾分类我先行”活动。73名青年志愿者沿西湖进行4000米青春毅行，发出青春倡议并通过《我和我的祖国》《爱的就是你》《垃圾分类歌》快闪表演，加大垃圾分类宣传力度。活动收集可回收垃圾15千克、厨余垃圾3.4千克、有害垃圾19千克。

【“戴好头盔保安全”大拇指行动】 2019年8月14日，团区委会同区文明办等部门开展交通劝导行动——“戴好头盔保安全”大拇指行动，旨在减少涉电动自行车交通事故，督促市民养成遵守交通规则的好习惯。团区委组织一支32人交通志愿者队伍，值守辖区多个十字路口，劝导电动自行车车主文明骑行，通过贴上“大拇指”贴纸表示赞许，倡导车主“遵交规、戴头盔、保安全”。

【节假日志愿服务】 2019年，上城区加强节假日期间志愿服务工作。中秋节期间，团区委发动高校、社会志愿者、“上城青干线”三期学员100多人，在湖滨商圈、吴山商圈、城站火车站、鼓楼周边开展为期3天的志愿行动，提供文明劝导、平安巡防、旅游咨询等服务。高峰时段，身穿红马甲的志愿者组成人墙，协助警力维持周边秩序，有效缓解现场拥挤状态。国庆节期间，出动志愿者1000

2019年12月5日，上城区举行12·5国际志愿者日暨“上城·青志”大数据平台发布仪式，并上线社区志愿服务对接系统　（团区委 供稿）

多人次（含来自津巴布韦、俄罗斯、孟加拉国、德国、马来西亚、印度尼西亚等国家的70名国际志愿者），分布城站火车站、龙翔桥地铁站、延安路沿线、河坊街、湖滨步行街等60多个岗位，开展交通文明劝导、平安巡防、供应免费茶水、旅游咨询、单车治理、双语讲解、垃圾不落地、应急帮扶等志愿服务活动，服务市民游客285万人次，服务总时数近1万个小时。

【青年志愿者服务社区专项行动】2019年11月，团区委开展“百团进社区，万名青年做先锋”青年志愿者服务社区专项行动。专项行动以全区各级团组织青年志愿者为主体，以“1个社区多个支部”“1个项目多方助力”“1个核心多元围绕”为模式，通过需求排摸及综合评估，最终确定6个试点社区，并率先制定《上城区青年志愿者服务社区专项行动实施细则》，实现社区志愿服务从需求发布、资源对接到活动实施全过程的“精细化、数据化、标准化”管理。

（李佳杰）

街　道
Subdistricts

湖滨街道

【概况】湖滨街道辖区面积1.6平方千米。下辖涌金门、青年路、东平巷、岳王路、东坡路、吴山路6个社区。区域内省市行政事业单位、大型商场超市、三甲医院、星级酒店、商务楼宇汇聚。2019年末，辖区有户籍人口10119户、28170人。湖滨街道立足主导产业，坚持转型驱动，产业结构进一步优化，形成金融、商贸、健康、文化创意、科技等产业板块。持续推进产业招商、平台招商、楼宇招商工作，着力增强区域经济核心竞争力，各项经济指标运行平稳。实现财政总收入21.19亿元，比2018年增长17.5%。完成一般公共预算收入9.3亿元，增长4.03%。社会消费品零售总额145亿元，增长8.9%。

【"湖滨晴雨"工作室获"优秀单位"称号】2019年3月，中共中央宣传部舆情局召开全国舆情工作会议，对2018年度舆情信息工作优秀单位、优秀个人、优秀稿件进行表彰。"湖滨晴雨"工作室获中共中央宣传部2018年度"优秀单位"称号，其参与报送的《电影〈我不是药神〉的舆论情况》获评中共中央宣传部2018年度舆情信息"优秀稿件"。5月16日，全市社会舆情信息工作会议召开，会议对2018年度社会舆情信息工作业绩突出单位和个人进行表彰，"湖滨晴雨"工作室获评2018年度社会舆情信息工作业绩突出单位。12月25日，"湖滨晴雨"工作室成立10周年研讨会在杭州新侨饭店召开。该工作室坚持关注民生，倾听民声，收集社情民意，聚集民智民力，为党委政府决策提供参考，全年报送信息604篇，其中被采用109篇。

【居民居住条件改善】2019年，湖滨街道着力提升居民居住条件幸福感。完成开元路31号、33号、35号楼道粉刷工程，使用立邦环保墙漆，粉刷面积约1500平方米。施工过程中，同时整理楼道内凌乱电线，消除安全隐患。针对祖庙巷47号、49号、51号、51-1号4个单元房屋墙面破损、屋顶漏水等影响居民日常生活的问题，主动实地走访调研，召开协调会议，对其实施平改坡改造工程，改造总面积500平方米。仁和路14号楼房以木结构为主，有住户15户。由于年久失修，存在屋顶破损漏水、墙面抹灰脱落、电线老化、管道破裂等问题，被鉴定为C级危房。街道联合区危改办等单位，走访了解居民诉求，完善修缮方案，对原有公用厨房进行改造，对卫生间进行拼接，着力改善居民生活环境。7月31日，修缮工程竣工，并举行交房仪式。

【健康用水惠民活动】2019年5月9日，湖滨街道东坡路社区联合杭州微港科技有限公司开展“健康用水，用心呵护每一天”主题惠民活动。活动以未央村、向阳新村为首批试点，向居民发放直饮水充值卡200多份。直饮水设备采用美国宇航局逆渗透净化技术，可有效除去重金属、亚硝酸盐、余氯、农药残留、有害病菌等成分。依靠数据平台监控，可实现远程调节制水售水参数，远程接受机器故障报警，记录用户打水轨迹等功能。通过实时导出居民用水信息，社区可及时掌握重点服务对象（独居空巢老人）日常生活情况，方便网格员提供针对性服务。

【既有住宅加装电梯交付使用】2019年1月18日，湖滨街道平海路23号、中山中路404号两台既有住宅加装电梯同时交付使用。其中平海路23号为沿街分散住宅，加装电梯借用市总工会、杭州华辰国际酒店的红线地带。街道加装电梯办公室工作人员多次勘察现场，联系电梯厂家和设计单位，完善确定加装电梯方案，明确相关红线土地权属、施工期间占用停车位、景观墙恢复、施工期间噪音控制等细节，历时1个半月，完成该电梯加装工作。

【“一十百千”基层治理机制建设】2019年，湖滨街道建立“一十百千”工作机制，保障基层平安稳定。强化31个网格管理服务，织密基层治理“一张网”。摸查重点人员姓名、年龄、爱好、特长、性格、工作、家庭、交际圈、犯罪前科、现实危险性十大类信息，完善重点人员管控。依托微型消防站，打造“百米安全圈”，提高居民群众安全感。发挥“千眼卫士”、平安联盟力量，引导快递员、邮递员、大学生、志愿者等参与平安建设。全年有4233人次参与平安巡防，发现隐患问题65个，解决率100%。同时，街道推进“党建领和、社会协和、专业维和、智慧促和、法治守和、文化育和”工作体系建设。党建共建委员会引导商圈企业参与公共服务优化、平安创建等工作，发挥党员先锋模范作用，化解加装电梯等矛盾纠纷13起；落实社会面防控响应机制，在节假日期间设置加强班，提高应急联动能力；将基层治理平台、“平安365”社会应急联动工作与智慧化工作有机结合，优化“湖滨智芯”系统；开展媒体应对等培训8次，提升基层网络舆情管控水平；成立街道护校安园工作专班，加强校园周边网吧整治，志愿者执勤36次；开展残疾人、自闭症儿童等特殊群体关爱活动13次，营造和谐友爱的文化氛围。

【多位一体社会治理网络构建】2019年2月，东坡路社区率先试点城市大脑应用于基层治理。基于区公安分局开发的“多维警务地理信息平台”，整合公安、城管、卫计、市场监管等20多个部门相关数据，链接3000多个监控探头，初步构建一张集管理、防控、处置、服务、党建于一体的社会治理网络。该网络分公共安全、公共管理、公共服务、社会动员四大模块，通过打造多领域、深融合、智能化的“上城小脑”，进一步推动社会基层治理智能化。

【街巷保洁及垃圾分类】2019年，湖滨街道切实抓好街巷保洁和生活垃圾分类长效管理工作。2月，街道对下辖社区进行检查，发现问题272个，其中垃圾分类问题226个、保洁问题46个。3月，街道开展以“清洁家园，共享健康卫生”为主题的清洁行动，组织社区清理楼道堆积物，清运大件垃圾、无主建筑垃圾、废弃家具等，同时复查灭鼠屋鼠药投放情况，做好春季灭鼠前期准备工作。清洁行动出动工作人员120人次，清理楼道12个，清运垃圾6吨，清除牛皮癣300多处，消除卫生死角30多处，发放禁烟、登革热防控宣传资料300多份。

2019年3月27日，湖滨街道联合杭州晴雨公益服务中心在湖北鹤峰县开展鹤峰县“孤星计划”资助贫困生大型公益捐赠活动（湖滨街道 供稿）

【同心“荟”力齐种树活动】2019年3月12日，湖滨街道开展植树节相关活动，创新开展同心“荟”力齐种树线上互动活动，携手“上城发布”微信公众号，以科普答题、邀请好友浇水等方式收集绿色能量1.7万点，35人领取环保布袋、绿植等奖品。街道城管科、各社区召集社区干部、党员志愿者等共同种下“清廉树”“孝亲树”“友爱树”等主题绿植120多株，并现场宣传垃圾分类、“五水共治”等环保知识。

【“孤星计划”推行】2019年，湖滨街道联合杭州晴雨公益服务中心成立扶贫基金，推行“孤星计划”。“孤星计划”以“教育扶贫，精准资助”为方向，旨在通过一对一结对资助形式，帮助孤儿学生、留守儿童及没有经济能力完成学业但成绩优异的学生解决上学困难和生活拮据等问题。3月，与湖北鹤峰县志愿者协会达成合作协议，按照每人2000元标准资助鹤峰县中营镇茶元小学贫困留守儿童17人。联合杭州市实验外国语学校、浙江顺丰速运有限公司、热心市民向该小学捐赠图书室1间、图书2500册、儿童衣服30件。3月27日，“孤星计划”资助贫困生大型公益捐赠活动暨捐赠签约仪式在鹤峰县政府举行，杭州晴雨公益服务中心、鹤峰县志愿者协会签署助学帮扶协议。仪式上，“孤星计划”为贫困家庭留守儿童送上秋冬衣服74件，价值1.4万元。12月，向鹤峰县铁炉、走马、中营等乡镇资助学生70人，资助资金14万元。其中，向中营民族学校捐赠校服401套、鞋子401双、画板40套、乒乓球桌5张、乒乓球拍25套等，价值11万余元；向中营镇茶园小学捐赠书包等学习用品10套、衣服50件，价值9000元。

【关爱自闭症儿童活动】2019年，湖滨街道社会组织服务中心积极协助辖区社会组织举办公益活动。与辖区单位杭州解百城市奥莱汽通协调，成功帮助上城区星觉醒自闭症家庭互助服务中心获取场地资源，协助进行室内活动公安报备，并利用公益联盟平台对接青年时报牛通社、杭州晴雨公益服务中心、上城区志心青少年公益服务中心、杭州艺乐艺玩具有限公司等公益资源，推动活动落地。3月30日，“让爱来、让碍走”2019年“壹基金·融合中国蓝色行动”公益活动举行。活动通过折叠并放飞蓝色心愿纸飞机、系蓝丝带、击掌互动、发放科普资料、自闭症问卷调查等形式，普及宣传自闭症知识，助力形成理解接纳的良好社会氛围。有10户自闭症家庭和20户普通家庭参与，20多名志愿者现场提供服务。

【"30分钟市民学习圈"建设】2019年，湖滨街道积极推进"30分钟市民学习圈"建设，挖掘、整合教育资源，打造市民终身学习体验基地8个、市级示范性学习型社团2个、区级终身学习品牌7个、匠心工作室1个。街道与市民终身学习体验基地杭州图书馆生活主题分馆开展合作，双方在微信公众号联合举办"诗意生活"古诗词线上答题活动8期，举办暑期亲子夏令营活动2期。全年杭州图书馆生活主题分馆举办活动154场，参与人数5140人次。市民终身学习体验基地湖滨家园开设十二大类公共文化免费培训课，参与人数700多人次，举办讲座及活动32场，参与人数2300多人次，进一步促进社教融合开放，满足群众的学习需求。4月23日，青年路社区被授予"杭州市首批全民阅读活动站"称号。

【老报纸展览】 2019年5月2—6日，湖滨街道在中山中路466-1号举办"七十年的记忆·见证杭州解放"老报纸展览，旨在庆祝中华人民共和国成立70周年、杭州解放（1949年5月3日）70周年。展览由中国报业协会集报分会副会长张雪根担任策展人，前期筹备4个多月，从1万余种藏报中挑选《人民日报》《东北日报》《内蒙古日报》《天津日报》《拂晓报》《中原日报》《长江日报》等50多份老报纸参展。3000多人参观展览。

【七夕比巧大会】 2019年8月7日，由区妇联、区非遗保护中心、湖滨街道妇联等单位主办，杭州吴越人家工艺服饰有限公司、萧山过江布非遗传习所、伊家梦享汇女性公益服务中心、上城区爱馨互助会承办的南宋节俗文化主题活动——2019年七夕比巧大会在区妇女儿童活动中心举行，70多人参加。活动分为宋制七夕传统习俗体验、比巧大会、互动留影3个部分，参与者可以现场体验穿针乞巧、喜蛛应巧、投针验巧等传统习俗，体验南宋点茶，以及萧山过江布女红设计、制作扎染T恤。经区妇联和"非遗"专业人士评定，选出最具潜质奖1人、最受欢迎奖2人、最佳创艺奖3人。

【企退人员档案数字化工作通过验收】2019年5月20日，湖滨街道退管中心接收的9063名企退人员档案整理、扫描、图像处理、数据储存等档案电子化工作全部完成，按照规定抽检的279卷档案合格率100%。6月13日，区人力资源和社会保障局对档案进行随机抽检，抽检档案15卷，全部符合要求，街道企退人员档案电子化工作顺利通过验收。

【湖滨司法所建设】2019年5月，湖滨司法所率先在易帮矫软件上进行扫黑除恶微直播。微直播通过知识讲解、案例分析、题目点评等方式，宣传扫黑除恶及相关法律知识，提升社区服刑人员的法律素养和对扫黑除恶工作的知晓率。街道社区服刑人员易帮矫学习和劳动完成率均100%，列全区第一位。6月，司法部人民参与和促进法治局到湖滨司法所调研，肯定湖滨司法所开展的社区矫正、人民调解、法制宣传等工作。该司法所全年开展社区矫正集中教育6次，组织服刑人员参与公益活动；完善纠纷多元化解体系，化解信访积案2起、重大矛盾纠纷3起，普通矛盾纠纷200多起，利用橱窗、电子屏等载体开展法制宣传教育103次，并建立公共法律服务站，联合律师"智囊团"开展尚法微直播，通过在线互动为群众提供便捷优质的法律服务。街道普法工作获中国普法网、浙江卫视、《浙江法制报》等10多家媒体报道。

【“廉洁湖滨”建设】 2019年，湖滨街道多渠道推进“廉洁湖滨”建设。5月30日，岳飞文化广场“清风墙”亮相，展示12名杭州历代清官廉吏的事迹。党员干部、小学师生等200多人参观。岳飞第29代传人岳邦杰现场讲述清廉家风故事，杭州市天长小学学生朗读《湖滨清廉公约》，《杭州日报》、《青年时报》、杭州电视台新闻综合频道和西湖明珠频道等媒体现场进行采访报道。5月31日，涌金门社区联合杭州解百集团股份有限公司举办“洁白粽米香，廉洁清风扬”端午活动，社区居民、企业党员等70多人参加，制作粽子300多个，慰问困难家庭、独居老人、空巢老人30人。社区老党员书写《湖滨清廉公约》赠予杭州解百集团股份有限公司。

【“晴雨红民访”项目实施】 2019年6月，湖滨街道东平巷社区与杭州晴雨公益服务中心党支部签订党建共建战略协议，共同打造并实施“晴雨红民访”项目，对辖区60岁以上独居空巢老人进行走访慰问。至年末，走访独居空巢老人85户。工作人员上门走访期间，同时发放“最多跑一次·电话零距离”爱心服务卡。服务卡内容包含社区所有岗位对应的服务内容及联系电话，老人在家即可通过电话了解办事流程。8月5—7日，“晴雨红民访”开展“敲门关爱不降温”行动，上门走访老人65户，嘱咐老人注意防暑避暑，并宣传登革热预防知识，倡导垃圾分类，发放健康养生手册和垃圾分类宣传单。

【未央村和向阳新村“微更新”项目实施】 2019年，湖滨街道以未央村和向阳新村为试点，实施老旧小区“微更新”项目。全年实施项目1.7万平方米。未央村和向阳新村建造于20世纪90年代，有楼道22个、居民347户，涉及户籍居民1100人、流动人口102人。小区存在道路不畅通、活动空间狭小、消防安全隐患、安防设施不足等问题。根据老小区、学区房两大特点，小区“微更新”采用“全龄友好、智慧共享”改造方案，从智能设备、公共空间、文化挖掘3个方面推进，同步解决空间、功能、文化3个问题。

【孝心车位推出】 2019年，湖滨街道东平巷社区为解决子女回家探望老人停车难问题，对辖区车辆保有量、停车泊位数量和车位日常使用情况等开展系统性调研，在羊血弄8号旁划出孝心车位4个，子女提前一周与社区预约停车位，即可在周末获免费停车时间5个小时。青年路社区联合湖滨敬老院推出孝心车位2个，可免费停车3个小时，超过时间按每个小时5元收取费用，停车费所得纳入社区发展基金会账户，专项用于社区为老服务公益活动，助力营造孝亲敬老、崇德向善的社会风尚。

【市一医院周边“停车难”问题处置】 2019年，湖滨街道以杭州市第一人民医院为试点，利用“城市大脑”数据，提炼形成停车指数、停车场效率两大指标，科学规划引流，让有限的泊位资源发挥倍增效应。“城市大脑”上城专班联合城管专班、卫健专班，盘点医院及周边500米范围内的4个车库、1293个停车泊位，通过数据校准实时掌握空余泊位数，停车资源纳入系统化管理。上午7时至9时，工联停车场泊位周转率提升1.7倍。交警、城管、卫健部门和属地街道协作，设置引导牌8处，提示停车库剩余车位数量、行车路线，通过医院挂号平台推送就诊停车温馨提示和周边停车库停车优惠券，将就诊者提前引导至周边泊位。拆除硬隔离，变“等候车道”为“即停即走缓冲区”，恢复道路通行功能，改善交通秩序，机动车与非机动车刮擦事故比2018年降低30%。

（王璀倩）

清波街道

【概况】清波街道曾是南宋皇城所在地，境内先后设过南宋至清的临安府、杭州府署，元朝的江浙中书省和明清的浙江布政司署。现有柳浪闻莺公园、吴山天风、杭州碑林、于谦故居、胡庆余堂中药博物馆、潘天寿纪念馆、浙江省革命烈士纪念馆、凤凰寺、南山路文化艺术特色街区、清河坊历史文化街区、南宋御街等杭州著名景区、博物馆（纪念馆）和街区。2019年，辖区面积2.2平方千米，总人口3.42万人，下辖清河坊、定安路、劳动路、清波门、柳翠井巷5个社区。清波街道发挥“融合党建”引领作用，全面提升基层治理能力，筑牢平安底线，立足破解群众身边的“关键小事”，不断提升民生幸福指数。推进“清波红韵”党建综合体建设，以项目化带动街道、南宋皇城小镇融合发展。成立区级上市企业联盟，深化“清波话坊”民主协商、多元共治。加快产业转型升级步伐，优化产业结构。全年实现税收收入17.36亿元，比2018年增长53.2%；地方财政收入8.04亿元，增长49.7%，税收收入和财政收入增幅均居全区第一。吸引浙江省文化产业投资集团有限公司落户，发挥重大产业项目、高端专业人才和行业领军企业方面集聚效应。属地企业南华期货股份有限公司上市，成为A股市场“期货第一股”。社会治理工作取得新突破，以“智能+人工”模式健全社会治安防控体系，稳步推进高层消防安全“回头看”，打造智慧安防小区5个。发挥“红色业联体”作用，探索准物业小区“规范化”物业管理，推动中山苑等“老大难”小区管理步入正轨。完成劳动路社区（沿湖片）“微更新”综合改造，开通新民村延伸段，完成全区首个室内改造二次供水项目。围绕民生需求因地制宜提升服务，打造全区首个适老化改造样板间，深化既有住宅加装电梯工作，推进“联片成幢”加装电梯模式。建成全区首个全市标杆型退役军人服务站，24个工作网格构筑一体化服务保障体系。组建“文艺轻骑兵”队伍，推出“美美讲堂进社区”文化惠民项目、南宋皇城小镇文化走读体验线，开展“清波四时韵”、社区风貌展等系列活动。吸引浙江省欧美同学会总部落户，为海外留学人员联络联谊、创业创新搭好平台。清波街道被评为浙江省乡镇（街道）劳动纠纷多元化解机制建设成效显著单位、2019年度杭州市社会组织助力东西部脱贫攻坚行动先进单位、杭州市“护校安园”先进集体。清波司法所被评为“文明规范公正”司法所。清河坊社区被评为杭州市国际化社区示范点，劳动路社区被评为浙江省美丽乡村美育村（社区）试点单位，定安路社区被评为杭州市社区示范性学习型团体（社区学习共同体）。

2019年5月4日，清波街道组织开展南宋皇城小镇文化走读体验活动
（清波街道 供稿）

【劳动路社区获评省美丽乡村美育村（社区）试点单位】2019年11月25日，劳动路社区被评为浙江省美丽乡村美育村（社区）试点单位。劳动路社区依托辖区美术、文史、景观等文化资源，发挥地区单位共建优势，推动社区老年书画社等群众美育组织建设，打造社区文化体验路线，创建荷花池头等4条文化特色街巷。针对青少年、老年居民等群体开展各类文化活动，联合中国美术学院开展惠民项目“美美讲堂进社区”活动，构筑美育文化特色和谐社区，并引进专业社会组织进行运营指导，提升居民文化生活品质。

【AI赋能智慧消防工作模式建立】2019年2月，清波街道作为上城区老旧小区准物业消防管理试点，探索并建立AI赋能智慧安全社区综合管理预警平台，以智能诊断预警和消防数据感知技术为核心，利用物联网和人工智能技术，加装水电燃气监测等技防设备，智能诊断小区线路、用电异常及设备故障等，实现精准化预警，火灾发生率降低47.2%，智慧消防安全社区建设初见成效。

【全市标杆型退役军人服务站建成】2019年1月15日，清波街道退役军人服务站建成开放。服务站凸现服务功能，提升社会化优抚水平，设接待区、休息区、展示区、阅读区、活动区、会议室、宣传栏和退役军人荣誉墙，拥有六大宣传板块，每周三至周日固定向辖区退役军人和军烈属开放。以保障优抚对象合法权益为核心，细化七大类24项帮扶措施，定向开展“一对一”帮扶，构筑退役军人一体化服务保障体系。引入优秀社会公益组织，做细做实教育培训、就业促进、医疗保障、优待抚恤等专项服务。

【全区首个适老化家庭改造项目建成】2019年6月28日，全区首个适老化家庭改造项目在柳浪东苑一期小区完工，通过安装墙面扶手、更换恒温水龙头、铺设地面防滑地胶板、增加洗澡椅等措施，为老年居民生活增添便利和安全保障。清波街道在全国颁布首个《适老化住宅设计规范》地方标准基础上，开展全区首批适老化家庭改造试点项目，年内有7户困难型和6户普惠型老年家庭通过审核、公示及实地评估。

【全区首个室内改造二次供水项目完成】2019年9月30日，清波街道定安苑小区7幢完成二次供水改造，32户居民用上放心水。清波街道通过挨户征询意见，排摸矛盾，统筹客观条件、施工因素和居民意愿，将改造难题理顺梳清，为住户制定个性化改造方案，建立各方联动微信群，动态处理问题。同时强化小区业委会作用，加强业委会、物业与水务部门合作，有效缩短改造工期，督促物业重视二次供水设施的管理，建立长效监管机制，保障居民“从源头到龙头”用水安全。年内，全街道小区供水改造全面铺开。

【清波街道妇联“双创”教研学基地成立】2019年6月13日，清波街道妇联与高校、社会组织建立“双创”战略合作机制，在南宋御街成立教研学基地，并开展大学生“双创”社会实践活动。基地依托院校和社会组织，整合教研学资源，搭建双创资源共享平台，以平台共享模式，促进创新能力、创新要素等集聚，推动院校与社会实践、人才流动、公益对接和技术融合。

【清波街道红十字温馨小站成立】2019年4月，清波街道红十字会成立温馨小站——爱馨驿站南宋皇城小镇站。小站拥有红十字智慧一体机、AED除颤仪、应急药品等硬件设施，承担红十字会志愿者登记、在线捐款、应急救援等功能，并为市民、游客提供实地体验服务。清波街道以小站为基础，以服务社

2019年4月28日，清波街道红十字温馨小站组织应急救援演练和红十字会知识讲解
（清波街道 供稿）

区为重点，与省红十字会结对共建，对接省市资源，推动辖区红十字会工作。

【吴山人家支小路道路整治工程完工】2019年4月16日，吴山人家支小路道路整治工程竣工。该道路因历史遗留因素，自2017年申领施工许可证后一直未开工。为尽快实现项目开工，切实解决民生难题，区住房和城建局联合清波街道数次完善方案，寻求住户诉求公约数。清波街道组织街道公安、行政执法和社区力量全力配合保障，专班运作协力攻坚，入户走访倾听民意，确保项目顺利开工。工程统筹设计道路美化亮化、线路“上改下”等方案，道路建成后全长45米，打通景云村和吴山人家小区，成为背街小巷品质提升的民生之路。

【垃圾分类自治工作被中央电视台播报】2019年6月4日，清波街道垃圾分类自治工作在中央电视台综合频道和新闻频道播报。清波街道立足基层实际，推广落实垃圾分类实名制评价引导体系，发动党员代表、楼道长、居民骨干成立“红黄蓝绿”四色志愿者队伍，推行小区垃圾分类自治，组织居民开展“21天垃圾分类习惯养成行动”，强化居民分类意识。在孝子坊打造垃圾分类示范街，试点探索实践“三三三”垃圾分类工作法，建立垃圾分类宣传展示厅、垃圾分类示范庭院、“大桶变小桶”引导机制。启动全域化垃圾分类行动，以街巷、小区、楼道、家庭及商户、单位为对象，加强分类投放和收运环节监督管理，签订生活垃圾强制分类责任书，辖区实现居住小区、机关企事业单位垃圾分类全覆盖，收运处置生活垃圾日均量低于全年全区治理固体废弃物工作目标任务要求控量目标的6.1%，并建成再生资源标准化回收网点8个。清波街道还作为全区代表在第三届杭州市生活垃圾分类城市论坛上进行典型案例展示。

资料

“三三三”垃圾分类工作法：即制定“支部领项目、家庭亮身份、党员带一片”3项工作机制，推行“21天打卡”“张榜积分”“科技助力”3项举措，落实“街社借力、双拥共建、商街共享”3种方式。

【文化传承创新】2019年，清波街道整合历史资源，突出文化共享和开放，深挖民间文化力量，加快文化产业集聚转型，为上城及杭州文化传承和创新做出贡献。以完善保护辖区58处文物和历史建筑为基础，保持建筑历史真实性、文化延续性和风貌整体性。坚持文化活态传承，结合社会需求和现代技术，传承“非遗”项目18个，发挥民间文化研究传播机构作用。挖掘历史文化遗产多元价值，带动文创与商贸、旅游等产业融合发展。9月26日，介绍清波街道文化传承工作的文章《用历史建筑留住“杭州记忆”》被“学习强国”全国平台刊登。

【“文艺轻骑兵”基层文化播种队成立】2019年5月，清波街道整合辖区西湖国学馆等文化企事业单位、文化团体和“非遗”传承人资源、力量，成立“文艺轻骑兵”基层文化播种队。“文艺轻骑兵”集中专职文化工作者、高校艺术专业师生和拥有文化专长的各界人士，推出南宋文化雅集、“四时韵”传统文化体验、南宋皇城小镇“朗读者”等系列文化惠民活动，通过深入社区和单位开展文化活动，提高居民和单位员工的文化传承意识和艺术修养。

【杭州第十届文玩交易会】2019年5月24—26日，由清波街道协办的杭州第十届文玩交易会在杭州吴山古玩城成功举行。来自全国各地及10多个国家和地区的1000多个文玩商，携带40多万件文玩精品参会。其间，举办“为杭州劳模画像，为时代风采立传”专题画展，从杭州历代全国劳模中选出35名代表，由著名书画家创作35幅劳动模范人物画及35幅劳动模范简介书法，共计70幅书画作品，寓意中华人民共和国成立70周年，从书画艺术角度展现劳模风采，歌颂为建设中华人民共和国艰苦奋斗的崇高品质。

【杭州祭孔大典】2019年9月28日，己亥年杭州祭孔大典在杭州孔庙举行，来自全市各界知名人士400多人参加孔子诞辰2570周年纪念日活动。活动以“庆祝祖国七十华诞，纪念孔子诞辰2570周年，传承中华优秀传统文化”为主题，包含恭读祭文、敬献花圈、圣水浇灌、南宋释奠礼等仪式环节。首次推出崇学护书活动，将部分《四库全书》自孔庙护送至杭州文澜阁，再现当年的护书历史。

【特色老物件主题展览】2019年8月23日，清波街道举办“追寻岁月印记、传承红色基因”主题展，庆祝中华人民共和国成立70周年。主题展展出展品300多件，包含电话机、煤油炉、毛主席像章、粮票等充满年代感的老物件，吸引市民、游客观展。所有展品均由社区居民提供，不少展品属于珍稀藏品。其中，20多部不同年代和不同使用功能的电话机反映经济社会发展变迁；粮票、公园门票等从普通人的往事回忆中折射出中华人民共和国的发展历程。

【纪念施复亮、施光南剪纸艺术展】2019年9月6日，清波街道为纪念施复亮（原名施存统）诞辰120周年，在吴山古玩城举办纪念施复亮、施光南剪纸艺术展。艺术展展出70幅反映中国共产党早期领导人、中国共青团首任第一书记、中国民主建国会创始人之一施复亮及其儿子施光南（人民音乐家、改革开放40周年“百名改革先锋”）人物形象的剪纸艺术作品。现场“非遗”传承人、著名剪纸艺术家展示精妙绝伦的剪纸艺术，反映父子俩的生活和工作场景。

【“翰墨飘香颂清风”老干部巡回书画展】2019年9月23—29日，清波街道联合浙江省老干部书法家协会，先后在杭州孔庙、西卡艺术中心等地巡回举办“翰墨飘香颂清风”老干部巡回书画展。书画展展出绘画和书法精品40多幅，参展作品兼具不同书体和风格，均出自省老干部书法家协会会员的精心创作，具有较高的书法艺术水平，作品内容以讴歌新时代精神为主。

【第十一届杭州蟋蟀文化节】2019年10月8—10日，第十一届杭州蟋蟀文化节在清波街道举行。活动推出“上城工匠”·江南陆慕南盆“非遗”传人曹超制蟋蟀罐特展、石峰绘蟋蟀画展和城市对抗赛3场活动，展出100多件（幅）“非遗”名家的蟋蟀罐和绘画作品，吸引全国各地爱好者欣赏交流。来自杭州、嘉兴、湖州等地代表队经过为蟋蟀体重称量、交战配对等程序，进行角逐，并产生冠亚军，为文化节画上圆满句号。

【南宋主题茶会】 2019年11月15日，清波街道在南宋御街举办“南宋风情·茶趣人生”仲秋静心茶会，邀请辖区各界人士以茶会友，体验南宋茶文化。茶会全面展示传承千年的宋代茶文化，为南宋文化传播增添新渠道。茶艺师穿着汉服，展示“备、洗、取、沏、端、饮、斟、清”等操作，嘉宾观茶形、赏茶色、嗅茶香、品茶味，了解茶席、茶器等茶文化知识，增进对南宋皇城小镇建设和南宋文化的认识。

【朱炳仁获“国之大匠成就奖”】 2019年7月6日，清波街道国家级“非遗”铜雕传承人、中国工艺美术大师朱炳仁在全国手工艺产业博览会上获评2018年度“国之大匠成就奖”。朱炳仁坚持铜雕技艺传承和创作数十年，创立“朱炳仁·铜”国匠品牌，利用现代科技探究工艺创新，研发国家专利60多项，形成铜雕艺术新流派，将杭州铜雕文化传播到全世界，被誉为“中国当代铜建筑之父”。朱炳仁还当选“2019第五届全球华人影响力盛典建国70周年杰出贡献人物”，并被授予“建国70年70人‘非遗’传承保护杰出成就奖”称号。

【朱军岷作品入围“非遗薪传奖”传统工艺大展】 2019年7月19日，清波街道国家级“非遗”项目杭州铜雕传承人朱军岷的3件作品入围2019年“非遗薪传奖”传统工艺大展。朱军岷是中国铜文创产业的领军人物，开创“朱炳仁·铜”品牌，研发故宫文创产品，并致力让铜器回归百姓生活，创作全新的铜艺生活美学。并独创“熔铜禅画”“熔铜清供”“熔铜雕塑”等铜艺术系列，推动铜文化的国内外传播。

【童雁汝南获中希文化大使和米诺斯国王奖】 2019年8月，清波街道辖区画家童雁汝南因其在艺术行业的杰出成就及对中西文化交流促进的重要贡献，获希腊“米诺斯国王奖”中的最高奖“艺术成就奖”和“中希文化大使”称号，并被邀请担任下一届该奖项的艺术总监。“米诺斯国王奖”由希腊国家电影艺术中心、拉锡西州政府和耶拉派特拉市政府主办，颁发给在文化、电影、艺术领域内做出卓越贡献的艺术家。童雁汝南20多年来坚持以超前的创作意识指导艺术实践，以修行式、面对面的肖像艺术创作阐述中国山水中暗含的“道”的精神，在世界艺术领域独树一帜。

【清波街道禁毒社工入选全国首批禁毒社工师资名单】 2019年11月15日，国家禁毒委员会发布全国首批50名禁毒社工师资名单，清波街道禁毒社工丁一入选。丁一是杭州首批禁毒社工，在禁毒基层一线工作9年，服务戒毒（康复）人员50多人，预防宣传覆盖2万余人次，并成立杭州首个以社工姓名命名的戒毒康复工作室“丁一工作室”，统筹辖区禁毒力量，成立禁毒志愿者联盟，建立戒毒帮帮团，为戒毒（康复）人员制定个性化帮扶方案，实施毒品预防教育工程。

【“2019小小鸟”国学公益夏令营】 2019年7月18—20日，清波街道与西湖国学馆等单位联合举办“2019小小鸟”大型国学公益夏令营。夏令营邀请辖区环卫职工家庭留守儿童及贵州、湖北等市区结对帮扶贫困地区和低收入边缘家庭的青少年，开办富有趣味性的国学教育课程，通过上课、参观、体验等形式，学习国学、了解科学、体验“非遗”，延续诗乐教育特色，突出“家国情怀”

“国学+科学”“模范导师”等亮点。

【“红色商圈联盟”成立】2019年8月23日，清波街道联合银泰百货西湖店、中国建设银行杭州吴山支行、市人防办等辖区单位在定安路社区成立“红色商圈联盟”，旨在加强与辖区单位的“融合度”，为党员提供互动互通谋发展的党建阵地。该联盟成立后，开展形式多样的党建活动，设立党员先锋岗服务岗、“红领巾”小分队，动员社区党员、爱心商家、少先队员参与垃圾分类现场体验指导、金融知识咨询、政策指导等服务。

【两新组织“三整一全”工作推进】2019年2月，清波街道以街区化、全程化、联盟化推进“三整一全”在两新组织“双覆盖”。按照“地域相邻、产业相近”原则，清波街道通过单独建、联合建等方式灵活组建党组织，填补街道两新党建空白点。清波街道打通科室服务界限，建立“融服务”平台，分工派单执行服务企业任务。组织产业相近的两新组织成立联盟，建立共享平台，制定个性菜单，有效整合资源，规范组织生活。年内，清波街道成立独立党支部30个、联合党支部20个，覆盖600多个两新组织。（蒋成杰）

小营街道

【概况】小营街道是毛主席视察过的全国唯一一个街道，也是浙江省第一个党小组的诞生地。辖区有太平天国听王府、王文韶大学士府、求是书院、龚自珍纪念馆、郁达夫故居、钱学森故居、汪宅、梅石园等名人故（旧）居和文化遗存。小营街道集爱国卫生、双拥共建和城市社区体育三大品牌于一体，先后打造完成由毛主席视察小营巷纪念馆、中共杭州小组纪念馆、钱学森故居及红巷生活广场组成的“小营·江南红巷”国家AAA级红色旅游景区和全国爱国卫生运动纪念馆。2019年，小营街道面积2.7平方千米，下辖小营巷、金钱巷、西牌楼、紫金、马市街、大学路、葵巷、老浙大、长明寺巷、茅廊巷、梅花碑、姚园寺巷12个社区。有常住人口10.03万人。辖区内有行政事业单位234个、医院9个，中小学和幼儿园22所，企业3796家。全年完成财政总收入26.18亿元，一般公共预算收入11.89亿元，财政收入保持稳定。办理新注册项目130个，总注册资金19.34亿元，其中注册资金1000万元以上40个、注册资金5000万元以上5个。全年完成外资545万美元、内资44亿元。

【辖区社会稳定保障】2019年，小营街道全力保障辖区社会稳定和居民居住环境安全。成功化解外海辉宏置业有限公司破产、小营紫阳单元土地出让等事件，做好中华人民共和国成立70周年庆祝活动和各级“两会”期间的社会稳定工作。全年受理来信来访132件、网上信访150件、公开电话1400件，化解历史积案1件，其他积案5件。发挥基层治理“四平台”作用，累计流转处置各类事件11062件，其中处置完成11060件，办结率为99.9%。110社会联动任务处置1345件，全部处置到位。

【居住体验优化】2019年，小营街道重视居民居住体验，针对居民关注的热点难点问题，进行深入研究，妥善推进相关民生改善项目，提升居民居住舒适感、幸福感。实施南班巷老旧小区“微更新”工程，推进翰林花园、万安东苑两处高层小区二次供水改造工程，通过“政府保障+公共资源营收+街道投入”模式，实现老旧小区准物业提档升级为专业物业。

【南班巷小区“微更新”综合整治】2019年，小营街道对南班巷小区进行“微更新”综合整治。区政府、区住房和

2019年，南班巷小区进行“微更新”综合整治。图为项目基本竣工后的部分小区面貌 （姚颖康 摄）

城建局、小营街道、金钱巷社区，会同省城乡规划设计院、市建委共同发力，合力完成方案设计、入户调查、项目公示、群众工作、招标施工等工作。该项目1天完成社区园林树木丈量，10天完成问卷分发和收集，半个月内完成居民代表签字，先后召开各类讨论会议40多次，变更情况纪录1000多条，原计划6个月完成的设计项目在3个月内全部完成。此次“微更新”以“功能提升换空间、环境美化换空间、基础更新换空间”为更新理念，以前期共商、过程共建、长效自治的模式，推进项目建设。项目主要包括6～14幢9幢楼栋及1个小区公园。项目占地面积9900平方米，其中建筑面积4300平方米、室外占地面积5600平方米。改造内容主要为楼栋外立面更新、围墙改造、道路改造、绿化改造、停车位优化、公园改造、邻里屋建设等建筑外墙及室外空间。项目于10月15日启动实施，12月31日基本竣工。

【公共服务空间升级拓展】2019年，小营街道全力升级拓展公共服务空间，为居民提供更优质服务。年内，完成11个“3+X”社区邻里中心建设，总面积1.3万平方米，为社区居民活动提供场所。强化为老服务，推进12个居家养老服务中心建设，打造“佰仁堂”示范型居家养老服务中心，全年建成老年食堂10个，为老人供餐2.8万人次，70岁以上老人就餐优惠10万余元。推动马奶奶工作室等6个工作室进驻社区，引入50个特色项目落地社区，“浙益家”平台整合辖区85个企事业单位资源，打造线上平台，打通服务群众的“最后一公里”。

【重点人群服务优化】2019年，小营街道在辖区重点人群服务方面进行优化，更好地服务重点人群。全年帮扶救助各类困难家庭554户，涉及金额450多万元，完成9户低保困难老人家庭适老化改造。深化退役军人服务工作，采集退役军人信息2820人，走访并发放慰问金6.75万元，完成西牌楼社区等3个退役军人服务站升级改造。全面提升工疗站管理服务水平，创建省级五星级“残疾人之家”，为辖区残疾人提供优质服务。

【小区安全防控】2019年，小营街道加强小区安全防控，深化微型消防站建设，强化应急管理微中心功能。对福利新村等5个小区进行“智慧安防”提升改造，加装人脸识别、高清监控、联网式烟感等设备105套，覆盖孤寡独居老人等特殊点位300多处。建设金钱巷、大学路、姚园寺巷3个微型消防站成为社区级应急微中心，巩固提升“一点着火、多点并行、邻居互助”应急处置模式。小营街道平安建设办公室连续3年被评为杭州市先进消防安全委员会办公室；大学路社区微型消防站被评为省级先进微型消防站。全年火灾数量比2018年下降50%以上，小区安全系数提高。

【垃圾分类"三定三服务"模式试点】2019年，小营街道优化升级垃圾分类"承包+认领"手段，试点"三定三服务"新模式。通过生活小区定时定点、商业街区定线收运、辖区单位定制包干三大模式，抓好习惯养成辅助引导、环境提升美化保洁和民生互动桥梁对接三项服务，实现垃圾减量控量。至年末，"三定三服务"模式试点工作在8个社区18个点位进行。同时，金鸡岭餐饮一条街、五柳巷历史街区及浙江大学附属第一医院分类推进该项工作。

【为企服务加强】2019年，小营街道结合人才评定等重点工作，为企业提供针对性上门服务。全年走访辖区重点企业325家，解决企业诉求42个。全年上报海外人才签约项目4个、意向项目6个，完成"1211"评选项目1个、创新领军人才项目2个、"市521"申报项目1个。动员辖区企业积极参与湖北鹤峰县、贵州雷山县等地帮扶工作，捐款捐物40多万元。

【红色金融基地成立】2019年4月15日，小营街道大学路社区与稠州银行西湖支行在红巷生活广场举行红色金融基地授牌仪式。该基地以"党建+金融"模式开展工作，为社区党员创业、创新、消费升级等提供支持，为学习宣传红色金融知识提供平台，进一步增强党在城市基层的凝聚力、影响力和渗透力。稠州银行的专业团队深入社区，帮助群众了解学习金融知识，为群众提供家门口的金融专业服务，提供一对一的金融业务咨询、硬币大蓬车、零钞兑换、贫困群众结对拜访等便民服务，并针对党员提供贷款利率优惠等。同时，通过开展一系列特定节日活动，真正实现"优化金融消费环境，共建美好生活"的目标。该基地将进一步挖掘红色金融史料、整理红色金融故事、提炼红色金融精神，将其打造成为推进社区学习的金融红色基地和党员、团员教育的重要课堂。

【党群服务中心建设】2019年，小营街道深化党群服务中心建设，以"三学三抓争先锋·全域共建新小营"为载体推进"不忘初心、牢记使命"主题教育，全年开展活动582场，服务居民6000多人次。省委常委、市委书记周江勇，市委常委、组织部部长毛溪浩等到街道党群服务中心参观指导，并给予肯定。开展"传承红巷精神、敢于担当作为"系列活动，推出红色课堂49期。持续提升楼宇党建，构建"一大品牌、四个目标、三张清单"的"143"楼宇党建体系，打造远洋大厦等4个"营新荟"楼宇微驿站。

（王　芹）

望江街道

【概况】2019年，望江街道面积4.1平方千米。辖大通桥、始版桥、兴隆、莫邪塘、清泰门、婺江、耀华、近江东园、近江西园、在水一方、徐家埠11个社区，总人口10.86万人。驻有行政事业单位134个、金融机构28个、工业企业10家、房地产开发公司15家、服务业企业1278家。有商务楼宇18幢，总建筑面积115万平方米。街道以杭港高端服务业示范区落地为契机，对接香港新世界等港商港资，助力望江新城核心区46万平方米经营性用地出让。第十九届亚运会组委会、杭州凌笛数码科技有限公司、浙江产权交易所、浙江省能源集团城市燃气公司、浙江昆仑建设集团股份有限公司总部等先后入驻。国家（杭州）短视频基地、中国供销社海外购项目、信永中和（香港）会计师事务所等大型项目及杭州金地中心、近江金融科技中心等"152项目"顺利推进。全面推进望江地区重点地块攻坚，"三城一广场"10万平方米物业、2200多个摊位、1657户经营户80天全面“清零”，秋涛南路婺江路匝道项目提前90天“清零”，汽车南站签约至“清零”仅历时14天。莫南二期安置房项目启动首日完成率73%。在全市首推集体土地拆迁“安置一套，办证一套”新模式，农户办证时间由5年左右缩短至60多天。推进全省首批“未来社区”试点项目和滨江新苑“微更新”改造，完成“应急补漏”6000多平方米、车库整治28个。拆除存量违建36处、1.1万平方米，提前半年完成全年任务，实现新违建“零增长”。创新垃圾分类举措，日均垃圾量比2018年下降11.6%。增加临时停车泊位80个，33个停车场、11875个停车泊位接入“城市大脑”，开通“先离场后付费”支付方式。推进3个社区“3+X”便民服务综合体提升，完成8个社区“百通岗”改造，做好2个五星级照料中心、1个示范型居家养老服务中心复检，打造3个示范型老年食堂，开办“幸福加油站”特色便民服务点，社区服务配套提升。3个社区通过“美好社区”验收，近江东园社区成功创建市级国际化社区，并与香港沙角邨居民协会签订结对协议。既有住宅加装电梯“居民议事厅”项目获评年度品牌“杭州·生活品质”总点评十大年度现象之一。以“区域联动、议事联商、党群联手”为主线，依托社区微型消防站，形成“联勤联动、全面覆盖”平安防护新格局。基于街道、公安、消防“三位一体”联合执勤点，与辖区11个服装市场成立安全共治“市场联盟”。新建微型消防中心站2个，增设电动车充电端口3020个、消防基础设备655件，辖区成灾火警下降55%。

【创新垃圾分类举措】 2019年，望江街道在全区率先推出“房长”责任制，从小区保洁员中选取人员担任垃圾房“房长”，聘任“房长”15人，以个人承包制方式管理小区垃圾房，通过宣传、劝导、辅助细分引导落实垃圾分类工作。推出“1+3”模式，设立“党员先锋岗”，以1个垃圾房（桶）为点，3名志愿者共同协助垃圾分类，对居民投放的垃圾进行现场查看及指导，8个示范小区垃圾分类准确率90%以上。引进智能化垃圾分类设施，采用云端数字化积分管理制度，通过垃圾源头细分回收形式改变居民习惯。年内，5个试点小区垃圾总量比2018年下降50%左右，并通过改造9个破旧垃圾房、引入专业垃圾处理第三方机构等措施，逐步形成从前端投放、收集再到末端处理的全程分类体系。运用主题宣讲、全景式体验等形式开展垃圾分类知识集中宣传，并结合街道、社区“一月一入户”上门走访机制进行一对一宣传，提高居民垃圾分类知晓度和参与率。全年发放宣传资料4万余份，开展宣传活动200多场，参与群众2万余人次。

【加装电梯工作】 2019年，望江街道着力提升街道加装电梯工作总承包服务能力，推出加装电梯“三色预警监管机制”，实行动态预警，确保文明施工。组织居民志愿者不定期巡视、检查施工现场，一旦发现问题，及时上报社区、街道，由街道开具“三色整改通知书”。全年开具红色（施工中有较大安全隐患）整改书1份、黄色（施工中有一定安全隐患）整改书3份、白色（施工未按规定时间导致噪音扰民等）整改书12份。业主、社区、街道从施工进度、业主满意度等方面对参与既有住宅加装电梯的总包单位进行百分制打分。同时，围绕居民最迫切的诉求点和分歧点，构建“个性化、多层次、宽领域”居民协商机制，打造加装电梯“居民议事协商会”，建立以业主为核心的“加梯共同体”。通过邻里亲情协商沟通、鼓励居民代表进入加梯实施小组等方式，让全体业主对加装电梯涉及到的电梯空间规划间距、井道设计等实际情况进行动态监管。2月，南光坊3幢2~5单元4台既有住宅加装电梯同时交付使用。全年完成加装电梯10台。其中南光坊电梯加装工作在全市率先连片成幢，得到省委常委、市委书记周江勇肯定和中央电视台财经频道专题报道。

【基层消防安全管理】 2019年，望江街道围绕安全生产主线，探索基层消防安全管理新路径，通过完善体系建设、强化隐患排除、提升化解能力等措施，破题破难。街道从监管到治理、从整体到点位、从心防到技防，进行安全防范行动。对完成消防安全自查的15类单位进行集中抽查，并完成79处“安全黑名单”销号；开展消防演习13次、安全培训10次，进一步提升辖区各企事业单位预防火灾、处置火灾及提高灾害事故的应急处置能力。针对清江路沿线服装市场集聚、安全管理形势复杂的现实情况，以企业主体责任为抓手，对辖区内11个服装市场进行安全共治。街道以专职力量为骨干、志愿力量为基础，重点关注市场、临街商铺、老旧小区、居住出租房等人员密集场所的安全管理；派驻专人24小时值守微型消防工作站。构建人防、技防双重预防机制，全方位防范各类安全事故发生。全年开展市场互查11次、居民自查400多次，排查消防安全隐患2000多处，辖区成灾火警比2018年下降55%，有效总警情下降66%。

【国家安全立体式宣传教育】 2019年，望江街道把国家安全与扫黑除恶专项斗争结合起来，国家安全宣传与法制宣传相结合，组织一支由社区律师、普法讲师团、平安巡防志愿者组成的宣传队伍，在各社区文化广场设立宣传咨询台，依托“公民警校”“红叶之家”等开办国家安全教育大讲堂，并通过悬挂横幅海报、电子屏滚动播放、巡逻车喇叭宣传等方式全方位、多角度提示预警。借助“全科网格”、清江路沿线市场“安全联盟”、“黄哨子红袖章”平安巡防志愿者队伍等力量，坚持入户面对面讲解、点对点摸排、一对一传达，形成“街巷有标语、喇叭有声音、报刊有文字、网络有报道、举报有渠道”的全方位、全覆盖、立体化宣传网。全年接待咨询群众160多人，开展国家安全法律宣讲5次。

【公共法律服务生态圈打造】 2019年，望江街道坚持“群众有所需我们有所应”原则，逐步深化语音平台、网络平台、实体平台“三位一体”法律服务体系。建成在线矛盾纠纷化解平台、“民情E点通”手机App、公共法律服务自助服务终端、微信公众号等线上服务阵地，形成征迁指挥部“人民调解助推四个全域化”、派出所“警民联调”、街道行政服务中心“访调对接”及各社区“尚法工作室”的“3+X”线下服务格局，打造公共法律服务生态圈，致力实现公共法律服务“人人可享”。全年提供线上服务近100人次、线下服务400多人次，做强做优法律服务望江品牌。

【人才培养引进新格局构建】 2019年，望江街道利用相关人才政策和资源，针对优质人才，及时联动区级部门细化优化引才制度，实施税费减免等优惠政策。充分发挥望江金融科技城品牌优势及磁场效应，依托2万平方米众创空间资源，精准实施“菜单式培养”，充分提供人才自主入孵选择权，优化“店小二式服务”，简化项目落户各项流程，指导企业高效申报各级产业平台，提升项目“一次性通过率”。全年孵化培育人才项目和创新型企业70多家（个）。引进海内外人才35人，落地海归、人才项目17个，助推产业高质量发展。

【始版桥社区列入省首批“未来社区”试点建议名单】 2019年6月27日，望江街道始版桥社区入选省发展和改革委员会公示的首批24个“未来社区”试点创建建议名单。始版桥社区以“上城之上，空中坊巷”为定位打造“未来社区”，拓展未来发展空间，打造旧城中心城市再生标杆，建成城市公共空间、居住空间、商业空间、办公空间的立体空间体系。建立空间数字化服务管理系统，着力探索数字管理、数字医疗、数字教育等应用，并将智慧垂直物流等与“未来社区”建设有机融合，打造一个数字化和新型智能的城市功能单元；构建立体绿化的复合生态系统，通过植物选种、除虫除害、自动灌溉、雨水收集、垃圾处理、动物友好等，结合集中供热供冷，建设低碳的宜居型社区。

【近江东园社区打造国际化社区通过终期评审】 2019年，望江街道近江东园社区以“因地制宜、彰显特色、开放包容、共建共享”理念，打造品质国际化社区。强化硬件配套，增设双语标识，合理配置社区用房以满足活动需要。强化服务保障，提供语言交流、交通出行等国际化物业服务，将外籍住户纳入网格，进行定期走访交流，并发动辖区学校开展国际化教育服务。强化交流互动，定期开展“中外文化交流周”、“国际知识讲座”、影（画）展等活动，组织外籍住户参与中国传统节日庆祝活动，并邀请外籍住户为社区建设建言献策。10月30日，近江东园社区打造国际化社区通过专家组终期评审。

【“清廉望江”建设】 2019年，望江街道针对征迁工作体量大、密度高特点，多措并举筑牢征迁工作廉政防线。成立上城区征迁建设领域警示教育馆，突出警示作用，强化廉政建设。开展岗位风险大排查，梳理招投标、财务、档案管理等六大类人员1105个廉政风险点，制定廉政风险防范措施1131条，逐级签订党风廉政责任书324份。建立《望江地区征迁工作重大事项三方决策实施细则》等管理制度，从严落实征迁项目廉政确认制、“清零”项目廉洁回访制、“一岗双责”每月汇报制等防控机制，全程跟踪式介入监督，促进各项工作廉洁规范运行。创新节前廉洁教育方式，在中秋、国庆“双节”到来前，组织望江地区名录库企业负责人与街道科室长、现场动迁指挥部大组长、望江地区改造建设指挥部中层正职干部等参加集中警示教育活动，从源头上防控，推进“清廉望江”建设。将辖区内9个社区分为楼宇商贸型、商品住宅型、安置过渡型3种类型，创新打造清廉宣教新格局。通过与企业、社会组织结对共建，开展系列“清廉文化”互动活动，开设廉政党课，设立“民情诊室”，上门走访听“廉”音。

上城区征迁建设领域警示教育馆馆内场景　（望江街道 供稿）

【征迁调解】 2019年，望江街道引进专业人民调解员、律师调解员及公益律师组成工作团队，助推征迁项目按时有序开展。每日安排调解员和律师在拆迁一线值班，提供专业法律服务，并配合街道化解涉法涉诉矛盾纠纷。定期邀请辖区内“两代表一委员”、社会监督员等参与调解，让拆迁群众在家门口就能“听得到法、用得了法”。全年信访及时处置率100%，成功调解房产分割、拆迁补偿分配等相关纠纷。

【杭州金地中心开工建设】2019年11月20日，浙江省市县长项目“152”工程——杭州金地中心开工建设。该项目位于上城区望潮路，包括建设商业、商务用房及附建设施等，总建筑面积20.71万平方米，总投资34.15亿元。项目建成后将助力提升上城楼宇质量，满足区域内日益增长的商业办公需求，成为优质企业集聚地，满足区可持续发展需要。

【杭州汽车南站搬迁腾空】杭州汽车南站属于望江单元SC0402-21地块安置房项目，占地2.3万平方米。该地块于2018年10月20日发布征收令。望江街道成立攻坚行动小组，明确工作机制和工作分工，合力推动工作进程，于2019年6月30日实施搬迁，站内班车搬迁实行分站过渡。8月，SC0402-21地块完成“清零”腾空。

【杭州近江水产农副产品综合市场拆除】2019年，望江街道全面推进杭州近江水产农副产品综合市场清退工作。设立专人专班，坚持领导带头挂包，成立市场清退工作现场指挥部，提前谋划、咬定目标、合力攻坚。3月20日，完成全部693户商户、1164个摊位签约工作。3月31日，完成“清零”腾空，95%的经营户搬至华东家具市场3号馆临时过渡。4月15日，杭州近江水产农副产品综合市场全面拆除。

【浙江省能源集团城市燃气有限公司落户望江街道】2019年，望江街道为加速吸引浙江省能源集团城市燃气有限公司落地，落实“专人负责一个项目、量身打造一套方案、用心服务一抓到底”的“三个一”制度，确保情况了解面对面、帮扶指导手把手、诉求解决实打实，推动产业集聚力、项目带动力、人才凝聚力不断增强。该公司是浙江省最大省属国有企业浙江省能源集团的全资子公司，负责集团在省内所有城市燃气项目的统一投资和管理。12月26日，浙江省能源集团城市燃气有限公司完成税收迁移，成功落地望江街道。

【浙江产权交易所税收落户望江街道】2019年，望江街道为吸引浙江产权交易所入驻，深入实施领导带头走访、诉求挂号督办、动态跟踪管理等举措，协助其攻破“程序关”“信息互通关”。浙江产权交易所有限公司是根据浙江省委、省政府部署设立的地方资本市场平台，为省国资委直属单位。2月，浙江产权交易所有限公司完成税收迁移，税收落户望江街道。

【慈善捐赠】2019年，望江街道利用辖区资源推进慈善工作宣传与落实，动员辖区企事业单位职工及居民参与慈善事业。利用辖区电子屏、宣传橱窗等媒介进行宣传，悬挂横幅200多条，发放《中华人民共和国慈善法》1000多份，派发宣传单3000多份，开展慈善法宣传活动100多场。结合“中华慈善日”等节点，通过集中培训、线上学习、互动问答、问卷测试等形式，加强工作人员对慈善法条例等内容的学习与理解，并应用于日常。街道全年救助惠及群众5万余人。春风行动慈善捐赠127万元，列全区第一。

（周廷波）

南星街道

【概况】南星街道东北连万松岭、凤山桥，以飞云江路为中间线与紫阳街道毗邻，东南沿钱塘江中心线与滨江区相望，西北沿三皇山、凤凰山，与西湖区交接。辖区内有闸口白塔、梵天寺经幢、施家山吴汉月墓、慈云岭石窟造像、老虎洞窑址、天龙寺、千佛洞、南宋皇城遗址8处全国重点文物保护单位及于子三墓、宋京郊坛下官窑址、中河南端古桥、古泉群等省市级文物保护点。2019年，街道总面积4.31平方千米，下辖美政桥、海月桥、馒头山、玉皇山、紫花埠、复兴街、水澄桥、白塔岭8个社区。全年实现财政总收入17.46亿元，其中地方财政收入7.7亿元，落户企业220多家，经济总量保持在全区前列。

【基层社会治理现代化工作试点】 2019年，南星街道作为全市首批基层社会治理现代化工作试点单位，加快推进社会治理体系和治理能力现代化建设。6月，建成并启用南星街道社会治理综合服务中心。该中心位于复兴南街238号，总面积近2000平方米，共4层，是全区首个全融合打造的街道社会治理综合服务中心。该中心以强化党建引领、整合审批服务、优化综合治理、推进综合执法、提升智慧治理为重点，建立“一核引领管统筹、一个中心管治理、一个平台管指挥、一枚印章管审批、一支队伍管执法、一个网格管基础、一套机制管长效”的“七个一”工作机制，巩固扩大试点改革成果，提升辖区社会治理现代化、法治化、智能化、专业化水平，形成基层社会治理新路径，提供基层治理南星实践样板。

【馒头山社区获评省城乡社区治理和服务突出集体】 2019年5月17日，省委、省政府发文，对南星街道馒头山社区等300个城乡社区治理和服务突出集体予以通报表扬。年内，南星街道对馒头山社区邻里中心进行提升整治。整治后，解决民生项目55项，提供志愿者服务30多项，服务社区居民2万余人次，累计服务时长超2.8万个小时，开展特色活动近300场。

【《南星街道社区治理实务手册》发布】 2019年，南星街道结合工作实际，对原有机制制度进行梳理再造，编制完成《城市基层社会治理“1+3+1”运行规范》《网格微治理工作规范》《综合行政执法规范化管理工作手册》《公共服务（行政审批）服务手册》《南星街道社区治理实务手册》等基层社会治理系列工作规范，形成基层社会治理“南星经验”，被推荐至中央政法委。其中《南星街道社区治理实务手册》于9月20日发布。该手册立足街道社区治理实际，集中呈现南星街道推进社区建设的有效经验和主要成就，是全市第一本街道本土化基层治理指导手册。全书230多页，设26篇，其中专题研究16篇、实际案例6篇、附录4篇，内容涉及社区党建时代引领、社工人才队伍建设、社区治理品牌塑造、专业社会工作实务、社会组织培育发展、居民自治模式探索等。在手册编写过程中，收获一批来自基层、精通于解决群众身边问题的“人民专家”，为此，南星街道搭建“社智库”平台，吸纳形成社区建设方面的“顾问团”，为社区健康发展建言献策，深入推进基层社会治理创新发展。

【“3333”基层消防治理体系打造】 2019年，南星街道在原有消防工作机制基础上，打造“3333”基层消防治理体系。发挥日常检查队伍、定期抽查队伍、专业督查队伍3支消防队伍作用，24小时不间断在辖区开展日常巡查，对发现的隐患问题，及时组织开展联合执法和整治行动。发挥馒头山、玉皇山南基金小镇和沿江区域3个中心微型消防站作用，推进社区和重点单位微型消防站建设，加强运行考核和日常演练，提升应急响应能力。开展“三色预警”防控，制定《火灾风险等级防控制度实施方案》，对辖区“九小场所”（小学校、小医院、小商场、小餐饮场所、小旅馆、小歌舞娱乐场所、小网吧、小美容洗浴场所、小生产加工企业）判定火险等级，落实防控管理责任。实行消防安全责任落实、日常检查督查、宣传培训演练3项清单式管理机制，实现消防责任明细化、日常检查标准化、宣传培训演练常态化。

【居民议事会成立】 2019年1月22日，南星街道居民议事会成立。议事会成员由机关代表、企业代表、居民代表等52人组成，在助推街道深化机构改革、优化营商环境、加强城市管理、增进民生福祉、维护社会稳定等方面积极建言献策。全年议事会接待群众100多人次，处理各类问题33件，提出建设性意见68条，并助推电厂二宿舍空气开关改造、梵天寺路支小路路灯亮灯工程等民生实事项目落地。

【"聆听南星"工作室成立】 2019年9月27日，南星街道成立"聆听南星"社会舆情工作室。该工作室成员单位由玉皇山南基金小镇、凤凰御元艺术基地、"智·和"同心荟、复兴商圈和8个社区组成，涵盖街道舆情工作人员、社区文教人员及各成员单位相关工作人员80多人。"聆听南星"社会舆情工作室重点收集辖区以新的社会阶层人士为代表的社会中坚力量的声音，体现年轻群体观点意见。全年工作室搜集舆情信息325条，经筛选后向上级单位上报信息230条，其中59条信息被省委宣传部采用。

【南星讲堂成立】 2019年9月27日，南星街道成立全区首个街道层面文化讲堂——南星讲堂。南星讲堂系街道打造的首个文化品牌，旨在加强基层文化宣传工作，深化文化兴盛行动南星实践，弘扬历史文化，传播社科知识，宣扬社会主义核心价值观，讲好南星故事，切实满足居民群众对精神文化的需求。年内，先后开展"南宋文化挖掘、展示和传播""铁血丹心之南宋传奇""不忘初心与党的纪律建设"等主题讲座。

【学习型街道构建】 2019年，南星街道遵循"有序、联动、扎实、有效"工作策略，以"从居民中找需求，从社会中引资源，在实践中创特色"为发展理念，形成"政府主导、全民主体、多方参与"学习模式，通过资源共建共享，打造覆盖全域学习阵地网络。采用居民自荐、社区推荐、与学习机构合作等方式，引入优秀师资队伍，开展各类课程学习，培育出一批高质量学习型社团。11月5日，南星街道获评2019年杭州市示范街道（乡镇）"30分钟市民学习圈"。

【2个社区入围首批省美丽乡村美育村(社区)试点单位】 2019年12月5日，省文化和旅游厅公布首批浙江省美丽乡村美育村（社区）试点单位，南星街道馒头山社区和白塔岭社区入围。馒头山社区是首批杭州市五星级文化家园，致力打造社区文化家园标准化服务体系，增强居民综合素养，提高居民生活质量，形成以"家园文化""健康文化""乐活文化"为核心的"邻里文化"品牌。白塔岭社区作为杭州市国际化社区，拥有玉皇山南基金小镇、白塔公园等自然风光景点，在此基础上深入挖掘吴越文化，以自然景观和人文特色相融合方式打造"人文白塔"。

【闸口电厂二宿舍启动"微更新"】 2019年9月12日，闸口电厂二宿舍在全区率先启动"微更新"综合整治项目。该项目通过实施历史建筑保护提升工程、"两防"设施建设提升工程、公共空间改造提升工程、小区路面管网提升工程四大工程，结合"未来社区"打造，努力将闸口电厂二宿舍打造成有完善设施、有整洁环境、有配套服务、有长效管理、有特色文化、有和谐关系的"六有"小区，居民群众获得感、幸福感、安全感明显增强。相关工作经验在"学习强国"、《浙江日报》、《杭州日报》等媒体平台刊登报道，玉皇山社区居民满意度从全区第51位上升至21位。

【凤凰山南影视基地提升改造】2019年，南星街道按照生产、生活、生态“三生融合”发展思路，深耕馒头山地区发展，将馒头山南宋皇城遗址文化历史底蕴融入经济发展。基于凤凰山南麓一带影视领军企业集聚特点，打造传承南宋历史文脉、提升上城区文化传播能级新平台——凤凰山南影视基地。凤凰山南影视基地以电影频道杭州基地、杭州佳平影业有限公司、浙江睿宸影视制作有限公司等标杆企业为引领，辐射带动周边馒头山文化街区内近10万平方米的产业空间，促进影视产业集群发展。基地汇聚吴家平、刘志江、胡乔华、蒋胜男、朱明虬、毛戈平、李玮等影视文化名人；基地企业创作的电视剧《鸡毛飞上天》《麦香》先后获全国精神文明建设“五个一工程”优秀作品奖。全年完成影视剧作品近10部，投资8亿元，发行收入超10亿元。9月2日，全国政协副主席刘奇葆专题调研凤凰山南影视基地，对基地建设工作给予肯定。

【无障碍社区创建】2019年，南星街道以白塔岭社区为先行社区，进行无障碍社区创建。改造完成社区楼道、街巷等点位近50处和坡道路口26处，实现公共场所无障碍建设率95%。对特殊困难家庭进行“个性化”和“人性化”改造，量身定制室内无障碍用具。引入上城区首台微型轮椅爬楼机器人，免费助力居民平稳上下楼梯，无障碍服务水平进一步提升。

【残疾人就业创业实践基地启动】2019年，南星街道贯彻落实“全面建成小康社会，残疾人一个也不能少”目标要求，加强对残疾人的精准帮扶。12月18日，“社会联动，助残共享”南星街道残疾人就业创业实践基地启动仪式暨“天使暖时光”公益集市活动举行。该基地由上城区星希望服务中心托管，由残疾人运营，全年直接服务2000多人次。基地创建“传帮带”动态管理机制，针对性设立收银等岗位，进行残疾人结对帮扶，拓宽残疾人就业渠道。

（夏昌方）

凤凰山南影视基地　　（南星街道 供稿）

紫阳街道

【概况】紫阳街道地处上城区南宋皇城遗址，东临钱塘江，南连万松岭、飞云江路，西连紫阳山，背靠望江路，街区面积3.49平方千米，下辖上羊市街、彩霞岭、十五奎巷、太庙、候潮门、北落马营、新工、海潮、木场巷、凤凰、春江、甬江12个社区。2019年末，街道有居民10.5万人，其中常住人口7.9万人、流动人口2.6万人；60岁以上老年人2.1万人，残疾人2289人。全年实现税收11.62亿元，地方财政收入5.16亿元，其中金融业实现地方财政收入1.97亿元，占街道地方财政收入的38.3%。全年引进企业82家，其中科技创新类16家、文创类13家、健康类10家、商贸类31

家、金融类12家；引进内资33.59亿元，完成外资170万美元。浙江浙勤集团有限公司、国新双百基金、杭州融资担保公司等一批优质企业的入驻，有力保证辖区经济发展后劲。

【"五水共治"工作获省市级荣誉】 2019年，紫阳街道层层落实"河长制"责任，积极响应"污水零直排"要求，夯实雨污分流基础，开展治污清水行动，推进辖区77个生活小区、50个机关企事业单位、380个"六小"行业（餐饮、美容美发、洗车店、足浴店、洗衣店、小旅店）、149千米管网的"污水零直排"工作落到实处。推进河道生态环境治理，完成中河、新塘河创建杭州市"美丽河湖"等重点任务，各项治水工作取得较好成绩，紫阳街道被评为浙江省"五水共治"工作优秀街道和杭州市"五水共治"（"河长制"）"二十佳"镇街。中央电视台纪录片《长江序曲》对该街道凤山水城门和古井保护工作进行播放报道。

【社会治理模式创新】 2019年，紫阳街道在"坊治理"、"四诊法"、"业联体"、新型商品房小区治理等社会联动治理带动下，发展社区微治理模式。凤凰、北落马营、候潮门、春江4个社区成功创建上城区第二批"美好社区"，上羊市街社区"坊治理"模式、十五奎巷社区"四诊法"入选上城区"社区治理十佳金点子"案例。开展"清廉社区"建设，组织全体社工参观东郊监狱、南郊监狱两个警示教育基地。至年末，街道有社工179人，其中社会工作师中级职称35人、初级职称58人。重视社工队伍建设，全年组织开展新社工入职培训、全体社工培训、"百通岗"技能培训等培训10多场，人均培训学时58学时。

资料

"坊治理"：由社区发展协会牵头在成熟小区设"邻里坊"。"邻里坊"以一个网格或一个相对独立封闭区域（小区）来设置（包括辖区企业单位），有成员5~13人，坊下设N个邻里值班室、睦邻点及N支家园义工团队，协助邻里坊运作及公共事务的协商处理，形成"X+N+N"邻里坊治理模式，完善邻里坊工作网络，形成邻里坊、社会力量协商治理工作合力。通过社区协商民事民提、民事民议、民事民决、民事民筹、民事民办、民事民评"六步工作法"，进行自我服务和管理，促使小区更多成员参与协商解决小区公共事务、公共议题、公益民生项目。

"四诊法"：即借鉴中医"望、问、闻、切"的"四诊法"。望——探望、发现、调查和研究古井目前现状及存在的问题；问——问因，对发现的情况和问题，追根溯源，寻根问底；闻——召开居民议事协商会，多方"听取"治井中的意见和建议；切——为古井"把脉"。

【"三加三减"垃圾分类法】 2019年，紫阳街道推进垃圾源头分类和减量，"互联网+垃圾资源化利用""社递联合助力垃圾分类"等做法被省市媒体报道。市人大常委会副主任陈红英调研该街道高层住宅垃圾分类工作，并给予肯定。街道积极推进"三加三减"垃圾分类工作法，取得相关成效。成功创建省级垃圾分类示范小区1个，市级垃圾分类示范小区4个，打造沿江易腐垃圾清运线，沿江高层片区垃圾分类正确率达到80%以上，年均垃圾减量达11.5%。

资料

"三加三减"垃圾分类法："三加"指发挥"红色业联体+垃圾分类"

效能，探索“区域统筹+垃圾分类”模式，做好“党员先锋+垃圾分类”文章。“三减”指转变观念，源头减量；精细分类，循环减量；规范收运，科技减量。

【打通消防通道集中攻坚行动】2019年，紫阳街道将打通“生命通道”——消防通道作为为民服务重要抓手，主动回应社会民生需求，真正解决群众关心的热点难点问题。集中攻坚行动旨在推动全社会形成共识，建立长效管理机制，有效解决消防通道占用、堵塞、封闭及高层住宅室内消火栓不能正常供水等问题，确保消防通道畅通、室内消火栓正常供水，保障灭火救援行动高效有序开展，彻底打通“生命通道”。通过集中攻坚行动，辖区高层住宅区全部按标准施划消防车道标线标志，室内消火栓系统保持正常运行状态。

2019年，紫阳街道按标准施划消防车道标线　（紫阳街道 供稿）

【智慧安防小区建设】2019年，紫阳街道针对性推进智慧安防小区建设。以视频监控改造、小区主要出入口安装人脸识别和车牌抓拍装置等措施，推进智慧安防“基础版”建设。年内，北落马营新村、十五奎巷8号、彩霞岭小区、柴校坊、海潮雅园、尚蓝公寓6个小区完成智慧安防小区建设。

【“睦邻·同心”统战之家品牌推出】2019年，紫阳街道深化组织+平台+活动“三位一体”统战工作模式。在原有“睦邻·同心集”和“利星·同心荟”两大统战服务阵地的基础上，依托国际化建设发展理念，升级推出“睦邻·同心”统战之家品牌。“睦邻·同心”统战之家品牌包括“同心·议事堂”“同心·童趣沙盘”“同心·书斋”“同心·大讲堂”和“聚贤茶吧”5个部分，为辖区留学生家庭、涉外人员家庭、侨眷侨胞、新的社会阶层人士等提供家门口的“一站式”服务。

【新工社区“微更新”改造】2019年，紫阳街道以新工社区为试点，进行“微更新”改造。“微更新”范围东沿秋涛路，南临凤山路高架，西靠浙赣铁路，北至杭州肉联厂专线。新工社区建筑建设年代多为20世纪80年代，有住宅49幢，涉及单元154个、居民2425户，改造面积20.2万平方米，是年度全市最大的旧住宅小区“微更新”改造项目。新工社区“微更新”坚持以群众为中心，从群众最关心的“出行难、停车难、晾晒难、活动空间少”等问题入手，同步实施“焕新”与“换芯”，切实改善小区生活环境，提升群众幸福感、获得感和安全感。街道通过“系统梳理、激活特质、有效更新”，最终确定“一环五区”打造方案，形成“畅通、时尚、人文、便利、生态、宜居”社区。至年末，一期改造工作全面完成，新建小区主干道，焕新社区大门及入口小商业街，畅通文创步行街区，完成新工新村5幢住宅样板楼打造。

资料

“一环五区”：“一环”即沿新工新村、秋江雅苑新建主干道，两端与秋涛路相连，形成交通环路；“五区”即以毛戈平艺术学校为核心打造时尚文创孵化区，以新工新村5幢为样板打造居住提升区，以增设小区步行街为重点打造便民服务区，以强化停车、服务、娱乐等功能为抓手打造社区会客区，以优化绿地广场设施为依托打造滨河观光区。

【纪念上羊市街社区成立70周年】2019年，紫阳街道为纪念上羊市街社区——中华人民共和国第一个居民委员会成立70周年，推出系列纪念活动。年初，制定70周年系列活动方案。1月1日，上羊市街社区登上中央电视台新年特别报道《我和我的祖国》栏目。3月，街道邀请复旦大学教授团队编写《新中国第一居委会30条——组织能力与社区善治》。该书于10月由格致出版社出版。6月，举办“最美社工视频征集大赛”及书画摄影展。7月，组织“我与祖国共成长”朗诵比赛。8月，举行“百通岗”技能大比武。10月19日，开展“民意直通，市民体验”现场调研。

【“三联三领三服务”活动持续深化】2019年，紫阳街道领导班子带领党员干部，认真落实“三联三领三服务”活动和“上门看、当面谈、马上干”活动，探索“4321”服务机制，积极开展民情走访、困难结亲、红色代办、项目领办、难题破解等活动，深入社区、企业，听民意、查实情、送服务。全年走访企业371次，走访居民4554户，解决问题73个，企业、群众的获得感和满意度明显提升。

资料

“4321”服务机制：“4”指开展走访联系、结对帮扶、志愿服务、领办心愿4项服务举措；“3”指为企业、基层、群众送上“红色代办服务”、“为企店小二服务”、民生兜底服务3类服务；“2”指开展信访积案销号、“美好社区、比晒争先”2项专项行动；“1”指打造何阿奎党员志愿者服务队伍。

【居民文化活动】2019年，紫阳街道成功创建杭州市“30分钟市民学习圈”示范街道。街道投入60万元，打造区社区学院紫阳分院，构建由科教中心和主题公园、科普直街、健身园地、文化长廊组成的“一中心四基地”核心学习主阵地，带动周边教育资源发挥。全年组织社区教育进文化家园活动89场，参与文化家园学习活动居民5464人次。举办“我和我的祖国”演讲比赛、“紫阳·蝶变”摄影展、“墨香紫阳，绘动山河”书画展、2019“书香上城”全民阅读节启动仪式等活动。推出上羊市街亲子阅读空间、尚青书院、杭州市紫阳小学、南宋文化大讲堂、候潮门邻里学堂等“十大阅读空间”，打造居民家门口的阅读平台。举办第三届南宋瓦肆文化节，还原南宋市井风情。创建党建领航、科普助力的“党建+科普”工作模式，购置红色教育VR设备，打造新型党建教育平台，组织居民体验活动10多场。

（冯心妤）

人 物

Figures

新任区领导

张宏光 男，1971年6月出生，籍贯浙江浦江，1993年8月参加工作，1993年6月加入中国共产党，华东政法学院法学专业法学学士，获法学硕士学位。历任杭州市公安局法制处科员，杭州市公安局法制处法制研究科副科长、科长，杭州市公安局公共信息网络安全监察分局副局长，杭州市公安局办公室副主任，杭州市公安局警务督察支队支队长，杭州市公安局情报中心主任，淳安县副县长、县公安局局长。2019年6月，张宏光任上城区副区长、公安分局局长。

孟晓斌 男，1981年10月出生，籍贯浙江乐清，2008年6月参加工作，2004年1月加入中国共产党，浙江大学管理学院企业管理专业管理学博士，博士研究生。历任杭州市人才研究所职员、助理研究员、副研究员，中共杭州市委组织部科技干部处副处长，中共杭州市委组织部调研室副主任，中共杭州市委党建工作领导小组办公室正处长级专职副主任，中共杭州市委组织部调研室主任。2019年6月，孟晓斌任上城区副区长。

（杨树林）

劳动模范

王水根 男，1960年12月出生，浙江华日实业投资有限公司现场工艺科科长。毕业于杭州师范学院化学系专业。1994年进入浙江华日实业投资有限公司，主要从事电冰箱生产的工艺管理工作。2000年起，负责工艺管理并担任现场工艺科科长。2001年，提出的“自制电冰箱冷冻室蒸发器”建议，使公司年盈利350万元，该建议获评2001年杭州市上城区“金点子奖”。2011年9月，牵头成立“劳模创新工作室”，工作室于2017年被评为杭州市高技能人才（劳模）创新工作室。2017年6月，他撰写的论文《家用制冷器具设计的关键因素与绿色设计思想研究》在《黑龙江科技信息》期刊上发表；同年，他获“一种无电加热器的无霜冰箱”专利。2019年4月，王水根获评浙江省劳动模范。

王荣栋 男，1977年11月出生，杭州娃哈哈精密机械有限公司铣工。2007年10月入职杭州娃哈哈集团有限公司。2012年，参加浙江省职工职业技能大赛铣工赛，获铣工比赛第一名；参加第四届全国职工职业技能大赛铣工赛决赛；获“浙江省职业技能带头人”称号。2013年4月，获浙江省五一劳动奖章、浙江省技术能手荣誉。2014年，获“杭州市职业技能带头人”称号。2015年，获浙江省首席技师、杭州市首席技师荣誉。2017年，他被认定为杭州市C类人才。2018年12月，入选杭州市“百千万”高技能领军人物（拔尖技能人才），他领衔的王荣栋创新工作室获评杭州市高技能人才（劳模）创新工作室。2019年4月，王荣栋获评浙江省劳动模范。

许美群 女，1975年10月出生，杭州市上城区南星街道社区卫生服务中心玉皇山社区卫生服务站站长。从事社区卫生服务事业10多年，先后获浙江省优秀责任医师、“最美杭州人”、杭州市最信赖的签约医生等称号。2014年，医养护一体化签约服务政策推出后，累计签约1506人。2015年，她被选作杭州市唯一全科医生代表，受到国务院原副总理刘延东的接见。工作之余，她创建“许医生谈健康”微信群，通过“一天一课”模式向签约患者传授健康知识，并接受相关咨询；设立健康书屋，购买健康书籍免费供患者借阅；创办杭州市首个玉皇山幼儿园娃娃健康课堂，开课6年多受教幼儿800多人。2019年4月，许美群获评浙江省劳动模范。

施 哲 女，1970年11月出生，杭州市上城区清波街道安全监管办公室工作人员。曾任清波街道清河坊社区书记，先后获2009年全国优秀志愿者、2012年杭州市第三届魅力社工先进个人、2016年上城区劳动模范、2016年上城区优秀共产党员、服务保障G20杭州峰会市级先进个人等荣誉。积极推进安全生产（消防）民生实事，参与完成2个中心微型消防站的提升改造，累计安装电动车智能充电桩60多处，为高龄独居、失能老人住所，以及出租房、电动车集中停放点等场所安装独立式烟感器2900多个、联网式烟感器300个。建立“红黄绿”三色挂牌与联合检查互动机制，对发现的隐患通过《安全生产周报》形式进行梳理，根据整改的难易程度，实行红、黄、绿分级挂牌督办制度，促进隐患整改。2019年4月，施哲获评杭州市劳动模范。

戴金娟 女，1966年1月出生，杭州市上城区南星街道馒头山社区社工。1995年开始从事社区工作，2007年3月至今担任社区卫生委员。20多年来，在社区危旧房整治、“五水共治”、登革热防治、G20杭州峰会中馒头山环境整治等工作中积极发挥带头作用。先后获2007年上城区优秀社区工作者、2009年上城区优秀社区工作者、2016年杭州市上城区劳动模范、上城区服务保障G20杭州峰会工作先进个人、2018年上城区“最美社工”等荣誉。2019年4月，戴金娟获评杭州市劳动模范。

张 坚 女，1981年10月出生，杭州市上城区小营街道梅花碑社区副主任。自2010年参加社区工作以来，先后担任梅花碑社区综治专管员、妇女文教委员、民主福利委员、社区副主任。坚持“以人为本、贴近群众”原则，开展社区服务，把“全心全意为人民服务”的宗旨落到实处。参与制定《梅花碑社区人民调解委员工作职责》《梅花碑社区消防巡查制度》《社区信访接待文明接访制度》等制度规范。参与创建“人民调解”陈文英网格工作室，获居民群众的一致好评。推动社区落实“百米智能充电桩”民生实事项目，在社区安装72处智能充电桩和充电柜，消除安全隐患。组织60名社区居民志愿者成立义务消防队，开展消防安全巡察。协调完成“老人爱心椅”工程，推动社区成立共建型老年食堂。2019年4月，张坚获评杭州市劳动模范。

聂明军　男，1984年6月出生，高级工程师，杭州柯林电气股份有限公司研发中心软件研发工程师。北京航空航天大学硕士。曾在微软中国总公司、网易等企业任职。2011年，加入杭州柯林电气研发中心，从事电力监测关键技术研发工作。主持参与BLJK系列变压器冷却器智能监测控制系统、变电设备状态监测系统、超/特高压变电设备多源放电性故障监测与预警关键技术与应用、智能电网电力监测设备关键技术研究及应用等国家火炬计划项目和浙江省重大科技项目，完成的项目获2015年度浙江省科技进步二等奖。先后获2015年杭州市计算机程序设计员职业技能竞赛第一名、杭州市技术能手、杭州市五一劳动奖章、上城区首届“上城工匠”、上城区创新领军人才等荣誉。2019年4月，聂明军获评杭州市劳动模范。

裘利尧　男，1961年1月出生，杭州解百集团股份有限公司商业分公司物业管理部副经理。1982年从部队转业后，进入杭州解百集团股份有限公司的前身——杭州解放路百货商店从事营业员工作，曾任职单位人保科干事、人保科副科长、人事保卫部副部长、保安部部长，坚守单位安全保障岗位36年。带领公司全体保安人员全面开展安全生产、消防、反恐防范工作，责任心强、业务素质高，为保障企业安全运行、和谐发展发挥积极作用。被省公安厅授予“三等治安荣誉奖章”，获2013年度杭州市消防安全重点单位先进个人、杭州市商旅集团G20杭州峰会服务保障工作优秀共产党员等荣誉。2019年4月，裘利尧获评杭州市劳动模范。

胡　韡　女，1969年4月出生，紫阳街道综治中心工作人员。先后在紫阳街道4个社区担任书记兼主任，自2011年开始在紫阳街道综治中心工作，开展群租房治理、信访维稳、安全消防等基层群众工作。在全区建立“向阳群众”“紫阳管家”等群防群治工作品牌，提出“六员十看”工作法，得到市公安局肯定。先后获杭州市首届魅力社工、全国社会工作模范、杭州市五一劳动奖章、服务保障G20杭州峰会市级先进个人、杭州市教育转化能手、杭州市人民调解先进个人、上城区“三八红旗手”等荣誉。2019年4月，胡韡获评杭州市劳动模范。

陈勇荣　男，1980年7月出生，杭州市上城区绿化委员会办公室高级工程师。从事一线扩绿护绿工作，G20杭州峰会召开前，参与馒头山公园建设项目，该项目获杭州市优秀园林绿化工程（公园及河道类）银奖。他抗台抢险应急经验丰富，在暴雨台风中树木倒塌抢险事故处理和保护古树名木中积极贡献。连续5年被评为区住房和城建局优秀事业单位工作人员，先后获2015年绿化工作先进个人、2016年上城区劳动模范、2019年杭州市“国家生态园林城市”创建先进个人等荣誉。2019年4月，陈勇荣获评杭州市劳动模范。

朱玲明　女，1966年6月出生，杭州市上城区安全生产监督管理局综合管理科科长。从事危险化学品、烟花爆竹行政审批以及综合安全监管工作10多年，负责全区100多家危险化学品企业、4个加油站、1个重大危险源及烟花爆竹经营的安全监管。带领科室同事在G20杭州峰会安全监管系列工作中做出重要贡献。带领同事梳理事项、优化办事流程，助推全区13个行政审批事项全部实现“最多跑一次”。连续3年被评为区优秀公务员，立三等功，先后获浙江省服务保障G20杭州峰会工作先进个人、2016年上城区劳动模范、2017年度杭州市安监系统“十佳最美安监人”等荣誉。2019年4月，朱玲明获评杭州市劳动模范。

董伟海　男，1965年2月出生，杭州市上城区人民检察院控申科科长、举报中心主任、院工会主席。他根据工作经验和检察机关信访工作的规律特点，创新总结运用“五诊法”（即电话沟通坐诊法、点将约访会诊法、信访不信法、望闻问切门诊法和核查监督复诊法）化解信访难题，“五诊法”被最高人民检察院主办的《检察工作简报》刊发并在全国推广。2018年，办理全市首例阻碍辩护人行使辩护权的案件，该案件作为典型案例在浙江省人民检察院控申工作交流专刊上发表。2016年，获评上城区服务保障G20杭州峰会工作先进个人。2019年，获评杭州市第一届“最美检察人”。2019年4月，董伟海获评杭州市劳动模范。

罗　宏　男，1967年9月出生，杭州市上城区市场监督管理局小营市场监督管理所所长。主要开展老年保健品推销综合整治、无（证）照小餐饮场所持续整治等监管服务工作。牵头开设为民服务“微政务”平台，推进市场监管便民服务进社区。2008—2011年，连续3年考核优秀，记三等功1次。获杭州市工商行政管理局经济卫士、杭州市工商行政管理局优秀党员、2016年上城区劳动模范、2017年十佳基层所长等荣誉。2019年4月，罗宏获评杭州市劳动模范。

施建军　男，1966年10月出生，任敦和资产管理有限公司董事长，兼任中国期货业协会副会长、浙江期货行业协会会长、大连商品交易所理事、浙江省金融业发展促进会执行会长、浙江省国际对冲基金人才协会会长等社会职务。曾发起和组织“如何利用期货市场提升铜加工企业的竞争力”“品种套利案例”“期货公司管理资产研究”“QFⅡ与中国期货市场发展”和“期货业态及期货公司营运模式的国际比较”等课题研究，对铜、豆粕、棉花、PTA等期货品种的研究成果被广泛应用于实践。获2013年度期货杰出掌门人、2014年中国期货业领袖人物、2015浙江金融创新人物、杭州市第四届杰出人才、上城区2017年度高层次金融人才等荣誉。2019年4月，施建军获评杭州市劳动模范。

楼朝辉　男，1966年7月出生，高级教师，杭州市天长小学校长、书记。坚守语文教育教学第一线30多年，其研究成果《基于交往和选择的课程与教学》获第五届全国教育科研成果三等奖、浙江省教育科研成果一等奖。带领学校教师在差异教育研究中取得丰硕成果，相关成果报告获省政府教学成果一等奖、2018年全国基础教育教学成果一等奖，并在4个省的20多所学校推广。领衔名师工作室，4年培育输出骨干教师30多人。2001年，获评全国优秀教师。2018年，获评杭州市十大杰出校长，享受杭州市人民政府津贴。2019年4月，楼朝辉获评杭州市劳动模范。

（刘乃华）

最美退役军人

李克良　男，1979年1月出生，1997年11月入伍，中共党员。2002年，从部队退役进入省供销社就职。2010年，开始创业。经过他多年努力，一个以文化投资与商业地产为中心的复合型集团——杭州丰平控股集团有限公司逐渐成型，旗下拥有5家全资子公司，涉及文化投资、教育培训、艺术交流、资产管理、企业管理、商业地产等领域，运营面积15万余平方米，服务1500多家企业，年度总产值达到5500多万元。旗下的产业园区获2015—2018年度省重点文创产业园、首批浙江省成长型文化企业、2017年度杭州市“五个一批”示范园区等荣誉。2019年7月22日，李克良被评为全省首批“最美退役军人”。

郝龙清 男，1929年8月出生，1945年3月入伍，1947年8月加入中国共产党。参加过抗日战争、解放战争、抗美援朝战争，包括孟良固战役、济南战役、淮海战役、渡江战役、上海战役等国内重大战役和抗美援朝第二次、第五次战役及金城地区防御战等，立三等功。1953年，被录取为陆军飞行员。在校学习期间，先后担任党支部书记、青年支部书记、班长等职务，被授予“优秀学员”称号。学校毕业后，他先后参与执行海陆空三军合练、国产雷达校验、入闵作战等任务。1963年，获中国人民解放军空军司令部、政治部颁发的“三手奖章”（轰炸、射击、驾驶技术一级能手称号）。1979年12月，郝龙清转业，1989年8月离休。现为浙江省新四军历史研究会省会宣讲团特聘宣讲员、湖滨街道“五老”讲师团团长，积极参加社区、机关等单位宣讲活动。2019年9月27日，郝龙清被评为全市“最美退役军人”。

朱　锋 男，1929年10月28日出生，1948年10月加入中国人民解放军，先后参加淮海战役、渡江战役、解放大西南战争、抗美援朝战争。1950年，在航空学校学习，是中华人民共和国第一届航空学校毕业生。在抗美援朝战争中，朱锋担负飞机维修工作，创造20多项技术革新，参与维修飞机81架，立一等功。1976年，朱锋转业。先后在汽车制造厂生产计划科、车桥厂当厂长，1994年离休。2019年9月27日，朱锋被评为全市“最美退役军人”。

（宋　勤　年鉴编辑部）

第二届“上城工匠”

沈益东 男，1974年6月出生，浙江省工业设备安装集团有限公司压力容器制造厂质检科科长、焊接责任工程师，高级技师。曾获“杭钢杯”全省青年职业技能大赛焊接组第二名、浙江省技术能手、浙江省杰出青年岗位能手等荣誉。2019年9月，沈益东被上城工匠认定工作领导小组办公室认定为第二届“上城工匠”。

聂伍军 男，1970年2月出生，浙江三建建设集团有限公司质量员。曾获杭州市建设行业职业技能竞赛“浙江宏超杯”砌筑工技能竞赛第三名、浙江省建设投资集团职业技能竞赛砌筑工比武第二名、浙江省建筑业职工职业技能大赛砌筑工比赛全国大赛选拔赛第一名。2019年9月，聂伍军被上城工匠认定工作领导小组办公室认定为第二届“上城工匠”。

江　亮 男，1963年9月出生，杭州宋酒酒业有限公司董事长、高级酿酒师。专注于酿酒事业38年，获花香酿造工艺及红曲浊酒两项发明专利。根据古典记载和专家团队及个人经验，总结出一套古法酿造结合花香酿造技术的工艺，最终将“蓝桥风月”南宋御酒复原。2012年，他被认定为“中国红曲酒保护与传承人”。2019年9月，江亮被上城工匠认定工作领导小组办公室认定为第二届“上城工匠”。

吴娜佳 女，1979年1月出生，中国国旅（浙江）国际旅行社有限公司高级导游、杭州市C类人才。曾获全国青年岗位能手、全国旅游系统劳模、全国“三八红旗手”等荣誉，在各类导游技能大赛中，获全国二等奖1次、全省一等奖4次、全市一等奖1次。2019年9月，吴娜佳被上城工匠认定工作领导小组办公室认定为第二届“上城工匠”。

邱华平 男，1978年9月出生，上城区紫阳街道社区卫生服务中心针推骨伤科主任、副主任中医师。曾在国家核心期刊发表论文2篇，主持省中医药管理局项目1项，参与省部级、厅局级项目3项，获国家发明专利4项。2017年，他获全国“最美中医”称号。2019年9月，邱华平被上城工匠认定工作领导小组办公室认定为第二届“上城工匠”。

虞大明　男，1972年4月出生，杭州市崇文实验学校执行校长、全国优秀教师、浙江省特级教师、全国小语会先进工作者、浙江省教育科研先进工作者。2017年，他被授予“国家万人计划教学名师”称号。2019年，他获评上城区教育基金会杰出教师“君子兰奖”。曾出版《我的语文教学求索之路》等个人专著；主持课题“新班级教育”，其成果获浙江省基础教学优秀成果一等奖；专著《协同合作发展——新班级教育实验的教学探索》获浙江省第二届基础教学成果奖一等奖。2019年9月，虞大明被上城工匠认定工作领导小组办公室认定为第二届“上城工匠”。

李海燕　女，1978年6月出生，杭州市上城区映山静水刺绣馆工艺美术师。作品《心花》获2015年中国杭州工艺美术精品博览会金奖，并入选2016年上城区“非遗”精品展。作品《佛曰：观知足》获2013年浙江省民间美术首届联谊精品展金奖，并入选2014年10月上海民族民间民俗博览会展览。2019年9月，李海燕被上城工匠认定工作领导小组办公室认定为第二届“上城工匠”。

俞柏堂　男，1949年5月出生，杭州方回春堂国药馆有限公司膏方质量主管。2014年10月，参加第六届中国（浙江）非物质文化遗产博览会，现场展示技艺，获优秀展示（展演）奖。2008年，他被认定为第一批浙江省非物质文化遗产“方回春堂传统膏方制作工艺”代表性传承人。2017年，他被认定为第五批国家非物质文化遗产代表性传承人。2019年9月，俞柏堂被上城工匠认定工作领导小组办公室认定为第二届“上城工匠”。

梅红玲　女，1972年12月出生，浙江省天丰陶瓷有限公司高级工艺美术师。曾获浙江省工艺美术大师、浙江省劳动模范等荣誉，并被省政府授予“浙江省有突出贡献中青年专家”称号。作品《荷韵》在2012年第二届“大地奖”陶瓷作品评比中获金奖；《尊》在2018年第十一届中国陶瓷艺术大展中获银奖。2019年9月，梅红玲被上城工匠认定工作领导小组办公室认定为第二届“上城工匠”。

潘海宾　男，1975年1月出生，上城区石魂石雕工作室创办人，杭州工艺美术博物馆石雕工作室大师、浙江省玉石雕刻师、温州市第三届非物质文化遗产“乐清石雕”代表性传承人。2018年，他获“中国玉雕工匠”称号；创办的石魂石雕工作室被乐清市政府和乐清市文广新局认定为第一批“非遗”传承基地。作品《亭亭三立》《相思成堆》《乌镇风光》分别被浙江省博物馆、浙江旅游博物馆、中国·杭州工艺美术博物馆收藏。2019年9月，潘海宾被上城工匠认定工作领导小组办公室认定为第二届“上城工匠”。

（刘乃华）

上城区第八届道德模范（最美邻里）

刘金平　男，1958年1月出生，汤养元国医馆基建科维修主管。在工作中，他爱岗敬业，任劳任怨，多次受到领导和同事好评；在生活中，他孝顺、体贴、关爱老人，多年如一日照料父亲和岳父，主动承担起赡养老人们的所有重担，自觉自愿地把老人们接到身边照顾，直到老人安详离世。他用自己的实际行动在平凡的生活中演绎着点点滴滴的孝贤实录。

陈　栋　男，1993年6月出生，区工商联办公室工作人员。2019年9月26日，为挽救他人生命，陈栋在浙江省中医院成功捐献造血干细胞悬液260毫升，成为中华骨髓库第8937例、浙江省第503例、上城区第10例造血干细胞捐献者。他的事迹受到区委书记陈瑾批示肯定。他平时热心公益，积极参加机关志愿者活动。在“99公益日”机关倡议给鹤峰县孩子捐免费午餐活动中，他第一时间捐款。

金增敏　男，1973年9月出生，中共党员，毛源昌眼镜有限公司董事长。他诚信经营企业30年，不断完善“真心真价真服务”经营理念，提升产品品质和服务。他培养出全国领先技术人才队伍，并为顾客提供焊接修镜框等免费服务。他长期参与公益事业，参与公益活动2000多场次，在环保、助学等领域积极行动，捐资数十万元奖励环保先进个人，发起助学基金公益组织，资助3.6万名贫困学子3000多万元。先后获杭州市上城区优秀社会主义建设者、浙江省老字号企业“公益慈善掌门人”、杭州老字号企业“优秀掌门人”、“华夏工匠奖”等荣誉。

赵建荣　男，1958年1月出生，中共党员，望江街道近江西园社区居民。他热心公益事业，积极参加志愿服务活动。2018年12月22日中午，近江九园小区突发大火，着火房屋内有一名老人和一名小女孩，情况十分危急。赵建荣在消防车到达前，组织居民救火，合力救出被困人员，并基本控制火势。他创立赵建荣环保工作室，定期开展环保知识讲座，普及环保知识和健康教育知识，推动辖区环保工作发展。

姚培高　男，1971年1月出生，中共党员，浙江戎创文化发展有限公司和浙江珺鼎保安服务有限公司董事长。他退役后秉持“军人本色”，不等不靠，自主创业，先后成立两个公司，为党政机关、企事业单位和各类院校提供安保、军训和团建拓展服务，培训服务5万余人次。他始终把退役军人的就业创业放在心上，融入企业发展，从最初5名管理人员、30人的服务团队发展到现在40多人的管理团队、500多人的服务团队，管理团队100%由退役军官和士官组成，服务团队中退役士兵322人，占到员工总数的60%以上。2018年末，姚培高回到湖州安吉，在山川乡打造活动营地，定期免费开放，为中小学生研学提供服务。

徐国能　男，1986年10月出生，中共党员，杭州海兴电力科技股份有限公司孟加拉地区部总监。在职期间获年度优秀员工、杰出市场贡献奖等荣誉。2016—2018年，带领孟加拉地区部在吉大港、库尔纳、库米拉、迈门辛、达卡等城市，部署完成5个智能预付费项目，完成近75万只表计的安装替换，并成功接入智能售电系统。项目的成功落地改善孟加拉国人民的生活质量，提高杭州海兴电力科技股份有限公司在孟加拉国的市场占有率，提升民族品牌的国际影响力。

席传喜　男，1953年4月出生，望江街道徐家埠社区居民。他曾是接受过“春风行动”援助的困难户，他勇敢战胜病魔，摆脱生活困境。而后，他不忘感恩，反哺社会，以实际行动参与“春风行动”公益事业，从一名“受助者”变为“施助者”。自2013年起，连续7年为“春风行动”捐款16万元。2016年，获第五届浙江慈善奖；2018年，获第六届“最美杭州人”称号。

童跃中　男，1961年7月至2019年12月2日，中共党员，生前系区城管局二级调研员。曾任上城区城市管理局党委委员、副局长，杭州清河坊街区管委会联合委员会委员、副主任，上城区智力精神残疾人亲友协会委员、副主席。2019年12月2日，他在工作岗位上突发疾病，经医院抢救无效去世。工作中，他始终坚定信念、扎根基层、服务群众、敬业奉献。在区城管局任职期间，他经常白天跑一线，晚上学习各类城管执法业务知识，全程参与上城区“智慧城管”平台的构思和初建。他在患病期间仍然坚持工作，还带领机关党员参加志愿服务，为群众急需解决的问题想办法、出主意。童跃中先后获嘉奖10次，立个人三等功2次。

上城区乡村振兴发展中心(乡兴社)　成立于2019年1月，以“让优质资源更有效地服务于乡村，让愿意留在乡村的人们获得更好的发展”为使命，立足上城、着眼全国，走过湖南怀化、河北张家口、辽宁法库等乡镇（县)，为政府、村庄、企业提供咨询研究和项目运作服务。在项目运作中，乡兴社深入当地调研，在与村干部、村民充分沟通的基础上，从村庄的真实需求出发，规划出最佳的发展路径，并在落地过程中强调村庄与外界的共同参与及内生力量的培养，以此实现村庄的可持续发展。

最美车队　是小营街道茅廊巷社区“10分钟邻里互助圈”便民服务项目中的一个志愿者服务队伍，由杭州安心出租汽车有限公司的11名出租车“专职”爱心司机组成，成立于2018年12月。社区的老年人、残疾人如果有需要，可以提前在社区预约，车队免费接送行动不便的老人、残疾人看病，并且每辆车上都配备区红十字会配置的爱心急救包。空余时间，他们参加心肺复苏、应急情况处理等专业培训，为老人提供陪同看病、帮忙配药和上门理发等服务，带给老人关爱。

（王　蕾）

杭州最美公益人

吴　莹　上城区爱馨互助会创始人。2012年9月，她发起成立帮扶社团——爱馨互助会，动员家庭及社会资源为心智障碍群体及家庭带去关爱。推出公益慈善文创项目“爱馨大课堂”，为有心智障碍的青少年开展康复培训服务和合适的技术职业培训。2018年，自筹资金开设阳光庇护公益店——爱馨驿站南宋皇城小镇站。2019年，开设爱馨驿站行政服务中心站，让部分特殊困难家庭的心智障碍患者和其他残疾人获得自己的社交圈与自食其力的成就感。2018年开展公益帮护“非遗”活动168场，受益人数4200人次；开展残疾人职业技术课程400多场，直接受益人数1.4万人次。2019年6月21日，吴莹被评为杭州最美公益人。

张能庆　上城区张能庆公益服务站创始人，杭州“清篮行动”发起人。张能庆公益服务站聚集起4000名注册志愿者，运营有助老、助学、助困、普法宣传和城市文明提升5类公益活动，包括张能庆尚法工作室、银丝坊公益理发店、微爱助学、为礼让斑马线点赞、后峰会前亚运、“单车猎人”等10个项目。已坚持19年开展为老人义务理发服务。2018年开展志愿服务活动超过500场。2019年6月21日，张能庆被评为杭州最美公益人。

（黄　茜）

附 录
Appendix

2019年区级主要机构及负责人

中国共产党杭州市上城区第十届委员会

书　记：陈　瑾（女）
副书记：金承涛
　　　　周徐胤（2019年11月止）
常　委：陈　瑾（女）
　　　　金承涛
　　　　周徐胤（2019年11月止）
　　　　孙　宁（2019年7月止）
　　　　冯　晶
　　　　金晓东
　　　　秦　文（女）（2019年5月止）
　　　　来剑波
　　　　范卫东
　　　　王　歆
　　　　宣　寅（女）
　　　　胡永光（2019年7月止）
　　　　李中富
委　员：（按姓氏笔画为序）
　　　　王　歆
　　　　毛学庆
　　　　毛素云（女）
　　　　石荣祥
　　　　占仁义
　　　　叶　青（女）
　　　　叶　榕
　　　　冯　晶
　　　　朱黎明
　　　　孙　宁（2019年7月止）
　　　　孙　勇
　　　　孙　锦
　　　　孙刚锋（2019年5月止）
　　　　李中富
　　　　杨盛强
　　　　来剑波
　　　　张淦华
　　　　陈　瑾（女）
　　　　范卫东
　　　　金水根
　　　　金承涛
　　　　金晓东
　　　　周忠诚
　　　　周徐胤
　　　　周朝星
　　　　赵　楠（女）

胡永光（2019年7月止）
洪梦君（女）
宣　寅（女）
秦　文（女）（2019年5月止）
袁建强
陶晓亮
黄涌泉
章　琪（女）
惠海涛（2019年1月止）
裘华君

候补委员：沈武洪
杜秀芬（女）
项海刚
杨　东
钟　黎（女）
姚　杰
邹紫娟（女）

中国共产党上城区纪律检查委员会

书　记：金晓东
副书记：吴电荣（2019年4月止）
毛明秀（女）
常　委：金晓东
吴电荣（2019年4月止）
毛明秀（女）
何　瑶（2019年1月止）
田　涛
戚晓峰（2019年1月起）
卢　艳（女）

杭州市上城区监察委员会

主　任：金晓东
副主任：吴电荣（2019年5月止）
毛明秀（女）

区委工作部门

区委办公室

主　任：周朝星

区委组织部

部　长：王　歆

区委老干部局

局　长：陈慧芳（女）

区委党史和地方志编纂研究室

主　任：陈敏雅（女）（2019年4月止）
李晋楠（女）（2019年4月起）

区委宣传部

部　长：范卫东

区委统战部

部　长：来剑波

区委政法委

书　记：周徐胤

区委编办

主　任：金水根

区委直属机关工委

书　记：郑　平（2019年1月止）
林系州（2019年1月起）

区信访局

局　长：张建文

区档案馆

馆　长：余德利

上城区第十五届人民代表大会常务委员会

党组书记：袁建强
主　任：袁建强
副主任：顾文友
管光尧
韦　云（女）
沈　民
顾敏达
朱荷芳（女）

区人大常委会工作部门

区人大常委会办公室

主　任：邬晓华

区人大常委会法制和内务司法工委员会

主　任：谢根福

区人大常委会财经工委员会

主　任：顾　蕾（女）

区人大常委会城建环保工委员会

主　任：梅建群

区人大常委会教科文卫和民宗侨工委员会

主　任：戈海光

区人大常委会代表工委员会

主　任：李光勋

上城区人民政府

党组书记：金承涛

区　长：金承涛

副区长：冯　晶（2019年1月起）

胡永光（2019年9月止）

叶　榕

薛鸿翔

孙刚锋（2019年6月止）

张宏光（2019年6月起）

朱黎明

毛素云（女）

次仁顿珠（2019年5月止）

孟晓斌（2019年6月起）

区政府工作部门

区政府办公室

主　任：杨盛强

区发改经信局

党委书记：孙　锦

局　长：孙　锦

区教育局

党委书记：项海刚

局　长：项海刚

区科技局

党委书记：杨　东

局　长：杨　东

区公安分局

党委书记：秦　文（女）（2019年5月止）

张宏光（2019年5月起）

局　长：秦　文（女）（2019年6月止）

张宏光（2019年6月起）

区民族宗教局

局　长：林系州（2019年1月止）

朱旭成（2019年9月起）

区民政局

党委书记：陈宏萍（女）

局　长：陈宏萍（女）

区司法局

党委书记：高燕东

局　长：高燕东（2019年1月止）

徐志忠（2019年1月起）

区财政局

党委书记：石荣祥

局　长：石荣祥

区人力资源和社会保障局

党委书记：周　莹（女）

局　长：周　莹（女）

区住房和城建局

党委书记：鲁　军（2019年9月止）

赵　鹏（2019年9月起）

局　长：鲁　军（2019年9月止）

赵　鹏（2019年9月起）

区商务局

党组书记：许联辉（2019年1月起）

局　长：许联辉（2019年1月起）

区风景旅游局

党组书记：薛迓冰（女）（2019年1月止）

局　长：薛迓冰（女）（2019年1月止）

区文广新局

党组书记：林　森（2019年1月止）

局　长：张　敏（2019年1月止）

区文广旅体局

党组书记：赵　楠（女）（2019年1月起）

局　长：张　敏（2019年1—11月）

区卫生和计划生育局
党委书记：杜秀芬（女）（2019年1月止）
局　长：杜秀芬（女）（2019年1月止）

区卫生健康局
党委书记：杜秀芬（女）（2019年1月起）
局　长：杜秀芬（女）（2019年1月起）

区退役军人事务局
党组书记：林　森（2019年1月起）
局　长：林　森（2019年1月起）

区应急管理局
党委书记：楼复进（2019年1月起）
局　长：楼复进（2019年1月起）

区审计局
党组书记：林文杰
局　长：林文杰

区市场监督管理局
党组书记：毛学庆
局　长：毛学庆

区金融办
党组书记：许国祥（2019年1月起）
主　任：欧阳杰（2019年1月起）

区统计局
党组书记：胡建宏（女）
局　长：杨　帆（女）

区城管局
党委书记：孔兴桥
局　长：孔兴桥

区安全监管局
党组书记：楼复进（2019年1月止）
局　长：楼复进（2019年1月止）

区法制办公室
党组书记：朱旭成（2019年1月止）
主　任：徐志忠（2019年1月止）

区数据资源局
局　长：余晓川（2019年1月起）

区投资促进局
党组书记：钟　黎（女）（2019年1月起）
主　任：贾元元（女）（2019年1月起）

区行政审批服务办
党组书记：富永伟（2019年1月止）
冯　晶（2019年1月起）
主　任：余向平

政协上城区第五届委员会
党组书记：占仁义
主　席：占仁义
副主席：袁巧玲（女）
陈少华
马　彦
俞　朔
周常生
秘书长：姚　杰（2019年1月起）

区政协机关
区政协办公室
主　任：姚　杰

区政协提案委员会
主　任：胡　勇

区政协经科委员会
主　任：吴　坚

区政协城建委员会
主　任：陈伟刚

区政协社法委员会
主　任：徐俊明

区政协文教委员会
主　任：陆　峰（女）

区政协学联委员会
主　任：张　璐（女）

民主党派和工商联
民革上城区基层委员会
主　委：林巾巾（女）（2019年9月止）
许宏波（2019年9月起）

副主委：许宏波（2019年9月止）
林巾巾（女）（2019年9月起）
蔡伟利（女）
沈永翔

民盟上城区基层委员会

主　委：周常生
副主委：周芸佳（女）
牟晓军
钟荣川
王双林

民建上城区基层委员会

主　委：张　敏
副主委：李国平
王理顺
贾元元（女）

民进上城区基层委员会

主　委：薛鸿翔
副主委：严　莺（女）
吴　坚（女）
俞富根
徐　敏（2019年11月止）

农工党上城区基层委员会

主　委：韦　云（女）
副主委：宋　燕（女）
吴桂萍（女）
赖晓刚

致公党上城区基层委员会

主　委：杨　帆（女）
副主委：王容峰
张　虹（女）
文　熙

九三学社上城区基层委员会

主　委：徐志忠
副主委：于淑娟（女）
邵安利

区工商联

党组书记：邓海鹰（女）
主　席：严　莺（女）

区群团机关

区总工会

党组书记：张淦华
主　席：管光尧

团区委

书　记：刘婷婷（女）

区妇联

党组书记：赵　楠（女）（2019年1月止）
朱乐娟（女）（2019年1月起）
主　席：赵　楠（女）（2019年1月止）
朱乐娟（女）（2019年1月起）

区科协

党组书记：陈　伟
主　席：陈　伟

区残联

党组书记：吴诗兵
理事长：吴诗兵

区红十字会

会　长：毛素云（女）

杭州中国社区建设展示中心

主　任：李　敏（女）

区人武部

政　委：刘少平
部　长：李中富

区法院

党组书记：叶　青（女）
院　长：叶　青（女）

区检察院

党组书记：孙　勇
检察长：孙　勇

街　道

湖滨街道

党工委书记：章　琪（女）
人大工委主任：严民强

办事处主任：范　丹（2019年9月止）
陈永权（2019年9月起）

清波街道

党工委书记：周忠诚
人大工委主任：陈兴义
办事处主任：洪梦君（女）

小营街道

党工委书记：惠海涛（2019年1月止）
陆　霞（女）（2019年1月起）
人大工委主任：陆建华
办事处主任：陆　霞（女）（2019年2月止）
方　金（2019年2月起）

望江街道

党工委书记：裘华君
人大工委主任：胡筱飞
办事处主任：赵　鹏（2019年9月止）
丁炜锋（2019年10月起）

南星街道

党工委书记：宣　寅（女）
人大工委主任：陈　钢
办事处主任：蒋晓斌（2019年10月止）
杨凯量（2019年10月起）

紫阳街道

党工委书记：黄涌泉
人大工委主任：林国平
办事处主任：蒋晓伟（2019年2月起）

说明：袁建强，原名袁建祥，根据2019年11月25日市委组织部意见，同意袁建祥更名为袁建强，与其身份证保持一致。

（杨树林）

2019年上城区国民经济和社会发展统计公报

2019年是中华人民共和国成立70周年，是高水平全面建成小康社会的关键之年，也是改革开放开启新征程和机构改革全面完成的第一年。一年来，全区上下坚持以习近平新时代中国特色社会主义思想为指导，全面贯彻中共十九大和十九届二中、三中、四中全会精神，切实落实区委各项决策部署和区十五届人大三次会议确定的目标任务，坚持稳中求进工作总基调，坚持新发展理念，坚持高质量发展，统筹推进稳增长、促改革、调结构、惠民生、防风险工作，高质量建设“四个标杆区”，全区经济社会保持健康发展良好态势。

一、综合

经济总量。初步核算，全区实现地区生产总值（GDP）1171.41亿元，按可比价格计算，比2018年增长6.1%。按产业分，第二产业实现增加值400.00亿元，增长2.8%；第三产业实现增加值771.41亿元，增长8.2%。二三产业结构为34.1∶65.9。

财政收支。全年财政总收入完成165.95亿元，比2018年增长3.6%。其中，一般公共预算收入完成85.13亿元，增长5.6%。在税收收入中，增值税（地方部分）27.53亿元，占33.8%，增长2.6%；个人所得税（地方部分）12.34亿元，占15.2%，下降28.7%；企业所得税（地方部分）22.74亿元，占27.9%，增长31.1%；城市维护建设税3.98亿元，占4.9%，下降5.9%；房产税4.25亿元，占5.2%，下降16.0%。全年一般公共预算支出52.55亿元，增长29.4%。其中，一般公共服务支出5.77亿元，增长27.7%；公共安全支出4.72亿元，增长12.9%；教育支出10.61亿元，增长20.8%，科学技术支出1.60亿元，增长17.2%；社会保障和就业支出8.80亿元，同比下降0.5%；医疗卫生与计划生育支出2.17亿元，同比增长8.6%；城乡社区事务支出7.1亿元，增长21.8%。

二、工业、建筑业和固定资产投资

工业生产。2019年全年实现规模以上工业增加值363.55亿元，比2018年增长3.0%。规模以上工业总产值784.70亿元，增长3.1%；规模以上工业销售产值784.56亿元，增长4.9%。全年实现新产品产值47.45亿元，增长60.3%。新产品产值率为6.0%，上升2.9个百分点。

工业效益（不含市电力局）。全年规模以上工业企业实现营业收入654.28亿元，比2018年增长8.3%；实现利税305.28亿元，增长7.7%。工业产品产销衔接良好，产销率达99.98%。

综合能耗。全年工业企业综合能源消耗量39.30万吨标准煤，比2018年下降9.8%。万元产值综合能耗为0.0501吨标准煤，下降12.5%，工业增加值综合能耗降低率为12.4%。

建筑业。全年建筑业增加值19.5亿元，占GDP比重1.7%。

固定资产投资。全年固定资产投资比2018年增长1.1%。其中：房地产开发投资增长1.0%；工业投资和高新技术产业投资增长37.1%；民间投资增长1.2%。全年完成房地产销售面积20.7万平方米，为2018年的92.4%。

三、国内贸易和对外经济

全年社会消费品零售总额增长8.5%。实现货物出口总额106.84亿元，实现服务贸易出口总额6.8亿美元。全年实际利用外资44942万美元，实际到位内资183.47亿元，分别完成目标任务的204.3%和166.8%。

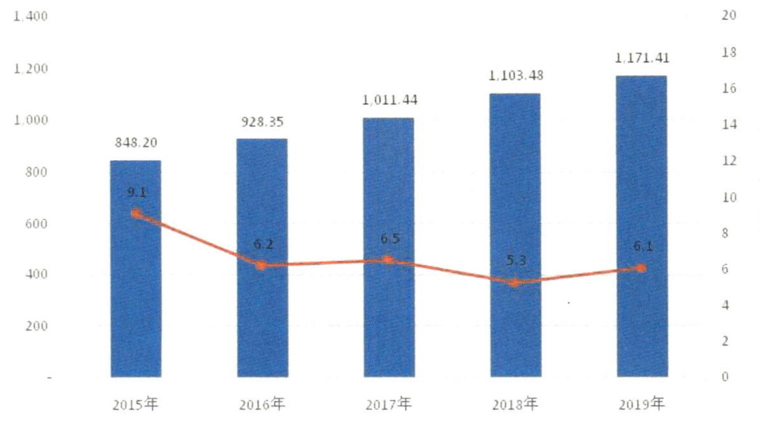

图1 2015—2019年上城区近五年地区生产总值

注：2015—2017年为年报数据，根据全国GDP核算制度和第四次全国经济普查结果，2018年上城区GDP为1103.48亿元，2019年为快报数据

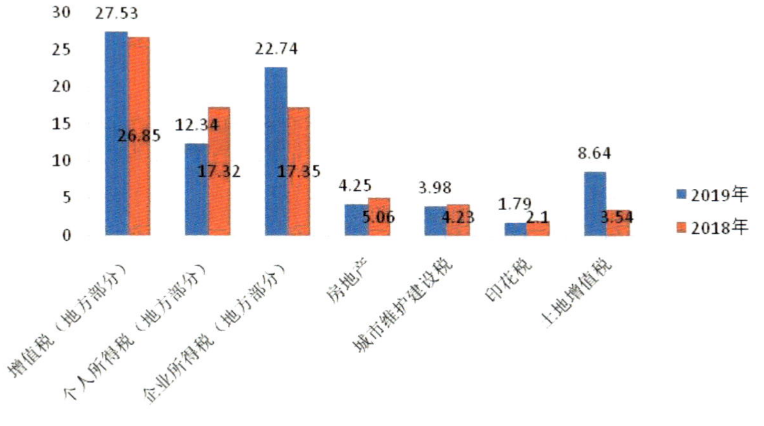

图2 2019年上城区一般公共预算收入主要税种构成

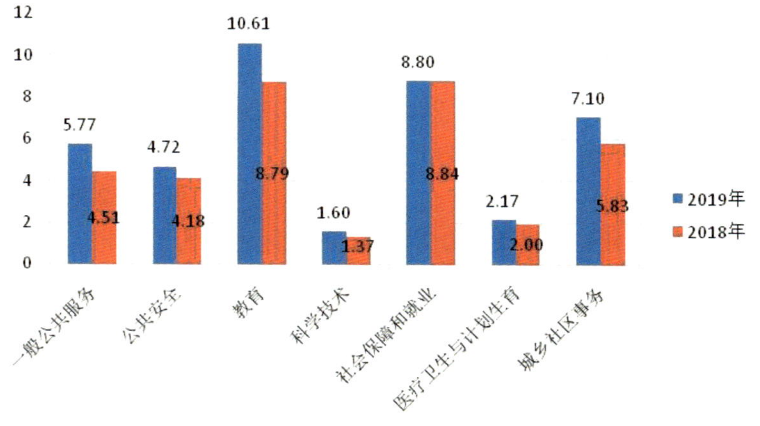

图3 2019年上城区一般公共预算支出流向

四、"1+6"产业

"1+6"产业。全年数字经济实现增加值26.28亿元，比2018年增长6.0%。文化创意产业实现增加值142.90亿元，增长10.0%。金融产业实现增加值238.29亿元，增长8.6%。旅游业实现总收入403亿元，接待境内外游客6400万人次。健康产业实现增加值104.84亿元，增长17.2%。时尚（制造业）产业实现增加值0.24亿元，为2018年的97.6%。高端装备（制造业）产业实现增加值13.17亿元，增长25.6%。

五、教育和科技

教育。全区年末拥有在职教职员工4480人。其中，专职教师3555人。全年区财政对教育事业的经费支出为10.61亿元，同比增长20.8%。至年末，全区共有中学12所（含九年一贯制5所），在校学生9511人；小学18所，在校学生21413人；特殊教育学校1所，在校学生218人；职高1所，在校学生551人；幼儿园30所（含民办、部门办），在园幼儿9650人。学龄前儿童入园率99.9%。全年共招收中小学生6859人，完成毕业中小学生6328人。全年投入基本建设经费8770万元，校舍维修计划经费1000万元。开工新建上教院附小、钱学森学校、大通新村幼儿园、近江08地块幼儿园、霞晖北村幼儿园、D-05地块幼儿园；完成杭十中、抚宁巷小学、回族穆兴小学教学楼装修工程，金陶幼儿园、清波幼儿园园区提升改造，完成北师大杭州中学、服装职高、开元中学操场改造等工程，增容部分学校电力，完成全区学校安装空调。全年共改造、提升校舍28500平方米。

科技。全年本级财政投入科技经费14474万元，比2018年增长12.96%。其中，技术创新专项资金4139万元，增长6.5%。争取到省级及以上科技项目8个，获得省级及以上科技项目经费724万元。至年末，全区有省级以上高新技术企业132家，当年新增33家；市级高新技术企业137家，当年新增14家。全年新增省级企业研究院2家。获得省科技进步奖8项。新增市级以上高新技术研发中心10家，新增省级科技型中小企业77家、省高成长科技型中小企业19家。组织实施区级科技计划项目90项，推荐申报市级以上科技计划项目86项，获得各级各类项目立项35个、资助经费1925.10万元，引导企业R&D经费投入近5亿元。当年新增市级孵化科技企业孵化器（众创空间）1家，累计达15家，其中含国家级孵化器1家、国家级众创空间7家。区科技创业中心获2018年度国家级科技企业孵化器考评良好，全年引进科技型企业17家。

六、劳动就业

劳动就业。全年城镇新增就业人员12706人；城镇失业人员实现再就业2698人，其中就业困难人员实现再就业2332人；全区高技能培训1520人，创业培训118人，进城务工人员培训1201人。

七、社会福利

全区2226人享受居家养老政府购买服务，50家居家养老服务照料中心和20家老年食堂稳定运营。全年居家养老政府购买服务累计3.85万余人次，服务经费合计1057.33万余元。2019年底，共有持证困难家庭2096户、2882人，全年共救助47457户次、79192人次，发放各类救助金总金额3839.78万余元。

八、文化、体育和卫生

文化。最新"基层公共文化服务评估指标"（2018年）位列全省第24位，创历史最好成绩。区文化馆推出文化走亲18场，组织文艺演出、电影、讲座1200多场，举办公共文化培训260期，2700课时。深化"书香上城"工程，举办全民阅读活动2000多场，受益群众30万人次。推出"尚城·红星系"文旅红色联盟、2019南宋文化节等特色品牌。非遗展示中心选址完成，联合萧山国际机场国际窗口平台推出"南宋有约"主题的文化长廊展览。省级及以上"非遗"代表性名录项目总数位列主城区第一、全杭州第二。

体育。区体育中心建设稳步推进，辖区中小学校体育设施免费开放。举办上城区首届体育文化产业发展论坛，推出首届杭州少儿国际迷你马拉松、“大宋108”国际越野赛等品牌体育赛事，共组织各类全民健身活动54场，参加人员2万余人次，全区34个体育社团开展各类健身活动200多次。34所中小学校安全有序地对市民免费开放。送体育培训服务进社区、进企业、进学校共计42期，惠及1万余人。

卫生。2019年末，全区拥有各类医疗卫生机构242个（含省市医疗机构、不含停业医疗机构、不含筹建机构），其中医院23个，社区卫生服务中心（站）43个，门诊部73个，诊所、卫生所及医务室97个。拥有床位14651张，其中医院床位14356张。有各类专业卫生技术人员23402人，其中执业（助理）医师8758人，注册护士11096人。

九、城市建设

民生工程。开工公共停车泊位448个，完成公共停车泊位190个，配套建设一般停车泊位1500个。启动11处历保建筑修缮。共完成老旧小区综合改造提升试点项目6个，涉及6个小区，改造面积44万平方米，受益住户0.5万户。

重点工程。重点工程新开工面积78.5万平方米，完成年度目标130.8%；竣工50.1万平方米，完成年度目标100.2%；完成“三城一广场”等“清零”项目14个，征迁住宅1309户、企业和非住宅50家（户），征迁涉铁房产19处1万平方米，拆除铁轨630米。安置800套。完成安置房项目开工项目1个，总套数526套，完成市政、教育等配套设施开工项目7个。加快建设常青村地块安置房、永明新村安置房、木场巷安置房、省妇保医院南侧社会停车场、工联大厦二期等重点项目；开工04橡胶厂地块安置房、金地中心、上教院附小等项目；03橡胶厂安置房、湖滨国际步行街等项目竣工交付。

城市管理。全力实施“五水共治”工程。实施雨污分流项目61个，开展雨污管线勘察205千米。完成准物业小区雨污水管网混接点治理662个。深化“三改一拆”，完成拆违2.28万平方米，旧住宅完成20.4万平方米。推进垃圾分类工作。结合上城实际，提出垃圾分类“三定三服务”上城方案。完成1个省级示范片区、5个省级高标准垃圾分类示范小区、30个市级示范小区创建，50座破旧垃圾房提升改造计划。推进垃圾全品类回收平台建设，资源化智能回收网点达到72处，全年已完成源头减量3.6万吨，其中生活固废减量5905.06吨，生活固废比2018年下降2.95%，持续保持“零”增长。有力规范户外广告管理。共拆除各类违法广告328处、16820多平方米。

十、环境保护和安全生产

生态绿化。城市生态环境不断改善。至年末，全区绿地面积579.24万平方米，人均17.81平方米；公园绿地面积为259.67万平方米，人均约7.99平方米。全区（建成区）绿地率32%，绿化覆盖率35.32%。全年完成扩改建绿地61870平方米，其中新建绿地51870平方米，改造绿地10000平方米，完成屋顶绿化5000平方米。开展义务植树活动。全年共计开展12万人次，包括直接种树3.16万人次、绿化宣传2.28万人次、绿化管养4.08万人次等。应急抢险大树包括支撑、处理倒伏及修枝内容共计2104株。

环境保护。工业废水排放达标率100%，工业固体废弃物处置利用率100%。全年建筑施工申报22家，核准夜间作业证明888份。继续开展油烟在线监控监测工作，监控单位71家85个点位，监测单位22家42个点位。完成6个街道空气质量自动监测站点5个河道水质自动监测站站房建设。

安全生产。2019年，全区发生各类生产安全事故0起，死亡0人，安全生产总体形势持续稳定。

十一、人口和计划生育

年末，全区户籍人口319039人，比2018

年末净增361人，其中男性158142人，女性160897人。从年龄结构看，17岁以下、18～34岁、35～59岁和60岁以上分别占12.3%、19.5%、35.9%、32.2%，其中60岁以上占比提高0.6个百分点。全年出生人口2300人，出生率为7.21‰，下降0.64个千分点；死亡人口1952人，死亡率6.12‰，下降2.39个千分点。人口自然增长率为1.13‰，上升7.72个千分点。

公报说明：

1. 该公报数为初步核算数或12月各专业快报数。

2. 生产总值绝对数按当年价格计算，增长速度按可比价格计算。

3. 资料来源：本公报中财政收支数据来自区财政局；对外经济数据来自区商务局；旅游产业、文化、体育数据来自区文化和广电旅游体育局；教育数据来自区教育局；科技数据来自区科学科技局；劳动就业数据来自区人力资源和社会保障局；社会福利数据来自区民政局；卫生数据来自区卫生健康局；民生工程、生态绿化数据来自区住房和城市建设局；重点工程数据来自区发展改革和经济信息化局；城市管理数据来自区城市管理局；环境保护数据来自市生态环境局上城分局；安全生产数据来自区应急管理局；人口和计划生育数据来自区公安分局。

统计表

2019年上城区国民经济主要指标

表12

指标名称	实绩（亿元）	比2018年增长（%）	占杭州市的比重（%）
地区生产总值	1171.41	6.1	7.62
规模以上工业增加值	363.55	3.0	10.30
社会消费品零售额	332	8.5	5.34
地方财政收入	165.95	3.6	4.55
固定资产投资	—	1.1	—

2015—2019年上城区生产总值及发展指数

表13

年　份	2015年	2016年	2017年	2018年	2019年
生产总值（亿元）	848.2	928.34	1011.44	1103.48	1171.41
发展指数	109.1	106.2	106.5	105.3	106.1

2019年上城区规模以上工业企业主要经济指标

表14

指标名称	计量单位	数量
规模以上工业企业数量	个	33
规模以上工业企业总产值	亿元	784.70
规模以上工业企业销售产值	亿元	784.56
规模以上工业产品营业收入	亿元	654.28
规模以上工业企业利润总额	亿元	46.67
规模以上工业企业利税总额	亿元	305.28

2019年上城区主要工业企业主要产品产量

表15

指标名称	计量单位	生产量
卷烟	万支	5141451
服装	万件	26.5
合成橡胶	吨	238
电动机	千瓦	69428
光电子器件	万只（片、套）	1444
电子元件	万只	42.13
工业自动调节仪表与控制系统	台（套）	55249
电工仪器仪表	台	20752159
试验机	台	516
自来水生产量	万立方米	54338.01

2019年上城区常住居民家庭人均消费支出

表16

项　　目	人均消费支出（元）
人均消费支出	44368
食品烟酒	12201
衣着	1388
居住	14694
生活用品及服务	1166
交通通信	3197
教育文化娱乐	6996
医疗保健	4035
其他用品及服务	691

2019年上城区“1+6”产业集群主要指标

表17

产业分组	增加值（亿元）	比2018年增长（%）
数字经济核心产业	26.28	6.0
文化创意产业	142.90	10.0
金融服务产业	238.29	8.6
旅游休闲产业	—	—
健康产业	104.84	17.2
时尚产业（制造业）	0.24	-2.4
高端装备产业（制造业）	13.17	25.6

（沈珏敏）

2019年上城区进出口情况

表18

指 标	实绩（亿元）	比2018年增长（%）
全区进出口总值	206.77	9.6
出口总额	106.84	15.5
进口总额	99.93	3.9

（钱梅梅）

2019年上城区社会保障情况

表19

城乡居民社会养老保险参保人数（人）	基本养老保险参保职工人数（人）	基本医疗保险参保人数（人）	工伤保险参保人数（人）	生育保险参保人数（人）	失业保险参保人数（人）
85	167460	207648	186878	195753	158075

（庄 颖 俞 蕾 张 娟）

先进集体

2019年度上城区获国家级和部级先进集体荣誉

表20

获奖部门	先进荣誉（称号）	颁奖单位	颁奖时间
上城区	“七五”普法中期先进县（市、区）	全国普法办公室	2019年11月
上城区	2019年度中国营商环境百佳示范县	《求是》杂志	2019年12月
上城区	2019年中国十大社会治理创新奖	《求是》杂志	2019年12月
区委组织部	第十五届全国党员教育电视片观摩交流活动优秀作品及制播工作先进单位	中共中央组织部	2019年12月
区委宣传部、浙江睿宸影视制作有限公司	电视剧《麦香》获中共中央宣传部第十五届精神文明建设“五个一工程”优秀作品奖	中共中央宣传部	2019年8月
“湖滨晴雨”工作室	2018年度舆情信息工作优秀单位	中共中央宣传部	2019年3月
杭州市杨绫子学校	全国教育先进集体	教育部	2019年9月
区市场监管局湖滨市场监管所	全国市场监管系统优秀市场监管所	国家市场监管总局	2019年12月
中国美术学院	第四届中国青年志愿服务公益创业赛金奖	共青团中央、中央文明办、民政部、水利部、文化和旅游部、国家卫健委、中国残联	2019年12月
杭州市时代小学	全国示范家长学校	全国妇女联合会	2019年5月
区科学技术协会	全国科普日活动优秀组织单位	中国科协办公厅	2019年12月
区工商联	全国工商联2019年民营企业调查点工作示范单位	中华全国工商业联合会	2019年11月

续表20

获奖部门	先进荣誉（称号）	颁奖单位	颁奖时间
区工商联	2018—2019年度全国“五好”县级工商联	中华全国工商业联合会	2019年12月
区红十字会	《中华人民共和国红十字会法》暨红十字青少年自救互救知识竞赛单位组织一等奖	中国红十字会总会办公室	2019年9月
湖滨街道	《中华人民共和国红十字会法》暨红十字青少年自救互救知识竞赛单位组织二等奖	中国红十字会总会办公室	2019年9月
区教育局	全国教师队伍建设十大优秀案例	中国教师报编辑部	2019年5月
区教育局	“星级家长执照”工程获评全国特别受百姓喜爱的终身学习品牌项目	全民终身学习活动周工作小组、中国成人教育协会	2019年11月
小营街道社区卫生服务中心	基层医疗机构呼吸疾病规范化防诊治体系与能力建设优秀单位	中国医师协会呼吸医师分会、中华医学会呼吸医师分会、中国医师协会全科医师分会、中华医学会全科医师分会	2019年3月
小营街道社区卫生服务中心	基层血管健康管理中心示范单位	中国卒中学会、中国医师协会全科医师分会、中华医学会全科医师分会	2019年6月
杭州市玉皇山南基金小镇	最受欢迎基金小镇	《中国基金报》	2019年9月
杭州师范大学第一附属小学	2019年度“国防万映”总结表彰活动先进单位	中国电影基金会	2019年12月
杭州市大学路小学	全国小学体育活动校园优秀案例征集评选活动最佳校园创新奖	全国中小学体育教学指导委员会	2019年8月
杭州娃哈哈集团有限公司	“罐头生产节水及柑橘新型果胶回收关键技术与产业化”项目获高等学校科学研究优秀成果科学技术进步一等奖	教育部	2019年12月
杭州娃哈哈集团有限公司	2019年第26批国家企业技术中心	国家发展改革委、科技部、财政部、海关总署、税务总局	2019年12月
杭州娃哈哈集团有限公司	2019中国民营企业500强第156位	中华全国工商业联合会	2019年8月
杭州娃哈哈集团有限公司	2019中国民营企业制造业500强第85位	中华全国工商业联合会	2019年8月
杭州娃哈哈集团有限公司	“功能性乳酸菌靶向筛选及产业化应用关键技术”项目获2019年度国家科学技术进步二等奖	国家科学技术奖励评审委员会	2019年12月
杭州娃哈哈集团有限公司	全面质量管理推进40周年杰出推进单位	中国质量协会	2019年12月
杭州娃哈哈集团有限公司	2018年中国轻工业“两化融合”先进单位	中国轻工业信息中心	2019年4月
杭州娃哈哈集团有限公司	2018年中国轻工业信息化10强企业	中国轻工业信息中心	2019年4月
杭州娃哈哈集团有限公司	“三十年三十人”——资助者（集团）	中国扶贫基金会	2019年4月

续表20

获奖部门	先进荣誉（称号）	颁奖单位	颁奖时间
杭州娃哈哈集团有限公司	浙江省娃哈哈慈善基金会被授予2019年北京善行者指定合作伙伴	中国扶贫基金会	2019年8月
杭州娃哈哈集团有限公司	希望工程30周年突出贡献奖	中国青少年发展基金会	2019年11月
杭州娃哈哈集团有限公司	“‘大党建’概念下‘五位一体’企业文化建设组织架构创新”项目获2018—2019年度中国轻工业企业文化优秀成果一等奖	中国轻工业企业管理协会	2019年5月
杭州娃哈哈集团有限公司	“基于两化融合的数字化工厂建设”项目获2019年度全国轻工业企业管理现代化创新成果一等奖	中国轻工业企业管理协会	2019年10月
杭州娃哈哈集团有限公司	“饮料生产线数字化质量管理架构和机制探索”项目获2019年度全国轻工业企业管理现代化创新成果二等奖	中国轻工业企业管理协会	2019年10月
杭州娃哈哈集团有限公司	2019年度中国罐藏食品领先品牌、领先企业	中国罐头工业协会	2019年5月
杭州娃哈哈集团有限公司	改革开放40年中国罐藏食品品牌	中国罐头工业协会	2019年5月
杭州娃哈哈集团有限公司	“大红枣枸杞酸奶饮品开发及其关键技术在超净热灌装线中的应用研究”项目获中国轻工业联合会科学技术进步奖二等奖	中国轻工业联合会	2019年2月
杭州娃哈哈集团有限公司	中国轻工业科技100强企业第54位	中国轻工业联合会	2019年6月
杭州娃哈哈集团有限公司	2018年度中国轻工业食品行业50强企业第5位	中国轻工业联合会	2019年6月
杭州娃哈哈集团有限公司	2018年度中国轻工业100强企业第13位	中国轻工业联合会	2019年6月
杭州娃哈哈集团有限公司	娃哈哈工业设计中心被评为2019年中国轻工业工业设计中心	中国轻工业联合会	2019年6月
杭州娃哈哈集团有限公司	“面向饮料行业的桁架式机器人码垛工作站（精机）”项目获2019年度中国轻工业联合会科学技术三等奖	中国轻工业联合会	2019年11月
杭州娃哈哈集团有限公司	2019年度中国工业综合指数（ICI）优秀填报单位	中国工业经济联合会	2019年12月
杭州娃哈哈集团有限公司	2018—2019年度全国企业文化优秀成果特等奖	中国企业联合会、中国企业家协会	2019年8月
杭州娃哈哈集团有限公司	“基于两化融合的数字化工厂建设”项目获第二十六届全国企业管理现代化创新成果二等奖	全国企业管理现代化创新成果审定委员会	2019年12月
杭州娃哈哈集团有限公司	2019中国品牌七十年典范企业——时代先锋品牌	中国广告主大会组委会	2019年12月
杭州娃哈哈集团有限公司	“为面向饮料行业的桁架式机器人码垛工作站”项目获金手指2019中国国际机器人年度评选智能集成项目奖	CIROS组委会、弗戈工业传媒	2019年5月

续表20

获奖部门	先进荣誉（称号）	颁奖单位	颁奖时间
杭州娃哈哈集团有限公司	2019中国品牌强国盛典年度榜样品牌	中央广播电视总台	2019年12月
杭州娃哈哈集团有限公司	2019年度中国品牌案例	人民日报社	2019年12月
杭州娃哈哈集团有限公司	论文《不同发酵工艺对红茶菌有效成分的影响》获2018年度中国饮料行业科技创新论文奖二等奖	中国饮料工业协会、饮料工业杂志社有限公司	2019年1月
杭州娃哈哈集团有限公司	论文《析因分析在解决红豆薏米饮料凝胶现象中的应用》获2018年度中国饮料行业科技创新论文奖三等奖	中国饮料工业协会、饮料工业杂志社有限公司	2019年1月
杭州娃哈哈集团有限公司	“乳酸菌饮品关键技术的研究开发及其应用”项目获2017年度中国饮料行业科技进步奖三等奖	中国饮料工业协会、饮料工业杂志社有限公司	2019年5月
杭州娃哈哈集团有限公司	2019中国企业营销创新年度新国货奖	销售与市场杂志社、中国营销盛典评委会	2019年12月
杭州娃哈哈集团有限公司	“70年70企70人”中国杰出贡献企业	网易、中国产经新闻报道、中国企业改革与发展研究会	2019年10月
杭州娃哈哈集团有限公司	2019中国安心奖	界面新闻	2019年11月
杭州华日家电有限公司	全国市场质量信用A等用户满意企业	中国质量协会、全国用户委员会	2019年11月
杭州华日家电有限公司	“华日BCD-461WDEH”获2019中国冰箱行业品质生活之星	中国冰箱行业高峰论坛组委会	2019年5月
杭州华日家电有限公司	2019中国冰箱行业专业科技品牌	中国冰箱行业高峰论坛组委会	2019年5月

2019年度上城区获省级和省属部门先进集体荣誉

表21

获奖部门	先进荣誉（称号）	颁奖单位	颁奖时间
上城区	2018年度“五水共治”（“河长制”）工作优秀市县“大禹鼎”	中共浙江省委、浙江省人民政府	2019年5月
上城区	2018年度“平安区”十四连创	中共浙江省委、浙江省人民政府	2019年3月
上城区	2018年度全省政务信息工作考核一等奖	浙江省政府办公厅	2019年12月
上城区	推进批发零售改造提升先进区	浙江省商务厅	2019年4月
上城区	2018年度省级国土资源节约集约模范县（市、区）	浙江省自然资源厅	2019年12月
上城区	浙江省杭州上城健康服务与大数据产业创新服务综合体（创建）	浙江省科技领导小组办公室	2019年12月
上城区	2018年全省卫生执法监督工作执法效能评估县（市、区）第一名	浙江省卫生健康委办公室	2019年3月
上城区	2018年度全省生活垃圾分类工作优秀区县（市）	浙江省生活垃圾分类工作领导小组	2019年3月

续表21

获奖部门	先进荣誉（称号）	颁奖单位	颁奖时间
区公安分局经侦大队	浙江省模范集体	中共浙江省委、浙江省人民政府	2019年4月
小营街道小营巷社区、南星街道馒头山社区	全省城乡社区治理和服务突出集体	中共浙江省委、浙江省人民政府	2019年5月
“小营·江南红巷”景区	浙江省第十一批爱国主义教育基地	中共浙江省委办公厅、浙江省人民政府办公厅	2019年12月
区人大常委会	2018年全省人大信息工作先进单位	浙江省人大常委会办公厅、浙江省人大常委会研究室	2019年9月
区委宣传部、浙江睿宸影视制作有限公司	电视剧《麦香》获浙江省第十四届精神文明建设“五个一工程”特别奖	中共浙江省委宣传部	2019年9月
区委宣传部、杭州佳平影业有限公司	电影《天渠》和歌曲《问天》获浙江省第十四届精神文明建设“五个一工程”优秀作品奖	中共浙江省委宣传部	2019年9月
区委宣传部、杭州奇遇影业有限公司	电影《嘉年华》获浙江省第十四届精神文明建设“五个一工程”优秀作品奖	中共浙江省委宣传部	2019年9月
区委宣传部	《坚守创业初心，共筑强国之梦》获评2019年浙江省优秀理论宣讲微视频	中共浙江省委宣传部	2019年12月
杭州中国社区建设展示中心	浙江省直机关党日活动基地	中共浙江省直机关工委	2019年3月
区教育局	浙江省中小学生艺术节优秀组织奖	浙江省教育厅	2019年12月
区教育局	2018年度浙江省教育部门新媒体创新奖、优胜奖	浙江省教育厅新闻办公室、浙江省新闻工作者协会教育新闻工作委员会	2019年4月
区教育局	“星级家长执照”工程获评浙江省终身学习品牌项目	浙江省成人教育与职业教育协会	2019年10月
区公安分局	“新时代“枫桥经验”之亲民尚和图”项目获第三届全省公安机关改革创新大赛银奖	浙江省公安厅	2019年12月
区公安分局“6·26”专案组	全省公安机关扫黑除恶专项行动工作成绩突出集体	浙江省公安厅	2019年2月
湖滨派出所	全省公安机关枫桥式派出所	浙江省公安厅	2019年12月
湖滨派出所	集体二等功	浙江省公安厅	2019年12月
区公安分局	调研报告《新时期基层公安机关党建教育养成的困境和突破》被评为2019年度全省机关党建课题调研成果二等奖	浙江省机关党的建设研究会	2019年11月
区财政局	“两项改革”工作先进单位	浙江省财政厅	2019年11月
区文广旅体局	“诗画浙江”全省旅游歌曲创作演唱大赛金奖	浙江省文化和旅游厅	2019年8月

续表21

获奖部门	先进荣誉（称号）	颁奖单位	颁奖时间
区劳动保障监察大队	浙江省创建和谐劳动关系暨“双爱”活动先进组织	浙江省人力资源和社会保障厅、浙江省总工会、浙江省企业联合会、浙江省企业家协会、浙江省工商业联合会	2019年9月
区城管局	智慧城管绩效自我评价和抽评优秀单位	浙江省住房和城乡建设厅	2019年5月
区统计局	第四次全国经济普查省级先进集体	浙江省政府第四次经济普查领导小组	2019年12月
区城管局	2018年度全省“污水零直排区”建设优秀集体	浙江省治水办（河长办）	2019年6月
区人民法院立案庭（区诉讼服务中心）	浙江省“示范诉讼服务中心”	浙江省高级人民法院	2019年12月
杭州市解放路福彩销售厅	五星级彩票销售厅	浙江省福利彩发票行中心	2019年10月
紫阳街道	全省社区戒毒社区康复工作示范点	浙江省禁毒委员会	2019年1月
区尚法教育服务中心	社会化普法“六优”培育行动计划优秀单位	浙江省普法教育领导小组办公室	2019年12月
区金融法律服务中心	浙江省法治宣传教育基地	浙江省普法教育领导小组办公室	2019年1月
区卫生和计划生育监督所	浙江省第一批卫生行政执法规范化建设机构	浙江省卫生健康委办公室	2019年10月
区消费者协会	2018—2019年度全省消保委系统消费维权先进集体	浙江省消费者权益保护委员会	2019年11月
紫阳街道上羊市街社区	浙江省社区治理与服务创新先进单位	浙江省人民政府	2019年12月
清波街道劳动路社区，南星街道馒头山社区、白塔岭社区	浙江省美丽乡村美育（社区）试点单位	浙江省文化和旅游厅	2019年11月
小营街道社区卫生服务中心	浙江省节水型单位	浙江省住房和城乡建设厅	2019年1月
小营街道社区卫生服务中心	妈咪暖心小屋	浙江省总工会	2019年1月
小营街道金钱巷社区	浙江省示范村（社区）家长学校	浙江省妇女联合会、浙江省教育厅	2019年3月
小营街道小营巷社区、“小营·江南红巷”景区、胡庆余堂中药博物馆	浙江省社会科学普及基地	浙江省社科联	2019年9月
小营街道金钱巷社区	2019年气象防灾减灾标准化村（社区）	浙江省气象局	2019年12月
小营街道小营巷社区	第三批全省“扫黄打非”进基层示范点	浙江省“扫黄打非”工作领导小组办公室	2019年9月
小营街道大学路社区	浙江省优秀微型消防站	浙江省消防安全委员会	2019年2月
望江街道武装部	基层建设标兵单位	浙江省军区	2019年12月
紫阳街道彩霞岭社区	浙江省首批村居老年教育示范点	浙江老年开放大学	2019年1月
张能庆公益服务站	首届浙江省社会工作和志愿服务示范项目赛铜奖	共青团浙江省委、浙江省文明办、浙江省民政厅	2019年10月

续表21

获奖部门	先进荣誉（称号）	颁奖单位	颁奖时间
杭州市服装职业高级中学	2019年度“革命传统教育基地”优秀单位	浙江省新四军历史研究会	2019年12月
杭州市天长小学、杭州市杨绫子学校	“浙江省级示范性教师发展学校”优秀学校	浙江省教育厅	2019年8月
浙江省杭州第六中学	“智慧农场”项目获浙江省劳动实践教育试点学校	浙江省教育厅	2019年6月
杭州市胜利实验学校	2019年全国青少年校园足球特色学校	浙江省教育厅办公室	2019年1月
上城区青少年活动中心	浙江省中小学研学实践教育基地	浙江省教育厅办公室	2019年2月
杭州市上城区教育学院	浙江省（2017—2018年度）教科研先进集体	浙江省教育科学研究院、浙江省教育科学规划领导小组办公室	2019年11月
杭州市天长小学	浙江省暨杭州市庆“六一”主题活动优秀组织奖	少先队浙江省工作委员会	2019年5月
上城区青少年活动中心	“争做新时代好少年活动”优秀组织奖	少先队浙江省工作委员会	2019年6月
杭州市上城区教育学院	浙江省2017—2018年度师干训工作先进集体	浙江省中小学教师培训中心 浙江省教育行政干部培训中心	2019年12月
杭州市江城中学	2018年度浙江省课外阅读先进集体	浙江教育报刊总社	2019年5月
杭州市勇进实验学校	2019中小学自然笔记大赛优秀组织奖	浙江省环境宣传教育中心杭州日报编辑委员会	2019年11月
杭州市惠兴中学心理辅导室	浙江省心理辅导站示范站	浙江省中小学心理健康教学指导中心	2019年1月
湖滨街道东平巷社区第五党支部	最美离退休干部党支部	中共浙江省委老干部局	2019年10月
上城区益家社区文化服务团队	最美银耀志愿服务团队	中共浙江省委老干部局	2019年10月
望江街道在水一方社区	银尚之家	中共浙江省委老干部局	2019年12月
上城区宁国良工作室	老干部品牌工作室	中共浙江省委老干部局	2019年12月
杭州市上城区行政中心工程建设筹建办公室	杭州市上城区行政中心及科技文化馆项目主体建筑安装工程获2018年度浙江省建筑安全文明施工标准化工地	浙江省住房和城乡建设厅	2019年2月
杭州市上城区行政中心工程建设筹建办公室	杭州市上城区行政中心及科技文化馆项目主体建筑安装工程获浙江省建筑业绿色施工示范工程	浙江省建筑业行业协会	2019年4月
杭州娃哈哈集团有限公司	第六届浙江慈善奖“扶贫攻坚奖”	浙江省人民政府	2019年11月
杭州娃哈哈集团有限公司	“移动促销机器人”和“厢式车装车系统（精机）”获2019中国创新方法大赛浙江赛区决赛三等奖	浙江省科学技术协会、浙江省科学技术厅	2019年11月
杭州娃哈哈集团有限公司（浙江省娃哈哈慈善基金会）	中国社会组织评估AAAAA级	浙江省民政厅	2019年12月
杭州娃哈哈集团有限公司	2018年省部级企业技术中心	浙江省经济和信息化办公厅、浙江省财政厅、国家税务总局浙江省税务局、中华人民共和国杭州海关	2019年1月

续表21

获奖部门	先进荣誉（称号）	颁奖单位	颁奖时间
杭州娃哈哈集团有限公司	2019浙江省民营企业100强第22位	浙江省市场监督管理局、浙江省工商业联合会、浙江省民营企业发展联合会	2019年8月
杭州娃哈哈集团有限公司（娃哈哈艺术团）	浙江省民营企业歌唱祖国文艺晚会优秀节目奖	浙江省工商业联合会	2019年9月
杭州娃哈哈集团有限公司	2018浙江省消费品行业数字化领军企业	浙江省企业信息化促进会	2019年1月
杭州娃哈哈集团有限公司	“云端数字化营销平台”项目获2018企业信息化创新奖	浙江省企业信息化促进会	2019年1月
杭州娃哈哈集团有限公司	“数字化赋能精密机械企业转型”项目获2019浙江省企业信息化项目创新奖	浙江省企业信息化促进会	2019年12月
杭州娃哈哈集团有限公司	2019浙江省消费品行业数字化领军企业	浙江省企业信息化促进会	2019年12月
杭州娃哈哈集团有限公司	2018年度优秀会员单位	浙江省质量协会	2019年6月
杭州娃哈哈集团有限公司	“基于两化融合的数字化工厂建设”项目获2019年度浙江省企业管理现代化创新成果一等奖	浙江省企业联合会、浙江省企业家协会	2019年9月
杭州娃哈哈集团有限公司	浙江省制造业100强企业第24位	浙江省企业联合会、浙江省企业家协会、浙江省工业经济联合会	2019年9月
杭州娃哈哈集团有限公司	浙江省100强企业第38位	浙江省企业联合会、浙江省企业家协会、浙江省工业经济联合会	2019年9月
杭州娃哈哈集团有限公司	2018年度浙江省健康美丽行业先进社会责任杰出企业	浙江省保健品化妆品行业协会	2019年4月
杭州娃哈哈集团有限公司	2018年度浙江省健康美丽行业先进科技创新企业	浙江省保健品化妆品行业协会	2019年4月
杭州娃哈哈集团有限公司（娃哈哈艺术团）	金牌公益朗读团	浙江大喇叭特殊儿童关爱中心	2019年7月
杭州娃哈哈集团有限公司	浙商文化建设突出贡献奖	浙商博物馆、浙商文化理事会	2019年1月
杭州娃哈哈集团有限公司	“娃哈哈营养快线跨界彩妆”获2018年度品牌营销奖	微博、新浪浙江	2019年1月
杭州娃哈哈集团有限公司	2019年度创新营销品牌	微博、新浪浙江	2019年12月

2019年度上城区获市级先进集体荣誉

表22

获奖部门	先进荣誉（称号）	颁奖单位	颁奖时间
上城区	2018年度平安创建优秀区、县（市）	中共杭州市委、杭州市人民政府	2019年3月
上城区	2018年度区县（市）综合考评优秀单位	中共杭州市委、杭州市人民政府	2019年4月
区城管局清波环卫所、望江街道	杭州市模范集体	中共杭州市委、杭州人民政府	2019年5月
区城管局	“三改一拆”行动集体嘉奖	杭州市人民政府	2019年6月

续表22

获奖部门	先进荣誉（称号）	颁奖单位	颁奖时间
区人力资源和社会保障局	杭州市无欠薪行动成绩突出单位、集体嘉奖	杭州市人民政府办公厅	2019年6月
小营街道姚园寺巷社区	第四次全国经济普查先进集体	杭州市人民政府	2019年12月
望江街道	2018年度杭州市“双清”专项行动集体嘉奖	杭州市人民政府	2019年6月
望江街道	2018年度杭州市“无违建街道”	杭州市人民政府办公厅	2019年4月
望江街道	2018年度全市政务信息工作先进单位	杭州市人民政府办公厅	2019年2月
南星街道	杭州市“无违建街道”	杭州市人民政府办公厅	2019年12月
南星街道	杭州市征兵工作成绩突出单位	杭州市人民政府	2019年12月
“湖滨晴雨”工作室	2018年度全市党委系统信息工作先进单位一等奖	中共杭州市委办公厅	2019年5月
上城区做地整治中心	2018年“做地攻坚和双清工作”行政奖励（集体嘉奖）	杭州市人民政府办公厅	2019年12月
杭州望海潮建设有限公司	“2018做地质量提升年”专项行动行政奖励集体嘉奖	杭州市人民政府	2019年12月
杭州望海潮建设有限公司	2018年度扩大有效投资推进重点项目建设优秀项目单位	杭州市人民政府	2019年3月
杭州娃哈哈集团有限公司	2018年“春风行动”爱心奖	中共杭州市委、杭州市人民政府	2019年1月

【上城区征兵工作先进单位】

区公安分局、区卫健局、紫阳街道

【上城区重点企业】

金融服务业重点企业

永安国富资产管理有限公司、杭州联合农村商业银行股份有限公司、财通证券资产管理有限公司、浙江省浙商资产管理有限公司、人保汽车保险销售服务有限公司浙江省分公司、浙银钜鑫（杭州）资本管理有限公司、浙江东方金融控股集团股份有限公司、杭州上城区投资控股集团有限公司、浙银伯乐（杭州）资本管理有限公司、杭州投资发展有限公司、浙银汇智（杭州）资本管理有限公司、浙江烟草投资管理有限责任公司、南华期货股份有限公司、中国华融资产管理股份有限公司浙江省分公司、浙江建融投资发展有限公司、敦和资产管理有限公司、浙江泰隆商业银行股份有限公司杭州分行、国新国际投资咨询有限公司、浙江热联中邦供应链服务有限公司、浙江浙商产融资产管理有限公司、杭州市金融投资集团有限公司、浙江省担保集团有限公司、浙江富浙资产管理有限公司、安丰创业投资有限公司、浙商控股集团有限公司、浙能资本控段有限公司、浙江南华资本管理有限公司、浙江财通资本投资有限公司、浙银合一（杭州）资产管理有限公司、杭实股权投资基金管理（杭州）有限公司、浙江中烟投资管理有限公司、杭州凯泰资本管理有限公司

文化创意产业重点企业

毛戈平化妆品股份有限公司、浙江省水利水电勘测设计院、杭州文化广播电视集团（杭州广播电视台）、浙江南方建筑设计有限公司、杭州市城建设计研究院有限公司、杭州市电力设计院有限公司、浙江省体育彩票管理中心、西泠印社拍卖有限公司、思美传媒股份有限公司、杭州市建筑设计研究院有限公司、杭州电力招标咨询有限公司、浙江省机电设计研究院有限公司、浙江省嘉维交通科技发展有限公司、中汇（浙江）税务师事务所有限公司、浙

江工程设计有限公司、浙江泽大律师事务所、浙江美禾时尚文化传播有限公司、中汇工程咨询有限公司、杭州广宇建筑工程技术咨询有限公司、杭州信立传媒广告有限公司、浙江风盛传媒股份有限公司、杭州特美刻实业有限公司、金星铜集团有限公司、中建三局第二建设工程有限责任公司浙江建筑设计院、杭州佳平影业有限公司、浙江新华移动传媒股份有限公司、浙江从容影视制作有限公司、浙江睿宸影视制作有限公司、杭州一九零五禺诚科技有限公司

信息技术产业重点企业

思科（中国）有限公司、杭州娃哈哈集团有限公司、杭州海兴电力科技股份有限公司、中国电信股份有限公司杭州分公司、赞宇科技集团股份有限公司、杭州云房源软件服务有限公司、浙江物产电子商务有限公司、杭州柯林电气股份有限公司、浙江威星智能仪表股份有限公司、杭州富华能源有限公司、杭州太力无线通信设备有限公司、毛源昌眼镜有限公司、浙江省通信产业服务有限公司杭州市分公司、杭州捷尔思阻燃化工有限公司、咸亨国际（杭州）电气科技研究院有限公司、杭州久祺工贸有限公司、浙江双元科技开发有限公司、杭州德旺信息技术有限公司、杭州华日电冰箱股份有限公司、杭州安旭科技有限公司、杭州城市大数据运营有限公司

商贸旅游产业重点企业

浙江物产化工集团有限公司、浙江物产环保能源股份有限公司、浙江省二轻集团公司、浙江省对外服务公司、杭州市商贸旅游集团有限公司、杭州红牛饮料有限公司、浙江明日控股集团股份有限公司、杭州新湖滨商业发展有限公司、杭州腾飞汽车服务有限公司、杭州解百集团股份有限公司、咸亨国际科技股份有限公司、杭州银西百货有限公司、浙江浙农爱普贸易有限公司、浙江物产氯碱化工有限公司、杭州饮食服务集团有限公司、苹果贸易（上海）有限公司杭州上城分公司、上海星巴克咖啡经营有限公司杭州分公司、杭州龙翔商业发展有限公司、浙江威龙葡萄酒销售有限公司、杭州捞派餐饮有限公司、爱马仕（上海）商贸有限公司杭州第二分公司、浙江盛美卓越电器销售有限公司、浙江华都控股集团股份有限公司、重庆新日日顺家电销售有限公司杭州分公司、浙商糖酒集团有限公司、浙江卓诚数码电器有限公司、杭州市土特产集团有限公司、浙江合宾汽车销售服务有限公司、浙江省国际贸易集团有限公司、浙江省茶叶集团股份有限公司、浙江明日石化有限公司、浙江滔搏体育用品有限公司、浙江省化工进出口有限公司、浙江东方纸业有限公司、杭州金海湾化工有限公司、航天通信控股集团股份有限公司、杭州华溥实业有限公司君悦酒店分公司、第六空间家居集团股份有限公司、杭州锐豪体育用品有限公司、浙江华城工贸有限公司、回音必集团有限公司、杭州绿城海企实业有限公司蓝色钱江酒店分公司、浙江省机电集团有限公司、浙江省中国旅行社集团有限公司

健康服务业重点企业

浙江上药新欣医药有限公司、杭州倚天生物技术有限公司、杭州胡庆余堂国药号有限公司、杭州德格医疗设备有限公司、华东医药（杭州）生物制品有限公司、杭州口腔医院集团有限公司、国药控股浙江有限公司、杭州方回春堂集团有限公司、浙江丰元医药股份有限公司

建筑业重点企业

浙江省三建建设集团有限公司、浙江省工业设备安装集团有限公司、杭州市市政公用建设开发有限公司、杭州群益建筑劳务分包有限公司、杭州城投海潮建设发展有限公司、浙江电力建设工程咨询有限公司、诚邦生态环境股份有限公司、中移建设有限公司浙江分公司、中铁二十四局集团浙江工程有限公司、浙江明康工程咨询有限公司、浙江耀厦控股集团有限公司、浙江中天装饰集团有限公司、杭州兴合建筑劳务有限公司、绿城乐居建设管理集团有

限公司、浙江耀兴建设有限公司、浙江中源幕墙装饰集团有限公司

现代服务业重点企业

杭州市水务控股集团有限公司、沪昆铁路客运专线浙江有限责任公司、浙江华云清洁能源有限公司、杭州欣联实业有限公司、杭州近江股份经济合作社、杭州望江段份经济合作社、浙江诚隆金融信息服务有限公司、杭州金通科技集团股份有限公司、浙江省八达物流有限公司、杭州群乐机动车驾驶理论培训股份有限公司

【上城区先进基层党组织】

区纪委监察委机关第三党支部、区委组织部机关党支部、区财政局第一党支部、区人力资源和社会保障局事业单位党支部、区住房和城建局机关房管党支部、区公安分局科技科和网警大队联合党支部、北京师范大学附属杭州中学党总支部、杭州市上城区明德公益事业发展中心联合党支部、望江街道社区卫生服务中心党支部、湖滨市容环境卫生管理所党支部、湖滨街道湖滨商圈党委、清波街道柳翠井巷社区党委、回音必集团有限公司党支部、望江街道党工委、美丽健乳业集团有限公司党委、紫阳街道北落马营社区党委、杭州市清河坊历史街区管委会党支部、杭州市玉皇山南基金小镇管理委员会联合党委、杭州上城区投资控股集团有限公司机关党支部、广宇集团股份有限公司第一党支部

【上城区担当作为先进集体】

区城管局、望江街道党工委、望江街道、区纪律检查委员会第三纪检监察室、区市场监管局行政审批中心、区防范金融风险暨网络借贷风险处置领导小组办公室

【湖滨步行街改造提升工程先进集体】

湖滨街道党工委、湖滨地区商贸旅游特色街居建设整治指挥部党组、杭州上城区投资控股集团党委、区商务局党组、区城管局党委、杭州晴雨公益服务中心党支部

（年鉴编辑部）

先进个人

2019年度上城区获国家级和部级先进个人荣誉

表23

获奖单位	获奖人姓名	先进荣誉（称号）	颁奖单位	颁奖时间
区司法局	沈寅弟	全国人民调解专家	司法部	2019年1月
杭州市胜利实验学校	胡　珏	全国优秀教师	教育部	2019年9月
区统计局	赵晓林	第四次全国经济普查国家级先进个人	国务院第四次全国经济普查领导小组办公室	2019年12月
区红十字会	孙　洁	《中华人民共和国红十字会法》暨红十字青少年自救互救知识竞赛个人组织三等奖	中国红十字会总会办公室	2019年9月

2019年度上城区获省级和省属部门级先进个人荣誉

表24

获奖单位	获奖人姓名	先进荣誉（称号）	颁奖单位	颁奖时间
区委机构编制委员会办公室	金水根 韩少英	浙江省机构改革成绩突出个人	中共浙江省委办公厅、浙江省人民政府办公厅	2019年8月
区委直属机关工作委员会	高桂芬 周　武	浙江省关心下一代工作先进个人	浙江省关心下一代工作委员会	2019年12月
区人大常委会办公室	邬晓华	纪念地方人大常委会设立40周年书画展优秀奖	浙江省人大常委会办公厅	2019年11月
区委老干部局	黄卫国	浙江省离退休干部先进个人	中共浙江省委组织部、中共浙江省委老干部局	2019年10月
区委老干部局	周炎珍	浙江省“最美银耀志愿者”	中共浙江省委老干部局	2019年10月
区委老干部局	孙新宝	银尚达人	中共浙江省委老干部局	2019年12月
区委老干部局（陈文英工作室）	陈文英	银尚之家	中共浙江省委老干部局	2019年12月
区科学技术局	杨　东	2016—2018年度浙江省科技工作成绩突出先进个人	浙江省科学技术厅	2019年12月
区公安分局	刘伯安	个人二等功	浙江省公安厅	2019年11月
区司法局	陶浙明	记功嘉奖	浙江省司法厅	2019年1月
区民政局	程正竹	全省民政系统先进工作者	浙江省人力资源和社会保障厅、浙江省民政厅	2019年8月
区财政局	葛向攀	浙江省党外特约信息员	中共浙江省委统战部	2019年1月
区财政局	葛向攀	九三学浙江省委会特邀信息员、参政议政先进个人、优秀社员	九三学社浙江省委员会	2019年1月
区退役军人事务局	李克良	浙江省首届“最美退役军人”	中共浙江省委退役军人事务工作领导小组	2019年7月
区税务局	梁震家庭	2019年第一季度浙江“最美家庭”	中共浙江省委宣传部	2019年3月
区税务局	沈　凡	全省金税三期并库试点上线工作中表现突出个人授予“嘉奖”	浙江省税务局	2019年2月
区税务局	肖　嫣 陈洪辉	落实个税改革工作中成绩突出授予三等功	浙江省税务局	2019年2月
区税务局	梁　新	落实个税改革工作中成绩突出授予嘉奖	浙江省税务局	2019年2月
区税务局	李顶峰	国税地税征管体制改革工作中表现突出授予三等功	浙江省税务局	2019年2月
区税务局	王子伟 张　伟 范蓓芸	国税地税征管体制改革工作中表现突出授予“嘉奖”	浙江省税务局	2019年2月
区法院	吴媛媛	个人二等功	浙江省高级人民法院	2019年1月
区城管局	谢　勐	2018年度全省“污水零直排区”建设优秀个人	浙江省治水办（河长办）	2019年6月
区统计局	薛英琳	浙江省第四次经济普查先进个人	浙江省政府第四次经济普查领导小组	2019年12月

续表24

获奖单位	获奖人姓名	先进荣誉（称号）	颁奖单位	颁奖时间
望江街道	徐梦娜	浙江省第四次经济普查先进个人	浙江省政府第四次经济普查领导小组办公室	2019年12月
紫阳街道	盛昕炜	浙江省第四次经济普查先进个人	浙江省人民政府第四次经济普查领导小组	2019年12月
小营街道社区卫生服务中心	邵建红	2017—2018年度“浙江省先进护士”	浙江省护理学会	2019年5月
望江街道社区卫生服务中心	于淑娟	2018年全省社会服务工作先进个人	九三学社浙江省委员会	2019年1月
望江街道社区卫生服务中心	张　颖	撰写的案例《哺乳期精神障碍服药的重要性》获浙江省精神卫生优秀案例提名	浙江省精神卫生工作办公室	2019年10月
清波街道	俞涤萍	浙江好人	中共浙江省委宣传部、浙江省文明办	2019年10月
望江街道	杨茂春	浙江好人	中共浙江省委宣传部、浙江省文明办	2019年7月
南星街道	赵维达	浙江好人	中共浙江省委宣传部、浙江省文明办	2019年1月
南星街道社区卫生服务中心	许美群	浙江省劳动模范	中共浙江省委、浙江省人民政府	2019年4月
杭州娃哈哈精密机械有限公司	王荣栋	浙江省劳动模范	中共浙江省委、浙江省人民政府	2019年4月
浙江华日实业投资有限公司	王水根	浙江省劳动模范	中共浙江省委、浙江省人民政府	2019年4月
紫阳街道	何嘉成	2018年度全省社会舆情信息工作优秀个人	中共浙江省委宣传部办公室	2019年2月
紫阳街道太庙社区	王凤娟	第六届浙江省道德模范	中共浙江省委、浙江省人民政府	2019年8月
杭州市天长小学	楼朝辉	浙江省有突出贡献中青年专家	浙江省人力资源和社会保障局	2019年12月
浙江省杭州第六中学	仇瑜涛	浙江省第六届“兰亭奖”中小学生书法大赛优秀指导教师	浙江省教育厅	2019年11月
浙江省杭州第六中学	毛玉河	2019年浙江省中小学生艺术节优秀指导教师奖	浙江省教育厅、浙江省财政厅、浙江省共青团等五单位	2019年11月
杭州市行知幼儿园	陈　超	浙江省“向上向善”好青年	中国共产主义青年团浙江省委员会	2019年5月
杭州市建兰中学	饶美红	浙江省“三八红旗手”	浙江省妇女联合会	2019年4月
杭州市建兰中学	饶美红	浙江十大创新女杰	浙江省高新技术企业协会、浙江省女企业家协会、科技金融时报、浙江省科技新浙商促进会	2019年3月
杭州市勇进实验学校	李　冰 刘　会	2019中小学自然笔记大赛优秀指导教师	浙江省环境宣传教育中心、杭州日报编辑委员会	2019年11月
杭州市胜利实验学校	张雪姣	浙江省中小学教坛新秀	浙江省人民教育基金会、浙江省特级教师协会	2019年9月

续表24

获奖单位	获奖人姓名	先进荣誉（称号）	颁奖单位	颁奖时间
北京师范大学附属杭中学	白　引	浙江省中小学教坛新秀	浙江省人民教育基金会、浙江省特级教师协会	2019年9月
杭州师范大学第一附属小学	舒绍爱 沈　莉	浙江省导读先进工作者	浙江教育报刊总社	2019年5月
杭州市清泰实验学校	何亚晖 任敏霞	浙江省导读先进工作者	浙江教育报刊总社	2019年5月
杭州市江城中学	杨险峰	2018年度浙江省导读先进工作者	浙江教育报刊总社	2019年5月
杭州市江城中学	张光明	2018年度浙江省优秀导读员	浙江教育报刊总社	2019年5月
杭州市江城中学	鲁晶晶	浙江省第五届青少年学生阳光体育运动会体育道德风尚奖	浙江省体育局、浙江省教育厅	2019年8月
区教育学院	沈杭凯	2017—2018年度全省师干训先进个人	浙江省中小学教师培训中心、浙江省行政干部培训中心	2019年12月
区教育学院	王杨燕	2019年浙江省优秀教研员	浙江省教育厅教研室	2019年12月
杭州市紫阳幼儿园	唐　亮	浙江省教坛新秀	浙江省教育厅教研室	2019年11月
杭州市大学路小学	金高苑	之江汇教育广场省级讲师	浙江省教育技术中心	2019年7月
区社区学院	陈继明 项洁月	浙江省社区教育优秀工作者	浙江省社区教育指导中心	2019年1月
张能庆公益服务站	张能庆	2019年浙江省“最美志愿者”	浙江省精神文明建设委员会办公室	2019年12月
杭州华日家电有限公司	陈励君	“工匠浙商”	2019浙商论坛组委会、浙江省浙商研究会	2019年8月
杭州华日家电有限公司	陈励君	卓越功勋奖	浙江省家用电器流通协会	2019年12月

2019年度上城区获市级先进个人荣誉

表25

获奖单位	获奖人姓名	先进荣誉（称号）	颁奖单位	颁奖时间
区应急管理局	朱玲明	杭州市劳动模范	中共杭州市委、杭州市人民政府	2019年4月
区市场监督管理局小营市场监督管理所	罗　宏	杭州市劳动模范	中共杭州市委、杭州市人民政府	2019年4月
区检察院	董伟海	杭州市劳动模范	中共杭州市委、杭州市人民政府	2019年4月
区住房和城建局	陈勇荣	杭州市劳动模范	中共杭州市委、杭州市人民政府	2019年4月
清波街道	施　哲	杭州市劳动模范	中共杭州市委、杭州市人民政府	2019年4月
小营街道梅花碑社区	张　坚	杭州市劳动模范	中共杭州市委、杭州市人民政府	2019年4月
南星街道馒头山社区	戴金娟	杭州市劳动模范	中共杭州市委、杭州市人民政府	2019年4月
紫阳街道	胡　韡	杭州市劳动模范	中共杭州市委、杭州市人民政府	2019年4月
杭州市天长小学	楼朝辉	杭州市劳动模范	中共杭州市委、杭州市人民政府	2019年4月
杭州解百集团股份有限公司商业分公司	裘利尧	杭州市劳动模范	中共杭州市委、杭州市人民政府	2019年4月

续表25

获奖单位	获奖人姓名	先进荣誉（称号）	颁奖单位	颁奖时间
杭州柯林电气股份有限公司	聂明军	杭州市劳动模范	中共杭州市委、杭州市人民政府	2019年4月
任教和资产管理有限公司	施建军	杭州市劳动模范	中共杭州市委、杭州市人民政府	2019年4月
区退役军人事务局	朱　锋 郝龙清	杭州市“最美退役军人”	中共杭州市委退役军人事务工作领导小组	2019年9月
区法院	程煜峰	杭州市十佳公务员	中共杭州市委、杭州市人民政府	2019年2月
区投资促进局	徐丽娟	2018年度杭州市招商引资目标责任制考核行政奖励嘉奖	杭州市人民政府	2019年12月
区城管局	谢　勐	2019年度杭州市治水工作三等功	杭州市人民政府办公厅	2019年12月
区城管局	徐　晨	2019年度杭州市治水工作嘉奖	杭州市人民政府办公厅	2019年12月
市规划和自然资源局上城分局	祝　翔	2018年“做地攻坚和双清工作”行政奖励（个人嘉奖）	杭州市人民政府办公厅	2019年12月
望江街道	屈　姣	2018年度全市党委系统优秀信息员	中共杭州市委办公厅	2019年2月
紫阳街道彩霞岭社区	何阿奎	第七届“最美杭州人”	中共杭州市委、杭州市人民政府	2019年12月

【全区武装工作先进个人】

党管武装先进个人

陆　霞　裘华君

征兵工作先进个人

沈　坚　李秋萍　严洪建　吴传良　黄　业
陈　芸

战备训练先进个人

方春光

优秀专武干部

侍　杰

优秀职工

贾新乐　毛俏燕

优秀民兵骨干

王　杭　刘海臣　朱瑞栋　沈许翔　刘　微
倪　伟

【上城区优秀共产党员】

徐小夏　曹天艳　严小青　魏　静　杨寅杰
罗万甘　董剑豪　陈秀英　阮　颖　龚金阳
徐文毅　傅春燕　陈金峰　何惠娟　吴丹娜
黄　剑　刘君锭　陈智园　李玉华　娄李嘉
何　颖　金远臻　吴晓靓　梁冬之　侍　杰
马鹏飞　李国明　徐荣泉　邱　刚　宁国良
陈　岚　阮志毅　王　妍　蒋曙光　任自力
童跃中

【上城区优秀党务工作者】

周　洁　张　洁　田宝庆　李晓君　张美琴
沈丽英　傅义强　陈　静　陆铌婷　屈琳娜
倪佳佳　王一平　周　宁　李金山　缪海英

【上城区担当作为好干部】

陈敏雅　郑　平　张建文　楼复进　赵　鹏
黄涌泉　孔　磊　周伟元　裘　是　缪志军
王飞舟　曹栋然　鲍　颖　陈晓璐　李秀荣
潘守卫　袁洲航　陈萍萍　陈清亮　丁海英

【2018年度上城区考核优秀记嘉奖区管干部】

周忠诚　陆　霞　裘华君　黄涌泉　许　勇
周伟元　裘　是　方春光　缪志军　刘志清

丁炜锋　王飞舟　朱俊丽　李典顺　李金山
郦　兵　孔　磊　宋杭军　陈　堃　俞浙晖
毛明秀　沈如兴　周朝星　林系州　金水根
郑　平　陈慧芳　邬晓华　徐娟妹　项海刚
杜秀芬　楼复进　倪受南　胡　勇　张　璐
戚晓峰　汪　坚　俞家铭　马世亮　丁春早
李安坤　单新东　郑渭国　高　波　蔡伟利
吴国庆　汪　峰　方　金　王文强　卢晓琴
楼土新　祝永坚　徐国兴　陈　健　李　军
姚炜强　易　琦　马　骏　韩伟华　董方铭

【2018年度考核优秀记三等功科级及以下公务员（参公人员）】

罗芳鸿　吴媛媛　王　林　何力强　杨军民
斯　晔　孙晓东　金　怡　王伟军　周璐翡
罗　宏　金小马　张微莉　陆永华　洪瑛颖
徐　渊　蒋喜建　徐恺吉　陈　亮　金鸿泉
陈　骏　丁云潇　何莉莉　马向东　鄢　宇
任　峰　徐松江　杨雪梅　唐祖辉　诸　坚
余成刚　陈　奇　杨立军　陈润东　王　钢
虞晓琪　傅　中　倪萍娅　许玉洁　罗培江
王朋飞　盛健丰　姚晨炜　王　烨　范　理
姜逸彬　王中峰　吴卫新　龚夷安　崔　鑫
潘成刚　於　铭　李秀珅　姜琦文　赵　渭
沈　毅　李俊杰　俞磊徐　盛高峰

【湖滨步行街改造提升工程优秀党员干部】

章　琪　王　潞　叶慧明　方仁然　余丽丽
连　斌　许　铭　丁　琦　程　峰　包兴旺
许　亮　李迦南　陈凌军　张　晖　姚凯文
陈咏梅　许联辉　黄　慧　项光旗　王迎军
周　洁　芮佳南　陈　婷　虞晓琪　杨　勇
陈学群　刘肖红　卢晓琴　黄崇杰　陆永华
彭　强　赵　頔　陈　希　徐小军

【上城区创新领军人才】

金融服务创新领军人才（杰出金融人才）

李传全　楼万鑫

文化创意创新领军人才

吴家平　刘志江

信息技术创新领军人才

聂明军　应　鸿

商贸旅游创新领军人才

陆红英

健康服务创新领军人才

许荣年　王孝举

新制造业创新领军人才

姚　青

（年鉴编辑部）

文件辑录

杭州市上城区人民政府关于贯彻落实稳企业稳增长促进实体经济发展政策举措的通知

区政府各部门、各直属单位、各街道办事处：

为深入贯彻中央经济工作会议和全国“两会”精神，全面落实党中央、国务院及省市关于稳企业稳增长促进实体经济发展的决策部署，进一步促进上城经济社会健康发展，根据《中共杭州市委杭州市人民政府关于深化“最多跑一次”改革建设国际一流营商环境的实施意见》《杭州市人民政府关于贯彻落实稳企业稳增长促进实体经济发展政策举措的通知》要求，结合上城实际，特制定以下10条措施：

1.加大减税降费。2019年4月1日起制造业等行业增值税税率从16%降至13%，交通运输业、建筑业等行业现行10%的税率降至9%，确保主要行业税负明显降低，所有行业税负只减不增。认真落实小微企业普惠性减税政策，对年应纳税所得额不超过100万元的小型微利企业，企业所得税实际税负从10%降至5%；应纳税所得额不超过300万元的小型微利企业税负降低50%以上。对增值税小规模纳税人按照50%顶格标准减征资源税、城市维护建设税、房产税、城镇土地使用税、印花税、耕地占用税和教育费附加、地方教育附加等6个地方税、2个附加。落实省、市关于参保企业社会保险费返还和阶段性下调失业保险费率的相关政策。（责任单位：区税务局、区人力资源和社会保障局）

2.推动企业技术改造。以人工智能为引领、研发为重点，设备投入为支撑，推进新一轮高水平制造业企业技术改造。对完成备案的技术改造项目，按照设备投资额10%给予补助；对列入市级制造业数字化改造攻关项目（实际投资额不少于1000万元），按市、区1∶1落实配套补助资金；设立区技改专项资金，对经认定实际投资额不少于500万元（设备、外购技术及软件投入）的区级制造业数字化改造攻关项目，给予50万元的补助。（责任单位：区发改经信局、区财政局）

3.缓解融资难融资贵。完善《政府采购支持中小企业信用融资办法》，拓展线上供应链融资模式。利用市金融综合服务平台，量化细化企业融资需求，通过银、政、企对接模式，推动辖区金融机构加大对信用评价优、市场前景好、科技含量高的中小企业信贷支持力度。在原有的1个1000万元风险池的基础上，再建2个风险基金，累计可为企业解决融资额度6亿元。2020年底前出资2.5亿元入股杭州市融资担保公司，为企业解决融资额度25亿元。对我区股权投资机构投资我区重点产业的，按投资额1%给予奖励，最高奖励100万元。（责任单位：区金融办、区科技局、区财政局、上投集团、基金小镇）

4.推动科技创新。建立高新技术企业培育库，对列入培育库的科技型企业优先获得风险池贷款及推荐项目申报。对当年新认定国家高新技术企业，每家奖励60万元。对当年新认定的科技型初创企业培育工程企业，每家奖励15万元～60万元。对当年新认定的市级高新技术企业，每家奖励20万元。对新认定为市级、省级高新技术企业研发中心、省级企业研究院的，分别给予30万元、50万元、80万元的资助。大力实施“双创”战略，对符合我区未来产业发展方向的孵化平台，最高可资助1000万元。对新认定为国家级、省级、市级孵化器或众创空间的，分别奖励100万元、50万元、20万元。对新引入的独立研发中心（实验室），重大成果转化项目最高补助1000万元。扩大企业创新券使用范围至长三角区域，按合同总额的30%给予补助。（责任单位：区科技局、区财政局）

5.推动外贸稳定发展。在全区范围内优选跨境电商成长性企业，实施政策扶持倾斜。引导企业开展境外商标注册，加快发展自有品牌产品的境外拓展，多层次、全维度开展跨境电商人才培养。在延续实施2018年度上城区外经贸发展政策基础上，对企业参加“一带一路”国家展会展位费给予100%资助，但每个展位资助金额最高不超过3.5万元。对企业参加出口信用保险给予不超过40%的保费补助外，对企业参加中小企业小微联保的，给予100%的保费补助。（责任单位：区商务局、区财政局）

6.推进招商引资。对新引进符合我区五大主导产业发展方向的，符合注册资本到资额不低于5000万元人民币或外资500万美元的，且年度总税收不低于1000万元的企业，可给予房租、装修等项目资助，资助金额最高可达1000万元；对新引进的总部企业项目、省市县长项目、符合我区五大主导产业发展方向的产业链引擎性项目及重点高新技术企业等，按其规模和发展前景给予项目资助，资助金额最高可达500万元；对新引进符合要求的股权投资企业，按《关于打造玉皇山南基金小镇的若干政策意见》标准执行；对引进的上市和拟上市企业，按照《上城区深入推进“凤凰行动”更好服务实体经济扶持政策》文件执行。（责任单位：区投促局、区财政局、区金融办）

7. 优化政务服务环境。2019年底前实现一般企业投资项目从赋码备案到竣工验收的审批用时最多90天。深化“多证合一、证照联办”商事登记制度改革，到2020年底前实现新办企业网上办照和证照联办比例均达到100%。推行全程电子化登记，推动企业设立、变更、注销、备案等所有商事登记事项“一网通办”。实现营业执照、公章刻字、税务领票、银行开户合计0.5个工作日办结，全部环节办事材料合计压缩至6件以内，力争到2019年底实现各项涉企经营许可从受理到可领取许可证压缩到7个工作日以内。简化企业注销程序，企业简易注销在公告期满未被提出异议的，受理后办理时限压缩至2个工作日。（责任单位：区市场监管局、区审管办）

8. 强化人才引育留用。加大“1211”引才计划扶持力度，并给予最高1000万元政府扶持资金，全区安排用于项目扶持的资金每年按不低于8%递增。对获得市级以上创新创业大赛的获奖项目，经审定后，可直接按照区“1211”C类及以上人才项目给予扶持。进一步加强对本土各类中青年专业技术人才及博士后人才的培养力度和经费扶持。（责任单位：区人力社保局、区委组织部）

9. 强化人才住房保障。对通过杭州市高层次人才分类认定的人才，经审核，给予一定的购房补贴或租赁补贴。2020年前，全区累计建成不少于1800套“蓝领公寓”，望江人才租赁住房项目（4.3万平方米，共计525套）开工建设。（责任单位：区住房和城建局、区人力社保局、区委组织部）

10. 压缩政府开支。严格控制政府预算，树立过紧日子思想，2019年行政事业支出压缩5%；规范公车管理、公务接待和公务出国（境），全年“三公”经费同比减少3%；精简各类会议和活动，确保会议费“零增长”。（责任单位：区财政局、区政府办公室）

本通知自印发之日起生效，有效期至2022年3月31日。

杭州市上城区人民政府

2019年4月19日

上城区深化“亩均论英雄”改革实施方案

为认真贯彻落实党的十九大精神和省委、省政府，关于大力推进供给侧结构性改革、推动经济高质量发展系列决策部署，根据《杭州市人民政府关于深化“亩均论英雄”改革的实施意见》（杭政〔2018〕42号）要求，提出如下意见。

一、总体要求

（一）指导思想

深入贯彻落实习近平新时代中国特色社会主义思想，以新发展理念为引领，以供给侧结构性改革为主线，深入推进企业分类综合评价结果应用和资源要素市场化配置，坚持质量第一、效益优先，把深化“亩均论英雄”改革作为转方式、优结构、增动能的有力抓手，深入推进资源要素市场化配置改革，激发各类市场主体创新活力，不断提高全要素生产率，加快推动经济发展质量变革、效率变革、动力变革，实现实体经济高质量发展。

（二）基本原则

进一步推进制度创新，完善“亩均论英雄”改革的体制机制和政策体系，坚持依法行政，注重制度规范，确保改革在法治轨道上深化推进。推动“亩产效益”综合评价从提高资源要素产出率向提高全要素生产率转变，强化创新驱动发展，不断优化营商环境。以“亩产效益”为核心，以市场化配置为导向，以差别化措施为手段，完善激励倒逼机制，优化产业政策，促进优胜劣汰，不断增强经济创新力和竞争力。

（三）主要目标

2018年，在实现对全区用地5亩（含）以上工业企业“亩产效益”综合评价全覆盖的基础上，启动对部分产业平台、高新技术企业、规模以上服务业企业（不含批发零售住宿餐饮、银行证券保险行业和房地产开发，下同）的“亩产效益”综合评价探索；到2019年，实现对全区用地3亩（含）以上工业企业、规模以上服务业企业、重点产业平台的“亩产效益”综合评价；到2020年，对全区所有工业企业、规模以上服务业企业以及产业平台全面实施“亩产效益”综合评价。

到2020年，全区经济发展质量和“亩产效益”明显提升。其中，规模以上工业亩均增加值、亩均税收、全员劳动生产率、单位排放增加值、单位能耗增加值、R&D经费支出占主营业务收入之比等指标年均增速完成市定目标，区域“经济效益”达到全市先进水平，产业结构不断优化，加快形成质量高、效率优、创新强、体制活、协调性好的具有上城区特色的现代化经济体系。

二、建立完善“亩产效益”综合评价机制

（一）强化责任落实

建立完善导向清晰、权重合理、分类分档、结果公示的企业综合评价体系，2020年前，实现所有工业企业和规模以上服务业企业的综合评价和公告。区发改经信局作为工业企业、服务业企业和产业平台的牵头部门，区科技局作为高新技术企业的牵头部门，负责各自范围内“亩产效益”综合评价办法的制定、组织评价和结果运用；区统计局、市规划资源上城分局、区税务局、区市场监管局、市生态环境局上城分局、区应急管理局等相关部门要按照“谁主管、谁统计、谁负责”的原则，进一步加强数据清查、审核等工作；各街道、产业平台负责辖区内企业的组织申报工作，确保有关责任落实到位。

（二）科学设置指标

规模以上工业企业综合评价以亩均增加值、亩均税收、单位能耗增加值、单位排放增加值、全员劳动生产率、R&D经费支出占主营业务收入之比等6项指标为主。规模以上服务业企业以亩均税收、亩均营业收入等指标为主。规模以下工业企业综合评价以亩均税收为主。工业平台评价在亩均税收、单位能耗增加值、R&D经费支出占主营业务收入之比3项指标基础上逐步探索扩展。

（三）合理开展评价

以高质量发展为导向，合理设置指标权重，规模以上企业综合评价单项指标权重不超过35%，其中，亩均税收、亩均增加值的权重一般分别不低于30%和20%，全员劳动生产率、单位能耗增加值、单位排放增加值、R&D经费支出占主营业务收入之比权重一般各为10%左右。对当地经济发展贡献大、在创新转型和高质量发展方面引领示范带动作用强的企业，可视情给予合理加分；对新设企业、新升规企业、重大项目建设期内企业，可设置不超过3年的过渡期。

（四）严格分档规范

企业的评价结果均分为A、B、C、D四档，原则上A档企业的占比20%左右，D档企业的占比5%左右，应将评价结果向社会进行公示。对发生重大安全生产、重大环境责任事故和食品安全事故、违反税收法律法规且情节严重以及未完成年度节能减排、去产能任务，环保、能耗、质量、安全等不达标的企业实行

一票否决，一律不得列入A档和B档。

三、落实资源要素优化配置机制

（一）落实差别化用地机制

按照《浙江省人民政府办公厅关于全面开展调整城镇土地使用税政策促进土地集约节约利用工作的通知》（浙政办发〔2014〕111号）精神，根据综合评价结果，配合做好实行分类分档的差别化城镇土地使用税减免政策。

（二）落实差别化用能机制

全面落实《浙江省超限额标准用能电价加价管理办法》和《杭州市超限额标准用能加价管理办法》有关规定。应用企业综合评价分类结果，配合做好超限额标准用能加价等工作。

（三）落实差别化用水机制

按照优化水资源配置的要求，提升水资源利用效率，结合要素市场化配置改革，应用工业企业综合评价分类结果，配合做好差别化水价、超计划用水累进加价等工作。

（四）落实差别化排污机制

进一步完善主要污染物总量指标量化管理，应用工业企业综合评价分类结果，配合做好新增项目排污权指标政策、污水排放差别化政策等工作的落实。

（五）完善差别化财政扶持机制

建立健全财政政策享受与综合评价结果挂钩联动机制。优先推荐支持综合评价为A档的企业，申报和享受各级各类财政扶持政策；对综合评价为C档的企业适当降低其政策享受标准；对综合评价为D档的企业，原则上不得推荐支持其申报和享受各级各类财政扶持政策。

四、强化服务保障机制

（一）加强组织领导

建立由区政府主要领导任组长、区政府分管领导任副组长，区级有关部门主要负责人为成员的深化“亩均论英雄”改革工作领导小组，重点研究协调深化“亩均论英雄”改革的重大问题。领导小组办公室设在区发改经信局，牵头抓好政策协调和年度工作的组织实施。领导小组成员单位及其他有关单位根据各自职责，研究制定深化“亩均论英雄”改革的配套政策措施，形成工作合力。

（二）抓紧摸清底数

“亩均论英雄”改革是一项长期系统性工作，各有关部门要按照各自职责，认真开展数据核查。范围要“全”，对辖区所有企业都要查清见底，实现领域全覆盖、资源全掌控、资料全入档。数据要“准”，做到统计信息准、行业界定准、评估测算准。过程要“实”，保证普查过程和结果真实可信。

（三）加强宣传引导

充分利用传统媒体和新媒体，主动讲好“亩均论英雄”改革故事。宣传推广经验和典型做法，及时准确发布改革信息和政策法规解读，正确引导企业预期，切实转变企业发展理念，为改革工作营造良好的舆论氛围和社会环境。

本方案自2019年6月5日起实行，由区发改经信局负责牵头组织实施。

杭州市上城区人民政府

2019年5月5日

上城区推进分级诊疗制度实施意见

为深化医药卫生体制改革，加快建立分级诊疗制度，根据《杭州市人民政府办公厅关于印发杭州市推进分级诊疗工作实施方案的通知》（杭政办函〔2017〕20号）、《杭州市人民政府办公厅关于印发杭州市更高水平医疗联合体建设三年行动计划（2018—2020年）的通知》（杭政办函〔2018〕121号）、《关于进一步完善杭州市医养护一体化家庭医生签约服务工作的通知》（杭医改办〔2017〕3号）等文件精神，结合我区实际情况，特制定本实施意见。

一、指导思想

贯彻落实国家和省、市推进分级诊疗制度、医联体建设和家庭医生签约服务的决策部署，围绕健康上城建设和深化医药卫生体制改革总体要求，立足我区经济社会和医药卫生事业发展实际，通过提高基层医疗服务能力，以家庭医生签约服务为抓手，建立和完善医药卫生服务网络和分级诊疗运行机制，逐步建立基层首诊、双向转诊、急慢分治、上下联动的分级诊疗制度。

二、基本原则

坚持以人为本的原则。以人民群众健康需求和服务满意率为导向，通过制度保障，促进基层医药卫生事业可持续发展。

三、发展目标

计划到2020年年底，全区分级诊疗服务体系和保障机制更加完善，基层医疗卫生机构服务能力进一步提升，基层医疗卫生机构诊疗人次占总诊疗人次比率不断提高，基层首诊、双向转诊、急慢分治、上下联动的分级诊疗制度基本建立。

四、主要任务

（一）完善分级诊疗服务体系。

1.明确各级医疗机构功能定位。基层医疗卫生机构提供常见病、多发病及诊断明确、病情稳定的慢性病诊疗等基本医疗服务，对疑难复杂疾病向上级医院转诊。形成省市级大医院、基层医疗卫生机构分级转诊工作机制。

2.加强社区卫生服务网底建设。根据浙江省基层医疗机构建设标准和管理规范，完善社区卫生服务中心和站点规划设置。社区卫生服务中心及站点的面积、设施设备等符合浙江省基层医疗机构建设标准。

3.积极引导居民基层首诊。在政策引导和居民自愿的基础上，通过医养护一体化家庭医生签约，引导和鼓励常见病、多发病患者到基层医疗卫生机构首诊。强化基层医疗卫生机构首诊负责制，为签约居民提供便捷的双向转诊服务，引导科学、合理就医。

4.深化家庭医生签约服务。根据不同类别的签约人群，进行分类管理，认真落实“1+10”签约基本服务包清单，开展个性化签约有偿服务包，满足签约居民的健康服务需求，在家庭医生签约服务内容设计中要充分发挥中医药的重要作用。进一步加强家庭病床管理，完善家庭病床各项管理制度和操作规程。

5.强化基层慢病管理。继续开展慢性病联合门诊，提升全科医生慢性病诊疗水平。全面实施慢性病连续处方制度，为签约居民中高血压等慢性病患者提供慢病长处方服务，加强对相关药品储存、病情监测、不适随诊提醒等。

6.推进医养融合发展。基层医疗卫生服务延伸至街道社区日间照料中心，推进医养融合。提升基层医疗卫生机构老年病、慢性病、康复等住院诊治功能，为慢性病、老年病等患者提供医疗、康复、护理等服务。

7.加强高水平医联体建设。认真落实杭州市高水平医联体建设三年行动计划，深化辖区基层医疗卫生机构与市属医疗机构的合作力度，根据地域、专科特色等建立紧密和一般双向转诊关系，积极拓展与省级医院及辖区内其他综合医疗机构的转诊合作关系，推进医联体共享机制建设，在医联体内以人才流通、技术扶持、资源共享、信息互通、服务衔接等为纽带进行合作。

（二）建立分级诊疗保障体系。

1.提升基层医疗卫生服务能力。进一步加强基层医疗服务队伍人才建设。科学组建签约团队，鼓励专科医生加入签约服务团队，为签约居民提供更优质服务。认真贯彻落实《国务院办公厅关于改革完善全科医生培养与使用激励机制的意见》，加强培育基层常见病诊治的全科专业学科及特色科室。充分利用辖区内省市医疗机构资源优势，加强基层医务人员技能培训，提升基层服务能力。加强全科医生的职业素质、专业素质和人文素质培养，转变服务理念，提升服务水平，更新服务模式，共建良好和谐的医患关系，不断满足人民群众不断增长的健康需求。

2. 落实多点执业制度。逐步落实医师在签订帮扶或者托管协议医疗机构内执业等，不需办理执业地点变更和执业机构备案手续。鼓励医师到基层医疗卫生机构多点执业，鼓励公立医院在职或退休主治以上医师到基层医疗卫生机构执业或开设工作室等试点服务。鼓励基层医疗卫生机构之间人才柔性流动。

3. 加快医疗卫生信息化建设。

（1）完善双向转诊平台。充分整合现有医疗和医保信息化资源，加快推进区域分级诊疗信息系统建设，并接入全市双向转诊平台。在实现医疗、医保信息互联互通的基础上，进一步配合市卫健委优化全市双向转诊平台的全科医生签约、转诊预约、转诊检查、转诊住院、电子病历共享、统计分析等功能，完成区域信息系统功能升级。

（2）完善信息系统建设。充分发挥市、区两级健康信息平台对医联体的支撑作用，实现电子健康档案和电子病历的连续记录和信息共享，推动医联体内诊疗信息互联互通。

（3）探索“互联网+分级诊疗”的实现形式。依托杭州市健康服务门户网站及App软件，开展面向重点人群的签约门诊、妇幼保健、计划免疫预约服务以及个人健康信息查询、在线咨询、健康教育、满意度评测、“智慧药房”等一系列互联网服务，使得通过预约享受服务的重点人群比例有明显提高。

（4）发展远程医疗。完善市、区两级卫生信息平台，加快医养护信息交换平台建设，以高血压、糖尿病、心脑血管疾病等慢性病患者的诊疗和管理为重点，建立远程慢性病联合门诊和慢性病连续处方系统，实现医联体内市属医院和基层医疗卫生机构、专科医生与全科医生、疾病治疗和健康管理的紧密结合。

4. 完善绩效分配和激励机制。建立基层医疗卫生机构绩效工资水平正常增长机制。完善基层医疗卫生机构绩效工资分配机制，向临床一线和开展签约服务的医务人员倾斜，调动基层医疗卫生机构医务人员工作积极性。按照“允许医疗卫生机构突破现行事业单位工资调控水平，允许医疗服务收入扣除成本并按规定提取各项基金后主要用于人员奖励”要求，合理核定基层医疗卫生机构绩效工资总量，提升基层医疗卫生机构全科医生工资水平。鼓励聘用经住院医师规范化培训合格的全科医生，在核定绩效工资总量时给予进一步倾斜。内部绩效工资分配可设立全科医生津贴给予激励。对长期扎根基层、作出突出贡献的全科医生，按照党和国家、省有关规定给予表彰奖励，不断提升全科医生职业荣誉感和社会地位。

5. 落实经费保障机制。建立财政补助资金与家庭医生签约、医联体等分级诊疗服务绩效评价结果挂钩机制。积极推进补偿机制改革，促进服务机制转变，提高资金使用绩效，提升基层医务人员工作积极性和主动性。

6. 完善绩效考核机制。强化考核和结果应用，将家庭医生签约、医联体建设、分级诊疗制度推进等工作纳入“健康上城”建设工作考核，完善考核评价体系和指标。

五、职责分工

区委宣传部：负责全区家庭医生签约、医联体等分级诊疗政策和先进典型宣传，提高社会知晓率。

区委编办：根据机构改革进程和深化医药卫生体制改革要求，综合考虑服务人口、地理交通状况等因素，负责落实基层医疗卫生机构设置和人员编制，实行统筹安排、动态调整。

区政府办公室：负责全区家庭医生签约、医联体等分级诊疗相关工作组织协调。加强信息技术支持，确保网络、日常业务系统运行正常，保障信息安全。

区教育局：负责落实医教结合，做好辖区中小学校、幼托机构的家庭医生签约、医联体等分级诊疗政策宣传和动员工作，组建由属地基层医疗卫生机构医务人员、校医或学校分管卫生工作人员等组成的健康管理团队，发放宣传资料、校园签约服务通知、动员和组织现场签约等工作。

区民政局：与区卫生和健康局共同研究专项政策和资金整合，定期提供符合条件的贫困人群名单。依托街道、社区组建由基层医疗卫生机构医务人员、帮扶救助员、社区网格员等组成的健康管理团队，做好贫困人群和65岁及以上常住人口的家庭医生签约、医联体等分级诊疗政策宣传和动员。组建由基层医疗卫生机构医务人员、辖区养老机构工作人员等组成的医养结合工作小组，落实辖区养老机构内老年人的签约、医联体等分级诊疗政策宣传和动员。

区财政局：完善财政支持政策，落实相关经费保障，推进补偿机制改革。

区人力资源和社会保障局：完善绩效工资政策和绩效工资分配机制。在基层人才招聘、中高级职称比例等方面给予政策倾斜。

区卫生和健康局：牵头负责全区家庭医生签约、医联体等分级诊疗相关工作任务的落实。加强对医疗机构规划、设置审批和医疗服务行为的监管，落实双向转诊制度，优化转诊流程。持续加强专业人才队伍建设和区域卫生信息化建设，提高服务能力和服务质量。强化绩效考核，调动医务人员工作积极性。

区残联：依托街道、社区组建由基层医疗卫生机构医务人员、社区助残员、社区网格员等组成的健康管理团队，做好残疾人常住人口的签约、医联体等分级诊疗政策宣传和动员。

各街道办事处：牵头落实本辖区居民家庭医生签约、医联体等分级诊疗政策宣传和动员，医养融合机构建设，社区卫生服务站点用房提供等。

六、组织实施

（一）加强组织领导。推进分级诊疗工作是一项长期、复杂的系统工程，政策性强、涉及面广，相关部门要切实加强组织领导，将其列入总体工作安排，明确责任分工，强化协作联动，细化落实政策。各有关单位要将分级诊疗制度建设作为重点工作纳入议事日程，按照本实施意见的要求，认真制定具体工作方案，精心组织，确保分级诊疗工作扎实稳步推进。

（二）强化宣传引导。各部门各单位要进一步统一思想，提高认识，凝聚共识，形成推动改革的良好氛围。要采取多种方式，加大签约服务、医联体等分级诊疗政策的宣传力度，提高社会知晓率，增强患者基层首诊、有序就医的自觉性。要及时总结和宣传好的经验和先进典型，充分发挥先进典型的带动、示范作用，提高社会认可度和支持度，引导群众改变就医观念和习惯，加快形成合理有序的就医格局。

（三）加强督导考核。要不断完善考核评价体系和指标，充分发挥考核“指挥棒”作用，分层分级开展督导考核，考核评价结果作为财政投入、医保支付、人事任免、评先评优的重要依据。

本实施意见自2019年8月22日起施行。

杭州市上城区人民政府办公室

2019年7月23日

进一步加强非物质文化遗产保护和扶持工作的若干意见

为进一步推动文化传承标杆区建设，促进全区非物质文化遗产的传承与发展，依据《中华人民共和国非物质文化遗产法》《浙江省非物质文化遗产保护条例》和省、市有关政策，按照“保护为主、抢救第一、合理利用、传承发展”的工作方针，结合实际，现就我区非物质文化遗产保护和扶持工作提出以下意见。

一、适用范围

本意见适用于：

（一）已列入上城区市级以上非物质文化遗产代表性项目和各级非物质文化遗产代表性项目代表性传承人；

（二）上城区急需引进的世界级、国家级非物质文化遗产代表性项目。

二、扶持政策

（一）加大对“非遗”保护企业的扶持。

1．“非遗”代表性项目责任保护单位传承、展示场地租金扶持。非物质文化遗产代表性项目责任保护单位租赁区属国有房产作为非物质文化遗产项目经营场地的，租金按照其“非遗”级别，分别给予相应的扶持与租金补助。

2．享受文创企业项目扶持。“非遗”项目实施产业化保护。按照中共杭州市委办公厅、杭州市人民政府办公厅《关于加快建设国际文化创意中心的实施意见》（市委〔2018〕18号）精神，对纳入文化创意产业的“非遗”项目，加强重点扶持，并享受文化创意产业的扶持政策。

（二）加大对“非遗”代表性项目代表性传承人的扶持。

1．“非遗”代表性项目代表性传承人传承、展示场地租金扶持。“非遗”代表性项目代表性传承人租赁区属国有房产成立“非遗”传习所、展示馆，其所用办公用房、传习场地、展示场地、展销场地等按照“非遗”代表性项目代表性传承人所处级别，享受相应的扶持与租金补助。

2.落实小微企业扶持政策。“非遗”代表性项目代表性传承人和民间艺术家按照国务院《关于进一步支持小型微型企业健康发展的意见》（国发〔2012〕14号）和文化部、工业和信息化部、财政部《关于大力支持小微文化企业发展的实施意见》（文产发〔2014〕27号）等文件精神兴办文化企业，享受相应的国家扶持政策。

（三）加大对“非遗”的宣传与交流活动的扶持。

1.建设“非遗”特色校园。大力开展“非遗”进校园活动。有条件的中小学校要建立“非遗”课堂和“非遗”传习所，聘请我区各级“非遗”代表性项目代表性传承人担任传承教学任务。经认定的“非遗”特色校园，一次性给予10万元～20万元的建设扶持经费，并每年予以3万元～5万元的传承教学补贴。

2.给予授课、评委、展演等资金补贴。“非遗”代表性项目代表性传承人参加由区文化和广电旅游体育局组织的“非遗”展演、展示和传承授课活动的，可给予“非遗”代表性项目代表性传承人参演（展）或授课补贴。

三、实施管理

（一）适用范围审定与后续资格评估。

1．“非遗”代表性项目责任保护单位和“非遗”代表性项目代表性传承人租赁区属国有房产，由“非遗”代表性项目代表性传承人或“非遗”保护单位向区文化和广电旅游体育局提出申请，区文化和广电旅游体育局作出初审意见，经区“非遗”工作领导小组办公室资格审核，报区长办公会议审定批准后享受扶持政策。

2.建立“非遗”保护扶持与优惠项目评估体系。由区文化和广电旅游体育局、区财政局联合招商部门、房屋出租部门等单位组成检查评估考核工作小组，对享受扶持政策的“非遗”代表性项目责任保护单位和“非遗”代表性项目代表性传承人按评估方案及检查通知进行每年评估检查。对评估不合格的“非遗”代表性项目责任保护单位和“非遗”代表性项目代表性传承人责令整改。整改后评估仍不合格的，取消享受扶持政策资格。“非遗”代表性项目责任保护单位或“非遗”代表性项目代表性传承人重新申请并审定后，可重新享受扶持政策。

3.针对个别情况较为特殊的，或急需引进

的其他地区的“非遗”代表性项目，采取招商引资“一事一议”办法综合评定予以扶持。

（二）场租扶持的申领。

1.“非遗”代表性项目责任保护单位或“非遗”代表性项目代表性传承人应与区属国有房产的出租单位依法签订租赁协议，并按合同约定足额按期支付租金。待非物质文化遗产代表性项目或“非遗”传承、展示等经营存续满每一自然年度（即每年1月1日至当年12月31日止，未满一年延后至下一自然年）后，由“非遗”保护单位或“非遗”代表性项目代表性传承人按年向招商部门提出申请前一年度租金扶持金额，经检查评估考核工作小组审定合格后，由招商单位予以返还。检查评估考核工作按自然年度进行审定，当个自然年度审定后，申领人经营存续未满12个月的，以与其相关的两个自然年度审定结果为依据。

2.“非遗”代表性项目责任保护单位已享受优惠的，同一“非遗”代表性项目“非遗”代表性传承人不再重复享受。同一非物质文化遗产项目的各级“非遗”代表性项目代表性传承人享受扶持合计不超过《上城区非遗代表性项目代表性传承人租用场地扶持标准》总面积和总额度。

（三）“非遗”租扶持的申领。

按相关扶持文件规定，予以扶持。

四、附则

1.《上城区非物质文化遗产代表性传承人补贴暂行办法》（上政办函〔2013〕124号）、《上城区非物质文化遗产名录申报认定奖励（扶持）暂行办法》（上政办函〔2013〕92号）中与本意见不一致的，按本意见执行。

2.由区文化和广电旅游体育局牵头制定本政策的具体实施办法。

3.本政策自2019年9月1日起施行，期限3年。

杭州市上城区人民政府

2019年8月1日

主题索引
Subject Index

·说　明·

一、本类目设条目索引、表格索引两个分目。

二、条目索引中文标目按第一字汉语拼音顺序排列，同音字按笔画数从少到多排列。第一字相同，按第二字音序排列，依次类推。数字开头的标目按数字0～9顺序排列。

类目、分目用黑体字标示。标目后的阿拉伯数字表示内容所在页码。数字后的拉丁字母a、b、c分别表示从左到右第一、二、三栏。

本年鉴的“特载”“大事记”“人物”“统计资料”“附录”均未做主题索引。

三、表格索引按序号排列。

条目索引

0～9

D

H

J

K

L

表格索引